[美] 保罗·海恩 Paul Heyne　　[美] 彼得·勃特克 Peter Boettke
[美] 大卫·普雷契特科 David Prychitko | 著　　鲁冬旭 | 译

经济学的思维方式

（第13版）

THE ECONOMIC WAY OF THINKING

(13th Edition)

果麦文化 出品

纪念保罗·海恩以及我们的导师：
汉斯·森霍兹、霍华德·斯万、唐·拉夫尔、
肯尼思·博尔丁和詹姆斯·布坎南。

保罗·海恩(1931—2000)

致敬保罗·海恩

若你足够幸运,你会遇见这样一种人:他以生命和行动来实践我们宣讲的理想。这种幸运非常少见,但我恰恰是这样一个幸运儿。1975年,保罗·海恩走进了我的生活。他突然写信给我,信的开头是这样的:

> 本学年末,我会搬到西雅图居住。我希望能在西雅图的某所大学里找一份教经济学的工作。搬家和找工作是两个完全分开的决定。不管能不能在经济系找到职位,我都会搬去西雅图。但我认为教经济学(尤其是经济学入门课程)是我擅长的工作,我希望继续从事这项工作。

1967年,我成了华盛顿大学经济系的系主任。我的目标是把该系建成全国最好的经济学系之一。我们正在成为一个学术表现优异的系,但在我的字典里"最好"不仅仅意味着学术上的杰出。作为一所大型州立大学,本校拥有大量本科生,我们还要为这些学生提供有效的、充满关爱的教育。华盛顿大学口口声声说要搞好教学工作,但对教师的奖励制度却主要关注论文发表。面对这种激励机制,我的大部分同事确实把精力放在了论文发表上,但并非每个人都如此。当上系主任后不久,我决定重回讲堂,教授入门级的经济学课程,为的是看看这类课程究竟发生了哪些变化。我失望地发现,当时的经济学课程与我本科时上的课相比没有一丝变化。课本上写满了经济学理论中的正式术语:完全竞争模型、不完全竞争模型(张伯伦和琼·罗宾逊的那一套),还有充满边际分析和得当图表的垄断模型。按照传统,我在第四节课上讲到了完全竞争模型,用的是美国农业的例子。教室后排有位同学大声对授课内容提出了异议。当时我想，一定要给他一个教训，因此我请他到讲台上来向同学们解释他的看法。结果，他在讲台上清晰地描述了充斥农业领域的各种价格支持行为、奶品营销法案、糖业生产补贴等，这些东西使美国农业的情况与完全竞争模型相去甚远。我溜回办公室，自此开始寻找更有效的教学方案。几年以后，我还是没有找到。此时我收到了保罗的信。我在回信中询问如果获得教职他想怎么做。他的回复中有这样一段话：

> 我希望，在我任教的大学中，教师能热情地致力于为本科生提供通识教育。我希望加入这样的团队：每位教师都不断追问通识教育的性质和意义，并且以批判性的眼光审视自己为提供这种教育做出了哪些努力。在这样的团队中，每位教师都应将自己教授的学科视作基地而非堡垒。他们要做的是从基地出发去探索其他学科，而不是蜷缩在堡垒中享受无忧的生活。在我的理想中，大学应该要求所有人满足一些核心的条件——这并不是因为有人可以指定一个接受通识教育的人应该具备哪些特定的知识，而是因为若想在文理学院中建立一个活跃的知识分子群体，就必须先有一些共同的核心理念。首先，我们应该要求全体教职工充分掌握这些核心理念。（我常常考虑这样一个问题：如果每位教师在授课前知道自己必须修读学校要求本科生修读的所有课程，并且知道同事们将对他教授的任何通选核心课程进行评估，那么教师之间的课程讨论将会变成一项多么有意义的活动啊。）

后来，保罗放弃了南卫理公会大学的终身教授职位，搬来华盛顿担任非终身讲师。他在这个讲师岗位上一直工作到 2000 年 3 月去世。我并不确定我校的经济学系是否达到了保罗理想中的标准——事实上，我知道我们没有达到，但本校教授经济学课程的方法确实因保罗而改变。他改进了本科生课程，全面改革了入门课程，还定期与研究生助教会谈以提高他们的教学质量。更重要的是，对于重视通识教育质量的教师而言，保罗为我们提供了源源不断的灵感和启发。

《经济学的思维方式》体现了保罗在经济学教育和通识教育方面的教育方法。他的方法与当时的其他教科书有根本性的不同。这种方法强调社会面临的问题以及如何用经济学说来解释这些问题。学生因此觉得经济学更加有趣了。不仅如此，这本书还强调了经济学的优势恰恰如本书的题目所言——经济学是一种思维方式。这种思维方式过去是，未来也仍将是经济学对社会科学以及对人们更好地理解周围世界的革命性贡献。

每年秋季，我都会为大一新生开一门讨论课。作为这门课的开场白，我会向学生介绍保罗——作为人类成员之一的保罗：他的神学院教育、他的圣职、是什么吸引他进入经济学领域，以及他如何将严谨的经济学（不要误会，保罗的经济学是严谨的）与对社区和社会福利的广泛而积极的关注结合在一起。保罗信奉个人自由，同时他也深信这种自由对每一位负责任的人类成员提出了相应要求。他和他的妻子朱莉终生都在践行这样的信条。

道格拉斯·C.诺斯
1993年诺贝尔经济学奖得主
华盛顿大学，圣路易斯

《经济学的思维方式》中文版推荐序

　　每个人每天都在做决策。普通人的决策如果出现失误，只影响其个人的得失。但公共政策的不当，就不仅影响个人，而且对整个社会带来不利的影响。

　　制定法律和政策是当今社会最重要的公共决策。《道路交通安全法》是我国一部重要的法律，该法第76条第2项曾规定：机动车与非机动车驾驶人、行人之间发生交通事故的，由机动车一方承担责任；但是，有证据证明非机动车驾驶人、行人违反道路交通安全法律、法规，机动车驾驶人已经采取必要处置措施的，减轻机动车一方的责任。

　　很明显，这一规定体现了侧重保护非机动车驾驶人、行人的立法意图。就事后补偿受害人而言，这一点本无可厚非。但立法者可能没有认识到，任何法律都是一个激励机制，都在诱导人的事前行为。一部好的法律应该诱导所有利益相关者选择合理的行为，而不是只约束一部分人的行为。交通事故发生的概率以及事故导致的损害的大小，不仅取决于机动车司机的行为，也取决于非机动车驾驶人及行人的行为。加重司机的责任固然可以使司机开车更谨慎一些，但会导致其他人行路更加不谨慎。最后的结果可能不是减少而是增加交通事故和受害人的损失。

　　该道路交通法实施后暴露出的一系列问题，包括一些非机动车驾驶人和行人故意制造交通事故以获得赔偿，正反映了这一法律在激励机制考虑方面的欠缺。由此引起的反应和结果就是全国人大对该法律的修改。修改后的道路交通法规定，机动车与非机动车驾驶人、行人之间发生交通事故，机动车一方没有过失的，承担不超过10%的赔偿责任；如果交通事故的损失是由非机动车驾驶人、行人故意碰撞造成的，机动车一方不承担赔偿责任。这一新的规定与原来的规定相比，加大了非机动车驾驶人和行人的责任，显然更有助于减少交通事故，促进社会和谐。

修改后的《道路交通安全法》得以起效时，已经跟原法则的实施时间相距了整整4年。这期间，我们的社会为此支付了不少额外的成本，仅仅全国人大为修改该法律的直接成本就不是一个小数字。

我一直在想，如果我们的立法者和普通大众能多一点经济学知识，这样的学费本来是可以减少或者避免的。

经济学是一门研究理性决策的科学。它对指导我们做个人决策也许作用不大，但对公共决策的制定很有价值。这是因为，公共决策的制定是一个政治过程，人们对公共政策的不同看法，既可能源于认识水平，也可能出于对自身利益的考量。就认识而言，不仅取决于立法者和政府官员对相关问题的认识，而且也依赖于普通大众的认识，这在民主化的社会尤其如此。经济学的思维方式有助于我们分析法律和政策的后果，从而避免制定出事与愿违的公共政策；就利益而言，经济学的思维方式也有助于人们看清那些隐藏在"公共利益"背后的私利动机，从而减少公共政策被利益集团俘虏的可能性。

什么是经济学的思维方式？在我看来，经济学的思维方式可以用一句话概括：世界上没有免费的午餐。做任何事情都是有成本的，我们只能在不同的选择中权衡。虽然人们在个人决策时比较容易理解"没有免费的午餐"，但在考虑公共福利提供等问题时，却很容易忘记这一点。事实上，公共政策和法律制度制定时也必须要权衡，要避免在无意中提供了"免费的午餐"，因为人的行为基本上是理性的，每个经济个体都在追求自己利益的最大化，而少承担甚至不承担成本。公共政策必须建立在理性人假设的基础上，否则，就会事与愿违，导致整个社会的损失。计划经济制度就是一个很好的例子：它与个人理性不相容，所以一定失败。

现实中，人们总是喜欢免费午餐，因为理性的人总是希望让别人为自己支付午餐费，除非制度规则使得他们没有办法这样做。比如说，当一些人希望政府控制价格的时候，他们的真实意图是自己为获得同样的东西少支付一些费用，而不是为了真正的公共利益；类似地，当一些人主张政府应该限制某些行业的准入的时候，他们的真实意图是保护自己的垄断地位，而非维护市场秩序。如果我们忘记了这一点，不断满足他们的要求，社会就会陷入"囚徒困境"：每个人都选择吃免费午餐，最后的结果是每个人都不得不支付比本来高得多的费用。

经济学的思维方式有助于我们建立一个摆脱"囚徒困境"的制度，这个制度就是市场经济。价格、利润、企业家，是市场经济制度的核心。

中国经济改革40多年取得的巨大成就，显示了市场经济在创造财富和改进民生方面的威力。但现在，反市场化的舆论很有市场。市场经济确实有不少弊病，其中最大的弊病是：当你能享受到它的好处的时候，你可能看到的都是它的缺点；当你没有机会享受它的好处的时候，它也没有办法告诉你它的优点在什么地方。特别是由于政府或者某种强权的不恰当干预，破坏了市场经济的正常运作，使市场经济表现为病态市场经济的时候，人们往往以为这是它本身的毛病。学一点经济学有助于我们认识清楚我们面临的问题的根源，从而找到正确的解决办法。

保罗·海恩等人的《经济学的思维方式》，是我所读到的写给非经济学专业读者最好的经济学教科书之一。我相信，如果我们的立法者、政府官员和参与公共政策讨论的普通大众能明白这本书中讲述的经济学常识，学习一点经济学的思维方式，我们在公共政策的制定上就可以少犯一些错误，少一些合法但不合理的游戏规则。故此，我愿意把这本书推荐给大家！

张维迎

牛津大学经济学博士
北京大学国家发展研究院联合创始人
北京大学光华管理学院原院长

写在正文之前

《经济学的思维方式》不仅拥有一批忠实读者,而且读者群体还在不断壮大。近几年,本书有了中文、日文、俄文和匈牙利文译本。即使是本书的英文版也与主流经济学教材不太一样:看起来不一样,感觉上不一样,读起来也不一样。

这确实是一本与众不同的经济学教材。

本书向读者介绍了经济学家的技能,并通过例子和应用教授经济学知识。本书还揭示了讨论某些经济问题时常见论证过程中的隐性谬误,借此告诉读者哪些思维方式是**错误**的。本书主要为普通经济学概论课程设计,教学时长为一个学期。有些学校的工商管理硕士和经济学硕士课程也用本书做教材,效果也很不错。还有人把本书当作微观经济学原理的教材。《经济学的思维方式》逐步推导、严格运用了微观经济分析和宏观经济分析的基本原理,但掌握这些技术不是我们的最终目的,而仅仅是分析经济学问题的工具。

其他经济学入门教材的作者往往急于向读者展示经济分析的形式之美。这种想法虽然不难理解却并不明智,因为过多抽象的技术细节往往只会成为学生的负担。没错,经济学家会建立模型(也会使用比喻和修辞),但是普通的大一新生往往对模型并不怎么感兴趣。大部分学生来上我们的课仅仅是为了满足其他课程的先修条件。但作为经济学家,我们有义务向学生展示为什么我们能站在台上讲,而他们只能坐在台下听。我们应该努力让学生明白为什么课程设计者认为经济学是一个重要的研究领域。说到底,经济学的精髓并不是生产函数、完全竞争均衡、价格接受者和菲利普斯曲线,经济学的精髓在于探索优化过程和交换过程背后的逻辑,在于研究教室以外的真实世界中的买家和卖家如何协调彼此的计划。这本教材不会等到学期末才把上述信息传达给学生，我们在本书的一开始就明确地提出了这一点。

保罗一向不吝大声说明自己的教学策略。在本书之前的版本中他曾说："从开课的第一天起，我们就必须向学生们展示经济学原理如何在嗡嗡作响、令人迷惑的混乱中给出清晰的解释，如何澄清、系统化地整理并修正每天报纸上的种种言论、政客的说辞、别有用心者的煽动和咖啡馆中的高谈阔论。"30多年来，《经济学的思维方式》教会学生如何看穿那些胡说八道的谎言，如何开始理解他们周遭的复杂世界。本书的第13版会继续保持这一传统。

少即是多

这本教材通过更少（更少强调正式经济学建模）来完成更多（更多思考、更多应用、更多洞察）。但请各位读者不要误解，这并不是一本容易的、掺水的经济学教材。本书的第13版对经济学原理做了扎实的讨论和展开，并以启发性、探索性的方式将这些原理大量运用于我们周遭的世界。就连专业经济学者也告诉本书的作者，他们通过阅读本书对经济学有了更深入的了解。他们可都是有经济学博士学位的人。

本书的宗旨是教会学生如何以经济学家的方式思考。如果学生能因此对经济学产生兴趣，他们日后还可以修读其他经济学课程，到时将有大量机会供他们磨炼建模技巧。我们希望学生可以继续在美妙的经济学领域中求知——即便他们以后不继续学习经济学，我们也希望他们至少能够记住本书中的一些基本的道理。

第13版的变化

《经济学的思维方式》是保罗·海恩心血的结晶，是他留给我们的珍贵教育遗产。本书充分继承并延续了阿尔奇安(Alchian)和艾伦(Allen)在早已绝版的《大学经济学》(*University Economics*)中对产权和协调的强调。本书还具有奥地利学派风格，强调市场过程的动态性以及企业对市场过程的影响，这些思想主题来自路德维希·冯·米塞斯(Ludwig von Mises)、F.A.哈耶克(F.A. Hayek)、以色列·柯兹纳(Israel Kirzner)和默里·罗斯巴德(Murray Rothbard)。上述思想以及其他一些观点(比如我们从前的导师詹姆斯·布坎南和戈登·塔洛克提出的公共选择理论)已经开始逐渐形成一个新的经济学流派,人们称之为"弗吉尼亚政治经济学派"。

这个版本有几个新的特点:

· 在第5章中,我们讨论了人们的时间偏好,以及利率在协调经济活动的过程中扮演怎样的角色。

· 我们重新引入了一整章关于收入分配的内容(第12章)。

· 在第13章中,我们加入了对"失去求职意向的劳动者"的讨论。

· 关于货币平衡的讨论被归入第14章:货币。

· 在第15章中,我们讨论了奥地利学派的"不可持续的经济繁荣"理论,并将这一理论与第5章中对利率的讨论联系起来。我们还用这一理论解释近年来的经济大衰退现象。(一位审稿人认为,在这本书之前的版本中,我们没有充分介绍奥地利学派的经济周期理论。他要求我们明确写出这部分内容,但不要进一步深入。因此我们在本书的第15章中采纳了这一意见。)

· 我们更新了数据,并在每一章的开头增加了"学习目标"。

致谢

我们永远感激已故的保罗·海恩,感激他为一代又一代的学生提供了机会,使他们能够通过本书中的文字学习他的思想。

在过去的30年中,许多人帮助我们塑造和改进这本书。像保罗·海恩一样,他们帮我们审阅本书之前的版本,或者主动向我们提出有益的意见。为了表达感激之情,我们希望继续将他们的名字列在本书的前言中:

泰瑞·安德森(Terry Anderson)	塞缪尔·博斯塔夫(Samuel Bostaph)
罗伯特·贝克(Robert Beck)	罗纳德·布兰多里尼(Ronald Brandolini)
沃尔特·布洛克(Walter Block)	罗伯特·布朗(Robert Brown)
巴里·博伊尔(Barry Boyer)	约拉姆·巴赛尔(Yoram Barzel)
保罗·布里格斯(Paul Briggs)	罗伯特·比什(Robert Bish)

亨利·布鲁顿（Henry Bruton）　　　　　弗兰克·马乔维奇（Frank Machovec）

金·卡拉翰（Gene Callahan）　　　　　约翰·麦克阿瑟（John McArthur）

阿特·卡登（Art Carden）　　　　　　　马克·麦克尼尔（Mark McNeil）

托尼·卡里利（Tony Carilli）　　　　　汤姆·密因斯（Tom Means）

尚恩·卡特（Shawn Carter）　　　　　　霍华德·米勒（Howard Miller）

朱迪思·B.考克斯（Judith B. Cox）　　　格伦·穆兹（Glenn Moots）

保罗·奇克（Paul Cwik）　　　　　　　查尔斯·纳尔逊（Charles Nelson）

布伦特·戴维斯（Brent Davis）　　　　　玛丽莲·奥罗佐（Marilyn Orozco）

亚瑟·迪夸特罗（Arthur DiQuattro）　　E.C.齐克·帕苏尔（E.C. Zeke Pasour）

约翰·B.艾格（John B. Egger）　　　　　本杰明·鲍威尔（Benjamin Powell）

西奥·艾彻（Theo Eicher）　　　　　　　波特鲁里·拉奥（Potluri Rao）

玛丽·艾森巴赫（Mary Eysenbach）　　　里德·雷诺兹（Reed Reynolds）

马修·法卡斯（Matthew Facas）　　　　安德鲁·鲁顿（Andrew Rutten）

霍斯特·费尔德曼（Horst Feldmann）　　海德汉·萨利希–埃斯法哈尼

罗伯特·弗里曼（Robb Freeman）　　　（Haideh Salehi–Esfahani）

约瑟夫·福希格（Joseph Furhig）　　　　马克·史库森（Mark Skousen）

沃伦·吉布森（Warren C. Gibson）　　　霍华德·斯韦恩（Howard Swaine）

安德鲁·汉森（Andrew Hanssen）　　　詹姆斯·斯沃福德（James Swofford）

罗伯特·希格斯（Robert Higgs）　　　　彼得·图马诺夫（Peter Toumanoff）

P.J.希尔（P.J. Hill）　　　　　　　　　斯蒂芬·特努夫斯基

大卫·亨德森（David Henderson）　　　（Stephen J.Turnovsky）

特德·霍姆斯特罗姆（Ted Holmstrom）　T.诺曼·范科特（T. Norman Van Cott）

史蒂夫·霍维茨（Steve Horwitz）　　　　温迪·沃科利克（Wendy Warcholik）

大卫·约翰逊（David Johnson）　　　　唐纳德·威尔斯（Donald Wells）

劳里·约翰逊（Laurie Johnson）　　　　西德尼·威尔逊（Sidney Wilson）

托马斯·约翰逊（Thomas Johnson）　　米歇尔·怀里克（Michelle Wyrick）

爱德华·A.卡钦斯（Edward A. Kaschins）　哈维·扎宾斯基（Harvey Zabinsky）

罗纳德·克里格（Ronald Krieger）　　　M.Y.扎克·扎基（M.Y. Zak Zaki）

查尔斯·拉维（Charles Lave）

伊恩·拉塞尔（Ian Laxer）

在市场经济体中，如果不能充分利用手中的产权，这些产权就会流向生产效率更高的人。因此，本书作者有相当大的动力去减少书中的错误、增加本书的价值。尽管如此，信息仍然是一种稀缺商品，因此我们欢迎您对本书提出意见、批评和建议。如果您对第13版及增补内容有任何看法，请随时通过电子邮件联系勃特克（pboettke@gmu.edu）或普雷契特科（dprychit@nmu.edu）。

第13版的审稿人给我们提了明确而详细的意见，并要求我们重新考虑上一版中的例子、片段，甚至整个章节。我们非常感谢他们的意见，在此特别对他们致以感谢：

格洛丽亚·科默（Gloria Komer），斯塔克州立大学

约翰·马西斯（John Marcis），卡罗莱纳海岸大学

约翰·麦克阿瑟（John McArthur），伍夫德学院

劳伦斯·奥弗兰（Lawrence Overlan），温特沃斯理工学院

迈克尔·卡特（Michael Carter），杰克逊维尔州立大学

王宁（Ning Wang），亚利桑那州立大学

保罗·奇克（Paul Cwik），橄榄山学院

你可能已经注意到，有几位审稿人多次参与了本书的审稿。在盲审过程中，我们仔细考虑了审稿人提出的所有意见。但有时在某些岔路口上，他们提出了两种（甚至三种）可能的方向，我们选择了我们认为最有趣、最有效的方向。我们的选择有机会成本，我们无法同时满足所有审稿人的要求，但我们已经尽力做出最优选择。

我们还要感谢乔治梅森大学的以下几位研究生：斯科特·博利尔（Scott Beaulier）、克里斯·科因（Chris Coyne）、艾萨克·迪兰尼（Isaac Dilanni）、杰里米·霍佩达尔（Jeremy Horpedahl）、皮特·利森（Peter Leeson）、尼克·沙德勒（Nick Schandler）、所罗门·斯坦（Solomon Stein）、约翰·罗伯特·苏布里克（John Robert Subrick）。自第10版开始，我们一直追踪和更新书中的数据，他们都在不同的时刻为此做过贡献。勃特克的私人助理彼得·利普西（Peter Lipsey）也在这方面帮了不少忙，他帮助我们更新数据、校对文字，保证我们

能在截稿日期前完成工作。艾米莉·普里奇特科(Emily Prychitko)好意协助了我们的编辑校对工作。

接下来要感谢本书的编辑制作团队。我们感谢培生出版公司(Pearson)的策划编辑诺埃尔·塞伯特(Noel Seibert)，感谢他始终欣赏本书的独特性，鼓励我们进一步调整新版本以适应经济困难时代的需求。我们感谢高级编辑项目经理卡罗琳·特布什(Carolyn Terbush)和助理编辑艾米莉·布劳德(Emily Brodeur)，感谢她们耐心地帮助我们专注于手头的任务。最后我们还要感谢培生公司的生产项目副经理艾莉森·尤斯登(Alison Eusden)和S4Carlisle出版公司的阿伦·普拉卡什·阿尔伯特(Arun Pragash Albert)，感谢他们帮助我们高效和及时地完成了本书的文字编辑和校对工作。

我们感谢阿特列斯基金会(Atlas Foundation)、埃尔哈特基金会(Earhart Foundation)、J. M. 凯普兰基金(J. M. Kaplan Fund)和梅卡图斯中心(Mercatus Center)的好心人。多年来，他们为我们的研究和教学活动提供了慷慨的资金支持，这个新版本依然离不开研究和教学活动的支持。

最后，我们还要写下一条最为重要的致谢：感谢我们的妻子罗斯玛丽·勃特克和朱莉·普雷契特科，也感谢我们的家人。你们给了我们无尽的爱、支持与理解，如果没有这些东西，我们的项目绝不可能成功。事实上，如果没有你们，我们所做的一切都不会有任何意义。

彼得·勃特克 & 大卫·普雷契特科

关于作者

彼得·勃特克：

乔治梅森大学经济学与哲学教授，梅卡图斯中心资本主义研究方向零售业银行及信托服务专业教授。勃特克著有多本研究苏联历史的书籍，还出版和发表过一系列关于经济思想与方法史的书籍与文章。

大卫·普雷契特科：

曾任康奈尔大学初级研究员，在南斯拉夫当过富布莱特研究员。著有多种书籍和文章，主题包括马克思主义、比较系统和经济方法。普雷契特科教授目前在自己的母校——北密歇根大学任教，这座大学位于风景如画的密歇根上半岛。

勃特克和普雷契特科是多年挚友（尽管如此，他们偶尔还是会在某些问题的细节上产生分歧）。两人20世纪80年代末从乔治梅森大学毕业，此后联合出版了多部著作。他们从事经济学教学的时间加起来已经超过50年。

目录

第1章 经济学的思维方式

1.1 认识秩序 /001
1.2 社会协作的重要性 /003
1.3 社会协作如何发生 /003
1.4 思想的工具——经济学家有哪些技能 /004
1.5 通过相互调整达成协作 /008
1.6 信号 /009
1.7 游戏规则 /010
1.8 产权是一种游戏规则 /011
1.9 经济理论的偏向性：是长处还是弱点 /012
1.10 是偏见还是结论 /014
1.11 经济学家的技能 /016

第2章 效率、交换和比较优势

2.1 正商品和负商品 /022
2.2 物质财富的迷思 /024
2.3 贸易创造财富 /025
2.4 值不值？效率和价值 /026
2.5 认识取舍：对生产的机会成本进行比较 /029
2.6 分工和交换带来的效益 /031
2.7 为什么要进行专业分工 /032
2.8 从个人贸易到国际贸易，再从国际贸易回到个人贸易 /033
2.9 交易成本 /034
2.10 降低交易成本的动机：中间人 /035
2.11 中间人创造信息 /036
2.12 市场是一种发现的过程 /037

2.13 全景图：关于经济增长的初步思考 /039
2.14 寻找一种解释 /039
2.15 鼓励专业分工和交换的规则如何演进 /040

第3章 无处不在的替代品：需求的概念

3.1 关于"需要"这个词 /051
3.2 边际价值 /054
3.3 分岔路口：日常选择是边际选择 /055
3.4 需求曲线 /055
3.5 需求法则 /058
3.6 需求和需求量 /059
3.7 需求本身也可以变化 /060
3.8 所有东西都取决于其他东西 /061
3.9 通货膨胀导致的误解 /065
3.10 时间站在我们这边 /066
3.11 需求的价格弹性 /067
3.12 对弹性的思考 /068
3.13 弹性和总收入 /070
3.14 竖直需求曲线的迷思 /071
3.15 需求应该扮演怎样的角色 /072
3.16 金钱是唯一重要的因素吗？货币成本、其他成本和经济计算 /074

第4章 成本与选择：供给的概念

4.1 回顾机会成本的概念 /086
4.2 成本是行为的成本，而不是东西的成本 /087
4.3 我现在该怎么做？"沉没成本"的无关性 /088
4.4 生产者的成本是机会成本 /090
4.5 边际机会成本 /092
4.6 成本与供给 /093
4.7 供给曲线 /096
4.8 供给本身也可以变化 /097
4.9 边际成本与平均成本 /099
4.10 志愿兵役制度的成本 /100
4.11 供给的价格弹性 /103
4.12 用成本论证正当性 /104

第 5 章 供给与需求：一种协调过程

5.1 市场是计划协调的过程 /115
5.2 基本过程 /116
5.3 竞争、合作与市场出清 /119
5.4 市场情况的变化 /121
5.5 从自由市场价格中获取信息 /121
5.6 计划经济与知识问题 /123
5.7 产权与制度 /125
延伸思考：货币和利息的协调角色 /126

第 6 章 意外之果：供给与需求的更多应用

6.1 灾难中的困惑 /141
6.2 灾难中的协调 /142
6.3 解决价格问题的冲动 /144
6.4 价格锁定时的竞争 /146
6.5 恰当的信号与不恰当的信号 /147
6.6 想在城里找间公寓？去看讣告栏吧 /148
6.7 烈酒和烈性毒品：犯罪的激励机制 /151
6.8 脱脂奶、全脂奶和牛奶黑帮 /153
6.9 价格下限与商品过剩 /153
6.10 供给、需求和最低工资 /154
6.11 国际奴隶交易死灰复燃 /157
6.12 昂贵的体育，廉价的诗歌，谁之过 /158
6.13 成本是否决定价格 /159
6.14 "退学者"乐队发行了首张专辑 /159
6.15 "山里有金子！"那又怎么样 /160
6.16 连肉贩也没这个胆子 /161
6.17 为什么换个便盆那么贵 /161
延伸思考：正确表达经济学问题 /163

第 7 章 利润与亏损

7.1 工资、租金和利息：通过合同事先规定的收入 /176
7.2 利润：可正可负的收入 /177
7.3 利润的计算：哪些因素应该纳入成本 /178

7.4 经济利润与财会利润的比较 /178

7.5 不确定性:利润的必要条件 /181

7.6 企业家 /182

7.7 企业家是获得余值的人 /183

7.8 非营利机构 /184

7.9 企业经营与市场过程 /185

7.10 仅靠运气? /187

7.11 利润与亏损是协调的信号:货币计算扮演的角色 /188

7.12 小心专家 /189

延伸思考:期货市场上的投机行为 /191

第8章 寻价

8.1 流行的定价理论 /208

8.2 有请艾德·塞克登场 /210

8.3 最大化净收入的基本法则 /211

8.4 边际收入的概念 /211

8.5 为什么边际收入低于价格 /212

8.6 让边际收入等于边际成本 /213

8.7 空座位怎么办 /215

8.8 差异化定价者面临的两难境地 /215

8.9 大学的寻价问题 /216

8.10 一些差异化定价策略 /218

8.11 艾德·塞克找到了出路 /219

8.12 消费者的不满情绪和商家对差异化定价策略的合理化解释 /220

8.13 午餐和晚餐的价格 /221

8.14 重新考虑"成本加利润"的定价模型 /222

第9章 竞争与政府政策

9.1 竞争是一个过程 /233

9.2 竞争的压力 /235

9.3 控制竞争 /236

9.4 对竞争的限制 /239

9.5 对关键资源的竞争:价值100万美元的出租车牌照 /240

9.6 竞争与产权 /240

9.7 政府政策的矛盾性 /241

9.8 以低于成本的价格销售 /241

9.9 什么是合理成本 /242

9.10 "掠食者"与竞争 /244

9.11 价格管控 /245

9.12 "反托拉斯"政策 /247

9.13 反托拉斯法的解释和应用 /248

9.14 纵向兼并：促进竞争还是抑制竞争 /249

9.15 各方意见 /251

9.16 政策评估 /252

第10章 外部效应与权利冲突

10.1 正的外部效应和负的外部效应 /259

10.2 完美的情况不可能达到 /260

10.3 协商 /262

10.4 通过裁决（adjudication）降低外部效应 /263

10.5 房主的抱怨 /264

10.6 前例的重要性 /265

10.7 剧烈变化导致的问题 /266

10.8 通过立法（legislation）减少外部效应 /266

10.9 成本最小化 /267

10.10 另一种解决方案：对废气排放征税 /269

10.11 污染许可证？ /270

10.12 效率与公平 /271

10.13 泡泡法 /272

10.14 权利与污染造成的社会问题 /274

10.15 交通堵塞是一个外部效应问题 /274

第11章 市场与政府

11.1 私有还是公有 /290

11.2 竞争与个人主义 /290

11.3 经济理论与政府行为 /291

11.4 强制的权力 /293

11.5 政府究竟有没有必要存在 /294

11.6 排除不付钱的人 /294

11.7 "搭便车"问题 /295

11.8 正的外部效应与"搭便车"的人 /296

11.9 法律与秩序 /297

11.10 国防 /298

11.11 公路和学校 /298

11.12 收入的再分配 /299

11.13 对自愿交换进行管制 /300

11.14 政府与公共利益 /301

11.15 信息与民主政府 /302

11.16 民选官员的利益 /303

11.17 收益是集中的，成本却是分散的 /305

11.18 正的外部效应与政府政策 /305

11.19 人们如何界定公共利益 /307

11.20 囚徒困境 /308

11.21 政治制度的局限 /310

第12章 收入分配

12.1 供给方和需求方 /320

12.2 资本与人力资源 /321

12.3 人力资本与投资 /322

12.4 产权与收入 /323

12.5 实际权利、法律权利和道德权利 /324

12.6 预期与投资 /325

12.7 是人还是机器 /326

12.8 对生产性服务的派生需求 /327

12.9 谁在与谁竞争 /328

12.10 工会与竞争 /328

12.11 贫困与收入不平等问题 /329

12.12 为什么收入不平等问题在不断加剧 /332

12.13 收入的再分配 /335

12.14 改变规则和社会合作 /337

第13章 衡量经济系统的总体表现

13.1 国内生产总值 /348

13.2 GDP 还是 GNP/349

13.3 GDP 是国内经济创造的总收入 /350

13.4 GDP 衡量的不是经济体中的所有购买支出 /351

13.5 GDP 是所有增加价值的总和 /352

13.6 增加价值是否总是正数 /353

13.7 尚未解答的零散问题：未售出的商品和二手商品 /355

13.8 总量波动 /356

13.9 失业和未就业 /357

13.10 就业人口、未就业人口与失业人口 /359

13.11 劳动力市场的决策 /360

13.12 失业与经济危机 /361

13.13 通货膨胀 /363

13.14 1960 年以来的经济危机与通货膨胀 /364

13.15 哪些因素导致了总体经济表现的波动 /367

延伸思考：国家收入统计的局限性 /370

第 14 章 货币

14.1 货币的演化 /382

14.2 法定货币（Fiat Money）的故事 /384

14.3 今日货币的性质 /384

14.4 究竟有多少钱在市面上流通 /386

14.5 信用和信心 /386

14.6 受管制的银行：法定准备金要求 /389

14.7 存款扩张与货币创造 /390

14.8 美联储的角色是监督者和规则执行者 /393

14.9 美联储使用的工具 /395

14.10 贴现率 /395

14.11 公开市场操作 /396

14.12 货币平衡 /398

14.13 究竟谁说了算 /399

延伸思考：那黄金呢？/400

第 15 章 经济表现和现实世界中的政治

15.1 大萧条 /408

15.2 经济衰退期间究竟发生了什么 /410

15.3 一堆错误的聚集 /411

15.4 信贷与协作：自由市场上的储蓄与投资 /412

15.5 信贷与协作失败：不可持续的经济繁荣 /413

15.6 经济衰退是一种修正过程 /415

15.7 货币政策在什么情况下有效 /416

15.8 为财政政策辩护 /417

15.9 掌握时机的必要性 /419

15.10 联邦预算是一种政策工具 /420

15.11 任期和政治 /421

15.12 无限制的赤字 /423

15.13 为什么赤字没有成为各级政府的普遍现象 /427

15.14 自由裁量与规则 /429

15.15 究竟由谁说了算 /431

15.16 理解近期的经济情况 /433

第16章 国家的财富：全球化与经济增长

16.1 哪些国家富裕，哪些国家贫穷 /446

16.2 历史数据 /447

16.3 经济增长的来源 /448

16.4 外国投资 /450

16.5 人力资本 /454

16.6 石油来自我们的头脑 /454

16.7 经济自由指数 /455

16.8 私有产权在经济发展方面的力量 /456

16.9 亚洲纪录 /457

16.10 亚洲以外 /459

16.11 对不同国家的GDP进行比较时面临的困难 /462

16.12 全球化及人们对全球化的不满 /464

16.13 民意的力量 /466

16.14 特殊利益集团的力量 /467

16.15 外包的争议：口号与分析 /468

后记：经济学家知道什么 /473

核心词汇 /476

第1章 经济学的思维方式

学习目标

- 阐释经济学的定义。
- 介绍优化行为的概念。
- 理解个人决策的重要性。
- 介绍产权的概念：产权是经济学游戏的重要规则。
- 理解社会互动中"看不见的手"扮演的重要角色。

如果你的汽车坏了，一个好的机修工能找出问题所在，因为他清楚汽车在没有坏时如何运转。许多人觉得经济学问题令人迷惑，这是因为他们不清楚一个经济系统在状态良好时如何运行。这些人就像是进错了学校的机修工，这所学校里只研究坏掉的引擎，却不学习正常引擎的工作原理。

当人们习惯某件事情后，就很容易将其视为天经地义，而难以看清它的本质。因此，我们极少注意社会中的秩序，对每天赖以生存的社会协作过程熟视无睹。所以，不妨从这样一个出发点开始学习经济学：让我们睁大眼睛，看看社会协作给日常生活带来多少神奇的好处。

高峰时段的交通，就是一个解释社会协作过程的极佳例子。

1.1 认识秩序

面对上述提议，你可能会大吃一惊。用高峰时段的交通解释社会协作？难道那不是**丛林法则**或**协作崩溃**的例子吗？

不，完全不是。人们总是只关注失败，而把成功视作理所应当，甚至根本意识不到它的存在。听到"高峰时段的交通"时，假如你脑海中出现的第一个联想是"塞车"，这便恰好支持了上述论点。

高峰时段交通的最大特点不是"堵塞"，而是"流动"。若非如此，人们就不会日复一日地赶在这个时段上路，还总能成功到达目的地。当然，高峰时段的交通情况并不理想（有什么事情是绝对理想的呢？试举一例？）。这个系统竟能运行起来已经很值得称道，我们应抱着惊叹的态度来欣赏它。

早上8点左右，成千上万的人离开家，坐进汽车，赶去工作。每个人都独立选择自己的路线，不存在互相商量。这些人的驾驶技术参差不齐，对风险的偏好各不相同，礼貌程度也天差地别。他们开着大小不一、形状各异的轿车，在城市纵横交错的动静脉中穿行、出入，与其他形形色色的交通工具（卡车、公共汽车、摩托车和出租车）混合在一起。每一位司机都有自己的计划，几乎完全不关心自身以外的事情——这未必是出于自私，而是因为他们并不了解其他司机的详细计划。每位司机只能观察到自己周围的环境：附近几辆车的位置、方向和速度。他们心中还有一个重要假设：其他人也和自己一样十分希望避免事故。除此之外，司机们对彼此一无所知。当然，每个人都应该遵守一些通用的规则，比如红灯时必须停车，行车应尽量接近道路限速，但也仅仅如此。上文所述的交通系统完全可能陷入一片混乱——似乎应是处处拥塞，遍地车祸。有些时候确实如此，但非常少见。

我们观察到的实际情况是：道路上的车辆顺畅、协调地向前流动。从高空俯瞰，甚至能从这样的车流中获得审美上的快感。仿佛一只"看不见的手"在引导车辆的运动。

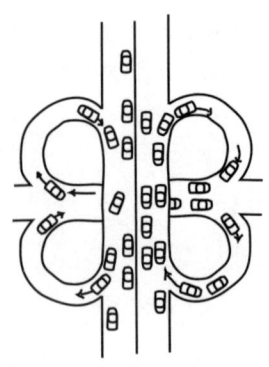

看看那些车吧：每辆车都由驾驶员独立驾驶，当两车之间出现转瞬即逝的空隙，便会有其他车见缝插针进来；车与车靠得那么近，却很少碰撞；当一辆车并线到另一辆前面时，成功和事故之间不过一两秒钟的差别；前后车距加大，后车便会加速，车距太小时，后车又会减速。与想象中的无政府主义混乱相反，高峰时段的交通，或者说任何时段的城市交通，都是社会协作的奇迹。

1.2 社会协作的重要性

人人都对交通再熟悉不过，但几乎没人将它视为协作系统。实际上，我们对协作的依赖，远超对通常所谓"经济商品"的依赖。如果没有鼓励协作的各种社会制度，我们就不可能享受文明的好处。

托马斯·霍布斯（Thomas Hobbes）早已观察到这一情况，在其著作《利维坦》（*Leviathan*，1651）中，有一段常被引用的名言："在这种状况下，产业是无法存在的，因为其成果不稳定。这样一来，举凡土地的栽培、航海、外洋进口商品的运用、舒适的建筑、移动与卸除须费巨大力量的物体的工具、地貌的知识、时间的记载、文艺、文学、社会等等都将不存在。最糟糕的是人们不断处于暴力死亡的恐惧和危险中，人的生活孤独、贫困、卑污、残忍而短寿。"[a]

霍布斯相信，人们如此一味追求自保和自我满足，因此只有强力（或者强力威慑）才能阻止他们持续地互相攻击。霍布斯的著作只强调了最基本的社会协作形式：放弃暴力和抢劫。他似乎假设：如果人们能被引导着不去伤人和打劫，那么正面的协作——创造出产业、农业、知识和艺术的协作——就会自动发生。但是，果真如此吗？理应如此吗？

1.3 社会协作如何发生

要生产出我们享用的大量商品和服务，一个社会必须完成大量生产活动，而这些活动以非常复杂的方式互相关联。如何鼓励每个人精确地采取行动呢？哪怕是一个只有圣人的社会，也必须靠一些程序来引导积极的、恰当的协作，否则圣人们仍会"孤独、贫困、卑污、残忍而短寿"。毕竟，圣人也需要搞清楚自己应该做什么，以及应该在何时何地去做这些事情，才能给他人提供有效的帮助。

霍布斯的社会研究已是三百多年前的事情。若想理解"共同体"中的生活，就必须搞清楚一个极为重要的问题："社会协作究竟如何发生？"霍布斯

---

[a] 摘自黎思复、黎廷弼译《利维坦》，商务印书馆。——译者注

可能没有认识到这个问题的重要性，因为他的社会比我们的简单得多，更多地受风俗和传统约束，而在我们成长的时代，社会面临着更多快速的、破坏性的变化。事实上，直到 18 世纪中后期，才有思想家开始考虑社会究竟如何"运转"的问题：个体仅拥有极为有限的信息，且仅关心自己的利益，然而我们得到的结果并非一团混乱，而是令人惊叹的充满秩序、生产力充沛的社会——为什么会这样？

在这些 18 世纪的思想家中，亚当·斯密（Adam Smith）是最有洞察力，且无疑是影响力最大的一位。在斯密生活的时代中，大部分受过教育的人相信，政治统治者必须进行精心的计划，否则整个社会就会退化向贫困和无序。斯密不同意这样的观点，他认为社会的运作依赖于某种协作过程。但是，要想驳倒当时的主流看法，他必须把社会协作描述出来——斯密认为，这个过程能够自发运转，不仅不需要政府随时监管，甚至还能抵消与之相左的政府政策。1776 年，亚当·斯密在《国富论》（*An Inquiry into the Nature and Causes of the Wealth of Nations*，全名为《关于国民财富性质和原因的研究》）一书中发表了上述分析，从此确立了"经济学之父"的地位。"经济学的思维方式"并不是亚当·斯密发明的，但是和之前的许多思想家相比，他更详尽地论述了这个概念，并且首次以这个概念对社会变革和社会协作进行了全面的分析。

1.4 思想的工具——经济学家有哪些技能

所谓"经济学的思维方式"究竟是什么？首先我们应该知道，顾名思义，这是一种"思维方式"：它是一种方法，而不是一组结论。它是一套技术，这套技术能帮助我们思考、分析复杂的周遭世界。

但是，究竟何谓"思考的技术"？想要言简意赅地说清这个问题并不容易。当你练习用这套技术来思考时，自然会明白它究竟是什么。也许，理解这个概念的最佳方式是将它总结为由一个基本前提推导出来的一系列概念：**所有社会现象都产生于个体的行动和相互作用，而个体根据行为给自身带来的预期收益和预期成本进行选择。**

以上定义似乎过于包罗万象。所有社会现象？没错，就是所有。事实上，我们不妨承认，从经济学诞生的时候开始，经济学家便相信他们的理论适用范围极广——这些理论不仅能解释通常被视作"经济板块"的领域中的问题，还能解释许多其他领域中的问题。经济学不仅关乎金钱和利润、商业和金融，也不仅研究人们的竞争性行为。事实上，经济学研究所有类型的选择，以及这些选择所产生的意外之果——也就是人们在选择自己行为时没有预料到的副作用。我不仅可以用经济学的思维方式研究上下班高峰时段的交通，还可以用这套思维方式研究国际贸易、非营利组织和以提高社会福利为目标的慈善组织及政府机构。如果能用一套方法解释沃尔玛或通用汽车的经营者行为，那我们为什么不能用同一套方法去解释美国国家税务局或美国农业部的行为呢？和所有其他社会团体一样，政府的所有分支和机构也是由个人组成的，这些个人也根据行为给他们自身带来的预期收益和预期成本来做选择。难道不是这样吗？

请读者不要误解我的意思。经济学理论并不假设所有人都自私、物质主义、短视、不负责任或仅关心经济利益。人们根据某种行为会给自己带来的预期收益和预期成本来选择自己的行为，但这并不意味着他们必有以上不良品质。一切都取决于人们如何定义收益和成本，以及他们赋予这些收益和成本的相对价值。在现实中，乐善好施、公益精神以及其他美德都非常重要，经济学理论绝不否认这一点。如果经济学家们否认这些因素，那他们就太愚蠢了。事实上，除了《国富论》以外，亚当·斯密还写过一本专门讨论美德问题的书！

在实际应用中，经济学的思维方式主要涉及三个方面：第一个方面涉及"**行为**"；第二个方面涉及"**互动**"；第三个方面涉及行为的"**结果**"，不管是有意的还是无意的结果。关注"行为"时，我们强调的是"**优化**"和"**权衡**"，或者说取舍。优化是指，在使用资源时尽量多地获得自己想要的东西，不管想要的是什么。因为资源具有稀缺性，所以优化是必要的。如果某人拥有无限的资源，那么此人就不需要优化。但是我们不要忘记，时间也是一种稀缺资源，至少对寿命有限的凡人而言是这样的。即使钱多得花不完，也必须懂得怎样优化。如果决定花一周的时间在犹他州滑雪，那么就不能把这一周的时间花在阿卡普尔科[a]的海滩上，因此，不管经济收入有多高，你仍然必须取舍。就

优化行为

---

a 阿卡普尔科：墨西哥港口城市。——译者注

算是"脸书"（Facebook）的总裁马克·扎克伯格（Mark Zuckerberg）也必须决定如何利用自己的时间和财富——是用接下来的一个月寻找更多投资机会，还是去某个遥远的海岛上度过一个月的假期？即便是他也不可能同时拥有所有东西。即便是他也必须面临取舍。马克·扎克伯格又赚了一亿美元，他该用这一亿美元来做什么？在做这个决策的时候，他就面临着取舍——是把这一亿美元塞在床垫里，还是再投资一家网络公司？或者像以前一样把这一亿美元捐献出去，用于改善纽瓦克[a]完全失灵的公立学校系统？他面临的选择或许和你面临的很不一样，但是他和你一样必须面对稀缺性。资源的稀缺意味着你必须取舍、必须权衡，因为只有这样才能获得更多你想要的东西。在接下来的章节中我们将会看到：经济学的思维方式能清晰地解释优化的过程，即在资源稀缺限制下的选择行为。

除此之外，经济学的思维方式能澄清另一个重要却令人迷惑的领域——互动。如果说，经济行为要解决的核心问题是资源的稀缺性，那么经济互动的核心问题就是：不同个体会同时执行大量的、多样的甚至互相冲突的个人计划。资源稀缺的问题可以通过优化来解决，但我们还需要和成千上万的他人合作，而我们甚至根本不认识他们——这个问题怎么解决呢？可以通过参与社会协作过程来解决。城市的交通问题就同时展示了经济学的以上两个方面。开车的人需要计划自己的路线；需要决定是否换道；当交通灯变黄时，他们需要决定自己究竟该加速还是减速——做出这些决策时，司机就在进行优化行为，他们做出了选择——根据当前情况，选择自认为对自己最有利的行动。但是，司机们的行为并不只是简单叠加在一起，而是通过一种过程互相协作。这个充满大量互动的过程不由某一位司机控制（也不由一位中央交通规划员控制！），然而，这过程却神奇地把所有个人决策协调了起来。虽然它并不完美，但大部分人都能成功地驱车到达目的地。

这就要求我们考虑"意外之果"的概念。在交通系统中，每一位司机都希望到达自己的目的地，每一位司机在行程中都会自行做出决策，并与其他司机保持互动。然而，整体的交通流并不是某个人刻意计划的结果。任何一位司机都不可能独立控制交通流，也没有一位虚构的中央交通规划员在事无巨

---

a 纽瓦克：美国城市，位于新泽西州。——译者注

细地指挥大家如何行动从而保持有序。复杂的交通状况是自发产生的，所有司机"只负责开车"，而他们的行为共同导致了这个"意外之果"。当人们并没有共同目标，只分别追求自身利益时，究竟如何产生有序的结果？——这个问题非常重要，对它的思考在很大程度上催生出经济学的思维方式。

在现代工业社会，人们的优化行为发生在程度极高的专业化环境中。专业化也就是亚当·斯密所说的"分工"。在过去的几个世纪中，经济产出增长并带来"国家财富"扩张，而专业化是促成这种变化的必要条件之一。但是，如果缺乏协作，专业化便无法带来财富，而只会导致混乱。千万人各有目的，基于自己的资源和能力各行其是；但个体选择的成败又取决于他人的协作，同时我们对他人的目的、资源、能力几乎一无所知。在这种情况下，协作究竟是如何完成的？

若想回答这个问题，若想解释亚当·斯密所说的"商业社会"的神秘运行机制，就得让经济学理论大显身手。亚当·斯密很早就在《国富论》中提出了这样的看法：

> 社会分工一经确立，个人的劳动生产物便只能满足自己需求的极小部分，其他部分的需求须用自己的剩余劳动生产物与他人交换获取。于是，所有人都要依赖交换而生活，都成为一定程度的商人，而社会本身也就转化为商业社会。[a]

亚当·斯密定义的商业社会。

在这样的社会中，人人靠专业分工与交换为生，良好的社会协作是一项极为复杂的任务。想想吧，为了你能享用今天的早餐，需要多少精确的协作。在你的麦片或吐司摆上餐桌前，首先必须完成生产、处理、运输、分销的过程。这些过程至少离不开农民、卡车司机、建筑工人、银行工作人员和超市收银员的贡献，而参与劳动的人恐怕远远不止上述这些。（实际的过程更加奇妙：矿工从地下开采铁矿，工人用铁矿冶炼出的钢铁生产出卡车，司机用卡车运送砖块来修建生产拖拉机的工厂，农民再用这些拖拉机收割麦子。光是造出农民用的拖拉机就需要无数组织和个人的协作，就算是专门写本书，也无

互动：交换

---

[a] 本书所引亚当·斯密的论述均摘自胡长明译《国富论》，江苏人民出版社，后同。——译者注

法把他们一一列出。）是什么机制在诱导这么多人于正确的时间和地点准确地完成正确的任务？经济学理论之所以得以起源和发展，在很大程度上正是为了回答这个问题。虽然近年来经济学的研究范围如帝国主义般大幅扩张，但其大部分有用的成果仍集中在解释商业社会的运转机制上。提到"经济"一词时，大部分人想到的都是亚当·斯密所说的"商业社会"。

1.5 通过相互调整达成协作

经济学理论认为，你的选择、计划会改变他人的机会；人际互动使各种选择的净收益不断变化，人们再根据这些变化不断互相调整，从而完成社会协作的过程。这是一种非常抽象的说法。为了更加具体地解释这个概念，让我们再次回到交通流的例子上来。

想象这样一条高速公路：在两个方向上各有四条车道，所有入口和出口都设在右侧。司机们都知道必须从最右道驶向出口。那么，为什么有些人会费事地换到最左道行驶呢？只要在高速公路上开过车就知道答案：因为最右道的车速最慢，从入口驶入或驶向出口的车速度较慢，会影响其他车辆行驶，所以赶时间的司机都会尽早离开最右道。

离开最右道以后，司机会选择剩下三道中的哪一道呢？虽然无法预测任何一位具体司机的选择（我们只能试图理解整体的交通情况），但是我们知道，离开最右道的司机会均匀地分布在另外三条车道中。可为什么会出现这样的情况？这样的结果究竟如何达成？这个问题的答案正好能解释上面提出的概念："**个体选择导致净收益的变化，而协作就是不断根据净收益变化互相调整的过程。**"每一条车道的净收益在不断变化，司机会随时关注这种变化，离开车速较慢的车道，驶入车速较快的车道。这些调整会使慢车道的车速提高，快车道的车速降低。最终，所有车道的车速一致（更准确地说，不再有任何一个司机认为换道能够产生净收益），于是调整的过程结束。以上的协调过程能够快速、连续地完成，并且效率很高。如果有人在高速公路入口处派发票券，强制要求每一辆车只能在某个特定车道上行驶，那么该系统的效率将远低于上述自动协作系统的效率。

同样的基本原则适用于社会的所有领域。在做出选择之前，人们对选择

这和在超市排队结账的情况类似。

的净收益有所预期,他们根据这种预期来选择不同的行动。每个人的行为都会或多或少地影响他人对各种选择的相对收益和相对成本的预期。对于任何一种行为而言,只要其预期收益与预期成本之比上升,选择这种行为的人数就会增加。反之,如果上述比值降低,选择它的人数就会减少。几乎每个人都希望获得更多的金钱,这一事实极大地辅助了上述协作过程的完成;在整套社会协作机制中,这一事实更是极为重要的润滑剂。只要稍微改变某种选择的经济成本和经济收益,就能让许多人改变自己的行为,变得与他人正在采取的行动更加协调。为了用有限的资源生产出人们想要的产品,我们必须促成社会成员的协作。这种协作的达成主要依赖于上述机制。上述机制是市场经济的核心机制。

如果人们预判油价上升,劳动节出游的人数就会减少。

1.6 信号

要想成功地调整自己的行为、适应他人的行为,信息是必不可少的。我们必须通过某种方式与他人交流行为和计划。在路上开车的例子中,交流的过程是简单直接的。出口指示牌告知我们前方有哪些选择。交通灯告诉我们何时前进、减速或停车。在交通灯的帮助下,我们知道下一步该做什么。(你是否曾经开车经过交通灯坏掉的交叉路口呢?在这种路口你如何行车?或者,想象所有交通灯因为故障全部变绿,并且司机完全不知道交通灯坏了!)司机还会以转向灯(这是最明显的一种信号)、刹车灯等方式向其他司机传递信息信号。我们常在不自知的情况下与紧跟在身后的司机交流,比如以刹车灯通知他们减速,然后信息又传递给后面的许多司机。简单的行为将信息广播给数不清的人,但我们通常根本意识不到这个过程。在经济体中也有类似的过程:生产者和消费者,买家和卖家,雇主和求职者都必须找到合适的方式来协调行动计划。市场如何通过价格把有用的信息传递给参与经济活动的人?这是本书的主题之一,也是经济学家希望向公众解释的一种机制。价格帮助我们决定生产什么商品、如何生产以及为谁生产这些商品,明确各种选择与权衡。如果没有价格的引导,我们就会如在黑暗中摸索一般盲目。

1.7 游戏规则

人们通过一套约定俗成的习惯来协调各种目标与计划，这套习惯就是经济系统。经济系统是由"游戏规则"塑造的——在本书中，我们将多次提到这个概念。人们何时能够高效利用稀缺的资源？何时会浪费这些资源？经济游戏的规则能在很大程度上解释这些问题。

游戏规则会影响激励机制。以职业棒球大联盟（Major League Baseball）[a]为例。为什么国家联盟的投手会练习触击，而美国联盟的投手却完全不练击球呢？这是因为这两种联盟中的投手面对的是不同的游戏规则：在国家联盟中，投手要上垒击球；而在美国联盟中则由指定击球手代替投手上垒击球。因为"指定打击规则"（designated hitter rule）的存在，美国联盟中的投手甚至几乎不练习击球技术。

> 任何互动都必须以一定的"游戏规则"为先决条件。

不管讨论的"游戏"是交通、商业、政府、科学、家庭、学校、棒球、考试还是恋爱，要想让游戏顺利进行，首先必须满足两个条件：参与者必须大致明白规则并基本同意遵守；游戏规则必须有一定的稳定性。虽然规则会随时间改变，但若缺乏必要的稳定性，人们就无法知晓并信赖这些规则（想象一下，美国联盟的某个赛季中，或某场比赛正在进行时，突然取消"指定打击规则"会导致什么后果）。通常，在新规出台后，游戏参与者需要花时间去理解这些规则并做出相应调整。比如，职业棒球大联盟最近扩大了好球区的范围。面对规则的变化，球员调整了他们对好球和坏球的判断标准，之后还会调整击球策略，投手和捕手也会相应调整他们的策略。

大部分社会互动也是靠游戏规则来指挥和协调的，参与互动的人了解并遵守这些规则。如果参与者对规则有争议，游戏规则自相矛盾或不够清晰，都会导致游戏的崩溃。这不仅适用于儿童游戏"钓鱼纸牌"和职业球赛，也适用于经济体的生产和贸易活动。20世纪90年代，一些东欧和中欧国家试图从政府控制、中央调控的经济系统转向去中心化的、靠市场协调的经济系统。在这个过程中，他们遇到的最大障碍，就是缺乏一套清楚的、广受认可的新游戏规则。如果某个社会中的游戏规则被突然、剧烈地改变，会导致怎样的

---

[a] 美国职业棒球大联盟包括两个部分，即下文提到的"国家联盟"和"美国联盟"。——译者注

后果？如果你曾去外国旅游，并且该国的文化与母国大相径庭，语言你也听不懂，就能在一定程度上理解那是种什么感觉了：人们既不明白别人指望自己做什么，也不知道该期待别人做什么。当游戏规则突然改变，社会协作可能会快速崩溃，因为互惠交易无法在缺乏规则的情况下进行。人们要么会犹豫着试图弄清游戏规则，要么在最糟糕的情况下，甚至试图通过破坏来建立对自己有利的新规则。

1.8 产权是一种游戏规则

在大部分日常社会互动中，游戏规则的重头戏是产权。私有产权是市场交换型经济体的根基。所谓"私有产权"，是指法律以所有权的形式将权利明确分配给具体的个人。私有产权清楚界定了谁在法律上拥有什么。如果你对某项财物拥有私有产权，那么任何其他人都无权未经你同意就使用这些财物，或者改变其物理性质。未经你的同意，住在同一条街上的邻居无权驾驶你的车，无权在你的车上蹦跳，无权重新油漆你的车，无权放掉车轮胎里的气，甚至也无权给你的车装一套更好的音响。（当然，未经邻居的同意，你也无权驾驶你的车轧过他前院的漂亮草坪。）此外，人们可以**自愿地买卖或交换私有产权**，即放弃自己的产权，换取对其他商品或服务的类似产权。因此，在经济学的思维方式下，不管是买下一辆汽车还是买下一袋食品都属于产权的交换。在交易完成之后，你便拥有了这辆汽车或者这袋食品的所有权，而卖家则拥有了你付出的那笔现金的所有权。

在前社会主义经济体中，公民通常可以享有消费商品（比如衣服、食品、收音机等）的私有产权，但是生产资料（比如自然资源、土地、工厂、机器以及生产过程中的其他生产原料）通常只具有社会产权。在这种情况下，**法律将这些生产资料的所有权分配给整个社会，而不给任何一个特定的个人**。在这种游戏规则下，因为这些生产资料由全社会共同所有，所以法律没有清楚地界定谁有权对这些生产资料做什么。一家由全社会共同所有的工厂究竟应该生产汽车、卡车、轮船还是炸弹？这家工厂是应该将规模翻倍，还是应该缩小规模，甚至究竟应不应该继续经营下去？这些问题应该由谁来决定（以及应该通过何种方式协商）？我们**真**的能指望整个社会对上述问题做出有利于

产权是游戏规则。

经济发展和财富增长的决策吗？注意，社会可不是只需要对某一家具体的工厂进行上述决策，社会必须对所有由社会所有的生产资料进行上述决策。

　　私有产权能够准确地界定谁在何种情况下拥有什么。私有产权能为社会成员提供可靠的信息和激励机制。但是，要建立一个清晰明确、令人满意的私有产权系统不是一朝一夕的事情；这个系统几乎一定要经过相当长时间的演化才可能成形。在这个演化的过程中，法律、风俗、道德、技术和日常习惯共同作用，建立起稳定的模式。当这些国家放弃社会主义制度时，旧的产权被摒弃，但是新的产权不一定能及时建立起来。因此我们看到的结果可能不是市场协作，而是混乱。对于前社会主义国家而言，从由政府控制的经济模式向由市场控制的经济模式转型的过程并不是一条康庄大道。在过去那段历史中，他们在这条道路上经历了许多坑洼、冲溃、滑坡，也走进过许多蓝图上没有标明的区域。

　　根据经济学的思维方式，界定清晰、能被有效执行的产权确实能够鼓励人们合理高效地使用已经存在的稀缺资源。清晰的产权还能激励人们努力寻找新的资源，积极创新，引入降低成本的新科技，以及发展新的才能和技术。在本书的下一章中，我们还会说明这样一条规律：允许人们在自愿前提下交换产权能够提高交易各方的财富水平，增加交易各方的机会数量。当然，经济衰退现象仍有可能出现。当资源数量明显减少时，一个国家的生产能力有可能因此降低（我们可以考虑以下例子：比如2003年伊朗的地震，同年巴格达遭遇的轰炸，2005年给美国带来史无前例的损失的卡特里娜飓风，2011年袭击日本的海啸，这些都对人身和财产造成了巨大破坏）。

1.9 经济理论的偏向性：是长处还是弱点

　　好的，现在你已经走上了像经济学家一样思考的道路。在此我必须向各位提出一条警告：我们的这套关于社会的理论既不是完美的，也不是不偏不倚的。（你见过世界上有任何完美的、不偏不倚的理论吗？）经济学理论不能提供一种毫无偏见的意见，不能同时呈现所有事实，也不能赋予所有价值观相同的权重。在前文中我们提过，经济理论的基本特征是：个人根据各种行动对自己的预期收益和预期成本选择自己的行为，而所有社会现象都产生于个人的行为与互动。现在让我们再次检视上述假设。

以上的观点难道不是一种带有偏向性的观点吗？让我们考虑我们对**选择**的强调。经济学的理论总是过于强调个人选择，因此有些批评家认为：经济学家假设人们选择成为穷人，或选择失业。在贫困和失业的问题上，你可以自行决定上述指控究竟是一种合理的批评还是一种误解。但是，毫无疑问的是，经济学理论确实假设社会事件是人们的选择导致的结果，而且通常是"意外之果"；经济学理论试图在这个假设的前提下解释整个社会。

与强调选择的理念密切相关的是，经济学还强调个人是经济分析的基础单位。有时，我们日常使用的语言会掩盖上述假设。因为只有个人才能做出选择，所以经济学家试图将集体（例如企业、政府或者国家）的选择分解为集体中的个人的选择。比如说，你可以选择在你目前就读的大学中学习，但是这所大学本身显然不能"选择"录取你。大学是由一系列个人组成的，这些个人扮演各种不同的角色、承担各种不同的职责。大学里的某些人以大学的名义做出了录取你的选择。另一些人在选择录取你的过程中很可能没有发挥任何作用：比如场地管理员、秘书、大部分（如果不是所有）教授以及大学里的其他学生。同样，脸书网站不能做出选择，红十字会不能做出选择，日本不能做出选择，进行恐怖活动的基地组织也不能做出选择。只有这些集体中的个人才能做出选择。（如果以上组织不是由个人构成的，你能想象这些组织做任何决策吗？即使你能想象这样的情况，你认为以这种方式思考能够帮助我们解释这些组织的运作方式吗？）在我们的日常语言中，我们说太阳每天"升起"和"落下"。但是，要想学好物理，一个物理系的学生就必须看到这种日常语言背后的本质（他得明白是地球的自转让太阳看似每天升起和落下）。同样，要想学好经济，一个经济系的学生也必须看穿日常语言背后的本质：做出选择的不是组织，而是个人。

另有一些人认为经济学的思维方式是错误的或误导性的，因为这种思维方式强调优化的过程，强调权衡和计算，强调目的和手段的一致性。经济学家假设：所有人在行动时心中都有一个目标；在做出行动之前，他们首先衡量比较各种机会的预期成本和预期收益；如果犯下错误，他们会从错误中学到教训，因此未来不会重蹈覆辙。但是，人们真的如此精于计算吗？我们的行为难道不是更多地受无意识的欲望和未经权衡的冲动引导吗？我们的每一

人们做出"选择"。

只有"个人"能做出选择。

个人在权衡收益和成本后做出选择。

种行为一定都有某种目的吗？一定都是为了追求某种清晰明确的目标吗？虽然经济学家并不认为人们无所不知或从不犯错误，但经济学的思维方式确实假设人们的行为源自对成本和收益的比较权衡。这种思维方式确实将人类行为看作手段，而忽略了以下事实：许多重要的人类行为并不是实现某种目的的手段（一场热烈的谈话或友好的网球比赛并没有什么目的）。

还有一些人常常批评经济学的思维方式是一种偏向市场的思维方式。这种批评的声音提醒我们关注经济学理论的一个重要特点——这个特点确实存在，虽然它和表面看来的样子可能并不相同。在诞生之初，经济学理论是一门研究市场、研究复杂的交易过程的理论。随着经济学的发展，经济学家已经相当了解交易在何种情况下能够高效顺利地进行，在何种情况下无法高效顺利地进行。人们批评经济学家偏向市场，事实上我们不妨把这种偏向看作一种喜好：经济学家更喜欢能促成互惠交易和高效生产的社会制度和游戏规则——在这样的交易和生产过程中，所有参与者都能从中获利。

1.10 是偏见还是结论

经济学家的上述观点真的是"偏见"或"成见"吗？为什么我们不能把这些观点称为"信念"（甚至干脆称为"结论"）？为什么我们不能说：经济学家试图以资源的稀缺性、选择、权衡和结果来解释社会现象，因为这些概念确实能够帮助我们理解各种社会现象？物理学家说能量既不能被创造也不能被消灭，我们会因此说物理学家有偏见吗？生物学家说 DNA 分子控制生物的发育，我们会因此说生物学家有偏见吗？

上一段中提出的问题是一个重要而有趣的问题。但是如果继续讨论这个问题，就会把起简介作用的第一章拖得太长。在笔者看来，以下事实是显而易见的：不管我们探寻何种知识，在开始探寻的时候我们都必然已经具有一些信念。我们不可能以完全开放的心态来探索这个世界，因为我们并不是昨天才降生到这个世界上来。完全开放的心态等于空无一物的脑袋，这样的脑袋是不可能学习任何知识的。所有的讨论、所有的探寻甚至所有的观察行为都源自某种信念，并以某种信念为根基。我们的探寻必须从某处开始，因为我们不能从天而降；我们的探寻必须从某种信念开始，因为我们不能无中生有。我们首先处于世界的某个位置上，然后从此处开始向前进发；我们的探索始于我们的某些信念，我们相信这些想法是真实的、重要的、有用的或有启发性的。我们永远不可能绝对准确，因为所有"真实的"陈述都必然遗漏许多同样真实的其他信息，这种不可避免的忽略让我们永远在一定程度上是"错误"的。即使是最详细的地图也是对现实地形的简化，但这种简化是必要的，也是有用的。

有些人认为，只要彻底避免理论就能避开上述风险。我们不能遵循这样的建议。经济学是一门关于选择以及选择的意外之果的理论。有些人对"华丽的理论"嗤之以鼻，只愿意相信常识和日常经验，但这些人事实上往往相信一些极为模糊笼统的假设，并沦为这些东西的受害者。因为常识，有些人相信吸大麻会让人逐渐走向更强效的毒品，因为大部分吸食强效毒品的人都是从吸大麻开始的。但是，大部分吸大麻的人在开始吸大麻之前也经常喝牛奶——我们是否可以因此认为喝牛奶会导致人们吸大麻呢？虽然牛奶中含有大量 L- 色氨酸（这是一种会让人昏昏欲睡的氨基酸，火鸡里也有这种氨基酸），但显然这些"事实"本身并不能证明两者之间的因果关系。我们还可以考虑金融记者常常报道的"超级碗效应"。在超级碗比赛举行的那一周中，会出现一些有趣的情况：如果隶属于国家联盟的球队赢下超级碗，道琼斯平均工业指数就会在未来一年中走高；如果隶属于美国联盟的球队赢得超级碗，道琼斯指数未来一年就会走低。在很长一段时间中，上述规律几乎百分之百成立，直到 1998 年绿湾包装工队（一支隶属于国家联盟的球队）搞乱了这条完美的规律。如今，据说上述规律仍在 80% 的情况下成立。什么东西成立？国家联盟球队赢得超级碗后道琼斯指数通常走高，而国家联盟球队失利后道琼斯指数通常走低——上述事实根本不能帮助我们更好地理解金融市场和道琼斯指数的运作。虽然出现了"超级碗效应"，但我们并不能因此推出以下结论：超级碗赛事的结果会导致（或"引起"）道琼斯股票指数的上扬或下挫。仅仅因为几组事实之间具有统计上的相关性就认为这几组事实之间有某种因果关系，这是一种极为常见却完全错误的思维方式。如果你因为"超级碗效应"而相信球赛结果和股票指数之间有因果关系，那么你已经沦为这种错误思维方式的牺牲品。事实上，两者同时出现可能仅仅是一种巧合。

1.11 经济学家的技能

下面我要提出一个简单却重要的观点：我们可以观察事实，但要想解释这些事实发生的原因，就必须建立一套理论。要想去芜存菁，剔除不相关的事实，保留相关的事实，就必须有一套关于因果关系的理论（大部分吸食大麻的人从前都喝过牛奶，虽然这是一个非常明显的事实，但是喝牛奶恐怕并不能合理地解释吸大麻的原因；同样的，超级碗比赛的结果并不能合理地解释华尔街上的动向）。在我们观察世界的过程中，理论无处不在。正是因为有理论的存在，我们才能在大部分情况下从令人眼花缭乱、头晕目眩、困惑不已的各种事实中找出规律和原因。事实上，在我们"知道"的事情中，只有一小部分来自观察——我们在这里发现一点提示，在那里找到一点线索，剩下的部分都是理论。我们用这些理论来填补观察之间的空白：这些理论或宽泛，或狭窄，或模糊，或精确，或经过严格的测试，或几乎未经测试，有的被人们广泛接受，有的则相当独特且不被大众认同，有的经过严密的推理，有的却只是模糊的认知。

越来越多的人怀疑，学生之所以觉得经济学理论抽象乏味，主要是因为我们这些经济学家试图教给学生的东西太多了。这正是我写作这本教科书的出发点。我希望在这本书中实践"少即是多"的哲学。经济学家的思想工具包是由一些基本的概念组成的，本书正是围绕这些概念组织而成。经济学家的这些工具（准确地说是这些技能）都与我们前文已经提到过的基本假设有关。你会惊讶地发现，这个工具包里的工具数量极少，但这些工具的用途都极为广泛。这些工具能帮助我们解开各种谜题：外币汇率的谜题，公司如何通过接受亏损来盈利，金钱的性质，企业为什么会给"完全相同"的商品制定不同的价格——这些都是公认属于经济学领域的问题。但是，这些工具也能帮助我们理解许多通常被认为与经济学毫无关系的问题——交通堵塞问题、环境污染问题、政府的运作方式、大学管理人员的行为——在接下来的章节中，我们会讨论这些问题以及许多其他问题。

但是，我们必须认识到一个重要的事实：仅凭经济学理论本身并不能回答任何有趣或重要的社会问题。在用经济学的思维方式解释社会问题时，我们必须辅以许多其他方面的知识：历史知识、文化知识、政治知识、心理知识以及关于塑造人们的价值观和行为的社会制度的知识。仅仅学会经济分析的技术是相对简单的，但现实中的社会问题则是非常复杂的。如何运用这些技术对现实社会问题做出合理的、令人信服的解释是一门很不容易掌握的艺术。最优秀的经济学家和最好的经济学学生都不仅仅是"技术工匠"，他们必须懂得如何以富有技巧的方式使用经济学的思维艺术。

但是，现在大家还没有必要为这些高阶的问题烦恼。这本书的主要目的是教会你开始以经济学家的方式思考。我相信，一旦你走上了这条道路，你就再也不会停下脚步了。经济学的思维方式令人上瘾。只要深入理解经济学思维的某些原理，并将其转化为你自己的思维方式，你就会发现使用这些思维方法的机会到处都是。你会开始注意到，关于经济问题和社会问题，人们说出或写下的大部分内容中既有真知灼见，也有胡言谬论。你会开始突破框框，以全新的角度思考问题——这是一种稀缺的、强大的、能给你成就感的思维技能。

你能否用直线把任意两点全部连在一起，全程既不走回头路，也不让笔尖离开纸面？（提示：考虑一下**突破框框**的可能性。）

简要回顾

社会理论学家之所以要发明经济学的思维方式，主要是为了解释以下问题：社会中的个体看似自行其是，每个人都只追求自己的利益，而对与他们合作的其他个体的利益几乎一无所知，在这种情况下，秩序和合作究竟如何产生？经济学是一套关于选择以及选择产生的意外之果的理论。

经济学的思维方式建立在以下基本假设的基础上：所有社会现象都来自个体的行为和个体之间的互动，而个体在选择行为时只考虑这种行为对自身的预期收益和预期成本。只有个体才能做出选择。个体可以独立做出选择，也可以在集体（如家庭、企业、政府机构等）中合作做出选择。但是我们仍然应该牢牢记住：所谓集体的选择归根结底仍是个体的选择；在做出这些选择时，个体是根据他们自身的目标和计划进行权衡和优化的。

在研究人类的行为和互动时，经济学理论极为强调个人的选择。在进行这些选择时，个体会不断比较各种行为能为他们带来的额外预期收益和额外预期成本。我们通常把这种行为称作优化行为。虽然理论不可避免地具有偏向性和局限性，但是若想理解复杂的社会生活就必须依赖某种理论。

经济学的思维方式还强调游戏规则的重要性，以及游戏规则如何对个人选择产生影响。产权通过法律将稀缺资源的所有权分配给个人。产权是经济学游戏规则中的关键元素。社会产权规定某些资源的所有权属于整个社会，因此这些资源不归社会中的任何一个特定个人所有。但是，这种产权制度的问题在于社会本身从来无法进行选择和决策，只有个人才有选择和决策的能力。私有产权系统规定财物的所有权属于特定的个人，并且这些个人可以在自愿原则下进行产权交易。在私有产权系统下，产权可以自由交易，这样的设定帮助我们明确界定我们面临的选择和机会。私有产权系统是市场交换型经济体的基础。

供讨论的问题

1. 要想达成人与人之间的有效合作，人们究竟需要在多大程度上了解其他人？试对比以下两种情况：第一种情况是两位家庭成员计划同去某地度假，第二种情况是一群摩托车骑手一起在一组相交的街道上行驶。在以上的两种情况中，如何避免"撞车"事故发生？因为许多人的合作，你才能吃上今天的早餐。那么，你了解这些人的兴趣、个性或特点吗？

2. 假设达拉斯的交通管理者决定在每条高速公路上选出一条车道设为"紧急车辆专用车道"，你认为这会导致怎样的结果？紧急车辆的定义如下：如果某辆车的司机在正常车道上行驶会因交通堵塞而导致重要约会迟到，那么这辆车就被定义为紧急车辆。你认为大部分司机会在普通车道上行驶吗？或者，紧急车道会变得与普通车道同样拥挤吗？如果总体而言司机们更加无私，更加为他人着想，紧急车道的设想会更容易成功吗？

3. 一个关于圣人和利他主义的模型。1979年10月，特雷莎修女（Mother Teresa）接受了诺贝尔和平奖，并决定用19万美元的奖金建立一所为麻风病人提供治疗的医院。她这么做是否为了获取个人利益？她的行为是自私的吗？她的行为是优化行为吗？美国前副总统阿尔·戈尔（Al Gore）获得了2007年的诺贝尔和平奖，他承诺将个人获得的150万美元奖金全部捐给气候保护联盟 (Alliance for Climate Protection)。他这么做是否是为了获取个人利益? 他的行为是否自私? 是否属于优化行为?

4. 一则报纸上的新闻称, 在参加家庭以外工作的母亲中, 有三分之二的人"参加工作是为了钱, 而不是出于自己的选择"。"为了钱"和"出于自己的选择"真的互斥吗? "为了钱"工作就不是"出于自己的选择"工作吗?

5. 金钱方面的动机究竟有多重要? 1995 年 5 月 1 日的《华尔街日报》(*Wall Street Journal*) 登载过这样一则消息: 卡普兰教育中心 (Kaplan Educational Center) 对准备参加法学院能力测试的学生进行了一项调查。当被问及为何选择法律职业时, 只有 8% 的学生表示他们是因受经济激励吸引而选择这条职业道路的。但是有 62% 的受访者认为其他考生选择这条职业道路是因为受经济激励吸引。这两个比例之间存在巨大的差异, 你如何解释这种差异?

6. 为什么人们总是追求更高的收入? 英国前首相玛格丽特·撒切尔 (Margaret Thatcher) 曾经说过: 人们追求金钱并不是因为贪婪, 而是因为金钱能让他们对自己的生活拥有更强的控制权。为了提高个人的经济收入, 人们会舍弃其他东西, 那么你认为人们追求的终极目标究竟是什么呢?

7. 假设游戏规则 (不管是书面的还是口头的) 规定: 重要的学生会会议必须等到所有人都到场后才能开始, 并且迟到的人不用接受任何惩罚。你认为这种规定会导致怎样的结果? 准时到场是不是对每个人最有利的选择? 假以时日, 这样的游戏规则是否会让大家感到满意?

8. 如果把我讲授的这门经济课视作一种"游戏", 那么所有参与这场游戏的玩家都必须根据某些规则进行协作。在这些规则中, 哪条是最重要的? 是谁决定这门课何时、何地授课, 由谁来授课, 哪些学生可以选这门课, 这门课用什么教科书, 何时进行考试, 等等? 谁决定每次上课时各位学生坐在哪里？极少会出现两个同学抢一个座位的情况，你觉得这种现象奇怪吗？

9. 你是否曾经注意过这样的现象：归市政府所有的公共公园的地面往往比乡村俱乐部的地面更脏？

    (a) 这种情况是否只是因为使用公共公园的人比去乡村俱乐部打高尔夫的人更不在意地面的污染情况？前者真的比后者更不在意地面的污染情况吗？

    (b) 这种情况和产权分配是否有关？谁是城市公园的所有者？谁是乡村俱乐部的所有者？

    (c) 虽然乡村俱乐部的地面常常干净到无可挑剔的程度，但是这些俱乐部往往会使用强力的肥料。最终这些肥料会渗入地下，污染地下水，给住在邻近社区里的人带来麻烦。那么，谁是地下水的所有者？

10. 有时我们会说："那只是个巧合，不能证明任何事情。"这句话究竟是什么意思？我们如何用经济理论来区分"相关的证据"和"纯粹的巧合"？

11. 假设一位医生完全不相信针灸，并因此不经尝试就拒绝针灸疗法，你会说这位医生有偏见吗？如果有人告诉你，上这门课不需要学习，只要定期念一句咒语——"看不见的手"，就能取得很高的分数，你会相信这种说法吗？假设，你虽然很想在这门课中取得高分，却完全无视上述建议，这是否说明你的行为带有偏见呢？

12. 在美国女性中，有些人受过4年大学教育，有些人受过5年大学教育。一些计算显示：前一种女性生育的子女数目是后一种女性的两倍。假设上述数据是准确的，你会因此得出什么结论？你是否会得出这样的结论：接受第5年的大学教育会降低女性的生育率？假设有一位女性刚刚完成了4年大学教育，并且这位女性打算以后生育子女，你是否会因此告诫这位女性不要继续接受第5年的大学教育？你的理论依据是什么？

第 2 章 效率、交换和比较优势

学习目标

- 区分免费商品、稀缺商品和负商品
- 解释经济效率的概念以及这个概念与主观价值的联系
- 理解自由交换对交换双方都有益
- 用生产可能性曲线分析比较优势
- 探索中间人在降低交易成本和提供稀缺信息方面发挥的作用
- 引入对长期经济增长现象的解释

  一般来说，经济学家都青睐自由贸易，但是在西方世界中，长期以来贸易的名声并不怎么好。之所以会出现这样的情况，可能是因为人们对贸易抱有这样一种根深蒂固的偏见：交换不能产生任何真正的效益。人们相信，农业和制造业是真正的生产性行业：这些行业似乎创造了新的、额外的东西。而贸易仅仅是用一件东西交换另一件东西。因此，人们认为从交易中获利的商人一定是在对社会进行某种剥削。农民和工匠的劳动产生了所谓的"真实的产品"，他们通过这些真实的产品获得工资和其他形式的利润，因此他们的收入在一定程度上是理所应得的。他们播种，然后收获劳动的果实。然而商人似乎并不播种、不劳而获；他们的活动似乎没有创造出任何产品，但他们竟然从中获利。因此，有些人认为贸易是一种社会浪费，是典型的无效率活动。

  于是，古老的社会传统普遍对商人抱有敌意，具体表现为人们对所谓的"中间人"很不信任。通常，人们都希望绕过中间人的环节。人们把中间人描绘成一种贸易高速公路上的合法强盗，当一些愚蠢或不幸的人不得不从他们的地界上经过时,中间人便有权对每个人征收一定比例的过路费。(在市场体系下,人们通常有权自由选择绕过中间人环节,但是,在大多数情况下,人们还是选择使用中间人提供的服务。)

"贸易是不产生效益的非生产活动"——不管这种观点的历史有多悠久、根基有多深厚,这都是一种完全错误的观点。在对"效益"一词的所有合理解释中,没有哪一层意思只适用于农业和制造业,而不适用于贸易。交换是一种能产生效益的生产活动!我们说交换能产生效益是因为这种活动能让人们获得更多他们想要的东西。

私有产权的交换是市场过程的根基。本章将研究探索人们为何自愿地交换商品或服务。我们将证明贸易活动能提高交易双方的财富水平,贸易活动确实能产生效益。在本章中,你还会看到你的第一幅经济学图表——生产可能性曲线。通过专业分工和交换,财富得以增长。图表是一种有用的工具,它不仅能帮助我们看清上述过程,还能帮助我们认识人们面临的取舍。

2.1 正商品和负商品

从本质上来看,合作交换行为是一种同意交换产权的契约。这里所说的产权是对(正)商品和服务的所有权。你在本地的食品店里购买橘子,你因此获得了吃橘子的机会,而食品店店主获得了以他认为合适的方式使用你支付的现金的机会。在交易完成之后,你拥有了曾经属于店主的东西(橘子),而店主拥有了曾经属于你的东西(3 美元)。在我们日常进行的许多交易中,并不存在明确的书面合同(双方只是达成了"橘子现在属于你了"的共识)。但在另一些交换活动中(比如买车、买房、租用公寓),人们会起草合同和协议,来清楚地界定谁拥有什么,以及各方可以如何使用这些财物。

在日常生活中,人们每天交换商品,经济学家对这种行为十分着迷。幸运的是,我们已经对"商品"这个词有了清晰的定义。在经济学的思维方式下,如果面临选择的人认为某种东西多多益善,那么这种东西就是一种(正)商品。就是这么简单。我们还可以通过区分"免费商品"和"稀缺商品"来进一步分析商品这个概念。免费商品是指不需要做出牺牲就能获得的商品,而要想获得稀缺商品就必须牺牲某些其他商品(即其他有价值的东西)。

任何多多益善的东西都是正商品。

比如说，你自愿花钱购买橘子，这说明橘子对你而言是一种正商品。而且，橘子对你而言还是一种稀缺商品，因为你牺牲了其他对你有价值的东西（3美元）来获得橘子的所有权。你的室友愿意排队领取"免费"的音乐会门票，这说明这种门票对她而言是一种稀缺商品。为了获得这些门票，她愿意牺牲自己的时间，而她本可以把这些时间花在其他她认为有价值的活动上。我们可以这样想：如果只有通过**牺牲**才能获得一种商品，那么这种商品就是**稀缺**的。

> 只有牺牲其他商品才能获得稀缺商品。

只有当不做任何牺牲就能获得一件物品时，这件物品才能称为免费商品。虽然我们较难想到免费商品的例子，但是这类商品确实存在。一切都取决于环境和背景。对于潜水员来说，空气是一种稀缺商品，但是对于在大学教室里上课的学生来说，通常空气是一种免费商品。对于在巴哈马[a]出生、长大的孩子来说，美好的热带阳光是一种免费商品，但是对于趁冬季假期专程从密尔沃基[b]赶到巴哈马享受几天温暖日子的家庭而言，热带阳光是一种稀缺商品。

如果所有商品都是免费商品就好了！那样的话，我们中的所有人都不用再面对稀缺性，都不用再做出牺牲、取舍和选择。那样我们就能自动拥有我们想要的所有东西。人们通常会把天堂描述成那个样子。问题在于，在这个世界上，我们确实面临稀缺性。我们不能一下拥有所有我们想要的东西。我们必须做出选择。

> 经济学问题：稀缺性。

不仅如此，在经济学上还存在"负商品"。如果正商品是指多多益善的东西，那么相信你也能猜到，**负商品就是指越少越好的东西**。夏天咬人的蚊子、洛杉矶的雾霾，还有9·11恐怖袭击，这些只是负商品的几个例子。在以上所有讨论中，不要忘记经济学上正商品和负商品的概念都是主观的。以这本书的三位作者为例。勃特克十分讨厌老式小提琴音乐[c]。普雷契特科热爱这种音乐。我们不太清楚保罗·海恩是否对这种音乐抱有强烈的喜好或厌恶。同一件东西可以同时是一个人的负商品和另一个人的正商品，而第三个人可能觉得这件东西既不好也不坏。

---

a 巴哈马：大西洋岛国。——译者注
b 密尔沃基：美国威斯康星州密歇根湖畔的城市，那里的冬季十分寒冷。——译者注
c 老式小提琴音乐：美国乡村音乐的一个分支。——译者注

2.2 物质财富的迷思

我们希望说明贸易能够创造"财富",并且希望将这个结论进一步推广,说明稀缺商品的市场交换能够创造"财富"。既然如此,我们最好首先理清"财富"一词的定义。

财富究竟包含哪些东西?财富只包括金钱吗?是否也包括股票和证券,以及房地产?你的财富包括哪些东西?许多人已经习惯成自然地认为,经济系统主要生产物质财富,而物质财富是指如约翰迪尔牌拖拉机、马丁牌吉他、苹果公司的 iPad 和 iPhone 这样的东西。但是,如果有机会获得上述东西的人不认为这些东西有价值,这些东西就不是财富。在经济学的思维方式下,只要是人认为有价值的东西都是财富。

> 人认为有价值的东西都是财富。

这里的"价值"是选择者眼中的价值。阿罗德(A-Rod)[a]与洋基队签下了价值 2.75 亿美元的合同。而据我们所知,佛陀却什么都不想要——他也确实实现了一无所求的心愿。因为得到了自己想要的东西,佛陀极大地提升了自己的财富。他获得了涅槃。不同的人可以持(也确实持)极为不同的价值观。对于想要灌溉农田的农民来说,更多的雨水意味着更多的财富,但对被密西西比河的洪水困住的农民来说,更多的雨水显然不是财富。对于滑雪胜地的老板而言,两英尺[b]降雪是一笔财富,但对于负责清除车道积雪的人来说,那却只是一个令人腰酸背痛的负担。手风琴对波尔卡乐队的主唱而言是一笔财富,但对金属乐队(Metallica)[c]的老哥们却算不上财富。

经济增长不是指物品数量的增长,而是指财富的增长。显然,物质产品能够为财富的创造做出贡献。从某些角度来看,财富的创造离不开物质产品(手风琴的元件是物质产品,就算是雪也可以用造雪机造出来)。即使是健康、爱、内心的平静这些"非物质"的东西归根结底也离不开物质载体。但是,财富的增长与物质产品的体积、数量或重量的增长之间并没有必然的联系。我们必须从根本上否定"财富等于物质产品"的提法。这种提法是毫无道理的。这种提法妨碍我们理解经济生活的许多方面,比如专业分工和交换——而专业

---

a 阿罗德:全名亚历山大·罗德里格斯,美国著名职业棒球选手。——译者注
b 英尺:英制长度单位,1 英尺合 30.48 厘米。后不另注。——译者注
c 金属乐队:美国著名重金属乐团。——译者注

分工和交换正是亚当·斯密所说的商业社会的核心。

2.3 贸易创造财富

对贸易抱有戒心的人（这种传统至少可以追溯到亚里士多德）通常认为自愿进行的交换是（或者应该是）等值物品的交换。事实恰好相反：当人们自愿进行交换时，他们交换的从来不是价值相等的物品。**如果两件东西价值相等，就根本没有必要发生交换。**参与交易的人互相合作，是为了抓住机会获得**更多**他们认为有价值的东西。因为双方都想获得更多价值，才产生了交换的动机。在自由且双方自愿的交换活动中，双方都通过这项交易放弃某种自己认为价值较低的东西，而获得某种自己认为价值较高的东西。如果杰克用自己的篮球交换吉姆的棒球手套，这说明杰克认为手套比篮球更有价值，而吉姆认为篮球比手套更有价值。我们观察到的情况是：双方都自愿放弃了某种他认为有价值的东西，目的是获得某种他认为价值更高的东西。从任何一方的角度来看，这次交换都不是等值交换，因为参与交易的双方有不同的价值观——如果双方的价值观一致，他们就不会重新安排篮球和手套的产权分配情况（"手套现在归你了"）。而价值观的差异正是交易活动产生效益的根源。交易完成以后，杰克的财富增加了，吉姆的财富也增加了。这次交换产生了效益，因为双方的财富都由此增加了。

"不是这样的，"我听到教室后排有人提出了异议，"交易并没有使财富发生实质性的增长。杰克和吉姆都认为自己的财富增加了，这个不假，也许他们都比交易前更快乐了，但是，这次交易并没有真正产出任何东西。他们两人仍然只有一只棒球手套和一个篮球，不管这两件东西的新主人是谁。"

没错，这项交易并没有制造出任何新的物质产品。但是我们所说的"制造"究竟是什么意思？提到"制造"，我们会立刻想到工厂、原材料、工人的汗水和辛劳、最终产品的包装。我们往往只想到生产过程的技术元素——也就是我们只看到了所谓"框框以内"的图景。我们习惯于忽略这样一个事实：从技术的角度来说，棒球手套和篮球的制造商是在改变原料的排布方式，让这些原料以更有价值的方式组合在一起。这是制造活动的经济元素——制造的目的是增加价值，如果不能增加价值，就根本没有必要进行制造活动。只要用篮球交换棒球手套并没有生产出新的物质产品，这项活动并不要求对现有物品进行额外的技术操作，但是这项活动对物品进行了重组。杰克和吉姆都认为重组后的情况价值更高——若非如此，他们就根本不会同意交换。所以，交易活动为杰克和吉姆创造了价值，也提高了两者的财富水平。因此，我们可以把交换活动视为生产的另一种方式。杰克以篮球为"原料"生产出了棒球手套这件"产品"，而吉姆则以棒球手套为"原料"生产出了篮球这件"产品"。

交易双方都用一件稀缺的、有价值的商品换来了另一件价值更高的商品。双方都付出了成本。事实上，任何选择或者说任何行为都意味着取舍，都意味着放弃某种机会。在经济学的思维方式下，如果为了取得一件东西必须牺牲另一件东西，那么前者的成本就是做选择的人赋予后者的价值。为了强调这一概念，我们把这种成本称为**机会成本**。杰克赋予篮球一定的价值，但是他自愿牺牲篮球来换取对他而言价值更高的东西——棒球手套。吉姆赋予棒球手套一定的价值，但是他自愿牺牲棒球手套来换取对他而言价值更高的东西——篮球。交易双方都认为交易的收益大于成本。交易双方都获得了净收益——也就是财富的增加。

增加的这部分财富究竟来自哪里？交易结束后，杰克的财富增加了，从表面上来看，增加的这部分财富似乎只能来自吉姆。但是我们应该注意到，交易结束后吉姆的财富也增加了。显然，吉姆增加的这部分财富不可能是从杰克那里拿来的。实际情况是：自愿交易是一种能同时为双方创造财富的机会。通过在交换活动中与对手合作，交易双方都获得了增加自身财富的机会。

一个产生效益的过程（交换）应满足以下条件：对双方而言，产出的价值都大于投入的价值。只要满足这一条件，这项活动就是能产生效益的活动。交易活动增加了实际财富。这种活动能够高效地令双方获得更多他们想要的东西。

2.4 值不值？效率和价值

经济学家总喜欢谈论效率。既然如此，让我们来试图回答以下问题：第一辆汽车的油耗是18英里每加仑[a]，第二辆车的油耗是45英里每加仑，哪辆车效率更高？初看起来，似乎每加仑汽油能跑的距离越远，效率肯定越高。从技术角度来看，情况确实如此。1加仑汽油是"原料"，而这些汽油能让汽车跑的距离是"产出"。从油耗角度来说，效率较高的汽车就是能用同样的投入生产更多产出的汽车。上述这些数字是所谓的"客观数据"，当买家考虑买什么车的时候，这些客观数据是一项重要的信息。但是，做买车决策的人肯定还会问另外一个问题："买这辆车值不值？"毕竟，通常越省油的车价格越贵。在做决策的时候，个人通常会权衡这项决策将带来的所有预期额外收益和所有预期额外成本，并比较两者的关系。

当买家考虑买什么车的时候，"买每加仑公里数高的车需要多花多少钱"是另外一项非常重要的信息。假设油耗为45英里每加仑的车定价30000美元，而油耗为18英里每加仑的运动型多功能汽车定价24000美元，许多潜在买家会认为虽然前者油耗更好，但为此多花这笔钱并不值得。对于这些买家而言，选择前者的额外成本（多花钱）大于额外收益（油耗好）。除了油耗以外，买家可能还会考虑车的大小。如果一个家庭有4个孩子，那么油耗好的车可能根本坐不下全家人，此时买家也许会为了出行舒适而选择牺牲省油带来的经济利益。汽车的安全性、在积雪路段上的行驶能力以及其他一系列的考虑都可能影响买家的决策。"技术效率"只考虑每加仑汽油能跑多少英里等客观数据，这个概念并没有考虑买家主观赋予各种取舍和效益的价值。经济学家所说的效率则从选择者的角度出发，比较各种决策的额外收益和额外成本。为了强调这种效率与技术效率的区别，我们将这种效率称为"经济效率"。如果选择者判断某项决策或行动计划的预期额外收益大于预期额外成本，那么这项决策或行动计划从经济角度而言就是有效率的。

如果一个计划或项目的额外收益大于额外成本，这就是一个从经济角度而言有效率的项目或计划。

简言之，在个人层面，"值不值"实际上是一个经济效率的问题。对于这个问题，不同的个人可能给出截然不同的答案。同样是在办公室上班的雇员，有人选择开车上班，有人选择坐地铁上班，还有人选择骑自行车上班。这三位雇员都比较了各项出行选择的额外成本和额外收益，并且选择了他们认为对自己最有利的出行方式。第一位雇员愿意承担买车和养车的成本，因为他更在意

---

a 英里每加仑：汽车油耗单位，1英里约合1.6千米，1美制加仑约合3.8升。——译者注

方便。第二位雇员希望避开上下班高峰时段的交通拥堵问题，在地铁上边读书边享受一杯咖啡。第三位雇员认为自己更关心环境保护，并且愿意找机会锻炼身体。每一位雇员都选择了从经济角度而言最有效率的通勤方式。归根到底，每个人的选择都反映出他们的偏好和价值观。如果在办公室里讨论最佳通勤方式的问题，这三个人会给出不同的答案。从本质上来说，这是因为他们的价值观不同。

没错，经济学家无法明确回答诸如此类的问题："是护理学学位效率高还是哲学学位效率高？是手机效率高还是座机效率高？是把一片森林全部砍光效率高还是定期选择性地砍伐一部分树木效率高？"事实上，这样提问题根本就没有意义，因为上述问题的答案完全取决于具体情况。

我们的价值观决定了我们认为什么决策效率高，什么决策效率低。在社会问题上，人们常常对某个具体项目的相对效率持不同意见。通常，这是因为人们对某种特定正商品的价值有争议，或者对某种特定负商品的负面价值有争议。仅仅认识到这一点并不足以解决争端，但是，如果我们连双方在争论什么都搞不清楚的话，解决争端必然会变得更加困难。

关于效率的争论事实上是关于价值和权利的争论。

待回答的问题并不是"究竟哪种选择效率更高"，而是"究竟谁有权利做这个选择"。应不应该爬出睡袋去登山？有的人并不想寻求最大的挑战，他只想晚上再爬回睡袋里睡觉，并且只想找到从"早晨在睡袋里睡觉"到"晚上回睡袋里睡觉"之间的最短距离。对于这种人来说，登山这个选择效率低极了。可登山爱好者当然对上述问题有截然不同的看法。但是，这种分歧并不会导致社会争端，因为我们都同意，每个人都有权决定在休假期间如何对待自己的身体——是把它运上山巅，还是让它一直躺在床上。当我们就"砍光森林是否'真的'有效率"或"采光煤矿是否'真的'有效率"或"一辆车里常常只坐一个人是否效率低下得令人难以置信"等问题吵得你死我活时，实际上我们不是对效率问题无法达成一致，而是对"究竟谁拥有哪些权利"无法达成一致。

如果游戏规则能够建立清晰、受保障的产权，那么这套规则事实上也暗中规定了在决策过程中评估潜在收益和潜在成本的流程。假设，妈妈决定在一个寒冷的冬日一边开窗一边开暖气，只要所有人都承认她确实有权分配这个过程中使用的所有资源，那么她使用资源的方式就是高效的。反之，如果她让别人的房间变冷，或者如果她的取暖费账单是由别人支付的，那么她的产权就可能受到质疑和挑战。因此,问题并不是她分配资源的方式是否高效,而是她是否有权独断地评估她的行为的投入和产出的价值。

当产权清晰、稳定并且可以交换时,稀缺资源通常具有合理的价格,这些价格反映了资源的相对稀缺程度。然后,决策者根据这些价格信息来追求效率,这是接下来几章的主要议题。如果有人认为自由市场决定的商品价格是"错误"的,因为这些价格不能反映某些成本和收益的真实价值,那么他们事实上是在否定决定价格的市场程序。他们批评的对象不是效率,而是现存的产权体系以及产权以外的其他游戏规则。有些批评者虽然态度激进,却对这一点有清晰的认识;但大多数批评者并没有认识到这一点。

2.5 认识取舍:对生产的机会成本进行比较

经济学家认为,如果一个个体自愿进行交换,那么这一定是因为他认为这次交换是值得的。以上论点没有什么争议。这些个体认为,交换是提高财富的高效途径。让我们通过下面的例子更深入地研究这个问题。

在榆树街上的一栋房子里,琼斯生产两种啤酒——淡啤酒和黑啤酒。(淡啤酒是一种口味清淡的啤酒,黑啤酒是一种颜色深、口味重的啤酒。)每3个月,他可以生产10加仑优质淡啤酒**或者**5加仑优质黑啤酒,或者以上两者的任何线性组合。图2-1中的左图具体描述了上述情况,这幅图是琼斯的生产可能性曲线。**生产可能性曲线**(Production Possibilities Frontier,简称PPF)描绘了在给定资源和给定技术能力的前提下琼斯能生产出的淡啤酒和黑啤酒的最大数量组合。(技术提示:因为本章刚刚引入生产可能性曲线的概念,为简单起见,我们假设这条曲线是直线;在第4章中我们将给出形状更符合现实的生产可能性曲线,并对其进行分析。)

生产可能性曲线

同时,住在橡树街上的布朗也能生产淡啤酒和黑啤酒。根据她的技术和资源,她每3个月可以生产3加仑优质淡啤酒或者4加仑优质黑啤酒,或者以上两者的任何线性组合。图2-1中的右图展示了在给定资源和给定技术能力下布朗的生产可能性曲线。最后,我们假定琼斯生产的黑啤酒和布朗生产的黑啤酒味道一样好,琼斯生产的淡啤酒也和布朗生产的淡啤酒味道一样好。

初看这两张图表,似乎琼斯在两种啤酒的生产方面都比布朗更有效率。

毕竟，他在给定时间内生产的淡啤酒和黑啤酒都比布朗多。但是，生产能力的高低本身并不能度量效率。若想获得更多啤酒就必须**牺牲**某些东西，因为不管是淡啤酒还是黑啤酒都不属于免费商品。我们需要比较这种获得和牺牲之间的取舍。换句话说，我们应该研究生产淡啤酒和黑啤酒的**机会成本**，并比较琼斯和布朗面临的机会成本有何不同。

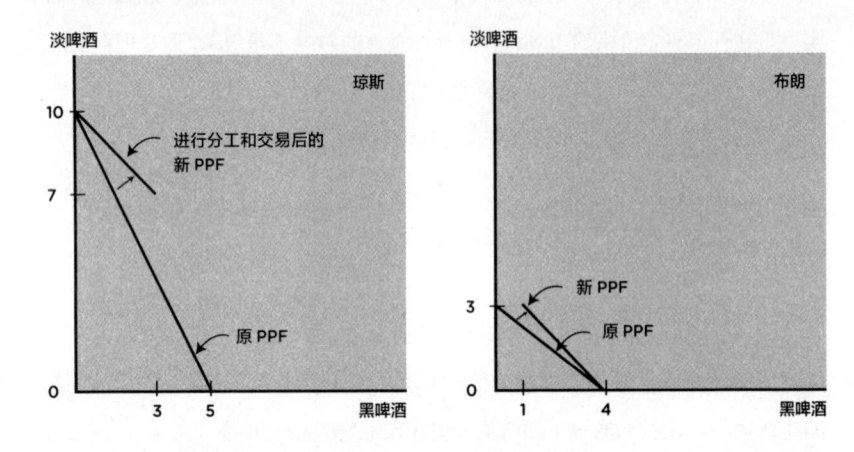

图2-1：这两幅图描绘了琼斯和布朗的生产可能性曲线。如果两者分工，琼斯专门负责生产淡啤酒（10加仑），布朗专门负责生产黑啤酒（4加仑），然后琼斯用3加仑淡啤酒和布朗换3加仑黑啤酒，那么两人最终拥有的淡啤酒和黑啤酒总数都会超过他们自己的生产可能性曲线

好的，接下来我们研究琼斯生产啤酒的成本究竟是什么。假设琼斯决定只生产淡啤酒。在这种情况下他可以生产10加仑淡啤酒，但他**为此牺牲了生产5加仑黑啤酒的机会**。这5加仑黑啤酒就是他生产10加仑淡啤酒的成本。对琼斯来说，每多生产1加仑淡啤酒必须牺牲生产1/2加仑黑啤酒的机会。（假设他只生产黑啤酒，那么他可以生产5加仑黑啤酒，**但他必须为此牺牲生产10加仑淡啤酒的机会**。也就是说，每多生产1加仑黑啤酒必须牺牲生产2加仑淡啤酒的机会。）假设布朗决定只生产黑啤酒。在这种情况下她可以生产4加仑黑啤酒，但她**为此牺牲了生产3加仑淡啤酒的机会**。对布朗来说，每多生产1加仑黑啤酒必须牺牲生产3/4加仑淡啤酒的机会。（同样地，对布朗来说，1加仑淡啤酒的成本是4/3加仑黑啤酒。）

让我们用表2-1总结以上所有信息。

有了这些信息，我们就可以回答一个关键的问题：谁生产淡啤酒的机会成本相对更低？这个问题的答案就在表 2-1 里：琼斯生产淡啤酒的机会成本更低。为了生产 1 加仑淡啤酒，琼斯只需要牺牲 1/2 加仑黑啤酒，而布朗需要牺牲 4/3 加仑黑啤酒。因此，在生产淡啤酒时，琼斯的机会成本比布朗低。在经济学的思维方式下，琼斯在淡啤酒的生产方面拥有"比较优势"。和布朗相比，他生产淡啤酒的效率相对更高。

比较优势：与其他生产者相比能以更低的成本生产某种商品的能力。

表 2-1

生产者	黑啤酒的数量（单位：加仑）		淡啤酒的数量（单位：加仑）	生产黑啤酒的机会成本（单位：加仑）	生产淡啤酒的机会成本（单位：加仑）
琼斯	5	或者	10	2 加仑淡啤酒	1/2 加仑黑啤酒
布朗	4	或者	3	3/4 加仑淡啤酒	4/3 加仑黑啤酒

我们的结论是：在淡啤酒的生产方面，琼斯的效率更高。这个结论大概并不会使你感到惊讶。但是注意另一个结论：在黑啤酒的生产方面，布朗比琼斯效率更高！注意布朗生产 1 加仑黑啤酒的机会成本是 3/4 加仑淡啤酒，而琼斯生产 1 加仑黑啤酒的机会成本是 2 加仑淡啤酒。在黑啤酒的生产上，布朗的机会成本比琼斯低。布朗在黑啤酒的生产上具有比较优势。

我们可以这样想象两人面对的选择：他们都面对一个二岔路口。选择一个方向意味着放弃另一个方向。琼斯面临的选择是：生产黑啤酒或者生产淡啤酒。生产 1 加仑黑啤酒（选择这条路）意味着放弃次佳的机会——生产 2 加仑淡啤酒（被放弃的那条路）。布朗也面对类似的选择，但是她的成本与琼斯不同。她生产 1 加仑黑啤酒只需要放弃 3/4 加仑淡啤酒。这就是所谓的机会成本。

```
1 加仑      1/2 加仑
淡啤酒      黑啤酒
   ↖      ↗
      琼斯

1 加仑      4/3 加仑
淡啤酒      黑啤酒
   ↖      ↗
      布朗
```

我们可以把选择看作是站在二岔路口时面临的两条路。

2.6 分工和交换带来的效益

通过简单的分析，我们发现：显然，琼斯生产淡啤酒的成本较低，而布朗生产黑啤酒的成本较低。如果两人分工，每个人只生产自己相对更擅长的产品，然后再与对方交易，会导致怎样的结果？比如说，假设琼斯和布朗恰好在镇上的家庭酿酒供应商店里碰了面，并且聊到了酿酒的话题。经过一番协商，他们决定尝试以下安排：琼斯只生产淡啤酒，布朗只生产黑啤酒，然后他们以 1∶1 的比例交换各自的产品。琼斯用自己生产的 3 加仑淡啤酒交换布朗生产的 3 加仑黑啤酒。

3 个月过去了，琼斯把自己生产的 10 加仑淡啤酒装瓶，布朗把自己生产的 4 加仑黑啤酒装瓶。两人都只生产了自己具有比较优势的产品。注意在图 2–1 中，他们受自身的生产可能性曲线限制。但是，在用 3 加仑淡啤酒交换 3 加仑黑啤酒以后，**两人享有的啤酒数量组合都在自身的生产可能性曲线外侧**。琼斯拥有了更多他想要的东西——他的财富增加了——现在他有 7 加仑淡啤酒和 3 加仑黑啤酒。如果不和布朗交换，他自己不可能产出这么多啤酒。布朗的财富也增加了，她现在有 3 加仑淡啤酒和 1 加仑黑啤酒。如果不和琼斯交换，她自己不可能产出这么多啤酒。

不仅如此，我们还应该注意这样的情况：两位生产者没有额外使用或额外消耗任何一点新资源，就创造出了数量更多的两种商品。他们用同样多的资源创造了更多的产出。通过只生产自己具有比较优势的产品，他们提高了**稀缺资源的使用效率**。通过扩展自己的生产可能性，两位生产者同时也提高了自己的财富——也就是他们的消费可能性。

2.7 为什么要进行专业分工

专业分工就是"选择自己具有比较优势的工作"。现在，我们理解了进行专业分工的动机。人们之所以进行专业分工，是因为这样做能提高他们的财富水平。人们可以通过专业分工扩展自己面对的可能性，因为他们能用自己生产的产品去交换那些若自己生产会成本更高的东西——市场经济的规则允许人们进行这种形式的产权交换。上述想法对经济学的思维方式具有极为重要的影响，因此经济学家将这种想法称为"比较优势法则"。比较优势的概念解释了专业分工的动机，而专业分工能够提高经济增长速度。这个概念解释了为什么人们不自己生产所有东西，而是选择从某种高度专业化的职业，比如会计师、护士、演员、飞行员、木匠、牙医助理、码头工人、教师、水管工甚至职业杀手。之所以会产生比较优势，也许是因为不同的人天生擅长（或不擅长）不同的事情，也许是因为人们通过练习、经验以及钻研某些特殊活动获得

分工和交换能够扩展人们的生产可能性。

分工：选择自己具有比较优势的工作。

比较优势法则

了不同的技术。不管比较优势来自何处，人们都可以通过专门从事自己拥有比较优势的活动来提高财富水平（即获得更多他们认为有价值的东西）。如果你曾问自己"什么专业最适合我？我从这个专业毕业以后会有哪些机会？"，那么你实际上是在问自己的比较优势在哪里。

2.8 从个人贸易到国际贸易，再从国际贸易回到个人贸易

在上一段提到的例子中，显然琼斯和布朗都从专业分工和交易中获利了。虽然两人都没有听说过"比较优势法则"，但他们都在积极地遵循这条法则。英国经济学家大卫·李嘉图（David Ricardo）是亚当·斯密的后继者，也是最早阐述比较优势法则的学者之一。在1817年出版的著作《政治经济学及赋税原理》(*Principles of Political Economy and Taxation*) 中，他主要将比较优势法则运用在国际贸易问题上。当然，我们知道，事实上比较优势法则可以被推广运用到所有专业分工和交换问题上。比如说，假如我们愿意的话，我们可以说琼斯一家"出口"了淡啤酒，"进口"了黑啤酒，这项国际贸易的汇率是1加仑淡啤酒换1加仑黑啤酒。同样，布朗一家"出口"了黑啤酒，"进口"了淡啤酒，汇率也是1加仑淡啤酒换1加仑黑啤酒。在此基础上我们还可以更进一步。我们立刻注意到以下事实：从本质上来看，交易各方都在用自己出口的产品来交换自己进口的产品。

但是，即使是在推进论点的时候我们也逃不过边际效应递减法则。如果我们继续推进上述论点，就可能遇上麻烦。之前我们说过，琼斯住在榆树街上，而布朗住在橡树街上。假设我们进一步提出"榆树街从橡树街进口了黑啤酒，而橡树街从榆树街进口了淡啤酒"的说法，我们便不禁要问：这种提法究竟是帮我们把问题看得更明白了，还是把我们搞得更糊涂了？"榆树街与橡树街进行了贸易活动"，这句话究竟是什么意思？这句话的意思就是琼斯和布朗进行了交易，再没别的了。严格说来，一条街不能与另一条街进行交易，一个社区也不能和另一个社区进行交易。只有个人才能交易并从中获利，街道不具有这样的能力。

如果琼斯住在堪萨斯，布朗住在宾夕法尼亚，两人在因特网上的家庭酿酒论坛上相识并且完成了上述交易，情况会有什么变化？也许我们可以说"堪萨

斯从宾夕法尼亚进口了黑啤酒"，或者诸如此类的话，但是这种说法是帮我们把问题看得更明白了，还是把我们搞得更糊涂了？"堪萨斯和宾夕法尼亚进行了贸易活动"仍然仅仅意味着琼斯和布朗进行了交易，再没别的了。州和街道或社区一样既不能进行交易，也不能从交易中获利。只有人才能交易，通常这些交易可以越过市、县和州的边界。

那么，当我们说"美国与芬兰、德国、加拿大或亚洲开展贸易"时，我们究竟表达了怎样的意思？上述表达的意思是：美国公民与其他国家的公民进行了交易。芬兰这个国家并不能生产和出口诺基亚手机，只有芬兰人才可以。当然，这并不意味着街际贸易、城际贸易、州际贸易、国际贸易之类的提法是错误的（甚至也许未来某天还会出现"星系际贸易"的提法，尽管本书的作者对此种可能性抱有一定的怀疑）。人们经常要求经济学家解释复杂的国际贸易问题，经济学家也确实应邀以或深或浅的方式讨论这些问题。比如说，"美国与芬兰开展贸易"的提法用起来确实方便，但是我们应该谨记，这只是一种简便的说法，这种说法的准确意思是：大量的人在进行大量的交易，其中许多人以组织的名义交易，许多交易跨越各种地区和政治边界。

只有"个人"才能做出选择！

2.9 交易成本

确实，贸易问题可以相当复杂，在后面的章节中，我们还有许多讨论国际贸易政策问题的机会。但是，不管情况怎样复杂，贸易的基本原理并不改变：双方自愿的交易是双赢的，否则这些交易就根本不会发生。在私有产权系统下，人们进行专业分工的动机很强，因为比较优势能创造更多个人财富。系统的游戏规则也鼓励人们进行这些活动。

酿酒的例子讨论并比较了生产的机会成本。但是，除了生产成本之外，寻找交易对象的过程不也会产生成本吗？我们假设后一种成本很低，这是有意为之的。在我们的例子中，琼斯和布朗住在同一个街区里。假设他们住在同一个国家的不同地区，要发现交易机会就变得不那么容易了。物理距离可能提高交易的难度，同样，如果人们意识不到交易机会的存在，交易也会因此变得困难。我们把这些因素称为交易成本。交易成本是安排相关方达成契约和协议（通常是贸易）的成本。

和任何其他成本一样，交易成本是一种真实的、会严重阻碍额外财富创造的成本。如果琼斯和布朗分别住在堪萨斯州和宾夕法尼亚州，那么网络论坛能够有效地降低两人之间的交易成本。如果没有网络论坛，他们也许就无法找到潜在的交易机会。

2.10 降低交易成本的动机：中间人

假设你有10股谷歌公司的股票，并且打算出售这些股票。你可以试着四处向朋友兜售这些股票，或者在报纸上刊登一则广告。但是，如果你愿意接受中间人的服务（这个例子里的中间人是股票经纪商），你很可能能以更高的价格（即使在扣除佣金之后）卖出股票。毫无疑问，如果你登广告的时间够长、范围够广，你也能找到一位出价和股票经纪商报价一样高的买家。但是你的这番搜寻产生的成本很难低于股票经纪人收取的佣金。而且，新技术让互联网上出现了许多线上股票经纪商，为了与传统股票经纪商竞争，他们大幅降低了费用和佣金的数额。

"以批发价买到商品"是一种流行的消遣，许多人都试图这么做，并且认为这是一种节约的行为。也许这是一种节约的行为。如果他们享受寻找便宜货的过程（许多人确实享受这一过程），那他们很有可能从这种活动中获益。这是他们的选择。自由市场允许这样的购买策略存在。但是对于大部分人来说，零售商是一个重要的信息来源，他们能以低价从零售商那里获得有价值的信息。供应商和中间人之间的市场竞争鼓励他们千方百计地为潜在客户提供信息，并且降低潜在客户的交易成本。零售商货架上的商品告诉消费者可供选择的机会有哪些，消费者通常较难通过其他渠道获得这些信息。

以上描述同样适用于职业介绍所。如果想让私营职业介绍所帮你找工作，你就必须向他们支付费用。人们常常对这种费用颇有微词。如果求职者预见从职业介绍所获得的信息价值低于其收费，他们就不会购买中介服务。但事实是他们选择购买这种服务。然而，一旦求职者与合适的雇主搭上了线，职业介绍所就显得毫无用处了——到了这个时候职业介绍所当然不再有用——因此求职者开始把中介费看作一种不合理的强征费用。

对中间人的反感在很大程度上来自我们的一种思维习惯：我们喜欢把实

中间人扩大了可供我们选择的机会范围。

际情况和并不存在的更优情况进行比较。我们实际进行的交易甚少能像"假设我们知道所有信息时可能进行的交易"那样有利。因此我们认定中间人利用我们的无知来占我们的便宜。但是为什么非要以这种方式看待问题呢？按照这种观点，你也可以说医生看病不应该收钱，因为他利用你的疾病占了你的便宜——假使你一直不生病的话，他就收不到看病的钱。以上说法虽然没错，但和我们讨论的问题并不相关。我们不可能一直不生病，也不可能知道所有信息。因此医生和中间人都在创造真正的财富，因为他们为我们创造了更多我们想要的选择机会。

2.11 中间人创造信息

本书反复出现的主题之一是：自由市场过程中的供给与需求产生了价格；价格是一种信息；这种信息能帮助人们评估不同商品与服务的稀缺程度，人们据此更好地协调他们的生产计划和消费计划。市场参与者能够以低成本产生高质量的信息，这是市场最重要却最容易被人忽视的优点之一。在上述市场过程中，中间人是重要的代理人。这个过程反映了中间人的比较优势。

有些市场属于"有组织的"市场，比如股票市场和大宗商品市场。有组织的市场是指：该市场在较广的地理范围内交易某种同质程度较高的商品，大量潜在买家和卖家的报价让这种商品的价格范围变得很窄。另一些市场的组织化程度则低得多。比如，即使是最没有经验的眼睛也能看出，单身男女幽会的酒吧属于组织化程度很低的市场。在这类市场中，每一项交易中商品的精确性质以及进行交易的条件都需要靠买卖双方具体协商，因此交易成本极高。二手家具市场就属于组织程度较低的市场：在交易中，成交价格上下波动的幅度很大，因为买家和卖家不能广泛地接触。相反，零售食品市场的组织程度就高得多，因此在给定的区域内，牛肉末的价格范围会比二手家具的价格范围窄得多。

有时，人们会说：股票市场和大宗商品市场比零售食品市场和二手家具市场更接近于"理想"的市场。用"理想"一词来描述这两类市场之间的差异具有误导性，因为"理想"一词暗示后一类市场应该变得更好（因为"理想"的东西优于"不理想"的东西）。当一个市场变得更理想，交易成本确实会下降，但是只有当这部分收益高于改善市场的成本时，"把市场变得更理想"的提议才值得考虑。然而，实际情况往往是：我们能想到的所有改善特定市场的方式都因交易成本过高而根本不值得实施。此外，某些试图"改善"市场的政府行为看起来十分可疑，很像是为特殊利益集团牟利的手段。在第9章中我们会举一些这方面的例子。

每一种价格对其他人来说都是一条潜在的有用信息，这种信息能告诉人们有哪些机会可供选择。市场中的价格数目越多，价格表达得越清楚和精确，知道这些价格的人越多，社会中的人面临的选择机会就越广——简而言之，人们的财富水平就越高。从本质上来看，财富的高低不就是机会的多寡吗？当我们面临更广泛的选择机会，当我们有能力做更多我们想做的事情（不管这些事情是什么），我们的财富水平就提高了。

中间人的专长是组织市场、创造有价值的信息。我们可以推定，他们之所以选择这个分工领域，是因为他们认为自己在信息创造方面具有比较优势。让我们考虑线上拍卖网站易贝（ebay）。这个网站的开发商发现了一种降低交易成本的方式。易贝为选择使用该网站服务的人生产有价值的信息。简而言之，中间人能减少交易的障碍（不管他们能否完全意识到这一点），从而为其他人提供更多专业分工和交易的机会。由于有食品中间商的存在，一位生活在西雅图的会计师找到了为全家人提供牛奶的新方式。毕竟，她也完全可以自己养牛、挤奶，但是她选择不这么做。她宁愿从事自己具有比较优势的职业，然后用收入的一小部分换取本地食品店提供的服务。因为有这项服务，她不用学养牛，也不用开车去威斯康星从奶厂直接购买牛奶。西雅图本地的食品店将以上交易通通安排妥当，从而卸去了会计师肩上的负担。同时食品店还卸去了奶农肩上的负担——如果没有中间人，奶农就得试图为数千加仑的牛奶寻找买家。

中间人的比较优势能降低我们的交易成本。

除了自己养牛产奶以外，人们还可以通过另一种方式获得牛奶：去食品店买牛奶。

2.12 市场是一种发现的过程

以上是市场系统的运作动机。在市场交换过程以外，经济学家很少能说出（甚至从来无法说出）某人的比较优势究竟在哪里。事实上，即使没有经济学家，市场也能良好地运行！市场中的个体从事他们自认为具有比较优势的行当。个体衡量自身的成本和收益，并根据这些判断来选择自己的行为。经济学家试图解释人们究竟依据哪些原则和逻辑做出选择。我们画出的图表帮助人们在一定程度上看清现实世界中的人依何种逻辑行事。在非市场系统中，个人不能持有和交易产权，产权归"整个社会"所有。一位中央经济规划者必须试图为提高全社会的福利而生产和分发商品和服务，他需要代表数百万个人，为数百万种计划和项目绘制图表并进行令人头大的计算。但他究竟从何处获得必要的信息来快速高效地完成上述任务？

在现实世界中，人们发挥比较优势的方式很简单：他们只需要考虑所有因素，并选择自认为最有吸引力的选项即可。塞雷娜·威廉姆斯（Serena Williams）[a] 尝试过演戏，但她最后还是决定回去打网球；R. L. 斯坦（R. L. Stine）[b] 决定创作儿童恐怖故事而不是美国历史教科书；杰·雷诺（Jay Leno）选择主持电视节目《今夜秀》（The Tonight Show），而不是去管一家哈雷·戴维森摩托车工厂；奥普拉（Oprah）完全有能力去内华达的合法妓院里当老鸨，但她至今仍是一名成功的脱口秀主持人。美国进口亚洲生产的衬衣，亚洲从美国进口谷物，因为在每笔交易中，他们都相信这是取得自己想要的东西的最佳方式。比较优势及其产生的效率不是在黑板上被发现的，而是通过产权交换在真实的市场中被发现的。

比较优势在市场中被发现。

在大部分这类决策中，相对价格为决策者提供了极为重要的根本性信息。我们考虑自己各方面的能力，考虑我们有能力从事的各种工作分别能带来多少工资。我们认为从事哪种工作最有助于推进我们感兴趣的项目，就选择哪种工作。比如说，学生希望了解在拿到政治学学位、护理学学位或哲学学位以后他们面临哪些职业选择和机会，又面临哪些限制。以上这些情况都不意味着人们仅仅关注价格，也不意味着人们选择某项职业"完全是为了钱"——做决策时只考虑钱是荒谬的，也是不可能的。以上情况仅仅意味着在其他条件不变的前提下，相对价格能对人们的决策过程起指导作用。美国的成衣店发现，在质量相似的前提下，亚洲生产的产品比本国生产的产品更便宜。亚洲的农民选择不种植小麦，因为他们知道只要市场上有美国产的小麦，他们就不可能以更高的价格出售自己种植的小麦，自己的小麦产量无法提供足以维持舒适生活

---

[a] 塞雷娜·威廉姆斯：即美国网球运动员小威廉姆斯，被认为是网球史上最伟大的女子选手之一。——译者注

[b] R. L. 斯坦：美国著名儿童文学作家，人称儿童文学界的史蒂芬·金。——译者注

的利润。简而言之，人们的行为表面看来遵循这样的原则：达到某种目标的最高效的方式就是成本最低的方式。通过遵循上述原则，人们不断协调这些合作互动和相互调整的过程。这些过程构成了我们的经济。

2.13 全景图：关于经济增长的初步思考

不管你是否相信，在人类历史的绝大部分时段中，除了少数特权阶级以外，贫困是大部分人的生活常态，而不是一种例外情形。因此，经济学中最重大的问题之一不是大部分人为何贫困，而是少部分人究竟如何致富。大约300年前，位于亚欧大陆西北角上的几个国家突然开始了我们现在称为"经济增长"的过程，这是为什么？为什么会出现经济增长？为什么经济增长首先发生于欧洲？为什么即使在很长一段时间以后，欧洲以外也只有具有欧洲遗产根基的国家才发生了经济增长？

贫困和稀缺不是一回事。

2.14 寻找一种解释

究竟发生了什么？ 18世纪末，亚当·斯密研究了这方面的情况，并在《国富论》的第1章中做了如下总结：

> 分工使得各种产品能够成倍制造和数量激增。在井然有序的社会里，由于劳动产品极大丰富，以至可以提供给最下层人民。

换句话说，财富来自分工带来的巨大产出增长。在商业社会中，所有人都进行专业分工，然后靠交换为生。而经济增长是商业社会进化的结果。

19世纪最著名的经济增长领域学者使用了一套与亚当·斯密完全不同的术语，但却得到了类似的结果。在18世纪和19世纪中，某些国家的经济产出发生了巨大的增长，卡尔·马克思（Karl Marx）将这种增长归因于商品生产系统的发展。马克思所说的"商品"是指私营业主利用稀缺资源生产出来用于出售谋利（而非供自身使用）的货品。显然，只有在专业分工渗透至社会的方方面面时，才会产生这样的商品。马克思把亚当·斯密所说的"商业社会"称为"资本主义社会"。假如你认为马克思不会为资本主义社会说任何好话，那么你应该看看他和弗里德里希·恩格斯（Friedrich Engels）在《共产党宣言》中是怎样写的：

> 资产阶级在它的不到一百年的阶级统治中所创造的生产力，比过去一切世代创造的全部生产力还要多，还要大。自然力的征服，机器的采用，化学在工业和农业中的应用，轮船的行驶，铁路的通行，电报的使用，整个大陆的开垦，河川的通航，仿佛用法术从地下呼唤出来的大量人口——过去哪一个世纪料想到在社会劳动里蕴藏有这样的生产力呢？

在这一点上，马克思同意亚当·斯密的观点！

马克思认为，一个以私有产权和为盈利而生产为特征的社会具有一些深刻的缺陷。这些缺陷最终将摧毁整个资本主义系统。但他并不怀疑这样的社会确实具有创造财富的能力。《共产党宣言》发表一个半世纪以后，资本主义社会（或称商业社会）取得了更加巨大的生产成就。在这些成就面前，马克思和恩格斯在1848年观察到的成就简直不值一提了。

2.15 鼓励专业分工和交换的规则如何演进

但是"国家靠专业分工致富"的提法把问题过度简化了。如果仅靠专业分工就能解决贫困问题，那我们就要问：为什么不让每个国家都搞专业分工，这样所有国家不就都富起来了吗？上述问题的答案是：事实上"国家"无法直接"采用"像商业社会这么复杂的系统。个人也同样无法做到这一点。对于这个问题，亚当·斯密再次做出了言简意赅的总结。以下这段话引自《国富论》的第2章：

> 尽管人类能够预见劳动分工将导致普遍富裕，并设法通过劳动分工加以实现，但劳动分工带来的诸多利益并不是人类智慧的结果。

劳动分工是随时间缓慢、逐渐演化而来的。没有人事先设计、计划这个演进过程，甚至没有人打算促成这样一种过程。具体的个人预见自己能从专业分工中获利，因此他们以特定的方式进行专业分工。这些个体的决策又促成了其他个体的决策。与此同时，还有一些个体为了追求自身利益而推动社会制度的发展，这套社会制度通过降低交易成本使交换变得更容易。

金钱是这套社会制度中尤为关键的一环，这一点我们在本书之后的篇幅中还会讨论。虽然金钱制度至关重要，但并没有任何人故意去设计这项制度。金钱制度的演化过程与社会分工的演化过程一样：人们自发推进自己感兴趣的事业，并在这个过程中与其他人互动，这些互动自动催生了金钱系统。亚当·弗格森（Adam Ferguson）是亚当·斯密的老师之一，他在1767年出版的著作《文明社会史论》（*An Essay on the History of Civil Society*）中正确地提出了以下观点："国家的制度是偶然产生的，这些制度确实是人类行为的结果，但没有人事先设计，更不是按计划执行"，"社会往往在并不打算变革的时候经历最伟大的变革"，即使是政府官员"有时也并不知道自己的计划会将国家引向何方"。

> 复杂的社会制度是长期演化而来的，事先并无蓝图。

这不是说预见不重要，更不是说政府没有对成功经济系统的发展做出贡献。亚当·斯密显然不这么想。他主张只有在"井然有序的社会中"才能演化出广泛的专业分工，从而提高产出，实现"普遍的富裕"。商业社会的进化需要一定的条件，而政府必须促成和维持这种条件。亚当·斯密在一份1755年的手稿（这份手稿是《国富论》的基础）中写道："一个国家要从最低级的野蛮状态发展至最高级的富裕状态并不需要太多条件，只需要和平、轻税赋以及一套合理的司法管理系统。剩下的部分都会自动完成。"

因此我们必须再次谈到第1章中介绍的重要概念——游戏规则及其在经济学上最重要的特点：界定清晰并受充分保护的产权。如果没有相对安全的产权，人们就不会为未来投资，不会组织有用的项目，不会启动任何有成本的事业。在现实中，要保证这样的产权系统，政府至少必须做到：保护社会成员的财产不被抢、不被偷；保持一个相对公平、可预见的司法系统来解决个体之间的争端；以及设法让公民相信政府本身不能随意掠夺公民的财产。始终生活在"法治"社会中的人往往从未意识到：能达到上述标准的政府其实是相当罕见的。

> 私有产权和法律规则。

在成功的商业社会中，人们能够有效合作，创造并利用各种资源来满足相互的需求，经济增长随之发生。社会要想进化为这样的商业社会，必须满足两个必要条件：一是相对安全的产权系统，二是这种系统的重要推论——产权的自由交换。如果这两个条件不满足，社会就必然陷入贫困，除了极少部分人或许可以通过榨取大多数人的劳力来享受富裕的生活。

当然，其他因素也会产生影响。气候可以极大地辅助或阻碍人们提高生活水平的努力。自然资源也影响经济发展，但许多人高估了它的影响。战争会极大地影响经济发展，其产生影响的主要途径是摧毁参战国的财富，并使一些人受另一些人的暴政统治和剥削。但假如我们回顾历史，试图找出今天的人类应该采取怎样的行动，这个问题的一大部分答案似乎非常清楚。政府必须建立起法律规则，让个人能在自身的控制范围内享受自己的努力与投资产生的收益（当然也支付这些行为的成本！）。没有法律规则，商业社会就不可能发展。

简要回顾

商品交换从本质上看是所有权的交换，即产权的交换。产权是"游戏规则"的重要部分。产权明确了谁拥有什么，以及这些财产可以被如何使用。如果一个社会有清晰的产权，并且对产权的交换较少进行限制，那么社会产生的价格信息就能指引人们发现自己的比较优势，并帮助人们发挥自己的比较优势。市场过程能够告诉人们有哪些机会可供选择。有了这些信息，人们就能发现为市场参与者创造净收益的高效途径。

任何多多益善的东西都是正商品。负商品的定义恰恰相反：任何越少越好的东西都是负商品。稀缺商品是指只有牺牲其他商品（即决策人认为有价值的东西）才能获得的正商品。不用做出任何牺牲就能获得的商品称为免费商品。稀缺商品与免费商品是一对相对的概念。因此，要获得稀缺商品就必须做出选择、进行挑选、产生某种形式的取舍。而免费商品不是选择的对象。经济学是一门关于选择的理论，因此经济学主要研究稀缺商品的生产和交换。假设我们生活在一个任何东西都不稀缺的世界中，那么这个世界中根本不存在任何经济学问题。

在经济学的思维方式中，我们常常用到"机会成本"一词。选择某种行为就必须放弃次佳的行为。"机会成本"强调：某种行为的成本等于决策者赋予被放弃的次佳机会的价值。

从最广义的角度看，人认为有价值的任何东西都可以称为财富。人们自愿进行私有产权的交换，因为他们认为这种交换是创造个人财富的有效途径。在进行自愿交换时，人们总是会牺牲他们认为价值较低的东西（投入），来换取他们认为价值较高的东西（产出）。自愿交换从来不是等价交换。与制造业或农业一样，交换也是一种创造财富的过程。事实上，交换是另一种形式的生产。

经济学上的效率取决于人们对价值的评估。在评估效率高低时，虽然物理事实或技术事实显然也是有用的相关信息，但是仅凭这些事实本身不足以判定不同过程的相对效率高低。在评估一个项目或一项活动时，决策者通常会问："这个项目或这项活动值得付出这么高的成本吗？"这个问题等同于"这项活动在经济上是否有效率"，因为经济学上的效率评估的就是预期额外收益和预期额外成本之间的关系。

表面上，人们争论的是某种过程或安排是否有效率；从根源上看，他们争论的其实是不同人的价值观究竟应该被赋予怎样的相对权重。因此，对社会问题的争论其实往往是对游戏规则的争论，或者是对"谁有权支配哪些资源"的争论。

比较优势是由机会成本决定的。人们进行专业分工的目的是通过交换来提高个人财富。在分工时，人们选择从事自认为具有比较优势的活动。如果他们认为亲自生产某些商品和服务的成本太高，他们便选择通过交换获得这些商品和服务。生产可能性曲线能够帮助我们看清这个提高财富的过程。个人可以参与本地贸易，也可以参与国际贸易。在这两种过程中，"比较优势法则"都适用。

备受人们诋毁的"中间人"在很大程度上是生产信息的专家。生产信息是中间人的比较优势，他们通过这种行为来降低交易成本。街角的食品商店为潜在的买家和潜在的卖家牵线搭桥，易贝和亚马逊网站的功能也是如此。有些人能提供降低交易成本的信息，并认为自己在这方面具有比较优势，这些人就是中间人。他们协调不同地区之间的市场交易，将本地市场整合进更大的经济系统中。

游戏规则帮助我们决定我们以何种方式与其他人合作（和竞争）。保护私有产权的法律规则允许人们自由地交换产权，并鼓励人们专业从事自己具有比较优势的活动。市场的专业化以及分工的产生创造了经济增长的条件。这两个因素能够解释为什么某些国家比其他国家富裕。

供讨论的问题

1. 塞蕾娜·迪皮蒂的运气好极了。今天早晨，她一觉醒来，发现枕头下有一盎司黄金。这让她十分欢喜。因为她没有牺牲任何东西就得到了这块黄金，所以黄金对她来说属于免费商品。这天的晚些时候，塞蕾娜得知这块黄金价值1800美元，只要她愿意卖，就能卖出去。假设她选择不出售这块黄金，而是继续持有它，那么这块黄金对于她来说还是免费商品吗？

2. 假设一家加油站在7月4日推出了以下优惠活动："仅限今日：从中午12点到下午3点汽油免费！祝美国生日快乐！"那么对于这家加油站的所有者而言，加油站的汽油是免费商品吗？对于排长队等待加油的司机来说，这家加油站的汽油是免费商品吗？还有许多其他司机不愿意排队加"免费"的汽油，而选择在其他加油站以每加仑4美元的价格加油。那么在你看来，放弃这个机会的司机愚蠢吗？在经济学的思维方式下，他们是不是没有优化自己的行为？

3. 一个霸凌者狠狠地揍了杰克一顿，还偷走了他的新棒球手套。在这个事件中谁获益了？谁蒙受了损失？

4. 在经济学的思维方式下，哪种行为效率更高？

    (a) 是一把1956年产的琴身干净、音质优美的芬达斯特拉托卡斯特（Fender Stratocaster）[a]吉他效率高，还是一把全新但音质糟糕的"廉价牌"电吉他效率高？（前者价值12000美元，而后者只卖175美元，这个事实对你的答案有影响吗？）

    (b) 是去麦迪逊广场花园看音乐会效率高，还是在本地酒吧看演出效率

---

a 斯特拉托卡斯特是芬达乐器公司的著名电吉他型号。——译者注

高？［表演者是埃里克·克莱普顿（Eric Clapton）[a] 还是你在自家车库里成立的乐队有区别吗？］

(c) 是从本地食品店买香蕉效率高，还是直接从香蕉种植户那里买香蕉效率高？

(d) 是 8 缸运动型多功能汽车效率高，还是靠太阳能电池驱动的汽车效率高？

5. 让家人吃大量速冻"方便"食品算不算高效率的行为？为家人烹制晚餐（产出）需要原料，在何种情况下，这些价格较高的方便食品会成为成本最低的原料？有的人说，购买方便食品的支出是自己选购食材、烹制晚餐的 2 倍，因此购买方便食品的消费者在浪费钱。上述说法用到一个错误的前提，这个前提是什么？

6. 许多美国人常常独自驾车上班，而不选择乘坐公共交通或拼车上班。

(a) 你如何判定每一位在上下班高峰时段单独驾车的人都已经选择了最高效的行为？

(b) 乘坐公共汽车的人也选择了最高效的行为。为什么 (a) 和 (b) 可以同时成立？

(c) 有人说，那么多通勤者独自驾车上班，这种行为效率很低。这么说实际表达了怎样的意思？

7. 为了证明人口增长有可能耗尽全世界的农业资源，世界观察组织（Worldwatch）指出了以下事实：1988 年，美国的食品消耗量首次超过了该国的食品生产量。

(a) 你认为在何种度量下才能判断 1988 年美国的食品消耗量超过了食品生产量？体积，重量，热量，还是货币价值？

(b) 假如某一年的官方贸易数据显示美国的食品进口量超过了食品出口量，那么这意味着当年美国食品进口的美元价值超过了食品出口的美元价

---

[a] 埃里克·克莱普顿：英国著名音乐家，人称"吉他之神"。——译者注

值。但是，这种数据并不能证明美国丧失了喂饱自己的能力，为什么？

8. 在20世纪70年代到20世纪80年代初的石油"危机"中，面对石油短缺问题，许多人提出了这样的疑问：为什么一些"纯粹在浪费石油的做法"（比如赛车）仍被允许发生？许多人主张，为公众利益着想，这种"显然的浪费行为"应受到限制。那么你是否认为赛车显然是一种纯粹的石油浪费行为？在石油可能短缺时，你能否给"浪费"一词下一个既清楚又站得住脚的定义，使我们既可以根据这一定义禁止赛车，又可以允许其他使用石油的活动继续存在？

9. 农民在播种前要准备土地。准备土地的方式有很多：他们可以先把土地犁一遍，再彻底耙一遍；也可以只进行最低程度的翻耕；还可以完全不准备土地就直接播种。深耕可以把杂草和害虫埋入地下，从而将它们杀死。如果完全不翻耕土地，就必须在播种后细心地大量使用除草剂和杀虫剂，并且这样种植时的产量稍低于先翻耕再播种时的产量。假设我们要比较"最大程度翻耕"和"完全不翻耕"这两种策略的相对效率，试解释以下因素会如何影响我们的结论：

(a) 柴油价格上升。

(b) 除草剂和杀虫剂的效果提升。

(c) 政府对农用化学品导致的溪流和湖泊污染采取更加严格的管理措施。（注意：不经翻耕的土地更容易留存化学品。）

(d) 农民对土地的态度发生了变化：现在他们和近郊的一些住户一样，喜欢看到广阔的、精心打理过的土地，这种景象让他们感到满足。

(e) 土地价格上涨。

10. 大约1个世纪以来，犹他州的赛维耶河一直是犹他中部灌溉农田的水源。现在有人提议在该区域中建一个烧煤的火力发电站。这个发电站的功率为3000兆瓦，每年要从赛维耶河中抽取40000英亩英尺[a]的水。如果发

---

a 英亩英尺：英美制体积单位，1英亩英尺相当于164875升。——译者注

电站投入运营，该区域的农业用水就会减少。

(a) 赛维耶河的水是用来发电效率高，还是用来种植作物效率高？

(b) 你能否通过比较作物的价值和电的价值来回答上述问题？（提示：价值由边际效益决定。）

(c) 假设农民对赛维耶河的水有所有权，他们把这种所有权卖给了电力公司，那么河水是否被分配到了最有价值的使用途径上？

(d) 如果农民决定把对河水的所有权卖给电力公司，哪些群体可能因此受负面影响？

11. 你是否曾注意过这样的现象：在大城市的市中心加油站的数量很少？这些区域的往来车辆很多，如果开加油站的话生意应该很兴隆。

(a) 为什么大城市的中心地段加油站数目这么少？

(b) 既然市政府有土地征收权，而市中心地段对加油站的需求显然很高，那么市政府在市中心区域征收一小部分土地修建加油站是不是一种高效率的行为？

12. 航空公司愿意超额销售航班的机票，因为他们知道总有一些购买机票的人登机时不会出现。但是这种行为有时会导致在登机口等待登机的乘客比这架航班上的座位还要多。

(a) 从航空公司的角度看，超额订票是不是有效率的行为？

(b) 从乘客的角度看，超额订票是不是有效率的行为？

(c) 1976年，拉尔夫·纳德尔（Ralph Nader）起诉航空公司不让他登机。法庭判拉尔夫胜诉。此后，联邦政府出台法规，要求航空公司对已确认机票预订却被拒绝登机的乘客进行补偿。于是，当航班超额预订时，航空公司会询问乘客中是否有人愿意放弃本次航班、换搭时间较晚的航班。谁能从这项法规中获益？

(d) 以上事实意味着，当机上座位不足时，乘客事实上可以出售他们预订的座位。既然如此，如果机场过于拥挤，供飞机降落的停机位不足，机上的乘客为什么不可以出售使用某个停机位的权利呢？

(e) 1976年之前，当航班超额预订时，航空公司常常不让有要事在身、急着出行的旅客上飞机，却让并不急于到达目的地的旅客上了飞机。这是一种协作方面的失败。在 1976 年之前，航空公司不让最后赶到登机口的几位乘客上飞机；而在现行的系统下，航空公司只会不让自愿放弃登机权的乘客上飞机。过去的系统令人沮丧，现在的系统交易成本更低。那么，在这项改进中降低交易成本的关键步骤是什么？

13. 法德是全美国最受欢迎的律师，同时他也是一位打字水平惊人的打字员。法德每分钟能打 120 个字。假设他能够雇用到的打字速度最快的秘书每分钟只能打 60 个字，那他是否应该亲自打文件？法德打字的效率并不是秘书的 2 倍，事实上他打字的效率不如秘书高，因此他应该雇用秘书做打字工作——你能否用一定的论据（不需要画图）证明以上观点？

14. 高默每 6 个月可以生产 200 蒲式耳[a] 玉米 (C) 或者 200 蒲式耳草莓 (S)。古博每 6 个月只能生产 100 蒲式耳玉米 (C) 或者 50 蒲式耳草莓 (S)。

    (a) 请分别画出高默和古博的生产可能性曲线。
    (b) 高默生产 1 蒲式耳玉米的机会成本是多少？
    (c) 高默生产 1 蒲式耳草莓的机会成本是多少？
    (d) 古博生产 1 蒲式耳玉米的机会成本是多少？
    (e) 古博生产 1 蒲式耳草莓的机会成本是多少？
    (f) 在玉米的生产方面谁有比较优势？
    (g) 在草莓的生产方面谁有比较优势？
    (h) 当玉米和草莓的交易条件（即相对交易价格）在某种范围内时，分别只生产自己具有比较优势的产品然后进行交换对高默和古博都有利，请给出这种交易条件的范围。

15. "我们国家以内的专业分工和自由贸易是好的，但是自由的国际贸易却完全是另一回事。从外国进口廉价商品不能扩展本国的生产潜能，也不能为本国创造经济增长。相反，廉价的进口产品会导致国内的失业现象。"请

---

a 蒲式耳：谷物计量单位，在美国 1 蒲式耳合 35.238 升。——译者注

对以上说法进行详细评论。

16. 学生可以把用过的二手教科书卖给学校的书店，但他们常常抱怨书店的出价太低。

    (a) 既然嫌书店出价太低，学生为什么还要把二手教科书卖给书店？

    (b) 书店回收二手教科书究竟是在提供有用的服务还是仅仅在"宰客"？我们应该如何评估这个问题？

    (c) 学校的书店是这样对二手教科书定价的：只要是同一本书，不管成色如何，都以同一个价格出售。通常，二手汽车经销商不会这样定价。你如何解释学校书店的定价策略和二手汽车经销商的定价策略之间的区别？

17. 假设你发现：只要所有食品都从网上购买，你的食品开支就会降低10%。你会不会从此网购所有食品？为什么有些人不愿意网购所有食品从而"省下"这笔开支？当人们"购物"的时候，他们究竟在做什么？有时你看到商家提供的商品后便发现了你正在找的东西，这种情况有多常发生？

18. 你认为和普通零售店相比，车库买卖[a]中质量类似的商品的价格波动幅度会不会更大？为什么？类似商品的价格不同是否意味着有人上了当，或者是否意味着有人在以不公平的方式占别人的便宜？

19. 在忙碌的机场候机楼中，有个人向你走来。他向你展示一块腕表，说这块表值135美元，而现在他愿意以25美元卖给你。你会买这块表吗？如果你拥有更多信息，你是否会更愿意买这块表？相比于从这位陌生人手中买表，如果你去本地知名的珠宝店里买表，你可以多"知道"哪些信息？

20. 为什么新车开上1年就会跌价那么多？这是不是因为相比二手车而言美国人对新车有着非理性的迷恋？

---

[a] 车库买卖：美国家庭会在自家门口把家里不用的旧货拿出来销售，这种买卖通常在车库门前进行，所以叫"车库买卖"。——译者注

(a) 同样是开了 1 年的车,你觉得以下哪一辆车更容易出现在二手车市场上,是性能良好的车,还是在第一年中就经常得送去修理的车?

(b) 以下哪种车在拿出来卖时更容易有卖家知道但买家不知道的缺陷:新车还是开了 1 年的二手车?

(c) 在买卖一辆开了 1 年的二手车时,相比于买家和卖家都有完全信息的情形,上述情况会如何影响卖家愿意接受的价格和买家的出价?

(d) 有些时候二手车销售商会为售出的汽车提供保修服务,而另一些时候他们的广告上则会写明"不设保修服务,一经售出概不退换",为什么?

第 3 章 无处不在的替代品：需求的概念

学习目标

- 建立"所有稀缺商品都有替代品"的论点。
- 引入"选择都是在边际上做出"的理念。
- 引入需求法则，并解释这个概念。
- 清晰区分需求和需求量的概念。
- 研究使需求曲线移动的因素。
- 推导需求的价格弹性，并运用这个概念。

到目前为止，我们已经较为详细地讨论了取舍的问题。我们已经知道大部分商品都是稀缺商品，也就是说要想取得这些商品必须牺牲其他商品或者其他有价值的东西。在本章中，我们考虑稀缺性还有更深一步的含义：任何东西都有替代品。是的，任何东西。因此，要做出明智的选择（或者说优化的选择，在资源数量一定的条件下，这样的选择能让决策者尽量多地获得自己想要的东西）就必须比较使用替代品产生的预期额外成本与预期额外收益。日常的选择都涉及取舍。在本章中，我们将逐步提出"消费者需求"的概念。这个概念能解释消费者面临哪些取舍，以及市场价格信号如何鼓励消费者进行优化。

3.1 关于"需要"这个词

一方面，我们说人类面临着"取舍"；另一方面，我们又说人确实"需要"

某些东西。这两种提法之间的关系是什么？比如说，我们可以考虑以下这些说法：

- 为了保持最佳健康状况，每人每天平均需要 8 杯水。
- 所有公民都应该获得他们需要的医疗服务，不管他们有没有能力支付相关费用。
- 糖尿病人需要胰岛素。
- 你需要读你的经济学教材。

以上几个句子都表达了"必需"这个意思。虽然经济学的思维方式并不否认真实的人有真实的需要，但是这种思维方式认为上述几个句子都有严重的误导性。我们可以"跳出到框框以外"来想一想这个问题。

首先我们来看最后一句话。"你需要读你的经济学教材。"把这句话写在课程大纲里的教授当然相信这句话的真实性。确实，很多时候学生考试成绩不好就是因为没读教材。既然给你上课的教授有博士学位，那么作为学生你就应该把他的话当作医嘱来遵守（他对你提的要求就像医生给你开的处方）。[a]

但是，问题不仅是"教授认为学生需要怎么做才能通过考试"，问题是"学生事实上会怎么做"。学生面临稀缺的资源，因此必须面对一系列取舍。你是否注意过有些学生选择连教材都不买，因为他们认为教材太贵？还有一些学生虽然以原价购买了教材，但一整个学期都没翻开过（这些学生一定把买教材的钱视作"沉没成本"了——这个概念我们会在之后的章节中谈到）。还有一些学生英勇地决定阅读他们的经济学教材，但是他们同时还"需要"阅读微积分教材、哲学教材和物理教材，所以他们并没有细读课上布置的章节，而只是蜻蜓点水地扫了一遍。物理期中考试就要到了，这一情况提高了阅读经济学教材指定章节的成本。

所有学生都面临这样的问题。**阅读经济学教材意味着牺牲其他东西**。牺牲越大或者成本越高，学生就越不愿意读经济学教材。他们转而寻找替代品。比如说，你也许会去找读过这一章节的同学，指望他告诉你本章的要点；或者，你也许会在睡觉时把教科书放在枕头下面，指望通过这种方式吸收书中的内容；或者，你也许打算在考试时纯靠运气；又或者，假设你胆子够大，

读书？　锻炼？

---

a　英文中 doctor 一词既可以指"博士"又可以指"医生"。——译者注

你也许会在答疑时间去教授办公室，请她澄清本章的一些问题，并借此暗示你已经读过本章的内容，只是还没有完全理解它（你们的这些花招我们都很清楚）。上述行为都是读书的替代品。

以上情况也许会与你的个人经历产生共鸣。那么，第一句话如何理解？"**为了保持最佳健康状况，每人每天平均需要 8 杯水。**"大部分医学权威肯定都认同这句话。并且，现在我们讨论的是一个人的**健康**，而不仅仅是大学课程的分数。但是，另一方面的事实是：即使是一个"平均意义上的人"也可能为了多喝咖啡、啤酒或苏打水而决定少喝一点水。或者，有人可能会吃一个橘子来代替饮水。上述东西都不是水，它们是水的替代品。（顺便问一句：最近你有没有按健康指南的标准摄入足量的水果和蔬菜？如果没有，为什么没有？）还有，假设一个人目前每天喝 8 杯水，未来他的行为是否会改变？如果水的价格上涨到 2 美元一杯，他还会继续每天喝 8 杯水吗？如果上涨到 5 美元一杯呢？50 美元一杯呢？

好的，现在我们讨论看起来难度更高的两句话。"**所有公民都应该获得他们需要的医疗服务，不管他们有没有能力支付相关费用。**"可是，一个人究竟需要多少医疗服务？假设一位妇女的阑尾严重发炎，又没钱做手术，也许我们都同意应该用纳税人的钱给她做阑尾切除手术。但是，假设一位青少年脸上长了点并不严重的粉刺，该不该花纳税人的钱去治？医生和其他医护人员提供的服务属于稀缺商品，即使所有医生都免费帮病人看病，这些服务仍然是稀缺商品。如果每个人生任何一点小毛病都去看医生，那么医生的数量无论如何也不够。卧床休息、摄入足量的蔬菜水果、放松心情或者一边等待一边希望疾病自己痊愈都是看医生的替代品。看医生的价格越低，人们就会越常用看医生替代上述行为。我们可以非常确定地做出以下预测：看医生的金钱成本越低，某些其他方面的成本就越高——比如病人要排几小时队才能见到医生，或者见到医生以后会被匆匆打发走，等等——因为医生的服务始终是稀缺商品。

"**糖尿病人需要胰岛素。**"此话不假。如果没有胰岛素，糖尿病人至少会感到非常不舒服，甚至很可能面临死亡的风险。因此，糖尿病人也许会用其他商品来代替每天该喝的 8 杯水，或者用和同学讨论来代替读教科书，但对他来说没有任何东西能代替胰岛素，难道不是吗？不要急于下结论。胰岛素有一些常见的替代品，比如更合理的膳食和适量的运动。"整体护理"和有机草药也在变得越来越流行（虽然这些治疗方法不如胰岛素有效，但仍有许多病人用它们来代替胰岛素，就像有的学生不读教材而把希望寄托在运气上一样）。因为对于绝大多数糖尿病人来说，就连胰岛素也是一种稀缺商品。使用这种稀缺商品意味着取舍，也就是说意味着牺牲其他他们认为有价值的商品。

只有牺牲"其他"商品才可能获得稀缺商品。

3.2 边际价值

是水的价值高，还是钻石的价值高？面对这个问题，大多数人会毫不犹豫地回答："水的价值更高。"但是，只要把问题稍微改一改，他们就会动摇起来：是一杯水的价值高，还是一杯钻石的价值高？假设他们仍然坚持回答"水的价值更高"，我们可以问他们：让你在一杯水和一杯钻石之间挑一样，你会选哪一个呢？这时候人们总是会挑钻石。

面对水和钻石，人们毫不犹豫地选择钻石。既然如此，为什么人们说水的价值比钻石高？他们说：这是因为水是生存的必需品，而钻石不是。没错，如果他们正在沙漠中央快要渴死了，那么水确实比钻石更有价值。但是这样的回答混淆了不同背景下的取舍。我们的选择是在特定的背景下做出的。我们的选择取决于我们面对的情况。

如果你正试图打死一只打算把黄热病传播给你的蚊子，那么一份旧报纸会比《莎士比亚全集》更有价值。假设你快被卡在牙缝里的一小块玉米逼疯了，那么一根牙签会比一台电脑更有价值。几乎任何东西都可以比其他东西更有价值，只要我们找到合适的情况，因为和选择一样，**价值也取决于我们面对的情况**。

经济学家用他们自己的方式来表达同样的意思。在经济学上，**起作用的价值是边际价值**。经济分析本质是边际分析。许多经济学家甚至把我们所说的"经济学的思维方式"称为"边际主义"（marginalism）。"边际"一词指"在边缘上"（这页纸的边际就是这页纸的边缘）。边际收益或边际成本指额外的收益或成本。经济学理论是一种边际分析，因为这种理论假设人们做决策时会权衡预期额外收益与预期额外成本。做决策时，决策人站在一个边界上，所有收益和成本都是从这个边界上度量的。从经济学的角度来看，边际收益

我预期获得什么？
我预期牺牲什么？

和边际成本是决策过程中仅有的两个重要因素。

3.3 分岔路口：日常选择是边际选择

以上说法太抽象了吗？好的，没关系。让我们假设晚上9点时你正为准备明天的物理考试疯狂复习（你已经彻底放弃了经济学课上布置的必读章节）。这时，你的男朋友打电话给你。他希望你去他那儿待几个小时。你说，你得学习。他继续恳求。你说不行。他哀怨地说："物理课比我还重要吗？"假如你掌握了经济学的思维方式，你便会毫不犹豫地回答："只是在边际意义上比你重要。"

假设你的男友仍然不理解你的意思，那你就建议他下学期选一门经济课，然后挂断电话继续学习。上述决策并不涉及你的朋友和物理课哪一个更有价值。待回答的问题是：在这个特定的夜晚，在边际意义上，多花2小时陪朋友是否比多花2小时准备物理考试更有价值？

你的朋友犯了一个常见的错误：他从"非此即彼"的角度来考虑问题，要么选"我"要么选"物理课"。但是，当他在你考物理的前一天晚上打电话给你的时候，你面临的选择并不是要么选他要么选物理课。事实上，当我们必须做决策时，我们甚少面对非此即彼的选择。通常，我们面临的选择是"多一点这个、少一点那个"或者"多一点那个、少一点这个"，我们从做决策时所处的位置来度量这些取舍。经济学的思维方式否定非此即彼的决策方式，而要求我们关注边际收益和边际成本。这一规律适用于**所有稀缺商品的优化过程**，包括基本的"必需品"，比如水。

3.4 需求曲线

"需要"的概念容易引导人们以非此即彼的方式考虑问题。如果被这个概念误导，就不能理解边际的思维方式。人们**确实**有需要。但是，在一个受稀缺性限制的世界里，人们面临各种取舍——为了多获得某样东西，就得少获得另一样东西。正是出于这个原因，经济学家才发展出了"需求"的概念。需求的概念把人们想获得的东西的数量和为此必须付出的代价联系起来。这个概念是边际分析的进一步应用，也是一种十分重要的应用。

比如说，让我们考虑表 3-1 中的情况。表 3-1 描述的是：在一个"典型"的美国小镇中，不同水价下人们计划使用多少水。

表 3-1

每加仑的价格 （单位：美元）	每天的加仑数 （单位：百万）
0.07	23
0.04	40
0.02	80
0.01	160
0.005	320

人们确实需要水，对这一点我们可以达成共识。但是让我们仔细看一下这张表格。这张表格展示了一种有趣的关系：当水价变化时，镇上居民计划使用的水量也随之变化。当水价是 7 美分每加仑时，镇上居民每天用 2300 万加仑水。如果水价下降（不管降价原因是什么），人们就用更多的水。如果水价降至 2 美分每加仑，镇上居民每天用 8000 万加仑水；如果水价降至半美分每加仑，镇上居民每天用 32000 万加仑水。（"用水"并不一定意味着人们把这些水都喝了！这个词仅仅说明人们为**各种用途试图取得并使用这么多数量的水**。）

当我们把上表中的信息用图 3-1 表示出来时，事情变得更有趣了。纵轴表示可能出现的水价，单位是美元每加仑。横轴表示在这些给定水价下该镇居民计划购买的水量。将上表中的数据画到图中，并且用曲线将各点连在一起，就得到一条向下倾斜的曲线。

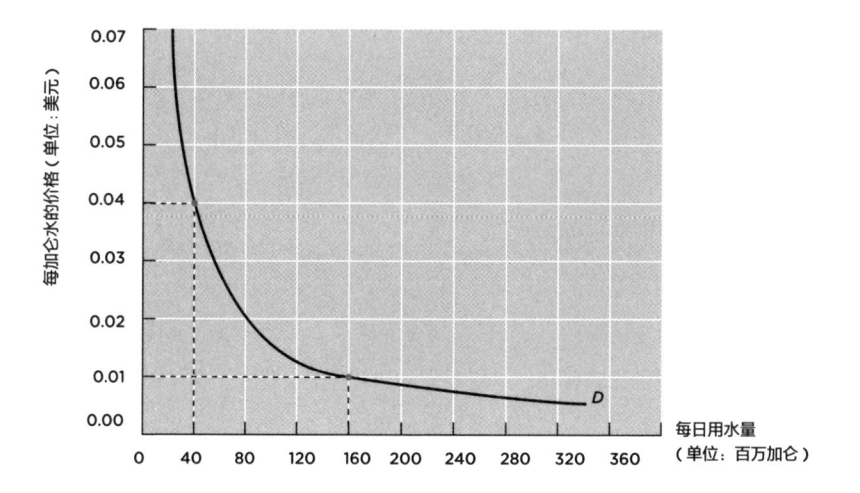

图 3-1：在一个"典型"的美国小镇中人们对水的需求

经济学家将这样的曲线称为需求曲线。需求曲线描绘了在所有给定价格下消费者计划购买的商品数量。在"读取"一条需求曲线时，我们在纵轴上找出某些特定价格，然后找到这些价格在横轴上的对应点。这个点对应的数量就是在该价格下人们愿意购买的商品数量。我们把这个数量称为"需求量"。比如说，这幅图中的需求曲线说明：如果水价是 0.005 美元每加仑，人们每天大约计划用 32000 万加仑水。32000 万加仑就是人们对水的需求量。人们会使劲用水，就像水不要钱似的，或者，更准确地说，就像每加仑水只要半分钱似的，因为事实上他们支付的水价就是半分钱每加仑。水价相对便宜时，人们当然会将水用于饮用、洗澡、烹饪和洗衣，但他们还会在数不清的其他用途上用水，比如，灌满游泳池、给草坪浇水、洗车等等（这些行为也是消费水的行为）。许多家庭修剪草坪以后不再用扫帚清扫车道和人行道，而是打开水管冲刷这些地方；他们每次用完马桶都冲水；他们洗澡能洗上好久；他们明明只洗 1/4 缸脏衣服却往洗衣机里注满水。

但是，只要我们让水价翻倍——达到 0.01 美元每加仑，人们的行为就会产生明显的变化。人们会改变他们的**计划**。对水的需求量会改变。他们会放弃价值最低的用水方式。根据我们的图表，此时每日用水量会下降一半。再把水价翻倍，让水价达到 0.02 美元每加仑，人们还会更节约用水。同样，水价涨到 0.04 美元每加仑时，用水量又降了一半。此时对水的需求量是每天 4000

需求量：给定价格下消费者计划购买的数量。

> 水有许多替代品，部分原因在于水有许多不同的用途。

万加仑。许多人可能会降低浇草坪和洗车的频率。人们可能会等脏衣服堆满一缸再开洗衣机。另一些人可能会因为水价高而决定不再灌满家里的游泳池。注意，即使水价涨到 0.07 美元每加仑，人们也不会完全不用水。此时每天仍会消耗约 2300 万加仑水。这些水最可能被用于"最重要的"用途，或者说个体决策者眼中价值最高的用途。

你能否根据这幅图表确定这个镇的居民究竟需要多少水？经济学的思维方式并不能特别好地回答"人们究竟需要多少水"，我们把这个问题留给生理学家。这是他们的比较优势，不是我们的比较优势。但是，需求的概念和水的需求曲线确实展示了一个不够受人们重视的要点：经济学分析强调的是边际分析。从这个例子中我们发现：当水价变化时，消费者进行的是边际调整。通常他们并不会面临非此即彼的取舍。

作为**优化者**，人们通常会在水价上升时节约用水。他们寻找替代品来取代水。当获取水的成本提高，人们会努力"少浪费一些水"。**他们判定把水用在某些方面不再值得了。**他们寻求**经济效率**更高的方式来达成他们的目标。（不要忘记你在第 2 章中学到的知识！）从前在修剪草坪后用水冲车道的人现在更愿意使用扫帚。人们安装高压淋浴喷头的概率提高了。有些人不再那么频繁地给草坪浇水，而是从长远考虑，决定多种些能给草坪遮阳的树木。后院里的游泳池可能会被蹦床取代。在以上这些例子中，我们可以说扫帚、高压淋浴喷头、遮阳的树木都是水的替代品（如果宽泛一点说甚至蹦床也是）。

> 扫帚可以是水的替代品！

3.5 需求法则

> 需求法则：在其他条件不变的前提下，价格和需求量之间的负相关关系。

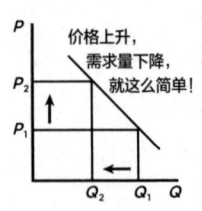

以上这条规律在经济学中极为重要，因此一些经济学家决定将其上升为一条法则：需求法则。我们之所以将其称为"法则"，是因为这条规律不仅适用于水，也适用于任何其他稀缺商品。需求法则的内容如下：当其他条件保持不变，如果某种商品的价格上升，其需求量就会下降。同样，当其他条件保持不变，如果某种商品的价格下降，其需求量就会上升。

这条法则断言：对于任何商品而言，人们希望购买的数量与他们必须支付的价格（即做出的牺牲）之间存在负相关或者说反相关的关系。**商品的价格和需求量朝相反方向变动。**价格高的时候，消费者就买得少；价格低的时候，他们就努力多买一些。你是否同意上述归纳可以被称作一条法则？如果你不同意，你能否想出一些反例？（胰岛素的例子怎么说？别着急——我们还得再吊一会儿你的胃口。）为获得某种商品必须做出牺牲，人们怎么可能对牺牲满不在乎？或者怎么可能觉得牺牲多比牺牲少好？如果一个人在商品价格上升时反而买得多，那么他就抱有这种不可能的偏好。在其他条件不变的前提下，如果平板电脑的价格从 599 美元涨到 899 美元，消费者的购买量就会减少；如果移动电话套餐的月费降低，注册使用该套餐的人数就会上升；当"老海军"服饰全店打折，商店里往往挤满了购物欲望高涨的青少年消费者。如果大学的学费继续上涨，就会有更多学生重新考虑到底该不该进大学读书。

3.6 需求和需求量

在使用需求的概念时，你需要时刻注意：除了价格以外，其他变量也可能发生变化。为了避免在这方面犯错误，你最好清楚掌握需求和需求量之间的区别。在报道经济新闻时，评论员常常将需求量简称为需求。下面我们会看到，这种做法可能导致也确实常常导致错误。

在经济学理论中，需求是两个特定变量之间的关系：第一个变量是价格，第二个变量是人们计划购买的商品数量。对任何商品的需求都不是一个具体的数量。需求永远是一种关系，这种关系将不同的价格和每种价格下人们愿意购买的数量（或数值）联系起来。为表述上述事实，我们说需求是一份表格（如表 3-1）或一条曲线。当我们从表格中的一行移到另一行，或者从曲线上的一点移到另一点时，变化的永远是需求量而不是需求。**请注意我们表述需求法则的方式**。我们说"价格下降时需求量上升"而不是"价格下降时需求上升"。

我们可以通过图 3-1 把这个问题看得很清楚。如果水的价格从 0.01 美元每加仑下降到 0.005 美元每加仑，对水的需求量就会从 16000 万加仑每天上升到 32000 万加仑每天。当水价是 0.04 美元每加仑时，对水的需求量只有 4000 万加仑每天。这是水价为 0.04 美元时人们打算购买的数量。但是，在以上所有过程中，对水的需求并不改变，因为"需求"一词指的是整条曲线或整张表格。注意，在这张图中，需求曲线并没有移动、平移或变化。我们只是在

> 需求是一条曲线。需求量即给定价格下消费者计划购买的商品数量。

同一条给定曲线上从一点移到另一点。需求曲线本身展示了不同价格下人们计划购买的不同数量。要想分清需求和需求量,最佳的方式是始终牢记"需求"一词永远可以替换为"需求曲线"或者"需求表"。如果在某种语境下你可以说"需求"但不能说"需求曲线",那么你就犯了一个常见的错误。在这种情况下你实际指的往往是需求量,而不是需求。

3.7 需求本身也可以变化

"你是在告诉我们需求本身从不变化吗?"我听到教室后面传来了批评的声音。"你不是说水价上涨时人们往往会购买更多高压淋浴喷头或者其他什么东西吗?他们购买这些东西是因为水变得更贵了,而不是因为喷头变得更便宜了,对不对?那么你的'需求法则'就不适用于淋浴喷头——因为虽然喷头的价格不变,人们却买了更多的喷头!"

这位同学提出了一个很好的问题。虽然他的结论是错的,但是我们仍要对他提出表扬,因为他非常认真地听了到目前为止的所有授课内容。下面我们要继续深入阐释需求的概念,请大家继续认真听讲。

需求法则仍然成立,对所有商品都成立。需求法则的内容是:**在其他条件保持不变的前提下,如果某种商品的价格变化,那么对这种商品的需求量也会变化**。这里的关键点是"其他条件保持不变"。价格是影响我们选择的重要因素,但我们同时也承认除了价格以外,还有其他因素影响我们的选择,这些因素可能鼓励人们提高或降低对商品和服务的消费量。对某种特定商品而言,如果商品的价格不变,但人们愿意购买的商品数量却发生了变化,那么这**种商品的整体需求就发生了变化**。需求曲线本身可以移动。对任何一种特定商品的需求都可以增加或者减少。

让我们回到原先的例子:小镇居民对水的需求。在之前的分析中,我们始终假设唯一重要的变化是水价的变化。我们让所有其他可能影响居民用水意愿的因素保持不变。需求量只因为价格变化而变化。若想让整体需求提高,就必须发生某种事件:在每一个给定价格上,这种事件使人们希望购买的水量比从前多。比如说,假设该地区发生干旱,那么人们会希望更频繁地浇灌自家的草坪,在这种情况下,当水价为 0.005 美元每加仑时,人们选择消费的水量也许会超过从前的数值（32000万加仑每天）。在这种情况下，**需求（曲线）会向右侧平移**。或者，假设社区发现水源受某种物质污染，每家每户可能会降低用水量。（用来饮用？不。用来淋浴？简短地冲一下吧。用来灌满游泳池？不。用来浇灌草坪？为什么不呢？）如果发生水源污染，那么在任何给定价格上，人们的用水量都会比从前低。整体需求下降，**需求曲线本身向左侧平移**。

需求提高：整条需求曲线向右移动。

表 3-2

每加仑的价格 （单位：美元）	每天的加仑数 （单位：百万）	每天的加仑数 （单位：百万）
0.07	40	15
0.04	60	25
0.02	140	55
0.01	240	100
0.005	400	200

假设你想在图表中描绘水的需求的上升，那么你可以把表 3-2 第二列中的数量画到图表中去。（请尽情地在教材上涂写。你的教材属于你，不属于我们。）假如你想在图表中描绘需求的下降，那么就把上表第三列中的数量画到图表中。画完以后你会看出，在以上两个例子中都发生了同样的变化：对于任意给定的水价（美元每加仑），该定价下对水的需求量比从前高或比从前低了。**需求法则仍然成立**。我们画出的仍是一条向下倾斜的需求曲线。在每一个例子中，价格和需求量之间仍然存在负相关的关系，但是曲线本身移到了一个新的位置。

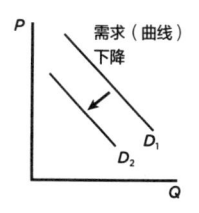

需求（曲线）下降

3.8 所有东西都取决于其他东西

有些因素会导致商品需求的变化，直观地说就是"使需求曲线发生平移"。我们可以清楚地分离出一些这样的因素。任何学习经济学的学生都应该注意这些因素。让我们先从一些最显然的因素谈起。

消费者（需求者）数量的变化。如果小镇的人口增长，全镇对水的需求

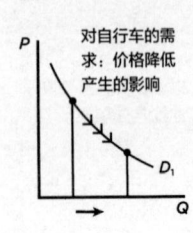

就会上升；如果人口下降，对水的需求就会下降。如果更多青少年拿到了驾照，并恳求借用妈妈的汽车，驾车人口的总数就会增加，对汽油的需求也会上升——汽油的需求曲线会向右侧平移。相反，如果老年人口变多，对汽油的需求就会面临一定的下行压力。同时对养老院护理服务的需求很可能会上升。

消费者的品味和偏好的变化。 10年前，阿特金斯饮食法[a]的风行拉低了卡卡圈坊（Krispy Kreme）甜甜圈的销量。因为注重健康的消费者有意避开这类食物，所以对这类食物的需求下降。人们购买的甜甜圈数量下降了，这并不是因为甜甜圈的**价格**上升了，而是因为人们的品味改变了——现在他们更愿意吃低碳水化合物的食品。你们班很可能有几个学生曾经是贾斯汀·比伯（Justin Bieber）的忠实粉丝，现在却绝不愿意下载比伯的最新歌曲，即使下载这些歌曲完全免费。对这些人来说，需求曲线向左移动的幅度太大，整条曲线已经完全看不见了。人们的品味可能随时间变化，也确实随时间变化，这种变化会导致需求的移动。

收入的变化。 当然，我们的需求不仅受品味影响，也受收入影响。在正常情况下，我们预计：收入上升会提高对特定商品和服务的需求，而收入下降会降低需求。当你打暑期工的时候，你可能会购买更多高价的衣服（需求上升，需求曲线向右侧移动）；而当你回到校园全职读书并因此收入降低时，你会减少衣服的购买量（需求下降，需求曲线向左侧移动）。当经济繁荣、人们收入高时，去迪士尼乐园游玩的人数上升。而当经济低迷时，失业人口增多，需求通常也会下降。对"正常"商品的需求与收入变化正相关。我们把这样的商品定义为正常商品：收入和需求变化的方向一致——收入的提高会使需求曲线向右移动，而收入的降低会使需求曲线向左移动。

但并非所有商品都是"正常"商品。另有一些商品的规律与正常商品恰恰相反。经济学家将这类商品称为低档商品。如果消费者收入上升时对某种商品的需求反而下降，那么这种商品就是低档商品。同样，当消费者的收入下降，他们对低档商品的需求就会上升。比如说，手头不宽裕的大学生常常

---

[a] 阿特金斯饮食法：一种强调少摄入碳水化合物的饮食方法。下文所说的甜甜圈属于高碳水化合物的食品。——译者注

吃芝士通心粉和方便面。毕业并找到第一份好工作以后，他们就可能选择改变花钱的方式：他们会少吃芝士通心粉，多去餐馆就餐，因为他们现在出得起这个钱了。对于这些学生来说，芝士通心粉是一种低档商品：当收入上升，他们对这种商品的需求下降，对这种商品的需求曲线向左侧移动。

但我们不应该忘记，价值是做选择的人眼中的价值。一种商品可以是一位消费者眼中的低档商品，却是另一位消费者眼中的正常商品。被叫作"**低档**"商品的商品很不走运，因为这个词似乎暗示这种商品一定很糟糕或者质量很低劣。但是"低档"的标签并不一定与质量有关。不管是好是坏，我们只能继续沿用这个标签。对于经济学家而言，低档商品和正常商品的区别仅在于**收入变化时消费者对这种商品的需求如何变化**。让我们来考虑琼斯和布朗的例子。在第 2 章中我们说过，他们是一对喜欢在家里酿酒的邻居。假设他们的工资都显著提高了。现在，琼斯能付得起送孩子去本地社区大学读书的费用了。他家对这件商品的需求提高了。而布朗的孩子可以离开社区大学，申请去常青藤学校读书，这令她十分开心。于是现在她家对社区大学的需求降低了。对于琼斯家来说，社区大学是一种正常商品；而对布朗家来说，社区大学是一种低档商品。

经济学的思维方式理解所有东西都是相互关联的。经济学家喜欢说：**所有东西都取决于其他东西**。他们真心实意地相信这一点。到目前为止，我们已经看到消费者购买某种商品的意愿与这种商品的价格有关，同时也与消费者的品味、偏好和收入有关。但影响消费意愿的因素还不止这几个。消费者面临不同的选择，当他们在这些选择之间做取舍时，他们也会比较**其他商品的价格**。其他商品的价格变化完全有可能改变对特定商品的需求。毕竟，**单一商品的价格本身并没有意义；只有把这种价格与选择者面对的大量其他商品和服务的价格进行比较，这种价格才有意义**。

"这件商品变得太贵了！"

这就让我们谈到影响需求的第四个因素：**替代品的价格变化**。让我们来看看在小镇水价上升时会发生什么：对高压节水淋浴喷头的需求上升了。人们购买更多喷头不是因为喷头的价格降低了，而是因为水的价格提高了。

让我们来看更多的例子。假设非有机蔬菜的价格不变，如果有机蔬菜的价格下降，那么对非有机蔬菜的总体需求就会下降——这条曲线会向左移动。或者，假设进口哥斯达黎加咖啡的价格下降。需求法则告诉我们：人们会因此购买更多哥斯达黎加咖啡——对这种咖啡的需求量会上升。但是，这一变化同时也可能降低对星巴克咖啡和唐恩都乐[a]咖啡的需求，因为这两种咖啡都是进口咖啡的替代品。类似的，如果美国进口价格低廉的外国产汽车，那么对美国产汽车的需求就会下降。难怪美国汽车制造商坚持对外国竞争企业施加一系列的进口限额或征收关税，以此来提高外国产汽车的价格。在其他条件不变的前提下，如果一种商品的价格上升（或下降），其替代品的需求就会上升（或下降）。

互补品的价格变化也会让需求曲线发生移动。如果几种商品被同时消费和同时使用，这几种商品就是互补品，比如，热狗香肠和热狗面包，水和游泳池，iPod播放器和iTunes下载服务，或者汽油和运动型多功能汽车。如果食品店主让热狗香肠打折，那么他很可能会卖出更多的热狗香肠。需求法则在这里发挥了作用：对热狗香肠的需求量上升了，但是他同时也会卖出更多的热狗面包（互补品），即使热狗面包并没有打折。热狗香肠的购买量上升时热狗面包的购买量也上升。由于热狗面包的价格保持不变，所以对热狗面包的总体需求上升，需求曲线向右侧移动。水价上升很可能会降低对新游泳池的需求。汽油价格上升会降低对耗油量大的车辆的需求，使需求曲线向左侧移动。在其他条件不变的前提下，如果一种商品的价格上升（或下降），其互补品的需求就会下降（或上升）。

最后一个因素是：商品预期价格的变化会导致对这种商品的整体需求的变化。在9·11恐怖袭击发生当天，对汽油的需求突然大幅飙升，因为发生在纽约市和华盛顿特区的恐怖袭击使人们对未来汽油价格的预期发生了突然和剧烈的改变。袭击发生后，人们预期油价会大幅上涨。根据这种新的预期，他们赶紧购买更多汽油，希望在油价上涨前灌满自己的油箱。换句话说，在9·11袭击发生当天，他们对汽油的需求曲线大幅向右移动。美国各地都发生了这样的情况。（事实上，因为对汽油的需求飙升，汽油的价格也确实因此飙升了！）让我们来考虑另一个例子。假设你正考虑购买一台高清电视。有一天，你在商场里购物，并且打算买下电视，这时你碰上了一位在该商场工作的同学。她悄悄告诉你：这些电视下周就会打折，到时的售价是原价的8折。

---

[a] 唐恩都乐：Dunkin' Donuts，世界著名的甜甜圈及咖啡连锁店品牌。——译者注

听说这条消息后你会怎么做？如果你决定等到降价再买电视——你根据"下周价格更低"的新预期采取了行动——那么因为这种新的预期，你*此刻*对高清电视的需求下降了。

3.9 通货膨胀导致的误解

许多人认为需求法则并不成立，造成这种现象的主要原因之一是：他们忘记了考虑通货膨胀效应。在高通货膨胀时段中，大部分名义价格的上涨根本不意味着实际价格的上涨。在本书后面的篇幅中（从第 13 章开始），我们会解释通货膨胀的性质、原因及后果。但是，由于通货膨胀现象会严重扭曲我们对相对价格和价格变化的理解，所以我们最好在造成进一步的误解之前厘清这个问题。有时小准备可以预防大困惑。

通货膨胀是指商品的平均货币价格的增长。但是，我们习惯认为任何东西的价格都等于我们为了得到这样东西必须牺牲的金钱数目，因此我们很容易得到这样的结论：2 倍的金钱意味着 2 倍的成本或牺牲。然而，如果 2 倍的金钱的购买力只有过去的一半，那么上述结论就不成立。如果所有商品（包括人的劳动力以及人们为换取金钱而出售或出租的所有东西）价格都翻倍，那么事实上所有东西的实际价格都没有发生变化——当然，唯一的例外是金钱的实际价格变了，变成了过去的一半。因此，汽油价格翻倍并不一定会诱使人们少用汽油——如果人们的收入以及他们使用的所有其他商品的价格也同时翻倍，人们就不会少用汽油。

考虑以下这种非常简单的情形。假设你在大学图书馆打工，每小时赚 7 美元（税后）；再假设 5 连包的方便面价格是 1 美元，汉堡肉的价格是 3.5 美元每磅[a]；那么你工作 1 小时的价值（具体来说是工作 1 小时产生的收入）让你最多有能力买 35 包方便面或者 2 磅汉堡肉。现在，假设所有商品的价格（包括你的小时工资）都变成原来的 2 倍。现在你每小时赚 14 美元。**在其他情况不变的前提下**，任何人都会觉得每小时赚 14 美元比每小时赚 7 美元好。但是，如果其他人向你提供的商品的价格也翻倍，那么事实上你并没有变得比从前

"在美好的过去，一张电影票只要 50 美分。"（爷爷，但是那个时候你 1 小时的工资不是也只有 50 美分吗？）

---

a 磅：英美制质量单位，1 磅约合 453 克。——译者注

更富裕。现在你的小时工资是 14 美元，但是你仍然只能用这笔收入至多购买 35 包方便面或者 2 磅汉堡肉。在这个过度简化的例子里，我们清楚地看到：你的劳动力、方便面以及汉堡肉的**相对价格**并没有改变。通货膨胀使得价格信号变得难理解了。

　　在现实中，通货膨胀现象并不会让所有商品的价格按同样的比例增长——这是通货膨胀会制造麻烦的原因之一。但不同商品的价格往往朝同一个方向变化。因此，假设我们希望研究某种特定价格的增长，我们首先必须剔除总体物价上涨带来的效应。在过去几十年中，汽油的价格显著上涨。1970年时，汽油的平均价格是 36 美分每加仑。在我们修订这本教材的时候，汽油的价格已经涨到了 4 美元每加仑——上涨至原来的 11 倍。但是这个数字在一定程度上具有欺骗性，因为我们还没有考虑通货膨胀的效应。如果仅考虑通货膨胀因素，那么 1970 年时要花 36 美分买到的东西今天大约需要花 2.15 美元。在写作本章的时候，汽油的价格是 4 美元每加仑，这意味着汽油的实际价格在过去 40 年中翻了一倍。

3.10 时间站在我们这边

　　汽油的相对价格需要上涨多少才能降低汽油的消费量？根据价格变化调整消费量需要时间，上述问题的答案显然取决于我们给消费量多长时间调整。如果油价涨幅够大，人们会购买油耗更低的汽车，搬去离工作地点更近的场所居住，安排拼车出行——但是他们不可能一下子做到以上所有事情。汽车工程师会提高车辆使用汽油的效率，公共汽车和航空公司会增加班次以便为原本开车出行的人提供更多、更好的汽油替代品——但是这些变化也需要时间。从短期的角度看，油价上涨会让我们陷入麻烦。但是假以时日（从较长期的角度看），我们会学着寻找汽油的替代品（拼车、6 缸和 4 缸引擎、少去乡下兜风等）。我们会找到省油的新方式。

　　目前，我们选择的例子几乎都在家庭消费决策领域。这可能会让我们忽略一个重要事实：顾客不仅包括家庭消费者，也包括生产者。企业也需要使用水和汽油，有时候他们使用量很大，因此对这两样商品的价格极度敏感。生产者的行为会显著影响许多商品的需求，如果忽视这种影响，就会忽视让需求曲线向下倾斜的一些主要因素。以水为例，在工厂选址时，生产者常常以水的预期价格作为决策依据。这些选址决策影响不同地理区域内对水的需求量。

但是，顾客需要花一定的时间才能找到并开始使用替代品。生产者也需要花一定的时间才能开发、生产和推广替代品。因此，价格变化后人们的购买量究竟上升或下降多少严重取决于我们观察的调整期有多长。即使涨价（或降价）幅度较大，消费量也不会显著下降（或上升）——但这仅限于价格刚刚变化的时候。有时这种现象让人们认为价格对消费量毫无影响。这是一个非常错误的结论！在这个世界上，没有任何事情会瞬时发生。人是习惯性动物，寻找任何东西的替代品都需要一定的时间。

> 发现替代品需要时间。

3.11 需求的价格弹性

"价格变化时消费者购买量上升或下降的幅度"这样的表述实在累赘。但是，这是一种非常重要的关系，并且有许多实际的应用。因此，经济学家特别发明了一个概念来总结这种关系。这个概念的正式名称叫作"**需求的价格弹性**"。这个名称十分恰当，因为弹性的意思就是反应程度。（如果用 3 号铁杆击球，高尔夫球会比弹子球更有弹性。）但这里的弹性其实是指对价格的敏感度。如果某种商品只要价格小幅变化，人们的购买量就显著改变，那么我们就说对这种商品的需求是有弹性的。如果某种商品即使价格大幅变化需求量也不怎么改变，我们就说对这种商品的需求缺乏弹性。

> 消费者对价格变化有多敏感？

需求的价格弹性的精确定义如下：价格弹性等于需求量变化的百分比除以价格变化的百分比。因此，如果鸡蛋价格上涨 10% 会使消费者的购买量下降 5%，那么鸡蛋需求的价格弹性就是 5% 除以 10%，即 0.5。（准确地说，应该是负 0.5，因为价格和消费量的变化方向相反。为简单起见，我们忽略负号，将所有弹性系数视为正数。）

> 需求的价格弹性 = $\dfrac{\text{需求量变化的百分比}}{\text{价格变化的百分比}}$

只要弹性系数大于 1.0（忽略正负号）——需求量变化的百分比大于价格变化的百分比——我们就说需求有弹性。只要弹性系数小于 1.0——需求量变化的百分比小于价格变化的百分比——我们就说需求缺乏弹性。特别追求完整性的学生一定希望知道需求量变化的百分比等于价格变化的百分比（弹性系数等于1.0）时怎么办。此时我们说需求具有单一弹性，你可以把这一点记下来。

弹性受以下三个因素影响：

时间（这一点上文已经讨论过）。价格变化后，供人们调整的时间越长，需求的弹性越大。

消费者获得已知替代品的难易程度以及已知替代品与原商品的接近程度。商品价格上升后，消费者通过寻找替代品来减少原商品的使用量。世界上的所有东西都有替代品，但是有些东西的已知替代品多，有些东西的已知替代品少。替代品越多，需求的弹性越高。替代品越少，需求的弹性越低。（你能看出"时间"和"获得已知替代品的难度"如何相互关联吗？我们通常需要花一些时间才能考虑并发现合适的替代品。）

花在这件商品上的钱占总支出的比例。这个比例越小，消费者对该商品的价格变化越不敏感——也就是说需求的弹性越低。如果消费者把支出的较大比例花在某件商品上，他们的消费态度就会更加精打细算——也就是对价格的变化更敏感，因此需求弹性更高。

现在，你可以开始通过以下练习让自己熟悉价格弹性的概念。在以下情形中，价格是有弹性的，还是缺乏弹性的？我们会在下面几节中逐一讨论这几个例子：

· "即使盐的价格翻一倍，我还是会买同样数量的盐——因此所谓的需求法则并不成立。"

· 对运动型多功能汽车的需求。

· 对美国产运动型多功能汽车的需求。

· 对雪佛兰牌运动型多功能汽车的需求。

· "如果大学把每个学生交的学费降低20%，大学收到的学费总数其实会上升。"

· 对胰岛素的需求。

3.12 对弹性的思考

"即使盐的价格翻一倍，我还是会买同样数量的盐——因此所谓的需求法则并不成立。"确实，对于许多不吃盐不行的消费者而言，极少有商品能很好地替代盐。此外，消费者对许多低价商品（比如盐、牙签、方便面甚至铅笔）的价格并不怎么敏感。然而，这些商品的需求弹性很低并不是因为它们很"便宜"，而是因为人们花在这些商品上的钱占总支出的比例很小。一般来说，你每年花在食盐上的钱只占年度食品开支的极小一部分，占年度总开支的比例就更小了。若被问及每年在盐上花多少钱，你可能根本无法不假思索地答上来。在买盐的问题上，你没有动机去当一个小心、"挑剔"的消费者。但我们敢说，你非常清楚自己每年交的学费或房租是多少，因为这两项支出通常占总支出的很大比例。（假设你的学费和房租都由父母支付，那么你可能不知道这两项开支是多少，但你的父母肯定知道！）

假设盐的价格从每磅 50 美分涨到每磅 1 美元，许多消费者仍会按过去的习惯继续购买盐，他们不会做出什么剧烈的反应，甚至完全没有反应。但请注意以下两点：第一，上述情况并不违反需求法则，因为需求法则描述的是在各种可能价格下需求量和价格的关系。如果盐的价格继续上涨，比如涨到每磅 5 美元甚至每磅 10 美元，这些家庭还会继续按照原来的习惯购买盐吗？第二，其他消费者（比如某些餐馆和生产预加工食品的企业）花在盐上的钱占总支出的比例较大，这些消费者在盐价上涨时更可能降低消费量。美国东北部的咸味薯片生产业一定会比你更努力地节约用盐。

对运动型多功能汽车的需求。 让我们从"获得已知替代品的难易程度"的角度来考虑本段以及接下来两段中的例子。你能列出一些运动型多功能汽车的替代品吗？如果我们列一张短短的清单，清单上可能会有：货车、改装货车、小轿车、公共交通，甚至马和自行车。如果所有运动型多功能汽车的价格都上升，人们就会转而使用这些替代品。

现在考虑对美国产运动型多功能汽车的需求。注意我们把产品的范围收窄了。如果只有美国产的运动型多功能汽车涨价，会发生什么？人们会转而使用替代品，比如上一段的清单上列出的那些商品。但是，现在人们面临的替代品不止以上谈到的那些。我们还可以在清单中加上丰田牌、马自达牌、铃木牌运动型多功能汽车，以及所有

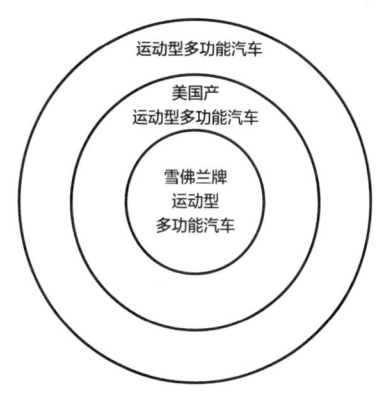

其他外国产的运动型多功能汽车。

最后考虑对雪佛兰牌运动型多功能汽车的需求。产品的范围更窄了。这意味着替代品的数量一定更多了：现在我们还可以在清单上加上福特、吉普、通用汽车等品牌。雪佛兰牌运动型多功能汽车的需求曲线会比美国产运动型多功能汽车的需求曲线更有弹性，这意味着只有雪佛兰一个品牌的运动型多功能汽车涨价时，消费者对价格变化的敏感度比上一段中更高。

3.13 弹性和总收入

"如果大学把每个学生交的学费降低20%，大学收到的学费总数其实会上升。"大学的学费总收入等于每个学生交纳的学费乘以注册学生总人数。如果每个学生交的学费降低20%，但学费总收入反而上升，那么注册学生人数必须上升20%以上。需求量变化的百分比大于价格变化的百分比，因此这种需求有弹性。

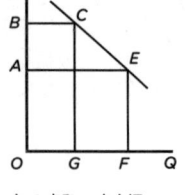

这个例子说明我们可以用一种简单的方法来考虑弹性。记住：需求量变化的方向永远与价格变化的方向相反。如果价格变化后总收入的变化方向与价格变化的方向相反，那么需求一定有弹性。需求量的变化（百分比）必须大于价格的变化，因为总收入等于价格和需求量的乘积——这正是"需求有弹性"的定义。如果价格变化后总收入的变化方向与价格变化的方向相同，那么需求一定缺乏弹性。需求量的变化不足以抵消价格的变化——这是"需求缺乏弹性"的定义。

那么，如果需求有弹性，大学是否总能通过降低学费来改善财政状况？不要急于得出这样的结论。确实，当需求有弹性时，降低学费能提高总收入，但是登记学生人数上升很可能也意味着总成本的上升。在这种情况下，大学必须考虑总收入的提高是否大于总成本的提高。（但是我们得等到第8章才能开始谈定价策略的问题。）

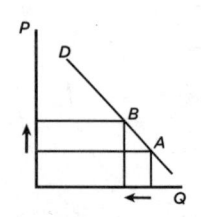

另一方面，弹性和总收入之间的关系让我们意识到一个常见的误解：许多人相信，企业只要提高售价就能"多赚钱"。可是，假如企业把商品售价提高20%会导致消费者对该商品的需求量下降（需求法则！）超过20%，那么企业的总收入反而会下降。

在 C 点和 E 点之间，需求有弹性，因为 OBCG<OAEF。

在 A 点和 B 点之间，需求缺乏弹性。

3.14 竖直需求曲线的迷思

需求曲线不可能在所有价格上都完全无弹性。任何商品都不例外。一条完全无弹性的需求曲线画出来是一条竖直的线，这种形状说明该商品不存在**任何替代品**。去现实世界中寻找竖直的需求曲线就像去马的世界中寻找独角兽一样，明智的人千万别犯这种糊涂。

现在我们按之前的承诺来讨论最后一个问题：对胰岛素的需求。好的，我们已经知道，更合理的膳食和"整体护理"都可以被看作胰岛素的替代品。如果我们愿意的话，也许我们还可以在这张替代品清单上添上：祈祷、积极思维的力量以及一堆其他东西。但我们假设你对这种解释仍然不满意。让我们暂时假设糖尿病人认为以上这些东西都不是胰岛素的潜在替代品。如果我们**假设胰岛素的需求曲线是完全竖直的**，这意味着什么？不管糖尿病人面临的**胰岛素价格有多高**，他们都会按医生的处方抓药（还是那句话，你得听医生的）。如果胰岛素的支出是每周 3 美元，病人会按医生的处方抓药。如果同样的药涨到每周 30 美元，他们还是照样抓药。如果药价涨到每周 300 美元，他们仍然照样抓药——**他们真的会这样做吗？假设人们这样行事合理吗？**经济学的思维方式认为这并不合理，随着胰岛素价格上升，在病人眼中，祈祷会是一种越来越有吸引力的替代品。

让我们从另一个角度来看待这个问题。假设一开始胰岛素的价格是每周 30 美元，后来药价显著下降至每周 1 美元。**现在会有更多糖尿病人使用胰岛素吗？会的。但是这种情况意味着什么？**当个人需要支付的药费较低时，糖尿病人更愿意按医生的处方抓药。病人支付的价格越低，对胰岛素的需求量越高。显然，这种情况意味着胰岛素的需求曲线是向下倾斜的，而不是一条竖直的线。事实也确实如此。

现在，我们可以用弹性的语言来表达需求法则：**没有任何商品的需求能在所有价格上完全无弹性**。当购买某种商品的成本变化时，大部分消费者至少会做出一定程度的反应；如果价格变化足够大，所有消费者都会做出反应。假设你觉得这条规律显而易见，根本不值得花这么多篇幅讨论，那我建议你去读读每天的报纸——你会发现这条规律绝非对每个人都显而易见。出于好意的人（以及一些不完全出于好意的人）不断谈论"基本需求""最低要求"和

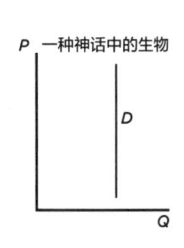

"绝对必需品",但是需求曲线几乎从来不会像他们认为的那样完全没有弹性。当然,这并不意味着需求总是有弹性的。这是一个更复杂的问题,要回答这个问题必须针对具体情况进行具体分析。但是,在后面的篇幅中我们会发现,若想评判我们的经济系统的运行状况,这一定是一个非常重要的问题。

3.15 需求应该扮演怎样的角色

到目前为止,我们一直把市场价格以及支付这种价格的意愿高低当作决定"谁获得哪些稀缺商品和服务(从水到运动型多功能汽车再到胰岛素)"的主要评判标准。

如果一种商品是稀缺商品(也就是说人们不可能想要多少就获得多少,而不牺牲任何他们认为有价值的其他东西),社会就必须演化或建立某种标准或规则,来决定谁能获得多少这种商品。允许人们通过付钱意愿的高低表达对某种商品的需求是其中一种标准,但是在现实世界中我们其实还可以使用许多其他的系统。这是一个产权的问题。

产权很重要。

其中一种系统是完全靠配给分配物资。很多人会本能地认为"按需分配"的做法很有吸引力,但是只要读过本章的第一部分,就能意识到这种方法没那么好;或者只要简单地想一想这种系统如果在社会上大规模推广会让评判标准变得多么含糊、主观、任意、相对、不确定,以及多么容易被人滥用,也能意识到这种方法没那么好。另一种系统是"先到先得"的系统。当你看到人们排队购买某种商品时,你观察到的过程用的就是先到先得的标准——通常,分配标准以支付意愿为主,先到先得为补充。还有一种系统是"随机抽签"。许多人认为,当想要某种稀缺商品的人都无权优先获得该商品时,随机抽签是一种公平的分配方式。有时,我们决定采用所有人平分的分配标准。我们把一块蛋糕或比萨切成大小相等的小块,每人只能拿一块。当动物争食尸体时,它们常常用"强权即正义"的标准分配稀缺商品,人类有时也会这样做。在某些情形下,人类还会采用论功行赏的标准——稀缺商品属于配得上它们的人,不管配得上的原因究竟是什么。

以上这些过程各有优点。但把其中任意一种当作决定"谁能获得稀缺商品和服务"的通用系统都会产生严重的缺陷,在亚当·斯密所谓的"商业社会"成员之间进行分配时尤其如此。如果大部分商品都按"先到先得"标准分配，人们就得花极长的时间排队。当想要某种稀缺商品的人都无权优先获得该商品时，我们可能为追求公平而采用随机抽签的分配标准，但是这种随机分配系统完全不考虑具体情况以及需求的多样性。有时，一些商品很难被平均切割成许多小块，或者按人数切割后每一块都小到对使用者几乎没有价值——在这种情况下，所有人平分的分配标准就不合理。"强权即正义"的原则缺陷明显，不仅弱者抢不到资源，而且强者必须浪费宝贵的资源去夺取和捍卫自己能抢到的资源。如果把论功行赏当作核心分配标准，就必须要求所有人在"什么是功绩"和"用何种过程来具体决定每个人有多大功绩"的问题上达成共识。除了在极小的社会圈子（比如关系紧密的家庭）中，上述条件几乎不可能达成。

更重要的是，以上所有标准都忽略了供给的问题。极少有像神粮[a]那样从天而降的商品，通常消费者能够取得的商品数量取决于产权和其他游戏规则。大部分商品是人生产出来的，生产者希望自己的努力获得回报。生产者的决策创造了商品，如果一个分配系统不能给生产者适当的鼓励，那么这个系统最终必然崩溃。但是，本章的重点是需求的概念，因此我们把供给方面的问题留到以后的章节中再做讨论。即使只考虑需求侧，"鼓励自愿以产权交换稀缺商品，并让愿意支付的边际价格最高的人获得稀缺商品"的分配系统也具有重要的优势，但这种优势常常被人们忽视。这种系统使个人能根据自己的特定条件进行优化，从而扩大人们的自由和权利。让我们考虑以下这个关于汽油的例子。

省油的方法有很多：多步行、搭乘公共汽车、骑自行车、和别人拼车、搬到离工作单位较近的地方居住、在高速公路上减速行驶、调整发动机、取消纯粹为了消遣的兜风、更仔细地进行事前规划、把几次出行合并成一次、选择离家较近的地方度假，或者购买一辆体积更小或用油效率更高的汽车。不同的人对这些省油方式的成本或代价各有不同的判断，有时不同判断之间差距极大。有的人住在有方便的公交服务的地方，这些人搭乘公共汽车的代价可能很小——除非他们搭公共汽车会晕车。有的人与同事住在同一个街区

---

[a] 神粮：《圣经》中古以色列人漂泊荒野时上帝所赐的食物。——译者注

中，这些人的拼车成本可能很低——除非他们每天通勤时必须独自听着极响的音乐完成当天最重要的思考。本来就正打算买车的人也许觉得买小车而不买大车不会增添多少麻烦——除非他们家人口很多，或者常常要用车来运输乐器和音响设备。没有一个公式适合所有人，并不存在一种对所有人都最优的优化方式。欧洲人早就习惯把办公室和住宅设在相邻的楼里或设在同一栋楼里，也习惯走一小段路去上班。如果我们认为节约汽油很重要，并且认为人们应该以成本不太高的方式来节约汽油，那么我们就该把汽油的相对货币价格的上涨看作一件好事。

当某件商品的价格上涨，消费者会自行优化——不需要有人来命令他们优化，也不需要经济学家们来告诉他们如何优化。从消费者的自身利益出发，优化是最佳的选择，即便他们从来没听说过这个词。使用这种商品的方式有许多，消费者一定会最先放弃最浪费的用法（但他们可能对"何种用法最浪费"持不同意见），根本用不着别人来指导他们。没有必要监控消费者确保他们进行优化，因为若在这个问题上"作弊"，受骗的只有他们自己。只要提高水价，消费者就有动机自行找到漏水的水管并把它修好。在大部分情况下，人们不必做出巨大的牺牲就能"尽到自己的责任"，因为他们会自然而然地选择牺牲最小的优化方式。每个人最了解自己的具体情况，因此让人们在可能的优化方式中自行选择是最佳的解决方案。

3.16 金钱是唯一重要的因素吗？货币成本、其他成本和经济计算

但是，本章的讨论并不说明商品的货币价格能完全度量消费者付出的成本。事实上，有时货币价格不能充分度量消费者付出的成本。经济学家对上述事实的了解只会比普通人多，不会比普通人少。需求的概念绝不说明金钱是人们唯一关心的东西。

我们说：当商品的成本上升，消费者就会少买这种商品。这并不意味着人们只关心金钱，也不意味着人是自私的，也不意味着人们在决定自己的行为时不关心社会福利。相反，经济学的思维方式指出：当某种行为的机会成本上升时，决策者就会较少地采取这种行为；当某种行为的机会成本下降时，决策者就会较多地采取这种行为。人们不是仅仅对预期收益的变化做出反应，他们会

比较预期额外收益和预期额外成本，不管他们以何种方式度量成本。在商业市场经济体中，金钱是一种通用的标准，是一种很容易理解的"尺子"。更具体地说，金钱使个人能够计算行为的相对成本和相对收益。每个人都关注金钱，因为所有人都能用金钱来推进自己感兴趣的项目，不管这些项目是什么。

如果人不能仅靠面包活着，那么人显然也不能仅靠金钱活着。但这并不意味着面包和金钱不具有重要的优势和用途。货币价格的变化是一种有用的信号，人们根据这种信号来协调消费计划和生产计划。经济学家之所以如此关注货币价格的变化，原因正在于此。

用货币来度量价格使得经济计算成为可能。

简要回顾

取舍，取舍，取舍——大部分商品都是稀缺商品，这意味着只有牺牲其他商品才可能获得这些商品。

任何商品都有替代品。在试图实现个人目标时，决策者会比较各种替代方式的预期额外收益和预期额外成本，从而在不同的稀缺商品之间做出取舍，这个过程就是优化的过程。在目前情形下采取某种行动造成的额外收益和额外成本叫作边际收益和边际成本。

需求的概念强调：达成目标的方式有许多种，因此考虑各种取舍十分重要。而"需要"的概念忽略了上述两个要点。

"需求法则"指出人们会优化自己的行为：不管是什么商品，当价格下降时人们就想多买，当价格上升时人们就想少买。

对某种商品的需求反映了"为获得这种商品必须支付的价格"与"人们计划购买的这种商品的数量"之间的关系。需求是一条曲线。在特定价格下人们希望购买的商品数量叫作需求量。需求和需求量是两个不同的概念。

"需求量的变化"与"整体需求的变化"不同。注意不要把这两个概念混淆！在其他条件不变的前提下，如果特定商品的价格变化，只有需求量会变化。在图表上，这表现为需求量沿给定需求曲线移动。

如果经济学家说需求本身增加或减少，这意味着整条曲线向右或向左移动。一般来说，有6种原因可能导致需求的变化。那么在其他条件不变的前提下，以下6种情况会让需求上升：(1) 消费者的数量增加；(2) 消费者的品味和偏好改变，他们更喜欢这种商品了；(3) 收入上升（对正常商品而言）或收入下降（对低档商品而言）；(4) 替代品的价格上升；(5) 互补品的价格下降；(6) 消费者预期这种商品未来会涨价。

类似的，在其他条件不变的前提下，以下6种情况会让需求下降：(1) 消费者的数量下降；(2) 消费者的品味和偏好改变，他们更不喜欢这种商品了；(3) 收入下降（对正常商品而言）或收入上升（对低档商品而言）；(4) 替代品的价格下降；(5) 互补品的价格上升；(6) 消费者预期这种商品未来会降价。

当商品价格变化时，消费者会在多大程度上提高或降低购买量——以上关系用"需求的价格弹性"的概念来表达。需求的价格弹性等于需求量变化的百分比除以价格变化的百分比。

如果需求量变化的百分比大于价格变化的百分比，我们就说需求有弹性。此时消费者对该商品的总金钱支出的变化方向与价格的变化方向相反。如果需求量变化的百分比小于价格变化的百分比，我们就说需求缺乏弹性，此时消费者对该商品的总金钱支出的变化方向与价格的变化方向相同。

消费者对商品的价格变化有多敏感？需求的价格弹性主要取决于获得替代品的难易程度。某种商品的替代品越多或越好，需求的弹性就越高。通常，寻找和发现替代品需要花费一定的时间，因此，时间长短也影响需求的价格弹性。当商品的价格提高时，供人们做出调整的时间越长，通常需求弹性越高。在某种商品上花的钱占总支出的比例高低也影响需求的弹性。消费者通常对便宜的、占总支出比例低的商品的价格较不敏感，而对昂贵的、占总支出比例高的商品的价格较敏感。

在市场中，人们愿意与其他人达成关于价格的协议。人们通过这种方式表达自己获取稀缺商品和服务的计划。虽然我们可以用许多不同的标准，也确实用许多不同的标准来决定"谁获得什么"，但是一个以私有产权的自由交换为基础、以货币价格为分配标准的经济系统从总体上看能够提高个人的经济自由和经济权利。这种游戏规则及其产生的信息使人们能够计算并根据自身的具体情况做出最佳的优化决策。

供讨论的问题

1. 当人们谈论"需要"这个概念时,人们究竟在表达怎样的意思?

    (a) 一些年前,在国家还没有强制要求汽车配备安全气囊时,西北大学做过一项关于全国汽车安全性的研究。这项研究显示:如果安全气囊系统售价为 500 美元,有 16% 的受访消费者表示他们"一定会购买"这种系统;如果安全气囊系统售价为 1000 美元,只有 5% 的受访消费者表示他们"一定会购买"这种系统。上述情况意味着什么?那些相信安全气囊有用的人是否"需要"安全气囊?人们是否"需要"能救命的商品,关于这个问题,这项研究告诉我们什么?

    (b) 一项调查显示:在收入水平中等的美国人中,有 60% 的人有"未被满足的法律需要"。你同意这种说法吗?许多人只有在能雇到便宜的律师时才会具有某些"法律需要",你能列举一些这类"法律需要"吗?

    (c) 当史无前例的热浪袭击美国中西部时,《劳动者世界》(*Workers World*)在头版上刊登了一则报道,报道中有这么一段话:

    > 拥有空调难道不应该是一项权利吗?为什么只有能买得起空调的人才能享受这项权利?在发生高温危机的几周中,每一个需要空调的人都应该用上空调,只有以人们手中的金钱多寡来定义人的价值高低的系统才会拒绝接受这种简单的解决办法。

    那么,谁"需要"空调?发达国家(比如美国)的人是否比气候更炎热但经济落后得多的国家(比如孟加拉和尼日尔)的人更"需要"空调?在空调发明以前会有任何人"需要"空调吗?

2. 有人认为,某些商品是"人的基本需要"。这种说法强烈暗示了以下信息:获取这种商品应该是人的权利,而不是一种特权。但是,从逻辑的角度来说,有权利就必然有义务。比如说,你有投票的权利,这就意味着选举工作人员有接受并清点你的选票的义务;你有使用自己的雨伞的权利,这就意味着别人向你借伞前有征得你同意的义务。

(a) 美国医学会 (American Medical Association) 宣称"医疗是每个人的权利"。你认为美国医学会所说的医疗是指多大数量、多高质量的医疗？比如说，是否每个患肝病的人都有接受肝移植的权利？

(b) 如果"医疗是每个人的权利"，那么谁有义务向所有人提供医疗服务？目前是谁在承担为人们提供医疗服务的义务？他们为何愿意承担这种义务？

(c) 以下是三则与医疗成本有关的新闻：(i) 一家领先的健保机构原来家庭医生门诊不收挂号费，现在每次门诊收 5 美元挂号费。涨价以后门诊患者人次下降了 11%。(ii) 在最近几年的经济大萧条中，美国的就业率一直低迷。在这段时间中，申请残疾人福利的人数增加了。(iii) 以前，瑞典福利系统的病休保险在劳动者请病假时 100% 补偿缺勤工资。现在，这项福利被削减为病假前 3 天补偿工资的 75%，之后每天补偿工资的 90%。发生上述变化以后，劳动者请病假的天数下降了近 20%。以上三则新闻说明人们对医疗的"需要"具有何种性质？

3. 当我问"水是否有替代品"，学生们常常回答："有啊——替代品就是死亡！"请解释为什么这个答案误解了经济学家对替代品的定义。

4. 有些人说："并不是所有东西都有替代品。如果你想吃煎蛋饼，就需要鸡蛋。在做煎蛋饼的时候，鸡蛋这种原料没有替代品。"如果有人这么对你说，你如何回应？

5. "油画《蒙娜丽莎》是无价的。"请评价这句话是否正确。

6. 如果化疗的价格降低，你认为会有更多癌症病人选择接受化疗吗？如果化疗的价格变成目前的 3 倍，你认为选择接受化疗的癌症病人数目会减少吗？这说明化疗的需求曲线具有怎样的性质？这条曲线是竖直的吗？

7. "根据需求法则，如果每顿饭的价格降低，我就会多吃几顿饭。但是不管怎样我每天只吃 3 顿饭。因此，需求法则显然对我不成立。"此人是否找到了需求法则的例外情况？

8. 如果要进行长达 2000 英里的山区之行，你会不带备胎就开车上路吗？知道备胎的价格（50 美元、500 美元或 1000 美元）对回答这个问题是不是很有帮助？

9. 一位公民希望降低美国的汽油消费量。他给一份报纸的编辑写信建议以法律手段禁止不必要的汽油消耗，比如说，他认为农村地区的邮差每周送信 6 天没有必要，应该降低每周送信的天数。如果法律规定所有农村地区的邮差周六不得送信，我们是否减少了对汽油的不必要消耗？那么我们为什么不让法律规定周二和周四也不准送信，以省下更多的汽油？

10. 美国规划协会（American Planning Association）的一份报告显示：在美国，一个四口之家平均每天大约使用 345 加仑水。该报告还细分了这些水的用途：室内用水 235 加仑，室外用水 110 加仑。在室内用水中，每天冲厕所用掉的水大约是 95 加仑，饮用和烹饪用掉的水是 9 至 10 加仑。虽然各地水价不同，但水价很少超过 0.1 美分每加仑（0.001 美元每加仑）。（现实世界中的水价比我们在小镇用水的虚构例子中的水价低得多！）那么，如果把 0.001 美元每加仑的水价翻一番甚至翻两番，会给穷人带来严重的不便吗？

11. "当水价上升时，有些房东为了节约用水会在马桶的水缸里放几块砖头。因此，在这种情形下砖头是水的替代品。"这种说法是对是错？

12. 2008 年，约翰·麦凯恩（John McCain）和希拉里·克林顿（Hilary Clinton）[a] 都提出应暂时取消对汽油征收每加仑 18 美分的联邦税以帮助美国消费者。以下论点反对他们的提议。请对以下论点进行评价：

---

a 约翰·麦凯恩和希拉里·克林顿：两人都是当年的总统候选人。——译者注

取消每加仑18美分的联邦税会进一步激励石油公司涨价。石油公司称，高昂的汽油价格是供给和需求方面的因素共同造成的。如果情况确实如此，那么取消每加仑18美分的联邦税会进一步提高对这种供应短缺的商品的需求。而需求的提高会进一步推高汽油的零售价格。

说这段话的人犯了什么错误？

13. "当商品价格变化时，商品的需求量会变化，但是需求曲线不会移动。"这种说法是否绝对成立？

    (a) 20世纪70年代时，汽油价格大幅上涨，你认为这种变化会如何影响低油耗汽车的需求（曲线）？

    (b) 几年以后，上述情况对汽油的原始需求（曲线）有何影响？

    (c) 2003年，用于家庭取暖的燃油价格飙升，这种情况对住宅隔热的需求有何影响？最终，这会使取暖用燃油的需求曲线如何移动？

    (d) 有时，经过足够长的调整期后，某种商品的价格变化最终会使这种商品的需求曲线移动。除了以上的例子，你还能想出符合这种描述的其他例子吗？

    (e) 如果一段时间以后商品价格回到原位，但需求量并没有回到原位，这是否证明该商品的需求在此期间发生了变化？

14. 在一个虚构的城市中，对公共汽车服务的需求如图3-2（左）所示，对市

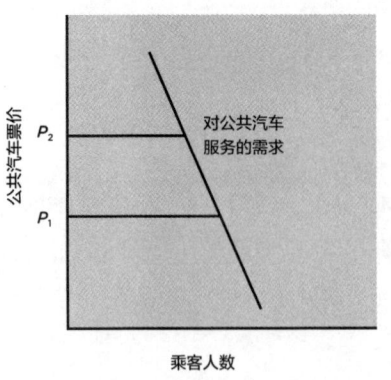

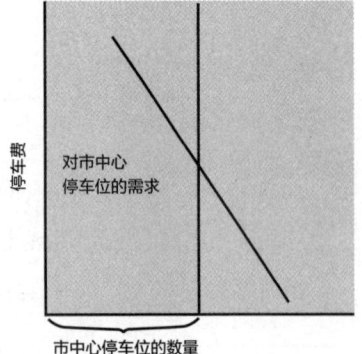

图 3-2：公共汽车服务和市中心停车位的需求曲线

中心停车位的需求如图 3-2（右）所示。如果该市把公共汽车票的价格从 P_1 提高到 P_2，需求曲线不会变化，但是对公共汽车票的需求量会下降。既然搭乘公共汽车的人数减少了，那么对市中心停车位的需求会如何变化？上述情况会如何影响市中心的停车费？停车费上涨以后，会有更多人愿意搭乘公共汽车。所以，总的来说，提高公共汽车票价对公共汽车服务的需求产生什么影响？

15. 如果商品价格提高一定会让消费者减少购买量，那为什么卖家要公布涨价的事实？

    (a) 美格（Maker's Mark）牌威士忌的广告语是："喝起来感觉很贵……也确实很贵。"企业在广告中说自己的产品价格贵难道不愚蠢？如果人们认为美格牌威士忌比其他牌子的威士忌更贵，他们难道会买更多美格牌威士忌吗？如果真的如此，这是否违反需求法则？

    (b) 华盛顿特区有一家让-路易餐馆，常有著名政客光顾该店。该店的一位侍者说："餐馆有价格贵的美名是一件好事。人们知道在这里请客吃饭能够取悦宾客。"那么，在这位侍者的想法中，去让-路易餐馆用晚餐的人究竟在购买什么商品或服务？

    (c) 罗伯特·西奥迪尼（Robert Cialdini）在《影响力：说服的心理学》（*Influence: The Psychology of Persuasion*）中讲过这么一个故事：亚利桑那州的一家珠宝店出售一种优质绿松石珠宝，但是在旅游旺季中，这种珠宝却卖不出去。于是，店主在出差前嘱咐助理将这批珠宝的售价减半。然而助理误解了店主的意思，反将珠宝的价格提高了 1 倍。几天后，店主回来了，他发现这批珠宝都卖出去了。你能否以不违反需求法则的方式解释这个故事？

16. 预期的变化可能导致需求的变化。解释这一规律如何导致以下情况：当某种商品的价格上涨时，人们反而想买更多这种商品。

17. 哪些因素会使需求曲线具有弹性或缺乏弹性？

    (a) 你认为电子邮件的出现会如何影响人们对美国邮政提供的平邮服务的

需求？你认为美国邮政是否乐意看到以上影响？
(b) 目前市场上的阿司匹林有多种不同的常见价格。在这些价格下，对阿司匹林的需求似乎非常缺乏弹性。如果阿司匹林相对其他所有商品的相对价格变成现在的 5 倍，你认为阿司匹林的需求弹性会有什么变化？如果是 50 倍呢？为什么？
(c) 对处方药的需求是富有弹性还是缺乏弹性？为什么？有时候，人们会说：制药厂可以随意设定处方药的价格，因为不管价格高低人们都必须购买医生开的处方药。你是否同意这种说法？
(d) iTunes 商店的音乐下载服务对传统 CD 的需求价格弹性有什么影响？
(e) 20 世纪 80 年代，个人电脑市场上出现了一些仿制的 IBM 电脑。这对 IBM 牌个人电脑的需求弹性有什么影响？

18. 一项评估认为香烟需求的价格弹性大约是 0.4，即如果香烟的价格上涨 10%，需求量会下降 4%。
(a) 这是否说明对香烟征更高的税能够有效减少吸烟现象？
(b) 这是否说明对香烟征更高的税能够有效提高政府收入？
(c) 如果政府官员既希望减少吸烟现象，又希望提高来自香烟的税收收入，那么他们会希望香烟需求的价格弹性在什么范围内？

19. 一项研究显示：香烟税较高的州青少年吸烟率较低。但是，后来又有一项研究发现，如果剔除北卡罗莱纳州、肯塔基州和弗吉尼亚州，那么在剩下的州中，香烟税和青少年吸烟率之间没有显著关联。你能否为上述结果想一个合理的解释？为什么剔除北卡罗莱纳州、肯塔基州和弗吉尼亚州后，高香烟税州与低香烟税州的青少年吸烟率没有显著区别？

20. 一些人提出，我们可以通过以下方式区分奢侈品和必需品：奢侈品是需求弹性很高的商品，而必需品是需求弹性很低的商品。你是否认同，我们可以通过需求的相对弹性来有效区分奢侈品和必需品？试着举出一些大部分人认为是奢侈品的东西，以及一些大部分人认为是必需品的东西，然后问自己：对于以上每种商品而言，需求曲线通常是富有弹性还是缺乏弹性？

21. 《经济学人》(*The Economist*) 杂志（1998年4月18日刊）曾经刊登过一篇关于滥用统计数据的报道。在20世纪70年代末，墨西哥城政府把4车道的"维亚达科托"高速公路重新画线变为6车道：道路的通行能力提高了50%。然而，此后致命交通事故增多，于是政府又把这条路重新改回4车道：道路的通行能力降低了1/3或33%。该市政府在一份关于社会进步的报告中称：通过以上两次改进，道路的通行能力提高了17%。你同意这种说法吗？（如果你不明白这件事与经济学有什么关系，请继续阅读第22题。）

22. 需求的价格弹性可以通过以下方法计算：价格弹性等于需求量变化的百分比除以价格变化的百分比。

    (a) 表3-3中描述了两种商品的需求。这两种需求在表中两点间的弹性系数分别是多少？

表 3-3

每张票的价格 （单位：美元）	票的需求量 （单位：张）	每杯咖啡的价格 （单位：美元）	咖啡的需求量 （单位：杯）
2	200	2.50	600
1	400	5.00	300

(b) 在门票的例子中，弹性系数等于100%除以50%；在咖啡的例子中，弹性系数等于50%除以100%。你于是得到两个差别很大的弹性系数（分别是2和0.5）。然而，实际上在这两个例子中相对变化是完全一样的。之所以会得到不同的弹性系数，是因为在门票的例子中你用较高的价格和较低的需求量作为计算百分比变化时的基础，而在咖啡的例子中你用较低的价格和较高的需求量作为计算百分比变化时的基础。但是，不管价格朝什么方向变化，对于这两种商品而言，两点间的弹性系数应该一样。我们应该如何解决这个问题？

(c) 假设在计算百分比变化时你用两点间的平均价格和平均需求量作为基础，那么在票和咖啡的例子中弹性系数分别是多少？

(d) 在这两个例子中，总收入（价格乘以需求量）均不随价格变化而变化。这说明在我们给出的两个价格之间，需求的弹性具有怎样的性质？这个问题的答案是否与问题(c)的答案一致？（应该一致。）

23. 图 3-3 是一条假想中的草莓需求曲线。

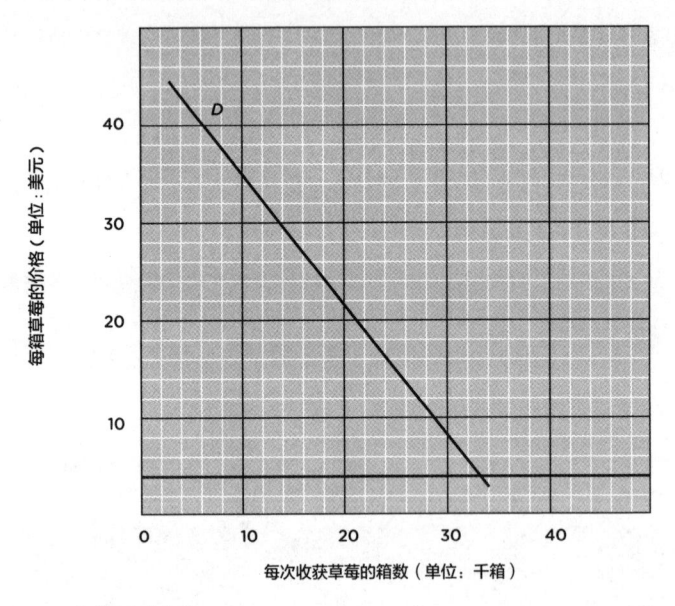

图 3-3：草莓的需求曲线

(a) 对于草莓种植户而言，若想将总收入最大化，每箱草莓应该卖多少钱？[不要浪费太多时间计算各种不同价格下的总收入，看一看本题的问题(d)。如果需求曲线是直线，那么将直线向两侧延长至与两轴相交，使总收入最大化的价格应该在这条线段的中点处。如果你能看出为什么，很好。假如你看不出为什么也没关系，反正这个知识点仅具有学术上的重要性。]

(b) 如果草莓的价格由总产量和需求共同决定，那么总产量为多少时会出现(d)中的价格？

(c) 如果产量是 30000 箱，那么草莓种植户的总收入是多少？

(d) 当每箱草莓的价格大于 24 美元时，对草莓的需求有弹性；当每箱草莓的价格小于 24 美元时，对草莓的需求缺乏弹性。你能否证明这一结论？

(e) 如果供应量小于 30000 箱时草莓种植户的收入反而更高，那他们为什么要向市场投放那么多草莓？他们为什么要"把市场弄糟"，而不是干脆销毁部分草莓？

24. 试澄清以下观点："如果全国一半的森林在火灾中烧毁，那么剩下的木材的价值会超过火灾前全国木材的总价值。这种荒谬的情况——整体的价值低于部分的价值——说明在市场经济体中，价值被扭曲了。"

第4章 成本与选择：供给的概念

学习目标

- 回顾机会成本的概念。
- 区分沉没成本和边际成本。探索成本的以下性质：成本永远是行为的成本。
- 确立机会成本如何影响供给决策，用生产可能性曲线推导供给曲线。
- 解释能移动供给曲线的因素。
- 分析供给的价格弹性。

在经济学中，供给理论与需求理论并无本质区别。两种理论都假设决策者面临一系列方案并从中选择一种，他们的选择都反映了预期收益与预期成本之间的比较。生产者面临的优化逻辑与消费者完全一样。激励机制鼓励生产者生产和供应稀缺商品。在本章中，我们将讨论机会成本和市场价格（市场价格能够反映机会成本，并将这种信息传递给我们）如何塑造这种激励机制。

4.1 回顾机会成本的概念

在前几章中，我们发展了机会成本的概念。现在，先让我们看看你能否进一步应用这一概念，解释一些常令人感到迷惑的情况。

从一个城市去另一个城市时，为什么穷人更愿意坐长途巴士，而富人更愿意坐飞机？一种简单的答案是：因为坐长途巴士"更便宜"。可是，坐长途巴士并不便宜，对于时间的机会成本较高的人来说，这是一种极为昂贵的交通方式（想象一位律师认为自己的时间每小时值100美元）。通常，靠工作赚取高收入的人时间机会成本较高,而穷人的时间机会成本则低得多。

在低收入居民区中,找一位愿意收钱帮忙看孩子的青少年很容易,在富裕的居民区内通常难得多,这是为什么?找不到保姆而心力交瘁的夫妇也许会抱怨本街区的所有孩子都太懒了。但是这种刻薄的解释没有必要。只要愿意支付机会成本,任何夫妇都一定能找到愿意帮忙看孩子的青少年。这意味着雇主开的价必须足够高,高到青少年愿意为此放弃他们认为最有价值的其他机会。在富裕的居民区内,对保姆的需求较高,因为有钱的夫妇更少带孩子出门;同时本地青少年手里的零用钱多,因此他们觉得约会或空闲时间的价值高于市场上普遍的保姆工资。既然如此,雇保姆的机会成本自然较高,这有什么值得惊讶的?

经济萧条时,本科毕业后选择继续深造的学生更多,这是为什么?因为惨淡的工作前景降低了留在校园里读书的机会成本,所以更多学生考虑多花一两年取得文学硕士学位或工商管理硕士学位,而不是去 24 小时加油站当夜班经理。

为什么在低收入区域中愿意参军的年轻人更多?你能想出一些解释吗?

4.2 成本是行为的成本,而不是东西的成本

从以上的例子中,我们可以清楚地看出:成本并不是东西的成本;成本永远与行为、决策、选择有关。因此,经济学的思维方式不承认任何客观成本。这种想法与常识相悖——常识认为东西具有"真实的"成本,这种成本由物理规律决定,而不依赖于人类变幻莫测的心理情况。战胜常识相当困难,但我们必须试着与它斗争。我必须再次强调,跳出常识的框框思考很有益处。

也许,战胜常识的最快方式是指出"东西"根本没有成本。只有行为才有成本。也许你认为东西当然有成本,并且已经想好了证明这一观点的例子,那么你一定是悄悄加了某种不容易注意到的行为,这种行为让你的东西有了成本。

一件"东西"没有成本,只有行为(或决策)才有成本。

比如说:一个棒球的成本是多高?你说:"10 美元。"但这个答案的实际意思是:在本地体育用品商店购买一个大联盟官方指定棒球的成本是 10 美元。购买棒球是一种行为,这种行为意味着牺牲其他机会,因此才有成本。注

意你在表述中悄悄引入了一种行为。如果你引入另一种行为，那么一个棒球的成本就会变化。生产一个棒球的成本与购买一个棒球的成本相当不同。贩售一个棒球的成本又是另一种成本。在球场上接到一个棒球的成本又是多高？想想在 2003 年的季后赛中那位球迷无意中对自己和芝加哥小熊队做了什么吧。[a]

> 不存在"客观"成本。所有成本都是主观成本。主观成本等于某人赋予被放弃的机会的价值。

考虑大学教育的例子。大学教育的成本是什么？答案是大学教育本身不可能有成本。我们首先必须区分接受大学教育的成本和**提供**大学教育的成本。分清这两种成本后，我们还应注意一个在本章和之前的章节中未被言明的要点：当我们谈论成本时，成本永远是对某人而言的成本。接受大学教育的成本通常指对学生而言的成本，但也可以指对学生父母的成本——这两种成本并不相同。或者，如果学校录取一位学生意味着拒收另一位学生，那么"接受大学教育的成本"还可以指玛莎入读一年级对约翰（被拒收的那位）造成的成本。以上几种成本各不相同。

人们常常徒劳无功地争论某件东西的"真实成本"是多高。如果人们能意识到"只有行为才有成本"以及"同样的行为对不同人而言成本可以不同"，就可以避免许多这样的争论。

4.3 我现在该怎么做？"沉没成本"的无关性

在第 3 章中，我们学过商品的价值永远是边际上的价值。比如说，在决定水的价值时，人们并不是只面对"有水"和"没水"这两个非此即彼的选择。水的价值不等于只有这两个选择时人们为获得水必须做出的牺牲。水对某个人的价值等于"在某人所处的具体环境中，为获得额外数量的水此人愿意付出的价值"。同样的边际原则也适用于成本。在考虑商品或收益时，大部分人之所以犯糊涂是因为混淆了总价值与边际价值。而在考虑成本时，最常见的错误是把此前已经产生的成本与额外成本（或称边际成本）搞混。做成本计算时不应该回望过去，因为过去的成本是沉没成本（也就是不可能追回的成本）；

---

[a] 2003 年 10 月 14 日，在国家联盟冠军赛的第 6 场赛事中，一个名叫史蒂夫·巴特曼（Steve Bartman）的球迷和球员抢球。此事干扰了关键界外球，令小熊队被对手逆转并最终失去了挺进世界大赛的机会。——译者注

正确的做法是朝前看,看目前的机会成本。

玛丽要结婚,她的父母为婚礼的喜宴付了 5000 美元定金。定金不可退还。两个星期以后,玛丽和父母发现她的未婚夫是一个出轨的卑鄙小人。于是他们取消了婚礼和喜宴。取消喜宴是否让玛丽一家损失了 5000 美元?常识让我们回答"是"。但是,假设他们决定取消婚礼但继续办宴席,他们难道能把这笔定金拿回来吗?不能。这笔定金代表一种产权交换。从支付定金的那一刻开始,这笔钱就不再属于玛丽的父母了。

假设你在餐厅里排队买了一份金枪鱼面,并付给收银员 5 美元。你之所以愿意付这笔钱,是因为你预期金枪鱼面带来的满足高于把这 5 美元花在别处带来的满足。接着,你吃了一口,意识到自己犯了严重的错误。金枪鱼面太难吃了。如果你把面剩在盘子里不吃,此举对你产生多高的成本?

此举的成本不是 5 美元。你付给收银员的 5 美元已经不属于你,这笔钱属于餐厅。你已经失去这笔钱,就算你把面吃光并声称这能"值回你付的钱",5 美元也不会回到你的口袋里。完成交易后,现金属于餐厅,面属于你。从那一刻开始你就面临一组新的选择。你是愿意放弃下一节课(假设吃完这盘面会让你呕吐),还是愿意放弃生命(假设你担心浪费粮食会遭雷劈),还是愿意放弃这盘面(虽然浪费粮食让你有些内疚,但至少生病的概率降低了)?怎么选择由你说了算。但重点是你现在面临新的选择,不管你怎么选,你的 5 美元都再也不会回来了。

你付出的 5 美元就是经济学家所说的**沉没成本**。做经济决策时不应考虑沉没成本。过去的事情已经过去了。做决策时只应该考虑边际成本——也就是额外的成本,而边际成本总是未来的成本。你付 5 美元买金枪鱼面以后,这 5 美元就成了沉没成本;同样,玛丽一家为喜宴付出 5000 美元不可退还的定金以后,这 5000 美元也成了沉没成本。把这些当作重要的人生教训记下来吧,但现在你已经站在了一个新的岔路口。

当然,在做决策时,首先我们必须确定某一成本确实是沉没成本,或者完全是沉没成本,然后才能把这一成本视作无关因素不予考虑。一位学生付 100 美元买了微积分教材,却在期中考试以后退掉了微积分课。那么即便他试图阅读整本教材也不可能"值回已经付了的钱"。但是,他或许可以以 20 美元的价格把这本教材重新卖给学校的书店。这是一个他现在面临的选择——"继

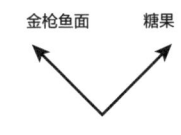

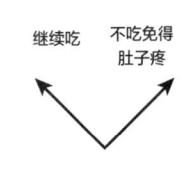

新的岔路口:
新的边际。

续拥有这本书"或者"把这本书的所有权转让给书店"。这位学生的沉没成本不是100美元，其中20美元可以挽回，因此他的沉没成本是80美元。

在经济学的思维方法下，沉没成本只是过去的历史，因为它不代表未来的选择机会。沉没成本也许会导致苦涩的悔恨（恨微积分教授，恨学校的书店，或者对大学生活感到后悔），但不管从什么意义上看它都不再是与目前的经济决策有关的成本。沉没成本只是一种信息，只是生命中的一个教训。不要误解我们的意思：做现在的决策时，这条人生教训仍是相关信息，只有沉没成本是无关信息。需要回答的问题是：现在我该怎么做？

4.4 生产者的成本是机会成本

当我们考虑生产者的成本时（比如说，我们可以问问自己：为什么生产一辆山地自行车的成本高于生产一张加州红木野餐桌的成本），我们通常首先想到生产每种商品需要哪些投入。我们考虑原材料和劳动者需要投入的工时，我们也许还会考虑生产所需的机器设备或工具。我们用货币价值来表达这些投入的价值，并且假设山地车或桌子的成本就是以上这些价值的总和。这种思维方式并没有错，但是它没有考虑以下两个问题：第一，为什么山地车或桌子的生产者恰好选择这些投入，并恰好选择以这种比例将这些投入组合在一起？第二，为什么生产者使用这些投入恰好需要花这么多钱（以货币价值衡量）？

所有东西都有替代品，在消费中如此，在生产中也如此。技术为我们创造了许多可能性，也限制了哪些事情是我们做不到的，但它并未规定每种商品只有一种特定的正确生产方式。在新德里，男人用短柄锄头挖高速公路立交桥的地基，然后女人把挖出来的土放进篮子里顶在头上运走。想象一下那样的情景。为什么他们要以那种方式生产？包工头之所以选择那种生产技术，是因为他们相信那是成本最低的挖土和运土方式。在印度，人工运土比重型机械运土成本低，因为劳动力的工资非常低。对于挖土和运土这种特定的活动而言，使用重型机械成本太高。

那么，为什么低技术劳动力在印度工资那么低？因为在那个国家中，大量能参加工作的潜在劳动者没机会通过任何方式用自己的劳力生产对他人有显著价值的产品。机会成本的概念说明：生产者为取得任何资源（不管是人力资源还是物理资源）必须支付的金钱数目取决于这种资源的所有者能从其他人处得到多高的报价，而后者又取决于这种资源能为其他人创造多高的价值。

因此，生产者生产一辆自行车的成本取决于他们取得必要的资源得花多少钱。这些资源不仅可以用于生产自行车，还可以用于其他机会，所以生产者支付的钱必须与"最佳其他机会"的价值相等。因此，生产一辆山地车的机会成本等于被牺牲的次佳机会的价值。

考虑野餐桌的例子。加州红木的价格是生产成本的一部分。假设最近对新建住房的需求上升，建筑承包商购买的加州红木木材数量因此大幅上升。如果木材价格因此上涨，那么制造一张野餐桌的成本也会上涨。生产桌子所需的物理投入并未改变，但是生产成本却上升了。因为用加州红木修建的房子价值比过去高了，所以野餐桌生产者为获得制造餐桌所需的木材就必须支付更高的机会成本。

高技术工人比低技术工人工资高，因为（也仅仅因为）技术使前一种工人在别处更有价值。如果某位工人能一边倒立一边安装车轮的辐条，同时还能以口哨吹奏《迪克西》[a]，那他实在是个技艺非凡的人。但是山地车生产者并不需要为此向他支付额外的报酬，除非他的非凡技艺能使他在别处更有价值。这并非不可能：马戏团也许愿意为了他的才能出钱雇他。如果马戏团开的工资超过自行车生产商开的工资，那么对自行车生产商而言，工人的机会成本就会上升。在这种情况下，自行车生产商很可能会与这位工人道别并祝他好运，然后用机会成本更低的工人取代他。

如果国家篮球协会（National Basketball Association）和美国篮球协会（American Basketball Association）合并为一个联盟，雇用一名身高7英尺、身体协调的球员的机会成本如何改变？存在两个联盟时，每位球员的服务都有两支球队竞争获取。每支球队得花多少钱雇这名球员取决于另一支球队愿意花多少钱。如果两支球队都相信雇用这名球员能大幅提高门票收入，那么两支球队都愿意花很高的价格雇他。而在两个联盟合并以后，雇用某位特定球员的权利被分配给一支球队，因此雇用一名身高7英尺、身体协调的球员的机会成本下降。后来，球员工会为球员争取到了如下的权利：（满足一定条件时）

与供给决策有关的所有成本都是未来的成本。

---

a 《迪克西》：一首美国民谣，是19世纪最具特色的美国音乐之一。——译者注

如果球员想转队，就可以转去其他球队，此时雇用明星球员的机会成本再次上升。职业体育队伍的所有人提出一个联盟比两个联盟好。他们还言辞激烈地声称让球员获得转队权会破坏平衡，从而降低比赛质量。他们有此反应一点也不奇怪。

我们来看一个更贴近日常生活的例子。如果一家需要雇用很多员工的大企业 [比如沃尔玛（Walmart）或者塔吉特（Target）] 进驻小镇，那么在小镇中雇用食品店收银员、银行出纳员、秘书以及加油站工作人员的成本就会上升。为什么？因为食品店、银行、办公室和加油站雇用员工时都必须支付员工的机会成本，而新企业进驻后员工可能在那里找到更好的机会。更好的机会可能意味着更高的工资、更好的工作环境，或者更好的医保福利。新企业会用上述措施吸引潜在员工应聘。而加油站的老板会发现留住旧员工或以旧员工的工资水平招聘新员工比从前困难，因为劳动者现在可以在别处找到更有价值的机会。如果征兵办公室进驻某个小镇却无法吸引人们从目前的雇主那里辞职参军，那么他们在征兵问题上恐怕面临实实在在的困难。

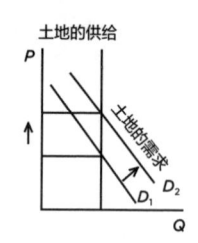

要清楚阐释机会成本的概念，最好的例子恐怕要数土地资源。假设你想购买 1 英亩[a]土地修建一座房屋。你需要花多少钱买这块地？上述问题的答案取决于这块地若留作他用能产生多高的价值。其他人是否认为这块土地是上好的住宅选址？这块土地有没有被开发成商业用地或工业用地的潜力？如果你不买这块地，这块地能不能被当作牧场使用？你买这块地的成本取决于人们认为这块地有哪些其他用途。

需求如何影响购买土地的成本。

4.5 边际机会成本

关于成本的咒语：只有行为才有成本，所有成本都是对某人而言的成本，所有成本都是未来的成本。

讲到这里，假设你在考虑机会成本与边际成本之间的关系，那你真是找对了问题。所有机会成本都是边际成本，所有边际成本都是机会成本。机会成本和边际成本是一回事，我们只是从两个不同的角度看同一事物。机会成本的概念要求我们关注为采取某一行为而放弃的其他机会的价值；边际成本的概念要求我们关注某一行为会对目

---

a 英亩：英美制地积单位，1 英亩合 4046.86 平方米。——译者注

前的状况产生什么影响。做决策时应该考虑的成本只有一种，这种成本的全名是边际机会成本。

以上所有成本都是某种行为或某项决策的成本，它们都是对某人而言的成本，并且都是未来的成本。

4.6 成本与供给

下面我们进入本章的核心部分：用边际机会成本的概念解释市场中商品和服务的供给决策。需求曲线描述人们为了获得某种商品愿意支付的边际成本（或者说愿意做出的边际牺牲）；同样地，供给曲线描述为诱使潜在供应商供应某种商品，商品价格至少必须达到多高的边际成本。在图 4-1 中，我们用我们熟悉的生产可能性曲线说明上述逻辑。

艾奥瓦州有一位小农场主，让我们叫他史密斯。史密斯考虑本季种植大豆和玉米。如果所有土地都种大豆，他可以产出 14.5 个单位的大豆；如果所有土地都种玉米，他可以产出 10 个单位的玉米。这两个点以及所有其他可能

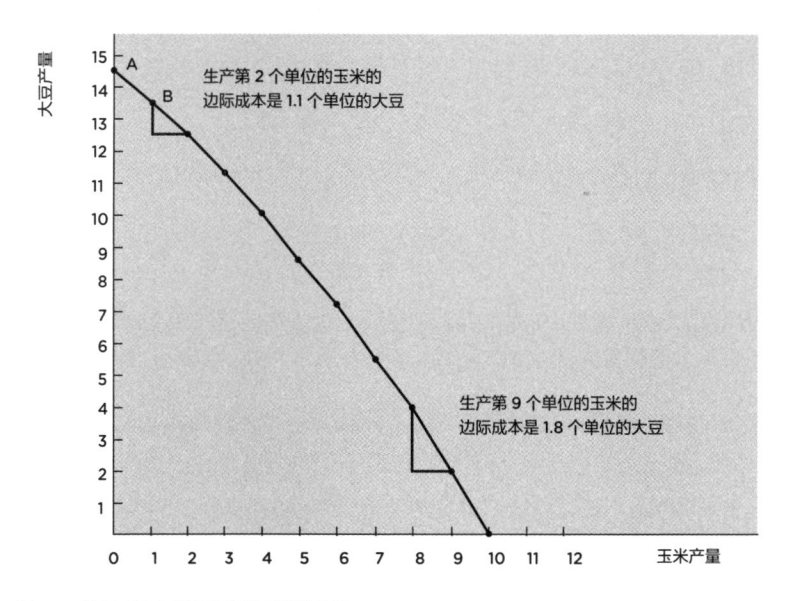

图 4-1：边际成本上升时的生产可能性曲线
史密斯生产玉米和大豆的生产可能性曲线。他至多可以生产 14.5 个单位的大豆（以及 0 个单位的玉米），或者 10 个单位的玉米（以及 0 个单位的大豆），或者这两种作物在该曲线上的任意组合。注意，这条生产可能性曲线不是直线。这说明生产玉米面临越来越高的边际成本。

的产出组合共同组成他的生产可能性曲线（假定土地面积、土地对每种作物的适合程度、农用机械、耕种水平等条件不变）。表 4-1 中列出了生产可能性曲线上的各种实际产出组合。（你可能已经注意到，图 4-1 中的生产可能性曲

表 4-1

大豆产量	玉米产量
14.5	0
13.5	1
12.4	2
11.2	3
9.9	4
8.5	5
7.0	6
5.4	7
3.7	8
1.9	9
0	10

线是一条曲线，而不是一条直线。这说明史密斯在生产每种作物时都面临上升的机会成本。如果他想扩大玉米的种植规模，他当然就得牺牲种植和收获大豆的机会。此外，要多种玉米就得使用越来越不适合种玉米的土地。当我们在这条曲线上移动时，这种移动反映出史密斯面临的取舍——或者说机会成本。）

假设（让数字简单些）大豆的价格是 1 美元每单位（整个例子中大豆价格不变）。知道这一点以后，史密斯还需要更多的信息。对他而言，重要的是大豆相对玉米的**相对价格**。为决定生产多少大豆和玉米，他应该比较相对价格和生产的边际机会成本。下面是一个简单的例子。假设玉米的售价是 0 美元每单位，那么，史密斯显然应该只生产 14.5 个单位的大豆。为什么？如果他生产 1 个单位的玉米，他就只能生产 13.5 个单位的大豆（沿生产可能性曲线向下移动）。他这么做的边际成本是 1 美元（他牺牲了 1 个单位的大豆，其市场价值是 1 美元）。而他得到了什么？他得到了 1 个单位的玉米，其市场价值是零。重点是：生产第 1 个单位的玉米的边际成本是 1 美元。如果玉米的市场价格是 90 美分每单位，史密斯会怎么做？此时如果史密斯愿意生产 1 个单

市场价格帮助我们提高优化的效率。

位的玉米，他能额外获得 90 美分，但是生产的额外成本是 1 美元——这是为生产玉米而牺牲掉的 1 个单位大豆的价值。这样的相对价格无法诱使史密斯生产玉米。

现在假设玉米的价格也是 1 美元每单位。此时史密斯至多愿意生产 1 个单位的玉米，但不肯生产超过 1 个单位的玉米。他最多计划生产 13.5 个单位的大豆和 1 个单位的玉米。他会沿着生产可能性曲线从点 A 向下移动到点 B。他牺牲价值 1 美元的大豆来获取价值 1 美元的玉米。

如果史密斯想多生产 1 个单位的玉米（共生产 2 个单位的玉米），他的边际成本是多少？他需要把大豆的产量从 13.5 个单位降低到 12.4 个单位。也就是大豆必须减产 1.1 个单位，其市场价值是 1.1 美元（我们假设大豆的价格一直是 1 美元每单位）。**若要让史密斯考虑生产第 2 个单位的玉米，玉米的市场价格必须能补偿他生产玉米的边际机会成本**——在这个例子中，玉米的价格必须达到 1.1 美元每单位。史密斯生产第 3 个单位的玉米的边际成本是多少？他必须牺牲 1.2 个单位的大豆，其市场价值是 1.2 美元。只有补偿超过上述额外成本，史密斯才愿意把玉米的产量提高到 3 个单位。只有当玉米的市场价格达到 1.2 美元每单位时，史密斯才会考虑生产第 3 个单位的玉米。

我们可以把以上所有信息总结在表 4–2 中。

表 4-2

玉米产量（单位）	边际机会成本（单位：美元） （假设大豆的价格始终是 1 美元每单位）
0	1.00
1	1.10
2	1.20
3	1.30
4	1.40
5	1.50
6	1.60
7	1.70
8	1.80
9	1.80
10	1.90

现在，我们可以得出三个重要的结论。第一，在决定生产什么、生产多少时，生产者会考虑生产的边际成本；第二，当生产者判断各种生产计划的边际

成本和边际收益时，相对价格为他们提供了进一步的信息。

4.7 供给曲线

我们的第三个结论最好用图 4-2 中的信息表达。图 4-2 是根据表 4-2 中的信息绘制而成的。图中的竖条表示史密斯生产玉米的边际机会成本（以市场价值度量，假定大豆的价格始终是 1 美元每单位）。（第 1 个竖条的高度是 1 美元，第 2 个竖条的高度是 1.1 美元，第 3 个竖条的高度是 1.2 美元……第 10 个竖条的高度是 1.9 美元。）之前已经说过，如果玉米的相对价格低于 1 美元每单位，那么史密斯将生产 0 个单位的玉米；如果玉米的相对价格上涨至 1 美元每单位，他将生产 1 个单位的玉米；如果玉米的相对价格上涨至 1.2 美

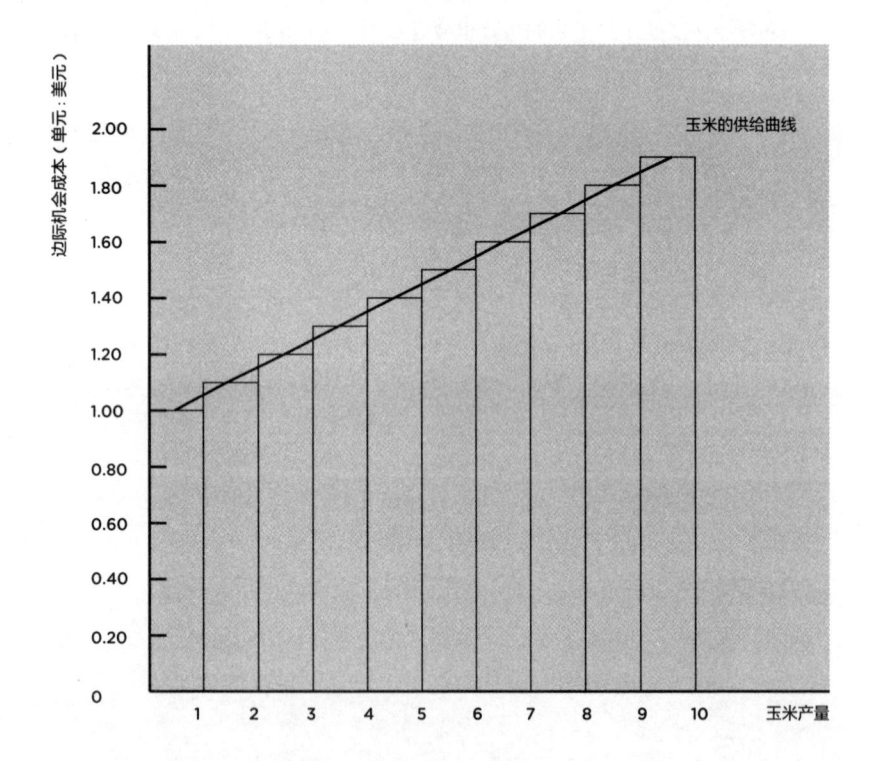

图 4-2：供给曲线是供应不同数量商品的边际机会成本曲线

图中的竖条表示生产每一单位玉米的边际成本（度量单位为美元）。史密斯希望保证卖价不小于他生产最后一单位玉米的成本。因此，如果玉米的价格是 1.1 美元每单位，他会生产 2 个单位的玉米。如果玉米的价格是 1.8 美元每单位，他会生产 9 个单位的玉米。这样我们就画出了一条向上倾斜的曲线——玉米的供给曲线。卖价越高，玉米产量越大，这是供给法则的体现。

元每单位，他将生产 2 个单位的玉米。这条向上倾斜的曲线代表史密斯的玉米供给曲线。每一个竖条表示生产玉米的边际成本。供给曲线下方的总面积代表史密斯的总生产成本（即所有生产边际成本相加后的总和）。

供给曲线描绘了在不同的价格下供应者选择供应的商品数量。在我们的例子中，这条曲线描绘的是在不同的玉米价格下史密斯计划生产多少玉米。由于史密斯生产玉米时面临不断上升的边际机会成本，因此只有玉米价格更高、他预期自己会被充分补偿时，他才会计划提高玉米的产量。如果史密斯预计玉米的卖价能达到 1.9 美元每单位，那么他就会生产 10 个单位的玉米。

这个关于农业种植的例子以一种简化的方式揭示了所有供给曲线背后的本质。供给曲线描绘的是在不同产量上供应某种商品的边际机会成本。人们愿意为获得这种商品支付的价格越高，边际机会成本小于售价的生产者就越愿意用自己拥有或控制的资源生产这种商品。在其他条件不变的前提下，当产品价格提高，生产者的供应量会提高，但整体供给曲线不变。

4.8 供给本身也可以变化

但供给曲线本身也可以变化。任何改变生产的边际成本的因素都会改变整体供给曲线（或使该曲线发生平移）。某种生产要素的价格上升（或下降）会导致边际成本的上升（或下降），从而移动整体供给曲线。边际成本上升时供给曲线向上、向左移动；边际成本下降时供给曲线向下、向右移动。技术变化（比如能降低机会成本的技术创新）通常会使整体供给上升。相反，资源减少通常会使整体供给下降。

观察我们的表格和图片并注意以下事实：生产者还可以生产其他商品，如果其他商品的相对价格变化，通常供给曲线也会变化。相对价格的变化鼓励生产者权衡他面临的各种选择。比如，假设大豆的价格从 1 美元每单位（这是原始例子中的大豆价格）降至 0.5 美元每单位。因为大豆的市场价格降低，农民种植玉米的边际机会成本也降低（如表 4-3 所示）。现在，生产每一单位玉米的边际机会成本减半。这会使玉米的供给曲线向下、向右移动，也就是使总体供给上升。现在，农民愿意在任何给定产量上以比从前更低的价格供

表 4-3

玉米产量（单位）	边际机会成本（单位：美元） （假设大豆的价格始终是 0.5 美元每单位）
0	0.50
1	0.55
2	0.60
3	0.65
4	0.70
5	0.75
6	0.80
7	0.85
8	0.85
9	0.90
10	0.95

应玉米。我们也可以以另一种方式看待上述变化：在任何给定价格上，农民愿意供应比过去数量更多的玉米。如果你想练习用图描绘玉米供给的上升，那么你可以把表 4-3 中的数量画到图 4-2 中去。

在上一章中，我们讲过：如果消费者预期某种商品未来会涨价或降价，那么他们现在的需求就可能发生变化。还记得那部分内容吗？同样的原则也适用于生产者。我们都会根据自己的预期采取行动。如果生产者预期商品价格未来会变化，那么这种产品现在的总体供给就会随之变化。假如生产者预期商品 6 个月后会降价，他们就会努力增加目前的市场投放量，因为他们希望"趁价格还在高位时多供应这种商品"。同样，假如生产者预期商品 6 个月后会涨价，他们就会努力减少目前的市场投放量，这会使供给曲线向上、向左移动。但是，延迟供应并不一定意味着生产者会降低目前的生产量。如果生产者预期商品未来会涨价，**他们将降低目前计划向市场供应的商品数量。**

最后，如果市场中的生产者总数变化，市场供给曲线通常也会变化。如果有更多竞争者涌入市场，总体供给通常会上升；如果部分竞争者退出市场，总体供给通常会下降。一般来说，预期利润越高，进入市场的供应者越多，市场供给因此提高。预计亏损越大，退出市场的供应者越多（因为生产者会寻找利润更高的机会，并把手中的资源投向那里），市场供给因此降低。在第 7 章中，我们会更加详尽地讨论利润与亏损在这个过程中扮演的角色。

4.9 边际成本与平均成本

区分边际概念与平均概念很重要。如果你从未混淆这两个概念，那么接下来的内容可能反而会在你的头脑中播下错误的种子，我们希望这种副作用不要出现。让我们再次考虑农民史密斯的例子。表 4-4 列出了史密斯生产玉米的总成本（总成本就是边际成本的总和）、边际成本和平均成本（平均成本等于总成本除以产量）。该表中玉米的产量范围是 0 到 3 个单位。

显然，边际成本可以与平均成本相去甚远。但是，如果史密斯要决定是否提高玉米的产量，那么平均成本不能指导他做决策，而边际成本可以。他应该生产更多的玉米，还是更少的玉米？边际成本代表采取不同行动的结果，因此史密斯应该用边际成本指导自己的选择。

表 4-4

玉米产量 （单位）	生产玉米的 总成本（单位：美元）	边际成本 （单位：美元）	平均成本 （单位：美元）
0	0	0	0
1	1.00	1.00	1.00
2	2.10	1.10	1.05
3	3.30	1.20	1.10

那么，商人是否对平均成本完全不感兴趣？如果商人的总收入不足以负担所有成本，他们就会亏损。任何总收入小于总成本的行为都是商人不愿意采取的行为。因此，在决定是否生产某种商品时，商人可能会提这样的问题：每单位商品的预期生产成本是否小于每单位商品的预期售价？但是，请注意：任何决策的**预期成本**事实上都是**边际成本**。边际成本不一定是多生产一件商品的额外成本；边际成本也可以是多生产一批商品的额外成本，或者是关于整个生产流程的某项决策导致的预期额外成本。决策者常常关注"每项"决策或"每笔"交易的成本与收益。

比如说，没人会计划建一家汽水灌装厂，却只用这家工厂灌装一箱汽水。在大部分行业中，规模经济效益都很重要。因此，如果商人不能明确看到大规模生产的希望，他们就压根儿不会生产这种商品。他们根本不会进入这个行业，也根本不会建一家汽水灌装厂。在做决策（建厂还是不建厂，建这个规模的厂还是建那个规模的厂，以这种方式建厂还是以那种方式建厂）时，整个决策是一项立足现在的边际决策。记住，在做边际决策时，边际上的增量可能很大也可能很小。你最喜欢的聚会场所开到凌晨 2 点（而不是凌晨 1 点）所产生的营业额也是"一笔交易"的收益。

不论商人是否用平均概念考虑问题，指导决策的仍是预期边际成本。事后，他们可以用平均成本来评估经营状况的好坏，甚至也许还能用平均成本预测未来（如果他们认为未来的情况与过去相似）。但平均成本只是历史（我们承认历史颇具教育意义），而做经济决策时永远应该立足当下、着眼未来。

4.10 志愿兵役制度的成本 [a]

让我们来考虑另一种商品的供给，这种商品与玉米相当不同。以下是一个更具当下性的例子。20 世纪 90 年代末，美国军队在招募新兵和延长老兵服役时间方面面临困难（20 世纪 90 年代是一段经济繁荣的时期！），军中人员短缺。1999 年，众议院军事委员会主席弗洛伊德·斯宾塞（Floyd Spence）称军队"面临绝望的境况，并且情况还在变得越来越差"。他支持取消全军自愿入伍制度，主张采取某种形式的强制征兵手段。20 世纪 70 年代初以后美国人就没再遭遇过强制征兵的情况。但在 2001 年世贸大厦和五角大楼遭受恐怖袭击后，恢复强制征兵制的呼声日渐增高。

我们需要一定数量的军事人员（需要？），也许强制征兵（强迫身体健康的年轻男女入伍服役）是招募这些人员的一种"成本较低"的手段。当然，彻头彻尾的强迫通常都会奏效，但是这种方式是否一定能以较低的成本组织军事力量？

"靠自愿入伍的方式征集一支数量足够的军队成本太高"——这是一个我们常常听到的论点。虽然在支持强制征兵制度的论点中也许不乏好论点，但上述论点肯定不是其中之一。国防部以及其他一些人担心强制征来的兵比志

---

[a] 在某些语境下"志愿"一词意味着志愿者不收报酬；但"志愿兵役制度"中的"志愿"不是这个意思，相反，有吸引力的工资水平是该制度成功的关键。——作者注

兵成本高，这些人其实为达到自己的目的而回避了一个问题：所谓成本是对谁而言的成本？我们讨论的是对纳税人而言的成本吗？是对入伍人员的成本吗？是对国会的成本吗？还是对五角大楼的成本？这些成本是截然不同的。

对一个年轻人来说，应征入伍的成本究竟是多少？找出答案的最佳方式是付钱吸引他们参军并不断提高报价，直到对方接受。假设马歇尔每年获得5000美元报酬才肯入伍，卡罗尔每年获得8000美元报酬才肯入伍，而菲利普只有在年薪超过60000美元的情况下才愿意参军，那么以上三个数字就分别代表马歇尔、卡罗尔和菲利普的机会成本。对于他们来说，把三人全部召进军队的成本是73000美元——当然政府也可以强制征召他们入伍，只付比以上数字低得多的工资，那样我们就无法知道机会成本是73000美元。

机会成本是一个函数。函数的自变量是被放弃的其他就业机会以及各种其他价值（如对某些生活方式的偏好，对战争的态度，胆小程度或英勇程度，等等）。如果政府不断提高军事人员的工资，直到工资水平正好能吸引到政府需要的入伍人数，那么政府其实在一种很重要的意义上将征兵项目的成本最小化了。因为在这种竞价方式下，应征入伍的肯定是机会成本最低的人——这

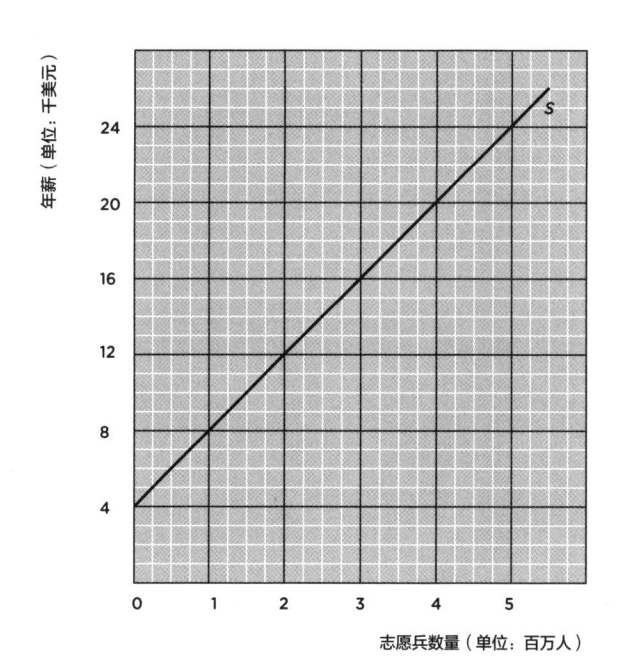

图 4-3：志愿兵的供给曲线

种方式保证参军的都是马歇尔那样的人,而绝对没有菲利普那样的人。如果采用强制征兵制度,那么上述情况碰巧发生的概率就变得极小。图 4-3 用一种简单的方式展示了上述论点。

这幅图是志愿兵的供给曲线。该曲线总结了不同价格下志愿兵的供应量。有人说,人们不可能自愿拿自己的生命冒险,然而事实证明这种说法不成立——不仅是志愿兵,警察、高空作业者甚至滑雪者都在自愿拿自己的生命冒险。不管供给曲线的具体位置和斜率如何,这条曲线肯定是向上、向右倾斜的。有些人(认为入伍以外的选择价值较低的人)在工资很低时就同意自愿入伍。但是,在我们的假设下,要想招到 300 万志愿兵,付给每位志愿兵的年薪必须至少达到 16000 美元。此时政府付给志愿兵的总工资支出是 480 亿美元每年。然而,纳税人不喜欢加税,所以国会不愿意批准数目如此巨大的拨款。国防部的人十分在意国会里的人喜欢什么、不喜欢什么,因此他们可以把这笔令人痛苦的账单砍掉一半——每年只给每位士兵发 8000 美元,同时强制入伍。这样,征兵的公开成本就只有每年 240 亿美元了。削减开支万岁!

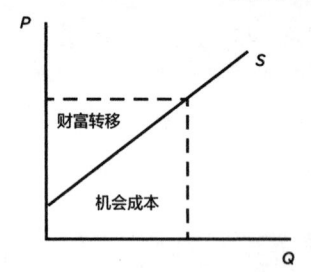

可是,对于志愿兵来说,这笔成本又是多少?在我们的假设下,一支由志愿兵组成的军队对志愿兵而言成本是 300 亿美元。把志愿兵供应量定为 300 万人,此时供给曲线下方的面积就是入伍者面临的成本,该成本等于所有入伍者为参军而放弃的其他机会的价值总和。如果政府付给志愿兵的总工资是 480 亿美元每年,那么多付的 180 亿美元就是纳税人付给入伍者(这些人在工资更低时也会自愿参军,但是为了征集到 300 万名志愿兵,政府不得不付给他们更高的工资)的财富转移。

那么,假设政府强制征兵,这样一支军队对参军者而言成本又是多少?我们无法回答这个问题,但我们知道成本肯定比自愿参军制度下的成本高。假设在强制征兵制度下,最终参军的人恰好是在自愿参军制度下会参军的那批人(这种情况发生概率极小),那么成本就是 300 亿美元;在其他情况下成本都高于 300 亿美元。在被强征入伍的人中,来自供给曲线上游(而不是下游)的人越多,入伍者面临的成本越高。比如说,某人只有在工资高于 9000 美元每年时才肯自愿入伍,而现在政府开出的工资只有 8000 美元每年。于是此人拒绝了政府开出的条件,没有应征入伍。另一个人仅当工资高于 24000 美元每年时才肯自愿入伍，结果他被强征入伍，每年领取 8000 美元工资。这种情况的最终结果如下：纳税人省下了 16000 美元，因为如果采取纯自愿制度，纳税人本来必须支付 24000 美元才能招到这个人，而现在他们只花 8000 美元；但是，与此同时，一个机会成本为 24000 美元的人代替一个机会成本为 9000 美元的人参了军，所以从参军者的角度看，成本上升了 15000 美元。强制征兵制度并没有降低组建军队的"成本"，只是把纳税人的成本转嫁给了入伍者。也许你认为这不算什么大问题，也许你认为这种制度的优势能完全弥补上述缺点，但至少经济学家可以清楚地指出强制征兵制度确实会导致以上后果。

教室后面又传来了唱反调的声音："可是爱国主义呢？难道我们不应该对国家尽自己的责任吗？"

也许我们都应该对国家尽自己的责任，但事实上我们不会都尽责任。即使在战争时期，适龄人群中也有超过一半的人因为身体原因、职业豁免或者因为满足各种延迟服役条件而从未参过军。在工业界，雇主必须支付员工的机会成本，假如我们能以同样的方式对待入伍者，我们就能更好地"对国家尽自己的责任"。事实上，我们中的大部分人心中确实有爱国主义情结。假如爱国情绪足够高涨，我们就能征召到不要报酬或只要象征性报酬的志愿兵，因为他们认为参军是一种爱国义务。毫无疑问，确实存在不少不要报酬也愿意入伍的人，但他们的数量远远不足以满足我们对军事人员的"需要"。就在前几段中，我们说过机会成本是被放弃的其他机会以及"各种其他价值"的函数。爱国主义精神就是"其他价值"之一。爱国情绪越高涨，能吸引人们自愿入伍的货币工资就越低。

4.11 供给的价格弹性

$$供给的价格弹性 = \frac{供给量变化的百分比}{价格变化的百分比}$$

在供给中，弹性的概念和在需求中同样重要。不管是在供给中还是在需求中，价格弹性的正式定义都一样：**供给的价格弹性等于供给量变化的百分比除以价格变化的百分比**。在供给中，价格和供给量朝同一方向变化，这说明只有提高商品的价格才能诱使生产者提高商品的供应量。如果供给量变化的百分比大于价格变化的百分比，供给就是相对有弹性的；如果供给量变化的百分比小于价格变化的百分比，供给就是相对缺乏弹性的。

本书认为完全没有弹性的需求曲线和独角兽一样属于子虚乌有的现象，但完全没有弹性的供给曲线却是另一回事。商品涨价时，降低需求量几乎不花时间；但是商品涨价时，增加供应量却需要花一定的时间，而且常常是相当长的时间。即使某种商品价格显著上涨，该商品的供应量一开始也可能完全不上升。但是，假以时日，潜在供应商会重新组织手中的资源，最终，他们会因价格提高而增大供应量。

对某种特定商品而言，如果生产者可以立刻获得提高产量所需的资源，并且资源的价格不因产量的提高而提高，那么这种商品的供给曲线几乎具有完全弹性。在这种情况下，价格的极小幅上涨就能诱使供应者极大幅度地提高供应量。

图4-3中志愿兵的供给曲线情况介于两种极端情况之间。在这条曲线上，不同的点具有不同的价格弹性。当年薪在7000美元到9000美元之间时，供给的价格弹性是2.0；当年薪在2.3万美元到2.5万美元之间时，供给的价格弹性下降至1.2。（如果你想亲自核对我们计算的价格弹性是否正确，那么在计算百分比变化时，请用两点间的平均价格和平均数量作为基础。）

请大家暂停片刻，确保自己已经完全理解供给的价格弹性这个概念。在下一章中我们将会看到，供给曲线和需求曲线的相对弹性决定了环境变化如何影响商品的交易量和交易价格。

4.12 用成本论证正当性

针对成本的经济分析有时令人迷惑，对警惕性不高的人尤其如此，因为成本往往不仅有经济上的意义，还有道德和政治上的意义。许多人似乎相信卖家有权收回成本，但无权把价格定得显著高于成本；他们还认为如果卖家的定价高于或低于成本，那么几乎可以肯定卖家在谋求某种不正当的利益。这种以成本论证正当性的思维方式甚至在我们的法律中也有体现。比如说，法定价格管控通常允许卖家在成本上升时提高售价，但如果没有成本上升这个前提，则任何形式的涨价都不会获得批准。当外国公司在美国销售商品时，只要政府机构判定售价"低于成本"，这些公司就会因"倾销"而受处罚。成本本应是决策的真正原因，但在以上这类情形中，成本却成了证明决策正当性的工具。检视任何与成本有关的说法时,我们都应该警惕"片面辩护"(special pleading)ᵃ 的谬误。

人们普遍认为,售价应与成本紧密关联,因为成本似乎代表着某种真实的、不可避免的东西。就算是最支持房租管控的人也至少会在原则上同意以下说法:如果取暖用的燃油涨价,那么也应该允许房东提高房租;但他们一定会反对房东仅仅因为住房的需求比供给增长得快而涨房租——否则他们就不会支持房租管控政策了。他们认为后一类涨价行为属于"欺诈""牟取暴利"或者"敲竹杠",因为这类涨价行为与成本无关。但是需求上升导致的房租上涨和取暖费涨价导致的房租上涨其实都与成本有关。如果对公寓的需求上升,租户就会为了争抢有限的房源而互相竞价。因此,对于房东来说,把房子租给某位特定租户的成本上升了。房东在山顶公寓三楼拥有一间公寓,对他来说,把这间公寓继续租给当前租户的边际机会成本就是其他租户愿意为这间公寓支付的房租。从表面上看,这个例子和取暖用燃油涨价的例子不同,但事实上两者并无区别。从本质上看,燃油的使用者也要互相竞价,燃油的成本同样由买方报价和卖方报价的关系决定。成本永远由需求与供给共同决定。在接下来的两章中,我们将继续讨论这个主题。

> 成本永远不可能独立于需求存在。

简要回顾

供给曲线和需求曲线都反映人们对供选择的其他机会的价值的估计。人们首先评估自己面临的各种机会,然后据此做出优化选择。任何商品的供应量和需求量都取决于这些优化选择。

成本永远是具体个人牺牲的机会的价值。人们之所以对不同决策的成本有争议,通常是因为他们谈的是此决策对不同人的成本。

目前的决策不会影响过去已经发生的支出。过去的支出是沉没成本,做决策时不应考虑这些成本。做决策时应该只考虑未来的成本。

机会成本是某种行动或某项决策导致的额外成本。机会成本一定是边际

---

a 片面辩护:一种逻辑谬误,主张某种情况是一般性原则的例外,但又说不出这种情况的特殊性究竟在哪里。——译者注

成本。

供给取决于成本。（有什么东西不取决于成本呢？）但供应某种商品的成本是为供应这种商品而牺牲的其他机会的价值。上述成本概念在经济学理论中可以这样表达：与决策有关的一切成本都是机会成本——因为选择一种行为，放弃另一种行为而牺牲的机会的价值。

供给曲线向右上方倾斜，因为要想说服资源拥有者放弃目前的活动，转而把资源投入另一种机会，就必须向他们开出更高的价格。

任何改变生产的边际成本的因素都会使供给曲线移动。如果生产者对未来价格的预期改变，或者一个行业内的生产者总数改变，那么市场供给曲线也会随之变化。

供给的价格弹性等于供给量变化的百分比除以价格变化的百分比。

人们常对某件东西的"真实"成本有争议。只要认识到"东西"没有成本，就能解决大部分此类争议。只有行为才意味着牺牲某种机会，因此只有行为才有成本。

谈论成本时，永远不要忘记问自己"对谁而言的成本""干什么的成本"。如果能做到这一点，你就走上了像经济学家一样思考的道路。

供讨论的问题

1. 一件老海军 T 恤的真实成本是多少？一张阿黛尔（Adele）演唱会门票的真实成本是多少？你的这本《经济学的思维方式》教材的真实成本是多少？

2. 你在自己最喜欢的小溪里钓鱼时发现了一块 1 盎司[a]重的金块。如果你要出售这块金子，你会要价多少？为什么呢？对你而言，这块金子的成本是多少？

---

a　盎司：英美制质量单位，约合 28 克。——译者注

3. 坐落于印度阿格拉的泰姬陵周围有数英亩草坪。这块草坪常由年轻女子以厨用短刀一点一点地修剪。就修剪草坪而言，这是一种高成本的做法还是一种低成本的做法？

4. 乘飞机从 D 地到 H 地耗时 1 小时，乘大巴从 D 地到 H 地耗时 5 小时。飞机票的价格是 120 美元，大巴票的价格是 30 美元。如果某人在这段时间中的小时工资是 6 美元，那么对他来说通过何种交通方式从 D 地到 H 地更便宜？如果他的小时工资是 30 美元呢？

5. 图书馆的复印机每月的租金是 295 美元，租金包含维修服务、墨盒、显影剂以及每月 20000 张的影印额度。如果一个月的复印数量超过 20000 张，那么每多印 1 张需要向图书馆额外支付复印费（1 美分每张）和纸张费（0.5 美分每张）。

    为了准备明天要上的课，哈丽叶·马蒂诺要读一篇 20 页的文章。她愿意花 50 美分复印这篇文章；如果复印成本高于 50 美分，她就打算在图书馆里读完这篇文章。

    (a) 哈丽叶最多愿意花每页多少钱使用复印机？
    (b) 图书馆最低愿意收每页多少钱出借复印机？为了回答这个问题，你还需要什么额外的信息？
    (c) 哈丽叶发现，为了准备明天要上的课，她还得读另一篇文章。这篇文章里有很多复杂的图表。她非常希望获得这篇文章的影印版，并且愿意不惜一切代价复印一份。现在哈丽叶最多愿意花每页多少钱使用复印机？（你得根据自己的经验补充一些信息才能回答这个问题。）
    (d) 每月 295 美元的租金如何影响图书馆对复印机使用者的收费？

6. 如果你开自己的车为公司办事，每英里公司付你 20 美分，那么你为公司办事应该用私车还是公车？在做上述决策时，应该考虑以下哪些成本？
    (a) 你自己的车的买入价；
    (b) 行车许可证的费用；
    (c) 保险费；

(d) 折旧费；

(e) 汽油费。

7. 政府需要决定继续打仗是否符合国家利益，做这个决策时是否应该考虑这场战争中已经发生的伤亡？这显然不是一个容易回答的问题，而且绝对比初看上去难答得多，当政府依赖民众的支持时尤其如此。

8. "沉没成本在决策时无关"是经济学家信奉的一条规律。这条规律时刻提醒你记住：决策时只应考虑边际成本。但是这条规则并不能帮你判断哪些成本属于边际成本。确定哪些成本属于边际成本需要根据事实做出判断。你可以通过以下练习提高自己的判断力：列出并评估暑假期间继续租用（或不继续租用）大学里的公寓的边际成本，算算转租公寓的租金至少要达到多少才能说服你继续租用公寓以便秋季开学后再次入住。

9. 1860 年以前，美国大学中最常见的经济学教材是弗朗西斯·韦兰德（Francis Wayland）编写的经济学教材。这本书中有以下一段文字：

各种自然物质的性质及它们之间的关系是上帝赐给我们的礼物。既然是上帝的礼物，这些东西就不需要我们花钱。因此，若想使用瀑布产生的动能，我们只要建一个水轮，配齐必要部件，再把它们放到合适的位置上就行了。然后我们就可以使用瀑布落下的水，而不产生任何额外成本。因此，对我们来说唯一的支出是使自然物质变得可用的设备产生的成本。除此之外，政治经济学家不需要关注其他成本。

(a) 如果一位 19 世纪的磨坊主拥有瀑布的所有权，那么他用瀑布的水驱动磨坊的成本是什么？

(b) 如果瀑布的所有权属于其他人，那么这位磨坊主的成本又是什么？

(c) 在什么情况下用瀑布的水驱动磨坊真的没有任何成本？

(d) 为什么现代的"政治经济学家"不同意弗朗西斯·韦兰德的说法，而认为应该考虑使用自然物质的成本？

10. 一位征兵官员说："没有什么比一次好的经济萧条更能解决我们的征兵问题了。"试解释这句话。

11. 有人认为自愿参军制度歧视穷人，因为除了参军以外人们还面临其他选择，而穷人的其他选择价值最低，这会使大部分志愿兵都是穷人。

    (a) 你是否认同以上分析以及这种反对意见？

    (b) 一些批评者认为，如果军队完全由志愿兵组成，那么军队里就会满是低智商、低技术的人，这些人甚至没有能力操作复杂武器。IBM 的工作人员全部"自愿"加入公司，但低智商、低技术的人并没有占据该公司的大部分岗位。军队和 IBM 公司在这一点上有何不同？你如何回应批评者的上述意见？

    (c) 另一种反对自愿参军制度的常见论点是：我们不想要一支由"雇佣兵"组成的军队。军队开多高的工资会让军事人员变成雇佣兵？军队是否强迫军官留在部队里服役？他们为什么要留在部队里服役？他们是为了钱才服役的雇佣兵吗？你的老师是为了钱才工作的"雇佣兵"吗？你的医生呢？你的牧师呢？

12. 近年来，越来越多的美国公民逃避陪审义务。在某些法庭中，上述情况引起了严重的麻烦，有时因为找不到足够数量的陪审员，法庭不得不推迟开庭。

    (a) 公民担任陪审员的成本是什么？

    (b) 对哪些人来说当陪审员的净成本很低甚至是负数？对哪些人来说当陪审员的净成本很高，甚至高到使他们无法履行陪审义务的程度？

    (c) 你能否设计一个简单的系统以降低公民履行陪审义务的平均成本？

    (d) 假设我们改用一种完全自愿的陪审系统——法庭每天给陪审员发工资，工资水平恰好能吸引到法庭需要的陪审员人数——你认为会导致什么后果？

    (e) 许多忠实履行陪审义务的公民抱怨法庭工作人员浪费他们的时间。他们说，工作人员仿佛觉得陪审员的时间一文不值。比如有时候选陪审员在等待室里一坐就是好几天，连往审判室里看一眼的机会都没有。法庭工作人员对候选陪审员接待如此不周,他们这么做的成本是什么?

13. 跨国公司在不同国家设立完全一样的工厂,可即使两国工人的技术水平完全一样,公司付给他们的工资也不同,为什么?你是否认为这种现象不公平?为什么收入较高的工人也可能反对这种做法?

14. 近年来,旧金山市的商用办公楼租金不断上涨,许多公司因此把办公室搬到了城外。如果一家旧金山企业拥有自用办公楼的所有权,那么他们是不是就不用关注租金上涨现象?

15. 为什么美国不同城市的停车费差那么多?比如说,在纽约曼哈顿停一整天车往往要50美元,而在亚特兰大很可能只要不到20美元。这种区别是否说明纽约市的停车场所有者更贪婪?

16. 加州大学队对斯坦福大学队的美式橄榄球赛门票面值10美元,但人们愿意花100美元买一张这样的票。有人送了你一张票,那么你去看比赛的成本是多少?如果票是别人免费送你的,那么和你自己花100美元买票相比,你会更愿意去看比赛吗?如果票是别人免费送你的,那么和你自己(通过内部渠道)花10美元买票相比,你会更愿意去看比赛吗?

17. 从机会成本的角度看,"付钱"和"放弃收钱的机会"完全一样,但是上述提法并不完全符合我们的许多直觉。考虑以下两个例子:

(a) 大卫和彼得是朋友。大卫向彼得借1000美元并约定1年后归还,彼得把钱借给了他。如果彼得借给大卫的1000美元本身也是借来的,而且彼得还得支付这笔钱的利息,那么彼得向大卫收利息是否合理?如果彼得有一笔收利息的存款,他把这笔存款取出来借给了大卫,那么和上一种情况相比,在这种情况下彼得向大卫收利息是否较不合理?

(b) 一幅特纳 (Turner) 的大幅画作在一个重要画展上展出。弗里德里希买下了这幅画,但他同意画展结束后才获得这幅画。6个月后,画展结束,他终于把画拿回了家。他发现两件事情:第一,因为这次画展大大提高了特纳的知名度，所以这幅画的价值已经比他付钱时翻了一倍；第二，这幅画太大了，他家的任何一面墙都挂不下。卡尔是弗里德里希的朋友，他家的墙更大，他想从弗里德里希那里买下这幅画。弗里德里希向卡尔要价多少合适：是他买这幅画时支付的价格，还是这幅画现在的市场价格？

18. 你花 2100 美元学费购买了 30 节课，那么你在其中一节课上从头睡到尾的成本是多少？你去上其中一节课的成本是多少？

19. 如果课程的学费提高，学生是否会更努力地学习这些课程？

20. 为决定是否放弃校际橄榄球赛，你就读的学校开展了一项评估该项目成本的研究。在学校的预算中，你认为以下项目在多大程度上反映了真实成本？
    (a) 给橄榄球队员的学费奖学金；
    (b) 体育场馆的按揭费用；
    (c) 发给所有全日制学生的免费球赛门票；
    (d) 球队领导、票务管理人员和教练的工资。

21. 在任意一天中，企业若想获得一定数量的信封填装工时，最低必须支付的工资水平如图 4-4 中的供给曲线所示。
    (a) 如果企业希望获得 400 小时的信封填装工时，他们最低需要支付多

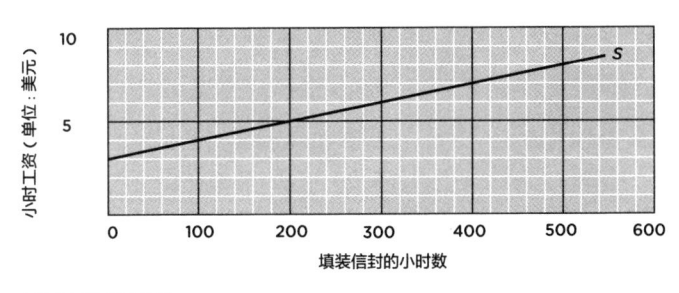

图 4-4：填装信封的供给曲线

高的小时工资？

(b) 企业付给信封填装员的总工资是多少？

(c) 信封填装员填装信封的总机会成本是多少？（提示：每一小格代表 20 美元，即 1 美元每小时乘以 20 小时。）

(d) 4 美元到 6 美元之间的供给价格弹性是多少？6 美元到 8 美元之间的供给价格弹性是多少？

22. 何时放弃才合理？

(a) 你认为自己的时间每小时值 5 美元。假如你丢了一张 20 美元的纸币，并且知道这张纸币就在你卧室里的某处，你会花多少时间找这张纸币？花超过 4 小时找这张纸币可能是理性的决策吗？试用"预期边际收益"和"预期边际成本"的概念解释为什么一个认为自己的时间每小时值 5 美元的理性人会无休止地找这张丢失的纸币。

(b) 1987 年法庭审理了一起纠纷。纠纷双方是曼哈顿一处合作公寓的租户和该公寓的管理委员会。该公寓花 909 美元安装了儿童防护窗，争议在于这笔费用该由哪一方承担。7 年以后，这起纠纷仍未解决，但此案的律师费已经超过 10 万美元。你是否认为这种情况说明诉讼双方顽固而愚蠢？在何种情况下理性人会为解决一起 909 美元的纠纷花超过 10 万美元的法律费用？

第 5 章　供给与需求：一种协调过程

学习目标

- 生产一种商品需要数百万人的合作，描述市场过程如何协调他们的计划。
- 用供给与需求模型分析市场。
- 区分短缺现象与过剩现象，解释自由市场价格如何调整使市场出清。
- 描述自由市场价格如何传递稀缺信息。
- 解释金钱如何降低交易成本。
- 分析利率在协调经济活动的过程中扮演怎样的角色。

专业分工是世界上所有富裕社会的共同特征。18 世纪英国出现了经济增长现象，亚当·斯密在反思这种现象时提出了以下看法：

"分工使得各种产品能够成倍制造和激增。在井然有序的社会里，由于劳动产品极大丰富，以至可以提供给最下层人民。"

如果一个社会的成员能够高效地将工作专业化（亚当·斯密称之为"分工"），这个社会就会富裕起来。

但分工（或称工作的专业化）究竟从何而来？在第 1 章中，我们谈到这是经济学领域中的一个核心问题。在第 2 章中我们开始回答这个问题：我们探索了分工和交换的动机，以及专业化带来的机会增长或财富增长。我们把以上现象称为"比较优势法则"。但是，在一个富裕的、高度专业化的商业社会中，人们享有的商品和服务丰富到不可思议的程度。人们必须互相协作、采取大量互相关联的行为才可能生产出这些商品和服务。商业社会成员究竟如何鼓励其他人采取这些行动？

最基本的难题在于人们所知甚少。从专家的定义可知，专家不知道如何做所有事情。（是否有人知道如何做所有事情，或者至少能够有效地指挥所有人高效生产商品和服务——不管他本人是否是某方面的专家？你能举出这么一个人吗？）我们面临的事实是：人们确实具有一些技术和能力，但他们同时对无数其他技术和能力一无所知。考虑以下这个与现实世界紧密关联却令人难以置信的例子：虽然普通 2B 铅笔只是一种简单的商品，但在这个世界上恐怕没有任何一个人知道怎样从头到尾制造一支 2B 铅笔。

以上提法初听十分疯狂，但是让我们跳出框框思考一下这个问题。如果一个铅笔制造厂已经准备好生产铅笔所需的木头、石墨、橡皮、油漆、胶水、锡圈、合适的工具以及机械设备，那么许多专家都知道如何用这些原料组装一支铅笔。但是铅笔组装专家并不知道如何生产以上关键原料，原料生产不是他们的比较优势。让我们仅考虑木头是怎么来的。首先伐木工人必须砍树。而要想让他们顺利砍树，就得向他们提供专业化、高技术的设备，以及咖啡、餐食、衣服、医疗服务和其他数不清的商品和服务。制造伐木设备必须用到钢铁。因此在生产铅笔的过程中炼钢工人也出了一份力，不管他们自己是否了解这一事实。炼钢又必须用到铁矿石——铁矿石很可能采自密歇根州北部半岛的铁矿，然后经苏必利尔湖与伊什佩明铁路（Lake Superior & Ishpeming Railway）和加拿大国家铁路（CN Railway）运至湖边，再由数百艘从苏必利尔湖和密歇根湖南下的船只运至五大湖的各个港口。是谁制造了火车、铁轨、轮船，以及提供了火车、轮船上的工作人员的各种食品（更不要提他们的衣服、洗漱用品等）？是谁生产了燃料、建造了码头、为引导船只的复杂通信系统出了力？是无数其他专家。这些人发挥自己的比较优势，贡献自己有限的知识和技术，并与提供其他原料的专家合作。

想象一下：为了生产一支简单的 2B 铅笔，需要国内外的多少人提供多少不同的商品与服务；这些人来自不同的种族，他们肤色不同、宗教信仰不同，有着不同的观点、技能和目标。这些人不可能都互相认识，他们甚至说着不同的语言。然而，2B 铅笔确实被生产出来了。作为消费者，我们都知道去哪里购买便宜的 2B 铅笔。

有人说，市场是一个奇迹。这种形容十分恰当。在市场中，数百万人互不相识，却能互相合作。他们不仅合作生产出了 2B 铅笔，还合作生产出了无数比

2B 铅笔复杂得多的商品，并且让消费者能够轻松、足量地获取这些商品。人们并不需要服从某种全能的国家经济计划机构（比如"政府书写用具管理局"）的命令，另有一套机制在鼓励人们合作生产。政府扮演的角色比这有限得多。回忆亚当·斯密所说的"井然有序的社会"。政府在以上所有过程中（尤其是在私有产权与合同的监督与执行方面）扮演了重要的角色。只有确立了整体的游戏规则，数不清的交易才可能发生。

我们面对一个有序的（而不是混乱的）交易网络，人们常常将这种情况视作理所当然（"什么叫你没有铅笔了？你干吗不去买？"）。在第 1 章中，我们讨论过通畅的交通流如何形成（人们也将这种现象视作理所当然）。显然市场系统比交通流复杂得多。市场的有序性看起来也许像个奇迹，但事实上并不神秘。在商业社会中，人们如何把多种多样的生产计划和消费计划协调在一起？在这个过程中，关键信号（你可以将其比作协调车辆行驶的交通灯）是什么？答案是价格。价格在市场中形成。价格为数百万人提供重要的信息与信号，以及根据这些信号行动的动力。在第 3 章和第 4 章中，我们分别介绍了需求与供给的概念。市场价格由供给与需求的互动产生。在本章中，我们把需求与供给放在一起，描述市场过程本身的原理。

> 市场价格传递有用的信息。

5.1 市场是计划协调的过程

许多人常把"市场"理解为地点或集市，比如在圣路易斯盖特威中心举行的"棒球卡片及收藏品展销会"，在堪萨斯城的露天市场中举行的牲畜拍卖会，或者位于华尔街的纽约证券交易所。事实上，市场跨越地区、遍布全球，甚至延伸到宇宙中去，以上只是市场的一些元素而已。也许正式的市场确实源自中世纪的村镇集市，但是在今天的社会中如果仍然仅把市场看作地点或集市就太没有经济学头脑了。

记者和金融界人士用各种各样的比喻描述市场，这些比喻常常将市场拟人化。华尔街对最新发布的经济数据感到"兴奋"或"紧张"，股票市场"希望"或"预期"美联储的本·伯南克（Ben Bernanke）出台新一轮的量化宽松政策——你曾多少次听到晚间新闻或财经频道的专家采用这类说法？如果条件合适，也许未来某天某位专家甚至会说："今天股票市场醒来时感到肠胃胀气、严重痉挛、头痛不已,因此它决定请一天病假。"虽然这样说话也许会使新闻更加有趣,但是经济学的思维方式认为只有个人才能希望、预期、痉挛、头痛,**市场不具有这些功能**。

就连经济学家也会使用一些误导性的比喻。他们常说市场系统是"自动的"或者能"自我调节"。这些说法使人们觉得市场不需人类干预就能自动运行!许多经济学家似乎把市场描述成一种机械化的"东西",比如恒温器。这是错误的。**市场系统完全由供给者和需求者组成**。这些供给者和需求者是真实的人类。他们推进自己感兴趣的项目,根据自身面临资源的相对稀缺程度进行优化;他们与别人协商达成各种安排,用对方需要的东西换取自己需要的东西。

我们最好避免对市场进行常见的、误导性的解读。市场不是一个人,不是一个地点,也不是一件东西。**市场是一种过程,买家和卖家通过它协调双方的计划**。当经济学家谈论**供给与需求**时,他们谈论的其实是个体间的这种持续不断的协商行为。

5.2 基本过程

前期准备已经做好,现在我们可以开始在一张图表的辅助下研究供给与需求的过程。让我们考虑一种售价相对便宜的木吉他的市场。购买这种吉他的人通常是来自全国各地的初学者和中级演奏者。图 5-1 描述了木吉他的市场。注意市场需求曲线是向下倾斜的,这反映了第 3 章的要点——需求法则。如果相对价格下降,人们便计划购买更多吉他;如果相对价格上升,人们便计划购买数量更少的吉他。如果只有吉他价格这一个因素变化,那么需求量会上升或下降,但整体需求曲线不变。接着,注意供给曲线是向上倾斜的。回忆一下,在第 4 章中我们说过供给曲线通常都是向上倾斜的,这说明要生产更多吉他就必须面对上升的边际机会成本。要想生产数量更多的木吉他,就必须投入许多特定的资源:比如特定等级的云杉木和桃花心木以及工人的高技术劳动。除了用来生产吉他,云杉木和桃花心木还有许多**其他**用途:比如用作圣诞树,用来生产高级橱柜、香座等已经被许多人喜爱的其他商品。吉他生产商若想获得云杉木和桃花心木就必须出价高过其他人,从而阻止这些资源流入其

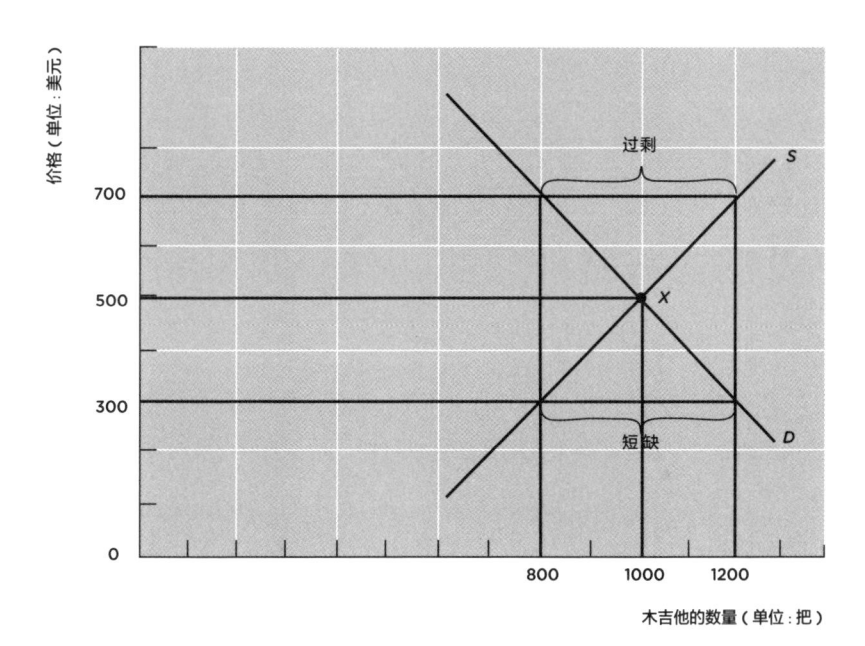

他用途。吉他价格提高会诱使生产者生产更多吉他。

图 5-1：木吉他市场的供给与需求
价格为 500 美元时市场出清。价格为 700 美元时过剩 400 把吉他。价格为 300 美元时短缺 400 把吉他。

注意供给曲线与需求曲线的交点。两条曲线相交时，每把吉他的市场价格是 500 美元，市场上的吉他供应量是 1000 把。当吉他价格为 500 美元时，注意吉他的需求量也是 1000 把，需求量恰好等于供应量。此时吉他购买者的消费计划与吉他生产者的生产计划完全**协调**。

当然，在一个自由市场中，生产者可以根据自己的意愿随意要价，消费者也可以根据自己的意愿随意出价。让我们假设市场价格显著高于 500 美元，比如说，市场价格为 700 美元。假设吉他生产者预期每把吉他可以卖 700 美元，他们会如何反应？向上倾斜的供给曲线能帮助我们找到这个问题的答案。价格为 700 美元时，供应量显著上升，从 1000 把上升到 1200 把。（注意只有供应量上升，供给本身没有上升！）但不要忘了市场由买方和卖方共同组成。价格上升时，卖方可以提高产量，但此时潜在的买方会如何反应？需求曲线能帮助我们找到这个问题的答案：价格为 700 美元时，消费者会降低计划消费量。需求量

X 标记了市场达到完全协调的点。

（不是整体需求！）会下降至 800 把。

这时谁能实现计划? 谁的计划会受挫? 从总体上看消费者能以每把 700 美元的价格买到他们需要的所有吉他（需求量是 800 把），但是生产者会发现自己过度生产了。他们生产并计划销售 1200 把吉他（供应量）。供应量和需求量相差 400 把，这 400 把吉他变成了生产商不想看到的积压商品。此时市场没有完全协调。吉他过剩了。如果商品的供应量大于需求量，就会出现过剩现象。在我们的例子中，过剩量是 400 把吉他。当卖家看到与计划不符的积压商品，他们通常会意识到该商品过剩了——也就是意识到自己犯了错误。简单来说，他们卖出的商品数量不如计划的多。

那么生产者怎样才能卖掉与计划不符的积压吉他? 也许他们可以拿枪指着消费者的头，强迫吓得半死的消费者以每把 700 美元的价格购买积压的吉他。但是此举违背自由市场的游戏规则。也许某家生产商可以烧掉竞争对手的吉他生产厂，以期卖掉更多吉他。但是这种做法同样违反游戏规则。也许他们可以推动立法程序，让法律规定所有儿童都必须学弹吉他，这么做或许可以提高吉他的需求量和销售量。以上做法试图操纵和改变游戏规则，让规则变得对自己更有利，但是这种行为需要耗费大量时间并进行大量政治操作，因此是一种成本很高的行为。生产者实际上只能**降低商品的售价**（在自由市场中，这也确实是处理积压商品的一般手段）。

事实上，我们可以预测吉他的市场价格会从每把 700 美元下降到每把 500 美元。随着价格的下降，潜在买家愿意购买更多吉他：需求量（不是整体需求！）会从 800 把上升到 1000 把。与此同时，供应量（不是整体供给！）会从 1200 把下降到 1000 把。此时吉他过剩现象消失：消费者的消费计划和生产者的生产计划都完全实现了。吉他价格为每把 500 美元时市场实现了完全协调。卖家不再有动力继续为了与同行竞争而降价。

最后，让我们考虑相反的情况。假设目前的市场价格显著低于每把 500 美元。当吉他价格是每把 300 美元时，消费者会热切地计划购买 1200 把吉他（需求量），但是生产者仅生产并计划销售 800 把吉他（供应量）。此时生产者的计划可以实现，但许多消费者无法买到他们希望购买的吉他——他们发现吉他脱销了。吉他出现了短缺现象。短缺现象是过剩现象的反面。如果商品的需求量大于供给量，就会出现短缺现象。当消费者发现商品脱销或者买东西需要排

过剩：$Q_d < Q_s$（卖家卖不出商品）。

卖家与其他卖家竞争。

问题：商品"过剩"是否意味着这种商品不再稀缺?

短缺：$Q_d > Q_s$（买家买不到商品）。

长队时，他们可能会意识到该商品短缺了。卖家则发现卖出的商品比计划的多，因此他们可能得动用计划之外的存货。

买不到商品的买家能怎么办？砸开店门偷走商品是违法行为，为了阻止另一位消费者抢在你前面买走商店里的最后一把吉他而在他的油箱里灌沙子也是违法行为。但是，人们可以随意提高出价。如果消费者开始提高对吉他的出价，生产者会怎么反应？他们会生产更多的吉他。注意，如果吉他的市场价格从每把 300 美元上升到每把 500 美元，供应量就会从 800 把上升到 1000 把。与此同时，价格的上涨会使需求量从 1200 把下降到 1000 把。有时买家会互相竞价推高吉他价格，有时卖家会主动提高价格并且提高销售量——不管怎样市场价格都会上升，而总体的短缺情况会随之消失。

> 买家与其他买家竞争。
>
> 所有商品都有替代品！

5.3 竞争、合作与市场出清

人们常说，在市场经济体中买家和卖家会互相竞争。事实真的如此吗？在第 2 章中，布朗和琼斯通过交换淡啤酒和黑啤酒相互合作。如果交易双方不是以物易物，而是以物换钱，他们之间就不是合作关系了吗？答案是否定的。只要你自愿购买一把吉他（不管价格是 20 美元、200 美元、500 美元，还是其他价格），你和卖家就找到了一种互相合作的方式——这是互惠交易的本质，不管交易的形式是以物易物还是以物换钱。金钱能够促成这类合作行为的发生。

竞争当然也存在。在整个市场过程中，竞争与合作一样无处不在。但是，竞争双方并不是买家和卖家。买家通常与其他买家竞争，而卖家通常与其他卖家竞争。

> 卖家与买家相互合作。

考虑商品短缺的例子。买不到吉他的买家会与其他买家竞争，他们要么提高出价，要么在卖家涨价后表示同意支付现行价格。这种竞价过程使商品不再短缺。当然，卖家希望吉他的售价越高越好，他们非常愿意把吉他卖给出价最高的买家。商品过剩的例子与商品短缺的例子相反。当商品过剩时，卖家之间互相竞争，试图吸引顾客、卖掉积压的商品。这不是买家与卖家的竞争，而是卖家之间的竞争。争端不是靠暴力和伤害解决（只要人们还尊重并执行游戏规则！），而是通过降价解决。"这把吉他在其他商店里卖 700 美元。我能看出你很喜欢它，所以我愿意便宜卖给你。595美元，还送免费琴弦。"卖家这么说是因为他想与其他卖家竞争，并且与你合作。另一位与他竞争的卖家仍然要价每把700美元，仅送免费琴弦——他很快就会发现这种促销力度不够。过不了多久，这位卖家也会开始降价。（你买车的时候，卖家是与你竞争，还是与同一条街上的其他汽车销售商竞争？你希望以低价买到车，你是担心来自卖家的竞争，还是担心你开价太低，卖家会把车卖给另一位报价比你高750美元的买家？）

因此，当商品短缺时，价格通常会升高；当商品过剩时，价格通常会降低。只要短缺和过剩现象得到缓解，竞价过程就会自动终止。在我们的例子中，当吉他的价格达到500美元时，竞价过程终止。因为商品不再短缺，所以个体买家不再有提高出价的动机。因为商品不再过剩，所以个体卖家不再有降低开价的动机。经济学家通常将此时的市场价格称为"**均衡价格**"，因为供给和需求的"力量"已经将问题自动解决，市场价格不再有进一步变化的倾向。但本书作者更愿意将这种价格称为"**市场出清价格**"。所谓市场出清是指市场上不再有短缺或过剩现象，买家的消费计划与卖家的生产计划已经完全协调。

解释市场出清现象是经济学家发明经济学思维方式的动因之一。市场出清现象不只发生在吉他市场上。**任何自由的商品或服务市场都具有出清的倾向**。供给和需求的原理（或称"法则"）能帮助我们理解以下几个问题：市场为何通常会出清？市场通常如何出清？人们如何在信息有限的情况下找到实现各种计划的方式？

本节的最后一个论点十分重要：在商业社会中，市场出清的过程不需要经济专家的指导。我们只需要一套有效的游戏规则，这套规则允许人们以自认为最合适的方式买入、卖出或交换产权，从而协调彼此的计划。经济学家的功能是解释市场过程如何协调人们的计划并创造财富和经济增长——许多人还不理解这种机制。人们常常看不清以下事实：每一个个人做出特定的选择，市场出清现象是这些选择的意外之果。吉他买家完全不关心市场的整体状态，他们只想以自己能接受的价格买到吉他，他们也不可能了解吉他产业的所有细节。吉他卖家的情况也一样。他们追求自己的目标，努力获取利润、维持生计。市场出清倾向于不靠经济学家和政府机构的计划与操纵，甚至也不由生产者和消费者控制。人们的信息和知识都具有不可避免的局限性，他们追求自己的项

市场出清：$Q_d = Q_s$
（买家的消费计划与卖家的生产计划完全协调）

我们不需要专家！

目、计划和目标，他们通过竞价相互竞争、通过交换相互合作，而市场出清现象是上述行为的"意外之果"。

5.4 市场情况的变化

现在让我们更进一步。此前我们主要讨论供给和需求曲线不变时的市场出清倾向。但是，在第 3 章和第 4 章中我们学过需求和供给曲线本身都可以移动。让我们来看几个供给和需求曲线移动的例子。

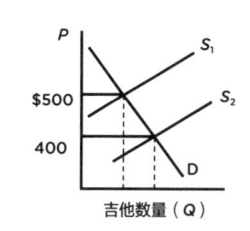

比如，假设云杉木价格下降，其他生产因素价格（包括技术工人的工资，以及桃花心木和其他原料的价格）不变。你要回答的第一题是：上述情况是否会影响吉他的供给或需求曲线？云杉木降价会降低生产吉他的边际机会成本，因此吉他的生产量会提高。回想一下，供给曲线是根据这些边际成本的竖条"高度"推导而来的。边际成本下降意味着供给曲线向右移动。由于更多吉他涌入市场，吉他的总体供给上升，所以吉他的价格会从 500 美元降至 400 美元。（如果供给上升，但吉他的价格仍然保持在 500 美元的水平上，会导致什么结果？此时吉他会过剩。卖家会通过降低售价互相竞争，直到过剩现象消失。）新的市场出清价格出现——每把吉他 400 美元。（注意吉他的需求曲线没有变化。当吉他价格从 500 美元下降到 400 美元，吉他的需求量上升了。）

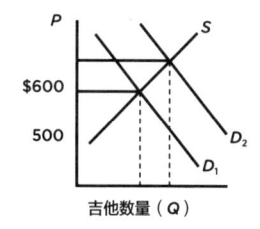

让我们考虑另一个例子。如果**电吉他**的价格上升，会导致什么结果？一开始，这种变化会对木吉他市场产生什么影响？通常，人们认为木吉他和电吉他能较好地替代彼此。如果电吉他涨价，本来计划购买电吉他的消费者就会改变计划。一些消费者决定转而购买木吉他，另一些消费者考虑购买长号、手风琴或其他乐器。不管怎样，这会提高木吉他的整体需求。为了总结这种变化，我们让木吉他的供给曲线向右移动。此时会出现一个新的市场出清价格——每把吉他 600 美元。

5.5 从自由市场价格中获取信息

没有人会把天冷怪在温度计身上，也没有人真的认为用蜡烛烤温度计就能在冷天里让整间房子暖和起来。这是因为人们对气温变化的原因多少有点正确的理解。然而，在某种商品稀缺时，人们却责怪价格太高，他们似乎认为只要执行价格管控就能解决商品稀缺的问题。价格管控的问题我们留到下一章中再谈。

现在，我们要理解以下要点：**稀缺性是购买意愿和供应水平之间的关系，或者说是需求和供给之间的关系**。除非人们能以零机会成本获得某种商品，并且想要多少就能得到多少，否则这种商品就是稀缺的。市场价格让我们看到商品的相对稀缺程度。但是不要把"稀缺"和"稀少"混为一谈。如果一种商品的供应量相对较小，那么这种商品就是稀少的。因此八声道磁带比 CD 唱片更稀少。商品是否稀少与消费者的购买意愿无关。如今谁还会想买八声道磁带？在城里的跳蚤市场中，只要花一两美元就能买到老旧的八声道磁带。把同样的音乐灌录到 CD 唱片中卖价会高得多。人们愿意为获得 CD 唱片牺牲更多现金，因此 CD 唱片比八声道磁带更稀缺。（如果你还没理解稀少和稀缺的区别，请考虑以下例子。假设本书的作者之一——普雷契特科在一个棒球上签了名，那么这个棒球比阿莱克斯·罗德里格斯[a]签名的棒球稀少得多，因为全世界只有一个普雷契特科签名的棒球，而阿罗德签名的棒球有几百个。但是，人们愿意花高价购买阿罗德签名的棒球，却不会有人愿意花同样的价格购买普雷契特科签名的棒球。事实上，普雷契特科的签名恐怕会让棒球变得一文不值。因此，普雷契特科签名的棒球远不如阿罗德签名的棒球稀缺。）

据此我们可以立刻推论出：面对稀缺商品，人们必须建立某种挑选过程或标准，以决定在想要这种商品的人中谁可以获得多少。这个要点我们在第 3 章中已经强调过。挑选的标准可以是年龄、口才、行动速度、受公众尊敬的程度、支付金钱的意愿或者几乎任何其他因素。在商业社会中，支付金钱的意愿是最常见的挑选标准，但有时我们也使用其他标准。

比如说，哈佛大学每年的招生名额比申请人数少得多，因此哈佛大学根据高中学习成绩、考试分数、推荐信、与重要校友的关系和其他因素来决定录取哪些学生。乔·考立芝是全校最受欢迎的男生，许多年轻女孩都想获得他的青睐。因此他必须分配自己的注意力。不管他的标准是美貌、智力、温柔程

出售阿罗德签名的棒球，售价 600 美元。出售大卫·普雷契特科签名的棒球，售价 50 美分。

---

[a] 阿莱克斯·罗德里格斯（Alex Rodriguez）：美国棒球明星，绰号"阿罗德"。——译者注

度还是别的因素，他必须也一定会以某种方式区分、挑选这些女性。

一旦哈佛大学公布招生标准，想入读大学一年级的申请者就会互相竞争，试图达到这些标准。如果想与乔·考立芝约会的女孩相信他的主要挑选标准是美貌，她们就会互相竞争，人人都想美过其他人。

显然，并不是只有资本主义社会里才有竞争，也不是只有使用金钱的社会里才有竞争。竞争的根源是稀缺性，要想彻底消灭竞争，只有彻底消除稀缺性。只要决定"谁获得什么"的标准存在，人们就会努力达到这些标准，竞争随之发生。

> 稀缺性使竞争变得不可避免。

用不同的标准决定"谁获得什么"会导致不同的结果，有时不同结果之间的差异很大，很重要。如果社会用支付意愿的高低来协调经济计划，社会成员就会努力赚钱。如果社会用体能高低作为主要协调标准，社会成员就会努力健身。如果社会用演奏铜管乐器的水平作为协调标准，社会成员就会试图学吹喇叭。如果好大学把高中成绩设为重要招生标准，高中生就会在考试分数上展开竞争。也许高中生争相考高分还为了获取其他商品（比如为了提高在同学中的地位，为了获得老师的表扬，为了获取家里的用车权，为了能刷老爸的信用卡），但大学的上述招生筛选标准一定会鼓励高中生在考试分数上展开竞争。

5.6 计划经济与知识问题

人们利用手中的资源获取自己想要的东西，人与人之间必须互相协作才能完成上述过程，而一个社会的经济任务就是保障这种协作。要想让大量几乎素不相识的个人有效协调他们的计划，交易条件必须清楚、简单、标准化，只有这样才能保持低廉的交易成本。

在我们生活的世界中，人们的技术、兴趣、价值观和偏好千差万别；每种资源有许多不同的潜在用途，各种用途的机会成本相去甚远；日常生活中的变化与发现层出不穷。想象另一种经济系统——计划经济。在这种系统中，所有生产资料（包括资源、机器设备、厂房等）都不是私有的，而是由整个社会共有的。一小群专家有权决定这些稀缺商品的最佳用途，这些专家包括经济学家、社会学家、化学家等。这些人组成一个中央计划委员会，决定生产什么、如何生产以及为谁生产。整个社会经济的运行方式就像一个巨大的国有邮局。

市场被废止，金钱的使用也被废止。**数百万人需要种类繁多的商品和服务，中央计划者必须有力、高效地生产和分配这些商品和服务。他们靠何种信息和信号完成上述任务？**

毕竟，在这个计划委员会中任职的工程师可以说：用黄金制造公共汽车、用铂制造火车轨道以及用锡制造结婚戒指在物理上都能实现。在自由市场经济体中，公共汽车制造商、铁路建设商和珠宝商也可以这样使用资源，他们享有这么做的政治自由和经济自由。

但在市场经济体系中，他们通常不这么做。为什么？**因为这么做根本没有利润可图**。这些资源的市场价格以及人们愿意为最终产品支付的价格帮助生产者认识到这么做很可能会导致亏损，生产者在实际展开生产活动之前就能认识到这一点。数百万人在市场过程中自愿交换、协商，上述价格正是这个过程的产物，但是，计划经济废止了市场过程。那么计划者能取得哪些信号和信息？他们也许有大量工程原理和公式，有在仓库里堆积如山的生产资源，有勤劳肯干、技能合适的劳动力，还有能追踪数据的复杂电脑系统，但是从经济学的角度来看这些数据有用吗？这些数据显示，锡制结婚戒指十分稀少。那么是该多造锡戒指，还是该少造锡戒指？以多高的成本来造锡戒指？**锡制结婚戒指究竟有多稀缺**？铂的摩擦力比钢小，但是调控者是否可以据此判定最好用铂来制造火车轨道？铂还有哪些其他用途？用铂来制造医疗设备、火车轨道或其他东**西的成本究竟是多高**？用铂铺设轨道耗费的原料和劳动力也可以被用来建造医院或生产烤面包机、铅笔以及数不清的其他稀缺商品和服务，那么铺设一条铂轨成本究竟是多高？没有金钱和市场定价的信息，调控者就不能有效地进行经济计算。

即便中央经济计划者智慧高超、一心为民，他们也不可能有效管理商业社会的日常运营，因为他们首先缺乏必要的信息。问题不在于如何让更聪明的人通过计划帮我们实现经济增长；问题在于如何通过更有效的制度和游戏规则鼓励人们发现自己的比较优势，并把自己有限的知识、信息和资源用在最高效的地方。

市场价格缺失时，交易成本高昂，生产者和消费者之间无法达成合作。苏联的计划经济系统解体时，新闻中常有这样的报道：农村地区的庄稼烂在地里无人收割，城市里的食品店却货架空空。为什么会发生这种事情？既然城市居民如此需要粮食,为什么没有人把粮食从农村运到城市?官僚控制系统的崩溃本身不能完全解释这种现象。即使未获上级明确命令,人们也应该能把粮食从田里运出来,送到饥饿的民众手中。

可这只是我们一厢情愿的想法。让我们更仔细、更全面地考虑这个问题。这些被浪费的粮食属于谁?谁有权收割这些粮食?收割设备属于谁?谁有权批准这些设备的使用?能把粮食运进城市里的卡车属于谁?卡车需要的燃料由谁掌握?粮食运到城里以后如何分配?城里人在挨饿,粮食却烂在地里,这是一个事实。但要想把粮食从农村运到城市居民的厨房里,仅有这个事实是不够的。要想完成运粮过程,首先必须让合适的人获得适当的信息和激励。

上述"浪费"现象可以用交易成本的概念解释。我们给"浪费"一词打上引号,因为我们并不清楚上述情况是否属于浪费。如果把粮食运到消费者手中的成本高于粮食的价值,那么让粮食烂在地里就不算浪费。事实上情况似乎就是如此。与收割成本和运输成本一样,交易成本也是一种真实的成本。交易成本的重要性并不亚于前两种成本。

5.7 产权与制度

在美国,出现上述浪费的可能性低得多。因为田地、粮食、农用机械、卡车、仓库和零售店都是私有的。美国的游戏规则与苏联不同。在一个能清晰确定产权的系统中,掌握相关信息的人有很强的动机争取运粮所需的资源,把粮食从不能发挥作用的地方运到能发挥作用的地方。在一个允许产权所有者自由交换产权的系统中,有能力高效利用资源的人会快速以低成本获得必要的资源。

在美国,某地遭受飓风灾害以后,人员、拖拉机、建筑设备以及所有其他必需的救灾重建物资能高效送达受灾地区,这与苏联的那种令人气馁的情形很不一样。关键的区别在于美国有成熟的产权系统,产权被清晰界定,人们能根据自己的选择高度自由地交换产权。多年来,这套产权系统在美国催生了一个庞大的制度网络(包括营利性与非营利性的制度),凡是人们较频繁或较规律地进行的交易都能因此保持较低的交易成本。(爱思考的读者会敏锐地发现:人们之所以愿意较频繁或较规律地进行某些特定交易,唯一的原因就是这些

· 清晰界定的产权

· 交换产权的能力

交易的成本较低。）

想吃比萨的时候，你通常能轻松获得你想要的那种比萨。想想事情为什么会这么容易。为了让你吃上比萨，必须发生许多交易：修建比萨餐馆，种植辣椒，运输橄榄，给奶牛挤奶，以及为以上所有活动安排信贷资金。这些活动都需要协商。协商之所以能成功是因为交易成本足够低。而交易成本低是因为这些交易发生在一个广泛的制度网络中。市场参与者一直努力降低他们希望参与的交易的成本，上述网络在此过程中逐渐演化而来。想想这个网络中的各种环节：专业化的生产者，专业化的网络零售商，提供各种服务的专业人士；财务会计原则，道路交通规则，各行各业的贸易惯例；银行，信用评级机构，高度组织化的股票交易所；每天报纸上的分类专栏，电话公司的黄页电话号码本，随时可以取得的经纪人和供应商名册；普通法原则，执行这些原则的警察，解决争端的法庭，以及对公共法系统起补充作用的私人仲裁系统。

在计划经济失败的国家中，已经逐渐演化出了市场经济系统。然而高昂的交易成本一直在阻碍市场系统取得更大的成就，这正是因为太多关键性的制度仍然缺失。这些国家的个人交易者（普通人）能否通过设计主动创造出必要的制度（在早已采用市场系统的经济体中，这些制度不是专门设计出来的，而是长期演化出来的）？他们是否能快速建立复杂的制度（在其他国家中，这些制度是缓慢进化而来的）？这些国家的公民迫不及待地要享受市场系统许诺的好处，可他们能否迅速克服高交易成本的问题，满足上述愿望呢？许多苏联国家的改革计划能否成功在很大程度上取决于这些问题的答案。

延伸思考：货币和利息的协调角色

货币：交换的通用媒介

为什么在市场系统中几乎所有交易都为了交换货币而发生？为什么人们不更多地使用以物易物的方式，用自己生产的商品直接交换他们想要的商品？虽然钱本身没什么用，但企业主销售商品和服务时愿意收钱，劳动者领取工资时也愿意收钱，这是为什么？

上述问题的答案是：因为钱能降低交易成本。货币是交换的通用媒介。不管是在合法市场上还是在非法市场上，这种媒介都管用。和完全依赖以物易物的交易系统相比，使用货币的系统优势极大。如果社会中没有货币来辅助交易的安排过程，这个过程的成本将大幅提高，我们的财富将因此大幅减少。（不要忘记，财富不是指货币或物质产品。任何人们认为有价值的东西都是财富。）在一个只能以物易物的经济系统中，人们需要花费大量时间寻找他们愿意交易的对象。一个吉他生产者必须找到农民、厕纸生产商、磨坊主、工具制造者、胶水供应商、建筑承包商，和许多其他行业的人，而且以上每个人都得愿意用他们生产的商品交换吉他。因为吉他生产者花大量时间寻找交易伙伴，他就不能用这些时间生产吉他，吉他的生产量会因此大幅下降。几乎所有其他商品的生产量也会大幅下降，因为生产者都得花大量时间寻找合适的交易对象。

因为人们知道几乎所有交换行为的成本都很高，所以他们会越来越努力地试图生产所有自己需要的东西。如果一个社会只允许以物易物，其交易系统缺乏货币的辅助，专业分工程度就会大幅下降，所有人的财富都会大幅减少。在目前已知的人类社会中，几乎每一个社会都进化出了某种形式的货币系统，即使在条件极为不利的情况下依然如此。这种现象有力地证明了使用货币的优势。

货币还有另外一个重要的优势。交易中的报价可以上调或下调极小的幅度。想象在一个只能以物易物的经济体中，吉他生产商想要一张演唱会的门票。他是否能用 1/10 把吉他交换一张演唱会门票，然后用剩下的 9/10 把吉他交换半打啤酒、巨无霸汉堡包和薯条、汽油以及许多其他他认为有价值的东西呢？还是他得先用一把吉他交换 10 张演唱会门票，然后再试图用多余的 9 张门票交换半打啤酒、汉堡包等其他东西？想想那些高得惊人的交易成本吧！难怪佛祖决定什么都不要。但假如吉他生产者能把吉他卖了换钱，他就能毫不费力地多买一点或少买一点他想要的东西。而且，他还可以轻松地小幅调整吉他的交易价值——也就是货币价格。如果他感到顾客愿意出的钱比过去多了，他就涨点价；如果他认为降价能做成本来做不成的生意，他就降点价。

要想在商业社会中达成协作，赋予交易者小幅调价的能力至关重要。考虑一加仑汽油的例子。要想让我们在星期二傍晚五点半的加油站中给汽车加上油，就要求具有特定能力、掌握特定物理资源的特定人群以特定的方式、在特定的时间合作完成勘探、钻井、采油、输油、炼油、运输、入库等一系列

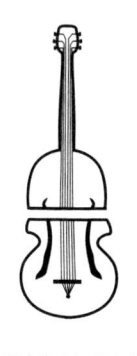

两个半个加起来并不等于一整个。

活动。当商品和服务的货币价格上下浮动，人们会做出相应的反应，以上的复杂系统主要靠这种反应协调。有些人例行完成这种协作奇迹，他们这么做并不是因为他们爱我们并且知道我们有多想要汽油，他们只是想推进自己感兴趣的数目繁多、五花八门的项目而已。他们的努力之所以能够互相配合，是因为商品和服务的货币价格不断发出变化的信号，所有人都根据这种信号协调自己的行为。

货币计算扮演的角色

我们必须再次强调，虽然货币在社会运作中发挥了至关重要的作用，但这与公民的品格或道德毫无关系。人们之所以关注货币价格，只是因为他们想要优化，即用自己手中的资源尽量多地获取他们认为有价值的东西。货币价格帮助消费者建立预算、明确自己面临的选择。货币价格帮助生产者计算预期成本和预期收益。当然，人们不会仅仅关注货币价格，那样做是不合理的。但他们确实应价格变化改变自己的行为，因为新价格是新情况的信号，人们都希望"充分利用"新情况。这种机制催生了协作，自利行为（再次强调自利行为不一定是自私行为）因此变成了合作行为。

货币与利息

利息不是"金钱的价格"。

最近，一位金融记者说："如果美联储的本·伯南克调高利率，那么货币的价格就会上升。"不幸的是，从经济学思维方式的角度来看，这类说法是完全错误的。利息并不代表货币的价格。利息也不是为使用货币而必须支付的代价。付利息不是为了用钱，而是为了借钱。借贷意味着获取我们尚未挣到的购买力。借方通过银行渠道说服贷方与他达成以下协议：贷方现在向借方提供信贷，而借方承诺未来归还本金与利息。借方和贷方达成了双方都认可的协议。利率反映了信贷的价格，也就是这笔交易的条件。

考虑学生贷款的例子。为什么你愿意支付学生贷款的利息？现在的资源通常比未来的资源价值更高，因为现在拥有资源通常能给我们带来更多机会——机会扩大意味着我们能做成一些事情，我们的赚钱能力因此随时间提高，于是我们将在未来拥有更多资源。我们愿意借钱（在这个例子中借钱是为了投资自己的教育）是因为我们看到了上述前景。如有必要，我们还愿意为此支付溢价（也就是利息），只要借贷的预期收益高于利息。企业借贷的逻辑与个人借贷一样。

时间偏好

现在的商品和未来的商品价值不一样，两者的价值差就是利息。在过去几十年中，许多经济学家提出，可以用资本生产率来解释这种价值差。但除此之外人们还表现出正的时间偏好率：相比于遥远未来的享受，我们通常认为现在的享受价值更高。我们常常觉得未来的事情得打个折扣，不管这个折扣有多小。

你可以用以下几个小测试来判断你的时间偏好率是正是负。你饿了，你有两个选择：一是一小时以后吃饭，二是几小时以后吃同样一顿饭。如果你更愿意早点吃饭，那么你的时间偏好率就是正的。或者，想象你奶奶给一个惊喜——她寄给你一张 100 美元的支票。你自然十分高兴，但是接着你发现这张支票下个月才能兑现。如果这种情况让你略感失望——也就是说如果你觉得今天兑现支票比下个月兑现支票好——那么你的时间偏好率就是正的。

有了时间偏好率以后，接下来的问题就是取舍。如果未来你能得到一个更大消费金额的机会作为补偿，那么你可能愿意为获得未来的机会而放弃现在的机会。比如说，如果晚餐比午餐更好吃，那么你也许会选择为了吃晚餐而不吃午餐。作为一个学生，如果你相信拿到学位能提高未来的收入，那么你也许愿意现在相对清贫地继续求学。

储蓄创造了借贷的机会

说回利息的金融含义。借方支付利息是为了诱使贷方放弃现在享受商品的机会。毕竟，贷方也面临着取舍。借方承诺对贷款支付利息。利息回报能补偿贷方自身的机会成本，让贷方未来享受更多的商品和服务。

这也是很多家庭愿意储蓄的一个重要原因。为了获得未来的消费机会，他们愿意放弃现在的消费机会。我们看到银行向客户放贷，但是借方获得的信贷机会事实上是由往银行里存钱的家庭创造的。（除了家庭以外，美联储也会

> 如果你认为今天获得1000美元和一年后获得1250美元能带给你相同的价值，那么你的时间偏好率就是25%。

创造信贷机会。这一点很重要，但我们留到第 14 章中再做讨论。）家庭储户把美元存到银行里，银行承诺向储户支付一定的利息回报。接着银行把这些美元借给借款者，收取的利息高于他们支付给储户的利息。这个利息差就是银行潜在的获利机会。

银行提供信贷，但信贷的来源是储户的储蓄。信贷的供给是利率的函数，供给曲线向上倾斜。在其他因素不变的前提下，提高利率能鼓励信贷提供者提高信贷供应量。借方（包括家庭和企业）对信贷的需求是一条向下倾斜的曲线（和所有需求曲线一样）。在其他因素不变的前提下，利息越低，人们借钱的意愿越高。当供给曲线与需求曲线相交时，就产生了市场利率，比如市场利率可以是 5%（你可以把市场利率想象为信贷的价格，或者贷款的价格）。图 5-2 描述了这种情况。

如果家庭愿意在当前利率下提高储蓄额（他们对货币的时间偏好率下降），整条信贷供给曲线就会向右移动。这种变化使市场利率从 5% 降至 4%，于是其他家庭和投资者（后者十分重要）将获得更多借贷机会。我们可以这样想：储蓄额度提高相当于给企业开了绿灯，鼓励企业借钱投资更多具有时效性的生产过程和更长期的生产过程。这些投资未来将给家庭提供更多消费机会。

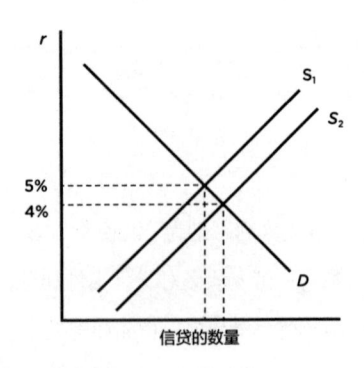

图 5-2：信贷市场的供给与需求

5% 的市场利率是由储蓄决策和投资决策共同决定的。如果家庭决定提高储蓄额，信贷的供给就会上升，利率下降，借贷数额上升。

利率中的风险因素

在上一节中，我们描述的市场利率反映了时间偏好率，但是市场利率还包含大小不一的风险溢价。和信用记录较差的客户相比，信用好的客户支付的贷款利率通常较低。你可以把风险溢价想成一种保险金，银行预见未来会因催收成本和违约成本而面临损失，因此他们才向借方收取这种保险金。如果不允许银行收取风险溢价，银行就会拒绝向高风险客户提供贷款。

实际利率与名义利率

信贷合同中写明的利率还包含另一个元素：贷方预见货币未来的购买力会下降（发生通货膨胀），因此他们要求获得额外的补偿。如果贷方希望获得 3% 的年收益，并且认为通货膨胀率为零（货币的购买力始终不变），那么贷方就会向借方收取 3% 的"名义"利率。（"名义"利率是信贷合同中写明的真实利率。如果你看到银行出纳背后的墙上贴着一张利率表，那么这些利率也是名义利率。）如果借方完全履行合同条款，贷方就"真的"能获得 3% 的年收益。但是，如果贷方认为通货膨胀会降低货币的购买力（或者说使货币逐渐贬值）并认为通胀率是 2%，那么他就会向借方收取通货膨胀溢价。通货膨胀溢价使名义利率上升到 5%。如果贷方每年获得 5% 的利息，其间通货膨胀率为 2%，那么他"真正"收到的回报是 3%（考虑通货膨胀因素以后）。

计算实际利率的公式很简单：

$$实际利率 = 名义利率 - 通货膨胀率$$

在之前的例子中，我们可以这样计算实际利率：我们从 5% 的名义利率中减去 2% 的通货膨胀率，就得到 3% 的实际利率。

简要回顾

在一个高度专业分工的社会中，协调各种决策是一项极为复杂的任务。要想完成这项任务就得每日不断对数百万种交易协议进行协商、再协商和监控。

我们不应该把市场描绘成一个人、一个地点或一件东西。我们最好将市场看作一种协调计划的过程。供给和需求是一种互动过程，这个过程决定相对价格。这是一个互相调整、互相适应的过程。

当买家的计划和卖家的计划完全协调时（换句话说，当需求量等于供应量时），市场达到出清状态。如果价格低于市场出清价格，商品就会短缺。商品短缺是指需求量超过供应量的现象。此时市场价格会上升，从而缓解短缺现象。如果价格高于市场出清价格，商品就会过剩。商品过剩是指供应量超过需求量的现象。此时市场价格会下降，从而缓解过剩现象。买家和卖家分别追求自己的目标，市场出清现象是上述活动的意外之果。经济学家能帮助我们理解上述过程如何发生，但离开经济学家自由市场照样可以有效运转。

交换是一种合作活动。买家和卖家的合作方式是协商达成交易条件。买家与买家之间存在竞争，具体方式是竞相提高价格或者通过其他非货币化的方式获取稀缺商品，这一种现象出现于商品短缺时。卖家在追求利润的过程中也必须与其他卖家竞争。商品过剩时，卖家通常通过降价来与其他卖家竞争。

稀少和稀缺是两个不同的概念。如果一种商品仅以较小的数量存在，这种商品就是稀少的。比如普雷契特科签名的棒球和勃特克签名的网球拍都属于稀少商品。

而稀缺性表达的是购买意愿和供应水平之间的关系，或者说是需求和供给之间的关系。除非人们能以零机会成本获得某种商品，并且想要多少就能得到多少，否则这种商品就是稀缺商品。

在一个存在稀缺性的世界中，必须演化或设计出某种游戏规则（包括区别对待的标准）来决定"谁获得什么"。不管系统使用何种区分标准，人们都会努力达到这些标准。竞争由此而来。

在公开市场过程中建立的价格传达重要的信息，这种信息告诉我们商品和服务的相对稀缺程度。价格这种市场信号本应帮助人们发现自己的比较优势并有效地协调生产计划和消费计划。计划经济试图废除私有制、货币和市场，这种做法同时也摧毁了上述市场信号。

一个有效运行的市场经济体具有以下特点：经济体中存在大量为降低交易成本演化出来的制度，这些制度因此能够辅助自愿交易的完成。交易成本是安排供应方和需求方达成契约或交易的成本。货币是交换的通用媒介，具有降低交易成本的功能。在一个高度专业分工的经济系统中，商品的货币价格随时应供给和需求条件的变化而变化，这样一个通信系统向人们传递必要的信息，使人们能够高效地协调彼此的计划。

在最一般的意义上，利息代表现在的商品和未来的商品之间的价值差异。换句话说，人们表现出正的时间偏好率：在其他条件不变的前提下，个人更愿意现在享受商品，而不是以后再享受商品。这是借方愿意支付利息的原因之一（他们向别人借钱，以获得对现在的商品的控制权）。这也是贷方要求利息回报的原因（他们愿意放弃对现在的商品的控制权，得到的补偿是未来获得对更多商品的控制权）。

市场利率由信贷的供给和需求共同决定。利率本身并不是货币的价格，而是贷款的条件。具体贷款条件包括一个为补偿贷款风险而存在的溢价，以及一个为补偿预期通货膨胀率而存在的溢价。实际利率等于名义利率减去预期通货膨胀率。

供讨论的问题

1. 供给和需求是一种协调过程，以下问题能帮助你好好想想这个过程。每年有数百万美国人搬家，其中许多人长途搬去陌生的新地点。这么多人为何都能找到住处？

    (a) 每个搬去其他州的个人或家庭都能找到愿意把房子或公寓卖给或租给他们的人，并且这些房子或公寓还符合他们的偏好和经济条件。是谁在监督保证上述过程的发生？

    (b) 有些州的人口增长很快，是谁在监督这些州的建设规划以保证房源增长速度能匹配人口增长速度？

    (c) 为了从一个城市搬去另一个城市，一些美国人必须卖掉旧房、买入新房。一些制度使上述过程的交易成本保持在较低的水平上。试列出若干这类制度。

    (d) 过去，中国所有房屋的所有权都属于政府。当时，所有大城市都设有房管所。数百万人想要搬家，他们都需要进行住房交易。房管所系统和房价不断浮动的私有住房系统都能辅助上述过程,为什么前一种系统的交易成本比后一种系统高得多?

2. 20世纪90年代,俄罗斯红十字会的副主席抱怨西方国家援助俄罗斯的食品常被偷。他说:"俄罗斯的骗子是世界上最有经验的骗子。"俄罗斯援助委员会的副会长表示有必要建立一个中央化的系统来保证援俄食品的合理分配。你认为以下哪个系统能以更低的成本、更快的速度把食品送到饥饿的民众手中:第一个系统是靠政府部门和慈善机构分配食品的系统,第二个系统是被偷走的食品的分配系统。你为什么这么认为?

3. 许多人认为,人们追逐更多的金钱是自私和物质主义的表现。如果事实如此,为什么教堂和慈善机构也在如此努力地获取更多金钱?(如果你的第一反应是"因为他们和其他人一样贪婪",那么你也许需要重新考虑一下。)

4. 在一个以物换物的经济体系中,试解释为什么厕纸生产商比吉他生产商交换货物更轻松。

5. 把灯泡安到灯座上可能只要一个人就能完成,但是生产一个电灯泡需要多少人的努力?

6. 要想深入掌握经济学的思维方式就得学会用供给和需求的概念讨论问题。你可以通过以下问题训练自己。部分问题比其他问题难度更高。在回答下面的每一小题时,你可能首先应该画出供给曲线和需求曲线。然后你应该问自己:本题中描述的情况如何影响供给曲线或需求曲线?供给或需求曲线朝什么方向移动?这种情况会如何影响价格和交易量?不要仅仅满足于回答价格会上升还是会下降。你认为价格或交易量的变化幅度是大还是小?通常答题时你需要根据自身经验自行补充额外信息。注意:答案常常取决于你给市场参与者多长时间进行调整。你是在预测超短期的影响还是在考虑长期的影响?

   (a) 如果发生以下事件,图5-1中木吉他的市场出清价格会如何变化?

(i) 人们热衷于学拉手风琴，而对学弹吉他开始失去兴趣；

(ii) 电吉他的价格显著下降；

(iii) 一些木吉他制造者决定退出市场，改生产小提琴。

(b) 假设科学家发现食用大豆可以预防癌症和心脏病。

(i) 你认为此事会如何影响大豆的价格？

(ii) 你认为此事会如何影响饲料玉米（通常适合种大豆的土地也适合种饲料玉米）的价格？

(c) 你认为以下事件会对（或者已经对）国产棉花市场产生何种影响？

(i) 尼龙的发明；

(ii) 轧棉机的发明；

(iii) 棉铃虫（一种害虫）的灭绝；

(iv) 外国棉农获得大丰收。

(d) 假设美国所有州在处理车辆事故时都采用严格的"不追究过失"原则[a]，在交通事故发生后起诉过失方赔偿损失因此变得不再可能。

(i) 你认为这会如何影响雇用律师起草遗嘱的成本？

(ii) 如果只有一个州改用"不追究过失"原则，你认为这会如何影响在该州雇用律师起草遗嘱的成本？你认为 (ii) 中的成本变化幅度比 (i) 中大还是小？

(e) 假设某国的口腔卫生专家建议所有人每天至少剔牙三次，那么你认为这种情况会对牙线的价格产生什么影响？

(f) 要想获得营养的饮食，可以直接吃谷物，也可以吃谷物喂养的牛肉。后者消耗的谷物是前者的 5 倍。世界上的穷人在挨饿，吃牛肉的人是否有责任？

(g) 此题与之前的题目有些不同，你显然无法从自身经验中获得额外的信息。假设你发现目前消费者购买的电脑应用程序的数量是 10 年前的 20 倍，那么你认为现在电脑应用程序的价格比 10 年前高还是低？在什么情况下你认为价格会高于 10 年前？在什么情况下你认为价格会低于

---

[a] "不追究过失"原则：该原则规定发生事故后双方分别向自己的保险公司索赔，不管哪一方是过失方。——译者注

10 年前？

(h) 如果某区域新入驻了几家大型招工企业，你认为该区域内的房租会如何变化？

(i) 如果市政委员会出台法令规定某闹市区中的房东必须为每间出租公寓提供一个非沿街的停车位，你认为此举会如何影响该区的房租水平以及出租公寓的数目？

(j) 如果市政委员会不要求房东为住户提供停车位，但严禁在该闹市区的街边停车，你认为此举会如何影响该区的房租水平以及出租公寓的数量？

(k) 如果汽车制造商成功将每英里油耗减半，你认为这会对汽油价格产生什么影响？

(l) 大学越来越多地采用在线考试程序，你认为这会如何影响老式 2B 铅笔的价格？你认为铅笔价格会大幅变化还是小幅变化？这说明 2B 铅笔的供给价格弹性具有什么特点？

7. "如果苹果的价格降低，那么苹果供给会降低，而苹果需求会上升。"试评价这种说法。

8. "如果铂发生短缺，铂的价格就会上升。因为价格上升会降低需求并增加供给，所以短缺现象最终会消失。"试评价这种说法。

9. 如果汽油的价格继续保持在每加仑 4 美元以上，八缸运动型多功能汽车的需求会如何变化？这种汽车的市场价格会如何变化？

10. 许多人相信，如果中东或其他地方发生战争导致新一轮的石油危机，那么政府可能会按需配给汽油。你认为配给部门应该如何决定谁需要多少汽油？

11. 许多城市高速路即使在上下班高峰时段也不收过路费。那么如何决定谁可以使用高速路？

Chapter 5

12. 有时，即使停车位十分稀缺，校园里的停车位仍是免费的。
    (a) "停车位是稀缺的"这句话究竟是什么意思？是指没有停车位可用吗？
    (b) 如果学校不收停车费，那么如何分配稀缺的停车位？
    (c) 如果学校要求所有想在校园里停车的学生每年以 200 美元购买停车许可证，这项收费能否有效分配稀缺的停车位资源？
    (d) 假设学校决定在校园中的所有路边设置停车计时收费器。如何利用这种装置高效分配稀缺的停车位资源？注意：对部分停车位的需求比对其他停车位的需求高得多。

13. 演唱会的门票常常以"先到先得"的方式出售。在还没有网上售票系统的时代，孩子们为了在演唱会门票售空之前抢到票不惜逃学、连夜搭帐篷排队以及采取各种天知道是什么的手段。
    (a) 买票的孩子们在与谁竞争？与表演者竞争？与管理者和宣传者竞争？与赞助商竞争？与票务代理商竞争？与音乐厅竞争？他们究竟有没有在竞争？
    (b) 如今人们可以通过网上票务经纪或者像易贝这样的网站购票。这些渠道以什么标准决定谁获得门票？

14. 在美国，想收养孩子的夫妇远多于可供收养的婴儿。你会让出价最高的夫妇获得婴儿吗？你认为上述分配系统会导致怎样的结果？目前美国以何种标准把稀缺的婴儿分配给想收养婴儿的夫妇？

15. 目前美国联邦法律禁止以器官移植为目的的人体器官买卖。就在此刻，许多等待移植的病人因为等不到合适的器官而面临死亡。阿尔文·罗斯（Alvin Roth）是 2012 年的诺贝尔经济学奖得主，他主张设计一个具有以物易物性质的器官交换市场。那么直接买卖器官可以吗？我们几乎可以肯定，如果向潜在器官捐献者提供金钱激励，患者将获得更多器官。罗斯说太多人表示绝对无法接受他的想法。你支持罗斯的提议吗？你认为此举会导致怎样的后果？

16. 若干年前，犹他州允许部分人在一块面积 1500 平方英里 [a] 的区域里猎水牛。该州每年出售 27 张水牛猎杀许可证。本州居民购买一张许可证需交费 200 美元，外州居民购买一张许可证需交费 1000 美元。由于申请这种许可证的人每年超过 1000 位，犹他州每年以抽签方式决定哪 27 个人可以获得许可证。

    (a) 你认为犹他州为什么不把许可证卖给出价最高的人？

    (b) 你认为是否应该允许获得许可证的人把自己的许可证转卖给他人？

    (c) 如果犹他州用抽签方式发放许可证并允许持证人自由转卖自己的许可证，你认为会导致什么结果？

17. 假设某年 11 月的火鸡供给量特别低，你认为会不会出现火鸡短缺现象？为什么？

18. 假设你夏季在美国西部旅行，比起汽车旅馆房间短缺，你更容易遇上露营地短缺的情况，为什么？

19. 本题与供给侧的竞争有关。2011 年，在佛罗里达州的湖城，两名达美乐比萨店的经理纵火烧毁了几个街区以外的一间新建的棒约翰比萨店。两名犯人称，他们总是看见汽车开过他们的商店驶向棒约翰比萨店的停车场，他们受够了这样的景象。虽然此类暴力活动在快餐行业中十分罕见，但本书的作者知道，在另外一个市场中通过暴力行为扫除竞争者的事件每天都在发生。你能否猜出我们说的是什么市场？

20. 以下哪种资源更稀缺：1 盎司黄金还是 1 盎司塑料？你根据什么信息下结论？

21. "你们这些热爱自由市场的教科书作者总是批评中央调控，事实上中央调控并不像你们描述的那么无效。苏联的调控者从未打算用铂铺轨道或者

---

[a] 平方英里：英美制面积单位，1 平方英里约合 2.6 平方公里。——译者注

用黄金造船。他们早就知道这么做会浪费这些稀缺资源。世界市场上的铂价和金价可以为他们提供信息。"我们从未说过用黄金造船，我们说的是用黄金造公共汽车。但是抛开这一点不谈，你会如何回应上述观点？这段话究竟是认同市场过程和市场价格的重要性还是否定它们的重要性？

22. 今天，在美国流通的纸币最大面值为 100 美元。面值 500 美元的纸币已经不再流通。你能否解释为什么废止大面值纸币可能是官方打击有组织犯罪的手段之一？

23. 如果说利率在很大程度上是由储蓄者和借款者的时间偏好率决定的，那么所谓"美联储提高或降低利率"究竟是什么意思？

第 6 章　意外之果：供给与需求的更多应用

学习目标

- 区分行动计划导致的有意之果和意外之果。
- 探索规则如何塑造激励机制，以及激励机制如何影响供给和需求决策。
- 分析和解释价格管控如何使商品短缺或过剩。
- 论证"生产成本通常由价格决定"。
- 不懂经济学的人会错误地使用供给和需求分析并做出错误的预测，举出一些这样的例子。

物理学家不需要鼓励苹果落地。不管物理学家是否存在，苹果都会落地，因为这个过程是自发的。但物理学家发现了该过程背后的原理，并将其命名为引力法则。经济学的思维方式也具有类似的特点：这种思维方式揭示了人们的选择以及选择导致的后果背后的原理。个人为推进自己的计划和项目而进行优化，经济学家帮助我们理解他们如何在市场过程中通过合作与竞争协调彼此的计划。正如上一章强调的那样，即便经济学家不存在，市场也会出清。市场出清靠的不是经济学家，而是供给与需求规律。

经济学家还扮演另一个重要角色。他们澄清关于市场过程的常见误解。他们常常能跳到框框以外思考。我们从第 1 章开始就一直这么做，在本章中还将继续这么做。我们还会在本章中探索一些新的主题，比如价格管控、禁酒令和禁毒令、当代奴隶贸易以及关于成本与价格的偏见。希望这些内容能进一步帮你理清思路。

6.1 灾难中的困惑

在第 5 章的学习过程中，坐在教室后排的批评家始终相当安静和有耐心。也许这位同学只是在做白日梦，也许他同意在寻常的每日生活中自由市场过程确实能有效地（假使谈不上出色地）协调生产者与消费者的计划。在自由市场经济体系中，每个人都试图推进自己的项目，市场出清或者系统化的计划协调是上述行为的意外之果。在正常时期中，上述机制显然运行得相当不错。可教室后排的批评家又发言了："现在让我们理智地看待问题，在灾难时期这种机制表现如何？"

这是一个很好的问题。当自然灾害这样的大灾难突然降临时，我们是否还能合理地指望自由市场制度有效协调各方计划？在破坏性的飓风吹得天崩地裂以后，我们不是常常见证偷窃、抢劫以及其他随机暴行的增多（至少暂时增多）吗？这些难道不是社会失序和合作破裂的例子？

这些确实是社会失序和合作破裂的例子。但是，让我们仔细想一想。抢劫和其他暴力行为并不说明市场交换过程失效了，它们仅仅表明人们冲动地**拒绝遵守**现行的游戏规则和产权规则（不管是私有产权还是公共产权）。市场并不能完美地协调各方计划，政府也不能完美地执行产权规则。这种类型的社会失序现象说明政府并不完美——它无法有效地监督和执行私有产权和公共产权。

可是国会官员很少成立小组委员会调查抢劫案件突然爆发的问题。他们更愿意调查灾难期间的投机行为和漫天要价问题。他们要求给价格飞涨现象一个解释（许多政治领袖似乎无法理解这种现象）。2005 年 8 月，卡特里娜飓风袭击了墨西哥湾沿岸，国会再次展开了对投机和涨价行为的调查。

卡特里娜飓风是美国历史上最严重的自然灾害之一。据估计，这次飓风造成的经济损失高达 1500 亿美元到 2000 亿美元。红十字会估计约有 35 万间住宅被完全摧毁，另有 50 万间住宅受损。但现在我们要讨论的问题是物价飞涨和投机现象。在受灾区域内汽油、原材料、胶合板及其他木材产品的价格大幅上涨——在许多例子中物价甚至在风暴来临前就开始上涨。为什么会这样？飓风登陆后上述商品的价格进一步上涨，这令灾区的情况雪上加霜，甚至连完全未受飓风影响的美国其他地区也出现涨价现象。国会官员认为这种现象令人迷惑。但经济学家并不这么想。

6.2 灾难中的协调

首先让我们考虑胶合板的供求。美国人每年使用 150 亿到 200 亿平方英尺[a]的胶合板，其中很大一部分由佐治亚－太平洋（Georgia-Pacific）、路易斯安那－太平洋（Louisiana-Pacific）、惠好（Weyerhauser）等国内制造商生产，但也有约 8% 的胶合板是从巴西进口的。卡特里娜飓风登陆前几日，胶合板的价格飙升了 10%、20%，甚至 30%。为什么？难道胶合板销售商突然之间都变得更贪婪了？那我们应该如何度量供应商的贪婪程度？但我们经济学家了解以下事实：在这几天中对胶合板的需求大幅上升，因为人们拼命购买胶合板试图遮盖住宅的窗户，保护室内财产。一夜之间，胶合板的价值大增——此处"一夜之间"作字面意思解。需求增长导致的结果和我们预期的一模一样——胶合板的价格因此上升。此外，由于供应商预见到胶合板未来会涨价，他们从当前市场上撤走了部分货源——我们在第 4 章中已经讲过这种逻辑，供应商"希望把货品留到价格进一步上涨后再出售"。这种情况使供给曲线暂时下降，再加上需求大幅上涨，所以胶合板的价格在飓风登陆之前就开始上涨。我们用图 6-1 描述这个过程。

汽油的价格也从飓风登陆前很久就开始飙升，因为数百万人加满油箱试图在风暴来临前逃离本地。显然，人们的计划因风暴而改变：他们需要更多胶合板来加固门窗，然后又需要更多汽油以逃离灾区。以上两种商品的需求曲线都向右移动。如果说价格是被贪婪的浪潮推高的，那么买方并不比卖方无辜。

不懂经济学的人和批评家说这种涨价现象是"趁火打劫"。可这个词究竟是什么意思？谁被打劫了？是消费者吗？可是涨价的始作俑者正是消费者本身！物价飙升说明市场过程正在发挥作用：需求的上升和供给的下降共同导致价格上涨。比过去更高的价格反映出胶合板、汽油等商品的相对稀缺程度提高了。不管是在风暴来临前、来临时，还是来临后，这些商品都比过去更稀缺、更珍贵了。

---

[a] 平方英尺：1 平方英尺约合 0.09 平方米。——译者注

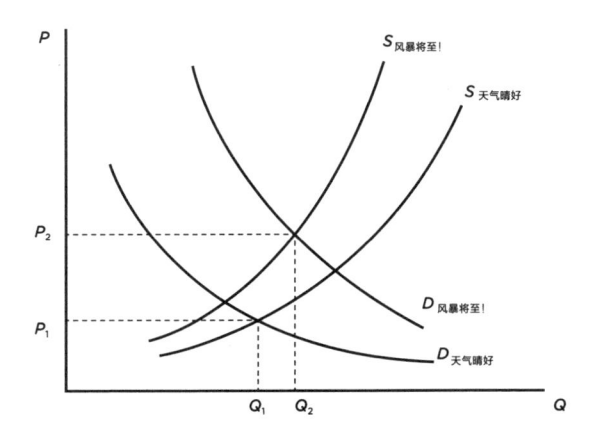

图 6-1：风暴来临前的平静？
一开始，胶合板的价格是 P_1。风暴将至，人们计划用胶合板加固窗户，胶合板的需求因此向右移动。分销商打算把部分胶合板留到风暴之后出售，供给曲线因此向左移动。总体结果：在风暴来临前，胶合板的价格已经从 P_1 飙升到 P_2。

价格升高使双方能够继续**协调**计划。飓风发生以后，胶合板的价格至少上涨了 50%。其他建筑材料，比如废钢、钉子、钢筋、石膏板、造屋顶瓦用的沥青，甚至 PVC 管材的价格都翻了倍。这还只是全国的平均价格。灾区的涨价幅度甚至**更大**。随着时间的流逝，越来越多的资源从美国其他地区流入墨西哥湾沿岸。想象你是惠好公司的分销商或是从巴西进口建材的进口商。你是打算把自己手中的商品运往普罗维登斯[a]、皮奥里亚[b]或其他无名小镇，还是降低这些地区的供货量、增加墨西哥湾沿岸的供货量？你这么做的动机是什么？好吧，除了在国家危难时尽一份力以外，恐怕你把产品销往灾区的最大动机是想卖出更高的价格。

相对价格的变化传达关于所有商品和服务的相对稀缺程度的信号。多亏了这种信号，市场才能鼓励人们采取适当的行动，让他们看起来**仿佛**在为国家出力。采取适当行动的人不仅包括供应商，还包括全国各地的消费者。胶合板和石膏板的价格上涨鼓励兰辛[c]的居民推迟房屋装修计划。所以胶合板没有流向兰辛，而是流向了新奥尔良——在那里胶合板有价值

墨西哥湾沿岸

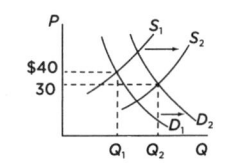

风灾发生后，对建材的需求继续上涨，但同时胶合板的供给也上升。

美国中西部的北部地区

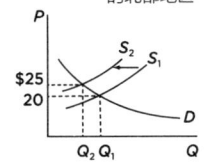

灾区的胶合板供给上升是因为胶合板从价格较低的其他区域流入墨西哥湾沿岸。

---

a 普罗维登斯：罗德岛州首府。——译者注
b 皮奥里亚：伊利诺伊州的一个小镇。——译者注
c 兰辛：密歇根州首府。——译者注

更高（也就是说价格更高）的用途。可用于 PVC 管材生产的塑料树脂涨价了，不管你信不信，这种变化会鼓励位于西雅图的意大利面分销商减少塑料袋装意大利面的发货量。人们用省下的塑料树脂生产更多 PVC 管材运往墨西哥湾沿岸。如此等等。

将涨价现象斥为"趁火打劫"的批评家不仅没有准确理解这个词的意思，也没有理解市场机制传达的信息和提供的激励机制。与平常时期一样，灾难时期的定价系统仍在高效运作。总有人坚持不懈地要求惩罚哄抬物价者。如果政府真的长期、严格地以罚款、税收和批捕入狱等手段惩罚他们，人们将失去在国家危难时协调计划的能力。协调的重担会落在政府机构（比如联邦紧急事务管理署）肩上，他们过去的表现可称不上优秀。

6.3 解决价格问题的冲动

那么价格管控措施呢？让我们来考虑一种许多人都离不开的商品：汽油。我们修订本章内容时美国普通汽油的平均价格超过 4 美元每加仑。（在美国的许多地区，油价甚至远高于这个水平。）让我们把全国的平均油价看作全美汽油市场的出清价格。

笔者和你一样对如此高的油价抱怨不已。也许现在我们该一起做点什么以解决这个问题。让我们忘记"市场力量"和"市场过程"吧。我们一起立法实施价格管控怎么样？我们可以改变游戏规则——干预自由市场，让联邦法律规定价格上限，禁止人们以超过上限的价格买卖汽油！

那么一加仑汽油卖什么价才算公平？2.5 美元？1.5 美元？99 美分？所谓公平是**对谁公平**？我们不考虑供应商，因为我们人数占优，在投票中压过了他们。汽油卖什么价才算对我们消费者公平？假设我们一致同意（通过何种方式达成这种共识？以什么论点证明这个结论？）每加仑汽油卖 2 美元是一个"公平合理的价格"。经过漫长而充满争论的政治过程，我们建立了新的规则：汽油销售商不得以超过 2 美元每加仑的价格出售汽油。经济学家将法律允许的最高价称为**价格上限**——法律不允许商品的售价超过这个水平。让我们先对汽油实施这种限价，也许之后我们还可以设定啤酒、食品、衣服、药品、吉他和长号的价格上限。

价格上限：法律允许的最高售价，初衷是保护消费者。

但我们不要高兴得太早。想象只花每加仑 2 美元就能买到汽油确实令人高兴，但假设我们把想象与现实看作两种商品，那么这两种商品并非总是完美的互补品。在很多情况下，它们甚至连近似替代品都算不上。此时我们应该明智地拿出经济学的思维方式，考虑市场过程及其意外之果。从图 6-2 开始是个不错的选择。

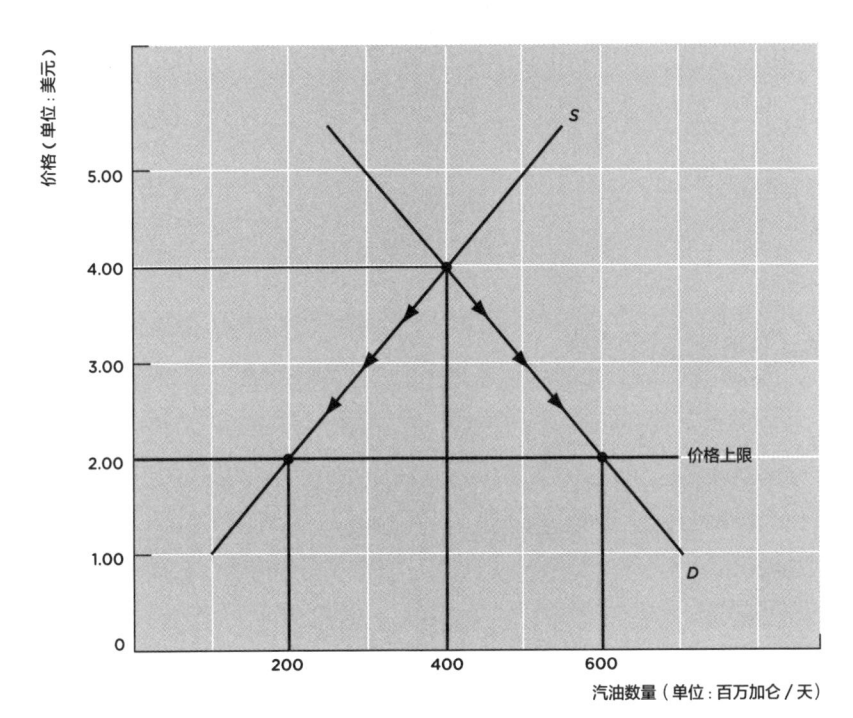

图 6-2：汽油的价格管控
当价格为 4 美元每加仑时，汽油市场出清。法律规定的价格上限是 2 美元每加仑。需求量上升至 6 亿加仑／天，而供应量下降至 2 亿加仑／天。价格管控产生了意外之果：市场上每天短缺 4 亿加仑汽油。

汽油的价格上限是 2 美元每加仑，因此卖方最多只能开这个价，买方也最多只能出这个价。新的规则实施了。任何超过价格上限的价格都违反法律。这会导致什么结果？消费者会计划购买更多汽油，他们想象延长在郊野兜风的快乐时光，想象自己再也不用拼车上班或搭巴士上学，他们甚至打算新买一辆油耗极高的八缸运动型多功能汽车，等等。当汽油价格降至 2 美元每加仑时，人们计划购买更多汽油，在图上这种情况表现为沿需求曲线向下移动。需求量（不是需求！）上升至每天6亿加仑。但是否所有消费者（退一步说，大多数消费者）都能实现计划？市场还能继续保持协调吗？价格上升时，供应量上升；价格下降时，供应量下降——不管价格是由自由市场过程决定还是由法律规定，这条法则都成立。暴增的消费量会耗尽卖方的存货，而每日汽油产量会从4亿加仑下降到2亿加仑。因为新的价格管控措施，卖方的收入和利润都会下降，这会令他们相当痛苦（但别忘了目前的假设是我们根本不关心他们的情况）。面对这种情况，他们开始优化，具体方式是降低汽油产量——如果卖方不这么做，他们中的大部分人都会破产。我们可以暂时强迫卖方亏损，但我们不可能强迫他们永远留在亏损的行业内。于是，消费者（在这个例子中我们一心只为消费者着想）会发现他们不可能都实现自己的购买计划。汽油市场出现短缺，短缺量约为每天2亿加仑（短缺量等于供给量和需求量之间的差额）。

6.4 价格锁定时的竞争

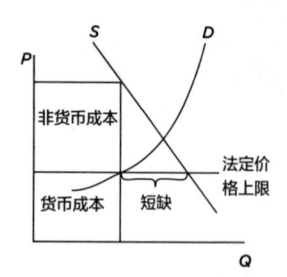

在自由市场中，如果商品短缺，价格就会上升，市场出清是价格上升的意外之果。而价格上限则会导致另一种意外之果：汽油长期短缺。相对市场价格传递重要的信息，反映商品的相对稀缺程度。如果买方和卖方都不能提价，他们如何解决商品短缺问题？汽油稀缺，因此必须按某种标准分配汽油，所以我们一定会看到购买汽油的非货币成本上升。如果法律禁止抬高汽油的货币价格，人们必然会采用其他分配标准，这套标准可能是自然演化出来的，也可能是人为设计出来的。既然出现了区别对待买家的新标准，汽油的潜在消费者就会试图发现这种标准，他们还会互相竞争，试图满足这些标准。消费者之间的竞争会抬高总体成本（汽油的货币价格加上获取汽油的非货币成本）。汽油的总体成本将不断上升，直到需求量不再高于供应量。

加油站排起的长队也许是非货币成本的最佳例子。在限价措施下，人们发现自己并不能想买多少汽油就买多少汽油，于是他们会在汽油售空前尽早赶到加油站。但其他消费者也抱着同样的想法，因此加油站的队伍越排越长，每天开始排队的时间越来越早。毫无疑问，排队花费的时间也是一种成本。

有些司机不愿意排队加油，他们决定四处找油，甚至雇人排队买油。在20

世纪 70 年代的加利福尼亚州就出现过这种情况。四处找油要花费时间和消耗汽油，这些都是额外的成本。还有一些人开始走后门、做交易：为了买到加油站库存的汽油，他们付加油工小费，向加油站支付特别停车费，同意购买加油站的汽车维护服务，或者给加油站的老板送球票。人们通过这些方式竞争汽油，这些做法都会提高获得汽油的成本。获取汽油的成本会不断上升，直到需求量降至供应量的水平。

在现行价格下，所有消费者的消费欲望不可能都被完全满足。消费者之间的竞争会推高购买汽油的成本。在正常情况下，此时商品的货币价格应该上升。如果购买商品的其他成本开始上涨，那么几乎可以肯定某种社会压力（比如法定价格管控）正在阻止价格上涨。当这种情况发生时，抢购的队伍变长，搜寻的难度提高，走后门的情况也出现了。人们用这些方式分配商品，因为在**现行货币价格下该商品的需求量大于供应量——这种商品短缺了**。

> 法律压低了价格，但并不降低消费者承担的成本。

这就与我们前面讲到的自然灾害发生时的协调过程有关。2012 年 10 月，桑迪飓风在美国东北部海岸造成了史无前例的破坏。飓风发生后，出现了汽油严重短缺的情况。在新泽西州，有人为给汽车加油排了两小时队，等待加油的队伍足有一英里长。你能猜到为什么会这样吗？因为新泽西州有禁止哄抬物价的法律。随着需求的增长和价格的上涨，价格上限生效，需求量和供给量无法达到平衡。

经济学家认为短缺现象的核心是货币价格。当需求方互相竞争时，货币价格应发挥分配稀缺商品的功能；只有当货币价格无法发挥该功能时，才会出现商品短缺现象。在现实生活中，每当获取某种稀缺商品或服务的非货币成本上升，我们都会观察到短缺现象。

> 稀缺是不可避免的，但只要允许价格浮动就能避免短缺现象。

6.5 恰当的信号与不恰当的信号

如果商品出现明显短缺，但法律不允许涨价，供应方会怎么做？他们通常会寻找其他方式从当前局面中获利。汽油零售商可能决定缩短工作日的营业时间并且周末完全不营业，以此降低销售汽油对他们的成本。如果营业 20 小时就能卖完一周的配给量，他们干吗要每周营业 120 个小时呢？商品短缺时卖方的反应通常

> 弗雷德便民服务
> 我
> 为给您提供方便而营业，
> 每日营业 ~~24~~ 3 小时

会进一步提高买方购买汽油的成本：买方发现买汽油的队伍越排越长；他们不得不缩短甚至取消周末旅行；因为买不到汽油而无法出行的情况越来越频繁；他们四处搜寻、忧心忡忡、冒生命危险存储汽油并用虹吸管取油——这些都会带来额外的成本。

我们的社会和经济系统高度复杂、互相依存，不断变化的货币价格保证其中的协作能有效地发生。我们对这种信号极度依赖。当商品的相对稀缺程度改变时，如果不允许物价发送相关信号，供给方和需求方就会收到不恰当的信号。人们找不到互相协作的有效途径，因为没有激励机制鼓励他们去找。为人们提供这种激励机制非常重要，因为人们可以通过许多或大或小的方式互相协作，这些方式共同决定社会是一片混乱还是协调有序，但任何中央计划者都不可能完全预见所有方式。商品的货币价格能不断应供需条件的变化而变化，为人们提供这种激励机制。

6.6 想在城里找间公寓？去看讣告栏吧

现在我们来讨论一个十分奇特的现象。在纽约市里找间公寓相当困难。这种困难本身并不奇特，奇特的是人为战胜这种困难采取的各种创造性的手段。比如说，为了找到闲置待租的公寓，人们常常阅读《纽约时报》（*New York Times*）和《纽约邮报》（*New York Post*）的每日讣告栏。他们并非指望亡灵显灵向他们提供找房线索。他们只是希望尽早发现刚空出来的公寓以便抢在竞争对手前面去求租。几十年来，纽约市的出租公寓长期短缺，这并不是因为自由市场过程失灵了，而是因为市政委员会在几十年前推出了房租管控政策——为了给中产阶级提供看似低成本的住房，几十年来市政委员会一直努力推行这项利民的正义事业。因为房租管控的存在，寻找一间出租公寓的非货币成本很高，阅读讣告栏就是成本之一。

假设你居住的社区本来房租是 700 美元每月。在过去一两年中，社区人口增长，对出租房的需求也随之增长。于是，同一间房子的房租上涨至 1000 美元每月。人们开始对价格上涨现象表达不满，他们说："房东做了什么？他们凭什么提高租金？"

图 6-3 描绘了目前的情况。市场出清价格（即房租）目前是 1000 美元每月。

注意供给曲线是竖直的，这说明该社区的出租房总量固定不变（为 750 间）。不管每月租金是 600 美元、800 美元还是 1000 美元，短期内供应量都只能维持在 750 间。当然，假以时日供应量可以上升或下降，但是目前的市场供给是相对固定的，就像在某一时间点拍摄一张快照一样。短期供给完全无弹性。

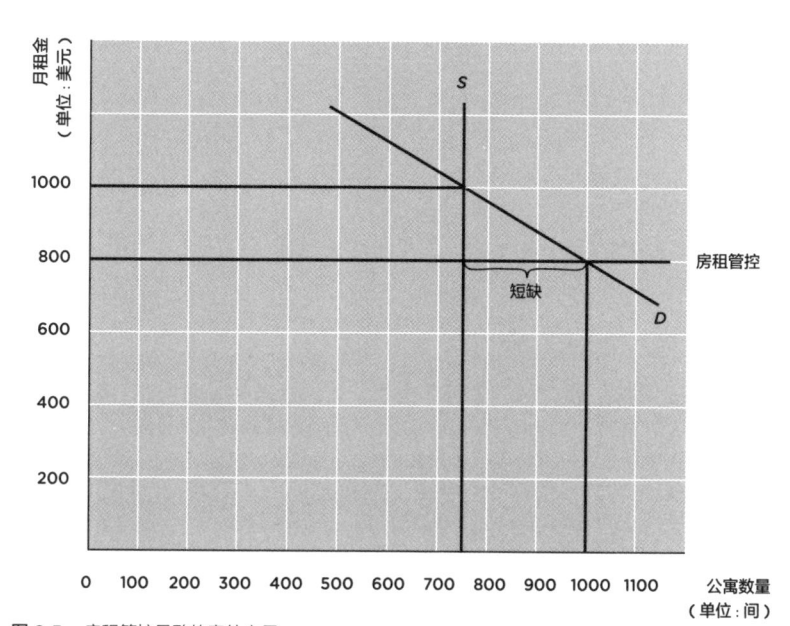

图 6-3：房租管控导致的意外之果

假设人们不再满足于仅仅抱怨自己或他人支付的房租太高，社区中有影响力的人决定站出来做些实事，并且他们的人数足够多。他们先向房东抗议，但房东并不理睬他们。现在他们决定诉诸市政委员会。他们坚持主张人毕竟得有个容身之处。市政委员会开始认同他们的观点，并无视现有房东提出的所有反驳观点（毕竟，租户的数量远超房东的数量）。既然两年前房东每月收 700 美元房租就满意了，那么现在他们就该满足于 800 美元每月的租金（市政委员会允许房东适当提高租金以补偿通胀和税率提高带来的损失，这已经很不错了）。

现在，房东开始抗议，但没人理睬他们。（"你们究竟做了什么事配得上 800 美元每月的房租？"）城市出台房租管控法，月租上限是每月 800 美元。房东和租客可以自行协商租金水平，但是月租金只能低于或等于 800 美元，不能高于这个数。

房租管控的目的或目标究竟是什么？是向租户提供他们负担得起的住房。但是让我们来看看此举会造成什么结果。和过去一样，出租公寓的供应量仍然是 750 间，但是需求量却涨到了 1000 间。为什么需求量会上涨？这还用问？当然是因为价格降低了！现在出现了出租房短缺现象，短缺量是 250 间（你能看出 250 这个数字是怎么得到的吗？）。短缺是房租管控造成的意外之果。现在房东会收到许多租房申请，房客互相竞争，试图取得自己想要的东西——一份公寓出租合同。如果没有房租管控条例，申请人会以价格为基础展开竞争，月租金会被推高到 1000 美元的市场出清水平。但是如今这个价格违反法律。

出租公寓和从前一样稀缺。如果法律或风俗强行压低货币租金，使租金无法达到令需求量等于供给量的水平，就一定会出现价格以外的其他分配标准。房东将区别对待不同的租客，区分标准可以是年龄、性取向、人种、个人习惯、家庭规模、推荐信、是否养宠物、入住社区的时间长短、是否愿意服从房东的某些吹毛求疵的规定等。

让我们来考虑一位有种族歧视思想的房东。如果没有房租管控条例，出租房就不会短缺。如果他拒绝一位美国原住民、中东人、乌克兰人或者亚洲人提出的租房申请，就相当于拒绝了每月 1000 美元的房租收入。他的公寓会因租不出去而空置。可现在有了 800 美元的租金上限，急于租房的人排起长队，因此这位房东可以拒绝任何人的申请，仍然会有许多其他人非常愿意每月付 800 美元租下这间公寓。房东根据自己的偏好歧视他人的成本大幅降低了。我们预测在实施房租管控后，抱有偏见的房东会采取更多歧视行为，事实上我们观察到结果也确实如此。

在租金管控实施期间，能租到限价公寓的幸运房客会尽可能长时间地保住尽可能多的租用面积，如果他们确实需要搬走，他们也会试图把房子转租给朋友或其他租客。与此同时，房东缺乏维护公寓居住质量的动力，他们不愿意修理漏水的水管、漏风的窗户或者坏掉的空调，因为这些行为都会给房东带来额外的成本。而维修公寓能带来什么额外收益？如果没有房租管控措施，房东本应有维护公寓的动力并愿意承担相关成本，因为如果不这么做房客就会以退租相威胁（公寓会因此空置，房东会损失本来可以收到的租金）。但既然有房租管控措施，房东便可以自信地对房客说："不喜欢这间公寓就滚蛋，想租这间公寓的人多到快把我家房门挤爆了!"

鉴于以上情况,人们会要求成立成本高昂的行政复核委员会,并要求以新的法律禁止房东采取某些行为。长此以往,也许房东这个职业会完全消失,因为现有的公寓楼或者无人维修、情况不断恶化,或者被拆除改建为停车场,或者被改为共管公寓或办公楼,同时无人愿意修建新的出租公寓。如果真的发生这些变化,出租公寓的整体供给会下降。这会如何影响公寓短缺现象?(如果你希望用图表来帮你做预测,你可以在图 6-3 中画一条竖直的新供给曲线,比如说新的供应量是 500 间公寓)。租金管控措施本来是为了帮助租客,结果却使他们能租的公寓变得更少了,这实在有点讽刺。

6.7 烈酒和烈性毒品:犯罪的激励机制

显然,当游戏规则变化时,人们面临的激励机制也会变化。在完全禁酒的郡县,法律禁止成年人酿酒和售酒,甚至连饮酒都可能违法。你有没有想过,为什么禁酒区的人不酿啤酒和葡萄酒,而是私酿高度数的烈酒进行分销?是因为普通饮酒者觉得烈酒比啤酒更好喝吗?在咆哮的 20 年代[a],啤酒和葡萄酒的产量锐减,但朗姆酒、威士忌和私酿杜松子酒却不难买到。当时酒精中毒的死亡率比现在高得多。在芝加哥街头,烈酒的制造商和分销商经常发生野蛮的暴力冲突,而今天却不再有这种情况。你有没有想过这是为什么?

对这些问题的答案感兴趣的人不仅包括社会学家、社会心理学家、历史学家和刑事司法学者,也包括经济学家。经济学家可以从其他领域的学者那里得到一些启发,但是经济学的思维方式本身也能提供解答这些问题的独特视角。在本段的开头,我们提到激励机制和游戏规则,这两个词已经泄露了解题的关键切入点。请记住这两个词以及供给和需求的概念,下面让我们来回答这些问题。

事实上,20 世纪 20 年代的禁酒令并没有完全摧毁供给和需求过程,而只是将上述过程定为非法过程。人们通过**地下市场**过程协调自己的活动。禁酒令实施前,酒类的生产过程由许多独立、合法的酿酒商掌握;禁酒令实施后,

---

a 咆哮的 20 年代:指 20 世纪 20 年代,当时美国禁酒。——译者注

禁酒期间

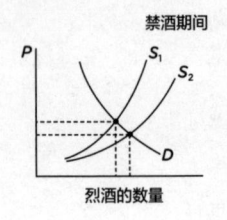

P
S₁
S₂
D

烈酒的数量

一些势力很大的犯罪分子控制了酒类的生产、分销和零售。从供给和需求的角度看，禁酒令主要影响酒精饮料的供给弹性。禁令实施前，公开的酒类市场十分繁荣，只要酒类价格出现小幅变化，生产量或供应量就会随之变化。但禁令实施后酒类的生产量和供应量对价格不再那么敏感。供给弹性下降，因为非法生产和分销酒精饮料的风险提高了。而酒类的需求曲线在禁令实施前后变化不大，人们仍然愿意去地下酒吧或其他酒精供应场所饮酒作乐。因此，酒类价格飙升，愿意承担高风险违法酿酒的人有了十分可观的获利机会。

人们追求自己的比较优势。比较优势不是一个评价性的词，而是一个分析性的词，其作用是合理解释已知的事实。酒类的生产和分销变成非法地下活动后，在犯罪领域具有比较优势的人成了行业中的佼佼者。在这个充满竞争的过程中，好人被淘汰，留下的都是坏人。成功的私酒贩子不仅必须了解如何违反法律，如何既要团结朋友，更要团结敌人，还必须明白该暴力威胁谁、贿赂谁、信任谁、提防谁。他不仅得决定派谁记账、派谁宣传、派谁销售，还得决定派谁去威胁、殴打、谋杀碍事的人。他会根据其他人的比较优势选择最合适的事业伙伴。

不仅如此，私酒贩子显然还必须知道自己该生产什么产品。生产啤酒还是威士忌？生产葡萄酒还是杜松子酒？酒类生产会向烈性酒严重倾斜。如果运一车啤酒和运一车威士忌被抓的概率相当，那么试图优化的犯罪分子自然更愿意运威士忌，因为威士忌的黑市价格比啤酒高得多。因此，在禁酒令实施期间，危险的高度烈酒哪儿都买得到，低度数的酒精饮料却很少见，结果酒精中毒的死亡率在这段时间中高得离谱。以经济学的思维方式看，这并没有任何值得奇怪的地方。

我们可以把当年的禁酒运动和今天的禁毒运动放在一起比较。两者并无本质区别。等等——把这句话划掉。如今的情况更加糟糕。没人会把古柯叶[a]一卡车一卡车地运进美国，运可卡因粉末会高效得多。针对目前的禁毒运动（这场运动每年耗资 200 亿美元），毒贩生产出了纯度更高、更危险的霹雳可

---

[a] 古柯叶：可卡因最早是从古柯叶里提取出来的。——译者注

卡因[a]。至于黑市上究竟流行什么样的毒品，我们只能靠想象了。目前的禁毒法律不能完全废止毒品的供给和需求。和所有禁止危险化学品的法律一样，这些法律产生了意外之果：更强效、利润更高的产品代替了从前那些较温和、利润较低的产品。如今毒品业已经是一个价值4000亿美元的产业了！当然，这意味着我们需要采取更多行动、投入更多资金与毒品做斗争。禁酒之战在许多年前已经结束，而禁毒之战却仍在不断升级——只是很少有人（甚至没有任何人）敢说这场战争总体来说取得了胜利。这并不是市场的失灵。相反，即使在非法领域中，市场仍表现出惊人的顽强。这只能说是政府的失灵，因为政府没能有效执行自己制定的游戏规则。

6.8 脱脂奶、全脂奶和牛奶黑帮

希望以下情况永远不会发生，但如果法律禁止生产、分销和消费牛奶，会导致什么结果？我们的预测是：上述行为也会转入地下。对牛奶的需求不会发生太大变化，但牛奶的供给会变得相当缺乏弹性。奶价会因此大幅上升。奶商会停止生产脱脂奶和2%乳脂的低脂奶，改产奶粉——因为对冒险用卡车和飞机运奶的犯罪分子而言，运输纯度更高（因此价格也更高）的奶粉更有利可图。尽管浓度更高的牛奶仍能帮助我们强健骨骼和牙齿，但人们可能会开始怀疑牛奶的质量。可以肯定的是，在犯罪方面具有比较优势的人会通过威胁恐吓或血腥暴力行为挤走友好善良的人，就算后者在禁令实施前已经在牛奶产业中兢兢业业地工作了许多年。

6.9 价格下限与商品过剩

之前我们举了对汽油和房租进行价格管控的例子。这些例子研究价格上限，即法律规定的某种商品或服务的**最高**售价。我们发现，**有效的**价格上限（即低于市场出清价格的价格上限，这类价格上限确实能够改变商品的市场价格）会导致商品短缺的意外之果。现在我们来看一两个**价格下限**的例子。价

讽刺的是只有有效的价格上限才会造成短缺！

---

[a] 霹雳可卡因：一种高纯度可卡因，因加热时会发出爆裂声而得名。——译者注

格下限指法律规定的某种商品或服务的最低售价。原则上任何人都不得以低于价格下限的价格买卖该商品。设置价格上限通常是为消费者谋福利，而设置价格下限通常是为供应者谋福利。价格上限和价格下限都试图在市场中把一部分人的财富转移给另一部分人。

> 价格下限：法律规定的某种商品或服务的最低售价，初衷是帮助生产者。

比如，让我们考虑小麦行业的例子。假设市场出清价格是 4 美元每蒲式耳。农民对这个价格怨声载道。种植小麦的农民更希望市场价格是 6 美元每蒲式耳，但他们只能听凭市场力量的摆布。假设农业部认为农民的抱怨很有道理，他们也许会决定把小麦的价格下限设为 6 美元每蒲式耳。他们希望此举不仅能提高小麦的价格，还能提高农民的收入和财富。

> 我们再次看到价格变化会导致计划的变化。

小麦价格上涨，消费者会做何反应？他们会计划少买小麦，因此小麦涨价使需求量下降。不管是自由市场协商导致的涨价还是联邦农业政策导致的涨价都会减少需求量，这不过是需求法则再次生效。那么在消费者减少购买量的同时，农民会如何应对涨价？假设你已经理解供给曲线的概念，你就能正确地预测出小麦的生产量将因此增加。所以，此时的问题在于计划消费量下降而计划生产量上升。换句话说，小麦产量过剩，市场不再协调。

> 农产品价格支持无意中造成了过剩现象，但只有有效的价格下限才会造成过剩。

如果农民能把小麦卖给消费者，那么每卖一蒲式耳能收入 6 美元。但是卖不出去的小麦（过剩产品）该怎么办？由于消费者已经购买了他们计划购买的所有小麦，所以此时政府必须出手干预——以 6 美元每蒲式耳的价格收购过剩的小麦。（至于政府官员打算如何处理他们收购的小麦，这个问题和价格支持项目是否有效关系不大。政府可以选择把这些小麦运往其他国家，也可以把这些小麦扔进海里，只要不以低于价格下限的价格卖给国内消费者就行。）

对农产品进行价格支持确实对生产者有利，但是生产者的收益来自其他人的损失。消费者必须支付更高的价格才能买到小麦。纳税人也得"勒紧裤腰带"，因为他们的税负更重了，不仅政府收购过剩农产品的花销得由他们承担，他们还得支付监控、储存、分销过剩农产品的成本。

6.10 供给、需求和最低工资

生产性资源的需求曲线和其他需求曲线一样：它向下、向右倾斜。在其他条件不变的前提下，价格越低需求量越大，价格越高需求量越小。比如，对低技术劳动力的需求是一条向下倾斜的曲线。其他条件不变时,如果低技术工人的小时工资下降,那么不管是营利性企业还是非营利组织都愿意雇用更多低技术工人。

低技术劳动力的供给曲线向上倾斜。在其他条件不变的前提下,小时工资上涨通常会提高劳动力的供应量。供给和需求曲线的交点决定了低技术劳动力的市场出清工资。在图中这个点记为点 X。此时劳动力的供应量等于需求量,也就是说所有希望获得市场出清工资的求职者都能找到工作,所有希望以市场出清工资雇用员工的雇主都能招到劳动力。

但是,假设市场出清工资为每小时 6.5 美元,那如果联邦法律规定最低工资标准(比如每小时 8 美元),这难道不是对劳动者更有好处吗?最低工资是另一种形式的价格下限。任何人以低于最低工资标准的工资雇用或受雇于他人都属于违法行为。只有高于市场出清工资的最低工资标准才能发挥作用。但是一旦最低工资标准发挥作用,就会产生意外之果。由于两方面的原因,此时会出现**劳动力过剩现象**。第一个原因是工资水平提高会让需求量下降。换句话说,有些劳动者会被解雇。第二个原因是工资水平提高会让供应量上升,因为薪酬更吸引人了,所以找工作的人增加了。注意我们说的是"**找**"工作的人。他们"**找到**"工作的概率比以前低了,因为市场上的劳动力过剩了。(其他因素也会导致失业现象,我们留到第 13 章再做讨论。)

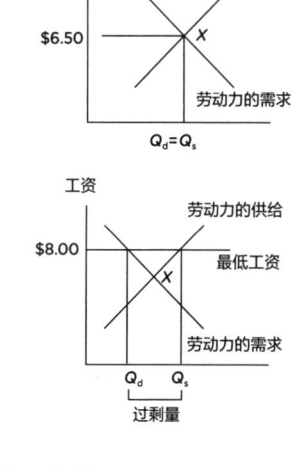

最低工资标准已经存在了几十年,法律一再上调最低工资标准,但是穷人是否真能从中获益?如果法定最低工资标准不高于雇主现在支付的工资水平,法令就没有任何用处。只有当某些受该法律约束的雇主目前支付的工资水平低于法定最低标准时,最低工资才能发挥作用。但是如果强迫雇主提高工资水平,雇主难道不会裁员?就算不裁员,雇主难道不可以在员工辞职后不雇新员工?

面对这个问题,许多人会说:"雇主也不一定非要裁员呀。"这个答案并不好。这些人相信雇主可以从利润中拨出部分资金用于支付员工的工资,因此只要利润能负担涨薪带来的成本,雇主就没必要裁员。这种想法似乎认为劳动力的需求量是一个常数,这个常数也许由技术水平决定,因此雇主只有两个选择：要么提高薪酬标准，要么关门大吉。但是，劳动力的需求并非完全没有弹性，有时甚至弹性颇高，因为不管是什么种类的劳动力，雇主几乎总能在一定范围内找到替代品。

在考虑最低工资问题时，大部分投赞成票的人似乎认为愿意参加工作的低技术工人数目恒定不变，雇主愿意雇用的低技术工人数目也恒定不变。他们认为工资低于某一水平（每小时4美元？）时将没有任何人愿意工作，工资高于某一水平（每小时12美元？）时许多依赖低技术工人的雇主只能关门大吉；而在这两个极值之间，低技术劳动力的需求曲线完全没有弹性。假设情况确实如此，那么低技术工人的工资将完全由议价能力较高的一方决定，于是人们不禁要问：为什么要将这种决定权完全交给雇主？为什么不让法律介入，设定最低工资标准，强迫雇主至少支付能让工人维持生存的工资？

从传统上来看，大部分经济学家都反对设定较高的法定最低工资标准（有人会说经济学界的这一立场简直臭名昭著），这是因为他们相信供给曲线向上、向右倾斜，而需求曲线向下倾斜。愿意提供劳动力的低技术工人数量并非常数，而是随着工资的增加而**增加**的。因此，如果现行工资提高，将有更多人竞争现有的工作岗位；而需要这种工人的雇主将通过各种方式优化，决定自己究竟"需要"多少劳动力。

> （劳动力）供应者仍需与其他（劳动力）供应者竞争！

考虑快餐连锁店的雇主。因为法定最低工资标准上调，他们付给在店打工的青少年的小时工资必须增加25%。有人认为经营一家快餐店必须雇用固定数量的员工，可是这种想法显然不成立。雇主可以在许多方面做调整，以降低雇员的人数。比如说营业时间是可以改变的。如果工资较低，那么在客流量较少的时段营业也有利润可图；但工资高的时候就不值得这么做。另一个可以调整的方面是服务质量。多雇人就能提高用餐高峰期的服务速度，但这也意味着客人少的时候会出现人员冗余现象。如果工资上涨，雇主就解雇冗余人员以节约成本，于是顾客在用餐高峰期就得多等一阵。当然，这种调整会提高顾客支付的实际价格，因此快餐店会损失一些顾客，但没有哪家理性企业愿意不惜成本地服务顾客。不管雇主雇用什么类型的劳动力，他们总能通过各种局外人想象不到的方式节约劳动力数量。有时连雇主也无法事先想到这些巧妙的方式，可一旦劳动力成本上涨，便有很强的动力驱使他们花更长时间、更多精力寻找这些方式。

> 再次强调：价格变化会导致计划的变化。

6.11 国际奴隶交易死灰复燃

不管你是赚最低工资，还是从事更高薪的工作，你都可以把自己视作"工资的奴隶"。不过这只是一种比喻的说法。真正的蓄奴现象十分可怕，让我们来简要研究一下这个现象。

考虑苏丹的例子。不管你信不信，从20世纪80年代开始，苏丹政府建立了一个稳固的奴隶交易系统。数千人被抓、被打上烙印，然后被送到奴隶市场上出售，其中大部分是来自苏丹相对贫困的信仰基督教地区的妇女和儿童。一开始，这些奴隶被放在本地市场上出售，售价大约是每位15美元——以西方的标准看，这个价格简直低得离谱。但是，鉴于苏丹的人均收入每年仅有约500美元，以该国的标准看这个价格并不算低。绝对价格不重要，重要的是相对价格。

到了20世纪90年代，奴隶交易的风声传到了国外，本地或区域市场变成了国际市场。一些西方人道主义组织（比如基督教国际团结联盟）决定筹集资金购买奴隶以还他们自由。（也许你认为奴隶贩子会反对这种做法，但事实上大部分奴隶贩子遵守买卖合同，他们愿意把奴隶卖给这些组织，也允许这些组织随意处置自己购买的奴隶。）换句话说，在苏丹的奴隶市场上出现了花钱为奴隶赎身的行为。若干美国院校加入了这场出发点很好的运动，他们筹集资金，并把这些资金送往苏丹的奴隶市场。学区和学生组织炫耀自己已经解放了一百位奴隶，并表示如果能继续筹集资金，他们下次计划解救更多奴隶。

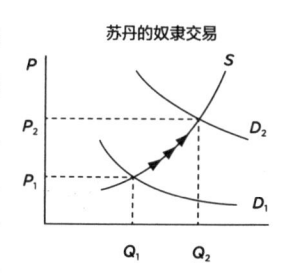

买卖奴隶是一种野蛮可怕的行径，西方组织与这种现象做斗争的方式听上去相当奇怪甚至令人反感。也许你会觉得看起来那倒像是经济学家会提的方案。请不要这么快下结论。虽然以这种方式解救奴隶的出发点非常好，但这种行为毫无疑问地导致了经济学家最为警惕的意外之果：西方组织筹集数万美元资金购买并解放了数千名奴隶，但这批人同时毫不知情地**增加了奴隶的需求**，从而推高了奴隶的价格。苏丹的奴隶价格从每位15美元涨到了每位50美元，巅峰时期甚至达到了每位100美元左右。学校通过糕点义卖筹到的1000美元原本可以购买20位奴隶，但几年以后这笔钱只能买10位奴隶了。

因为好心的外国人对奴隶的"需求"提高，所以出现了一个国际奴隶交易

苏丹的奴隶交易

为苏丹奴隶赎身：在这个例子中我们再次看到买家推高价格，而卖家提高供应量！

市场。需求提高导致供应量上升。于是奴隶价格上涨，更多无辜的人被抓到奴隶市场上售卖。到了20世纪90年代末，奴隶价格大幅波动，从每位100美元下跌至每位50美元甚至更低，但这并不是因为人们不再有兴趣购买奴隶（或者说对奴隶的需求下降）。事实上，价格下降是因为随着调整时段拉长，奴隶的总体供给曲线上升了。因为逐利的供应者与其他逐利的供应者相互竞争，所以市场上的奴隶更多了，而每位奴隶的价格更低了。

1999年7月，《大西洋月刊》（*Atlantic Monthly*）上的一篇文章揭露了这一问题：人道主义组织努力购买并解救奴隶，结果反而无意中推高了奴隶的价格，使更多人沦为奴隶。如果把问题交给我们经济学家分析，这样的意外之果完全可以事先就预见到。

6.12 昂贵的体育，廉价的诗歌，谁之过

职业棒球队的老板宣布下赛季球票要涨价，他们说这是因为成本上升，尤其是付给运动员的薪水上升。他们说的是实话吗？不全是。首先为什么球员的工资那么高？是观众的需求（许多人就算花高价也要去看球赛）使棒球手成为价值极高的资源。狂热的棒球迷越渴望去现场亲眼看自己的英雄比赛，他们购买的球赛票就越贵。

难怪纽约洋基队出手惊人地签下明星球员阿莱克斯·罗德里格斯（仅2012年一年他就赚了2900万美元！）以后马上宣布球票涨价。球队老板可以说球票涨价都怪阿罗德，但阿罗德本人吸引了许多球迷涌入球场观赛。球迷非常愿意花钱去看阿罗德比赛（表现为对球票的需求一直很高，甚至还在不断上涨），正是这种力量让球队老板能够并且有动力去提高球员的薪水，以留住像罗德里格斯这样的明星球员。经济学家更愿意指出推高成本的真正元凶。

大部分诗人并不富裕，他们不过勉强维持生计。诗歌朗诵会的票价很低，这究竟是因为创作诗歌的经济成本低，还是因为对诗歌朗诵会的需求低？答案是后者。相反，玛雅·安杰罗（Maya Angelou）是一位很富裕的诗人。不管是在大学校园里还是在其他地方，她一出场下面就座无虚席，她露面一次的出场费高达数千美元。她的出场费高，但这些活动的票价也高。假如你认为票价高是因为她的出场费高，那么以经济学的思维方式看你搞错了方向。票价高是

因为人们对玛雅·安杰罗的出场需求高。举例来说，玛雅·安杰罗的诗歌朗诵会永远比彼得·勃特克的诗歌朗诵会**稀缺得多**（我们必须强调诗歌朗诵并不是勃特克的比较优势！），所以玛雅·安杰罗才能收那么高的出场费。

6.13 成本是否决定价格

当卖家向公众宣布涨价时，他们通常都说是成本上升迫使他们涨价。抛出这种说辞的绝不止纽约洋基队一家。商业期刊经常刊登这种声明，在绝大部分情况下，企业会在声明中表示成本的提高令他们不得不涨价，他们对此深表遗憾。在整个人类历史上，可能从来没有卖家宣布他们涨价是因为消费者对商品的需求提高了。商家不愿意说消费者是罪魁祸首——这有违经商之道！

不懂经济学的人似乎相信所有涨价都是生产成本上升造成的，因此在日常生活中我们常常听到或看到"高成本导致高物价"的提法。可是，成本从来不只取决于供给，成本同时还取决于需求。上述"常识性"智慧并不正确。经济学家一直反对这种智慧，因为它有违经济学之道！

> 对不起，因为猪肉涨价，我们不得不提高三明治的价格。

6.14 "退学者"乐队发行了首张专辑

"退学者"是一支虚构的朋克乐队。他们花 20000 美元租录音棚灌录出首张专辑，然后又花 2000 美元把这张唱片复制和包装了 1000 份。现在他们手头有 1000 张新 CD（与朋克乐队一样，CD 这种玩意儿其实已经是老古董了），他们开始讨论每张 CD 该卖多少钱。

第一个发言的是史派克。他自信地说："22000 美元除以 1000 张等于 20 美元。因此每张 CD 应该卖 20 美元——毕竟我们录唱片并不是为了赚钱。"

尼德尔修正了他的说法："22000 美元除以 1000 张等于 21 美元，哦不对，我是说等于 22 美元。"

沙夫特问："那我们的乐器和设备怎么算？我们也得把这部分成本算进去。"

"但是那些属于，那个，沉没成本，伙计。乐器是我们 5 年前买的。"尼德尔反驳道。其他人都不知道他怎么冒出这么句话来。

经过长时间的争论，大家都同意尼德尔的建议。CD 的价格定为每张 22 美元。"退学者"乐队开始路演，不演出的时候他们就试图以每张 22 美元的价格销售自己的 CD。但是市场上的普通 CD 只卖 15 美元，谁会愿意多花 7 美元买这个乐队的 CD？只有他们几个人的父母，其中一个人的兄弟、三位表亲，还有几个演出现场的醉汉愿意买。结果"退学者"乐队手中还有 988 张 CD 没卖出去。

事实上，这个乐队真是名副其实——如果乐队成员继续这样想问题，他们不仅会退学，还得退出这门生意。他们以为生产成本决定他们可以向消费者开多高的价。他们一点也没有考虑需求，也就是人们愿意付多少钱！而且他们进行成本分析时考虑的还是错误的成本。尼德尔说得对，购买乐器的成本是沉没成本（假如他们现在卖掉乐器能收回一些钱，那部分就不是沉没成本）。

> 又一个关于沉没成本的教训！

但是，从他们收到 CD 成品的那一刻开始，租用录音棚的钱、复制和包装 CD 的钱也已经是沉没成本。现在与其开价 22 美元让 CD 积压卖不出去，还不如开价 8 美元、6 美元，甚至 2 美元。就像我们在第 4 章中举的那个例子一样，把整件事情当作人生教训记下来吧。其他乐队都知道该怎么办：其他乐队开什么价，他们也开什么价——每张 CD 卖 15 美元，并努力让自己的生产成本不高于这个价。

6.15 "山里有金子！"那又怎么样

> 如果售价不是由生产成本决定的，那究竟是由什么决定的？是由供给和需求决定的！

本书的作者之一住在离罗普斯金矿不到 20 英里的地方。一个世纪以前，人们曾开采过罗普斯金矿；20 世纪 80 年代，这座金矿又被短暂开采过一阵。今天，这座金矿已经关闭，而这并不是因为金矿里没金子了。那一带的每个人都知道金矿里有金子。那为什么金矿的所有者要自愿关闭金矿？因为黄金的市场价格要求他们这样做，而市场价格由供给和需求过程共同决定。让我们假设，如果有人决定重开金矿，开采黄金的成本是每盎司 2500 美元。然而，由于目前黄金的市场价格大约是 1800 美元每盎司，金矿所有者不可能坚持要消费者付 2500 美元每盎司。也许他们可以声称开采黄金既危险又辛苦，所以他们应该获得每盎司 2500 美元的报酬，但是他们开采出来的黄金和其他人开采的并没有什么区别。如果未来黄金需求继续显著上升，将金价推到更高的位置，那么也许某一天所有者会重开罗普斯金矿。但是根据目前对未来黄金市场价格的预期，追求利润最大化者不会开采这处金矿，而是会去别处寻找有利可图的商机。重开并维护罗普斯金矿的成本太高了，所以它只能继续关闭。

货币计算：根据预测，开采金矿不会产生利润。

6.16 连肉贩也没这个胆子

假设牛肉的需求突然上升，事先没人料到。虽然需求上升是全国性的现象，但是对某位肉贩来说，他只能观察到自己店里的牛肉**销量**增加了。牛肉产品卖得比他预想的快，为了满足消费者的需求，他开始动用自己的存货。肉贩的牛肉存货只能对暂时性的需求变化起缓冲作用。随着存货不断减少，肉贩会给其他牛肉中间商（包括批发商和分销商）打电话，要求提高牛肉的订货量。但是因为市场上对牛肉的**整体**需求上升了，所以除了他以外还有数千名其他肉贩也想扩大牛肉的订货量。这当然会给批发商的存货造成压力。因为订货量上升，批发商会多买些牛来屠宰。

家庭消费者提高对牛肉的需求

此处存在一个有约束力的限制条件。我们认为终端牛肉产品的供给是相对有弹性的——只要价格小幅变化，供应量就会做出反应，肉贩可以自由选择是多切点牛肉还是少切点牛肉。但是养殖场不可能一夜之间就养出新的牛来——牛的供给短期来看是**缺乏弹性**的。因此，牛的需求上升会让批发商互相竞争，他们必须通过竞价推高牛的市场价格。接着，批发商会通知肉贩：他们可以供应牛肉，但供应成本上涨了。因此希望订购更多牛肉的肉贩必须支付更高的价格。

那么肉贩会怎么办？对他来说，购买牛肉的成本已经上涨了，他会一边以更高的价格把牛肉卖给顾客，一边不停地道歉：“他们提高了我的进货成本，所以很不幸我必须提高您买牛肉的价格。"当然，在这个例子中事实上"他们"并不是批发商。归根结底，到底是谁抬高了成本？是肉铺柜台另一侧的人——买牛肉的消费者。

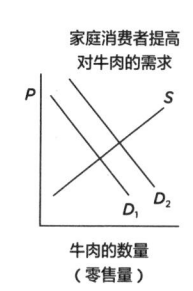

批发商对牛的需求会提高，从而推高牛的价格

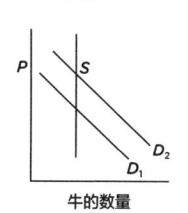

6.17 为什么换个便盆那么贵

为什么住院费总是涨个不停？如果对住院病人和门诊病人收取同样的医疗

费，那么病人肯定更愿意住院。这样定价相当于直接邀请病人住院，推高对稀缺住院服务的需求。所以，我们完全可以预见住院费会因此上涨。通常住院病人接受的治疗比门诊病人更好，医生可以更方便地监控病人的情况。而且，医疗保险通常全额报销住院费，门诊费却只能报销一部分。

此外，医院管理问题再次证明沉没成本的概念相当有用。假设某家医院新增一个有200张病床的病区，并购入大量崭新的精密实验设备。一旦完成上述操作，这些开支都成了沉没成本。但对于医院管理者而言，上述成本仍是有用的信息。假设政府和私营保险公司同意按医院向病人提供服务的成本向医院付钱，并且由医院决定哪些开支算作成本，那么这笔沉没成本中的每一分钱都会被记作成本。医院会把沉没成本"均摊"到每一位病人头上，只要能保证不激怒付款人，医院将尽量使用能帮助他们快速收回成本的计算公式。

为了理解某些政策为何存在，你会提出关于成本和收益的问题。提问的最佳方式是：对谁而言的成本？对谁而言的收益？如果购买现代设备的收益主要由医护人员享受，如果令医护人员不悦的成本主要由医院管理者承担，如果政府、保险公司和慈善组织愿意毫无怨言地全款承担设备购置费用，那么即使这些昂贵的设备使用率极低，医院管理者也会决定购买它们，医疗服务的成本会因此大幅上涨。

员工的医疗保险金由雇主支付。近年来，雇主已经开始向保险公司施加控制成本的压力。保险公司的反应是向医生施压，要求他们压低提供医疗服务的成本。保险公司还尝试了另一种付费改革：医院提供特定服务后，保险公司仅向其支付一笔固定费用，而不像以前那样全额赔付医院主张的所有服务成本。虽然这些改革让医院有了节约成本的动力，但有时压缩成本的做法会引起病人的不满。怎样才能既向所有人提供合理的医疗服务，又不让医疗成本涨到难以接受的程度？这个问题还会继续困扰我们很长时间。要解决这个问题首先必须认识到以下两点：第一，需求会影响成本；第二，我们必须以某种方式分配医疗服务，因为如果所有病人看病都不花一分钱，那么对医疗服务的需求量将远远超过医疗系统能负担的供应量。

延伸思考：正确表达经济学问题

以下是一道经典的脑筋急转弯题。三个人去汽车旅馆定了一间房。总房费是 30 美元，所以每人付了 10 美元。他们进房间休息以后，前台职员发现自己多收了钱——他忘了今晚的房费有优惠，只要 25 美元。这位职员不能离开前台，所以他叫来了清洁工，给她 5 张一美元纸币，请她去客房把钱交给三位房客。清洁工一边向客房走一边想怎么才能把 5 美元分给三个人。最后她决定，既然房客不知道多收钱的事，那她就只给房客 3 美元，把剩下的 2 美元私吞。谁也不会发现这件事情。

下面是脑筋急转弯题：每位房客实际付了 9 美元：3 乘以 9 等于 27。清洁工私吞了 2 美元，所以总数是 29 美元。但是，三位房客一开始共付了 30 美元，而不是 29 美元。那么剩下的 1 美元去哪儿了？

现在请合上书本。在你想出答案之前不要读下面的内容！如果 15 分钟或 20 分钟以后你还想不出答案，请打开书本继续往下读。（我们得向你坦白：本书的作者之一花了 20 年时间才想到答案！）

警惕错误的问题或误导性的提问方式

我们知道有些老师会说："世界上没有错误的问题，只有错误的答案。"我们并不想冒犯别人，可我们必须指出在这个例子里，上述看法是错误的。上面这个脑筋急转弯最后提出的问题就是一个错误的问题。（这个问题根本不成立，就像问"蓝色的重量是多少"一样。）因为这个问题的提法，初看起来它好像成立，事实上这个问题是出题者故意设计出来误导你的。"剩下的 1 美元去哪儿了？"这题之所以难是因为它根本就没有答案。

实际房费是 25 美元，但是三位房客不知道这个事实，他们多付了 5 美元。后来他们从清洁工那儿收到了 3 美元退款。剩下的 2 美元去哪儿了？

这才是正确的问题。现在你可以很清楚地给出正确答案。剩下的 2 美元被清洁工私吞了。就这么简单。

这道脑筋急转弯题和经济学毫无关系，那我们为什么要提它？因为许多关于日常经济学问题的分析都和这题一样提了错误的或完全误导性的问题。有时提问者是出于无知才乱提问，有时他们是故意误导大家。经济学思维方式的艺术一大部分在于如何看穿这些错误。为了提高你在这方面的能力，下面我们举三个相当常见的例子。

警惕所谓"不言自明"的数据

假设有人给你以下数据：

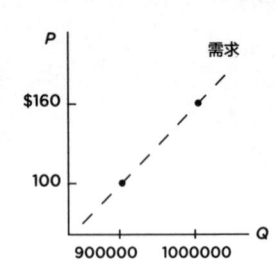

年份	教材价格（单位：美元）	教材购买量（单位：册）
2000	100	900000
2010	160	1000000

假设关于这个虚构教材市场的数据都是真实的。在这方面没人玩什么花招。从2000年到2010年，考虑到通货膨胀因素，大学教材的相对价格确实提高了。注意2010年时教材的价格较高，同时需求量也较高。现在我们要问的是：以上数据说明教材的需求曲线具有什么特点？

不要说我们这次又提了错误的问题。这个问题完全成立。我们想知道你的答案是什么。

如果你的结论是"需求曲线向上倾斜"，那么我们的目的就达到了。虽然这个问题完全成立，但是我们特意设计了呈现数据的形式，使需求曲线看起来似乎向上倾斜。

数据从来不会自己说话。事实上，数据根本不能说话。在第1章中我们说过，经济学家用理论来解释数据，试图从数据中找出规律。供给和需求法则是经济学理论的一大部分。供给法则允许出现向上倾斜的需求曲线吗？不允许（它甚至不承认竖直的需求曲线）。需求曲线永远是向下倾斜的，而且在每一点上都向下倾斜。

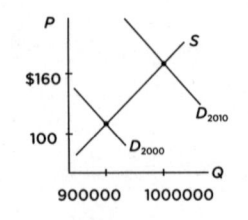

请永远记住以上的要点。那么，你如何解释教材价格和购买量同时上升的现象？应该这样解释：在2000年到2010年之间，大学教材的总体需求上升了，这一变化至少能够部分解释市场价格的上涨。在过去的十多年中，大学生的人数也显著上升了。假设你观察到商品的相对价格上涨但人们的购买量也上涨，你就应该考虑总体需求上升的可能性——在回答本题时，这个出发点比直接认定"数据显示需求曲线一定向上倾斜"强得多。

警惕二流学者和自封的经济学家

在许多情况下，问题还不仅仅是有人想让数据自己说话。只要阅读美国的任何一份报纸，你一定会看到以下这类毫无道理的话：

> 最近的霜冻灾害正在继续破坏柑橘市场。未来几周中，果农将面临更加严重的问题。一些期货交易商正确地预测到供给下降会提高柑橘的价格，但他们忘记了另外一件事。涨价会降低柑橘的需求，这对果农来说可谓雪上加霜。一旦需求下降，价格很快就会下跌。对果农来说这是很糟糕的情况：不仅柑橘减产了，而且价格很快也会下跌。市场不会对任何人发慈悲。面对祸不单行的状况，只有幸运的果农才能继续生存下去。

我们希望你已经注意到，记者在用一种误导性的方式把市场描述成一个"不会对任何人发慈悲"的人。我们愿意发慈悲原谅他的这种说法。但这段话里剩下的分析才是问题最严重的：作者不仅用供给与需求等常见经济学概念来构造这段话，还写得充满自信与说服力。

供给下降确实会导致价格上升，但是，价格上涨并不会像记者所说的那样降低柑橘的需求。在其他条件不变的前提下，涨价只会降低需求量，从而缓解市场上柑橘暂时短缺的现象。记者将需求量和总体需求混为一谈，因此他的预测根本站不住脚。（特别敏锐的学生会想起第3章中的讨论，并指出"其他条件不变"的前提并不成立。如果人们预测未来柑橘会涨价，那么对柑橘的整体需求就会上升，因为家庭消费者会试图在涨价前多购买一些柑橘。）

供给和需求的变化不同于供给量和需求量的变化，我们应该时刻警惕，避免把这两种概念混为一谈。不管你信不信，报纸和金融刊物上充满了这种错误，你只要认真找就会发现更多。（在上一章末尾的习题中，我们就举了几个这样的例子。如果你还没有注意到，也许现在你该回过头去好好看一看。）

用图描绘不断加剧的长期短缺现象

在许多情况下，描述经济学论点最有效的方式是画图。在这本教材中，我们也画了不少图。比如仅在本章中，我们就用图表解释并预测了房租管控和税负归宿[a]（tax incidence）的后果。报纸上很少见到经济学图表，但政策机构和智库常常使用这种工具。考虑图 6-4 中的情况。

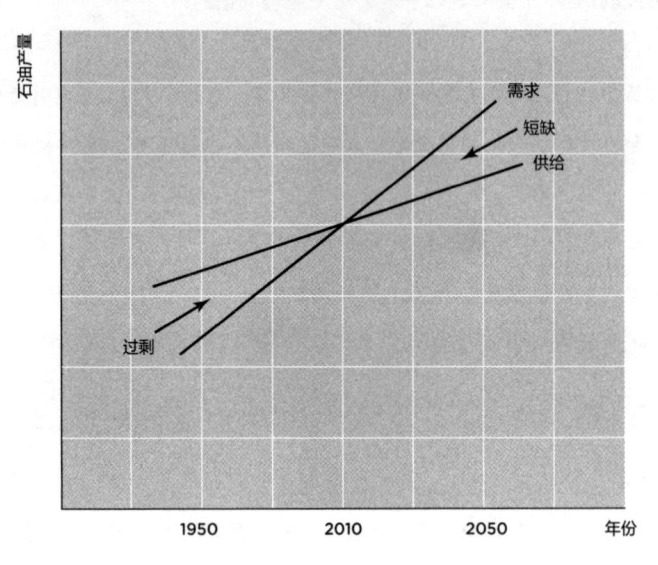

图 6-4：虚假的石油供给曲线和需求曲线

这幅图似乎在描绘 1950 年到 2050 年之间的石油供给曲线和需求曲线。两条曲线相交于 2010 年。该图显示美国市场上的石油已经过剩了 50 余年，但 2010 年以后美国将持续面临石油短缺问题，并且短缺现象会变得越来越严重。绘制这幅图的智库指出我们必须在联邦和国际层面上出台各种节油政策以防止这场日益发酵的市场危机，还提出了许多相关建议。

但是，请注意这幅图并没有提供关于石油价格的信息。虽然分析师将两条曲线分别标为"供给"和"需求"，但这两条线根本不是真正的供给曲线和需

---

[a] 税负归宿：指政府向某方征税但税费成本最终却完全或部分由其他方承担。政府对房东实行租金管控，但最终成本却由房客承担，这就是一个税负归宿的例子。——译者注

求曲线。我们被骗了！供给曲线描绘的是价格和供应量之间的关系；需求曲线描绘的是价格和需求量之间的关系。图中的两条曲线并没有描绘上述关系。

这幅图中标记的"过剩"和"短缺"也同样具有误导性。**过剩**是指在给定**价格下供应量超过需求量**，而不是指在给定时间点"供给"超过"需求"。一旦商品过剩，市场价格自然会下降。**短缺**是指在给定**价格下需求量超过供应量**，而不是指在给定时间点"需求"超过"供给"。一旦商品短缺，市场价格就会上升。

上图既没有考虑市场过程中的供给和需求法则，也不承认价格调节过程扮演的角色。与本图类似的还有对"石油峰值"的预测图，两者犯了同样的错误。（在石油峰值图中，"供给"曲线在未来某一时间点达到峰值，然后急速下降。该图试图说明石油产量将最终下降，而需求会持续上升。峰值之后"供给"和"需求"之间的差距越来越大，情况令人害怕。）

但真实情况是：如果石油需求的增长速度高于石油供给的增长速度，石油的市场价格就会上升以反映更高的边际价值和边际成本，并不会出现石油长期短缺并且短缺量越来越大的现象。相反，石油涨价会促使石油使用者节约用油并寻找、开发石油的替代品。

简要回顾

我们在本章中继续讨论以下主题：游戏规则塑造人们面对的激励机制，从而影响供给和需求状况。

不管在灾难来临时还是在正常情况下，自由市场系统的协作功能都能高效发挥作用。当买家和卖家的计划剧烈变化时，价格可能快速上升——所谓"哄抬物价"其实只是这么一种正常现象而已。

如果对自由市场过程进行价格管控，人们面对的激励机制就会发生变化。有效的价格管控会导致市场失调的意外之果。

价格上限指法律规定的最高售价。不管是汽油还是其他性质迥异的商品（比如公寓的租金），只要对商品价格设置上限就会造成短缺。价格竞争将被非价格竞争或非货币竞争取代。靠法律手段压低商品价格并不能消除或降低该商品的稀缺性。

Chapter 6

价格下限指法律规定的最低售价。对农产品实施的价格支持和低技术劳动力的最低工资都是价格下限。有效的价格下限会造成商品过剩的意外之果。在农产品的例子中,过剩的产品通常由政府购买,财富从消费者(面对更高的价格)和纳税人(面对更高的税负,因为政府的价格支持项目最终由纳税人买单)向农民转移。在最低工资的例子中,因为政府不能(像购买农产品一样)购买过剩劳动力,所以过剩表现为劳动者失业现象。能以最低工资水平找到工作或保住工作的人的财富增加了(因为他们在自由市场中赚不到这么高的工资),而失业的劳动者就没那么幸运了。

禁酒令和禁毒令使市场过程转入地下。在犯罪方面具有比较优势的人会在竞争过程中胜出。

没有任何经济法则规定价格应由生产成本决定。有人认为我们可以在让成本决定价格和让需求与供给决定价格之间做选择,这种想法是错误的,因为所有成本都是由供给与需求的过程决定的。

当情况变化时,供给与需求过程会改变相对成本,从而将价格设定在合适的水平上。这样的价格能够反映商品的相对稀缺程度,并指导人们以最经济的方式使用这些商品。

在商业社会中,价格反映商品的相对稀缺程度,人们的行为靠价格协调。

许多各色人等对经济学术语和经济学概念一知半解,或者以具有误导性的方式使用这些术语和概念。揭穿他们的错误是经济学家艺术的一部分。

供讨论的问题

1. 富人获得的商品通常比穷人更多,价格管控措施能否防止这种现象?本地政府有时实施房租管控措施,原因之一是他们不希望通过货币价格分配稀缺的住房资源。那么房租管控措施能否成功达到上述目的?在纽约市,大部分实施房租管控措施的公寓仍然被相对富裕的人占据,你觉得为什么会出现这种情况?

2. 各市实施的房租管控条例通常试图规定房租上涨的数额不得超过房东成本上涨的数额。用本章的分析方法回答以下问题:

(a) 假如别人愿意花 600 美元租房，但房东以 500 美元的房租把这间房租给你，那么房东把房子租给你的成本是多少？收益是多少？

(b) 实施房租管控条例以后，房东将一间公寓空置的成本会如何变化？将这间公寓留作自用的成本会如何变化？免费让亲戚住这间公寓的成本会如何变化？

(c) 支持房租管控措施的人提出，应该根据房东的成本决定房租上限，你认为这些人使用了哪种成本概念？

(d) 房屋贷款的每月还款额反映了买楼的成本，因此，在房东根据房租管控法律要求提高租金时，法庭通常判定房贷还款属于合法成本。对于一位潜在的房东而言，购买一栋公寓楼的成本由哪些因素决定？

(e) 在房东要求提高租金时，购买取暖用燃油的成本一定属于合法成本。那么燃油的价格是由哪些因素决定的？

(f) 假设房东在附近的停车场中租了一个停车位供房客使用。如果这个区域内的停车位需求上升，房东很可能需要付更高的租金才能继续租用停车位。房东申请提高房租的理由可以是"停车位的需求上升"，也可以是"出租房本身的需求上升"，但是用前一种理由较容易获得房租管控委员会批准，为什么？

3. 西雅图市拥有一处码头，市政府将泊船位出租给船主。市政官员决定将每年的泊船位出租费设为场地重置成本[a]的 5%。他们表示这意味着在未来 3 年内，泊船位出租费大约会翻一倍。

(a) 场地重置成本与出租泊船位的成本有什么关系？

(b) 码头建在普吉特海湾，因此这处场地最重要的部分是普吉特海湾的海水。那么定价时价格是否应该包括重置海水的估计成本？（如果你认为海水是自然赠给我们的礼物，因此价格中不应包括重置海水的成本，那么请回头看看你当时是怎么回答第 4 章第 9 题的。）

(c) 在市政府宣布涨价意向时，据市政官员估计，要想获得该码头的泊船位，大约需要等待 17 至 20 年。这与出租泊船位的成本有何联系？

---

[a] 场地重置成本：指在当前市场情形下购买一处同样的场地需要花费的成本。——译者注

4. 在爱克米学院的宿舍中，酒精是违禁品。大部分学生认为啤酒比龙舌兰酒好喝，但是他们更愿意偷带一两瓶龙舌兰酒进宿舍，而不是偷带几箱啤酒。为什么会这样？

5. 在电影《教父》中，维托·柯里昂（即教父本人）具有若干稀缺的"才能"，比如组织"家族成员"和刺杀别人。那么教父为什么决定把精力都花在对家族成员的组织和监控上，而把其他工作交给别人完成？为什么通常一个国家的总统不会亲自领军在他国领土上作战，甚至也不会亲自领军在自己的国土上作战？

6. 成本和价格的关系是什么？以下四小题要求你分析一些具体的例子：
   (a) 造一条捕捞比目鱼的渔船并装好各种设备需要花一大笔钱。比目鱼价格昂贵是不是因为造船成本高？比目鱼的价格和造一艘设备齐全的渔船的成本有什么关系？
   (b) 贫穷社区犯罪率较高，食品店因此必须提高食品售价来补偿犯罪带来的成本，所以贫困社区中的人需要花更多钱购买食品。你认为以上情况是否存在？在犯罪率较高的区域中，食品价格和保险成本之间的关系是什么？
   (c) 美国政府对种植某些作物的农民提供价格支持。是因为种植这些作物的成本较高政府才提供价格支持，还是因为政府提供价格支持所以种植这些作物的成本才变高了？
   (d) 手工雕刻的加州红木火烈鸟工艺品售价 150 美元。是因为这种商品需要许多小时才能雕成所以价值高，还是因为这种商品价值高所以人们才愿意花许多小时来雕刻它？一件东西的价值是否取决于人们对生产工艺的了解？假如人们认为某只火烈鸟是教宗若望·保禄二世 (Pope John Paul II) 亲手雕成的，而另一只火烈鸟是你亲手雕刻成的，前一只火烈鸟是否比后一只价值更高？

7. 强飓风席卷人口稠密的地区时会吹坏许多窗户，因此对窗户维修服务的需求会大幅上升。假设此时窗户维修工决定提高每小时的收费，那么屋主维修窗户的成本就会上升。但是对于窗户维修工来说，飓风是否提高了他们修窗户的成本？风灾后提价的窗户维修工是否在趁火打劫、不公平地占别人便宜？以下几个小题也许能帮助你把问题想明白。

(a) 为什么风灾后窗户维修工可以提价？
(b) 谁最可能向窗户维修工施加提价压力？
(c) 哪些因素使窗户维修工面临上升的边际机会成本？
(d) 为什么窗户维修工可能不愿意提价？
(e) 窗户维修工怎样才能既提高价格又不激怒社区居民？
(f) 让窗户维修服务涨价可以通过哪些途径使社区居民享受更多窗户维修服务？

8. 你奶奶听说你正在学习经济学，她决定利用你掌握的知识。奶奶正准备卖房。她的房子维护保养得很好，房子所在的社区正在不断成长。她希望知道这栋房子开多高的价格合适。你需要更多信息：她当初花多少钱买房？奶奶说，40年前她花20000美元买下了这栋房子。有了这条信息以后，请就开价问题给她提一些建议。

9. 丹尼尔·卡尼曼 (Daniel Kahneman)、杰克·L.尼奇 (Jack L. Knetsch) 和理查德·塞勒 (Richard Thaler) 研究了人们对市场交易的公平性的看法。他们的其中一篇论文题为《公平性如何约束逐利行为：市场中的权利》(*Fairness as a Constraint on Profit Seeking: Entitlements in the Market*)，研究者在这篇文章中汇报了一项公众意见调查的结果。该调查旨在研究人们用何种规则评估企业行为是否公平。调查中给出这样一个虚构的情景：

　　一家食品店有一些花生酱存货，足够卖几个月。这些花生酱摆在货架上或者放在库房里。店主听说花生酱的批发价上涨了，于是他决定立刻提高手头这批花生酱的售价。

　　在147位受访者中，只有21%认为上述行为可以接受，79%认为这种行为不公平。

(a) 由于店里的花生酱是存货，这批花生酱的批发价属于沉没成本。如果店主认同多数派（79%的受访者）的定价公平观，那么他做定价决策时是否应该考虑上述成本？

(b) 假设店主认同少数派（21%的受访者）的观点，但他同时知道如果提高"旧"货的售价就会被消费者发现，那么他做定价决策时是否应该考虑上述成本？

(c) 经济学的思维方式通常认为"付出的钱"和"没收到的钱"并无区别：两者都是成本。但大部分公众似乎认为两者有区别：他们认为如果从批发商处进货的成本上升，卖家可以因此涨价，但卖家不能仅因为消费者愿意支付更高的价格而涨价。你能找到支持后一种常见观点的论据吗，还是你认为公众这么想仅仅是因为他们没有理解问题的本质？

10. 有些医生读医学院时借了大量贷款来支付教育费用，因此他们一当上医生就得开始偿还一大笔贷款。

(a) 三位年轻医生都刚刚开始执业。第一位医生的教育费用是靠贷款支付的，因此在未来15年中，他每年需要还款9600美元；第二位医生的教育费用完全由他的父母支付；第三位医生的教育费用完全靠政府提供的奖学金和补助金支付。你认为这三位医生对病人的收费会有什么不同？

(b) 某医学院的商业经理提出了以下看法：如果政府能全额支付所有医生的教育费用，医生就不用靠提高收费来偿还教育成本（以及利息），于是患者支付的医疗费就会降低。请评价上述观点。

(c) 提出上述观点的人还指出：医生要还的学生贷款是"行医的合理成本"，因此像"你和我"这样的消费者必须通过支付诊疗费来为医生的还款成本买单。我们为什么要关心某笔具体支出是不是"行医的合理成本"？假设某个区域内的所有执业医生每年都必须向本地黑帮缴纳5000美元的保护费，那么这笔支出是"行医的合理成本"吗？这笔支出会影响医生的收费吗？

11. 提供医疗服务时是否可能不使用任何分配手段？1948年，英国的每一个家庭都收到了一份传单，传单称新的国家医疗服务系统将"向您提供所有医治、牙科和护理服务。不管是穷人还是富人，不管是男人、女人还是孩子，都可以使用该系统的任何部分，除少数特殊项目以外一律免费"。

(a) 1998 年，这个开创性的医疗服务供应系统迎来了 50 岁生日。该系统基于以下假设：当价格为零时，医疗服务的需求量是有限的。然而，不管是在英国，还是在其他后来采用类似系统的国家中，医疗服务的需求量都远远超过了供应量。这些国家都面临医疗服务短缺的问题。为什么在这种情况下会出现短缺现象？

(b) 假设所有人都能免费获得医疗服务，在这个价格下医疗服务的需求量超过供应量，那么应该如何分配医疗服务？

(c) 你建议以何种系统分配医疗服务？

12. 如果人们可以免费使用有价值的资源（比如城市道路空间），他们就会一直使用该资源，直到资源的价值降至零。不熟悉边际思维方式的人常常觉得上述论断是错误的。如果某种行为会让某项活动变得毫无价值（对他们自己的价值），那么人们为什么要选择采取这种行为？这些人之所以感到困惑，是因为他们没有认识到这里说的价值降至零是指边际价值降至零，边际价值与总体价值或平均价值很不一样。假设你很爱吃巧克力曲奇。现在是上午 10 点，你肚子很饿。有人来卖刚出炉的巧克力曲奇。你审视了一下自己的内心，发现你对巧克力曲奇有需求。每块曲奇你最多愿意付 3 美元，并且在任何情况下你都不愿意吃超过 4 块曲奇。（我们排除买下来留着以后吃的可能性。）表 6–1 列出了你的需求：

表 6-1

价格（单位：美元）	每天的曲奇需求量（单位：块）
3.00	1
1.50	2
0.40	3
0.10	4
0.00	4

(a) 假设曲奇的价格是 0，你每天会吃几块？

(b) 因此你每天获得的总价值（以美元为单位）是多少？

(c) 对你来说，每块曲奇的平均价值（单位是美元/块）是多高？

(d) 如果曲奇是免费的，那么对你来说曲奇的边际价值（单位是美元/块）是多高？

13. 图 6-5 画出了医生服务的供给曲线和需求曲线。市场出清价格是 300 美元。

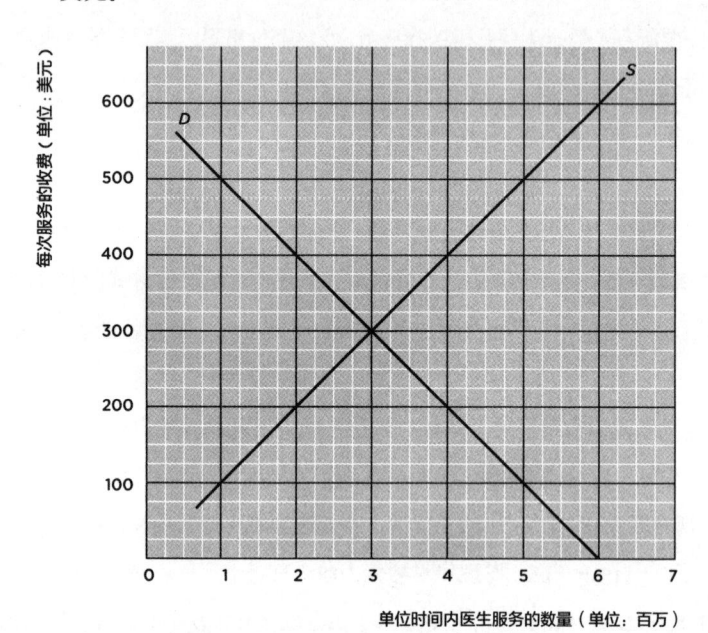

图 6-5：医生服务的供给和需求

(a) 如果政府同意全额报销医生向患者收取的费用，需求曲线会移动到什么位置？市场出清价格会随之发生怎样的变化？（提示：价格为零时，人们的需求量是多大？）

(b) 假设政府只承诺报销一半费用，需求曲线和市场出清价格会如何变化？（提示：当医生收取的总费用为 300 美元时，消费者支付的费用是多高？在这个价格下，消费者希望购买的服务量是多少？）

(c) 假设政府只承诺报销医生收费的 80%，市场出清价格是多少？

14. 奥巴马总统提出将最低工资标准设为 9 美元每小时。瑞仁洛普调查（Reason–Rupe poll）显示 2/3 的美国人支持这一提议。

(a) 如果将最低工资标准提高到 9 美元每小时，你认为低技术劳动者群体可以整体从中获益吗？整个社会可以从中获益吗？

(b) 一些"占领华尔街"运动的示威者要求将最低工资标准调高至 20 美元每小时。这会使工薪穷人的收入普遍提高吗？

(c) 为什么要把最低工资标准定在 20 美元每小时？假设示威者坚持把这个标准定在 50 美元每小时，不就能让几乎每个人都变得更富裕吗？

(d) 工会常常要求提高最低工资标准，但工会代表的是高技术工人，这些人通常不会因最低工资上调而直接获益。回忆一下，在第 3 章中我们曾经讲过：如果某种商品的替代品价格上涨，那么对这种商品的需求也会上升。你能否论证以下结论：如果低技术、非工会劳动者的最低工资上涨，那么工会成员的工资也会随之上涨？

(e) 经济学家沃尔特·威廉姆斯（Walter Williams）在《歧视黑人的国度》（*The State Against Blacks*）一书中表达了以下观点：

即使在经济相对繁荣的时段中，年轻人的失业率也是整体劳动力失业率的 2 至 3 倍。黑人青年的失业率是白人青年的 2 至 3 倍，这一全国性现象已经持续了 10 年以上。据报道，在某些大城市中，黑人青年的失业率超过 60%！

为什么年轻人的失业率，尤其是黑人青年的失业率这么高？威廉姆斯认为这是法律规定最低工资标准导致的直接后果。你能否论证这一观点？

15. 你是否能给"哄抬物价"下一个有用的定义？当价格因需求上升而上涨时，何时应被视为哄抬物价，何时不应被视为哄抬物价？你的答案是否取决于物价上升的速度或程度？是否取决于商品的种类？几年前，房地产价格飙升（即所谓的"房地产泡沫"现象），为什么人们不说那是哄抬物价？

第 7 章 利润与亏损

学习目标

- 区分收入的几种形式：工资、租金、利息和利润。
- 解释财会利润和经济利润之间的区别。
- 论证企业家是谋求利润、获取余值的人。
- 分析企业家如何参与套利和创新并通过这些活动更好地协调市场过程中的计划。
- 介绍并解释在期货市场上对大宗商品进行投机的人如何发挥协调作用。

"'**利润**'一词有很多约定俗成却令人迷惑的含义。在经济学讨论中，恐怕没有哪个术语或概念能比'利润'更多义了。"75 年前，该领域的著名学者弗兰克·奈特（Frank Knight）在为百科全书编写"利润"词条时以这句话作为开场白。和那时相比，今天的情况并没有发生太大改变。

利润最常见的定义是：**利润等于总收入减去总成本**。几乎每个人都会依靠直觉这样定义利润，我们也一直根据该定义使用利润一词。**净收入**是利润的同义词。企业老板付清所有成本以后，剩下的钱就是利润或净收入。以上解释似乎相当简单清楚，那为什么奈特会说这个术语的用法令人迷惑？为了理解利润的概念，我们有必要先简要了解一下工资、租金和利息分别是什么意思。

7.1 工资、租金和利息：通过合同事先规定的收入

有没有人不清楚市场工资的意思？我们中的大部分人都知道工资是什

么——人们提供劳动服务，因此收到的报酬就是工资。通常雇主和劳动者事先通过合同约定工资。没有人会说劳动者的工资也是一种"利润"。劳动者事先知道继续从事这项工作会获得多少工资——这是合同存在的目的。雇主也知道按现行合同未来需要向劳动者支付多少工资。合同大大降低了不确定性。（当然，没有什么是绝对确定的：比如公司未来可能裁员，劳动者也可能辞职另谋高就。）

租金也具有同样的性质。你和房东达成协议，签订一份租房合同，从而约定交易条件。房东以事先约定的价格向你出借公寓，这个价格就是租金。而你同意每月履行支付房租的义务。房东收的租金就是这么一回事：是租金，不是"利润"。与雇用合同一样，租房合同也能大大降低不确定性。（我们同样得接受事实：没有什么是绝对确定的——也许你找到新工作后会突然消失，搬去别的城市，让房东收不到最后三个月的租金。）

与工资或房租一样，利息同样由合同约定。贷方收到的利息回报不是一种"利润"，而是一种事先确定的回报。信贷合同事先规定借方应按什么标准支付本金和利息。

> 工资合同、租房合同和信贷合同能降低劳动者、租客和借款人面临的不确定性。

简而言之，工资是付给劳动者的报酬，租金是付给房东或出借其他财产（比如工具和机器设备）的人的报酬，利息是付给出借金融资本的人的报酬。在市场经济中，工资、租金和利息是挣得收入的三种重要形式。此外，工资率、租金率和利率分别代表三种不同的**价格：劳动服务的价格、租借财产的价格，以及信贷的价格**。这些价格由劳动力市场、财产租借市场和信贷市场的供求情况决定，这一点我们在之前的章节中已经解释过。

不管是过去还是现在，关于"利润"一词的含义都存在一些迷思。在本章中，我们更关心如何澄清这些迷思。我们会清楚地从经济学家的角度定义利润这个术语的含义。然后我们会讨论货币计算和企业逐利行为在买卖双方的计划协调过程中扮演怎样的角色。

7.2 利润：可正可负的收入

在市场经济中，挣得收入的第四种形式是利润，但与工资、租金和利息收入相比，利润有一个很大的不同之处。一般我们将利润定义为"总收入减去总成本"。因此利润是一个**余值**，或者说是收入和成本之间的差值。（有时我们将利润称作"**净收入**"。）此外，利润既可以是正数也可以是负数。负的利润又叫亏损。另外三种挣得收入（名义工资、租金和利息）都不能是负数（假设人们履行合同约定），但利润可以是负数。劳动者提供劳动服务就能获得报酬，但是追逐利润的企业家永远无法确定自己的努力是否真能带来利润。不管企业家多么努力地工作、多么诚实高贵地投身事业，他们仍有可能受到亏损的惩罚。稍后我们会进一步讨论企业家及其面对的不确定性。现在我们先集中精力研究利润的度量方式和计算方式。

> 相反，追逐利润意味着接受更高的不确定性。

7.3 利润的计算：哪些因素应该纳入成本

总收入减去总成本，到目前为止，这个公式看上去足够简单。但首先"成本"这个词就会给我们带来问题。回忆一下，按照经济学的思维方式，"成本"指的是被放弃的次佳选择的价值。到目前为止，我们一直按照上述定义使用"成本"一词，接下来我们也打算继续这么用。货币支出并不能完全反映生产的总成本，至少从机会成本的角度看反映不了。要想清楚地解释上述要点，最好的例子是直接由所有者经营的企业。

就算所有者不每周给自己发工资，企业的经营成本也包括所有者自己的劳动力。在计算成本的时候，发给员工的工资肯定会被考虑进去。但是为了经营企业，所有者牺牲了其他机会，这些机会的价值显然也是一种成本，财会计算却不考虑这种成本。愿意雇他的其他企业想必认为这位小业主的劳动具有价值。为了当老板，业主牺牲了次佳的工作机会。假设某位女性本来可以在爱克米社区大学找到一份年薪 30000 美元的工作，却为经营自己的企业放弃了那份工作。从财会角度看，被放弃的工资不是成本（支出），但这笔钱对她来说确实是一笔成本。你无法在她的财会报表里找到这个数字，但这个数字存在于她的脑海中，并且会影响她的选择。她十分清楚自己为经营企业牺牲了什么。

> 自己当老板 ⟵ ⟶ 继续在爱克米社区大学工作

7.4 经济利润与财会利润的比较

因此，核心问题是：哪些成本应被纳入总生产成本？会计师做账时只记录生产的**显性**成本——通常是生产某种商品和服务的过程中确实产生的支出。但是，在经济学的思维方式下，这些支出并不能反映生产的总成本。除了这些支出以外，经济利润还包括所有显性和**隐性**的生产成本——生产过程中使用的所有稀缺资源的价值。**我用自己手中的资源经营企业，如果把这些资源用在别处我能赚到多少钱？** 经济利润考虑上述问题，而财会利润不考虑这个问题。企业所有者不仅应该关心财会利润，还应该关心经济利润。

让我们进一步考虑安·特普纳尔[a]的例子。安当秘书每年可以赚30000美元。她有一栋楼，租出去每年可以收到6000美元的租金。她在银行里有一笔23000美元的存款，利息是每年10%（2300美元）。上述进项都来自安和别人签订的合同。这些现金流都是挣得收入，都能降低她生活中的不确定性。

现在假设安辞职自己当老板。她开了一家比萨店，并且全职在店里工作。为了开店，她用上了自己名下的那栋楼。她取出了23000美元的存款，然后又额外贷款20000美元（年利率为10%）。在比萨店开张的头一年中，她用这些钱雇用员工、购买和租借设备，以及支付原材料开支等。没人能保证比萨店赚钱，但为了开店她已经牺牲了上述收入流。她成了一名企业家，她愿意赌一把，希望自己创办的新企业的业务能蒸蒸日上。

假设一年后安发现比萨店去年的总收入是85000美元。那么她的利润是多少？这个问题的答案取决于我们把哪些因素纳入经营企业的"总成本"。通过以下公式可以算出安的财会利润：

财会利润 = 总收入 – 总成本（所有显性成本）

= $85000 – $45000（其中$43000用于雇用员工、购买原料设备等，另外$2000是贷款的利息）

= $40000

财会利润 =
总收入 – 总显性成本

到目前为止没什么问题，但安还认识到以下几件事情：

- 她自己的劳动力不是免费商品。辞职之前，她当秘书每年可以赚30000美元。当秘书是她的次佳全职工作机会，30000美元是她这一劳动力

---

a 安·特普纳尔和"企业家"（entrepreneur）谐音。——译者注

的市场工资价值。

- 她拥有的那栋楼不是免费商品。开店之前她靠出租那栋楼赚 6000 美元。出租是使用这栋楼的次佳机会，6000 美元是其市场出租价值。
- 她自己的金融资本也不是免费商品。开店前她仅靠当"资本家"吃利息就能赚 2300 美元。这是她的这笔资本能赚到的市场利息。

> 企业家的资源并非免费商品。这些资源同样属于稀缺资源！

总之，安·特普纳尔自己的资源（包括劳动力、楼和金融资本）不是免费商品。与安用来做比萨以及经营比萨店的其他资源一样，这些资源也是稀缺资源。为了开店，**安放弃了工资（$30000）、租金（$6000）和利息（$2300）**，对她来说这些都是真实存在的机会成本。以上三项成本（共计 $38300）是安的隐性成本。隐性成本不是货币支出，因此在财会记录中未必找得到这些项目。但隐性成本同样反映安手中的稀缺资源的价值。

那么安的经济利润究竟是多少？请看以下计算：

> 经济利润：总收入 - 显性成本和隐性成本的总和

经济利润 = 总收入 – 总成本（所有显性成本 + 所有隐性成本）

= $85000 – ($45000+$38300)

= $85000 – $83300

= $1700

注意财会利润和经济利润之间的区别。1700 美元的经济利润是安的企业**经营技能带给她的回报**，这个数字已经**扣除**了所有资源（劳动力、设备、原材料和资本）的市场价值，包括她自己拥有的资源。安是一个企业家，她追逐利润、承担风险，经济利润是上述活动带给她的回报。经济利润可能进一步激励她冒风险经营自己的企业。

不要误解我们的意思。经济学家并不认为会计师算错了企业的利润或亏损。但我们**确实**认为财会数字不能完全反映（也就是说没有完全考虑！）生产的机会成本。我们还认为，像安这样的企业主在决定如何使用自己手中的财物时不仅应考虑财会利润，和其他决策者一样，企业主做决策时还应考虑自己面临的各种选择的机会成本。

由于没人能保证比萨店赚钱，因此安也有可能面对经济亏损。比如，如果第一年的收入只有50000美元（此时财会利润为5000美元），那么她的企业经营技能带给她多少回报？换句话说，经济利润是多少？（注意总成本不变）

$$总收入 - 总成本 = \$50000 - \$83300 = -\$33300$$

作为企业经营者，安面临33300美元的经济亏损。换句话说，她并没有靠经营企业获得"回报"。虽然从账面上看她仍有5000美元的财会利润（$50000-$45000），但作为企业家她不仅没得到奖励还受了惩罚。这种情况也许会促使安认真考虑修订商业计划。因此经济学家认为经济利润（和亏损）至关重要！

> 余额的预期值影响企业家的决策。

7.5 不确定性：利润的必要条件

一项活动能否产生经济利润会影响企业的决策。计算经济利润时不仅要计入企业从外部购买商品和服务的支出（即企业账簿上显示的货币支出），还要计入因企业使用企业主提供的资源（劳动力、土地、资本、以前的积蓄）而产生的隐性支出。如果我们把这些机会成本都计入总成本，那么企业的收入似乎没必要超过总成本。企业可以在零利润的情况下继续经营，只要收入足以支付所有成本，企业甚至会被视作成功企业，且能借到新的资金用于扩大经营规模。

事实上，如果某行业能保证所有入行企业的收入都超过成本，就会有许多人争相进入该行业，这种竞争会将收入和成本之间的差距压缩至零，难道不是这样吗？如果某行业的回报一定高于零，就必然吸引新企业入行。新企业的加入提高产出，根据需求法则商品价格会因此显著下降，总收入和总成本之间的差距因此缩小。生产商品需要特定的资源，新企业入行还会提高这些资源的需求，从而拉高使用这些资源的成本，这是新企业压低行业利润的另一途径。只有当预期收入和预期成本之间的差距降至零（即预期利润降至零）时，激励新企业入行的动力才会消失。

> 如果其他人也知道"万无一失"的"好买卖"，那么好买卖就无法继续存在。

现实世界不断变化并且永远充满不确定性，因此上述逻辑在现实世界中并不成立。人们看到加入某个行业有利可图，但他们不知道如何挤进那个行业赚到那些利润。在信息稀缺的世界中,许多人甚至未必知道哪些行业有利可图。所以在现实世界中利润确实存在并且会继续存在,而不会被竞争消除。但这是因为存在不确定性。如果没有不确定性,人们将知晓所有与谋求利润有关的信息,将完全抓住并耗尽所有获利机会,因此所有行业的利润都会是零。

以上所有论点不仅适用于利润,也适用于**亏损**。如果企业的总收入低于总(机会)成本,就会产生亏损。假如事先知道总收入低于总成本,就不会有任何人进入这个行业。企业进入某个行业时一定希望或者说预期获得利润。可未来充满不确定性,事情不会总像人们希望的那样发生,人们做决策、采取行动,事后却发现这些决策和行动是错误的。于是有些企业确实亏损了。只要个人能履行合约和协议,那么名义工资、租金和利息永远是正数。但即便所有合约和协议都被如约履行,企业家的利润仍可以是负数。

如果没有不确定性,就不会有利润与亏损,所以我们说利润(或亏损)是**不确定性导致的结果**。因此,利润不是为获得某种资源而必须产生的支出。利润是一个余值,从收入中扣除所有成本,剩下的就是利润。如果企业家不仅能比别人更准确地预测未来,还能根据这种预测采取行动,他们就能获得利润。

7.6 企业家

前一段中的论证也许会给你留下这样的印象:只要预测能力比别人强就能获利,因此利润只是投机成功的结果。这样想是错误的。在创造利润的过程中,更重要的是采取积极、有创造性的活动。仅靠坐在那里预测其他人会采取什么行动不能产生利润。人们(至少一部分人)试图以不同的方式组织资源。他们研发新技术,开比萨店、酒店、电子商务网站,因为他们相信以这些方式重组资源产生的收入会高于成本。我们把这些人称为企业家。我们在上一节中将安称为企业家也是因为这个缘故。

在英语中,企业家的同义词是 undertaker[a]。这个词很好地描述了企业家的

---

a Undertaker: 意为承办人、经营者,更准确地说 undertaker 指"决心做一件事并开始着手做这件事的人"。——译者注

活动性质，不幸的是现在这个词已经失去了本义，人们仅用它来指代承办丧礼的殡葬服务人员。有些人决心重新组织社会的某一部分，并且确实开始这么做，这些人就是企业家。他们是"承办人"或者说"企业家"，而不仅仅是社会的"参与者"，因为他们承担了上述行动的责任。通过开办企业，这些人向所有项目合作方发出一个清晰的信息："我将承担这么做的利润和损失。"

在履行所有合约（合约的形式通常是合同）以后，收入还剩下一个余值，这个余值归企业家所有。企业家之所以选择这个角色是因为他们认为自己有能力完成这个困难的任务。他们对自己的眼光、预测能力和组织能力都有信心。有时我们会把亚当·斯密所说的"商业社会"（大部分人错误地称其为"资本主义社会"）称为"企业家社会"。这个术语强调了企业家在商业社会中扮演的关键性角色。

> 企业家是获得余值的人。

7.7 企业家是获得余值的人

要想理解企业家在社会中扮演的角色以及获取余值发挥的功能，我们最好提这样一个问题："谁有决策权？"生产一种商品需要许多人的合作，这些人如何在"每项具体活动由谁说了算"的问题上达成一致？这是一个必须解决的重要问题，因为人们的意见和兴趣必然会在许多方面发生冲突。在产业东街上有一家工厂生产某种小物件。阿喀琉斯认为每件产品打 6 个铆钉已绰绰有余，但是赫克托尔[a]坚持认为少于 9 个铆钉就是偷工减料。打 9 个铆钉确实能使产品更加坚固耐用，但是这样做也会提高生产成本。更坚固的产品会吸引更多顾客，但为收回更高的边际成本，商品的售价也必须相应提高，这又会劝退一部分顾客。赫克托尔认为自己有工程学学位，因此应该由他说了算。可是阿喀琉斯看不起大学文凭，他说自己做这份工作已经有许多年的经验了。两人的分歧也许只是意见不同，完全不涉及私人利益，但他们也有可能抱着一些私心：比如说赫克托尔是铆工，他想多拿加班费；或者阿喀琉斯是铆工，他想减少自己的工作量。那么最终的决策权归谁？更准确地说，谁有权决定最终决策权归谁？

---

[a] 阿喀琉斯和赫克托尔是特洛伊战争中的一对死敌。——译者注

谁愿意获得余值，谁就能获得决策权。

一般来说，上述问题的答案是"获得余值的人"。如果你想拿到决策权，你就得成为获得余值的人。为此你得给团队中所有其他成员好处以换取他们的同意。你得和每个人谈成一笔交易。"你开什么条件才愿意让我说了算？"企业家承诺履行这些交易条件。当然其他人也得愿意相信企业家的承诺才行。企业家必须给出具有说服力的保证，才能说服其他人放弃次佳机会，压抑自己的疑虑、异见、反感，服从企业家的决策。

7.8 非营利机构

在所有分工和交换程度很高的社会中，获取余值的人都扮演重要的角色。总的来说，不获得余值的机构不能像获得余值的机构那样高效运转。考虑消费者排队的问题。消费者排队买东西花费的时间属于无谓损失（deadweight loss）[a]，因为这给买家造成了负担，但却没给卖家带来任何好处。对买家来说，这种负担是一项真实的成本，因此他们会降低自己对商品的需求量。你曾多少次因为看到排队的人太多而决定放弃购买商品去干点别的？那么卖家为什么不设法缩短队伍的长度？也许是因为对企业来说缩短队伍长度的预期边际成本高于预期边际收入。但还有一种可能是上述情形中缺少余值获取方。如果有人有动力估算所有成本和收益，并且有权采取适当的行动，排队问题也许就会解决。但是没有这样的人。

因此我们能预见邮局里总是排着长队，食品店里却不会这样。这并不是因为邮局的工作人员都不关心顾客。平均来说，邮局工作人员对顾客的关心程度恐怕与食品店的收银员差不多。区别在于食品店的政策是由余值获取人制定的。此人有动力去评估顾客排长队和雇用后备收银员分别会给企业带来多高的成本，而且有权根据上述两种成本的对比采取适当的行动。然而在一个邮政分局中（甚至在整个邮政系统中）却没有这样的余值获取人。

邮局经营的余值并不归邮政局长所有。

---

a 无谓损失：指因市场未达到最佳运行状态而导致的社会成本。——译者注

7.9 企业经营与市场过程

到目前为止，我们主要研究了一些关于企业经营的简单例子。我们比较了获取余值的企业家面对的激励机制和非营利组织运营者面临的激励机制。在市场过程中，各方的计划需要互相协调，现在我们讨论企业经营活动在这个协调过程中发挥的关键性作用。企业经营活动是市场过程的内在驱动力。

在经济学的思维方式中，企业经营活动共有三种形式：套利、创新和模仿。让我们依次讨论这三种形式。

第一，企业家会参与**套利**活动。为了谋利，他们试图以**较低的价格买入商品，再以较高的价格卖出这些商品**。假设，目前糖浆的价格在佛蒙特州是每品脱[a]4美元，在新泽西州是每品脱9美元（我们在第5章中学过，上述价格是两个区域市场中竞争性的供需情况导致的）。因此，存在一个潜在的获利机会。你可以在佛蒙特州买几卡车糖浆卖给新泽西州的消费者。据你估计，把糖浆运到新泽西州的成本是每品脱50美分（包括租卡车的成本、你花费的时间的价值，以及你的其他机会成本）。当然，你的活动很可能会推高佛蒙特州的糖浆价格。你进入佛蒙特州的区域糖浆市场，收购数千品脱糖浆，市场出清价格会因此变化，比如说变成每品脱6美元。你的行为推高了佛蒙特州的糖浆需求曲线，但是佛蒙特州的消费者计划买来配早餐吃的糖浆量也减少了（因为价格上升，所以他们的需求量下降）。你在新泽西州抛售糖浆也会影响那里的市场出清价格——你的活动会推高新泽西州的糖浆供给曲线。此前，糖浆价格是每品脱9美元，消费者已经完全达成自己的消费计划。为了鼓励他们购买更多糖浆（即提高对糖浆的需求量），你必须以低于9美元的价格抛售你手中过剩的糖浆，使市场再次达到出清状态。我们假设新的市场出清价格是每品脱7美元。

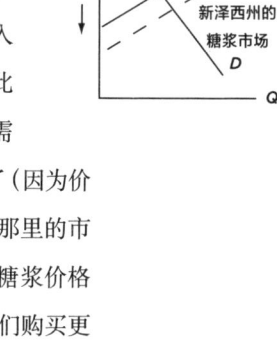

你的经济利润是每品脱50美分。你以低价（每品脱6美元）买入糖浆，产生一定的交易成本（每品脱50美分）后在新泽西州以每品脱7美元卖出糖浆。这确实是一个获取利润的机会，你也确实抓住了这个机会。你的判断和预

---

a 品脱：英美计量体积或容积的单位，在美国用作液量单位时，1品脱约合0.47升。——译者注

测都很正确。

别忘了，经济学的思维方式考察各种选择以及它们导致的有意之果和意外之果。幸运的是，你达到了自己的目的（有意之果）——获取利润。但是你的活动还导致什么意外之果？你的活动产生了有用的信息，推动了计划的协调。

发现错误

市场过程中会出现错误，企业家通常能修正这些错误。确实有成千上万（甚至数百万）的人不知道新泽西州的消费者其实能以更低的价格买到糖浆。这些人包括新泽西州的普通家庭消费者，他们以每品脱 9 美元的价格买糖浆，而其他人却能以每品脱 4 美元的价格买到同样的商品。这些人还包括佛蒙特州的卖家，他们以每品脱 4 美元的价格卖糖浆，而其他地方的买家愿意付每品脱 9 美元买同样的商品。这样的价格差（价格差代表交易成本）是一种信号，说明这些卖家和买家确实在犯错误。**要是他们知道自己在犯错误就好了！**他们都有权以自己认为合适的方式买卖糖浆，这是他们的经济自由。但是只有发现这个机会的企业家才能推高佛蒙特州的糖浆价格并为新泽西州的消费者提供更便宜的糖浆。企业家对获得经济利润的潜在机会嗅觉非常灵敏，因此他们有动力去寻找这种机会。企业家的目的仅在于谋利，但是他们的套利行为同时为市场提供了信息，这是一种意外之果。在第 2 章中，我们讨论过中间人的作用，企业家的套利行为也能发挥类似的功能：将多个区域市场进一步整合为一个全国性的市场。这个整合的过程并不靠"全国糖浆生产与分销委员会"组织，而是靠企业家为谋利而进行的套利操作促成。在低价区域买入商品能推高那里的商品价格，在高价区域卖出商品能压低那里的商品价格。套利行为产生了意外之果：各个区域的市场**价格趋同**（考虑交易成本以后）。

套利活动能重新分配商品，使它们从低价值的用途转入高价值的用途。自然灾害（比如上一章中讨论过的卡特里娜飓风）期间发生的正是这样的过程。

创新

第二，企业家会参与**创新**活动。参与创新活动的企业家是开拓者，他们永远在寻找满足消费者需求的更好方式，这里的"更好"可能意味着质量更好、更耐用、服务更好或者价格更低。创新包括引入新的技术（比如 iPod、黑莓手机、高清电视）和引入新的组织策略（比如像沃尔玛和塔吉特这样的标准连锁商店，以及像易贝这样的线上拍卖网站）。为了追求经济利润，企业家试图以成本更低的方式组织稀缺资源，生产对消费者更有价值的商品。他们发现新的成本结构以及生产、分销稀缺商品和服务的**更高效**方式。

从某个角度看，企业家的创新行为（以及我们很快就会谈到的模仿行为）也包含套利元素。考虑智能手机的发明过程。创新者发现了把高技术人类劳动、低技术人类劳动、电线、塑料、硅芯片和其他资源组合在一起的新方式。找到这种新方式以后，他们就可以低价买入上述资源，以创新方式重组，再以相对较高的价格出售最终产品，并从这个过程中获利。

第三，企业家**模仿**其他企业家的创新活动。福特公司发明了能大规模生产汽车的流水线。其他企业家很快就获得了这个消息，并发现他们也可以通过模仿福特公司的做法来降低汽车的生产成本。IBM 是较早开始生产个人电脑的企业。这也是一项影响力极大的创新。IBM 公司成功以后，数十家个人电脑生产商很快开始模仿（或者说"学习借鉴"）IBM，开发出他们自己的个人电脑产品。这些产品被称为 IBM "克隆机"。苹果公司也跟进了，有些人认为苹果公司的模仿品不仅能够替代个人电脑，而且比个人电脑性能更好。一整个新产业诞生了，消费者的愿望和需求被更好地满足了，而这一切都是意外之果。新的知识也诞生了。多亏了企业家的创新和模仿，大部分消费者发现个人汽车比传统马车更方便，个人电脑比传统的打字机更高效。为什么我们知道消费者更喜欢前者？因为我们发现消费者更愿意购买前者的产权，而放弃或不愿购买后者的产权。

7.10 仅靠运气？

并非每个企业家都能赚到经济利润。事实上，弗兰克·奈特认为总体来说企业家群体的利润可能是负数。许多和福特公司竞争的企业都破产了，和 20 年前相比，个人电脑生产企业的数目减少了许多。再看看那些生产打字机和八声道磁带的厂家现在怎么样了。套利者和投机者都得面对不确定性，他们得做好赔掉数百万美元的心理准备。当他们真的赔到血本无归时，你就会在晚间新闻里听到他们的消息。毕竟，我们不能忘了市场经济是一种关乎利润与亏损的经济（本章的标题由此而来）——只有在不确定的世界中才可能产生经济利润与经济亏损。

教室后排的那位批评家又有好一阵没发言了。现在，他又插话了："获得利润的企业家只是运气好而已，面临亏损的企业家只是运气差而已。他们只创造了一种信息：他运气好，她运气差。而他们的运气随时可能改变。这怎么能算是有用的信息呢？"毫无疑问，在任何一个给定的时间点，总有一些利润与亏损完全是运气和机会的产物。没有人否认这一事实。确实有些人根本不清楚卡特里娜飓风的威力，他们只是飓风登陆时恰好在墨西哥湾沿岸拥有大量冰块存货，于是他们便幸运地赚了一大笔利润。但是，在现实世界中我们**确实**观察到市场过程的整合程度和协作程度在时间上和空间上不断提高。如果企业家的利润主要来自运气，就不应该出现上述现象。正是为了解释和理解现实世界中的上述现象，亚当·斯密和其他经济学家才发明了经济学的思维方式。如果人们的计划（包括企业家的计划）只能纯靠运气意外达成，就不应该出现有序的市场过程（就像有序的交通情况一样），那么不管是在胰岛素、玉米、吉他、汽油、医疗服务的市场上，还是在前6章中不曾讨论过的其他商品和服务的市场上，我们都不能指望供给和需求自动变得越来越协调。如果一切纯靠运气，我们只会观察到混乱，根本不会有一个运行状况良好的商业社会等着我们去解释。

7.11 利润与亏损是协调的信号：货币计算扮演的角色

> 市场不仅创造了信息，还创造了鼓励人们根据这些信息采取行动的激励机制。

在商业社会中，人们有更好地协调生产与消费计划的倾向，也就是说市场有出清的倾向。这种倾向不靠运气和机遇维持，而是靠一种更加本质的力量维持。**市场能创造信息**。价格信号产生于市场过程中，人们通过自由进行产权交易而受这种信号引导、向这种信号学习。成功企业家的比较优势在于他们善于从这种价格信息中找到能产生利润的价格差——他们找的是低买高卖的机会。企业家根据市场价格判断自己的活动的预期成本和预期收益。某项具体的商业活动（比如新开一家比萨餐馆或进行一项革命性的技术创新）是会以更高效、有利可图的方式整合稀缺资源，还是会以低效、无利可图的方式整合稀缺资源？要对这个问题做出判断，市场价格是关键的信息。假如生产商想用黄金造公共汽车，不会有人拦住他们，可就算黄金造的公共汽车真的存在，数量也极少。为什么会这样？因为企业家能够获得的市场信息告诉他们：虽然黄金公共汽车既稀少又独特，但造这种东西会让他们赔到血本无归。既然如此，他们为什么要用自己的财富来生产这种东西呢？

制度和游戏规则都很重要！只有在一个以私有产权、市场交易和金钱使用为基础的系统中，企业家才能进行货币计算。

企业家日常计算**预期利润**，这为他们提供有用的信息，帮助他们决定是否参与套利活动或是否创办新企业。企业家的实际利润或实际亏损能帮他们进一步判断上述预测是否准确。市场过程中的计算帮助人们**发现**消费者想要什么东西、想在哪里获得这些东西、想何时获得这些东西——这个过程使我们明白如何才能最好地为消费者的利益服务。企业家预期自己能够享受商业活动的余值（也就是经济利润），因此他们才有动力进行企业经营活动。企业家通过赚取利润获得更多财富。但同样重要的是如果企业家误判潜在的利润机会，他们就会面临经济损失，从而失去自己的财富。这些企业家因未能高效使用资源而受到惩罚。

这些稀缺资源将被重新分配，谁认为自己能以效率更高、利润更高的方式使用这些资源，谁就能获得这些资源。许多年前，残酷的现实让八声道磁带的生产者学到了这样的道理：虽然任何人都可以自由生产八声道磁带，但在消费者心目中这种商品已经没那么有价值了，因此继续生产磁带只会进一步减少企业所有者的财富。于是，这些生产者选择退出市场，停止生产磁带。土地、劳动力和其他稀缺资源流向别处，用于生产比八声道磁带更有价值的商品，比如蓝光 DVD 影碟机、智能手机或者无线电脑鼠标。

预期利润和实际利润

7.12 小心专家

因此，促成一个强健、高效的市场过程的核心因素其实很简单却被严重忽视。这个因素就是允许**自由进出**的**开放市场**。只要允许自由进出市场，相信自己在企业经营（比如套利和创新）方面具有比较优势的人就会进入市场并以他们认为合适的方式展开交易。如果他们判断正确，他们就能赚到利润，他们的实际利润还会向**其他**企业家发出信号，邀请后者进入市场模仿前者的成功经验。消费者的需求因此能被更高效地满足。但同样重要的是，如果在企业经营方面曾经具有比较优势的人（或者曾经认为自己有比较优势的人）面临经济损失并希望去别处寻找机会，游戏规则也允许他们退出市场。经济损失说明他们在判断稀缺资源的价值时犯了错误。

个人选择不同专业领域的预期成本和收益可以变化,因此比较优势可以(也确实经常)随之变化。我们强调企业家的角色并不是为了把他们捧上不容批评的神坛,而是为了强调企业经营活动发挥的作用:促成并更好地协调市场交易。允许自由进出的开放市场意味着谁想从事企业经营活动就可以从事这些活动,我们的重点是承认这种*游戏规则*的影响。经济学家并不比其他人更有资格判断谁会成为未来的成功企业家(或在未来继续保持成功企业家的地位),政府官员同样没有这种特权。我们之中没有任何人掌握这一信息。在商业社会中,市场过程向市场参与者提供这种信息,具体来说市场参与者会计算预期利润和损失、实际利润和损失以及它们对个人财富的影响。

> 允许自由进出的开放市场帮助我们发现自己的比较优势。

如果上述论断听上去有点太抽象,让我们考虑以下判断和预测。这些话都是业内专家和权威说的:

"不可能存在比空气重的飞行器。"
——开尔文勋爵 (Lord Kelvin),英国皇家学会主席,1895 年。

"钻探石油?你的意思是我们要钻地并试图在地下找到石油?你疯了!"
——埃德温·L. 德雷克 (Edwin L. Drake) 想雇人开展采油项目,结果钻探工这样说,1859 年。

"所有可能被发明的东西都已经被发明了。"
——查尔斯·H. 迪尤尔 (Charles H. Duell),美国专利局局长,1899 年。

"我们不喜欢他的声音,而且吉他音乐已经要过时了。"
——德卡唱片公司这样拒绝甲壳虫乐队,1962 年。

"未来的电脑可能轻于 1.5 吨。"
——《大众机械》(*Popular Mechanics*) 杂志,1949 年。
(事实上这一点他们说对了!)

"我认为整个世界市场大约需要 5 台计算机。"

——托马斯·沃森（Thomas Watson），IBM 公司董事长，1943 年。

"绝对不会有人想要一台放在家里的电脑。"
——肯·奥尔森（Ken Olson），数字设备公司的总裁、董事长和创办人，1977 年。

"640K 应该对任何人都够用了。"
——比尔·盖茨（Bill Gates），1981 年。

因为企业家可以自由进入市场，所以我们才能检验上面这些说法。因为企业家可以自由进入市场，所以有潜力成为新一代先驱者的人能测试上一代先驱者和其他权威的判断，能采取行动试图抓住自己认为有利可图、能产生财富的机会，能发现自己的比较优势，还能增加消费者的选择机会。

企业经营活动是社会变革的来源。有些人敏锐地发现了当前状况和可能状况之间的差距，并且找到了通过缩小这种差距获利的机会，这些人就是企业家。为了缩小上述差距，企业家必须控制某些资源，所以他们从其他人手中购买或租用资源。资源所有者愿意将资源控制权交给企业家以换取后者提供的回报。企业家的总成本等于上述回报的总和加上企业家的预期机会成本。从项目总收入中扣除上述成本就得到企业家的利润或亏损（如果企业家判断错误，就会面临亏损）。开放市场允许各种各样的人根据自己掌握的知识做出预判并开展他们认为有利可图、有助于增加财富的项目。而封闭市场（通过法律禁止潜在企业家进入的市场）则会抑制竞争并限制市场过程创造知识、协调计划的功能。在封闭市场系统中，立法者和官僚机构根据自己的预判决定谁可以进入市场，谁具有何种比较优势，谁能最高效地满足消费者的需求；但一来决策者的信息有限，二来他们即使犯错误也不会损失个人财富。

如果一个社会禁止谋利，人们就不会再承担责任。

延伸思考：期货市场上的投机行为

假设从初夏时节开始，越来越多的证据显示玉米枯叶病正在美国中西部的主要玉米产区中不断扩散，今年玉米可能因此显著减产。相信上述预测的人判断今年秋季的玉米价格将高于往年。基于这种预判，有些人会减少当前的玉米消费量，把一部分玉米存起来留到秋季涨价时使用。这是一种投机行为。

各种各样的人都会参与这种投机行为：农民会用其他饲料代替玉米，以保持较高的玉米存量，于是他们要么可以避免在价格上涨时购买玉米，要么可以在价格上涨时出售自己手中的玉米；使用玉米的工业厂商立刻提高玉米库存量，因为目前的玉米价格还相对较低；交易者可能连玉米和大豆都分不清，但他们也试图通过现在低价买入、日后高价卖出玉米获利。有一种组织程度很高的大宗商品市场能促成上述交易，人们在这种市场上买卖"期货"。以上所有活动都会降低目前市场上的玉米数量，从而使玉米价格上升。自然灾害还没发生，价格已经开始上涨，批评家常常指责这种现象。

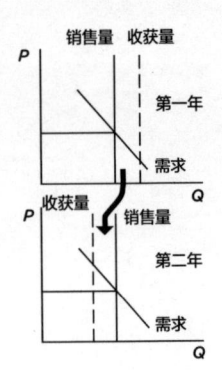

丰年时存货留到荒年销售能够稳定玉米的价格。

但这只是事情的一个方面。上述投机活动能在不同时段间转运玉米，把玉米从相对充沛的时段转移到更加稀缺的时段。我们预计玉米枯叶病的影响会在秋季显现。如果有人进行投机活动，秋季的玉米价格就会比没人进行投机活动时低。因此，投机者使大宗商品的消费量平均化，减少了不同时间段之间的价格波动。价格波动会给玉米的种植者和使用者带来风险，因此投机者事实上反而降低了他人的风险。更准确地说，投机者较愿意承担风险，而其他人较不愿意承担风险。后者愿意付出一定代价（即降低预期回报率）避免风险，因此前者从后者手中买进风险并从这个过程中获利。承担风险是投机者的比较优势。（为降低自身风险而把风险卖给他人的人叫作"对冲者"。）

大宗商品投机者与期货市场

亚当·斯密曾这样形容对未来谷物价格进行投机的人：他们就像谨慎的船长，一旦发现船上的食物不够撑过整个航程便立刻对船员限量供应食品。亚当·斯密认为，投机者促使消费者提前开始节约粮食，从而减少荒年给人们带来的痛苦。今天，这仍是专业大宗商品投机者的主要贡献之一。只要研究一下对原油期货进行的投机活动就能理解上述机制如何起效。

纽约商品交易所（New York Mercantile Exchange）有一个专门交易低硫轻质原油（Light sweet）期货的市场。低硫轻质原油是各种石油品级中最受欢迎的一种［本书的作者并不清楚这种油是否真的尝起来有点甜（sweet），但我们接受这个名字］。每份期货合同约定买卖双方在未来某个具体月份中以目前商定的价格交付或接收100桶原油。原油生产者担心未来油价下跌，他们的产品也跟着跌价，因此他们希望购买跌价保险；而原油消费者担心未来油价上涨给自己带来不利的影响，因此他们希望购买涨价保险。生产者和消费者都利用期货市场达到自己的目的。

比如，航空公司的管理人员盼望暑期的航班旺季快点到来。但如果夏季油价上涨，他们期盼的旺季利润就可能泡汤，因此他们可能从5月份就开始担心油价问题。为了预防油价上涨，航空公司可以购买保险降低风险：他们可以在5月份买入暑期每个月的原油期货。假设5月份时8月原油期货的市场交易价格是100美元，航空公司以这个价格买入8月份的原油期货，那么他们就对冲了8月份石油涨价的风险。油价上涨令飞机燃料的价格上浮10%，这会提高航空公司的运营成本，从而降低他们的利润。但同时公司5月买入的8月原油期货会涨价10%，这能弥补利润下降带给公司的损失。上述期货合同之所以会涨价，是因为随着交割日期的临近，期货合同的价格会逐渐变化以和大宗商品的实际价格保持一致。价格变化的结果是：期货卖家相当于在8月份以事先约定的价格（100美元）向期货买家交付了原油，而买家相当于以8月份的市场价格（110美元）卖掉这些原油。5月份时，双方预测8月份的原油价格为100美元，8月的实际原油价格为110美元，比预期高10%。

我们都面临不确定的未来。价格可能上升、下降或保持不变。**期货市场允许人们以自认为合适的方式分配风险、处理不确定性。**希望降低风险的人（经济学家称他们为"风险规避者"）可以选择对冲风险。希望增加风险的人（经济学家称他们为"风险承担者"）可以选择投机。

对冲可以降低风险。如果石油价格下跌，航空公司可以赚到额外的利润；但如果石油价格上涨，他们就面临亏损。为了避免后一种情况下的亏损，航空公司放弃前一种情况下的额外利润。而如果石油生产者想对冲风险，他们会在5月份卖出8月的原油期货。他们卖出多少桶原油的期货合同，就相当于把这么多桶原油8月份的价格锁定在合同规定的水平上（5月份时的8月原油期货

5月份，农民一边播种玉米，一边卖出9月份的玉米期货，他在**对冲风险**。薯片生产厂则靠**买入**玉米期货来对冲风险。

价格）。石油生产商相当于买了石油跌价保险，而航空公司相当于买了石油涨价保险。假设5月份时8月原油期货的市场交易价格是100美元，石油生产者以这个价格卖出8月份的原油期货。结果，8月份的油价比预期高10%，因此石油生产商卖油的利润也比预期高。但他们卖出的期货合同现在涨价到110美元，合同（事实上相当于）要求原油生产商以110美元每桶的价格买入原油，再以合同规定的价格（100美元每桶）卖出原油。期货合同产生的亏损抵消了利润高于预期的部分。当然，如果油价在5月到8月之间下跌，石油生产商就会亏损，对冲的目的在于避免这种亏损。为了规避油价下跌导致的损失，石油生产商放弃了油价上涨可能带来的利润。

在上述过程中专业投机者究竟发挥什么作用？首先专业投机者拓宽了市场。因为他们的存在，想买卖期货的人都能在市场上找到交易对象。假设许多石油消费者都开始担心未来油价会上涨，他们就会因此想买入石油期货。我们没有理由相信恰好会有那么多石油生产者愿意卖出同样数量的石油期货合同，但是，当期货卖方数量不足时，期货价格开始上涨，这会吸引专业投机者的加入。这些人愿意交易某些大宗商品的期货，因为获取这些大宗商品的信息是他们的专长。他们之所以愿意主动承担风险，是因为他们相信自己拥有特殊知识，能比别人更好地预测未来的价格。对冲者想规避风险，投机者愿意接受这些风险，他们以双方商定的价格买卖风险。因此经济学家说期货市场为人们提供了分配风险的机会。

投机者帮助对冲者规避风险，但他们的贡献远不止于此。专业石油投机者密切关注任何影响石油供求（从而改变石油价格）的因素，包括新油田的发现、军事冲突、革命、石油输出国组织（OPEC）成员国之间的冲突与和解、离岸石油产区发生的严重风暴、可能影响政府石油政策的政治变化、工业化经济体的经济危机（这可能降低石油需求）、环保理念的变化——任何因素都不放过。一旦投机者相信未来石油会变得更稀缺，他们就买入原油期货。原油期货价格因此开始上涨。其他人发现原油期货价格上涨，于是他们知道最懂行的人正在花自己的钱赌未来油价走高，他们会据此调整自己的行为。专业投机者的活动对所有人都有益。

比如说，手中有大量原油存货的人会降低目前的销售量，以便等到未来油价上涨后再出售存货。因此，目前的原油供应量下降。计划未来购买原油的人会抢在涨价前提前购买原油，因此当前的石油需求会上升。总之，专业投机者的行为先令原油期货涨价，接着原油的当前供应量因此下降、当前需求因此上升，这两个因素共同推高当前的原油价格。因为人们预测未来石油会涨价，所以石油立刻涨价了，所有石油产品的消费者都会因此开始节约用油（包括数百万从来不读报纸期货版的普通人）。因为石油的当前价格上涨了，所以石油产品的终端用户会从现在开始降低消费量。

这是好事还是坏事？假设投机者买入原油期货是因为他们预测中东的军事冲突将严重阻碍这些国家向国际市场输出原油，那么以下两种结果哪种更优？第一种情况是没有事先预警，不做任何准备，等到石油减产时才开始调整；第二种情况是事先发出预警，立刻开始节约用油，保证石油减产时我们手中有更多能帮助我们渡过难关的原油储备。

我们很难相信第一种情况会比第二种好——当然，除非专业投机者预测错误（这完全有可能发生）。如果专业投机者误判，那么他们的行为会推高石油及石油产品的价格，而他们预测的灾难根本不会发生。在这种情况下，我们毫无道理地开始节约用油，并努力增加手头的原油存货。这些存货会压低未来的石油价格（与没有投机者的情况相比）。投机者的误判干扰供求平衡，从而导致价格波动。

但投机者判断正确的时候远比判断错误的时候多。因为做出正确的判断是他们的工作，这影响**他们的**个人财富。如果常常误判，他们就不可能长期留在这个行业里。此外，就算误判**真的**发生，专业投机者也能很快发现错误并修正自己的行为，否则他们就会被期货市场淘汰。有的人不用为自己的错误付出代价，因此就算公正理智的人都能看出他们的预测有问题，他们也会固执地坚持己见。专业投机者可没这个资本。

专业投机者是我们的远程预警系统。他们向我们提供更好的信息，并且激励我们根据这些信息采取行动。通过买卖期货合同，他们随时向我们提供对未来价格的预测，并不断修正这些预测，因此我们每个人现在都能做出更合理的决策。投机者和中间人都是有价值的资源。有时，反对投机的政治风气会减少投机者的数目，如果我们能更好地理解期货市场和投机者的作用，我们就能更有效地保护这种"濒危生物"。

在危机发生前，期货市场就能告诉我们稀缺商品的未来价格会如何变化。

Chapter 7

预言家与亏损

然而，以上所有论证都基于一个前提假设：投机者的预测是正确的。如果玉米不但没有歉收，反而丰收了，会导致什么结果？要是玉米枯叶病并不严重，天气还特别适合种玉米，投机者就把玉米从相对稀缺的时段转移到了相对充沛的时段，从而加大了玉米的价格波动。未来的玉米价值低，现在的玉米价值高，人们却为了获得未来的玉米而放弃现在的玉米，这种再分配资源的方式显然很不理想且对任何人都没好处。

但是投机者也不能从这种活动中获利！投机的目标是获取利润，结果他们却面临亏损。因此我们可以预见，投机者不会这么做，除非他们因为无知而犯了错误。投机者会不会因为无知而犯错误？当然会（如果从不犯错，他们就不会被叫作"投机者"了）。但我们都生活在一个不确定的世界中，因此我们必须根据不完全的信息采取行动，除此以外别无选择。我们不可能为了逃避不确定性和无知导致的后果而拒绝行动或拒绝参与未来。假如我们觉得自己比投机者懂得更多，我们就去市场上赌跟他们不一样的东西，这样还有钱赚。有趣的是，总有人批评投机者对未来提供误导性的信息，认为自己比他们更懂未来会发生什么。可是表达反对意见的最佳方式就是进入市场下跟他们不同的赌注，我们却鲜少看到批评家这么做。如果说后见之明是一种商品，那么这种商品的供应永远很高，因此价值便理所当然地一直很低。

所有人都能看到投机者提供的信息。市场过程创造信息，投机者是其中的另一重要信息源。他们的买卖行为反映他们对未来与现在的关系的判断。和其他价格一样，投机行为产生的价格也是一种价值指数：决策者从中获得关于未来和现在的机会成本的信息。这种信息对风险规避者的价值不亚于它对风险承担者的价值。确实，如果投机者判断错误，他们就会向我们提供"坏"信息。但如果一味批评这种坏信息，就又犯了那个老错误：硬把"较差的情况"与"较好却根本不可能发生的情况"放在一起比较。假如我们觉得自己比投机者更懂预测未来，没人阻止我们用金钱表达这种看法，这个过程不仅能让我们获利，还能造福其他人。自由市场为我们提供了这种选择。

同时，有些人确实会在日常经营活动中用到投机者交易的大宗商品，这些人会有效地利用投机者提供的信息。不管是农民还是企业消费者在做规划时都会参考大宗商品期货交易市场对未来价格的预测。还有一些人使用的商品不是通常意义上的投机性大宗商品，但他们也可以利用投机者提供的信息。因为我们都把价格当作信息来用，价格反映竞价的过程，而竞价过程不可避免地严重依赖于人们对未来的（投机性）预测。在美国，我们观察到一个出乎意料的事实：干旱、病虫害、反季节霜冻等自然灾害对谷物、水果和蔬菜的供应影响极小。这主要归功于投机者。自然情况千变万化，消费者对食品的需求却很稳定，投机者的预测行为有效地缓冲了两者之间的矛盾。

总之，中间人协调不同区域的市场，将许多本地市场整合为高度复杂的全国经济系统甚至全球经济系统；而投机者协调不同时间的市场（不管他们有没有完全意识到自己发挥的作用）。他们缩小供应量和需求量之间的差距。他们不仅协调当下的供需计划，还协调可预见的未来的供需计划。发挥这种功能并不是他们的主观意愿，富有企业家精神的中间人和投机者这么做仅仅因为他们相信这是自己的比较优势所在，他们"只是在"试图谋利而已。经济学的思维方式允许我们跳出"纯为谋利"的框框，分析这些行为的结果：他们不仅为人们提供了信息，还为人们创造了分配风险的机会。他们是这方面的专家，他们能高效地为在这方面没有比较优势的人提供重要的稀缺信息。

> 中间人协调不同区域的市场；投机者协调不同时间的市场。

简要回顾

利润的定义是总收入减总成本。在计算总成本时，财会利润只考虑显性成本（比如支出）。如果我们计算总成本时考虑所有机会成本，那么总收入减去总成本就得到经济利润。经济利润是一个有用的概念。

利润来源于不确定性。如果没有不确定性，竞争就会消除预期总收入和预期总成本之间的差距，使利润为零。

企业可能产生经济利润，这是企业家从事企业经营活动的动力。企业家愿意承担责任，重组社会的某个部分，这是因为他们相信重组产生的收益大于成本。企业家的利润是一个余值：为了完成自己的项目，企业家必须付钱买其他人的合作，付完这些钱以后剩下的部分就是企业家的利润。余值获取系统让人们自行协商决定共同项目的每个方面由谁负责，因此这种系统能促进社会协作。

以私有产权、市场交易和金钱为基础的系统使货币计算成为可能。货币计算指利用市场价格信号判断各种行为的潜在利润率。企业家通过货币计算判断各种决策的预期效果。

企业经营活动有三种形式：套利、创新和模仿。创新和模仿本质上是更复杂高级的套利活动：企业家试图以较低的预期价格买入稀缺资源进行重组，再以较高的预期价格出售最终产品。

一旦"真相泄露出去"，企业家的利润就会消失。如果人们可以通过观察企业家的活动了解如何获利，那么这位企业家（及其模仿者）的收入就会下降。如果其他人因缺少关键资源而不能模仿成功的企业家，大家就会竞争这种资源从而推高其价格，直至预期总成本与预期总收入相等。

不确定性在生活中客观存在。如果决策者不完全清楚现在的所有机会分别会在未来导致什么结果，他就是根据不完全信息做决策的"投机者"。因此在不确定的世界中人人都是"投机者"。

职业投机者认为自己在承担风险方面具有比较优势，他们能协调不同时间的市场。

期货市场为人们提供了分配风险的机会。对冲者想降低自己面对的风险，投机者想提高自己承担的风险。对冲者与投机者签订期货合同，于是双方的愿望都实现了。

商品目前的稀缺程度和未来的稀缺程度之间存在某种关系，如果有人觉得自己比其他人更懂这种关系，他们便希望在一个时间段中买入商品，在另一个时间段中卖出商品。如果判断正确，他们不仅能靠超群的眼光获得利润，还能把商品从相对充沛的时段转移到相对稀缺的时段。如果判断错误，他们就会把商品从相对稀缺的时段转移到相对充沛的时段，他们受到的惩罚是个人财富的减少。

供讨论的问题

1. 查克·瓦金开了一家小型税务会计公司，经营地点是他家的地下室。

(a) 地下室本来是闲置的无用空间，后来查克把它变成了公司的办公室。

他说他的企业比大部分税务会计公司利润高，因为他不用交房租。你是否同意房租不是查克的生产成本之一？

(b) 最近，一家大公司愿意花 45000 美元年薪雇查克为他们工作。查克拒绝了这个机会。他靠自己开公司每年能产生大约 35000 美元的个人收入。那么你认为他的企业盈利吗？

(c) 查克说他喜欢自己当老板，如果能不给别人打工，他至少愿意每年少赚 25000 美元。有了这个信息以后，你是否需要修正对 (b) 小题的答案？

(d) 最近查克用 10000 美元个人积蓄为办公室购买了一台电脑。你认为这项投资如何影响公司的成本？

(e) 假如他没用自己的积蓄买电脑，那笔钱本来可以每年赚 12% 的利息。即使没有积蓄，他还是会以 18% 的年利率从银行贷款买电脑。查克可以用自己以前存的钱买电脑，这是否降低了他拥有电脑的机会成本？如果银行不允许他取出利率 12% 的存款，而要求他以 18% 的利率贷款，为什么 6% 的利息差也是一笔支出？用自己的积蓄买电脑是否能降低查克的成本？

2. 阿拉斯加州的锡特卡附近每年春季会出现鲱鱼的渔期。有人认为这是全世界利润最高的捕鱼机会。有时渔船能在 3 小时内捕捞到价值 50 万美元的鲱鱼。其实渔民想要的并不是鲱鱼，而是鲱鱼的卵——也就是所谓的"鱼子"，因为日本的鱼子需求极高。以下几小题围绕一个基本的问题展开：只要在锡特卡附近海域捕捞几小时就能获得巨额利润，这种说法真的成立吗？

(a) 为了防止产卵期的鲱鱼被过度捕捞，阿拉斯加州只允许有许可证的渔船捕捞鲱鱼，并且渔船每次出海只能在一个很小的区域内捕捞几个小时。几年来，全州一直只有 52 张鲱鱼捕捞许可证。不管是谁，想捕捞鲱鱼就必须从现有持证人手上买一张许可证。目前，许可证的价格大约是 30 万美元。为什么会这样？许可证的市场价格由什么决定？许可证的价格如何影响鲱鱼捕捞的利润？

(b) 每次捕捞只能持续 3 小时，所以在这 3 小时中船长会雇飞机寻找鱼群。

因为在一个很小的区域中有几十架飞机来回穿梭，所以驾驶飞机寻找鱼群是种非常危险的工作。有时飞行员每次会要价30000美元。为什么船长愿意付这么多钱雇飞行员？

(c) 假设一艘有许可证的渔船坏了，船长可能愿意花10万美元另租一艘船。为什么会有人愿意出那么高的租金？首先在这个区域中为什么会有一些装备齐全的渔船闲置待命？

(d) 一艘有许可证的渔船也许能抓到价值50万美元的鲱鱼，也许一条鱼也抓不到。假设船长今年一条鱼也没抓到，他的年度亏损额是多高？

(e) 船员的工资取决于这艘船能否成功捕到鱼。那么船员是企业家吗？他们的工资是工资还是利润（或亏损）？

(f) 船长雇了5个船员和1个飞行员，他承诺每个船员可以分到鲱鱼总价的10%，飞行员可以分到20%。这条船一共捕到价值10万美元的鲱鱼，那么船长是否盈利？

3. 本章里说如果大家都知道某项活动有利可图，就会有更多人参加这项活动，这项活动的利润就会消失。上述论断是否适用于可卡因的销售？

(a) 被捕入狱的风险是贩卖可卡因的成本之一。10年有期徒刑和5年有期徒刑都能震慑犯罪，为什么前者的震慑作用不是后者的两倍？如果某人有五分之一的概率被判入狱10年，那么这种刑罚轻于2年有期徒刑，为什么？因为可卡因贩子有可能被判入狱，也有可能不被判入狱，所以在计算入狱风险的主观成本时他会给刑期打个折扣，你认为他用的折扣率是高还是低？为什么入狱风险对某些人的震慑效果强于对其他人的震慑效果？

(b) 贩卖可卡因还有一项成本：你有可能会被竞争对手杀掉。这种成本对有的人来说比对其他人低得多。你认为对哪种人来说，这一成本相对较低？

(c) 对哪种人来说贩卖可卡因有利可图？

4. 新开张的餐馆有一半会在1年内倒闭，85%会在5年内倒闭。上述数字说明餐饮业的利润具有什么特点？既然如此，为什么每年还有那么多企业家开新餐馆?

5. "每个人都知道"劳动者领取工资,只有企业家才能获得利润。然而真的是这样吗?

   (a) 假设雇主暂时不能给员工发工资,但为了不让企业倒闭,员工仍然愿意继续为雇主工作,那么员工工作是为了获得工资还是利润?

   (b) 有人想开一家修剪草坪的公司,你同意把自己的除草机借给他,每次收取2美元。你是否因此成了资本家?你收取的2美元能不能被称作利润?假设此人不是每次付2美元,而是付给你除草公司20%的毛收入,你对以上两个问题的答案会改变吗?

6. 贫穷国家的政府常常十分起劲地修建新的道路、大坝和其他建筑,却不对它们进行适当的维护。有些人把这种倾向称为"大厦情节"。

   (a) 你能否用"余值获取人"的概念解释这种现象?

   (b) 如果道路归私人所有,他会对道路维持什么态度?

7. 是否所有企业家都是资本家?

   (a) 本章把企业家定义为"承担责任并承诺向所有合作方支付固定数额钱款的人"。合作方在何种情况下会信任企业家的上述承诺?他们为什么要信任企业家?如果觉得以上问题太过抽象,你可以这样问自己:假设你工作3个星期后老板才会第一次给你发工资,那么你会努力为老板工作吗?此时你为什么不信任老板?员工在何种情况下会不信任老板呢?

   (b) 如果员工想与企业家合作,他们就得信任企业家并接受企业家对他们的承诺。除了员工之外,还有什么人需要这样做?那些人为何相信企业家会兑现承诺?

   (c) 为什么雇员同意让雇主获得所有利润?

   (d) 为什么雇主同意不管情况多糟糕都给雇员发一定数量的工资?

8. 假设你明天要动身去一个很远的地方进行为期两周的出差加度假,你会乘飞机去。

(a) 为什么说收拾行李时你在进行投机行为？

(b) 你更容易犯哪种错误：是带的衣服太多而不得不拖着沉重的行李箱到处走，还是带的衣服太少而没法穿自己想穿的衣服？

(c) 你的目的地是大城市还是偏远地点如何影响你对 (b) 小题的答案？

(d) 假设你只带了一双配西服的皮鞋，却在一次重要商务会谈前不小心把墨水洒在其中一只鞋上。你赶紧出门去买一双新鞋。解释鞋店承担风险的意愿如何降低了你只带一双皮鞋造成的风险。

9. 一篇讨论美国的囤积行为的文章引用了若干社会科学家的发言。一位社会学家认为囤积行为是非理性的，美国人囤积汽油是因为他们对自己的车怀有太过情绪化的依恋。一位历史学家说囤积行为绝对是美国人的国民特点。有人说囤积行为是"短缺造成的精神病"。还有人谈到"恐慌购买行为"。另一位社会学家则声称必须靠强有力的领导消除这种"竞争性的行为"。

(a) 我们如何才能判断囤积行为究竟是非理性行为、精神病行为、国民特性、情绪和恐慌的产物，还是对不确定性的合理反应？

(b) "囤积"和"维持合理存货水平"之间的区别是什么？

(c) 为什么企业和家庭都会保持一定的存货水平？他们如何决定某种特定商品的合理存货水平？

10. 给家里的房屋购买火灾保险是否属于投机行为？如果你和朋友们组织一个保险合作社，就没有必要付钱给中间人（保险公司）了，那么这样做可以帮你省钱吗？保险公司向你提供了什么有用的信息？

11. 也许你听说过《旧约·创世记》中约瑟的故事。约瑟给埃及法老解梦，他告诉法老：未来 7 年埃及的粮食会大丰收，但 7 个丰年之后全国会连续面临 7 个荒年。约瑟建议法老在丰年时每年留五分之一的粮食，囤积起来好生看守，作为荒年的储备粮。法老十分认同约瑟的看法，并委派约瑟办理这件事。约瑟奉命行事。饥荒发生时，他重新打开粮仓，把粮食拿出来卖给埃及的民众。

有些现代投机者也会像约瑟一样预测未来的粮食短缺，试比较约瑟的行为和现代投机者的行为。

(a) 约瑟主观上希望达到什么目的？
(b) 专业投机者主观上希望达到什么目的？
(c) 约瑟把丰年的粮食囤积看守起来，这种行为对粮食的供给曲线产生什么影响？
(d) 专业投机者签订期货合同，承诺未来卖出粮食，他们的行为对目前的粮食供给产生什么影响？
(e) 约瑟的行为对荒年的粮食供给产生什么影响？
(f) 专业投机者的行为对未来的粮食供给产生什么影响？
(g) 他们的行为导致的后果是否具有本质上的区别？
(h) 最后一个问题：约瑟的信息来源是什么？专业投机者的信息来源是什么？

12. 据新闻媒体报道，一场严重的霜冻灾害给佛罗里达的橙子种植业带来了严重的损失，所以很快就会出现冰冻橙汁严重短缺的情况。你对以下行为有何看法？每小题可以从以下4个选项中选择：完全合理、很可能合理、很可能不合理、完全不合理。

(a) 本地食品店的店主一听到这个消息立刻提高了店里的冰冻橙汁的售价。
(b) 一位家庭主妇一听到这个消息立刻赶去超市买了3个月量的冰冻橙汁。
(c) 有一位果农，他果园里的作物并没有受霜冻影响，但他听到这个消息后立刻提高了果园里所有橙子的售价。
(d) 另一位果农的作物受到霜冻的严重破坏，她听到这个消息后立刻提高了自己果园里剩下的橙子的售价。
(e) 生产橙汁的人一听到这个消息立刻购买尽可能多的橙子。

你给出的这几小题的答案有没有互相矛盾的地方？

13. 5月份的时候，你判断今年夏天玉米会大丰收，因此秋季的玉米价格将比大部分人的预期低得多。

(a) 如果你打算根据上述判断行动,那么你是应该买进12月份的玉米期货,还是卖出12月份的玉米期货?(期货是一种合同,合同双方约定在未来某个特定日期以事先约定的价格买卖这种商品。)

(b) 假设有相当数量的聪明人和你一样判断今年夏天玉米会大丰收,那么12月份的玉米期货价格会如何变化?

(c) 如果玉米期货价格发生(b)中的变化,这会给目前持有和使用玉米的人提供什么信息?

(d) 持有和使用玉米的人得决定持有多少玉米供未来使用或销售,(c)中的信息如何影响他们的决策?

(e) 根据12月份的玉米期货价格提供的信息,人们做出了(d)中的决策。这种决策会如何影响6月份的玉米消费量?

(f) 如果现在玉米相对充沛,过去玉米相对稀缺,投机者有没有可能把玉米从现在转移到过去?

14. 世界观察组织经常预测来年谷物将更稀缺,并且警告世界将面临粮食短缺现象。

(a) 你如何根据报纸上刊登的大宗商品期货价格判断上述预测是否准确?

(b) 假设专业投机者的看法与世界观察组织相左,那么你更愿意相信谁的看法?为什么?

(c) 你觉得世界观察组织在发布这些预测时会同时购买小麦期货吗?他们是否应该这么做?

15. 你向大学申请在春季毕业典礼上摆一个卖柠檬水的摊位。大学批准了你的申请。在付清原料成本(柠檬、糖、杯子等)以后,你一个下午赚了250美元。

(a) 你的利润是250美元吗?

(b) 大学明年还会批准你摆这个摊位吗?别人知不知道你赚了钱会如何影响这个问题的答案?

(c) 假如大学明年决定拍卖摆柠檬水摊位的权利,你愿意出多高的价?谁会获得这个摊位的利润?

16. 1980年前,货运公司跨州运输货物需要许可证,而且州际贸易委员会很少颁发新许可证,因此跨州运货权价值极高。货运公司把跨州运货权当作资产列在财会报表上,出售公司的时候,这种资产的价值也占公司总价的很大一部分。

    (a) 哪些因素使跨州运货权的市场价值变得很高?

    (b) 1980年,美国出台了《公路承运人法》,降低了州际货运行业的进入壁垒。跨州运货权的市场价值随之下降,为什么?

    (c) 市场价值的下降是一种亏损吗?

    (d) 亏损与利润一样由不确定性导致。1980年货运公司面临的亏损是何种不确定性导致的?

    (e) 如果在20世纪70年代时每个人都提前10年知道国会将于1980年降低州际货运行业的进入壁垒,那么跨州运货权的价值会发生什么变化?

    (f) 1980年的《公路承运人法》改变了游戏规则。这种变化主要影响哪种产权?结果如何?

17. 美国农业部曾经控制啤酒花的生产。啤酒花的总销售量是固定的,农业部向每位种植者分配一定的份额。如果想进入啤酒花种植业,就必须从现有种植者手中购买配额,其价格相当高昂。最终农业部决定废止这一系统。当时,有人提出虽然农业部免费向啤酒花种植者发放配额,但新入行的种植者必须从现有种植者手中购买配额。结果农业部不承认存在这种现象。农业部的否认合理吗?假如这种配额的市场价值为零,这说明控制啤酒花生产的决策具有什么特点?

18. 某份大都市报纸的编辑收到一封读者写来的长信,以下是这封长信的概要:

    > 如果你想快速赚钱,那就买一个房车停车场。你可以随便涨价,因为

租停车位的人通常都没钱搬走。即使他们付得起搬家费，往往也没有地方可搬，因为房车停车场的数目根本没法满足房车所有者的需求。

(a) 如果房车所有者的处境真像写信人说的那么糟糕，那么房车停车场的售价目前应该已经具有什么特点？房车停车场的所有者能否靠出租房车停车位获取巨额利润？

(b) 如果现有的房车停车场营业利润很高或者售价很高，为什么企业家不多建一些这样的停车场？

(c) 假设这封信的作者和其他人一起向市政府投诉，市政府因此决定对房车停车场的车位租金实施价格管控，那么在受价格管控的停车场中目前占有停车位的房车的价格会如何变化？

19. 大公司的股东能否防止公司管理者追求自己的利益而不是股东的利益？股东如何有效监控公司管理者的行为？如果公司管理者的目标不是最大化所有者的净收入，而是最大化自己的权力、特权和经济上的好处，那么股东如何说服董事会解雇这样的管理者？董事会选举时，公司管理者难道不能利用自己的职权和公司的资源提名并任命那些偏向管理者的候选人，赶走那些保护股东利益的候选人吗？（下一题将换一种角度继续探讨这个问题。）

20. 大公司的股东能否防止公司管理者追求自己的利益而不是股东的利益？

(a) 如果公司管理者追求自身利益而非股东利益，那么公司的股价会如何变化？

(b) 如果一个人或一群人掌握了董事会的投票权，他们解雇目前的管理层，改聘一群愿意并有能力最大化股东净收入的人担任管理层，那么公司的股价会如何变化？

(c) 上述事实如何创造激励机制，鼓励一部分人投入资源监控企业管理者的行为？

(d)"恶意收购"[a]的风险如何约束企业管理者的行为？所谓恶意收购究竟对谁抱有恶意？对谁抱有善意？

(e)专业从事企业收购活动的人是否属于企业家？

21. 企业家是通过强迫别人获得利润还是通过劝说别人获得利润？（名词解释：强迫——威胁减少对方的选择，从而促使对方与你合作；劝说——承诺增加对方的选择，从而促使对方与你合作。）如果你不知道怎么回答这个问题，请思考一下在当前语境下我们对强迫和劝说下的定义是否合理。

22. 有人靠"哄抬物价"轻松地赚了许多钱，你能否列出一些支持对这种利润征税的论据？你认为征这种税的长期结果是什么？

23. "留着吧，"有人这么对你说，"别把这件东西卖了。它现在不值钱，但20年后的价格可能会是现在的5倍。"那你应该把这件东西留着还是卖掉？如果你现在投资1美元，利率等于相对无风险贷款的现行利率，那么20年后这1美元值多少钱？

---

[a] 恶意收购：指收购方不经目标方董事会同意，强行收购目标企业的行为。通常收购方会大量购入目标公司的股票，以达到恶意收购的目的。——译者注

第 8 章 寻价

学习目标

- 定义"寻价"的概念。
- 分析价格、边际收入和边际成本之间的关系。
- 用上述关系解释差异化定价现象。
- 分析一些差异化定价策略。
- 在信息不完全的前提下从寻价的角度分析"成本加利润"的定价模型。

寻价者如何找到价格？找到价格以后他们会怎么做？在本章中，我们将论证以下规律：寻价者估算边际成本和边际收益，计划卖出所有预期边际收入大于边际成本的商品，他们会将价格设定在能（且仅能）让他们卖完上述产品的水平上。企业追求利润，消费者追求低价，因此出现议价过程。这个竞争性的过程令边际成本等于边际收入。我们并没有在市场过程发生前假设市场参与者想让边际成本等于边际收入，两者相等是竞争性市场过程导致的结果。听上去是不是很复杂？其实这个过程的逻辑很简单：人们只是希望最大化净收入（即总收入和总成本的差值）而已。但企业真的会按这种逻辑行事吗？上述规律听上去太理论化，更像是经济学家想象出来的东西，现实社会中恐怕没几个卖家知道这条规律。

> 净收入的定义是总收入减去总成本。

8.1 流行的定价理论

大部分人肯定不觉得卖家会按上述逻辑定价。在日常生活中，人们用"成本加利润"的简单理论解释定价问题：企业首先计算每件产品的成本，然后加上一定的利润（以成本的百分比表示）。许多寻价者自己也用"成本加利润"的理论来描述自己的定价行为。我们应该认真听取他们的发言，但他们的发言并不是结论性的证据。许多人能定期成功完成某个过程，却不能正确描述这个过程。比如大部分会骑自行车的人说不出自己究竟如何让自行车保持平衡。如果你问他们，他们会说自己这样保持平衡：自行车向哪个方向倾斜，就把身体重心稍稍移向相反的方向。如果真的这样骑车，他们根本骑不出一个街区。事实上，**骑车人保持自行车平衡主要是靠控制前轮方向**，而不是靠移动身体重心：他们以肉眼察觉不到的方式微微偏转前轮，这样离心力就能抵消让自行车翻倒的力。这才是让自行车直线前进的真正秘密。如果你问骑车人如何让车**转弯**，大部分人可能会说他们靠扭转前轮转弯，而事实是人们靠倾斜身体、改变重心转弯。（不然脱把骑车的人为何也能转弯？）有时人们并不知道自己如何做一件事，但这不妨碍他们做成这件事。为了让自行车保持平衡，必须沿一系列曲线前进，这些曲线的曲率与骑车速度的平方成反比——虽然这条规律千真万确，但许多根本不懂数学的人照样可以把自行车骑得很好。

我们有充分的理由质疑"成本加利润"的定价理论。理由之一是这种定价理论没有告诉我们利润的百分比应该是多少。为什么商家把利润定为25%，而不是50%？为什么不同企业选择不同的利润百分比？为什么同一家企业选择的利润百分比视不同产品、不同时间、不同顾客甚至同一个顾客的不同购买量而不同？为什么有时卖家会把商品价格定得比每件商品的平均成本还低？

为什么家具店的利润百分比比食品店高那么多？

还有，如果企业总能在成本上涨时按比例提高售价，那它们为什么不在成本上涨之前就提高售价？既然可以赚更多钱，为什么满足于较低的净收入？如果企业能随便定价，怎么还会有那么多定价者一直抱怨利润不足？而且我们都知道有时成本上涨确实会让企业倒闭，如果每家企业都能在成本上涨时靠提高售价收回成本，就不会有企业倒闭现象了。

既然家具店的利润百分比已经那么高了，为什么家具店还会破产？

"成本加利润"的流行定价理论显然存在不足。这个理论无法解释一些有目共睹的现象。那为什么许多人（包括寻价者本身）仍然支持这种理论？这个问题我们以后再谈。要谈这个问题首先得搞清楚，经济学家如何解释寻价过程。

Chapter 8

8.2 有请艾德·塞克登场

解释基础法则最好用简单的例子。下面我们研究一个虚构的例子：艾德·塞克在常青藤大学读大二，为了支付学费，他在学生会当活动策划经理。他的工作任务之一是每周五晚组织电影放映活动。放映活动向学校里的所有人开放。决定电影票的售价是艾德的重要工作职责。

假设艾德每放一场电影必须支付以下开支：

影片租借费	1800
影院租借费	250
放映员	50
售票员	100
总计	2200

在艾德的预算中，所有收入都来自电影票的销售。影院一共可以容纳700名观众。他还通过某种方式发现了观众对电影的精确需求（稍后我们会去掉这个宏大的假设）。观众对影片的需求如图8-1所示，他们对任何电影的需求都一样（好厉害的假设！）。基于这些信息，艾德该把票价定为多少？

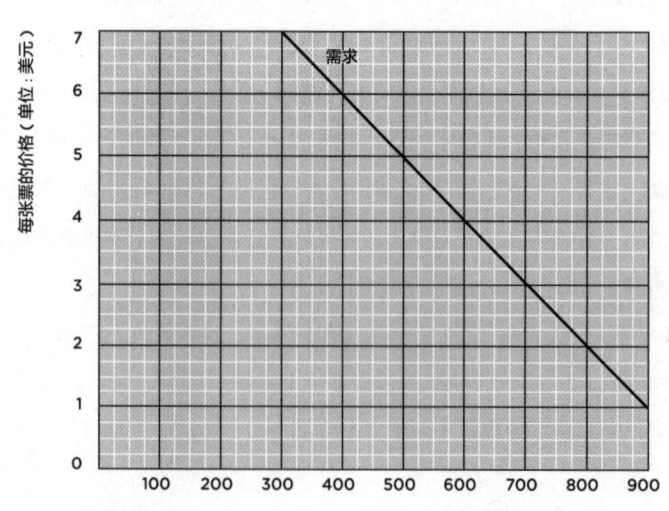

图8-1：每周的电影票需求

要回答这个问题，首先得知道艾德的目标是什么。假设他的目标是让影院恰好坐满，那么最佳定价是每张票 3 美元。此时电影票的需求量等于影院内的座位数目。但有人可能会反对这么定价，因为每张票只卖 3 美元的话每场电影放映都会赔钱。放映一场电影的总成本是 2200 美元，而总收入只有 2100 美元。

但这条反对意见未必具有说服力。学生会也许愿意补贴电影放映会，因为某个决策者或许认为电影是通识教育的重要部分。假设艾德不需要靠售票收入完全收回成本，就出现了许多可能性。比如，他也许会把每张票的售价定为 2.5 美元。这会让电影票的需求量超过供应量，但同时也会让他成为校园里的红人——即使周五晚的电影票已经"售完"，他还是能帮你搞到票。

价格 (美元)	需求量 (张)	总收入 (美元)	净收入 (美元)
3.00	700	2100	-100
2.50	750	1875*	-325

* 记住影院一共只有 700 个座位。

现在，让我们假设艾德不仅要让售票收入超过总成本，还要执行以下命令：最大化电影放映的净收入。在这种情况下，艾德该把票价定为多少？

8.3 最大化净收入的基本法则

请再看一遍本章第一段中提出的基本法则。我们说，如果寻价者的目标是最大化净收入，那么所有寻价者都应该遵守这条法则：他们设定的价格应该让他们能卖出（且仅能卖出）所有预期边际收入大于边际成本的商品。

> 为最大化净收入，卖家设定的价格应该让他们能卖出（且仅能卖出）所有预期边际收入大于边际成本的商品。

我们已经学过边际成本的概念。卖家计划采取某种行动，并因此产生额外成本，这个额外的成本就是边际成本。在放电影的例子中，艾德·塞克考虑采取的行动是"再卖一张电影票"。让我们看看他的成本。再卖一张电影票给他造成什么额外的成本？他的总成本是 2200 美元，不管卖出多少张票这个成本都不会变，因此在我们的假设下他再卖一张电影票的边际成本是零。如果你想在图 8-1 中画出边际成本曲线，就应该在 $0 处画一条水平线。

8.4 边际收入的概念

艾德的边际收入又是多少？边际收入是决策者计划采取的某种行动会产生的预期额外收入。对于艾德来说，边际收入是再卖一张电影票带来的额外

价格 (美元)	需求量 (张)	总收入 (美元)
7	300	2100
6	400	2400
5	500	2500
4	600	2400
3	700	2100

收入。

通过观察图 8-1 中的需求曲线，我们可以看出艾德的净收入取决于他怎么给电影票定价。如果每张电影票卖 3 美元，那么总收入是 2100 美元，净收入是负 100 美元。如果每张电影票卖 6 美元，那么总收入是 2400 美元，总成本是 2200 美元，两者相减可得净收入是 200 美元。如果每张电影票卖 4 美元，净收入也是 200 美元。根据我们手头的数据，每张电影票卖多少钱才能令净收入最大化？

答案是 5 美元。如果每张票卖 5 美元，会卖出 500 张电影票。总收入是 2500 美元，净收入是 300 美元。艾德赚的钱不可能比这更多了。

我们如何得到上述结果？解答本题的方法之一是尝试每种可能的定价。但更好的解法是找到令边际收入等于边际成本的价格，然后计算这个价格下的销售量，因为这样解题能澄清我们想解释的过程。

解题的逻辑很简单。在艾德卖出 500 张电影票的过程中，每多卖一张票的额外收入大于额外成本。（注意这个例子中多卖一张票**不增加成本**，不管卖出多少票，边际成本都是零。）但卖出 500 张电影票以后，每多卖一张票的额外成本高于额外收入。多卖一张票虽然不增加成本，却会令总收入下降，因为卖出 500 张电影票后继续卖票的边际收入是负数。

8.5 为什么边际收入低于价格

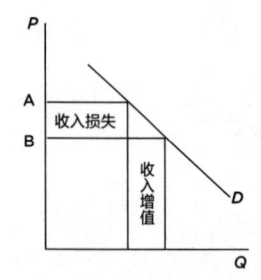

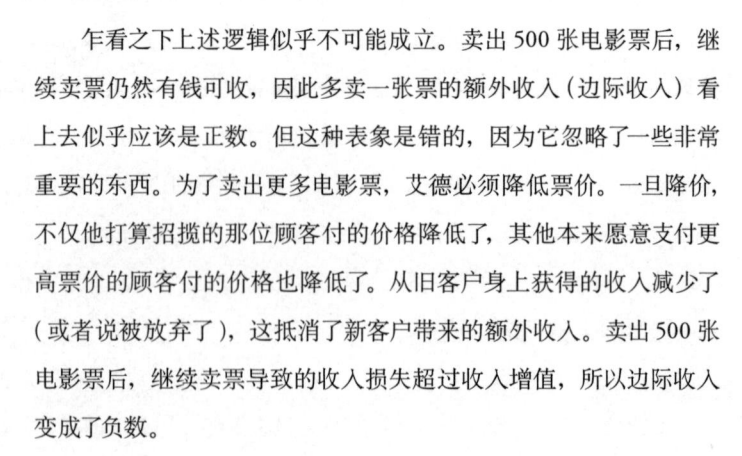

乍看之下上述逻辑似乎不可能成立。卖出 500 张电影票后，继续卖票仍然有钱可收，因此多卖一张票的额外收入（边际收入）看上去似乎应该是正数。但这种表象是错的，因为它忽略了一些非常重要的东西。为了卖出更多电影票，艾德必须降低票价。一旦降价，不仅他打算招揽的那位顾客付的价格降低了，其他本来愿意支付更高票价的顾客付的价格也降低了。从旧客户身上获得的收入减少了（或者说被放弃了），这抵消了新客户带来的额外收入。卖出 500 张电影票后，继续卖票导致的收入损失超过收入增值，所以边际收入变成了负数。

如果把票价从 A 降到 B，多卖出的票会带来一定的收入增值，但同时也会造成收入损失，因为现在所有买家支付的票价都更低了。

为验证上述论断，让我们来仔细看一看图 8-1。假设艾德把电影票的价格定为每张 5 美元。此时他能卖出 500 张电影票，总收入是 2500 美元。现在假设他决定卖 550 张电影票，会出现什么情况？他得把电影票的价格降到每张 4.5 美元才能卖出这么多票。此时会增加 50 位"新"客户，每人额外贡献 4.5 美元收入，新客户带来的额外收入共计 225 美元。但是 500 位老客户本来愿意每人付 5 美元买票，现在艾德把票价降到 4.5 美元，他们每人少付 50 美分：500 人乘以 50 美分等于 250 美元。这笔收入损失比 225 美元的收入增值还高。所以，如果艾德把电影票的销售量从 500 张提高到 550 张，他的总收入反而会降低 25 美元。这么做的边际收入是负数。

我们还可以更精确地描述上述过程。如果艾德把电影票的销售量从 500 张提高到 550 张，额外收入是负 25 美元，因此每多卖一张票的边际收入是负 50 美分。我们把这个情况画在图 8-1 中：电影票销售量为 525 张（500 张和 550 张的中点）时每张票的边际收入是负 50 美分。

为了检验你是否已经理解这个基本概念，请这样问自己：如果艾德把电影票的销售量从 450 张提高到 500 张，会出现什么情况？需求曲线显示他能以每张 5.5 美元的价格卖出 450 张票。为了把电影票的销售量提高到 500 张，他必须把价格降到每张 5 美元。因此销售量为 450 张时总收入是 2475 美元，销售量为 500 张时总收入是 2500 美元。如果销售量从 450 张提高到 500 张，额外收入（又称边际收入）是每张票 50 美分。因此我们可以在图中再画一个点：电影票销售量为 475 张时每张票的边际收入是正 50 美分。

如果我们用直线把以上两点连起来，这条边际收入曲线会与边际成本曲线相交，交点处的销售量恰好是 500 张票。因此我们得到以下结论：如果艾德卖出的票少于 500 张，他就放弃了一些潜在的净收入，因为还有一些边际收入大于边际成本的票没卖出去；如果艾德卖出的票多于 500 张，他也放弃了一些潜在的净收入，因为他卖出了一些边际收入小于边际成本的票。所以只有正好卖出 500 张票才能使净收入最大化：这个销售量使边际收入等于边际成本。需求曲线告诉我们：要想卖出 500 张电影，就应该把票价定为每张 5 美元。

8.6 让边际收入等于边际成本

影片分租商本来每部片固定收取 1800 美元租金，假设他把租金改为每部片 800 美元加每张票 2 美元，会出现什么情况？如果你能回答这个问题，那你对这套分析方法肯定已经掌握得很扎实了。

区别在于改变收费模式以后艾德多卖一张票的边际成本从 0 上升到 2 美元。在新情况下，每多卖一张电影票会让总成本上升 2 美元：边际成本曲线是一条位于 2 美元处的水平直线。为使净收入最大化，艾德必须卖完所有边际收入大于边际成本的票，同时绝不能卖边际成本大于边际收入的票，因此他希望知道什么样的价格和销售量能让边际收入恰好等于 2 美元。

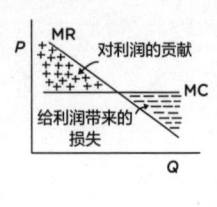

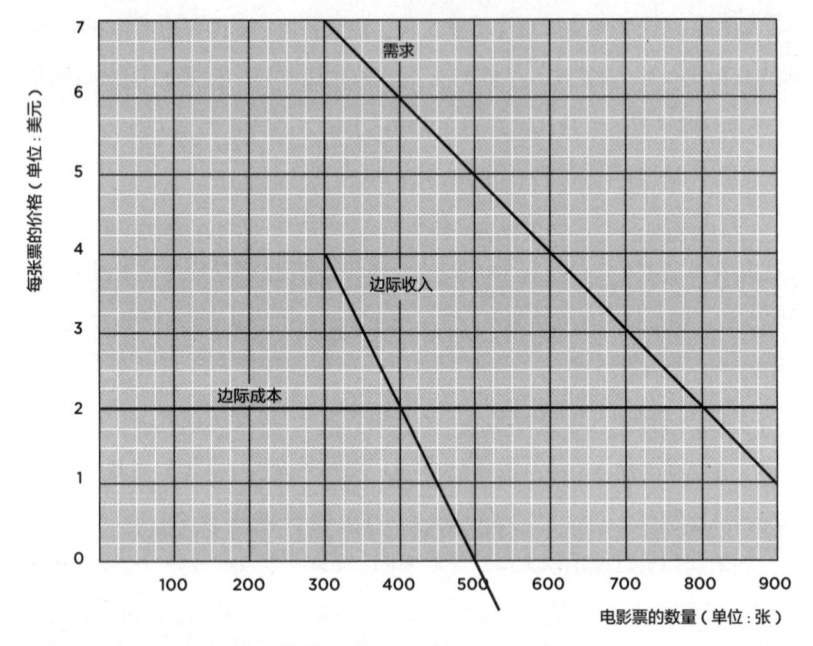

图 8-2：每周的电影票需求以及销售电影票的边际成本

图 8-2 里已经画出了边际收入曲线。这条曲线告诉我们在不同的价格上多卖一张票能令总收入提高多少。销售量为 300 张时，边际收入是每张票 4 美元；随着销售量的提高，边际收入快速下降；销售量超过 500 张后边际收入变成了负数。现在我们可以立刻看出，影片分租商改变收费方式后，艾德希望卖出 400 张电影票。此时的价格能让边际收入等于边际成本。为了卖出 400 张电影票，他应该把电影票的价格定为每张 6 美元。事实证明收费模式改变后他赚的钱比以前更多了。现在总收入是 2400 美元，总成本是 2000 美元，净收

入是 400 美元。

8.7 空座位怎么办

不管是在新的收费模式下还是在旧的收费模式下，都有一些座位被"浪费"掉了。我们给"浪费"打上引号，因为你应该记得第 2 章中讲过"浪费"是个主观评价性的概念。看电影的人觉得浪费，但放电影的人（比如艾德）却可能觉得这样做效率最高。然而，在这个例子中似乎从所有人的角度来看都有些东西被浪费掉了。有人愿意买票看电影，他们愿意支付的票价也高于艾德的边际成本，但艾德却不让他们入场。观众愿意付的价格高于边际成本，却无法获得入场观影的机会；艾德能收到的票价高于边际成本，却不能卖票获取收入，只能让那些座位空着。这些交易本来似乎应该能够产生显著的收益，结果却未能实现。

这种情形很常见。几乎每场职业棒球大联盟比赛场内都有空座，而场外也有球迷愿意付钱给球队老板换取入场观赛的机会。多放一名球迷入场不会增加举办比赛的成本，只要票价大于零，球队老板每多卖一张票都能获得额外的净收入。但球队老板必须做到以下两点才能提高净收入：一方面要对"新"客户降低票价，另一方面不能对愿意支付更高票价的老客户降低票价。

8.8 差异化定价者面临的两难境地

这里有一个陷阱。事实上，如果对潜在购票者实施差异化定价策略的成本高于这么做带来的额外收入，那么从艾德的角度来看让 200 或 300 个座位空着才是最高效的做法。为什么这么说？让我们来具体分析一下。

假设艾德租一部电影付 1800 美元，他把票价定为每张 5 美元，售出 500 张电影票，因此每星期赚 300 美元。某个周五的夜晚，他看了看影院里的情况然后对自己说："如果我能填满这 200 张空座位，我就能提高净收入。我只需要把票价降为每张 3 美元就行，但只能对票价超过 3 美元就不肯买票的人降价。这样我每周可以多收 600 美元，同时享受这些好电影的人也会比从前多 200 个。"

这是不是个绝妙的主意？第二周，艾德在大学的售票窗口挂出一个新告示，上面写着"每张票 5 美元"，然后又用小一号的字体写着"如果不愿意付更多钱，那么每张票 3 美元"。接下来会发生什么？几乎所有买票的人都只付 3 美元，因为既然花 3 美元就能买到票他们都"不愿意付更多钱"。结果艾德的收入只有 2100 美元，这周的电影放映赔了 100 美元。事实证明这并不是一个绝妙的主意。

然而上述策略本身并没有问题，问题出在执行方式上。如果艾德希望消除被浪费的座位、获得未实现的利润，那么他需要找到一种成本足够低的方式来对潜在消费者进行差异化定价。他一方面得让不愿意多付钱的人以低价买票，另一方面又不能让愿意多付钱的人以低价买票。怎么才能做到这一点？常青藤大学的招生过程也许能给艾德提供一些启发。

8.9 大学的寻价问题

大学的招生人员常说提供教育的成本很高，而学生缴纳的学费只占成本的 50%，因此不足的部分得靠慈善捐助补足。你有没有想过这样一个问题：既然如此，私立学校为什么还要向需要帮助的学生发放学费奖学金？既然大学穷得必须靠慈善捐款生存，他们为什么同时又要向学生发放善款？答案是大学并没有向学生发放善款。通过发放学费奖学金，大学成功做到了艾德·塞克没能做到的事情。

据招生部门估计，常青藤大学招生的需求曲线如图 8-3 所示。我们假设多录取一个学生的边际成本为零。实际上边际成本不可能完全为零，但这样假设符合我们的目的，也不影响论证的逻辑。虽然常青藤大学是非营利机构，但他们仍然希望知道收多少学费才能令学费收入最大化。

假如常青藤大学只能对所有学生征收同样高的学费，那么他们会把学费定为每年 3 万美元。此时录取人数是 3000 个学生（这个录取人数令边际收入等于边际成本），毛收入是 9000 万美元。但这样定价有两个问题：一是由于学费太高一些本来能为学校贡献利润的学生没有被录取；二是某些学生愿意付超过 3 万美元的学费，却只付了 3 万美元。学校的管理人员希望他们向每位学生收的学费恰好等于学生愿意支付的最高价。假设学校能知道每位学生（或

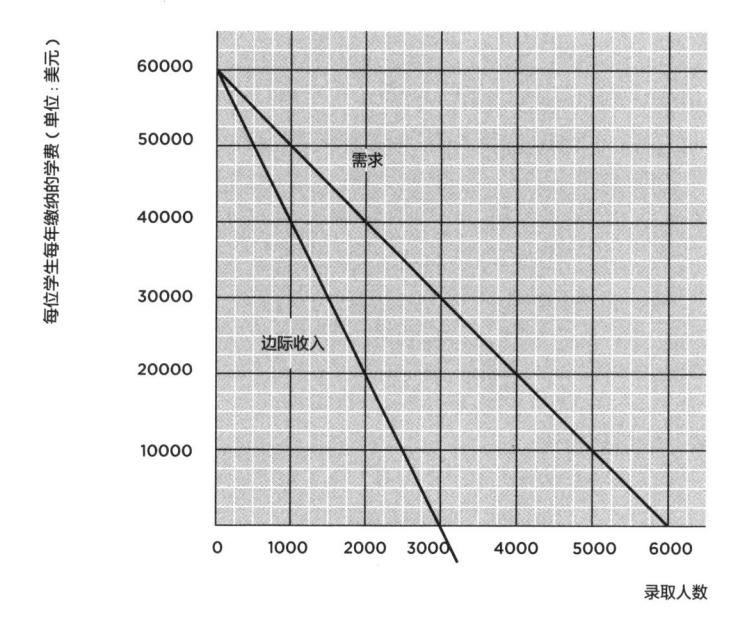

图 8-3：常青藤大学招生的需求曲线
注：只要需求曲线是直线，你就可以用以下小窍门快速画出与需求曲线对应的边际收入曲线。先画几条需求曲线的垂线，让这些垂线与价格轴相交。取垂线与需求曲线的交点和垂线与价格轴的交点的中点，沿这些中点画一条直线。需求曲线上任意点对应的边际收入就是上述直线（边际需求曲线）在这个点正下方的点。因此当招生人数为 1500 人时，边际收入是 3 万美元，价格（即学费）是 4.5 万美元。

者说学生家长）最多愿意付多少钱进常青藤大学读书，他们就可以把学费定为每年 6 万美元，然后给每位学生发奖学金（即价格回扣）。奖学金的数额等于 6 万美元减去每位学生愿意支付的学费上限。

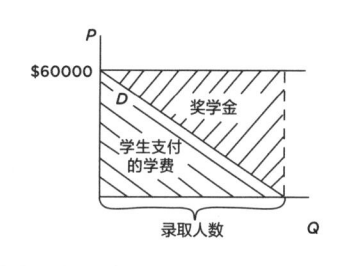

问题在于如何知道每位学生愿意付多少钱。假如学生或学生家长知道坦诚相告意味着自己得多付钱，他们就不会把这个信息告诉学校。但如果支付意愿和家庭财富正相关，学校很容易找到一个能部分解决问题的方案。常青藤大学宣布需要帮助的学生可以申请奖学金。为证明自己确有需要，申请者必须填写一份披露家庭财富和收入的表格。为了获得奖学金，学生家庭会自愿填写表格，学校因此获得了制定差异化定价策略所需的信息。如果家庭收入和支付意愿完全正相关，并且学生家庭能够诚实地填写表格，常青藤大学就能精确地执行差异化定价策略，使毛收入上升至 1.8 亿美元（需求曲线下方的总面积)。尽管学校是寻价者,但边际收入仍与价格相等。

不要随便谴责常青藤大学!让我们看看这种差异化定价策略带来怎样的效果。首先,常青藤大学的收入提高了。如果你支持这所大学,为什么不允许他们通过收学费增加收入?总得有人出钱补足常青藤大学每年的赤字,让慈善家和纳税人出这笔钱就比让学生(或学生家长)支付他们愿意支付的学费上限更好吗?此外还请注意:如果学校执行"完全"差异化定价策略,他们就能录取 3000 名本来会被拒收的学生。这些学生可不觉得差异化定价策略有问题。

8.10 一些差异化定价策略

常青藤大学通过学费奖学金项目进行差异化定价,为了做到同样的事情,卖方会设计出各种各样的策略。卖方的目标是以较低的成本区分愿意付高价的买家和只愿意付低价否则就不买的买家,然后只对后者打折。

比如,食品店常常给从报纸上剪折扣券的顾客打折。为什么店主要这样做?这是为了吸引那些只有打折才愿意光顾本店的顾客。有些顾客结账时掏不出折扣券,这说明他们属于不那么在意价格和折扣的消费者,因此他们就得支付更高的价格。

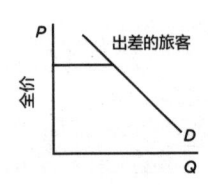

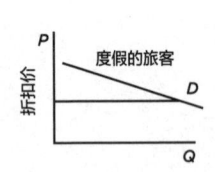

如果机票便宜,一些想去外地度假的旅客就会坐飞机,否则他们就会开车去。如果航空公司降低机票的售价,就能吸引这部分旅客,减少飞机上的空位。但航空公司不希望对去外地出差的旅客降价,因为这些人的交通成本本来就可以用来减税,他们愿意付高价买机票以节约时间。航空公司怎样才能区分这两种顾客,并且只让机票不打折就不坐飞机的人买到低价票?方法之一是只向提前购买往返机票且在目的地只逗留一个周末或者逗留超过一周的旅客出售打折机票。去外地出差的旅客通常不会在目的地待那么久,而且他们往往要到快出发的时候才能确定行程。这种做法当然不能完美地区分两类旅客,但是这个系统成本很低,效果也出人意料地相当不错。

许多娱乐活动都对儿童、学生和老年人提供折扣票。这是因为赞助这些活动的人乐善好施吗?更合理的解释是:他们希望额外吸引一批对价格更敏感的客户群体,但又不想为此降低所有人的票价。特别折扣的主要目标群体是需求价格弹性较高的潜在客户，但卖方必须做到两件事：第一，以低成本的方式找到需求曲线弹性较高的客户；第二，设法阻止这部分客户把商品转卖给需求曲线弹性较低的客户。

8.11 艾德·塞克找到了出路

让我们说回艾德·塞克的例子。假设他可以通过一些需求数据区分学生对电影票的需求和教职工对电影票的需求。我们在图8-4画了两条需求曲线，分别代表学生和教职工对周五晚电影放映活动的门票的需求。（假如你把这两条曲线加起来——在每一个价格上把学生的需求量和教职工的需求量加起来——你就会得到图8-1里的那条总体需求曲线。）我们问这样一个问题：在掌握这两条需求曲线以后，艾德能否对学生和教职工收取不同的票价，从而提高自己的净收入？

直觉告诉我们他也许能达到上述目的。学生通常收入不高，消费时更注

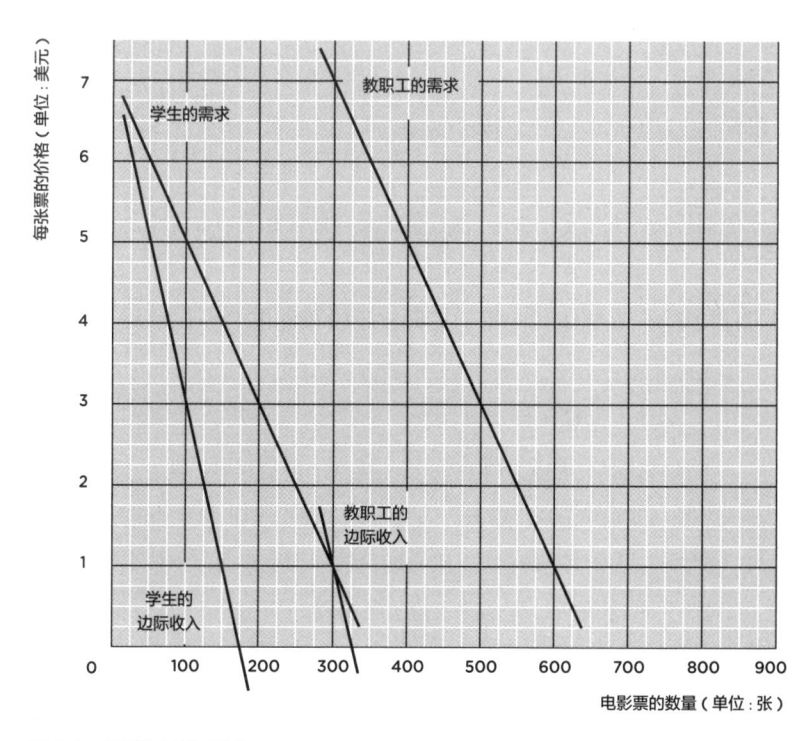

图8-4：每周的电影票需求

重价格。而教职工如果想看电影就会买票,价格稍微涨一点不会让他们改变主意。如果一边对教职工涨价一边对学生降价,艾德也许就能赚更多钱。

回忆一下之前的结果:当边际成本为零时,艾德每张票卖 5 美元,一共能卖 500 张票。现在,他希望让两个消费群体的边际收入分别等于边际成本。

对于学生群体而言,卖出 175 张电影票时边际收入等于零(边际成本)。为了把 175 张电影票卖给学生,艾德必须把票价定为每张 3.5 美元。

对于教职工群体而言,卖出 325 张电影票时边际收入等于零。为了把 325 张电影票卖给教职工,艾德必须把票价定为每张 6.5 美元。

这时他总共仍然能卖出 500 张电影票。但是总收入从之前的 2500 美元提高到 2725 美元;现在净收入是 525 美元,比从前高了 300 美元。

为什么这种定价策略能奏效?因为当电影票的价格为每张 5 美元时,学生的需求弹性高于教职工的需求弹性。学生对价格较敏感,教职工对价格较不敏感,所以只要一边对教职工涨价一边对学生降价就能迫使每组消费者分别支付自己愿意支付的价格。

但是,请注意整个计划的成功取决于以下两个关键因素:首先艾德必须把两种消费者区分开来,其次他必须防止一组消费者把票转卖给另一组消费者。假设学生以每张 3.5 美元的价格买票,再把这些票卖给教职工,艾德的计划就会失败。艾德可以以较低的成本把学生票和普通票印成不同颜色,并且要求持学生票进场的人出示学生证,这样他的差异化定价策略很可能会成功。

8.12 消费者的不满情绪和商家对差异化定价策略的合理化解释

成功的差异化定价策略需要满足 3 个条件:第一,卖家必须能够区分需求弹性不同的消费者群体;第二,卖家必须阻止低价买家把商品转卖给高价买家;第三,卖家必须设法控制消费者的不满情绪。

当然,艾德还得找到一个正当的理由以证明自己"剥削"教职工是有道理的。在这个例子中,这个任务并不难完成。他可以说 6.5 美元是每张电影票的"真实"成本,他为了推广通识教育才给学生打特别折扣,让他们以每张 3.5 美元的价格买到电影票。不要小看了"合理化"的重要性。差异化定价策略能提高艾德的净收入,同时没人强迫任何消费者以高于他们支付意愿的价格购买商品。可是无法享受折扣的消费者还是会对这种策略愤恨不已。

比如,几年前发生过这样一件事:乘飞机从芝加哥去纽约的旅客发现他们支付的票价比从洛杉矶去纽约的旅客高。他们对此非常不满。芝加哥到纽约的距离比洛杉矶到纽约的距离近得多，凭什么芝加哥到纽约的往返票比洛杉矶到纽约的同类往返票贵？原因在于洛杉矶和纽约是美国最大的两座城市，因此许多航空公司都开设了这两个城市之间的航班，他们之间的竞争非常激烈。因为竞争的存在，洛杉矶—纽约航线上每家航空公司的机票都有许多完美替代品，所以对于每家航空公司来说消费者的需求曲线弹性都很低，因此他们制定的价格非常接近边际成本。可是芝加哥—纽约航线的乘客却觉得自己在出钱补贴洛杉矶—纽约航线的乘客，所以他们对这种情况非常不满。

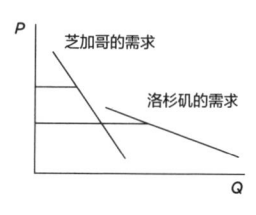

8.13 午餐和晚餐的价格

许多餐馆都会在午餐和晚餐时段对同样的菜肴收不同的价格，这个例子能很好地解释我们上面讲过的所有要点。

有些餐馆既卖午餐又卖晚餐，为什么晚餐的价格比午餐高那么多？根据我们已经给出的理论，我们应该考虑不同的需求弹性。与晚餐消费者相比，午餐消费者对涨价和降价敏感得多。如果在午餐时段把某道菜提价10%，或者在晚餐时段把同一道菜提价30%，前者通常会让餐馆损失更多顾客。为什么会这样？原因有好几个。

第一个原因是午餐消费者外出就餐的频率比晚餐消费者高得多。每周在外面吃五顿午餐的人有许多机会收集关于相对价格的信息。每顿饭差几块钱，一个月就会积累为一笔不小的差异，所以他们有很强的动力四处寻找最划算的午饭。如果他们认为自己找到了最划算的午餐，他们就会一直去那家餐馆吃饭；如果出现更好的选择，他们就会去别的餐馆。对大部分人来说出去吃晚餐的频率比出去吃午餐的频率低得多，因此他们既没有很强的动力去收集关于相对价格的信息，也没有很多机会去收集这种信息。

晚餐消费者的需求价格弹性较低，导致这一现象的另一个主要原因是：在整个"外出吃饭"的过程中通常吃饭的钱只占一小部分。一对夫妇要想出去吃顿晚餐可能需要花10美元雇保姆看孩子，花3美元停车，花15美元买鸡尾酒或葡萄酒。如果他们花14美元吃晚餐，那么这顿饭钱只占整晚开支的一半，因此如果晚餐的菜价上涨40%，对他们来说整个外出吃饭过程的花费只上涨20%。

因此，我们可以预见餐厅经理会在午餐时段把菜肴的利润压得较低，而在晚餐时段把菜肴的利润提得较高。为了减少消费者的愤怒和不满，除了把高级汉堡包的价格从午餐时的8美元提高到晚餐时的14美元以外，他们也会稍微改进一下这个汉堡包。他们还会让晚餐消费者同时享受汤和沙拉（午餐消费者只能二选一），可能晚餐时段餐馆还免费送一杯咖啡（午餐时段不送）。晚餐时段食品的边际成本也许只比午餐时段高40美分，但晚餐涨价6美元却因此变得"合理"了。午餐和晚餐利润率不同的真正原因在于两组消费者的需求价格弹性不一样。

有些人不分青红皂白地批评一切差异化定价政策，这些人应该在更广阔的视野下看待这个问题。成功的差异化定价策略能增加卖家的财富，这是肯定的，否则卖家就不会执行这种策略了。但是差异化定价同时也能提高部分买家的财富或者说福利，因为正是由于有差异化定价策略，他们才能获得原本无法获得的商品。有时，A想向B买商品，A愿意支付的价格也高于B向A提供商品的成本，但是A和B还是做不成这笔交易。这无疑是一种"浪费"，而差异化定价策略可以部分消除这类"浪费"。

你不妨把差异化定价现象看作买家和卖家合作的一种方式，这么看非常合理。但是，只有当交易成本足够低时，这种合作才可能达成。在差异化定价行为中，交易成本主要是以下三种成本：区分不同消费者的成本，防止不同消费者交换商品的成本，以及控制潜在消费者的不满情绪（如果消费者太生气，他们就会去别处买东西）的成本。如果没有这些交易成本，我们在现实中观察到的差异化定价现象会比现在多得多。

8.14 重新考虑"成本加利润"的定价模型

寻价者如何找到价格？第一，他们估计边际成本和边际收入；第二，他们计算多高的生产量能让他们卖出（且仅卖出）所有预期边际收入大于边际成本的商品；第三，他们把价格定在令销售量等于上述生产量的水平上。这个过程听起来很复杂，事实上也确实复杂。这个过程背后的逻辑很简单，但要精确估计边际成本不容易，精确估计消费者需求和边际收入就更难了。因此我们才把试图给商品定价的卖家称为"寻价者"甚至"价格偷窥者"。我们必须再次强调：边际成本等于边际收入是竞争性的市场过程导致的结果，我们并没有在市场过程发生前假设市场参与者想让边际成本等于边际收入。

因为寻价者的任务既复杂又充满不确定性，所以"成本加利润"的定价模型才会变得流行。任何人寻价时都得有一个出发点。既然如此，干吗不从商品的批发成本出发，在这个数字上加上一定百分比的利润，并保证这笔利润能让卖家收回所有间接成本且适当盈利呢？如果成本上涨，卖家为什么不假设竞争者的成本也会上涨并试图将上涨的成本转嫁给消费者呢？为什么不假设未来会与过去一样，过去取得成功的生产者未来还会继续保持成功呢？如果上述几个假设都成立，卖家就会在成本上涨时大致等比提高商品的售价；如果成本下降，市场竞争最终会迫使卖家大致等比降低商品的售价。

"成本加利润"的定价模型是寻价者使用的一条普适经验法则。寻价者需要不断寻找一个隐藏的、变化的价格目标，而上述经验法则为他们提供了一个出发点、一个初步的近似参考值。但"成本加利润"的定价模型只是一种寻价技巧，一旦寻价者发现自己犯了错误，他们就会停止使用这种技巧。本章介绍的边际成本/边际收入分析能解释寻价者如何发现错误，以及如何修正经验法则给出的初步近似参考值，找到使利润最大化的定价策略。

简要回顾

寻价者的定价目标是卖掉所有边际收入大于边际成本的产品。

"成本加利润"的定价模型很流行，原因有两个：第一，这是一种有用的寻价技巧；第二，就算人们能定期成功完成某个过程，他们往往也无法正确描述这个过程。

决定寻价者能否成功的关键因素之一是能不能区别对待消费者：他们希望对需求高的消费者收高价，对不降价就不买的消费者收低价，同时他们还要防止低价市场破坏高价市场。

经济学家常说要想寻价成功就得遵循这条法则：让边际收入等于边际成本。这意味着只要多卖一件商品的额外收入超过额外成本，卖家就应该继续提高销售量。成功的寻价者不仅明白这条法则（虽然他们未必能完全意识到自己正在使用这条法则），还懂得如何在边际意义上区分各种值得考虑的可能性。寻价者面对无穷的可能性，因此喜欢解谜的人一定会对定价理论感兴趣。

从理论上看，卖家应该首先找出消费者的需求曲线，然后根据这条曲线推出边际收入曲线，并将后者与边际成本曲线进行比较。然而在现实生活中卖家不可能获得消费者的精确需求曲线。但作为一名学经济的学生，如果你想系统性地思考竞争如何影响人们面临的选择和他们的最终决策，那么研究上述几种曲线仍是一个锻炼思维的好机会。

供讨论的问题

1. 最大化净收入（总收入减去总成本）的法则是：当且仅当预期边际收入超过预期边际成本时采取行动。边际收入是什么？它和需求有什么关系？为了检验你有没有吃透这个关键概念，让我们来研究莫林·萨普莱斯的例子。莫林是位游艇经销商，她有 5 名潜在客户，她知道每位客户愿意花多少钱买一艘游艇。

J.P. 摩根	1300 万美元
J.D. 洛克菲勒	1100 万美元
J.R. 尤因	900 万美元
J.C. 潘尼	700 万美元
J.P. 肯尼迪	500 万美元

(a) 从以上数据中可以推出完整的需求表（下表的前两列），请补全下表的第二列。

(b) 请补全下表的第三列：不同价格下莫林卖游艇的总收入分别是多少？

(c) 请补全下表的第四列：如果莫林降低游艇的售价，那么每多卖一艘游艇产生的额外收入是多少？

(d) 如果莫林的目标是令**总**收入最大化，那么她希望卖出多少艘游艇？（暂时不考虑给不同顾客定不同价格，这个问题留到以后再说。现在我们假设游艇卖给任何人都是同一个价格。）她希望把游艇的售价定为多高？

(e) 现在假设莫林的目标是令净收入最大化，多卖一艘游艇的边际成本是 600 万美元——换句话说，多卖一艘游艇会令她的总成本增加 600 万美元。现在她希望卖出多少艘游艇？她希望把游艇的售价定为多高？

(f) 如果前几题你都答对了，那你现在应该能体会到莫林的烦恼：尤因和潘尼愿意出的价格都超过莫林多卖一艘游艇的额外成本。但她却不能把游艇卖给这两位顾客，因为这么做会降低净收入。为什么会这样？

(g) 现在假设这五位顾客互相不认识，因此莫林可以向每位顾客收取他们愿意支付的最高价。在这种情况下，我们说她在执行"完全"差异化定价策略，此时她的边际收入表长什么样？ 请补全下表的第五列。

(h) 现在莫林希望卖出多少艘游艇？

(i) 请补全下表的第六列："完全"差异化定价策略下的总收入。

				如果执行完全差异化定价策略	
游艇价格	需求量	总收入	边际收入	边际收入	总收入
1300 万美元	___	$ ___	$ ___	$ ___	$ ___
1100 万美元	___	___	___	___	___
900 万美元	___	___	___	___	___
700 万美元	___	___	___	___	___
500 万美元	___	___	___	___	___

2. "寻价者定价时应该尽可能让边际收入高于边际成本，两者的差值越大越好。"解释这句话为什么是错误的。有人认为如果边际收入等于边际成本，总收入就应该是零。此人做了什么错误假设？

3. 请在图 8-5 的左右两图中分别找出令卖家利润最大化的单一价格以及此时的生产量（即销售量）。有一个区域代表这种定价策略能让净收入提高多少，请给这个区域打上阴影。在两幅图中如果卖方提价分别会对净收入产生什么影响？如果卖方降价呢？（注意：如果卖家的边际收入曲线与需求曲线是同一条曲线，那么卖家涨价会造成什么影响？）

4. 安克雷奇土豚繁殖公司和休斯顿土豚繁殖公司的边际成本曲线一样，但需求曲线不一样。具体情况如图 8-6 所示。

(a) 两家公司分别会把价格定为多少？

(b) 假设某种因素令两家公司的边际成本都上升到 20 美元，其他条件保持不变。现在两家公司分别会把价格定为多少？

(c) "需求的价格弹性"和"令利润最大化的利润百分比"之间的关系是什么？

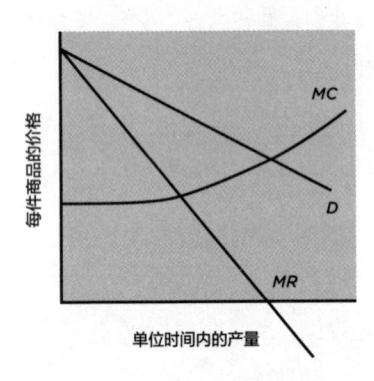

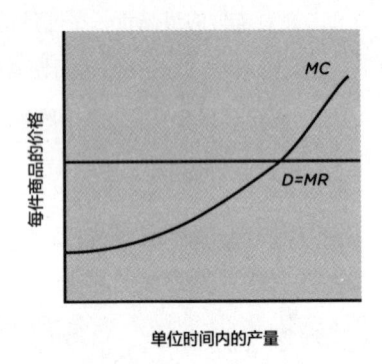

图 8-5：找出令利润最大化的售价

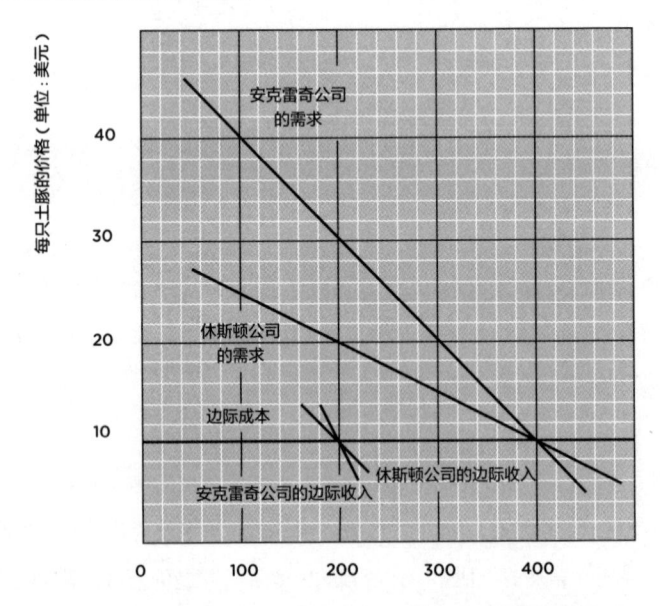

图 8-6：两家公司的边际成本和需求曲线

5. 你有没有想过这样一个问题：同一本书的精装本为什么常常比平装本贵那么多？给图书配的一个硬质封皮不过是流水线上就能完成的工作，这不可能给出版社增加那么多成本！本题的目标是对上述现象进行合理解释，并且让你练习用边际成本和边际收入的概念分析问题。

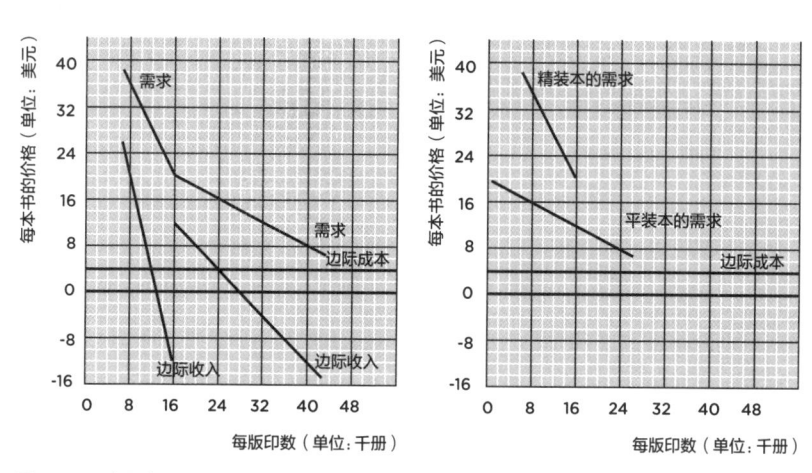

图 8-7：一家图书出版公司的边际成本和需求曲线

在一本书的消费者中，有一部分人在新书刚出版时就迫不及待地想买一本，他们愿意为了抢先尝鲜支付高价。另一些人买书是为了送人，他们愿意付高价显示自己的慷慨，精装本看起来更上档次，所以他们可能更喜欢精装本。还有一些消费者（最明显的例子是图书管理员）想买精装本是因为精装本更耐用；虽然精装本比平装本贵得多，但自己给图书装上硬质封面的成本更高，所以他们宁愿多付钱买精装本。图书管理员还希望在畅销书刚出版时就把书买到手，这样能满足那些迫切想读新书的客户的需求。但除此之外也有许多潜在消费者虽然想读这本书，却只有价格不太高的时候才愿意买，他们不太在乎书的封皮是软是硬。在这种情况下，书的需求曲线如图 8-7 的左图所示。想要尽早读到这本书或者想要硬质封皮的消费者创造了需求曲线的上半部分。如果书的售价低于 20 美元，那么"普通读者"也愿意买一本（在实际中需求曲线的转角不会这么尖锐，但是分析直线比分析曲线容易，所以我们把需求曲线画成这样）。本题的所有小题都假设出版社多印一本书并把这本书运到读者手中的边际成本是 4 美元。

(a) 出版社把每本书的价格定为多少时利润最高？我们已经用图 8-3 中提过的小窍门帮你画出了每段需求曲线对应的边际收入曲线。

(b) 使利润最大化的价格应该让出版社能卖出（且仅能卖出）所有预期边际收入大于边际成本的书。问题在于为了卖出第 16000 本书到第 24000 本书（这部分书的边际收入超过边际成本），出版社必须先卖出第 12000 本书到第 16000 本书（这部分书的边际收入低于边际成本）。到底在销售量达到多少时停止卖书利润更高？出版社是应该把每本书的价格定为 28 美元，卖出 12000 本书，还是应该把每本书的价格定为 16 美元，卖出 24000 本书？

(c) 假设这本书刚出版时出版社只发行精装本，6 至 8 个月后才发行价格更低的平装本，精装本和平装本分别应该定多高的价格？一种合理的做法是假设所有出价超过 20 美元的消费者都不愿意等 6 到 8 个月或者都更喜欢精装本，而所有出价低于 20 美元的消费者都愿意等一段时间再买平装本。为了计算精装本和平装本的最佳定价，你首先必须把这两条需求曲线区分开来。把需求曲线的上半段和下半段切开，将下半段向左移动，让它从价格轴开始，这样我们就得到平装本的需求曲线。从这条曲线可以看出平装本出版后在不同的价格上消费者对平装本的需求量。我们已经在图 8-7 的右图中帮你把这些都画好了。请你先画出每条需求曲线对应的边际收入曲线，然后找出两个市场中的边际收入曲线分别在哪里与边际成本曲线相交，最后设定精装本和平装本的合理价格。

6. 许多公司在为新产品定价时采用一种名为"目标定价"的策略。目标定价的目的是让企业收回生产成本和研发成本的一定比例。为计算特定价格带来的回报率，除了成本以外，卖方还需要知道哪些信息？如果产品销售带来的收入低于目标，企业是否应该提高商品的售价？如果产品销售带来的收入高于目标，企业是否应该降低商品的售价？

7. 英国和法国的飞机制造商把协和超音速客机卖给航空公司。在定价时制造商如何把飞机的研发成本纳入考虑？如果飞机的售价不能让制造商完全收回研发成本，制造商是否应该停止生产这种飞机？

8. 大学体育部主管宣布橄榄球赛的门票明年要涨价。在这种时候他通常会说：很遗憾由于某些成本（比如女子运动项目的成本）上涨他们不得不提高球票价格。女子运动项目的成本如何影响多卖一张橄榄球赛门票的边际成本？如果你不知道怎么回答这个问题，你可以这样问自己：如果橄榄球队下个赛季取胜的概率较大，那么多卖一张橄榄球赛门票的边际成本会受什么影响？在给橄榄球赛门票定价时，大学的目标是令利润最大化，那么以下哪个因素对定价的影响更大：是体育部在女子运动项目上的预算，还是球队取胜的概率？

9. 在大学橄榄球队举办主场比赛时，学校会将某些停车位的停车费从1.5美元涨到10美元。交通委员会称，这么做是因为学校不希望普通停车者出钱补贴为球迷提供停车位的成本。假设在举办橄榄球赛的周六停车费仍然维持在1.5美元，那么普通停车者是否在出钱补贴球迷？

10. 商家给商品定价的目标是令净收入最大化，那么他们制定的价格是否受广告成本影响？

    (a) 如果啤酒厂付一大笔钱在全国电视台上做某种啤酒的广告，消费者买这种啤酒时付的价格会提高吗？

    (b) 一家早餐食品公司为了把某著名运动员的照片印在麦片包装盒上而付给这名运动员100万美元。这会令麦片涨价吗？

11. 假设某家石油公司发生重大原油泄漏事故，并且在法律上要承担事故责任，这家公司是否可以提高汽油的售价以收回事故造成的成本？比如，如果埃克森美孚公司提高精炼油的价格，而其他炼油商不提价，会怎么样？

12. 小便利店的物价比大型超市更高（平均而言），这是不是因为摊到每件商品上的间接成本更高？如果消费者能在别处以更低的价格买到同样的商品，卖家如何说服消费者以高价买他的商品？

13. 地产税等于地产的"公平市场价值"乘以税率。密苏里州开始把商业地产的税率定得比住宅地产高。如果一栋公寓楼有超过五间公寓,这栋楼就被定义为商业地产。因此提高商业地产税率以后这种公寓楼要交的税金大幅上升,而只有四间或四间以下公寓的公寓楼要交的税金保持不变。

    (a) 上述税收改革发生以后,你认为和住小公寓楼(只有五间以下公寓)的人相比,住大公寓楼的人交的房租会相对提高吗?税率提高是否影响房东出租公寓的边际成本?是否影响租户对公寓的需求?

    (b) 你认为税率改革会对现有公寓楼中每间公寓的平均面积产生什么影响?会对未来修建的公寓楼的规模产生什么影响?

    (c) 你认为评估标准的变化会如何影响租户交纳的房租水平?

    (d) 据称,圣路易斯公寓协会的主席说:所有公寓的房东都不会承担税金上涨带来的成本,他们会通过提高房租把这项成本转嫁给租户。如果房产税上涨以后房东可以这样提高房租,为什么他们不在税金上涨之前就提高房租以增加自己的收入?如果房东可以把税金上涨带来的成本转嫁给租户,为什么密苏里州有一些公寓房东愿意花一大笔钱发起诉讼试图推翻这项税务改革?

14. 相机零售商常常以接近批发成本的价格销售相机,却把相机配件(比如相机包、镜头清洁产品、滤镜等)的价格定为批发价的两倍甚至两倍以上,为什么?

15. 一些举办现场演出的剧院开始试验允许消费者"能付多少就付多少"的定价策略。圣地亚哥的一家剧院对周六白天的演出实施这种定价策略。正常演出票的售价从每张18美元到每张28美元不等。这种特殊场次的票每张能收到25美分到18美元不等。

    (a) 剧院如何防止所有人都买这种低价票?

    (b) 如果只花25美分就能买到票,为什么还有人愿意花18美元买同样的票呢?

    (c) 在这种定价策略下,你是否真的相信人们会"能付多少就付多少"?你是否认为平均来说富人付的票价会比穷人高?

(d) 有些剧院会在演出当天以极低的价格售票。剧院如何防止所有观众都等到演出当天才买票？

16. 纽约市的一项法令要求零售商对商品明码标价。当消费者事务部开始要求艺术画廊执行这一规定时，许多画廊老板进行了激烈的抗议。为什么？

17. 某份报纸报道了一桩"怪事"。某连锁折扣店以很低的价格销售海德牌雪橇。海德雪橇的制造商和区域分销商代表试图从每家连锁店里买走所有海德牌雪橇。他们在其中一家店里买完雪橇以后立刻在店外的停车场中把这些雪橇都折断了。你能解释这桩怪事吗？

以下信息能否为你提供一些线索？一家长期经营海德牌雪橇的运动商品店的经理称：分销商这么做是为了消除市场上的不合格雪橇。但是折扣店的一位主管说：他们卖的雪橇并不是不合格产品，这批产品是海德公司原本为海外市场生产的一种标准款型。制造商和区域分销商究竟想干什么？到底是哪里出了问题？

18. 专栏作家安·兰德斯多次在为读者提供建议的专栏中批评某些服装零售商的做法。这些零售商宁可把卖不掉的衣服撕毁扔掉，也不肯把这些衣服送给员工或低收入的人。安认为这种行为很难理解。一位来自内布拉斯加州的读者提供了一种解释，安认为这是唯一合理的解释：零售商这样做是为了防止有些人免费领取商品然后拿回店里退货换取礼品卡[a]。你能否给出另一种合理的解释？

19. 本章的最后讨论了午餐和晚餐的价格，但是课文里的讨论忽略了一个重要的因素。晚餐消费者的用餐时间几乎一定会比午餐消费者长，这难道不会提高餐馆的供餐成本吗？在什么情况下用餐时间延长不会提高餐馆的成

---

a 在美国退货通常需要提供收据，如果拿不出收据就只能获得商店的礼品卡，而不能获得现金。礼品卡上的金额可以用来买这家商店或者这个品牌的东西。——译者注

本? 如果消费者延长用餐时间增加餐馆的成本, 餐馆就应该会试图通过某种方法防止顾客坐着不走或者限制顾客的用餐时间。餐馆怎么才能在不激怒消费者的前提下做到这一点? 餐馆是否可能在某些情况下希望鼓励顾客延长用餐时间? 餐馆如何达到上述目的?

20. 你想在拍卖会上卖出一套古董餐室家具。有三个人想买这套家具, 他们分别愿意出 8000 美元、6000 美元和 4000 美元。你的最低心理价位(只有开价高于这个价你才愿意卖)是 5000 美元。大家都不知道其他人赋予这套家具多高价值。

(a) 家具大约会以多高的价格卖出?

(b) 假设拍卖的形式改为"荷兰式拍卖": 拍卖人首先宣布一个很高的价格, 没有任何人愿意以这个价格购买商品; 然后拍卖人逐渐降低报价, 直到有人愿意接受报价。在这种情况下家具大约会以多高的价格卖出?

(c) 为什么有时商店会在广告上写"售完即止"。

21. 你和未婚夫去买结婚戒指。珠宝商向你展示了一些戒指, 然后问你:"你心目中的价位是多高?"

(a) 珠宝商为什么要问你这个问题?

(b) 如果你告诉珠宝商每枚戒指你最多愿意花 200 美金, 你是在帮他找最适合卖给你的戒指, 还是在帮他给你最喜欢的戒指定价?

(c) 你找到了一枚自己喜欢的戒指, 你想知道珠宝商最低愿意以什么价格卖给你, 你能否提出一种达成上述目的的好办法?

第 9 章 竞争与政府政策

学习目标

- 区分竞争的两种定义：一种是完全竞争模型，另一种将竞争视作企业经营过程。
- 研究寻价者为限制市场竞争可能采取的手段。
- 批判性地分析以下观点："以低于成本的价格销售商品"和"掠食性定价策略"都具有反竞争性质。
- 分析反托拉斯政策的意图和实际监管手段之间的差距。
- 解释"将不够理想的市场过程与虽然理想却不可能达成的解决方案进行比较"可能是一种错误的评估方式。

9.1 竞争是一个过程

在日常生活中，我们说的"竞争"通常指个人之间的行为。我们说老虎伍兹 (Tiger Woods) 极具竞争力，因为他把自己的天赋、勤奋和心理素质结合在一起，利用这些元素在高尔夫锦标赛中与他人竞争并击败对手。和所有伟大的运动员一样，他的目标是取胜，而且是取得压倒性的胜利。泰德·特纳 (Ted Turner) 对电视新闻进行了革命性的改革。比尔·盖茨通过软件创新大幅降低了我们使用电脑的成本。他们的行为动机与老虎伍兹并无区别。

但许多经济学家对"竞争"一词的定义稍有不同。他们认为经济学上的竞争概念代表一种静止的状态。如果以下条件成立，经济学家就说存在一个竞争性的市场：

- 买家和卖家的数量都很大，没有人拥有市场权力。
- 市场参与者对所有可能的选择有全面和完备的信息。
- 卖家生产的产品是同质的。
- 转移资源的成本为零。
- 参与经济活动的人都是价格接受者。

如果以上条件都满足，经济学家就把这种情况称为"完全竞争"。从理论上看，完全竞争的逻辑会导致资源的最优分配并使经济利润为零。

近100年来，经济学家一直认为上述基本模型用处很大。但用这个模型解释经济问题也有严重的缺点。所有运行良好的经济系统之下都有一定的制度结构（我们将在第11章中讨论这个问题），上述模型的推导忽略了这个因素。同时这个模型还忽略了企业经营活动导致的调整过程（这个问题我们已经在第7章中讨论过了），这个调整过程令市场经济系统既活跃又稳健，进而创造了现代世界的经济增长与繁荣（这是第16章的主题）。完全竞争模型只关注完全信息下的价格接受行为，因此这个模型没有考虑企业家的作用以及他们对利润与亏损所做的货币计算。

在第5章中，我们学过供给与需求的互动协调功能。经济学家用"完全竞争"模型解释上述过程，但这个模型并未特别关注企业经营行为。各种经济活动之间存在普遍的相互关联，不够完备的模型在描述经济系统时往往会忽略这种关联性。一旦智利发生革命，纽约期货市场上的铜价会立刻变化。复杂成熟的经济理论一定会关注这类极为重要的关联性。一个运行良好的市场经济系统会为所有经济活动参与者提供激励和信息，让他们能够互相协调计划，完成互惠互利的交换活动。然而，在"完全竞争"的条件下，市场已经完美地完成了上述协调任务，因此所有成本最低的技术已经被用于生产，所有能进一步创造收益的交换机会都已穷尽。此外，完全竞争的逻辑认为如果所有人都知道某个获利机会，便没有任何人能实现这项利润。这种想法清晰地体现了经济学的思维方式。

为了展示完全竞争理论的威力，想象你照常去本地超市购物。你会在收银台遇到什么情况？当你准备结账时，你会寻找最短的队伍。但所有其他消费者也会这么做。如果你左边的第二条收银通道队伍移动得最快，排在队尾的消费者就会涌向那条通道。他们抓住机会挤进移动速度最快的通道，从而增加那条通道中的人数，降低那里的结账速度。消费者的移动是一种重新调整过程。这个过程令长的队伍缩短、短的队伍拉长，最终让所有收银通道的排队时间相等。

超市排队的原理同样适用于高速公路收费站以及股票市场上的小道消息。合理的经济理论应该以这种逻辑为基础。可惜"完全竞争"往往忽略导致上述结果的主动过程。完全竞争模型主要关注上述活动结束以后（即所有重新调整的过程已经成功完成以后）事物处于什么状态。从逻辑上看，如果所有能产生收益的交易都已完成，就不应该再存在任何潜在的获利机会。完全竞争模型的前提假设是人们的经济计划已经完全协调，这个模型并不打算解释经济活动参与者如何参与生产与交易活动以实现交易可能带来的收益。200年前，亚当·斯密论述过市场上的讨价还价行为，而现代经济理论更关注什么样的条件能消除所有进一步讨价还价的可能性。在我们看来，这种理论导向是知识领域中的重大错误，在经济理论领域和公共政策领域中都造成了误解。

在现实世界中，市场活动是一个协调计划的过程，但完全竞争模型忽略了这一过程。

9.2 竞争的压力

只要需求曲线不具有完全弹性（即需求曲线向右下倾斜，而不是一条水平直线），所有希望利润最大化的卖家都应该限制销量或产量以保证商品的价格超过边际成本（除非他们能够执行"完全"差异化定价策略）。

但是从卖家的角度来看，超过边际成本的价格有一个问题：这样的价格会引来竞争。假设某家餐馆生产一块苹果派的成本是 50 美分，而这块苹果派的售价是 1.5 美元，那么餐馆老板通常会坚称 1 美元的差价并不是利润，收取这个差价只是为了收回经营餐馆的其他成本，例如人工、税费、房租、设备维护费用、物品损坏费用、失窃带来的成本等。也许确实如此，但是餐馆老板每卖出一块 1.5 美元的苹果派，个人财富仍然会因此净增加 1 美元。假设镇上的所有餐馆都能赚到这个差价，那么每家餐馆的老板都会发自内心地盼望更多饥肠辘辘的消费者放弃其他餐馆，

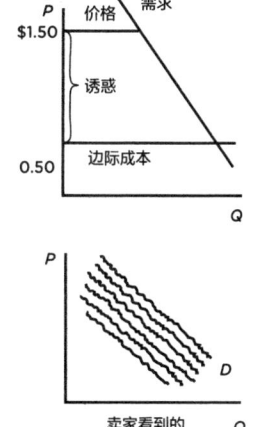

来自家餐馆购买苹果派。

　　这样的愿望常常会驱使人们采取行动。有些餐馆也许会在下午3点以后降低苹果派的售价,试图诱惑一些想喝下午茶的顾客来这里小饱口福。另一些餐厅也许会在门口放出一块招牌:下午3点以后凡购买苹果派均可获赠免费咖啡一杯。可是这类策略中暗藏一种固有的危险:本来打算在午餐后吃甜点的人也许会推迟购买苹果派,等到3点以后价格便宜了再买。竞争对手可能也会推出优惠计划,这样餐馆打折就达不到目的了:本来每家餐馆都想通过打折吸引更多客户,结果他们卖出的苹果派数量仍和过去一样,只是价格降低了。

　　在上一章中,我们假设艾德·塞克及其他卖家精确地知道消费者对产品的需求。这是一个很有用的假设,因为这个假设能让我们看清简单的价格搜寻过程背后的逻辑。当然,在现实世界中,卖家不仅需要通过刺探、调查获取关于消费者需求的信息,还需要通过做广告、提供优质服务等方式刺激和保持消费者的需求。此外,如果市场上有不止一个卖家提供同一种商品,那么每位卖家面对的需求曲线都取决于竞争对手的经营策略(包括定价策略)。附近的另一家电影院也许会放映更好看的电影或者降低票价,学校的姐妹会和兄弟会也许选择在周五晚上举办派对,学校的篮球队也许会在周五晚间的主场比赛上连续取胜,这些事件都会让艾德·塞克面临的电影需求曲线向左、向下移动。

　　在市中心,任何一家餐馆的苹果派定价都会影响所有其他餐馆的苹果派需求(需求曲线或需求表)。所有餐馆都根据对自身需求曲线的估计制定价格,而这个价格又会反过来影响所有其他餐馆的需求。因此市场竞争更像是棋牌游戏,而不是机械的最大化问题。在下棋时,每一步的最优解取决于上一步怎么走。在市场竞争中接下来的最优价格可能取决于上一轮的定价。我们在第8章中描述了一个整洁有序的世界,所有曲线都有清楚明确的位置。而现在这些曲线都变得模糊了。现实世界中的图景不像填色书里那样具有清晰的边界,也许从审美角度来说这是件好事,但这增加了分析的难度。

9.3 控制竞争

　　那么卖家为什么不联合起来停止或减少竞争,或者以某种让大家都满意的方式共享市场？就连亚当·斯密也在《国富论》中说："同业人士，即便为了消遣和娱乐，也很少聚会，偶尔聚会也是为了阴谋对付公众，或谋划提高价格。"因此，上述问题的答案是：卖方确实非常希望限制彼此之间的竞争，也常常试图这样做，但要做成这件事并不像乍看上去那样容易。正如买方和卖方常常因为交易成本过高而不能有效合作一样，卖方之间也常常因为交易成本过高而不能联合起来从买方身上谋利。

首先，即使互相竞争的卖家之间能达成价格保持和市场分享协议，这类协议也无法靠法律强制执行，许多州的法律和联邦法律（如果联邦法律适用）甚至禁止这类协议。仅这一条就会让达成停止竞争协议的交易成本显著上升。

此外，要设计出一份所有人都接受、涵盖大部分可能性且不靠法律途径就能执行的协议极为困难。卖方之间相互竞争的动力根深蒂固，因此很快就会有人背叛协议：能找到借口就找借口绕过协议，找不到借口就干脆偷偷背叛协议。

除了以上问题以外，共谋成功的卡特尔组织还会引来外界的关注，行业外的人会试图挤进这个行业以分享共谋团体创造的诱人利润。

因此卡特尔组织其实十分脆弱，许多人会对此感到惊讶，那是因为他们不明白竞争能多么顽强地从各个地方冒出来。要想成功提升卡特尔成员的财富水平，卡特尔组织必须解决两个问题。

首先，卡特尔组织必须防止成员之间的竞争，因为竞争会令销售价格下降或令销售成本上升，从而破坏共谋利润。然后，卡特尔组织还必须以某种方式阻止新竞争者进入行业，否则整个共谋运作体系都会遭到破坏。

> 卡特尔组织面临两个问题：一是防止成员之间的竞争，二是防止新企业进入行业。

因此，不仅寻价者激烈地呼吁法律对竞争进行限制，连价格接受者也试图这么做。他们希望改变自己**和他人**（即潜在竞争对手）的产权。他们希望**限制新企业进入行业**。但你也许还记得，第 7 章中讨论过利润与亏损的问题，当时我们强调为了鼓励企业经营行为和比较优势的发现，允许自由进出的开放市场**至关重要**。

有时卖方能编出一些极富想象力的理由，论证政府应该通过法律禁止减价行为或者禁止新的卖方进入市场。1845 年，法国经济学家弗雷德里克·巴斯夏（Frederic Bastiat）为蜡烛制造业写了一封请愿书，要求政府消除他们最恶毒的竞争对手：太阳！[a] 这是经济学史上最富创意的讽刺故事之一。这种编造借口的风气一直持续到现代。以下是一些我们从报纸上摘抄下来的真实新闻，为了保护那些信口雌黄的卖方的隐私，我们对某些人名或机构名称做了修改。在每个例子中谁最可能获利？谁最可能蒙受损失？这是两个很值得思考的问题。

- 某项立法提案鼓励让合格的护士助产士、心理医生、足病医生和其他不具医生资质的医疗工作人员获得本来只有医院才能享有的特殊权限。本周末，华盛顿特区医学会发起了反对上述提案的大型游说活动。华盛顿特区医学会认为法案的通过会破坏现有的医疗标准，他们在一份通讯上称："很快一个手拿锈刀的男童子军也有资格给病人做脑部手术了。"

- 所有水管工都必须学习高等数学、物理学、水力学和等轴测投影绘图。以上课程每年最低要学 140 个小时，并且必须学满 5 年。

- 羊毛纺织业人士称：因为精纺羊毛布料是关键国防物资，所以政府应该对外国进口的毛纺织品实施限额制度。

- 如果对美容业和理发业降低管制力度，我们州的消费者就得任由未经专业训练、不受政府管制的美发师和理发师摆布。这么做极为不负责任，因为如今的理发师会在日常工作中使用极为危险的酸剂和碱剂。

- 本地某家电视销售服务中心的老板是一位名人。今天他表示欢迎州政府调查电视维修行业，并要求政府对该行业进行管制。他说："我们必须阻止清洁工、消防员、邮递员和其他业余人士欺骗公众，他们虽然开价很低，但提供的服务也很劣质。"

- 参议院公共健康委员会昨天否决了一项法案，该法案允许为人诊断眼病和配眼镜的从业人员拥有多个办公地点及拥有自己的商标。只有单一办公地点的验光师反对该法案的理由是：只在单一私人办公室坐诊的验光师事实上受雇于病人；但如果验光师隶属某个商标，那么他们就受雇于这家公司而不是病人。

---

a 这封请愿书摘自巴斯夏的《经济学诡辩》(*Economic Sophisms*)（1845 年首次出版），请愿书中称禁止阳光能给法国带来各种好处。——作者注

- 某些州政府官员坚持认为只有持照兽医才有资格给宠物狗清洁牙齿。几个月前，为了捣毁非法狗牙清洁机构，他们甚至派出了一只卧底狗去暗访。本州兽医检查董事会的执行董事称：宠物美容师只要接触狗的牙龈就是在行医，这可能会给狗带来不必要的痛苦。（你真的觉得把手伸进狗嘴里会给狗带来不必要的痛苦吗？）

9.4 对竞争的限制

企业家（及其雇员）往往试图通过法律手段对市场进行限制，以保护自己的利润（及薪酬）机会。没人会比已经在行业里站稳脚跟的企业家更仇视竞争的加剧。医师协会、水管工协会、农民协会、航空业飞行员协会、养老院经营者协会和汽车制造商纷纷向政府施压，要求政府限制行业内的竞争。这些组织究竟目的何在？他们的目的是阻止竞争对手降价和防止新的竞争对手入行，这样就能降低不确定性（至少降低他们自己面临的不确定性）。如果能达到上述目的，他们的利润不就几乎有了保障？"保障"是不确定性的反义词。限制竞争是否真能让企业获得"**有保障的利润**"？下面让我们来仔细研究这个问题。

"我们要的不是自由竞争，而是公平竞争！"

假设你偶然（也就是说你没有为此投入任何时间、精力或其他资源，比如说你钓鱼时突然想出了设计图）发现了一种制造捕鼠器的新方法，进而制造出了更好的捕鼠器。你知道这个发现很有价值，所以立刻向政府申请了专利，并开始计划生产这种捕鼠器。只要能生产出更好的捕鼠器，全世界的消费者都会抢着购买，而且专利禁止任何竞争者在未来20年中仿制你的产品，因此你就要发大财了——这几乎是板上钉钉的事情。第一年的业绩证明你的乐观预测确实没错：当年的净收入是10万美元。你自信地预判接下来每年都能再创造10万美元净收入。看来10万美元是一笔**相当确定**的年收入。但我们还得再多问几个问题。

这笔"利润"的根源是什么？当然是你手中的专利。如果出现竞争，你的总收入和总成本之间的差值就会缩小。专利可以防止这种竞争的出现。你的捕鼠器优于其他产品，但你有没有精确计算过生产这种捕鼠器的成本？

9.5 对关键资源的竞争：价值 100 万美元的出租车牌照

限制某项活动的许可证会提高参与这项活动的成本。

出租车司机通过立法程序限制了城中有牌照的出租车数量，因此每张牌照的价值提高了。接下来大家竞争牌照的所有权（美国俚语将这种牌照称为"勋章"），推高牌照的价格，直到运营一辆出租车的成本（包括取得或保有牌照的机会成本）等于开出租车带来的收入。但这并不意味着出租车司机的游说活动没给他们带来好处。一般来说，在法律出台之前就拥有出租车牌照的人会因牌照升值而获利。牌照升值会提高他们的利润，从开始游说的那一天起他们就盼着这一点。从那天开始，这群出租车司机成了一帮政治企业家。可一旦游说成功，运营一辆出租车的成本就会上升，因为每个开出租车的人都必须先搞到一张成本很高的牌照。2011 年，纽约市的出租车牌照价格创下了历史纪录，每张新牌照的价格高达 100 万美元。

9.6 竞争与产权

利润与亏损都是不确定性的产物。没有不确定性就不会有利润与亏损。如果人们确定地知晓所有与获得利润有关的信息，争相获取这种利润的竞争就会降低收入或提高成本，从而使利润消失。这个结论不值得惊奇，从我们定义成本和利润的方式出发，进行逻辑推导，就必然得到这个结论。真正重要的（也是本章试图澄清的）是竞争和企业经营活动如何响应潜在利润的诱惑，以及这个过程导致的社会结果。

追逐利润的欲望是会让人们生产出更好的捕鼠器，还是会让人们阻止竞争者在自己的地盘上销售更好的捕鼠器？是会提高小麦的产量，还是会推高麦田的价格？是会提高出租车服务的质量，还是会推高出租车牌照的成本？是会降低消费者支付的价格，还是会提高关键资源所有者的收入？是鼓励人们大胆探索，还是迫使人们勒紧裤腰带？是促进技术革新，还是促进社会组织方面的革新？是增加选择的数量，还是减少选择的数量？上述问题的答案都取决于游戏规则以及游戏规则创造的产权系统。

9.7 政府政策的矛盾性

俗话说得好：你不能派狼去看守羊群。那我们是否该派政府去保护经济系统中的竞争？从政府干预经济生活的历史中，我们可以发现一种规律：担心竞争者攫取特殊利益至少与担心竞争程度下降同样有必要。这两种担忧并不是一回事，虽然我们说话时很容易把两者混为一谈。

上一个例子说明政府经常采取（或被要求采取）各种各样的行动防止潜在卖家向买家提供更优厚的条件或更有吸引力的机会。不管人们用什么论点证明这些政策的合理性，其实这些都是限制竞争的政策。有些竞争限制措施也许能保证行业内的竞争者数量，从而最终达到保护竞争的目的，因为如果没有这些措施，许多竞争者就会破产。但是不管某项具体措施的长期效果如何，在评估与竞争有关的政府政策时，我们首先应该正视一个重要的原则：**法律只要限制竞争者就会限制竞争。**

支持这类法律的常见论点之一是：这类法律可以防止"掠食性"竞争行为，从而保护市场竞争。

> 对竞争的担忧与对竞争者的担忧是两回事。

9.8 以低于成本的价格销售

你是否同意以下说法？

> 为了保护竞争性的经济系统，我们需要通过法律禁止不公平的竞争行为，比如禁止企业以低于成本的价格销售商品。大企业通常有能力以低于成本的价格销售商品，直到竞争者破产退出该行业。如果不通过法律限制这种行为，我们很容易陷入一个由少数几家巨型企业控制的经济系统。

大部分美国人似乎同意上述说法。联邦法律、各州法律和本地法律中都有大量防止或限制降价行为的法条。许多州明令禁止商家以低于成本的价格销售商品，这类法令通常被冠以"反不正当商业行为法案"的名目。各种管理委员会表面上为压低公用事业价格而成立，实际上却发展为执行最低限价（而不是最高限价）的机构。比如美国的州际贸易委员会就是这样。这个委员会

1887年由美国国会创立，是此类管理委员会的鼻祖。

某些企业支持这类立法的原因十分明显：他们希望保护自己免受竞争压力。可是消费者和普通公众为什么要支持这类立法？公众似乎接受了"企业会通过降价令竞争者破产，从而在行业内形成垄断"的观点。而垄断自然是一件坏事。本节开头引用的那段话就抛出了这个关键论点。但这个论点有多可信？我们是否能够论证禁止"以低于成本的价格销售商品"的法律确有必要存在？此刻你的脑海中应该已经产生了许多问题。

9.9 什么是合理成本

如果商家不能以低于成本的价格销售商品，那么这个成本究竟怎么定？真会有人以低于成本的价格销售商品吗？让我们考虑普罗菲塔·西克尔[a]夫人的例子。普罗菲塔是平价超市的老板，她订购了1000磅成熟的香蕉，进货价是每磅1美元——进价低是因为分销商急于在香蕉变得太熟之前脱手这批货物。普罗菲塔打出一份广告，称本周香蕉特价，每磅只卖2.25美元。可到了星期一早上，她发现自己手中还有500磅香蕉，这些香蕉已经开始变黑了。普罗菲塔想降价促销香蕉，她如何才能让售价不低于成本价？答案不是把香蕉的价格降到每磅1美元。1美元中的大部分成本属于沉没成本，因此现在已经不应该把这部分钱看作成本了。假设普罗菲塔周二早晨必须雇人把所有没卖掉的香蕉运走扔掉，那么周一时她面临的香蕉成本甚至可能低于零。在这种情况下，也许把香蕉免费送给顾客才是对她有利的做法。如果把价格定为零对她有利，怎么能说这个价格"低于成本"呢？所谓低于成本究竟是低于什么成本？（顺便提另一个问题：普罗菲塔是否以低于成本的价格买入了香蕉？）

或者我们假设普罗菲塔买了一车咖啡：每罐咖啡净重1磅，一共有1000罐，每罐的进价是3.5美元。这是一个不知名的咖啡品牌，她买这些咖啡是因为本地分销商向她开了一个很诱人的价格。但是，事实证明她的消费者对这种咖啡并不感兴趣。普罗菲塔把每磅咖啡的价格从5美元降到4美元，但这批货还是卖不动。进货4周以后，她的货架上和储藏室里仍然积压了987罐咖啡。假

---

[a] 普罗菲塔·西克尔与profit seeker（追求利润的人）谐音。——译者注

设此时她把咖啡的价格降到每罐 3.5 美元以下,她是在以低于成本的价格销售商品吗?答案是否定的。她卖掉咖啡后不打算补货,所以每多卖一罐意味着抽屉里多出一点钱、货架上少掉一罐咖啡。对她要做的决策来说,每磅咖啡的成本完全可以是零。做决策时需要考虑的成本始终是边际成本。

让我们等会儿再谈普罗菲塔·西克尔的例子,先来看一个不太一样的例子。估算养一头牛的成本也许很合理,但是分别估算养前腿肉的成本和养后腿肉的成本合理吗?牛排是后腿肉,用来做炖牛肉的肉是前腿肉,那我们是不是应该要求牛排的价格必须能收回养后腿肉的成本,用来做炖牛肉的肉的价格必须能收回养前腿肉的成本?这个问题十分荒谬。除非人们可以分别养出牛前腿和牛后腿,否则就没有办法分开谈论养前腿肉的成本和养后腿肉的成本。前腿肉和后腿肉(或者说用来做牛排和用来做炖牛肉的肉)是两种联合产品,它们的成本也是联合成本。我们不可能决定两种联合产品的成本分别是多少,或者说不可能以"正确的"方式把成本分配给两种联合产品。

回到普罗菲塔·西克尔的例子。我们是否可能以合理方式分别计算她食品店里出售的每件商品的成本?比如,让我们考虑店里的冷冻食品。购买冰柜并保持冰柜运转会产生成本。蔬菜、中式晚餐和橙汁都放在冰柜里,那么这几种商品分别应该分摊多少成本?如果没有冰柜,店里就不能卖冷冻花菜,这一点千真万确。但是,假如她发现只卖冷冻果汁也能收回购买冰柜并保持冰柜运转的成本,然后她又发现冰柜里还有空余的位置,所以在那摆了几盒冷冻花菜出售。在这种情况下,完全**不把**冰柜的成本分摊到冷冻花菜上可能也是合理的。

怎样把成本分摊到各种商品上是一件与决策无关的事情,成功的商人不会在意这个问题。他们懂得生产(制造商是生产者,经销商同样是生产者)通常是一个涉及联合产品与联合成本的过程。商人只关心做出某项决策后会产生多少预期额外成本和预期额外收入,怎样把联合成本分配到每件具体商品上对他们来说是个没有意义的问题。假如超市的收银台旁边还能放下一个杂志架,那么商人关心的问题是:安装这个杂志架会令总成本**增加**多少,又会令总收入**增加**多少?如果后者大于前者,就应该安装杂志架。他们不要求每本杂志的售价能收回水电费、房租和收银台折旧费,甚至不要求杂志的售价超过批发价。

低于成本?对谁而言的成本?做什么的成本?

请认真记住以上这行粗体字。就算每份晨报进价 50 美分、售价 25 美分，卖晨报仍然可能有利可图。为什么? 因为店里卖晨报可能会吸引新的顾客，而新顾客会通过购买其他商品增加商店的净收入 (即利润)。普罗菲塔·西克尔并不关心某件具体商品的净收入，她关心的是整个商店的总收入和总成本的差值。五金店会出售不成组的散装螺栓、螺钉和螺母，其实这类商品每多卖一件就会多亏一点钱，但是卖这些商品可以赢得顾客的好感，从而创造更高的净利润 (至少五金店老板希望可以这样)。第 7 章中提过的比萨餐馆老板安·特普纳尔会为用餐的顾客 (不管他们点多少比萨)"免费"提供餐巾纸、红椒末、帕尔玛奶酪、水和牙签。(她的竞争对手——同一条街上的中餐馆甚至还给顾客提供免费的热茶。) 她并不指望从提供给顾客的每一样东西上"赚钱"，她只关心比萨餐馆的总体利润——也就是总收入和总成本的差值。

9.10 "掠食者"与竞争

我们说这么多是为了破除一种普遍的迷信：商品不能"以低于成本的价格销售"。我们的论证说明许多此类指控的基础是以主观、随意的方式把沉没成本或联合成本分摊到每件商品上。当然，企业确实常常抱怨竞争对手以低于成本的价格销售商品，但是他们这么做是因为讨厌竞争，他们希望政府能禁止减价以保护他们免受竞争之苦。

但是，允许企业随意减价难道不会损害竞争吗? 人们常常将"保护竞争者"与"保护竞争"混为一谈，这种想法虽然奇怪却并不令我们吃惊。事实上"保护竞争者"与"保护竞争"是两种截然相反的做法。抑制竞争的法律常常保护竞争者，这类法律对拥有特权的生产者有利，却限制了消费者和没有特权的生产者面临的选择。人们找了一个奇怪借口来支持这类法律：他们说这类法律是为了防止"财大气粗"的企业进行"掠食性"降价。

"掠食性"降价是指企业为了让竞争对手破产或者为了防止新的竞争对手进入行业而故意以低于成本的价格销售商品，这种行为的最终目的是在挤垮竞争对手以后抬高商品售价，弥补所有损失。人们认为这种策略对大企业有利，因为大企业手中的金融资源更多 (即所谓"财大气粗")，更有能力长期承担亏损或允许某些产品线出现短期亏损。经济理论并不否认企业可能采取"掠食

> 保护竞争者和保护竞争是两码事。

性"降价策略，但是我们可以提很多问题来质疑这种策略。首先是我们在上一节中已经谈到的问题：如何合理界定一件商品的成本？

"掠食性"降价策略究竟得执行多久才能达到最终目的？这个时间越长，掠食性企业蒙受的短期损失就越大，因此长期利益也必须更高，否则就根本不值得执行这种政策。

如果企业被竞争对手的"掠食性"降价策略挤垮，该企业的物理资产和人力资源会流向哪里？这是一个十分重要的问题，因为如果企业破产后物理资产仍然存在，那么一旦掠食性企业开始抬高售价收割胜利果实，其他人为什么不购进上述资产，继续生产之前的商品？一旦出现这种情况，企业怎么可能从"掠食性"降价策略中获利？相反，企业破产后人力资源可能分散地流入各种其他企业，因此重组人力资源的成本可能较高。

为了确保长期利润超过短期损失，采取"掠食性"降价策略的企业必须挤垮充分多的竞争对手以获得足够大的市场权力。它们能做到这一点吗？"掠食性"降价的罪名最常落到大型折扣店、连锁药店和食品超市头上。但这些企业不仅要与小型独立竞争者做斗争，还要与其他大型折扣店、其他连锁药店和其他食品超市竞争。也许一家大型连锁食品店可以通过长期大幅减价令普罗菲塔·西克尔破产，但这种策略没法挤垮其他大型连锁店。而令连锁食品店总裁晚上愁得睡不着觉的竞争对手显然并不是普罗菲塔·西克尔这样的小店主。

我们并不否认商业企业可能采取"掠食性"降价策略。虽然很难找到有据可查的例子，但这种可能性显然存在。然而，若为消除涨价的**可能性**而出台规定价格下限的法律，就**必然**导致涨价：为了逃避一种未知的、不确定的恶果，我们选择接受另一种已知的、确定的恶果。从社会福利的角度来看，这可能是一件好事，也可能是一件坏事。但支持这种法律的往往是明显会从中得利的企业，因此我们在评估他们的论点时至少应该保持怀疑的精神。

9.11 价格管控

有些卖家面临的竞争压力很小，因此他们可以把售价定得比成本高很多，从而赚取巨额利润。我们应该拿这类卖家怎么办？供电企业和提供电话服务的企业是两个典型的例子。如果这类企业是投资者所有的私营企业，政府是否应该通过价格管控防止企业剥削消费者？

> 监管机构如何判定企业的运营成本？

在这种情况下，监管机构如何设定合理的价格水平？当然应该看成本。商品的售价应该允许企业收回成本并适当盈利。但是你现在肯定已经明白，成本不仅由自然事实决定，还受管理决策影响。如果企业管理者知道，不管成本如何变化，政府核定的价格都将允许他们收回所有成本，那他们为什么还要努力降低成本或保持低成本呢？他们完全可以在办公室里铺上昂贵的厚地毯、购买企业专用的私人飞机、提高自己的薪水、建立纪念碑，然后享受平静的生活。他们干吗要创新？干吗要承担风险？有什么激励机制能鼓励他们这样做？

> 谁来监督监督者？

于是，监管机构就得不断监控企业管理者的决策。要做到这一点，监管机构必须和企业经理一样了解企业的经营业务。这意味着每家受政府管制的企业事实上都有两套领导班子。这种情况合理吗？第二套领导班子的大部分信息都不可避免地来自第一套领导班子，那么假以时日政府监管机构的想法难道不会变得和企业管理层一样？我们靠谁来监管监管机构？纵观行业监管的历史，我们会发现一个恼人的规律：监管机构的成员往往被自己的监管对象"控制"，这并不是因为他们贪污腐败或收受贿赂，而是因为受监管的行业兴旺才符合他们的自身利益，所以假以时日他们会很自然地开始保护受监管行业的利益。

1980年以前，美国政府对银行机构进行严格监管，同时对银行业设置严格的准入制度。在政府的保护下，银行机构面临的竞争压力较小，因此他们往往上午10点才开门，下午3点就关门。1980年以后的消费者将许多银行服务（比如自动提款机、电话转账服务，以及大幅延长的营业时间）视作理所当然，但这些业务在管制时代统统不存在。

1978年以前，政府对商业航空公司的机票价格进行管制，并且限制新企业入行。在管制年代中，虽然航空公司提供更加奢华的服务，但能享受这种奢华服务的旅客比今天少得多。航空公司根据政府的命令把机票价格定得很高，在这个价位上旅客的数量相对较少。为了争夺这些旅客，航空公司为乘客提供许多便利，比如：旅客之间有许多空座位供他们伸展肢体；食品和饮料的质量都很高；因为大部分乘客是男性，所以航空公司雇用年轻漂亮的空姐为他们服务。

20世纪80年代,在电话行业中竞争逐渐取代了管制。各种新的服务项目应运而生。从前,人们认为电话行业虽然可靠却是一个一成不变、缺乏想象力的行业。管制取消以后,这个行业突然涌现出数不清的创新,电话开始为消费者提供各种各样的新功能,我们从前甚至不知道自己还有这些需求。

支持政府价格管制的人一般会提出这样的论点:在竞争无法管制的领域中政府必须出手管制,否则消费者就只能任由贪婪的卖家宰割。我们常常因为被上述观点蒙蔽而没有思考这样一个问题:在传统上受政府监管的行业中,竞争真的无法约束企业的行为吗?我们理所当然地认为在交通业、通信业、金融服务业、公共事业和其他一些行业中竞争不可能有效约束企业行为,却从来没有检验过这种假设。过去二十余年间的去管制化运动虽未给所有此类问题下定论,却无疑让我们看到竞争发生的空间比我们从前设想的大,并且竞争在限制市场权力方面具有一些政府管制没有的优势。

在以下行业中,究竟是实施监管对消费者有利,还是取消监管对消费者有利:

- 银行业
- 航空业
- 电话服务业

9.12 "反托拉斯"政策

尽管支持消费者权益和市场竞争的一方很容易在辩论中获胜,但在现实世界中政府却常常以**限制**竞争的方式干预市场,从而损害消费者的权益。我们会在第11章中解释上述现象的成因。同时政府(本地政府、各州政府,特别是联邦政府)也会出台一些**鼓励**竞争的政策,通常他们会说:竞争能对经济活动发挥有效的协调作用,但是要想合理地保护竞争就必须引入一些政府干预,所以必须出台这些政策。这些法律以及它们的应用和结果是一个有趣的研究领域,不仅在历史学和司法解释方面如此,在经济分析方面亦如此。但下面我们进行这方面的研究主要是为了提出几个本质的问题。

最重要的反托拉斯法是《谢尔曼法案》(*Sherman Act*),通常又称《谢尔曼反托拉斯法案》(*Sherman Antitrust Act*)。1890年美国国会通过该法案时几乎未产生任何争论,也未受任何反对。[19世纪的商人常利用合法信托手段来防止竞争,所以这个法案叫"反托拉斯"(即"反信托")法案。]《谢尔曼法案》中的法条涉及面极广,因此有人将其称为竞争系统的宪法。该法案禁止人们利用任何合同、联盟或阴谋试图限制州际贸易或试图垄断州际贸易的任何部分。

事实上，过于笼统的措辞限制了该法案在现实中的应用——毕竟，人们可以说任何两个联手做生意的人形成了"联盟"，并且该"联盟"的目的是提高竞争对手的交易难度，从而为联盟成员争取更大的市场份额。因此，联邦法院判定商业行为只有符合以下条件才违反《谢尔曼法案》：试图获取垄断权力的联盟或其他行为必须达到"不合理"的程度，或者必须对公众福利造成重大威胁。

9.13 反托拉斯法的解释和应用

为帮助法院执行《谢尔曼法案》中的政策，国会又出台了另外一些法律，比如 1914 年通过的《克莱顿法案》(*Clayton Act*) 和《联邦贸易委员会法案》(*Federal Trade Commission Act*)。后者催生了联邦贸易委员会。联邦贸易委员会被视作专家组织，它有权禁止一系列"不公平"的商业行为，从而实现促进竞争的目标。《克莱顿法案》（及后续修正案）中有一条特别针对兼并问题的主要法条，该法条禁止一切可能"显著"降低竞争程度的兼并行为。但仍有一些很重要却很难回答的问题悬而未决。

什么样的兼并活动会显著降低竞争程度？兼并行为有没有可能提高竞争程度？假设一家钢铁厂想兼并另一家钢铁厂，这种行为属于**横向兼并**。钢铁行业本来就由数量相对较少的几家大企业构成，因此乍看之下上述兼并活动似乎会显著降低行业内的竞争程度。但如果这两家钢铁厂的销售市场分属不同的地理区域呢？如果它们分别生产销售不同的钢铁产品呢？如果两家厂本来都在倒闭边缘，而兼并可以带来规模经济效益从而让它们继续经营下去呢？

横向兼并：两家炼油厂

混合兼并：一家炼油厂和一家钢铁厂

两家产品截然不同的公司之间的并购行为叫作**混合兼并**行为。这类兼并也引起了许多争议。如果一家电机制造厂收购一家租车公司，后者是否能因此更高效地与赫兹（Hertz）和安飞士（Avis）[a]竞争？电机制造厂、其供应商以及这家租车公司是否会达成特别安排，使租车行业中出现捆绑现象从而降低竞争程度？就算混合兼并不影响行业内的竞争，这种行为是否会导致金融权力的过度聚集从而产生危险的负面后果？

---

a 赫兹和安飞士是两家大型租车企业。——译者注

纵向兼并行为又会导致什么结果？如果从前是供应商—买家关系的两家企业合并（比如一家连锁超市收购一家食品加工厂），这就是纵向兼并。纵向兼并可能提高效率，也可能剥夺其他食品加工厂的销售机会从而降低竞争程度，导致哪种结果的概率更高？

> 纵向兼并：一家炼油厂和一家连锁加油站

究竟什么样的行为才构成非法的、"不公平"的贸易行为？如果一家大企业要求供应商打折，这种行为算不公平吗？如果供应商给一些买家打折，却不给另一些买家打折，这种行为算不公平吗？还有广告宣传行为呢？大企业是否在广告方面拥有不公平的优势，广告行为是否会继续增加这种优势？广告是否必须完全真实，否则就是不公平？当然，因为说真话几乎就是公平的定义。但是究竟怎样才算"说真话，说出所有真话，并且不说真话以外的东西"？只要严肃深入地想想这个问题，我们便不得不承认以下事实：让联邦贸易委员会监管"虚假"广告必然使其面临一个复杂的问题——如何区分"主观目的"和"客观结果"。而且该委员会将做出许多相当武断和随意的判决。

以上所有问题都可以归结为一个根本的问题：对竞争者实施限制就会降低他们的竞争能力。从本质上来看，竞争就是为他人提供更多机会，更多的机会意味着更宽泛的选择，更宽泛的选择意味着更多财富。但是，不管是从短期来看还是从长期来看，一家企业为提供更多机会而采取的手段都可能使其他企业只能提供更少的机会。究竟在什么情形下我们才希望政府为了促进更广泛或更长期的竞争而限制某家具体企业的竞争行为？我们必须认识到，最能有效向政府施加政策压力的人不是消费者，而是生产者。这一点极为重要。因此，政府政策常常由生产者的需求塑造，成为保护他们免受竞争之苦的工具。

9.14 纵向兼并：促进竞争还是抑制竞争

各种针锋相对的论点和互相冲突的利益使反托拉斯政策变得异常复杂。目前对是否应该限制纵向竞争的问题仍有许多争议，我们可以从这些争论中看到各方的论点和利益冲突。在 1937 年到 1976 年之间，联邦立法机构裁定生产商和零售商达成受州政府认可的限价协议不违反《谢尔曼法案》。《谢尔曼法案》的原则是制造商不得试图控制零售层面的竞争情况。法庭开始根据以上豁免允许各种特例违反上述原则，于是国会只好废除豁免，再次试图完全禁止他们曾经鼓励过的行为。生产商和零售商之间达成限价协议再次自动被判定为非法行为。美国反复出台各种法律试图限制生产商利用手中权力控制分销商的行为。

如果零售商让商品零售价低于生产商建议的下限，生产商可以停止供货。生产商还可以限制给定地理区域内的零售门店数目。如果我们赋予生产商以上两种权力，消费者有没有可能从中获利？乍看之下，上述行为只会提高商品的价格并降低对消费者的服务质量。但只要思考以下两个问题，就不会对上述结论那么肯定了：第一，生产商为什么不想让零售商降价？第二，生产商为什么不希望太多零售店销售自己的产品？

为什么生产商希望零售商提高商品售价（这会降低销售量）？为什么生产商希望降低销售自己商品的零售商数目？

生产商有时会抛出这样一种论点：为了成功地销售他们的产品，必须向消费者提供充分的售前和售后服务，比如告诉消费者如何有效地使用产品，不断向消费者提供关于操作步骤的指导，或者向消费者提供快捷可靠的产品维护服务。如果提供上述服务不能增加零售商的净收入（增加净收入意味着销售额的增值必须超过提供服务的成本），零售商就没有动力为消费者提供服务。

如果零售商发现其他零售商提供上述服务，他们可以选择自己不提供服务，“搭别人的便车”。在这种情况下，没有任何一家零售商会提供上述服务，生产商于是不能成功地销售产品。考虑个人电脑的例子。如果销售个人电脑时不对消费者进行充分的操作指导，这种商品就不可能像现实中那样被快速引入办公室和家庭。对顾客进行操作指导是销售的一部分，而且可能是最有效的销售策略。但这就引入了一个问题。某家零售商指导顾客如何有效使用某种个人电脑，这会产生相应的成本；而其竞争对手可以选择不提供指导服务，仅满足别人创造出来的消费者需求。这样前者的销售策略就被后者破坏了。

“搭便车”的分销商会伤害配合生产商营销的分销商。生产商设定最低零售价或限制区域内的零售门店数目可能是为了保护后者。生产商只想有效地销售商品，他们主观上对减少竞争并无兴趣。但假如我们用“完全竞争”模型定义“竞争”，那么生产商的行为客观上确实会达到限制竞争的效果。但如果生产商不干预，商品可能根本得不到有效的销售，因此市场上的竞争程度反而会更低。

那么，我们是否应该允许生产商限制零售层面的竞争，并承认这是一种为了销售商品而进行的合理活动？近年来，法庭有时允许此类活动，但每个个案都要单独审查，研究具体情况、商家的意图，以及"纵向"限制可能导致的后果。给这种行为开绿灯引起了部分群体的不满。一些分销商因被生产商切断货源或者受到其他限制而向国会抗议。某些国会成员因此起草了新的法案，试图严重限制生产商在该领域内的权利。支持者称这类法案能提高竞争程度。反对者却说这类法案会降低竞争程度，因为它们会严重妨碍生产商和分销商共同设计并协商达成的有效的销售程序。

9.15 各方意见

整部"反托拉斯"法是否不仅不能促进竞争，反而会阻碍竞争？有些人这么认为。另一些人（似乎主要是经济学工作者）认为应该保留《谢尔曼法案》和《克莱顿法案》中的反兼并法条，废止其他反托拉斯法条。一些捍卫上述两部法律的人提出，这两部法律为保持经济体中的竞争做出了重要的贡献。另外一些人认为，如果能够严肃执行以上两部法律，其贡献本来可以比现在大得多。还有一些人认为这两部法律顶多是一堆无用的空话，如果沦为无知政客手中的武器，甚至可能对经济体系造成诸多伤害。罗伯特·伯克（Robert Bork）法官在《反托拉斯悖论》（*The Antitrust Paradox*）一书中写道："如果坚决要把美国的经济体系重塑为教科书中的竞争模型的翻版，对国民财富的杀伤力将不亚于几十枚经过战略部署的核弹。"

毫无疑问，"反托拉斯"政策充满了自相矛盾的地方，左手抬、右手压的情况比比皆是。各州法律很少起到促进竞争的效果，真正受到保护的往往是竞争者，而不是竞争本身。而联邦在执行《谢尔曼法案》和《克莱顿法案》中的反兼并法条时似乎又常常做出一些舍本逐末、抓小放大的事情。有些企业竞争力低下，不能为消费者提供价格更低、质量更好的商品，他们常常根据反托拉斯法发起诉讼，试图要求法庭强迫竞争对手提高售价或降低商品质量。但同时明令禁止限价合谋行为的《谢尔曼法案》可能确实抑制了卡特尔组织在美国的发展，这种组织在西欧和日本十分常见。经济学家乔治·斯蒂格勒（George Stigler）曾说："每家大公司的董事会中都有一位'当然成员（ex officio member)'[a]，那就是谢尔曼议员的鬼魂。"虽然我们没有足够的实证来证明这句话的科学性，但历史从来都不是纯粹的科学。

9.16 政策评估

在本章的开头，我们提出了尖锐的问题；而在本章的结尾，我们却只能给出比较中庸的答案。

对潜在竞争对手实施限制会减少替代商品的品种，并令消费者更难获得替代商品，因此商家限制他人机会、增加自身财富的空间变得更大了。竞争是一个过程，不是一种静止的状态。换句话说，我们只能用录像来记录竞争，而不能用照片来记录竞争。比如，有时我们发现不同的卖家会以完全一样的价格销售某种商品，这一事实本身并不能说明生产这种商品的行业中竞争不充分。重要的问题是：为什么不同卖家的报价会变得完全一样？我们以为公众人物会比普通民众更懂经济学知识，可事实上公众人物也常常认为均一的价格意味着竞争的缺失。这种错误出现的频率高得惊人。回忆一下：种植小麦的农民都以同样的价格出售小麦，但小麦产业并不缺乏竞争。这是反驳上述错误看法的最简单的例子。

另一个需要注意的地方是：我们只能把不理想的情况和理想且可能达到的情况进行比较。把不理想的情况和理想却不可能达到的情况进行比较是错误的。同时，改变现有的市场结构和商业行为都会产生成本。这些成本不仅包括调查成本、起诉成本、法庭判决成本和为确保企业遵守反托拉斯规程而产生的监控成本，还包括试错成本和政策方向变化给企业规划增添的不确定性成本。有些人认为我们应该通过法律手段降低寻价者的市场权力，阻止商业并购行为，或者禁止那些最终会令市场竞争程度下降的商业手段，但是，只有当边际成本小于边际收益时这样做才有益。

---

[a] 当然成员：指因担任某种职务而自动成为董事会成员的人。——译者注

简要回顾

竞争是一个过程，但经济学中的标准概念——"完全竞争"市场忽略了上述事实。竞争不是"大量生产者在掌握完全信息的前提下被动接受市场上的价格"，而是一种释放企业活力、让企业家主动发挥经营才能的方式。

只要商品的售价超过生产商品的边际成本，某些人就能发现这个潜在获利机会。人们发现上述差价，并通过多生产商品来缩小这种差价，经济体中因此有了竞争。

竞争的形式和手段极其多样，我们不可能将其一一列出。通常企业也不可能预见并阻止竞争对手的所有竞争手段。

竞争通常会降低生产者的利润，将这些收益转移给消费者和其他供应者，因此企业常常试图说服政府帮助自己排除竞争对手。在这一领域中，企业常常表现出杰出的聪明才智和惊人的诡辩技巧。

企业常常指控竞争对手（不管是本国企业还是外国企业）以"低于成本的价格销售商品"，并呼吁政府取缔这种"掠食性"商业行为。然而在大部分情形下，竞争者的售价之所以低于成本是因为指控者强行把一些与决策无关的成本分摊到每件产品上，因此这种指控事实上并没有什么道理。但卖家都希望降低竞争，从这个角度看这些指控就有道理了。

政府限制定价和其他商业行为，这类干预常常阻碍本应出现的竞争行为，使企业不能更好地为消费者利益服务。

有些人认为政府是竞争的保护神，能击退贪婪的垄断者。这与其说是事实，不如说是一种美好的愿望。联邦政府、各州政府和本地政府已经创造并保持了许多拥有特权的职位，这些职位实际上限制了竞争，减少了消费者的选择。

联邦的反托拉斯政策包括大量的成文法令、行政指令和司法判例。至今我们对这些政策仍缺乏一个充分、平衡、全面的评估。

竞争是一个过程，竞争者参与这个过程。大家都明白没有竞争者就不可能有竞争，但人们却似乎不太明白以下道理：如果禁止竞争者为增大自己的市场份额而采取行动，竞争就不可能存在。

供讨论的问题

1. 政府取消了对航空公司定价行为的管制。不久以后，一家大型航空公司开始请飞机上的乘客填写一份很长的"乘客问卷调查"。在正式问题之前附有一段市场营销部高级副总裁写给乘客的话，其中称填写这份调查能帮助航空公司为乘客提供"最好的服务"。调查询问了旅客的出行目的、飞行频率、机票种类、购票方式、收入水平，以及如果机票不打折他们会怎么做。航空公司究竟想干什么？

2. 一方面，有些人认为美国经济体中的竞争程度正在下降；另一方面，每家企业都说自己面临激烈的竞争。你如何解释这两个看似矛盾的事实？

3. 寡头垄断的定义是少数几家企业之间的竞争。那么根据这一定义，商业航空公司是否属于寡头垄断者？小镇加油站的老板是否属于寡头垄断者？请根据上述定义举几个寡头垄断者的例子，再举几个非寡头垄断者的例子。

4. 卖家会努力提高自己的商品对消费者的吸引力，有时这种行为被称为"产品差异化"策略。
   (a) "产品差异化"过程是否造成浪费？也就是说这个过程给卖家造成的成本是否大于给卖家带来的收益？"产品差异化"在哪些情况下很可能造成浪费，在哪些情况下不太可能造成浪费？请分别举几个例子。
   (b) 请评价以下观点："从社会角度看，卖家为执行产品差异化政策而采取的新行动很容易造成浪费，因为这类行为往往边际成本高而边际收益低。但是，这仅仅意味着生产者已经采取了所有低成本/高收益的产品差异化技术，这并不能说明整个产品差异化过程会造成浪费。"

5. 卖家与卖家之间若想达成有效的限价协议就必须对销售做出限制，比如限制产品的产量，或者把不同的地区划为不同卖家的地盘。为什么？

6. 如果垄断是不好的，为什么政府常常试图保护卖家，不让新竞争者入行？

比如说，美国政府禁止任何人在平信投递业务上与邮局竞争，政府为什么要这样做？

7. 卡特尔组织往往需要政府的支持。如果政府不愿意或不能够惩罚违反卡特尔协议的卡特尔成员，卡特尔组织通常就会瓦解。为什么？既然卡特尔协议的目标是使整个组织的净收入最大化，遵守这些协议难道不符合每位成员的利益吗？既然如此，为什么没有政府强迫，卡特尔组织成员就不愿意执行这些协议？为了理解卡特尔组织为什么会瓦解，你可以问问自己：在下面这个游戏中人们会如何博弈？游戏结果会如何？

每位玩家手里有两张牌，一张牌上写着 L，另一张牌上写着 S。信号发出后，所有玩家同时出一张牌，然后大家会根据出牌情况获得金钱奖励。

如果四个人都出 S，那么每位玩家获得 5 美元。

如果三个人出 S，一个人出 L，那么出 S 的人每人损失 5 美元，出 L 的人获得 15 美元。

如果两个人出 S，两个人出 L，那么出 S 的人每人损失 10 美元，出 L 的人每人获得 10 美元。

如果一个人出 S，三个人出 L，那么出 S 的人损失 5 美元，出 L 的人每人获得 5 美元。

如果四个人都出 L，那么每位玩家损失 5 美元。

(a) 假设每位玩家都能自由、独立地行动，并且每位玩家的目标都是最大化自己的收益，你认为游戏结果会如何？

(b) 如果没有一位"执行人"负责惩罚出 L 的人，游戏玩家就很难赢钱，这是为什么？

(c) 现在我们假设四位"玩家"事实上是支配某一行业的四家独立生产企业，"出 L"意味着大量生产商品，"出 S"意味着少量生产商品。让我们再来看看这个游戏的收益，现在我们应该把收益视作每位生产者获得的利润。利润取决于以下两个因素：第一，这位生产者是否为推高商品售价而限制自己的产量；第二，其他生产者的决策。不管其他生产者如何选择，每位生产者若想获得高利润就应该选择大量生产商品，为什么？

(d) 如果该行业中的所有生产者都选择少量生产商品，就能最大化整个行业的利润。什么样的程序可能诱使每位生产者这样做?

8. 上述两小题的分析引出了一个有趣的问题:为什么石油输出国组织(OPEC)能够成功地抬高世界石油价格?这个问题的答案主要与生产和销售石油的边际成本有关。如果油田已经建好,那么从油田中采油的成本可以非常低,几乎可以忽略不计。但是在考虑是否采油时,需要考虑的边际成本是采油和卖油的成本。20世纪70年代,许多权威都做过以下预测:因为对石油产品的需求弹性非常低,而世界石油储备又在快速耗尽,因此到20世纪末每桶石油的价格可能会涨到1000美元。专家预测未来石油的价格会大幅上升,这会如何影响当前销售石油的机会成本?石油输出国组织需要防止成员国作弊,上述预期如何帮助他们达到这个目标?以上这类夸张的预测在20世纪70年代十分常见,可是到了20世纪80年代中叶却再也听不到这种说法了,为什么?

9. 某州的立法机关正考虑出台一项法案,该法案要求所有销售瓶装酒的食品店和药店为酒类部单独开辟一个入口。支持该法案的人说这样做很有必要,因为必须防止未成年人走进酒类部。你认为是谁在为这项法案游说?他们为什么想出台这项法案?

10. 研究显示,在某人口密集的中西部州,73%的职业证书要求入行者"品德良好"。为什么要提出这种要求?如何决定申请人品德是否良好?在给殡葬师发证书时,谁最有资格判断申请人的品德是否达到殡葬业的标准?

11. 某州的立法机构正在讨论一项法案,该法案允许验光师在做眼部检查时使用某些眼药水。50位眼科医生去国会大厦游说,反对通过该法案。该州眼科医生学会的主席告诉一位记者:"不管这项法案是否通过,我们都不会获得什么经济上的好处。"他还表示,眼科医生只担心一件事:如果法案通过"会有更多人受到不当用药的伤害"。你是否相信50位医生同时停工一天去立法机构游说完全是出于对公众健康的关心?

Chapter 9

12. 华盛顿州的公共事业与交通委员会每隔一段时间就会开展一次查处无证搬家公司的专项行动。

    (a) 该委员会的执法主管称：之所以要开展这种专项行动是因为消费者投诉搬家公司损坏物件、操纵价格,持证搬家公司投诉来自无证搬家公司的竞争压力。你认为哪种投诉对委员会施加的压力更大？有多少消费者知道"公共事业与交通委员会"的存在？有多少持证搬家公司知道这个委员会的存在？

    (b) 州政府官员称, 20 世纪 30 年代立法机构开始对搬家行业实施严格的准入制度是因为立法者担心"不受管制、你死我活的竞争会令搬家服务质量下降,会导致安全问题,还会使城市地区竞争过度激烈,农村地区却找不到搬家公司"。你是否同意缺乏管制会导致上述问题？在**通常**的情况下竞争会令服务质量下降吗？竞争要达到什么程度才称得上"你死我活"和"过度激烈"？假如你对已经进入搬家行业的人提出最后一个问题,你觉得他们会怎么回答？

    (c) 任何一家新搬家公司在申请搬家许可证时都必须通过"严格的便民测试和必要性测试"。委员会要求申请人证明公众确实需要他们提供的服务。申请人有可能证明这一点吗？

    (d) 记录显示,委员会的交通主管认为"如果只考虑服务是否充分而不考虑价格高低,那么目前持证搬家公司的数目已经超过了必要的水平"。"高价"与"充分的服务"之间是什么关系？

    (e) 华盛顿州目前有几十家无证搬家公司正在经营搬家业务。这一事实说明交通主管的说法对不对？

13. 美国司法部曾与西弗韦 (Safeway) 超市达成一项"同意判决"（consent decree）[a]。该判决禁止西弗韦超市以低于批发成本的价格或虽高于批发成本但"低到不合理程度"的价格销售商品。在这场官司中政府起诉西弗韦超市以低于成本的价格销售商品,意图垄断得克萨斯州和新墨西哥州

---

[a] 同意判决：一种经双方同意的和解协议。达成这种协议后被告承诺执行协议,原告撤诉,法庭不判被告有罪。——译者注

的食品零售市场。25年后，美国司法部同意撤销这项判决。

(a) 西弗韦超市（或者其他企业）垄断得克萨斯州和新墨西哥州的食品零售市场的可能性有多高？

(b) 原告提出：西弗韦超市是因为想垄断市场才降低商品价格。你认为是谁向司法部抗议了西弗韦超市的降价行为？

(c) 怎么才能合理地判断某件食品的成本？有些零售商免费向顾客提供装商品的纸袋，这算不算以低于成本的价格销售商品？零售商是否在对纸袋进行交叉补贴（cross-subsidizing）？

14. 卖家的定价行为符合以下三个条件才算"掠食性"定价行为：第一，价格低于成本；第二，定价的目的是消除竞争对手；第三，卖家意图在挤走竞争对手后提价以弥补此前的损失。哪些因素令卖家难以完成最后一步？在何种情况下最后一步相对容易完成？你能否举出具体的例子？

15. 1980年以前，州际贸易委员会有权决定铁路公司向运货方收取的运费。1980年的《斯塔格斯铁路法》（*Staggers Rail Act*）显著削弱了委员会的上述权力。

　　国家煤炭协会的主席认为这项法案"令铁路公司可以收取客户能承受的最高价格"，因此他反对这项法案并呼吁政府恢复运费管制。许多其他运货方却为大刀阔斧的铁路系统去管制化改革鼓掌叫好。为什么煤炭行业支持运费管制而其他运货方反对运费管制？

第 10 章　外部效应与权利冲突

学习目标

- 定义外部效应的概念，区分正的外部效应和负的外部效应。
- 区分协商、裁决和立法分别如何解决负外部效应问题。
- 研究与污染有关的政策。
- 探索市场定价的概念，用市场定价减少交通堵塞的外部效应。
- 解释交易成本如何阻碍人们有效限制外部效应。

在经济学的思维方式下，个人在决策时会比较某项行为的预期边际收益和预期边际成本，然后选择对自己有利的行动。决策者不会考虑自己的行为对他人的影响，除非他人得到的好处或承担的成本影响决策者本身。事实证明，掌握以上要点是理解许多社会问题的关键。

10.1 正的外部效应和负的外部效应

丹尼是一位很有礼貌的司机，因为他重视自己的安全，更因为他的心中时刻充满对他人的善意和体谅。即便如此，他还是会在每个工作日早上 7:45 驾车上路，完全不考虑此举会增加交通负担、降低其他司机的行车速度。和其他司机不同，丹尼不是去上班。他已经退休，开车出门是为了打高尔夫球。他做决策时没考虑自己的行为会对开车上班的人造成什么影响，因为那些人不在他的考虑之内。事实上他压根就没想过那些人。因为丹尼 7:45 开车出门，交通堵塞的情况稍稍加剧，交通工程师可以算出排在他后面的每位司机因为他的行为在路上多花了多少时间。如果用每人多花的时间乘以此时路上的车辆数目，就会得到一个很大的数字。丹尼虽有一颗善良礼貌的心，却给和他一起在路上开车的司机造成了巨大的成本。因为丹尼做决策时不考虑这种成本，所以经济学家说这是他的行为造成的"外部成本"或者"外部效应"。通俗点说，这叫"外溢成本"。

如果丹尼发现自己给他人造成了负的外部效应，他会很难过；但要是他知道自己也常常给别人带来正的外部效应，他就会很快乐。如果决策者的行为带来了他决策时没考虑过的好处，这就是正的外部效应。假设今年夏天丹尼把自己的车库漆成了闪闪发光的洋红色。他自己并不喜欢洋红色，选这种颜色是因为邻居喜欢（你应该还记得丹尼是个心肠很好的人）。他知道油漆车库能给邻居带来收益——这是他做这个决策的原因。在这种情况下邻居获得的收益不属于外部效应。但丹尼不知道许多过路人第一次看到这间洋红色车库时也会哈哈大笑，获得巨大的快乐。路人的收益属于正的外部效应，因为丹尼选颜色时没有考虑这种收益。不幸的是，这个街区中也有人非常讨厌洋红色，他们经过丹尼的车库时甚至得捂上眼睛，因为这种颜色简直辣眼睛。事实证明，丹尼油漆车库的行为既产生了正的外部效应也产生了负的外部效应。

本章重点讨论负的外部效应。正的外部效应会产生一些有趣的问题，我们留到下一章中再做讨论。

10.2 完美的情况不可能达到

要想在这个问题上获得任何真知，首先必须认清这样一个事实：我们不可能完全消除负的外部效应。为什么不能？让我们用罗杰的例子来说明。罗杰是一名全职爸爸，他住在一个宜人的城郊住宅区中。每天早晨，他会趁妻子上班前骑摩托车出门兜会儿风。（罗杰是否属于失业人员？我们会在第13章中回答这个问题。）虽然他毫无恶意，但他每个工作日早上 6:30 发动摩托车引擎会吵醒八个邻居。这八个人分别诅咒了罗杰的摩托车，然后翻过身打算再睡一小时。假设这八个人仔细思考当前情况就会得出这样的结论：他们每人最多愿意每周出 5 美元让清晨的摩托车噪声消失。而假设罗杰仔细思考当前情况，他会说如果有人肯给他 15 美元或以上，他就愿意把摩托车推远一点再发动引擎，这样邻居就完全听不到噪声了。换句话说，八位邻居总共愿意付40美元消除噪声，而罗杰愿意收15美元满足他们的愿望。但是双方恐怕难以达成交易，因为交易成本太高了。

第2章和第5章中说过，交易成本是安排供给方和需求方达成交易或契约的成本。因为交易成本的存在，许多本来可以提高财富的交易无法发生。假设每位邻居每周付给罗杰3美元，罗杰收钱后把摩托车推到邻居听不到的地方发动引擎，那么双方的福利都会提高。可是收集信息、收钱、执行协议的总成本比这项交易带来的潜在收益更高。因此罗杰和邻居之间什么也没发生，外部效应继续存在。

外部效应不一定要靠金钱解决。也许罗杰通过一些小道消息（小道消息常常能降低交易成本）了解到自己早晨6:30发动摩托车打扰了一些邻居，因此他自发决定先把摩托车推出一个街区再发动引擎。他既不喜欢打扰邻居，也不喜欢推摩托车，可他也许认为自己更不喜欢前者。但首先他必须知道自己产生了外部效应，然后才能"内化外部效应"。"内化外部效应"是指决策时把外部效应列入考虑，然后决定改变自己的行为。

内化外部效应

但罗杰不一定非得这么善良。他决定把摩托车推出一个街区再发动引擎可能是因为某位愤怒的邻居在他的摩托车上贴了一张匿名威胁字条："如果你再敢在7:30之前发动摩托车，我就把你的车砸了。"这种情况也能让他内化外部效应。另一种可能性是有人报了警，随后警方通知罗杰某项城郊法令禁止任何人在工作日早上7:30以前在住宅区域内骑摩托车。在这种情况下罗杰内化外部效应是因为被警察登门警告了。

在一个工业化的城市社会中，人们每天要与数千人互动，因此负的外部效应会大幅增多。文明人学会了忽视他人给自己造成的大部分负外部效应，同时也尽量注意自己的行为可能无意中给他人带来的成本。要想减少负的外部效应带来的问题，首先必须培养一些文明的美德，比如共情、礼貌、人性和宽容。如果人们不能充分具备上述美德，人类文明就不可能存在。假设所有人都坚持获取所有自己有权得到的东西，文明就会被战争取代。"如何培养这些美德"或者"如果这些美德凋零我们该如何重建它们"严重超出了本书的讨论范围。但我们应该牢记以下事实：所有解决外部效应问题的手段都假设人们在一定程度上具备上述美德。

10.3 协商

负的外部效应会导致许多社会问题。在我们的日常生活中，解决这些问题的最常见手段是协商。人与人之间会达成各种协议。有些人同意承担生产某种商品的成本，这是因为想要商品的人愿意给他们足够高的补偿，让他们觉得这样做值得。因为协商，行李搬运工不会抱怨飞机太吵，机修师不会抱怨机油弄脏了他们的衣服，你的狗的各种调皮捣乱的行为可能会让城市中的法制爱好者暴跳如雷，但是宠物托管所的老板却会愉快地接纳它。

协商通过交易令双方同时获益。

"你们自己协商解决吧"——这是一条很合理的建议。因为人们的偏好、才能和其他情况千差万别，所以人与人之间常常能通过协商交换成本，让每个人的福利都得到提高。让人们自行协商解决还有助于鼓励最了解情况的人互相合作。如果社会不要求人们互相协商，人们便会常常做出增加他人成本的决策。比如说，不想在餐馆里闻到烟味的人会要求立法机构全面禁止在餐馆中吸烟的行为，而不是向餐厅要一张无烟区的桌子。他们只要在空气中闻到一丝烟味便义愤填膺，却不提自己开车来餐馆造成了危险尾气的排放。

在现实生活中，人们互相协商的方式千千万万。如果我们学会辨别这些方式，便会对协商这种能减少外部效应的社会程序产生更高的敬意。不喜欢城市里的噪声和灰尘的人选择搬去更偏僻的地方居住。厌恶城郊文化氛围的人选择搬去小镇居住。觉得乡村生活孤独无聊的人选择住在城市里。飞机场附近的房子非常便宜，于是因为耳朵不好而听不到噪声的人选择住在那里。游泳者不喜欢躲避冲浪板，而冲浪者喜欢和同伴扎堆，于是后者自愿与前者在不同水域中活动。喜欢下午睡觉的人花 1.59 美元买了一盒耳塞，从此以后他再也不怕邻居家的青少年下午玩滑板了。并非每个人都对结果完全满意，但自愿交换确实降低了决策者对局外人造成的总成本。

然而，只有在充分界定产权的前提下协商才能有效地进行。不管是什么形式的自愿交换，如果各方对"谁拥有什么"的问题不能达成一致，交换就不可能顺利发生。在某些情形下，阻碍人们达成双赢协议的唯一障碍就是模糊的产权界定。比如说，琼斯和布朗（我们在第 2 章中提过的两位家庭酿酒爱好者）对两家院子的边界有争议，争议地带有两英尺宽。两人都想在争议地带里种花，若不是因为琼斯想种百日菊而布朗想种矮牵牛，地界之争本来算不上什么大事。在解决地界争端之前，谁也不能种花，双方都只能接受一个较差的选择——让那块地长满杂草。假如他们能雇用一位勘测员前来调查，并最终证明那块有争议的土地属于琼斯，那块地上就能开花了。而且开出的花朵未必是百日菊！土地属于琼斯，所以琼斯有权决定花的品种，一旦双方明确这一点，布朗就可以出钱购买花朵品种的选择权。也许布朗真的非常喜欢矮牵牛，为换取在边界上种矮牵牛的权利她愿意每年付给琼斯 25 美元。假设琼斯认为观赏矮牵牛并获得 25 美元比观赏百日菊但收不到钱更好，那块地上就会绽放矮牵牛。

清晰的产权界定为协商提供了基础。

10.4 通过裁决（adjudication）降低外部效应

勘测员的到来引入了另一种降低外部效应的重要社会程序：裁决。裁决是一种判定"谁拥有哪些权利"的过程。如果人们不清楚每个人的权利，就不可能通过产权交换提高各方的财富。充分界定产权不是协商成功的充分条件，但似乎是其必要条件。

即使产权已经被充分、清晰地界定，如果环境发生变化，产权仍有可能再次变得模糊和不确定。比如说，低成本复印技术的发明使每个有复印机的人都能印书，于是版权所有者因无法预测图书销量而面临巨大的不确定性。如果环境变化让原本清晰的产权变得不明确，那么裁决是解决争端的方式之一。

勘测员的工作是**发现**谁拥有什么权利。"裁决"一词特指这类解决争端的方式。勘测员解决产权问题的方式是调查而不是选择。假设琼斯和布朗同意通过抛硬币的方式决定谁拥有那块土地，那么这种程序并没有发现产权，而是**创造**了产权。发现产权和创造产权之间的区别非常重要，因为**发现**（或**裁决**）的目的是**保持预期的连续性**。如果各方的预期严重改变，供给决策和需求决策也会严重改变。这会使各种行为的相对成本和相对收益发生难以预料的变化，从而进一步改变供给与需求。简而言之，如果没有人能预料未来的情况，那么所有人都不知道自己该怎么做，也不知道其他人会怎么做。最后的结果就是一片混乱。稳定的预期非常重要，我们通常意识不到这一点是因为当社会运行良好时我们不会关注它究竟是怎么运行起来的。

裁决能够界定产权。

Chapter 10

10.5 房主的抱怨

裁决发现产权而不创造产权。我们可以用商业航班的例子解释这一过程的重要性。考虑丽格莱塔·塞[a]（她是一位已婚女性，是上一章中的普罗菲塔·西克尔夫人的姐妹）的例子。丽格莱塔有一套房子。这套房子距离某大型机场10英里，但恰好在飞机的主要起降路线下方。某天早晨，丽格莱塔再次被商业航班的噪声吵醒，她终于认定自己应该获得赔偿。她认为机场或航空公司剥夺了她在自家卧室里安静休息的权利，因此应该给她钱。作为外部效应的受害人，她发起诉讼要求获得赔偿。

她是否应该获得赔偿？她获得赔偿的**概率大不大**？假设丽格莱塔买房时还没有人规划在附近修建机场，因此她买房时对噪声问题绝对毫不知情，也没有因为房子可能会有噪声而享受更低的房价。她应该受到补偿吗？问题在于成千上万的房主像她一样有要求补偿的合理原因。如果其中一人受到补偿，所有人都应该受到补偿。但是如果对所有房主提供补偿，机场和航空公司便面临一笔巨大的成本。这笔成本最终将由航空公司的乘客承担，他们要么得支付更高的票价，要么得忍受更差的服务。

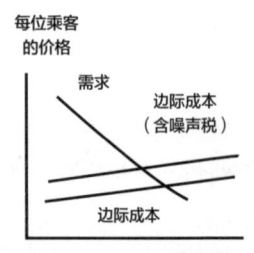

乍看之下，这种解决方法似乎很公平。飞机的噪声是乘客出行的副产品，提高机票价格能强迫乘客为自己造成的成本买单。但是此时出现了一个新的问题：外部效应在社会中普遍存在，我们是否应该修正所有外部效应？来往车辆也使房主听到噪声，那么车主需不需要补偿房主？邻居种的蒲公英会把种子传播到房主家的院子里，那么邻居需不需要补偿房主？遛狗或其他宠物的人会留下令人不快的"礼物"，他们需不需要补偿房主？邻居家的孩子会哭闹，除草机会发出噪声，邻居家的栗子树会挡住房主的视线，但如果邻居为了不遮挡房主视线而砍掉栗子树又会让房主家院子的树荫变少、阳光过强，邻居需不需要为这些事情补偿房主？等解决了房主的问题，我们还可以继续为行人争取补偿，因为许多行人也承担了和房主一样的外部成本却没得到补偿。为了创造一个绝对完美的世界，我们最后甚至可以开始对特别沉闷无聊的人罚款，因为他们的存在令某些人感到

---

[a] 丽格莱塔·塞：与"悔恨的叹息"谐音。——译者注

厌烦，后者理应得到补偿。

我们不可能做到这些事情。外溢的情形太多了，决定合理的补偿金额也太困难了。在许多情况下我们甚至很难搞清究竟哪一方应该补偿哪一方。比如说，假设你因为别人说话沉闷无聊而不认真听，你是否该为冒犯他人的敏感心灵而补偿对方？谁说粗鲁不礼貌的人就一定比沉闷无聊的人好？

10.6 前例的重要性

经过这些准备，现在我们可以讨论之前的问题了：旅客为了自己的方便乘飞机，却给丽格莱塔·塞（家住机场外 10 英里处的那位苦恼的房主）带来了不便，前者是否应该对后者进行补偿？我们的答案是：前者很难（甚至不可能）以公平、可行的方式补偿后者。

但别忘了我们提了两个问题。第二个问题是：房主获得赔偿的**概率大不大**？几乎可以肯定，答案是**否定**的。法庭做出裁决的方式是**发现双方分别有哪些权利**，而房主几乎拿不出什么对自己有利的证据。我们几乎可以肯定，法庭的最终判决会是：房主和航空公司都已经在"不必进行上述补偿"的预期下经营了很长时间。**这种预期显示了房主和航空公司分别拥有哪些产权**。我们甚至可以证明房主在法律上没有获得噪声赔偿的权利，因为如果房主胜诉，距机场 10 英里处的房屋的市场价格就会大幅上升。这是一个预期之外的事件，房主会因此获利，航空公司的股东会因此蒙受损失。这种意料之外的价值变化能够完全证明诉讼双方都相信"不必进行上述补偿"。如果法庭判房主胜诉，就会**创造**从前不存在的产权。

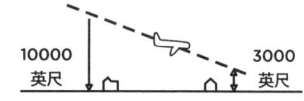

我们可以用另一个事实来进一步加强上述结论。如果法官判房主胜诉，受外部效应影响的房屋可能只会极小幅地涨价，因为想买房的人很可能会认为法官判错了，被告上诉以后该案就会改判。"判错了"是个值得思考的概念。假如法庭的目的是创造产权，就不存在"判错了"的可能性。只有当法庭希望**发现现有的产权**并据此判案时，才存在"判错了"一说。

"裁决"是指通过发现已有的产权来解决争端，因此裁决过程在任何情况下都会试图避免给出与人们的预期不符的决策和结果。裁决过程希望支持并执行人们最普遍、最确信的预期，从而解决产权争端。因此裁决行为的目标是在变化的环境中保持预期的连续性。我们希望再次提醒读者注意，在任何一个复杂的大型社会中，稳定的预期都是有效合作的基础。

10.7 剧烈变化导致的问题

负的外部效应会导致各种社会问题，裁决过程试图以一种渐进的方式解决这些问题。但是，变化并不总以渐进方式发生。有时我们会遭遇一些全新的事件，已有的原则和习惯几乎无法指导我们应对这些事件，此时裁决过程就不太管用了。技术革新常常在许多领域中迫使我们面对剧烈的变化。近年来，这样的例子很多，比如摩托雪橇、杀虫剂、由雷达引导的捕鲸船、抗生素、核反应堆等。技术革新可能快速造成大量负面的外部效应，为了解决这些问题，我们可能需要引入新的规则。

人们还可能因为收入提高而要求对产权进行重新界定。美国人曾经认为让工厂随意排放废气对整个社会利大于弊，就在没多少年前这还是全社会的共识。我们的法律和风俗都认为大气属于所有人，因此不属于任何人；所以工厂主可以不加考虑地随意排放废气，将大气当成免费的垃圾桶。如果不喜欢废气，人们可以搬离工厂区；如果觉得省钱比呼吸新鲜空气更重要，人们可以低价购买工厂附近的住宅。与此同时，工厂通过直接排放废气降低成本，对于普通人来说这意味着工厂生产的产品更多、更便宜了。但是上述情况已经发生了变化。如今工厂生产的产品数量比过去大得多，对许多人来说这些产品的边际价值比过去低得多。我们赋予蓝天和清洁的空气更高的边际价值，我们开始认为拥有这些东西是我们的权利。我们开始宣称自己对环境这件商品拥有产权，并要求其他人停止以损害我们利益的方式使用它。要想实现这种诉求就必须引入新的规则，仅仅把旧的规则应用到新的情况中并不能解决问题。

10.8 通过立法（legislation）减少外部效应

我们把创造新规则的过程称为"立法"过程。按照这个定义，立法和裁决之间似乎有一条清晰的界限，可在现实世界中这条界限是相对模糊的。但是从原则上看立法与裁决的区别非常重要,因为立法过程会使现行产权发生变化,而游戏规则的变化总是涉及公平问题并常常迫使人们大幅调整自己的行为。立法过程既要避免严重的不公平现象,又要使达成目标的成本最小化,这对任何一个社会而言都是一种挑战。接下来我们主要讨论第二个标准,这并不是因为第二个标准比第一个标准更重要,而是因为相比"正义最大化"问题经济理论更擅长解决"成本最小化"问题。

立法通过创造产权来界定产权。

"污染"是一类社会问题。相信你已经发现,许多此类问题都可以当作负外部效应的产物来分析。人们并非因为喜欢生活在肮脏的环境中而故意污染空气和水。他们主观上只是想做自己喜欢的事情(比如开车或者生产可以销售的商品),污染是这些活动导致的意外之果。人们做决策时不考虑这些外溢成本,因为这些成本似乎不影响决策者本人。开车上下班确实会污染决策者自己呼吸的空气,但因为程度不严重他们不会注意这一点,他们只注意到乘公共汽车上下班(在他们看来)太不方便了。他们既没有考虑自己的行为也在污染成千上万其他人呼吸的空气,也没有考虑如果每个人都制造一点污染,积少成多就会形成规模巨大、后果严重的环境问题。从每个决策者的行为来看,他们似乎都认为开车带来的个人便利价值高于污染给整个社区带来的微小额外成本。这种行为最终可能带来灾难性的后果。看来污染问题的解决之道似乎应该是通过新的立法内化外部效应。

通过立法对人们的行为进行硬性限制是解决环保问题的常见方法。人们把这种方法称为"命令与管制"法。法律规定在某个日期之后,任何人向空气或水体中排放的污染颗粒数量不得超过某一具体数值。我们几乎可以肯定这种做法不能让降低污染的单位成本最小化。通常,达成给定目标的方式有许多种。"命令与管制"法忽略上述事实,因此不能激励人们寻找成本最低的方式并加以实施。我们有必要更深入地理解一些污染控制的基本原则。下面我们用一个非常简单的例子阐释这些原则。

靠"命令与管制"的方法降低污染具有缺陷。

10.9 成本最小化

假设在阿卡迪亚市,空气污染有三个来源:工厂 A 的废气、工厂 B 的废气和工厂 C 的废气。表 10–1 列出了每家工厂每月排放的污染物数量,以及减排每月会给每家工厂造成多高成本。当前的污染物总排放量是每月 90000 个单位。假设环境保护署决定：由于污染物既影响市容又损害人们的肺部健康，因此每月污染物总排放量必须降低到 45000 个单位。你可能会问：为什么不干脆把排放量降为零？因为环境保护署认为将排放量降为零的成本超过收益。也许少量空气污染不会损害任何人的肺部健康，甚至肉眼根本看不出来。在这里我们不讨论环境保护署究竟如何得到上述结论，我们假设他们研究了现有的最佳科学信息并且认真考虑了政策对阿卡迪亚居民总体利益的影响，然后制定了上述减排目标。我们感兴趣的问题是：实现上述目标的最佳途径是什么？

表 10-1 阿卡迪亚市的污染排放情况

	每月排放的污染物数量（单位）	减排成本（单位：美元/每单位污染物）
工厂 A	15000	1
工厂 B	30000	2
工厂 C	45000	3

A：$1×0=$0
B：$2×15000=$30000
C：$3×30000=$90000

A：$1×7500=$7500
B：$2×15000=$30000
C：$3×22500=$67500

A：$1×15000=$15000
B：$2×15000=$30000
C：$3×15000=$45000

达成上述目标的途径有若干种。比如环境保护署可以规定任何一家工厂每月排放的污染物不得超过 15000 个单位。这项法令会迫使工厂 B 减排 15000 个单位，成本是每月 30000 美元；还会迫使工厂 C 减排 30000 个单位，成本是每月 90000 美元。所有工厂的总减排成本是每月 120000 美元。另一种方法是要求每家工厂把排放量减半。此时，工厂 A 必须减排 7500 个单位，成本是每月 7500 美元；工厂 B 必须减排 15000 个单位，成本是每月 30000 美元；工厂 C 必须减排 22500 个单位，成本是每月 67500 美元。第二种方式的总减排成本是每月 105000 美元，这种方法比第一种方法成本低。还有一种成本更低的方法：环保署可以要求每家工厂减排 15000 个单位。此时，工厂 A 将实现零排放，成本是每月 15000 美元；工厂 B 会将排放量减半，成本是每月 30000 美元；工厂 C 会将排放量降低三分之一，成本是每月 45000 美元。第三种方式也能让阿卡迪亚市达到环保目标，但总成本只有 90000 美元。

不难看出，只要把减排任务逐渐从工厂 C 转嫁给工厂 A，三家工厂的总成本就会稳步降低。这是因为工厂 A 减少一单位污染物的成本（1 美元每单位）低于工厂 C（3 美元每单位）。假设我们的目标是以最低的成本将总污染排放量降到可以接受的程度（每月 45000 个单位），那么为什么不把减排任务完全交给工厂 A 和工厂 B 呢？假如环境保护署要求工厂 A 和工厂 B 实现零排放，同时不要求工厂 C 做任何改进，实现减排目标的成本就会下降至 75000 美元。

A：$1 × 15000 = $15000
B：$2 × 30000 = $60000
C：$3 × 0 = $0

我们为什么不这么做？一个很好的理由是：让工厂 A 和工厂 B 承担所有成本，工厂 C 却不受任何管制太不公平了。毕竟，政府官员有许多政策目标，他们不可能只考虑成本最小化；公平性也是评估政府决策的重要标准。如果执行成本最低的政策，从表面看来政府似乎在惩罚阿卡迪亚市的小工厂，因为小工厂能以比大工厂更低的成本减少污染物排放。环境保护署选择这种政策的可能性大吗？

10.10 另一种解决方案：对废气排放征税

上一个问题先放一放，让我们继续深入研究阿卡迪亚市的减排问题。假设环境保护署并不知道每家工厂降低污染的单位成本具体是多少。这个假设比上一段中的假设更合理，原因有以下几点。第一，最了解实际减排成本的人是污染企业本身，但是污染企业受自身利益驱动会对环境保护署和公众夸大减排成本。第二，这种夸大并不能完全说是欺骗，毕竟谁也没法精确估计一种尚未付诸实施的措施的成本。出于谨慎，高估减排成本十分正常，而且企业越是夸大成本，就越可能逃避减排任务及其成本。第三，虽然企业通常可以通过科研和实验来降低减排成本，但是没有人能准确预测科研和实验的结果。在这种信息不足的情况下，环境保护署怎样才能以成本最低的方式解决减排问题？

假如环境保护署宣布对每单位污染排放征税，然后允许各家工厂自行决定如何采取行动，一定会有许多经济学家对此大加称赞。假如你同意污染是一种外溢成本（不由生产者承担的成本），那么对污染活动征税是非常合理的做法。假如我们能让每单位污染排放要交的税金正好等于每单位污染排放产生的外溢成本，造成污染并从中获益的企业就会承担自身行为带来的成本。开征污染税后，如果排污活动的成本大于收益，企业就会自发停止排污——从社会的角度看，成本大于收益的活动也确实应该停止。如果开征污染税后排污活动的收益依然大于成本，企业就会继续排污，但排污活动的总量会减少，因为排污的成本提高了。此时可以用污染税的收入补偿承担外溢成本的人，收买他们同意排污活动继续进行。

假设环境保护署不限制任何一家工厂的排放量，但每月对每单位污染物排放征收 2.01 美元的污染税。这种政策对所有工厂一视同仁，因此看起来比较公平。三家工厂会如何回应这项政策？ 工厂 A 和工厂 B 都发现实现零排放比交税划算。但工厂 C 发现每月继续排放 45000 单位的污染物并依法缴纳污染税比减排划算。因此，三家工厂的减排成本一共是 75000 美元，没有任何一家工厂得到特别优待。注意此时工厂 C 每月要缴纳 90450 美元的污染税，这不是一笔净成本，而是工厂 C 对整个社会的财富转移。工厂 A 和工厂 B 会自行承担减排成本，工厂 C 虽然每月继续排放 45000 单位的污染物但会通过交税对社区做出补偿。

A：$2.01> 成本
B：$2.01> 成本
C：$2.01< 成本

环境保护署的任务是比较减排的边际成本和边际收益。为了收集关于边际成本和边际收益的信息，环境保护署先估计排污者的减排成本，据此决定环保税的税率，然后观察厂家的反应，检验自己的假设是否正确。这是一种通过试验不断学习的方法。任何旨在提高人类福利的环境保护计划都必须首先掌握关于成本和收益的可靠信息。

10.11 污染许可证？

在前几节中我们比较了各种减排方式的成本，并且提出了一个问题：环境保护署选择成本最低的减排方案的可能性大吗？现在我们来讨论这个问题。我们当时没有立刻回答这个问题，是因为我们希望先论证在污染控制方面收税通常优于各种形式的硬性限制令（即"命令与管制"的方式）。通过对厂家征收污染税，我们让价格系统帮我们解决问题。但是征税的方式并不受公众欢迎，因为人们给污染税贴上了一个贬义的标签——污染许可证，听上去政府官员似乎因为收了钱而允许企业继续犯罪。基于同样的原因，环境保护署也很难选择成本最低的硬性限制令。

但是以上论述忽略了一个重要的问题。虽然我们可能认为某些污染行为绝对不可接受并且应该被完全禁止，但是今天我们面临着的大部分污染问题显然不属于这个范畴。通常人们参与的污染行为也会给自己和他人带来收益，有时候还是很大的收益。不管我们愿不愿意承认，要保留这些能产生收益的行为，就必须保留污染活动。"污染"这个词本身可能对我们造成了一些误导。只要翻阅任何一本字典，就会发现"污染"这个词历来带有很强的道德谴责意味。在经典文学作品中，"污染"行为是指会腐蚀整个社会的行为。于是"污染许可证"仿佛是某种允许人们违反道德或犯罪的许可证。

可事实上房主开暖气取暖就会排放"污染物"。显然没有人会把这种污染行为定义为不道德行为或犯罪行为。我们应该把大部分污染看作一种成本，而不是一项罪行，因此只要能合理计算这种行为的成本和收益，并论证成本低于收益，我们就应该对这种行为发放许可证。

10.12 效率与公平

还有一些人反对污染税是因为他们认为征税把降低污染的负担完全推给穷人，却允许富人继续破坏环境，所以这类税收从本质上看就是不公平的。如果我们在设计减排方案时以成本最小化为目标，我们就会根据减排成本来决定哪些人需要降低排放量，然而许多人认为这么做既武断又不公平。要想回答任何关于公平性的质疑，我们首先必须传达一个重要的观点：我们完全有可能一边追求**效率**一边以另一种方式解决公平问题。换句话说，效率最高的方案不一定会把所有成本推到特定群体身上。为了解释这个论点，我们再次借用阿卡迪亚市的例子。

假设环境保护署由于某种原因想让工厂 C 承担所有减排成本——也许是因为工厂 C 财力最雄厚，最能承担这种成本；也许是因为工厂 C 排放的污染物最多；也许是因为工厂 C 是阿卡迪亚市所有工厂中成立时间最晚的一家。不管原因是什么，总之环境保护署要求工厂 C 负责把本市的总排放量降低 45000 个单位，如果完不成任务，工厂 C 须对每单位超标污染排放支付 2.01 美元的罚金。工厂 C 的经理会自行寻找减排 45000 个单位的成本最低的方式。

假设这位经理知道表 10-1 中的信息，他就会付钱给工厂 A 和工厂 B，要求那两家工厂实现零排放。工厂 C 付给工厂 A 的金额应该稍高于 15000 美元，付给工厂 B 的金额应该稍高于 60000 美元。这样工厂 C 就把全市的总排污量降到了目标水平，但该厂自己不减排（自己减排的成本是 135000 美元），而是花 75000 美元让工厂 A 和工厂 B 替自己减排。

不管是什么有用的活动，总有一些人比另一些人更善于从事该活动。减排也不例外。因此，如果能让在减排方面最具比较优势的人去减少污染，我们就能提高效率。但比较优势的发现与利用依赖于交换活动。因此通过征税减少污染通常比强制要求某家企业减排更有效率。征税能改变各种行为的相对金钱成本，从而反映新的产权界定。各方可以根据自己的比较优势自由交易，从而以效率最高的方式完成新的社会目标。

10.13 泡泡法

1979 年，环境保护署出台了新的规定，允许并鼓励空气污染源之间交易排放量。这相当于采用了上一节中建议的方法，并朝这个方向迈出了一大步。环保监督机构不再对每家工厂实行严格的排放限制，如果厂家能在某地减少排放，就可以在其他地方超量排放。这种方式假设所有分厂都存在于一个巨大的泡泡中（故称"泡泡法"），环保的目标是控制泡泡中的总排污量。在这种政策下，企业可以让减排成本高的分厂继续排污（甚至增加排污量），同时让减排成本低的分厂减少排放，这样既能达到环保目标，又可以降低成本。

一些环保组织将泡泡政策告上了法庭。他们认为这种政策允许空气质量本已不符合环保署标准的地区进一步增加排污量。难道仅仅因为某家工厂降低了烟囱 B 的排放量就该允许该厂增加烟囱 A 的排放量吗？这些环保主义者认为，如果厂家能以较低的成本减少烟囱 B 的排放量，他们就应该减少烟囱 B 的排放量；但政府不应因此允许工厂提高烟囱 A 的排放量。环保主义者的上述论点隐含了一个假设：环保问题只涉及一种商品——清洁的空气。

1984 年，最高法院驳回了环保组织的上述论点。最高法院的判决一方面给现存企业和工厂开了绿灯，让他们能在有空气质量问题的区域内进一步扩大生产（前提是扩产不使总体空气质量进一步下降），另一方面也鼓励环境保护署在推广排放量交换政策的道路上更进一步。既然同一家工厂或企业内部可以为了提高效率或为了以最低成本实现环保目标而交易排放量，那么为什么不允许企业之间进行这种交易？如果一家电力公司希望新开一家发电厂来满足消费者的需求，但又不能因此降低总体空气质量，那么这家发电公司也许可以劝说其他企业减少排放，并让减排量恰好等于新发电厂产生的排放量。事实上这种政策相当于允许企业之间买卖"污染权"。

更激进的环保主义者对此非常不满，他们认为任何人都不应该拥有污染环境的权利，因此政府也绝对不应该允许任何人购买污染权。然而，上述前提非常值得怀疑。事实上企业确实有权向空气中排放污染物，最好的证据就是他们公开这么做且未被罚款。不管从实际角度看还是从法律角度看，企业都确实拥有"污染环境的权利"。环境保护署承认这种权利，并对这种权利进行了清楚的界定，于是一个交换污染权的市场便逐渐演化了出来。这意味着企业可以向在污染控制方面更有比较优势的企业购买减排量。如果环境保护署只允许企业使用购入减排量的一定比例——比如企业每购买 130 个单位的减排量自己只能增加 100 个单位的排放量，那么更广泛的泡泡法就能为我们提供越来越清洁的空气。请注意，这个系统甚至可能对环保主义者有好处：特别在意空气质量、希望空气质量超过环保署标准的人可以购买"污染权"然后不加使用。

然而，如果不能清晰定义并有效执行产权，上述系统就不可能发挥作用。假设监管机构只要发现有人买了污染权不用就随意创造新的污染权来代替未被使用的污染权，就不会有任何环保主义者或环保组织愿意购买污染权不用。同样，如果企业相信只要去管理机构游说就能获得污染权，他们就不会愿意花钱买污染权。如果企业知道自己可以转卖污染权，他们便会用更多资源去寻找和发明减排方式，试图把自己的排放量降到法律规定的水平之下。

提高空气质量是一项特别困难的环保挑战。污染空气的方式非常多，也很难监控。如果我们只考虑工厂（而且是其他人工作的工厂），而狡猾地忽略自己家的烟囱、汽车排气管、后院里的烤肉机以及家用喷雾，往往就会大大低估净化空气的成本（以被放弃的收益衡量）。提高空气质量是一件收益巨大但成本也很高的事情，因此我们应当充分肯定任何能以低成本净化空气的系统。

Chapter 10

10.14 权利与污染造成的社会问题

在本章的结尾,我们不打算一味给效率唱赞歌,因为低效并不是环保争议背后的本质问题。目前,环保之所以会成为重要的社会问题和政治问题,是因为人们不能就"谁拥有什么权利"达成共识。许多人开始说:"你在获取你的收益,却把成本强加给我(或者我们),但是在道德上你无权这么做,因此法律也不应该赋予你这种权利。"有时这类争端极难解决。但经济学的思维方式为我们提供了几条解决这类争端的基本的原则。

第一条原则是:任何商品的需求都不是完全无弹性的,清洁的空气也不例外。我们必须决定我们究竟"需要"多少清洁的空气。在此基础上我们最好还能认清以下事实:每多获得一点清洁空气需要放弃的其他商品的数量会变得越来越大。

第二条原则是:我们应该尽量给人们更多的自由,让他们自行选择适应调整的方式。比如,如果我们的目标是减少化石燃料的燃烧,那我们应该让人们自行决定如何减少使用,从而降低他们自己面对的成本。我们应该避免"命令与管制"的做法,因为这种方法通常都会推高实现目标的成本,不管目标是什么。成本的提高必然使人们更加不愿意努力达成目标。为了降低成本我们可以做两件事:一是让价格系统发挥作用,二是允许人们自由交易。

第三条原则是:我们应该时刻记住稳定的产权至关重要。如果人们知道目前的游戏规则是什么,并且相信游戏规则稳定可靠、不会随意变化,交易成本就会下降,有效的合作就会增多。

10.15 交通堵塞是一个外部效应问题

可是,有时我们会因过度执着于争论"谁拥有什么权利"而不能清楚地认识现实世界,交通堵塞问题就是一个这样的例子。长期以来,美国人一直把交通堵塞问题评为城市生活中最亟待解决的问题之一。如果我们仔细思考一下这个社会问题的成因,就会意识到一个令人迷惑的地方:抱怨这个问题的人同时也是造成这个问题的人。但是,只要理解外部效应的概念,谜题便迎刃而解。交通堵塞属于负的外部效应,也就是说这是一种决策者做决策时不考虑的成本。每位司机只考虑其他司机造成的成本。

假如我们通过某种方式让所有司机内化交通堵塞的外部效应,会导致什么变化?假如我们能以某种方式强迫车主承担自己造成的交通堵塞成本,结果会怎样?此时,只有开车的边际收益大于边际成本时司机才会选择开车。当然,目前所有司机也以上述原则指导自己的决策,只不过他们考虑的边际成本不包括自己给他人造成的成本。如果司机不仅要承担开车给自己带来的成本,还必须承担开车给他人造成的边际拥堵成本,他们就会减少驾车出行的时间。只有当开车给自己带来的边际收益大于开车给全社会带来的总边际成本时,司机才会开车。所有车主都会因此获利!街道将不再拥堵,司机能及时到达目的地,而不会像现在这样被堵在车流里动弹不得。如果开车去某地的边际价值较低,司机便会用其他交通方式代替开车,因此每个开车赶往边际价值较高的目的地的司机面临的成本都降低了。拼车会变得比现在更容易;因为街道不再拥堵,公共汽车会运行得更顺畅,所以公交公司会增加班次以满足比过去更高的消费者需求。那样的世界是多么美好啊!要是我们能找到让司机内化外部效应的途径就好了!

这个途径确实存在——那就是"定价"。经济学家称之为"拥堵定价";除了经济学家以外几乎所有人都叫它"过路费"并对其恨之入骨。"我已经交过汽油税了,道路不就是用我交的汽油税修建的吗,为什么我还要再交一遍过路费?"可是汽油税只能支付修建道路的成本,而不能支付使用道路的成本。之所以会出现人人抱怨的交通堵塞问题,正是因为我们忽略了使用道路的成本。我们面临交通堵塞问题是因为道路所有者——政府允许每个人免费使用这项资源。假设开车上路要交钱,并且过路费的金额取决于这次出行会给其他人带来多高的成本,我们就能完全消除交通堵塞问题。

现在我们已经可以利用高科技根据每位车主造成的堵塞程度(外部成本)来微调他们支付的过路费金额。而且以上过程完全可以自动完成,任何人都不需要停车缴纳过路费,相关部门可以在月末向所有车主寄送账单。可因为人们对过路费深恶痛绝,我们在现实生活中并没用上这样的技术。人们相信既然街道是用自己缴纳的税金修建的,他们就有权免费在街上开车。他们只考虑到交过路费会让自己多掏钱,却认识不到一个管理良好的拥堵定价系统创造的收益比他们支付的成本(过路费)更大。对稀缺商品定价可以减少无谓损失,

对每个个体来说,不交过路费最好;但对所有人来说,不交过路费会造成很高的成本。

从而令所有人获益。过路费是上述原则的又一例证：在这个例子中，稀缺商品是城市的街道空间。

简要回顾

人们的行为常常给他人带来成本，但决策者本身却不会考虑这些成本。经济学家将这种成本称为"外溢成本"或负的"外部效应"。

工业化的城镇社会中会产生大量负的外部效应。即便某种行为的外溢成本大于这种行为给决策者带来的收益，人们也常常因为交易成本过高而不能通过协商达成令双方都满意的安排。

社会成员希望得到他人的同意与合作，但又不希望给他人造成令人不快的成本。实现上述目标的标准程序是协商。清晰界定的产权能降低交易成本，从而降低协商的难度。

出现权利纠纷时，人们通常可以通过考察既有的原则和习惯来解决争端。裁决通过这种方式解决权利争端。裁决能维持人们的预期的连续性。模糊的产权界定或对现有产权的随意更改会使人们无法自信地计划未来，从而提高社会合作的难度。

快速或剧烈的社会变化使人们难以通过裁决程序解决权利纠纷，此时就得用立法程序来解决问题。立法程序创造新的游戏规则，定义并确立人们可以如何使用自己手中的资源。

如果新的游戏规则允许人们更方便地交易权利和义务，我们就能靠这些规则以低成本的方式解决污染等负外部效应问题。我们可以对不受欢迎的外溢成本征税，或者建立允许人们交易"污染权"的系统。这类系统能为污染者提供适当的激励，促使他们以低成本的方式减少污染。所有污染治理政策都必须处理好信息与激励的问题。与上述市场导向的方式相比，"命令与管制"的方式很不重视这个问题。

供讨论的问题

1. 新泽西州里弗埃奇区的政府官员通过了一项法令。该法令禁止居民把挂商业牌照的车辆或者车门上有标语或广告的车辆停在自家车道上过夜。

(a) 停车者是否造成了负的外部效应？

(b) 有些人不喜欢在自己居住的街区中看到这类车辆，那他们为什么不直接和车主商谈，而要推动这项新法令的通过？

(c) 这项新法令增加了一些人的财富却减少了另一些人的财富。我们如何判断新法令带来的总收益是否大于总成本？

2. 以下哪些行为会造成导致社会问题的负外部效应？

(a) 在人行道上扔花生壳；

(b) 在职业棒球大联盟比赛的赛场上扔花生壳；

(c) 把一张糖纸掉在人行道上；

(d) 在市中心举行游行欢庆活动时从办公楼上向下撒五彩碎纸；

(e) 在独立日燃放噪声很大的鞭炮；

(f) 在独立日燃放烟花。

3. 为什么有人会在看电影的时候说话打扰旁边的观众？说话的人和被打扰的人是否对"购买电影票的人有哪些权利"达成了共识？电影院老板可以如何解决上述争端？电影院老板为什么没有用上述方式解决争端？

4. 在以下例子中，分别出现了哪些产权纠纷？你认为应该如何解决这些纠纷（假设你是一位公正的旁观者）？

(a) 摩托车主希望取下消音器，因为这样做可以提高发动机的效率。但是法律规定摩托车的噪声不得超过一定水平。

(b) 一些人希望禁止农民在农村地区的高速公路两旁竖立广告牌，但是农民认为他们有权在自己的地产上竖立任何标志。

(c) 密苏里州的一位议员提出一项法案。该法案规定在餐馆中以令人不快的方式大声擤鼻涕属于犯罪行为。

(d) 康涅狄格州的一位议员提出一项法案。该法案禁止人们在婚礼上撒米，因为生米对鸟类的健康不利。

(e) 餐馆老板希望禁止衣着不合标准的顾客进店就餐。（你认为法律应该允许餐馆老板这么做吗?)

(f) 一些从来不洗澡的人想乘坐公共汽车。一些从来不梳头的人想在公园里散步或坐着休息。(是否应该禁止不洗澡的人乘坐公共汽车?是否应该禁止仪表不整洁的人进入公园?)

5. 邻居家的院子里有一棵很大的桑树。这棵树给你的院子带来了喜人的树荫,却给邻居带去了许多既不能吃又会弄脏地面的桑葚。于是邻居决定把这棵树砍掉。

(a) 邻居是否有权砍树?

(b) 你对邻居说:"我知道你很讨厌会弄脏地面的桑葚,但是你不想要桑葚的心情不如我不想失去树荫的心情强烈。"你能证明你的说法吗?你希望继续拥有有树荫的院子,她希望获得一个地面干净的院子,假如你不能证明你赋予前者的价值高于她赋予后者的价值,那么你是否能够设计一种方法使邻居觉得不砍树给她带来的收益高于砍树给她带来的收益?(提示:星期天下午,水管工放弃收看他最喜欢的橄榄球队的比赛来为你清理下水道。他为什么愿意这么做?你是如何诱使他这么做的?)

(c) 除了与她协商之外,你的另一种选择是质疑她是否有砍树的法律权限。你也许可以试着要求相关部门将这棵桑树判为具有历史价值的地标,或者去法庭要求邻居在砍树之前先通过一份环境影响评估。这种策略有什么危险?(提示:假设你目前毫无疑问地拥有某项权利,但你认为未来可能会有人阻挠你行使这项权利,那么你是会等待事件发酵,还是会现在就行使这项权利?)

6. 家里只有一台电视,两个孩子在争吵谁有权挑选电视频道。这是一个产权争端的例子。

(a) 父母是否应该让两个孩子"自行协商解决"?在什么条件下父母这样做能以令人满意的方式解决两个孩子的争端?

(b) 在这个例子中,为什么模糊的产权界定会令争议双方很难以双方都满意的方式协商解决争端?

(c) 为了解决孩子之间的产权纠纷，家长可以先进行裁决，然后启动立法过程。家长如何才能做到这一点？

7. 《华尔街日报》和 NBC 新闻联合进行了一项调查，结果显示每 10 个美国人中有 8 个人声称自己是"环保主义者"。美国人的购买和消费行为是否与上述声明矛盾？

   (a) 67% 的受访者表示，如果加油站推出一种比现在的汽油更环保的汽油，他们愿意每加仑多付 15 至 20 美分。可是一家大型炼油厂称：他们早就发明了这种汽油，只是卖不出去。这 67% 的受访者明明买得到更环保的汽油却不愿买，你是否认为他们声称自己是环保主义者很虚伪？

   (b) 问卷中的问题之一是：你是否同意对每加仑汽油多征 25 美分的环保税，以鼓励人们少开车、多保护环境？69% 的受访者反对征税，只有 27% 的受访者同意征税。你认为以上情况与"80% 的受访者自称环保主义者"矛盾吗？

   (c) 85% 的受访者希望政府出台更高的标准，强制汽车降低油耗、减少污染，即便这会提高汽车的价格。但只有 51% 的受访者愿意为了保护环境而看到"体积更小、安全性更低"的汽车。为什么以上两种情况会同时存在？你是否能提供一种合理的解释？

8. 沙滩上竖着一个标牌，"乱扔杂物罚款 25 美元"。有个人虽然看到了标牌却还是把易拉罐扔在沙滩上，而不愿意走去远处的垃圾桶。他知道巡逻员看到了他的举动并且会给他开罚单，但是此人非常富裕，因此他认为金钱的边际价值很低，而时间的边际价值很高。假如此人愿意支付罚款，你认为他是一个乱扔垃圾的人还是一个花钱买了扔垃圾权的人？

9. 密歇根州的一项法律强制要求消费者在购买啤酒和软饮料时支付酒瓶和易拉罐的押金。据估计，这项法律每年会让密歇根州的消费者多付 3 亿美元。同时密歇根州高速公路部门进行的一项调查显示：这项法律出台后乱扔饮料罐的现象减少了 82%，乱扔垃圾的现象总体减少了 32%。

(a) 假设以上数据都是准确的，那么你觉得强制收取瓶罐押金的法律"性价比"高不高？你是怎么判断的？

(b) 假设你知道密歇根州居民认为垃圾减少的价值高于每年 3 亿美元。这是否说明强制收取瓶罐押金的法律"性价比"高？

(c) 假设垃圾清扫工每年工作 50 周，每周工作 40 小时，时薪 5 美元，那么雇用一名垃圾清扫工每年要花 10000 美元。每年花 3 亿美元可以雇多少人全职巡视高速公路并清扫人们乱丢的垃圾？你认为规模如此庞大的一支全职垃圾清扫大军是否能让垃圾数量显著减少，降幅大大高于 32%？

10. 在轰鸣市，如果摩托车主持有噪声许可证，就可以在骑摩托车时不用消音器。噪声许可证的成本是每月 20 美元。在宁静高地，骑摩托车不用消音器是非法行为，违法者面临 100 美元的罚款。但并不是每次违法都会被抓住，不用消音器的摩托车主平均每 5 个月会被警察抓住并罚款一次。换句话说，在轰鸣市只要缴纳相关费用就可以合法制造噪声，宁静高地则禁止制造噪声并对违法者罚款。由于宁静高地的车主每个月被抓到的概率是 0.2，所以从金钱角度看他们缴纳的罚款等于轰鸣市的车主缴纳的许可证月费。

(a) 既然两市车主交的钱一样多，那轰鸣市和宁静高地处理摩托车噪声问题的方式究竟有何不同？

(b) 轰鸣市的车主显然获得了制造噪声的许可证。宁静高地的摩托车主也可以开车不加消音器只是得缴纳罚款，他们事实上是否也获得了制造噪声的许可证？宁静高地的立法者是否认为一个人只要交了罚款就获得了不加消音器开车的权利？

(c) 轰鸣市的做法是"只要付钱你就可以制造噪声"，宁静高地的做法是"你不可以制造噪声，如果违抗就得付钱"。这两种方式的区别之一：在前一种方法下制造噪声的人没有犯错；在后一种方法下，制造噪声的人做了受社会谴责的错事。这一事实本身是否会影响摩托车主的行为？假设某人拒不悔改，一直做法律禁止的错事，社会通常会做何反应？在前一种方法下，许可证的月费不会上涨；在后一种方法下，噪声制造者受的惩罚会不会上涨?

(d) 某些人反对政府向企业收取污染费,上一小题中的区别是否帮助我们理解这种反对意见? 有些人认为,按照企业的污水或废气排放量收取费用相当于向企业颁发了"污染许可证",他们抗议这种做法是不是因为他们反对法律授予企业污染权? 抗议者是否希望企业不仅承担高额经济成本,也承担道德指责? 非常关心空气质量和水质量的人为什么想把环保问题变成道德问题?

(e) 我们可以把排放污水和废气的行为视作给他人造成外溢成本的行为,因此只要污染者愿意付钱,我们就可以允许污染行为。我们也可以把污染行为视作犯罪,并用罚款惩戒这种罪行。什么时候采取第一种态度比较好? 什么时候采取第二种态度比较好?

11. 美国西部的草原上曾经有许多北美野牛,外乡猎人的到来使大群野牛四处漫游的景象一去不复返。历史书常常哀叹这一悲剧。

(a) 许多人用枪射死野牛,却任由它们的肉和皮留在原地腐烂。他们为什么要这么做? 这样做难道不是非常浪费吗? 许多人猎杀动物似乎没什么其他理由,仅仅是为了获得片刻的刺激,为什么他们赋予片刻刺激如此高的价值?

(b) 有时火车上的猎人会把枪伸出车厢窗口射杀野牛,这种行为的成本由谁承担?

(c) 野牛已经濒临灭绝,这种情况是否不可逆? 假设存在合适的激励机制,我们有没有可能在几年内使野牛的数目大幅回升?

(d) 在美国西部的草原上,野牛被什么动物取代了? 如今数不清的巨大牛群覆盖了美国的土地,为什么这些肉牛的命运与野牛不同? 假设美国人的口味变了:他们不再喜欢吃牛肉,而变得非常喜欢吃野牛肉,那你认为肉牛和野牛群体的相对规模会如何变化?

12. 不同的产权界定会产生什么影响? 请回顾第 1 章末尾的第 9 题。然后尝试回答以下问题:

(a) 某家石油公司申请在某块荒地上开采天然气,这块荒地归美国联邦政府所有。你认为塞拉俱乐部 [a] 会做何反应?

(b) 假设这块荒地的天然气储量很大,石油公司为获取特许权愿意向联邦政府支付巨额费用,这会如何影响塞拉俱乐部的决策?

(c) 假设石油公司承诺以对环境影响极小的方式开采天然气,情况会有何不同?

(d) 假设这块荒地的所有权不归联邦政府所有,而归塞拉俱乐部所有,情况会有何不同?

(e) 路易斯安那州有一块面积 26800 英亩的雷尼野生动物保护区,你认为奥杜邦学会 [b] 为什么允许三家石油公司在保护区中开采天然气?

(f) 在雷尼野生动物保护区开采天然气的石油公司每年付给奥杜邦学会的特许权使用费近百万美元。你认为这项安排是否符合奥杜邦学会的运营目标?你认为这项安排是否对天然气消费者有利?[经济学家约翰·巴登(John Baden)和理查德·斯特鲁普(Richard Stroup)在 1981 年 7 月号的《理性》(*Reason*)杂志上讲述了这个关于雷尼野生动物保护区的富有启发性的故事。]

(g) 奥杜邦学会允许石油公司在自己的土地上开采天然气,但反对他们在别处开采天然气,这种决策是否属于理性决策?

13. 是否有必要通过法律防止农田侵蚀现象?农田侵蚀是否会造成负的外部效应?

(a) 导致农田侵蚀现象的耕种行为对农田目前的价值有何影响?

(b) 假设农田所有者的目标是最大化农田目前的价值,那么他如何决定是否采用某项土壤保持措施?

(c) 与农田所有者相比,为什么租用农田的农民采取的土壤保持措施通常数量较少、效果也较差?

(d) 租用农田的农民采取的一些耕种措施虽然能增加当前的农作物产量,却会使土地更容易受到侵蚀从而降低农田目前的价值。农田所有者为

---

a 塞拉俱乐部:美国的一个环保组织。——译者注
b 奥杜邦学会:也是美国的一个环保组织。——译者注

什么允许租户采取这类手段?

(e) 土壤侵蚀造成的哪些后果会给土地所有者以外的人带来成本? 假设有一块土地特别容易受到风或水的侵蚀, 耕种这块土地的人就是其所有者, 他必须决定是否以及如何耕种这块土地, 那么他做决策时会完全考虑上述成本吗?

(f) 假设某人目前耕种自己名下的土地, 但他的收入不足以支付土地的按揭贷款, 因此他开始担心银行会没收这块土地。他必须在提高农作物产量和减少土壤侵蚀之间做取舍, 上述担忧如何影响他的取舍?

(g) 蒙大拿州的一位农场主从长期经营牧场的人手中买下了数十万英亩的牧场, 然后翻耕这些土地种植小麦。为什么牧场主愿意出售土地? 为什么购买土地的农场主要把牧场改成麦田? 把牧场改成农田会导致沙尘暴, 假如农场主事先知道他必须为此赔偿当地的住户, 他会不会觉得用这块土地放牧比用这块土地种小麦更有利可图?

(h) 农场主的行为加剧了沙尘暴现象, 也就是说他增加了空气里的沙尘含量, 政府是否应该要求他为此对其他人进行补偿? 如何管理这种赔偿系统?

14. 这是一道供大家思考的选择题。在常青藤大学中, 乱扔垃圾的现象比常青藤村购物中心严重得多。你认为造成这一现象的原因是什么?

(a) 学生天生就比普通人邋遢;

(b) 使用常青藤大学校园的人比使用常青藤村购物中心的人多;

(c) 在购物中心购物的消费者乱丢垃圾的机会较少, 因为他们既不抽烟也不购买外带食品;

(d) 在购物中心购物的消费者乱扔垃圾的动机较低, 因为他们认为自己是"常青藤村购物中心的一分子"并对此身份十分自豪, 他们愿意好好保护自己的"校园";

(e) 在购物中心里有人预见到保持地面干净能给自己带来显著的经济效益, 而在常青藤大学的校园中没有这样的人。

15. 在你买房的时候, 平均每天只有 5 架商业飞机经过你家上空。这个数字以几乎难以察觉的速度缓慢增长了一些年，现在平均每天已经有 150 架飞机经过你家上空。从 5 架上升到 150 架算不算剧烈变化？上述变化是以几乎难以察觉的速度缓慢发生的，这会让你较好地忍受现在的噪声吗？如果这一变化在一段非常短的时间内突然发生，你获得赔偿的可能性会更大吗？我们无法判断哪根稻草是压垮骆驼的最后一根稻草，但这是否意味着往骆驼背上加稻草不是骆驼被压垮的原因？

16. 许多大城市的机场都通过特别补偿项目出钱买断最受机场噪声影响的房主的同意权。

    (a) 有些房主的房子就在飞机起降航路的正下方，或者距离飞机跑道不足 5000 英尺。你认为这些受飞机起降噪声影响的房主是否应该获得补偿？如果你认为他们应该获得补偿，那么哪些区域的房主应该受到补偿，哪些区域的房主不应该受到补偿，分界线应该在哪？有些人的房子与飞机跑道起始点的距离是 15000 英尺，还有一些人的房子虽然离机场很近，但并不在飞机起降航路下方，这些人是否应该得到补偿？

    (b) 假设房主把房子租了出去，那么谁应该受到噪声补偿？是房主还是租客？为什么？

    (c) 该受补偿的人是房屋目前的所有者吗？如果他们近几年才买下房子，买入价肯定较低，低价买房不已经是一种补偿了吗？

    (d) 在房屋买卖发生时，"机场将对最受机场噪声影响的房主进行补偿"可能是公众的普遍预期，也可能不是。这会对前几题的答案产生什么影响？

17. 假设政府要求航空公司支付飞机起降费。起降费的金额受以下因素影响：特定机型的噪声水平，起降时间是白天还是晚上，机场附近的人口密度。航空公司会怎样降低航班起降对机场附近居民的影响？

    (a) 某政府机构计算了 23 家机场每次飞机起降的平均成本。他们首先算出机场附近的房产年租金因机场噪声下降了多少，再用这个数字除以机场每年的飞机起降次数。根据这个算法，纽约拉瓜迪亚机场的起降成本最高，每次起降的平均成本是 196.67 美元；俄勒冈州波特兰机场的起降成本最低，每次起降的平均成本是 0.82 美元。这意味着每次起降给拉瓜迪亚机场附近居民造成的总成本接近 200 美元，给波特兰机场附近居民造成的总成本却不足 1 美元。假设根据这个标准提高起降费，航空公司是否会为了自身利益提高某些机场的使用次数、降低另一些机场的使用次数？

(b) 如果噪声越大的机型要交的起降费越高，航空公司是否会更积极地安装噪声控制设备或购买噪声更低的新机型？有一种观点认为"没有任何一家航空公司会为了节省 400 美元的机场起降费而报废一架昂贵的飞机"。请评价这种观点。提出这种观点的人有没有从"边际"的角度考虑问题？

(c) 这个起降费系统如何鼓励航空公司让噪声较大的机型飞往波特兰，让噪声较小的机型飞往纽约市，或者让飞往华盛顿特区的航班降落在杜勒斯机场而非国家机场？（杜勒斯机场更靠近弗吉尼亚州的农村地区，上述计算显示该机场每次起降的成本只有 5.64 美元。）

18. 政府应该对臭氧排放进行多严格的控制？联邦立法机构设定臭氧浓度上限时采用的标准是：高臭氧浓度区域的空气不得对在此锻炼的人的身体健康造成任何损害。

(a) 假设我们考虑推行严格的臭氧排放标准，能不能通过科学方式判断这么做的收益是否大于成本？

(b)《纽约时报》的一篇报道称：每年在地面产生臭氧的挥发型有机化合物排放有 51% 来自机动车。因此我们可以通过两种方式保护自己的健康：第一，我们可以减少机动车驾驶；第二，某些城市区域每年会有一些臭氧超标的日子，我们可以少去这些区域锻炼。哪种方式能更高效地保护我们的健康？

(c) 假设某种有害排放 4% 来自工业溶剂，5% 来自家用溶剂。现在我们决定通过立法减少溶剂的使用，那么法律会更倾向于限制工业溶剂的使用还是家庭溶剂的使用？如果法律限制工业溶剂的使用，这是否说明立法者认为人比利润更重要？

19. 在华盛顿州的塔科马市，一家电力公司花 265000 美元向一家生产企业购买了每年向空气中排放 60 吨特定物质的权利。几年前，这家生产企业通过改造工厂将上述物质的年排放量降低了 69 吨。某环保组织的代表反对这种做法，他认为买卖污染权意味着"一家污染企业减排后立刻就会有其他企业取代它继续排放污染物"。
    (a) 这位批评者忽略了排放量交易系统的哪些优点？
    (b) 购买了排放权以后，这家电力公司开了一家新发电厂。这家发电厂除了使用传统能源以外还通过燃烧垃圾来发电，因此当地的固体垃圾处理问题得到了缓解。填埋垃圾和燃烧垃圾来发电哪种更有利于保护环境？

20. 假设政府环保部门先精确设定每一种工业污染物在指定区域内的排放量，然后将排放这些污染物的权利拍卖给出价最高的竞价者。
    (a) 哪种企业的出价会最高？
    (b) 如果某些公民希望空气质量高于环保部门规定的标准，他们应该如何使用上述系统实现自己的目标？

21. "收税不能控制污染。收税只会让小企业破产，而能交得起税的大企业会继续排放污染物。"你是否同意这种说法？

22. 众议院健康与环境附属委员会的主席给《华尔街日报》写了一封信，信里有这样一段话：

    提高空气质量的成本最低、效果最好的方式是保证所有新建工业设施都符合环保标准。建设一个符合环保标准的新焦炉或高炉比根据环保标准翻新一个旧焦炉或高炉容易得多。如果用环保的新车取代不环保的旧车，汽车尾气污染问题就会得到缓解。同样，更新美国的工厂设备能让空气变得更洁净。

    如果法律要求新车和新的工业设施必须符合环保标准，那么生产新车和建造新工业设施的成本就会增加，因此车和工业设施的价格也会提高。这会不会鼓励人们延长使用不环保的旧车或旧设施的时间？请论证对新车或新的工业设施执行过度严格、成本过高的法律控制反而可能让空气质量下降。

23. 强制车辆安装尾气控制设备可以减少尾气排放。将尾气排放量减少一定百分比产生的成本（每年、每辆车）如图 10-1 所示。

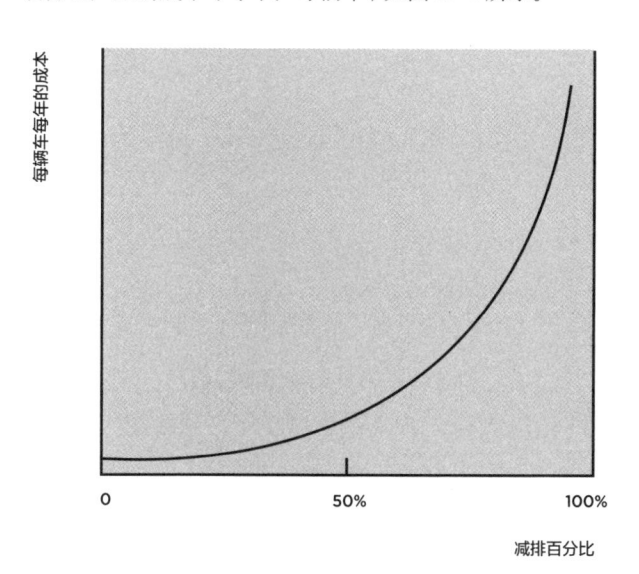

图 10-1：减少汽车尾气的成本

(a) 随着尾气排放量的减小，成本曲线一开始缓慢上升，后来开始加速上升。为什么会这样？这种形状是汽车尾气控制系统的特殊性质造成的，还是一种普遍存在的关系？

(b) 这条曲线能否告诉我们应该把尾气排放减少百分之多少？这条曲线是否能为该领域的公共政策制定者提供任何指导？

(c) 假如你认为这条曲线是提供清洁空气的边际成本曲线，那么你还需要什么数据才能画出清洁空气的需求曲线？这两条曲线的交点具有何种重要性？

(d) 假设你想知道你所在区域的居民赋予清洁的空气多高的价值，因此你做了一项调查。调查的问题是：假如付钱就能降低社区中的汽车有毒尾气排放量，那么对各种减排百分比你分别愿意付多少钱？你觉得一般来说受访者会说实话吗？记住，他们回答问卷不需要负责任——也就是说，不管他们说自己愿意付多少钱，实际上他们并不需要缴纳这笔钱。上述调查程序的主要偏差是什么？

(e) 假设你代表政府进行这项调查。受访者知道政府最终会选择一个减排百分比并强制执行，而他们每年需要支付一笔税金，金额等于他们在问卷中称自己愿意为该减排百分比支付的金额。你想度量社区对清洁空气的需求，你的调查方式会给这种度量引入什么偏差？

24. 把固体废物扔在什么地方最好？最常见的答案是：只要不扔在我家后院里就好。

(a) 如果城市需要新建一个垃圾场，那么不管把这个垃圾场建在哪里都会不公平地歧视一部分人，为什么？

(b) 什么因素能使人们愿意让其他人把固体废物扔在自己的"后院"里？

(c) 一种选址方法是：哪个社区最愿意接受新垃圾场，城市就把新垃圾场"奖励"给这个社区。如果采用这种选址方法会导致什么后果？如何让人们愿意接受新垃圾场？如何衡量接受意愿的高低？

第 11 章 市场与政府

学习目标

- 理解为什么说"即使是政府官员,做决策时也会考虑决策给自己带来的预期边际收益和预期边际成本"。
- 区分"强制"和"说服"。
- 研究搭便车问题。
- 分析"为了足量提供公共商品,政府必须动用强制权"的观点。
- 建立"理性无知"概念并用这个概念解释政治过程的结果。

  人们讨论外部效应时(不论是正是负)常常谈到**市场失灵**问题。市场失灵是指市场过程未能达到某些**最优**标准。这个概念还说明政府的补救措施有可能改变市场系统的状态,使其更接近于某种理论上的最优状态。针对现实社会中的经济协作问题,许多出发点良好的人(包括经济学家)常常假设政府官员既有缓解这些问题的动力,也能掌握解决这些问题所需的信息。但是政府政策完全可能让市场失灵问题变得更糟糕。诺贝尔经济学奖获得者詹姆斯·M·布坎南(James M. Buchanan)常说:"分析市场失灵问题的经济学家同时也有分析**政府失灵**问题的道德义务。"本书的两位作者曾经是布坎南教授的学生,因此上述理念始终清晰而深刻地刻在我们的脑海中。本章继续研究外部效应问题,但重点是正的外部效应。在讨论相关问题时,我们会时刻谨记布坎南教授的教诲。

  本章着重讨论政治经济学领域的核心问题:我们应该把哪些任务交给市场?把哪些任务交给政府?要想回答这个问题,首先必须搞清楚**市场**和**政府**分别是什么。为了做出理智的决策,我们首先必须知道我们面临哪些选择。公共政策辩论常将政府与市场之间的选择描绘成一个清晰明确、非此即彼的选择,然而事实远非如此。

11.1 私有还是公有

人们用一些标准的方式来区分市场系统与政府系统,可这些分类方法通常都经不起仔细推敲。首先,人们常常认为市场等于**私有领域**,而政府机构和政府官员占据了**公有领域**。但是这种分类究竟想表达什么意思?显然,这并不意味着市场上的行为不影响公众,或者市场上的行为仅涉及私人利益。这也不可能意味着消费者和企业管理者追求私人利益,而所有政府工作者都追求公共利益。参议员常说自己的所有决策都是出于"公共利益"考量,然而事实上引导他决策的因素不是公共利益,而是他对公共利益的个人理解,并且这种理解还受许多私人利益的影响:比如连任压力、同事的影响、与媒体的关系、在公众中的形象以及后世对自己的评价。从总体上来看,也许参议员不像企业管理者那样一心想最大化自己的私人经济收入,但他们也许比后者更想获得威望和权力。

> 人们只追求自己的利益。即使在国会中也是如此。

上述结论适用于政府机构的所有工作人员,不管是在管理委员会中身居高位的官员,还是刚刚到任的基层公务员。无论政府机构把自己的工作目标说得多么崇高、伟大、公正,这些机构的日常活动仍然由凡人的决策推动,这些人做决策时也会被激励机制左右,公有领域的情况和私有领域并无明显区别。何况,近年来许多龙头企业的管理者也开始鼓吹自己关心公共利益,急于让公众相信他们制定经营政策的终极标准是履行社会责任,而不是最大化企业的净收入。因此,公共利益与私人利益的区别在很大程度上只是一种口舌上的花招,我们应该少看这些说辞,多关注真正影响人们决策的激励机制。

11.2 竞争与个人主义

除了私有和公有的区分方式以外,人们还用其他常见标准区分市场和政府。但只要我们仔细考察这些标准,就会发现其分界也很模糊。人们常常将市场领域称作竞争性领域。但是在政府中同样存在竞争,每一次选举都在体现这种竞争。在政府机构内部,职员为升职而互相竞争。不同的政府机构之间必须互相竞争以获得更大份额的拨款。美国的两大主要政党时刻都在互相竞争。行政机构与立法机构竞争;国会议员为获得委员会中的席位而相互竞争;就连地方法院的法官也得相互竞争,因为大家想升入更高一级的法院。最高法院的法官已经获得了终身任命并且达到了职业生涯的顶峰,但只要他们想在新闻媒体和法学院教授中赢得声誉和口碑,不就得继续和同行竞争吗?

有时,人们说市场领域的最大特征是个人主义。但"个人主义"究竟包含哪些元素?许多在市场板块中工作的人刚从学校毕业就被大公司录用,然后一直干到退休,他们的身份始终是公司的雇员。在巴尔的摩的社会保障署当雇员和在哈特福德的一家保险公司当雇员究竟有何区别?第二次世界大战以后,英国进行了一系列实验性的改革,将国内的钢铁行业国有化、去国有化然后再次国有化。但是在这个过程中许多钢铁行业的雇员(以及许多其他民众)并没有感觉到太大的变化。一些频繁出入国会大厅的人似乎比在公司走廊上进进出出的人更富个人主义色彩(至少看上去更有个性)。

11.3 经济理论与政府行为

在解释社会的运作方式时,经济学的思维方式试图以两个假设为出发点:第一,所有参与者都追求自身的利益;第二,人们都以理性方式追求自己的利益。边际成本/边际收益法则不过是上述两条假设的正式表述:推进个人利益的方式就是增加所有边际收益大于边际成本的活动,减少所有边际成本大于边际收益的活动。虽然我们直到第 8 章才正式介绍上述法则,但其实本书的所有章节都在运用这条法则。我们已经强调过以下要点:经济学家并没有假设消费者和生产者只关心金钱形式或物质商品形式的成本和收益,也没有假设人们追求的个人利益一定是狭隘与自私的利益。人们追求的利益多种多样,但不管是什么利益,经济学理论都可以帮助我们理解其造成的社会结果。那我们为什么不可以用经济学的思维方式来分析驱动政府行为的人类利益和控制政府行为的社会过程呢?

我们当然可以这么做。人们常常认为决定美联储公告内容的社会互动原

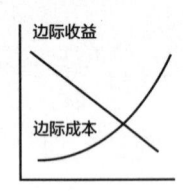

则一定与决定《时代周刊》(*Time*) 或《新闻周刊》(*Newsweek*) 内容的社会互动原则大不相同。事实上两者并无太大区别。和私营企业一样，政府也生产商品和服务。为了生产这些商品和服务，政府也和企业一样必须先得获取生产性资源，这些资源的机会成本等于将这些资源用于次佳用途时能产生的价值。政府和私营企业一样必须为获得自己想要的资源而竞价，必须向资源所有者提供合适的激励。值得注意的是政府不仅可以使用正的激励，还可以使用负的激励（我们之后还会再次谈到这个问题）。比如说，许多人每年春天都将部分收入上交国家税务局，他们这样做的主要动力是避免牢狱之灾。但联合劝募组织（United Way）ª 就不能用这种负激励威胁别人。政府甚至也需要营销自己的产品并进行寻价，虽然在政府产品的分配过程中货币价格发挥的作用较小。但政府提供的商品无疑也有需求曲线，因为这些商品具有稀缺的本质；政府也必须以某种区分标准来分配商品，想获得商品的人也会根据上述标准互相竞争、支付市场确立的价格。剧作家常常在最后一幕派来天降的救兵，奇迹般地解决剧中的所有麻烦。人们常常误以为政府也有这种神力。以上述角度看待政府，能避免这种错误，让我们对政府有更实际的预期。这种看法鼓励我们思考在给定环境下哪些条件能令政府有效发挥作用，而不是假定政府总能达成目标或总能获得它想要的任何东西。这种看法还提醒我们注意：上一句话中用"它"指代政府具有误导性，因为政府并不是一个具体的人，而是许多在现行产权基础上互动的不同个人。

如果你不明白产权与政府行为有什么关系，那你一定是忘记了经济学家说的产权是指游戏规则。政府过程的所有参与者（从选民，到公务员，再到总统）都对其他参与者（选民、公务员或总统）能够做什么和可能做什么抱有一定的预期。这些预期反映了产权。这句话听上去有些抽象，如果把"产权"一词换成"人们认为自己可以做哪些事情而不受惩罚"就容易理解多了。经过替换以后，这句话似乎在暗暗谴责那些老谋深算的不道德行为，虽然这并不是我们的本意。但上述短语传达了产权概念的力量：人们的行为取决于他们对行为后果的预期（即不同决策会给他们自己带来的预期边际收益和预期边际成本）。这条原理放之四海而皆准，在参议院的办公楼里成立，在纽约股票交易

---

a　联合劝募组织：一个民间慈善机构。——译者注

所的交易厅里也成立。要想理解议员和股东的行为,关键在于搞清他们面临的产权有何不同。

11.4 强制的权力

但是政府与非政府之间确实存在一个清晰明确、经得起推敲的重要区别。**政府可以强制成人做某些事情,这是政府专有的权力,并且大部分人都认同这种权力。**政府的强制权受大部分人认可,但并不被所有人认同。彻底的无政府主义者就不承认政府具有这种权力。还有一些人虽然原则上接受政府的存在,但认为自己的政府没有合法的强制权。强制权是政府"专有"的权力,因为我们常说"人们无权把法律把持在自己手中",如果认为某些事情需要强制执行,每个人都必须诉诸政府官员(比如警察、法官和立法者)。政府与非政府的不同之处在于政府有权强制"成人"做某些事情,因为在特定情况下人们普遍认为父母也有权强迫孩子做某些事情。

什么叫"强制"?**强制是指威胁以暴力手段减少对方的选择数量,从而诱使对方与自己合作。**与"强制"相对的概念是"说服",这是另一种诱使他人与自己合作的方式。**说服是指承诺扩大对方的选择范围,从而诱使对方与自己合作。**在某些情况下,人们对某种特定的行为究竟属于说服还是强制会有争议。一般来说这些情况涉及欺骗(有时是板上钉钉的欺骗,有时是某方单方面认为的欺骗),因此争议其实在于"当对方想获得当事人的合作时,当事人究竟认为自己有哪些选择",或者在于"我们认为当事人应该拥有哪些权利"。但是,在大部分情况下,我们可以根据上述定义区分影响他人的行为手段属于强制还是非强制手段。强制权是指为取得对方的合作而威胁减少对方的选择、限制对方的自由或剥夺对方的权利。这种权力我们只授予政府。

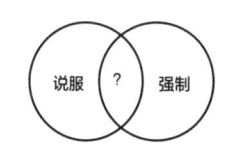

"强制"一词的名声很不好,因为我们中的大多数人相信(或者认为自己相信)人们一般应该有权做自己想做的事情。此外,"强制"还隐含着权威的意思,而我们中的许多人对任何宣誓权威的行为都自动抱有敌意。可是,要求我们靠右行驶并在红灯时停车的交通法规既属于强制行为,又扩大了我们的自由。这些法规之所以扩大我们的自由是因为它不仅强制我们也强制其他人。

我们认同强制,但并不意味着政府可以傲慢且自大。

因为我们接受交通法规的强制，所以我们每个人都能更快、更安全地抵达目的地。传统上，人们用上述观点来支持政府及其强制权存在的必要性：如果我们都接受某些限制、让渡某些自由并同意在一定程度上减少我们的选择，我们就能因此获得更大的自由和更多的选择。

11.5 政府究竟有没有必要存在

但上述目标的实现是否必须靠强制手段？自愿合作难道不能取得同样好的结果吗？我们在本书中一再强调自愿交易是促成社会合作的主要机制。为什么我们不能仅靠自愿交易促成合作？达成目标的方式多种多样，不同的方式各具优缺点，我们提出以上问题并试图寻找答案是为了更清楚地理解不同方式分别能做到什么又分别有哪些局限。

回答上述问题的方式之一是思考以下问题：如果社会中完全没有政府，会怎么样？政府的缺失会导致什么问题？哪些重要的任务会因此无法完成？人们有没有可能通过个人行为或自愿结社来解决上述问题、完成上述任务？警察保护服务是一个不错的出发点。是不是没有政府就一定没有警察？当然不是，因为当今社会中就存在私人警察力量。但是我们的社会中首先已经存在政府提供的基础警察保护服务。私人警察只是上述服务的补充，为需要额外保护并愿意付钱的人服务。如果没有政府，我们能获得基本的警察保护服务吗？

11.6 排除不付钱的人

为什么不能？如果没有政府，想获得警察保护的人只要花钱从私营警卫公司购买警察服务就行了。现在也有许多人对政府提供的服务不满意，他们就从私营企业购买自己想要的服务。那种系统难道不比现有系统更公平？有些人有许多财产，却没有时间、意愿和能力来保护自己，这些人会花钱购买警察服务。另一些人没什么财产，或者很善于保护自己，他们就不用交税购买对他们没什么用处的警察服务了。我们的社会让人们付钱购买各自需要的食物，而不是用税金统一购买、分发食物，原因之一是我们知道人们对食品数量和质量的要求千差万别。为什么我们不用同样的系统来处理警察服务？

这显然不是因为警察保护服务是一种"基本的必需品",食品肯定比警察服务更基本、更必需。区别在于我们可以只向付了钱的人提供食品,不向拒绝付钱的人提供食品,但是警察的保护服务却不能完全这样处理。如果我的邻居雇警察保护他的房子,那么警察巡逻时也会走过我住的街道,我的房子也因此受到了保护,这是一种外溢收益。盗贼并不知道我没有付钱购买警察服务,也不知道自己闯入我的房子不会被捉住。事实上,就算盗贼知道上述事实,打劫我的房子可能仍有危险。巡逻警官也许认为保护客户财产的最高效的方式是逮捕他发现的所有盗贼,不管盗贼偷的是谁家的东西。我因此获得了免费的保护。

基于同样的原因,邻居雇用的消防员也许会扑灭我家后院或阁楼上的火灾,为的是不让火势蔓延到客户家里。当他们扑灭客户家里的火灾,我家起火的概率也减小了,虽然我并没有付钱雇消防员。以上的两个例子中都出现了外部收益:有人不付钱却获得了生产商品的收益。造成上述现象的关键原因是商品的生产者(警察和消防员)无法把不付钱的人孤立出来,拒绝向他们提供商品。

11.7 "搭便车"问题

假如人们不论付不付钱都能获得商品,他们付钱的动力就会下降。这样的激励机制引诱他们"搭便车":享受收益却不支付产生收益的均摊成本。但是,如果所有人都不愿意付钱,就不会有人愿意提供这些收益。最终的结果是:虽然每个人都觉得商品的价值高于生产成本,却没有人去生产这种商品。

在社会组织学中,搭便车问题是最令人烦恼的问题之一。不理解"搭便车"问题为什么存在的人面对此类问题尤其感到挫败,他们只能不断重申这些问题不应该存在:"只要每个人都……我们就能解决能源问题。""只要每个人都……高速公路上就不会有垃圾。""如果每个人都好好研究这个问题并且在投票日积极投票……""如果所有国家都永远放弃以武力解决国际争端……"对上述问题(以及许多类似问题)痛心疾首的人正确地认识到"如果每个人都改变自己的行动",我们就都能从中获益。他们之所以感到挫败,是因为尽管人人都承认做某些事情一定会提高大家的福利,人们却始终无法做到那些事情。

"搭便车"问题也让经济学家感到很挫败,因为经济学家一直试图劝说

> 如果不用付钱就能获得商品,谁会愿意提供这种商品呢?

人们相信"要想让人们做对公众有利的事，就必须让那件事也对个人有利"，但人们一直拒绝相信上述原则。人们做决策时考虑的是这些行为给自己带来的预期收益和预期成本。假设某项行动不能给塞蕾娜·迪皮蒂带来额外的收益，却会给她带来显著的额外成本，她就不会采取这项行动。如果塞蕾娜是一个既高贵又慷慨的人，她会觉得帮助他人给自己带来的收益很高，而为此付出的牺牲成本并不高，因此她会做出一些普通人不会做的事。我们必须强调这一点，因为搭便车的概念并不意味着人类是绝对自私的生物，也不意味着利他行为在社会生活中没有立足之地。恰恰相反，如果人们完全自私，那么任何社会都不可能存续。我们在第 10 章中说过，任何社会合作的发生都有一个前提：人们必须在一定程度上真心关心他人的福利。在此我们必须重申这一观点。如果人们完全没有共情能力，完全不能内化他人的体验，那么不管是市场还是政府都不可能存在。

11.8 正的外部效应与"搭便车"的人

经济学家强调"搭便车"问题的重要性，是为了说明人们在一定程度上是自私自利的，我们更关心直接作用于我们的成本和收益，而普遍不那么关心别人（尤其是与我们关系疏远的人）的内心感受。呼吁人们关注"搭便车"问题的经济学家认为社会中既有正的外部效应也有负的外部效应，这两类外部效应都会鼓励人们"搭便车"。如果决策者的行为带来了他决策时没考虑的收益，这就是正的外部效应。正的外部效应带来这样一个问题：会有人有足够的动机来创造这些收益吗？会不会所有人都不行动，都指望享受别人的行为创造的外溢收益？

在现代社会中，正的外部效应（或称外溢收益）可能比负的外部效应（或称外溢成本）更常见，后者的例子包括人们常常抱怨的污染问题。房主把自家的草坪修剪得很漂亮，这会给邻居和路人带来外溢收益。面带迷人微笑的人会给他们见到的每一个人带来外溢收益。不怕麻烦、关心社区事务的公民能提高公共决策的质量，从而给社区中每个人带来外溢收益。生产商和销售商带给消费者的收益大于消费者支付的价格，这样的过程长期自然而然地发生。我们绝不可能消除所有外溢收益，就像我们绝不可能消除所有外溢成本一样。

但外溢收益及其导致的"搭便车"问题仍然造成了一些严重的社会问题。解决这些问题的方式之一是靠政府采取强制措施。

不要忘了，所有交换都有交易成本。供给方和需求方必须找到对方，必须对双方分别付出什么、获得什么达成共识，还必须合理地保障双方确实能够获得对方承诺的东西。尤其是卖方为了确保不付钱的人无法获得他们供应的商品必须付出交易成本。建立长期稳定的商业操作程序能把上述过程常规化，从而降低交易成本，使交易各方都能从交换中获取更高的净收益。如果交易成本过高，超出了交换可能产生的收益，交易便无法发生，交易的潜在收益因此丧失。我们可以把政府看作一种利用强制权降低交易成本的制度。

> 交易成本限制了社会中能够发生的双赢交易的数量。

11.9 法律与秩序

上述理论能在多大程度上解释政府的功能？为了回答这个问题，让我们来看一些政府的传统功能。首先我们讨论"法律与秩序"问题。我们可以这样总结前几页的内容：如果交易成本过高，就很难不让不付钱的人享受警察巡逻服务带来的外溢收益。"搭便车"问题会破坏激励机制，导致无人愿意供应警察保护服务。为了解决这个问题，政府动用手中的强制权。政府向所有人提供警察保护服务，并强迫所有人通过交税的方式付钱。

靠自愿行动建立警察制度很困难，靠自愿行动建立一个解决公民间争端的司法系统可能相对容易，否则我们就不会看到数量如此众多的靠自愿集资运行的仲裁系统了。但是如果一个区域内的所有人都受同一套法律、同一个司法裁决系统约束，那么所有人都能从中获利。不管个人是否同意，所有人都受一套统一、稳定、有执行力的规则约束，这令所有人都能更加确信、更加轻松地规划未来。而协作社会与混乱的乌合之众的不同之处就在于前者的成员可以确信地规划未来。法律与法庭系统能给人们带来显著的收益，不管这些人是否愿意为此付钱或是否愿意受其约束，因此社会动用强制手段建立司法系统并保持其运作。

11.10 国防

提供国防服务的人如何才能只让交了国防费的人享受自己提供的服务？

国防是政府的传统功能之一。有时人们很难提供某些收益同时阻止不付钱的人享受这些收益；或者说阻止后者享受收益的成本过高，会让提供收益的人根本无利可图。国防就是一个经典的例子。由于"搭便车"问题的存在，在现实中几乎不可能靠自愿捐款维持国防系统运营。因此社会动用强制权，用强制征来的税金支付国防开支。

但政府并不一定要完全依靠强制征税提供国防服务，事实上也没有任何一个国家的政府这样做。我们特别强调这一点是因为这是一个读者很容易忽视的事实。支付军事开支的税收确实是政府强制征来的，但是当政府用这些资金雇用军队或从供应商处购买设备时，政府并没有强迫对方，而是通过说服取得对方的自愿合作。政府雇用警察和法官时也是靠说服取得对方的自愿合作。这便产生了一个有趣的问题：既然靠说服似乎也能达到目的（甚至还能更好地达到目的），政府为何有时选择动用强制权？为什么政府要强制民众参军（或者当陪审员），而不用志愿者填补这些岗位？大部分为政府工作的人是被政府说服，自愿加入公务员队伍的，政府并没有强迫他们。那政府为什么要强迫某些人参军？有人说这是因为军事人员面临很大的危险，这显然不能完全解释上述现象，因为在现实中许多人自愿从事比军人危险得多的职业。我们将在下文中提出一种更合理的解释。

11.11 公路和学校

我们靠谁修建道路？如果政府不动用强制权征收修路所需的资金，我们的交通系统是否还能为我们提供充足的街道和高速公路？回答这个问题前必须注意："充足"的交通系统并不意味着道路的数量和质量必须达到我们现在看到的水平。如果新建一条道路的额外成本超过额外收入，就不应该修这条路，否则就是在过度供应道路这种商品，而过度供应的情况显然有可能发生。但是，假设修路全凭自愿，街道和高速公路这两种商品是否可能出现系统性的供应不足问题？假设所有街道和高速公路都归私人所有、由私人经营，并且道路所有者的收入完全来自过路费，就会产生极高的交易成本。除了在街上开车的人以外，其他人也会享受到修路的收益。如果你住在尘土飞扬的石子路边，那么就算你从不开车，修路也显然对你有利。在现实中，确实有人不动用政府强制力、在偏远地区或私人领地上修路，他们的经验一方面说明这种事可以做到，另一方面说明在完全自愿的基础上争取他人的合作可能产生极高的成本。

那么政府动用强制权征收教育经费的例子又怎么说？支持政府这样做的人的观点如下：人们在做教育决策时只考虑自身的成本和收益，如果继续受教育对自己的边际成本大于对自己的边际收益，人们就不会继续读书。但是教育会产生显著的正外部效应，也就是社会上的其他人会因此获利。在民主社会中，一个公民学会读书识字、提高思考能力能给社会中的每个人带来好处。但是我们决定自己要受多少教育时不考虑多受教育会给他人带去多少外溢收益，所以我们选择的教育程度总是低于最优水平。如果政府用税金补贴教育，就能降低学生受教育的成本，鼓励他们接受更多教育（与政府不补贴教育的情况相比）。但教育存在一个和修路同样的问题：政府动用强制权确实能够防止供应不足问题，但这会不会在现实中导致供应过度？这个问题我们留到以后再谈。

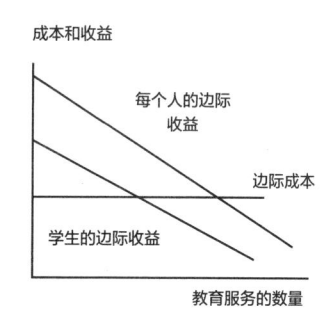

11.12 收入的再分配

政府的另一大类功能是向穷人和残疾人提供特别福利，比如资金援助、粮食券、医疗服务、房屋补贴以及其他各种社会服务。为什么这些政府活动一定要动用强制权？为什么不让慈善家自愿组织这类活动，而要强迫所有人交税支持这些福利？原因之一是慈善也受"搭便车"问题的影响。假设所有公民都有慈善之心，人人都希望不幸的穷人能获得更多收入。虽然有些公民能从慈善捐款中获得直接的满足，但大部分人更希望既解决问题让穷人不再受苦，又令自己的成本最小化。这些人希望穷人得到帮助，但他们希望其他人来提供这种帮助。因此他们会采取"搭便车"行为。这些人自己不太愿意捐款，指望别人的捐款已经足够解决问题。但如果所有人都等着别人捐款，最终的捐款数目就一定会低于每个人希望看到的水平。在这种情况下，强制征税能鼓励人们多出钱，因为他们知道其他人也会尽一份义务。

11.13 对自愿交换进行管制

还有一大类政府活动统称为政府管制行为，这类活动怎么说？为什么联邦政府、各州政府和本地政府要对那么多公民活动进行管制，要动用强制权控制人们自愿进行的交换活动？注意我的用词："动用强制权控制人们自愿进行的交换活动"。这种说法也许能让我们更加深入地思考政府究竟在以管制之名做些什么。

许多人相信，如果政府不对某些自愿交易活动进行管制，为富不仁的人便会不公平地占无辜弱者的便宜。这是上述问题的部分答案。这种充满家长式作风（parentalistic）[a] 的论点有一定道理，但毫无疑问某些特殊利益群体常常滥用这一论点，其目的恰恰是为了"不公平地占无辜弱者的便宜"。交易成本是上述问题的一部分答案。如果每个人买肉时都得自己带秤防止肉贩作假，如果每个人加油时都得自带量缸防止加油站骗人，我们便会面临极高的成本。如果医生必须先获得执照才能执业，如果新药必须经过食品药品监督管理局（FDA）的批准才能上市，消费者就不用自行评估这些商品的质量。大部分消费者没有能力自行评估上述产品的质量，如果非要他们自行评估，由于成本过高他们只好不买这些商品。政府机关强制要求卖家取得相关证书，这也许可以帮助我们以更低的成本完成令双方都满意的交换活动。在政府管制活动中，相当一部分活动的本质是动用强制权降低获取信息的成本。

但是上述论点有两个缺陷。第一，在许多情况下我们并不需要靠政府管制来降低交易成本。私有板块就能把提供信息和出具证书的工作做得很好——比如美国的保险商实验室（Underwriter Laboratories）一直在对可能具有危险性的消费者商品进行测试。第二，这种论点没有考虑卖方对政府管制的热烈支持态度。对政府管制的需求常常来自卖方而非消费者，凡是研究过这个问题的人都对上述现象心知肚明。在第 9 章中，我们已经解释过这一现

---

[a] 大部分人会使用"父权作风"（paternalistic）一词，但我们认为"家长式作风"更加准确且较没有性别歧视意味。——作者注

象的成因：卖方渴望限制竞争，而事实证明打着保护消费者旗号的政府管制措施能十分有效地消除竞争。为谋求自身利润而提议进行政府管制的卖家常常有意无意地与出于好心支持政府管制的人群结成统一阵营。经济学家布鲁斯·杨德尔（Bruce Yandle）把这种结盟现象称为"私酒贩子与浸会教徒"[a]现象，因为上述两个群体是最积极游说政府推广禁酒令的人群。但我们要问两个问题：第一，为什么受害者要团结合作支持政府管制？第二，政府的责任本应是为公众谋福利，那政府为什么反而动用强制权为特殊利益团体谋利益？

11.14 政府与公共利益

为了用经济学理论回答上述问题，我们必须再次回到本章开头提出的问题——这也许有些令人意外。因为完全自愿的合作机制存在某些不足，所以政府动用强制权弥补这些不足，但政府强制行为本身也具有同样的不足，因为强制行为依赖于人们的自愿合作。说服总是先于强制，因为政府首先必须说服某些人采取行动，然后才可能形成任何政府行动。政府并不是阿拉丁神灯中的精灵，政府是一群互动的人组成的整体，这些人关注他们面临的各种选择会给自己带来哪些预期成本和预期收益。我们指望政治解决交易成本、正外部效应和"搭便车"问题，然而这些问题在民主社会的政治生活中恰恰表现得特别突出。这是一个令人进退两难的情况。

许多人不假思索地认为"政府行动皆以公共利益为出发点"。持上述观点的人多到令人惊讶。但是情况真的如此吗？政府行动真的总是以公共利益为出发点吗？我们为什么会这样想？公民先在超市排队买东西，然后去投票站排队投票，难道因为换了一个地方他们的德行就提高了？有些人先在工业界或学术界工作，后来投身公务员队伍，难道因为换了一份工作他们的品格就改变了？假如我们把"公共利益"定义为"所有人在信息充分、立场公正时想要获得的东西"，那么根据经济学理论，政府行为建立在"信息充分、立场公正"的基础上的概率有多大？

---

[a] 杨德尔在 1983 年发表于《管制》（*Regulation*）杂志上的一篇论文中首次提出了"私酒贩子与浸会教徒"的概念。——作者注

政府行为由许多人的决策共同塑造。这些人只能关注他们能获得的信息，只能响应他们确实面临的激励机制。经济学理论认为，上述信息和激励机制必然具有局限性和偏向性。

11.15 信息与民主政府

我们可以从公民投票问题谈起。充分知情的投票人并不存在，我们每个人掌握的信息都不充足。一个小小的思想实验就能说服你相信上述结论。假设你知道自己的选票能决定某位候选人是否当选或某项决议是否通过，选举结果受且仅受你的选票影响，那么在投出关键一票之前，你会收集多少信息？当然，上述问题的答案在很大程度上取决于这个职位或决议究竟有多重要；但你肯定愿意花更多时间和精力获取信息，因为现在一切由你说了算，而平时你只是5万甚至5000万选民中的一员。事实上，大多数公民（包括那些聪明、博学、关心公共利益的公民）在选举日走进投票站时心中只有大量的偏见、一点点直觉和一些未经事实检验的信息，他们对许多领域根本一无所知。我们之所以不收集信息是因为不收集信息才是最理性的行为！我们的选票只是5万张甚至5000万张选票中的一张，所以我们的投票事实上无足轻重，为了投出充分知情的一票而获取信息根本就是在浪费时间。这个问题并不是简单的自私自利或者对社会事务的漠不关心造成的。假如某位选民愿意牺牲自己的时间和精力为社会谋福利，那么他与其为了投出充分知情的一票而收集大量信息，还不如去当社会服务志愿者。从每小时、每美元或者每卡路里产生的效益来看，后一种做法比前一种高效得多。

> 有时某些信息不值得我们去了解，这便导致了"理性无知"现象。

对上述看法的标准反驳是："可如果每个人都这么想，民主机制就不能起作用了。"这条反驳意见相当于是在说：世界上不存在"搭便车"现象，因为如果这种现象不存在，世界就会变成一个更加令人满意的地方。一心维护民主制度的人更应该考虑在"公民投票时无法掌握充分信息或必然被错误信息误导"的前提下如何保持民主制度的运行，而不是假装选民掌握了他们显然没有掌握的信息。

虽然选民的能力与信息严重不足，但某些民主制度的支持者并没有因此感到泄气。他们相信，要做出符合公共利益的决策首先必须掌握充分的信息，虽然选民无法获取这些信息，但民选代表可以。他们的信心确实具有合理的现实基础。每位议员的选票影响选举结果的概率远远大于普通选民；议员可以利用自己掌握的信息显著影响他人；议员手中有人力和其他能帮他们收集信息的资源；许多人很愿意为议员提供相关信息；议员的选票受公众监督，他们必须说清自己投票的理由——由于以上原因，民选代表投票时掌握充分信息的概率比普通选民高得多。

11.16 民选官员的利益

就算我们可以假设议员投票时掌握了充分的信息，我们是否可以假设他们的选票一定符合公共利益？民选代表投票时是否有偏向性？上述问题还可以换一种问法：民选代表掌握的信息告诉他们应该怎么投票，但他们是否一定会那样投票？经济理论假设人们的行为都是从自身利益出发，而不是从公共利益出发。有时，议员的自身利益与公共利益一致。但如何保证两者一致是政治制度设计领域的主要议题。我们必须诘问当前的政治制度是否能让民选代表的自身利益与公共利益保持一致，而不是简单地假设两者显然一致。大部分民选官员都追求连任，这是一种常见的、健康的政治愿望，因此下面的分析主要研究议员的一种自身利益——追求连任。追求连任的愿望能否促使民选官员在投票和采取其他行动时以公共利益为出发点？

首先我们研究追求连任的愿望如何限制民选官员规划未来的时间范围。民选官员不会关注过于遥远的未来，因为他们没有资本这么做。官员必须让选民在下次选举前看到施政结果，否则他们就会丢掉现在的职位，被竞选承诺更吸引人的政客取代。由于政府只关注短期结果，所以他们很难有效地处理经济危机和通货膨胀问题。我们会在本书的最后一个部分中解释这一点。但上述结论对所有政策都成立。民选官员做决策时会给下次选举以后才发生的成本打一个极大的折扣，还会想方设法地在下次选举前获得尽量多的收益。因此，官员虽然十分了解特定政策的结果，并在这方面拥有远超常人的知识，但追求连任的愿望使他们无法充分利用这些知识。

假如某人现在拿不到 1000 美元就活不到明年，那么对他来说现在借 1000 美元、一年后偿还 2000 美元是值得的。

在上一段中，我们解释了为什么议员能掌握充分的信息。最后两条原因是：许多人很愿意为议员提供相关信息；议员的选票受公众监督，他们必须说清自己投票的理由。但即便充分的信息告诉议员应该怎样投票，他们也未必会那样投票。这一现象同样可以用以上两条原因解释。问题在于最有动力为议员提供信息（即游说）且最有动力对议员问责的人往往集中在特殊利益群体中。政治过程中的正外部效应使得上述情况几乎无法避免。最能说清这种情况的例子是：有时联邦政府会向地方政府拨款以支持地方政府推进本地项目，但如果没有联邦政府的拨款，这些本地项目根本就不会开工。项目不能开工是因为其预期收益低于成本。既然这种项目连收益－成本测试都通不过，为什么联邦政府要补贴这些项目，保证其完工？

假设目前"大都会"市还没有轻轨系统，该市正在对修建轻轨系统的可行性进行评估。市政府雇用了交通工程师、土木工程师、人口统计学家、城市规划专家、经济学家和其他专家来估算修建轻轨项目的金钱成本和该系统能为市内及城郊居民带来的金钱收益。假设专家组判定：以适当折现率折算后，轻轨系统的直接建设成本是未来总收益的两倍（这里的收益已经包括了所有有形收益和无形收益，所有很可能会出现的收益和不太可能出现的收益，所有真实收益和想象中的收益）。这一结论本应直接给项目判死刑。但现实情况是项目很可能仍能继续推进。大量本地特殊利益群体希望市政府修建轻轨系统：首先是建筑业的所有从业人员，然后是从小迷恋火车、长大也未能摆脱这一执念的人群，接着是过度热爱本市、一心要把本市建设成像纽约和芝加哥那样的国际大都市并且相信国际大都市必须拥有轻轨系统的人。轻轨的建设能拉动本市的经济增长，尤其是能促进广告业的繁荣，因此"大都会"市的各大主流报纸几乎一定会支持这一光辉伟大的项目。站在支持者队伍最末尾的是本地的政客（但他们扮演的角色十分重要）：市政府官员、郡政府官员以及该区域的众议院和参议院代表都希望为本地争取大笔资金从而赢得民众的关注和好感。

于是，本地政客前往华盛顿特区运作，他们希望联邦政府的拨款能支付轻轨建设成本的60%，这样该项目就会得到本地选民的支持。但是这个项目连收益－成本测试都通不过，美国的纳税人凭什么要支付60%的成本？因为大部分纳税人不会关注这个项目的情况！虽然洛杉矶的纳税人和美国其他地方的纳税人都得为"大都会"市的这个毫无价值的项目买单，但是每个人只不过多付几美元，这不足以激起他们的好奇心。因此，"大都会"市的议员可以说服洛杉矶市和加州其他城市的议员给轻轨项目投赞成票，他们之间达成了一项隐形的共识：未来如果洛杉矶市需要修建这种价值为负数的项目，"大都会"市的议员也愿意投赞成票。这个系统能给本地政客带来巨大的利益，因为最关心轻轨建设项目的群体是建筑业人士、铁路爱好者、一心要把本市建设成国际化大都市的人群以及"大都会"市的各大报社，这些人会密切关注本地政客的行动并对他们的连任予以慷慨支持。

<small>议员最关注关注公共事务的群体。</small>

11.17 收益是集中的，成本却是分散的

政治过程从来都是这样。某项决策能给少数人带来巨大的收益，因此这群人会投入大量资源试图影响政治过程。而大部分人几乎不会投入任何资源，因为影响政治过程虽然能让整个群体获利，但每个个人几乎得不到任何好处。民主政治过程的内在逻辑是集中收益、分散成本：少数组织有序、信息充分的人获得大部分利益，而组织松散、信息不充分的大多数人从个体角度看几乎无法获得任何利益。议员会根据这种压力改变自己的行为，因为大部分议员发现这样做符合自己的利益，即能提高连任概率。假设我们因此批评这些议员，似乎也没有什么意义，因为与坚持原则的前任议员相比，似乎还是聪明、诚实、懂得变通，仍然在位的现任议员更能有效地为公众服务。问题不在议员身上，而在于正的外部效应。这种外部效应让我们中的大部分人选择搭便车：虽然游说成功能让我们中的每个人获益，但我们都指望别人来承担游说的成本。现代政治经济学家解释了为何民主政府在制定政策时倾向于集中收益而分散成本。这一发现虽然未必能解决实际问题却仍是一项重要的贡献，因为它能帮助我们理解为什么最优的政治行为未必是经济上最有效率的行为。

<small>政治激励</small>

11.18 正的外部效应与政府政策

如果读者已经明白上面的道理，就不会对以下结论感到吃惊了：政府政策往往被特殊利益集团主导。有些政策会对许多人分别造成少量伤害，另一些政策会对少数人造成极大伤害，政府通常倾向于选择前一种政策。政府政策

并不以公共利益为出发点,而是不断受偏向性极高的狭隘利益影响。这就是为什么消费者利益在舆论上占上风,但真正控制政府政策的却是生产者的利益——因为生产者的利益更集中、生产者的力气都往一处使。生产者深知自己采不采取行动、采取什么行动会对自身利益产生显著影响,因此采取行动才符合他们的利益。但是任何一位个体消费者都只能从政治行动中获得很少的个体利益,所以没有任何一位消费者愿意采取行动并承担相应成本。

政府为防止道路供应不足而动用强制权,结果却导致了道路的过量供应,原因是否正在于此?拥有道路或修建新的道路能给少部分人带来巨大的利益,而普通纳税人的经济利益过于分散,所以他们根本斗不过一小群坚决要修路的人。同样的逻辑也适用于教育问题。议员希望通过削减教育或科研经费来为纳税人省钱,但是提供学校教育的人(注意他们的行为符合我们的利益)可不会让议员轻易得逞。有时我们看到这样一种令人迷惑的现象:虽然所有人都支持削减开支,但是立法机构却不断批准越来越高的开支预算。其实以下机制可以解释这种现象:要想削减开支就必须取消某些特定项目。可是每个特定项目背后都有一个特殊利益群体,他们会组织起来投入大量资源,确保削减开支时被取消的是别人的项目,而不是自己的项目。因此,削减开支的计划永远无法真正实施。

美国有很长的强制征兵史,为什么?国会正试图恢复强制征兵制度,该议案通过的概率有多高?强制征兵制度试图以强制手段取得完全可以靠说服手段取得的结果(志愿兵制度就能说服人们自愿参军,至少在和平时期如此)。强制征兵制度之所以会长期存在,可能是基于以下原因:征兵机构非常希望保持稳定兵源,因此他们会集中力量保护强制征兵制度;而大部分受强制征兵制度损害的民众更愿意寻找逃避兵役的个人途径,而不愿意团结起来攻击整套强制征兵制度。有趣的是,在9·11事件和伊拉克战争以后,许多一直支持恢复强制征兵制度的人呼吁强制所有年轻人短期为国家提供某种军事服务。这种战术(假设这确实是一种战术的话)会不会让反对恢复强制征兵制度的人变得更多?对于每一位将被强召入伍的人来说,如果入伍的预期成本低于临界值,他们就不愿意为反对强制征兵制进行政治斗争,以上战术是否会让上述预期成本降至临界值以下?

我们对政府的扶贫政策有什么看法?根据我们的预测,立法者不会很快用现金补助取代实物补助。如果政府给穷人发粮食券，农民便能从中获益；如果政府给穷人发房屋补贴，建筑行业便能从中获益；如果政府对穷人进行医疗扶助，医疗行业便可借此扩大规模；如果政府给穷人发教育补贴，教师便能从中获益；社工同样明白政府直接给穷人发钱对自己不利，说服政府雇用更多"帮助穷人的专业人士"才对自己有利。以上这些人群的政治影响力使议员更愿意支持实物补助而非现金补助。也许人们反对发放现金补助还有别的更好的理由，但国会对现金补助提议不予理睬的主要原因是目前没有一个专门生产和销售金钱的"金钱行业"。

11.19 人们如何界定公共利益

上述论断并不意味着农民、医院管理者和社工不关心公共利益，以上内容仅说明这些人在一定程度上关心自身的利益。某些公务员的工作职责就是保护公共利益，但即使是他们，在界定公共利益时也会考虑自身的特殊利益。

让我们考虑一位 FDA 的雇员，他的工作职责是防止未经充分测试的新药进入市场。多充分的测试才叫充分测试？充分测试意味着在允许新药进入市场前必须搞清它的所有副作用。但我们永远不可能对此完全确定。我们只能不断获取额外信息，以降低未被预见的副作用给服药病人造成严重伤害甚至导致病人死亡的风险。但是到底应该将上述风险降低到什么水平？我们不可能把风险降得太低，因为进行额外测试不仅会有收益，也会有成本。多做测试的主要成本之一是推迟药物的上市时间，这会使更多本来能被这种药物挽救的人失去生命。

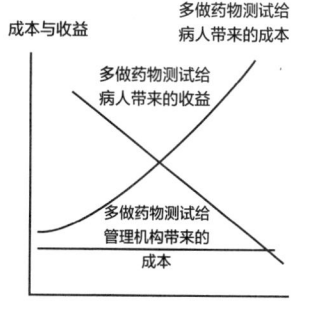

不经充分测试就允许药物进入市场会害死某些病人，这是一种成本；进行过多测试会推迟药物上市的时间，使另一些本可以被该药挽救的病人失去生命，这是另一种成本。FDA 的管理人员如何评估以上两种成本？如果经 FDA 批准上市的新药出现严重副作用，人们会责怪 FDA；如果 FDA 拒绝批准某种药物上市，事后其他国家发现该药出现严重副作用，人们会对 FDA 的决策大加赞赏。但如果某种药物最终通过测试上市，并且取得极好的疗效，几乎没有任何人会谴责 FDA 审批得太慢，令本可以被挽救的病人失去了生命。对公众来说，如果对药物进行额外测试的边际成本超过边际收益，就不应该做更多测试。但是由于上述理由，FDA 的管理人员一定会说继续测试才符合公共利益。

11.20 囚徒困境

我们在本章中讨论的许多问题都有一个核心特点，说清这个特点的最佳方式是引入一个有趣的概念——囚徒困境。最先提出这个概念的学者给我们讲了一个故事，故事的主角是两个囚徒和一位聪明的检察官，所以这个概念被命名为囚徒困境。

假设每位公民都十分渴望拥有一个好政府，为了达到这个目标，每个人都愿意每周牺牲两小时的休闲时间。他们会用这两个小时来研究时事、与其他公民讨论政府政策问题以及监督议员的行动。如果所有公民或大多数公民确实每周花两小时做这些事情，大家一定能获得好政府。在这种情况下，人们会获得好政府吗？因为我们假设每个公民都真诚地渴望获得好政府，而且每个人都愿意为此付出必需的牺牲，所以乍看之下人们似乎当然可以获得好政府。事实却不是这样。

这是一个两难的困境。每个公民都知道自己的选择不会影响最终结果。如果我每周花两小时尽公民义务，但其他所有公民都不这么做，那么我的行为就完全是浪费自己的时间。我可以在充分知情的情况下发声和投票，然而如果其他一亿人都在不充分知情的情况下发声和投票，我的声音和选票必然完全被他们淹没。我每周放弃两小时打保龄球（或者其他我认为最有价值的活动）的时间，结果却没有获得任何好处。反过来看，假设我选择不尽公民义务，同时其他所有公民都尽了他们的公民义务，那么我不仅可以获得好政府，每周还能打两小时保龄球。因此，我的优势策略（dominant strategy）是用这两小时打保龄球。不管其他公民怎么做，我用两小时打保龄球肯定比用这两小时尽公民义务划算，因为我的决策完全不影响结果，只影响我自己的感受（搞政治活动让我厌烦，打保龄球让我快乐）。

不幸的是，每个公民的优势策略都是用这两小时休闲娱乐而不是用它尽公民义务。因此，事情的结果是：虽然每个人都想要好政府，也愿意为此付出必要的牺牲，但人们肯定无法获得好政府。我们可以用图 11-1 总结上述情况。

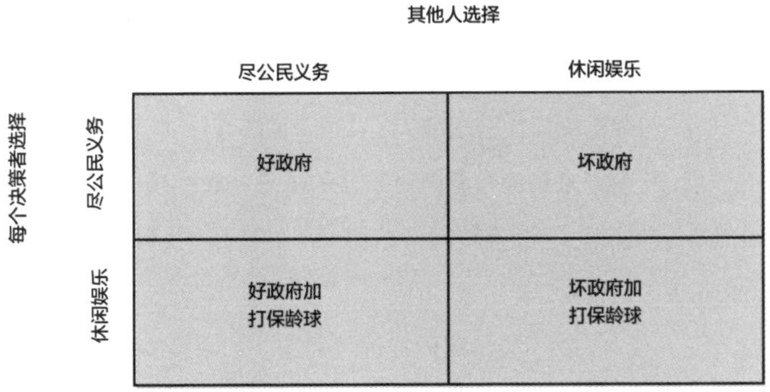

	其他人选择	
每个决策者选择	尽公民义务	休闲娱乐
尽公民义务	好政府	坏政府
休闲娱乐	好政府加打保龄球	坏政府加打保龄球

图 11-1：囚徒困境

每位公民必须在"尽公民义务"和"休闲娱乐"中二选一，大家都选择自己的优势策略，结果如图所示。每位公民都想取得左上角的结果，但是整个社会最终面临右下角的结果。这是一个两难困境。

做决策的个人可能面临四种最终结果。要想尽公民义务，就必须放弃打保龄球。因此决策者发现在所有情况下选择休闲娱乐都比尽义务划算，因为选择休闲娱乐就能享受打保龄球的快乐。其他人的选择决定此人最终会获得好政府还是坏政府。但是，其他人也面临与此人完全一样的局面。因此所有人都会选择休闲娱乐，最终的结果是大家获得了坏政府，尽管每个人都愿意为获得好政府而放弃打保龄球。

这类困境在现实生活中相当常见。比如说，城市中的每个居民都想要清洁的空气，也愿意为此放弃开车。但是，任何单一个人的选择都不可能对空气质量产生可见的影响，于是所有人都选择继续开车，城市的空气质量因此下降到影响呼吸的程度。假设人们能用其他交通方式取代独自驾车，并且这一变化只给司机造成很小的额外成本，那么让所有司机选择其他交通方式对每个人都有利：虽然每个人都承担了这笔很小的额外成本，但是由于街道不再拥堵，大家都获得了巨大的收益。但是对所有司机有利的事情却对每一位个体司机不利，因此个体司机做决策时会选择对所有人不利的行为。

下面再举另一个例子。在某个行业中，每个卖家都知道所有卖家同时限制产量对整个行业有利，因为这样做能推高商品的价格。但是由于该行业中卖家众多，为追求自己的利益，每个卖家都不愿意减产，而希望其他卖家减产（这个希望注定落空）。所有人都采取搭便车的行为，因为每个人都知道自己的决策只会大幅影响自身利益，而对整个群体的利益影响甚小。如果大家能团结起来解决搭便车问题，囚徒困境便能被攻破，这对每个人都有好处，但事实上没有办法做到这一点，所以大家最终只能面对较差的结果。联合减产的例子说明囚徒困境虽然总让决策者头痛，有时却会给他人带来福利。换句话说，囚徒困境有时并不会造成社会问题。

如果没有交易成本，就不会出现囚徒困境问题。如果没有交易成本，各决策方就会达成具有约束力的契约，保证大家最终获得左上角而非右下角的结果。比如人们可以达成这样一种契约：如果公民每周不花两小时尽公民义务，他就必须少打三小时保龄球。有了这项契约以后，尽公民义务不仅符合所有人的共同利益，也符合每个人的个体利益，因为所有人都受同一份契约的约束——于是社会便能取得左上角的结果。然而，也许你已经意识到，设计、起草、协商、记录、监控并执行这项契约的成本太高了。（谁能搞得清某位公民究竟是认真尽了两小时政治义务，还是装了两小时样子？）交易成本的存在使我们无法做到所有人都想做的事情。

人们用五花八门的有趣形式来试图解决囚徒困境。若想一一列举这些方式，恐怕必须另写一本书。在各种各样的社会交换中，人们试图控制囚徒困境造成的负外部效应，社会中随之演化出各种正式与非正式的制度：微笑、皱眉、风俗、习惯、正式与非正式的各种契约、押金甚至宪法都是我们应对囚徒困境的方式。我们可以把美国的宪法视作一种控制囚徒困境的制度：有些人号称为公共利益服务实际却谋求私利，宪法通过限制这些人的私利控制囚徒困境带来的问题。

11.21 政治制度的局限

有些人深信政府会保护公众的利益，这种想法甚至成了他们的信念。如果以上分析令这部分人深感不安，也许他们应该对自己的信念进行一些批判性的思考。这种信念从何而来？也许是因为大家习惯于把"政府"等同于"国家"，然后把对后者的敬爱延伸到了前者身上。也许是因为我们把政府看作最后的保护神，所以政府必须无所不能，否则我们就得痛苦地承认世界上存在无法解决的问题。还有一种常见的演绎推理也能得出"政府一定会保护公众的利益"的结论，这种论点认为所有社会问题都是人的行为导致的，法律可以改变人的行为，政府有权制定法律，因此政府可以解决所有社会问题。在《论美国的民主》（*Democracy in America*，第1卷，第1部分，第8章）中，阿列克西·德·托克维尔（Alexis de Tocqueville）提出了一种更加实际的看法："在任何一个国家中，法律都不可能解决所有问题，政治制度都不可能完全代替常识和公众道德。"

简要回顾

经济学理论假设政府行为源自公民的决策和政府官员的决策，后两者做决策时考虑的是不同选择会给自己带来哪些边际成本和边际收益。

强制权是政府专有的权力，并且大部分人都认同这种权力。这是政府与其他机构的本质区别。强制是指威胁减少对方的选择数量，从而诱使对方与自己合作。而自愿合作则完全靠说服达成。说服是指承诺扩大对方的选择范围，从而诱使对方与自己合作。

为使所有社会成员获益，有时政府可以动用强制权产出这样一类商品：所有人都认为这种商品的价值高于其生产成本，但社会却无法在纯自愿合作的基础上供应这种商品。如果不能以低成本的方式阻止不付钱的人获得商品，或者阻止需要商品的人搭别人的便车，往往就会出现这类供应失灵现象。

政府也许可以动用强制权降低交易成本，保证上述商品的供应。如果我们仔细研究传统的政府活动，就会发现它们在很大程度上都是以降低交易成本、解决搭便车问题为目标。

人们的自愿合作是政府采取强制行为的先决条件。说服总是先于强制，因为政府首先必须说服公民和政府官员，然后才能让他们以某种方式实行强制活动。因为自愿合作的效力有限，人们才认为政府动用强制权具有合理性，但是上述分析说明那些限制自愿合作效力的因素同样也会限制政府强制行为的效力。

在民主政府的政治过程中，正的外部效应无处不在。因此选民很难在投票时掌握充分信息，民选官员和上级任命的官员虽能获得信息，却不会总按信息的指导行事。

供讨论的问题

1. 有人给《华尔街日报》写信反对将航空控制系统私有化。这封信的结尾写道：

   　　企业存在的目的是最大化经济收益。政府存在的目的是最大化公众福利。如果城镇的交通灯或全国的航空控制系统不再由公众控制，那么，不管此举能多么显著地提升效率都不可能弥补公众福利蒙受的损失。

   (a) "企业存在的目的是最大化经济收益。政府存在的目的是最大化公众福利。"写信人这么说想表达什么？这句话是在描述意图（谁的意图？）还是在描述结果？
   (b) 在通常情况下，一家不能为公众提供显著收益的企业有可能赚取高额经济收益吗？
   (c) 航空控制系统为使用者提供收益。如果使用者必须支付相应成本，我们如何度量这个系统为公众提供的收益？如果使用这个系统的人不需要付钱，所有成本均由国家税收支付，我们如何度量这个系统为公众提供的收益？
   (d) 这封信的作者说自己是飞机所有者与飞行员协会的主席。你觉得从他的身份看他为什么要反对航空控制系统私有化？

2. 从整体的、系统的角度看，政府官员追求的利益与私有领域中的人追求的利益有何本质不同？考虑以下情形：
   (a) 州立大学的校长和私立大学的校长；
   (b) 想成为参议院议员的众议院议员和目前在大公司当旅行销售员但想成为公司某分厂销售经理的人；
   (c) 想竞选美国总统的著名政治人物和想获得奥斯卡奖的著名演员；
   (d) 城市里的警官和受雇于私营保安公司的警卫；

(e) 小企业管理局的拨款审批人员和银行里的贷款审批人员。

3. 在以下几个例子中，国有企业和非国有企业之间有何显著区别？为什么国家要拥有国有企业？在国有企业中，竞争以哪些形式发生？所有权的区别使国有企业的经营方式与非国有企业有哪些不同？

   (a) 投资者所有的公共事业公司与州政府或市政府所有的公共事业公司；
   (b) 州立大学与私立大学；
   (c) 市政府的城际巴士公司与像灰狗巴士、旅途巴士这样的私营城际巴士公司；
   (d) 国家森林局的露营地与私营露营地；
   (e) 公立图书馆与私营书店。

4. 有些人认为某些商品必须由政府生产，他们常用以下论点支持自己的观点：这些商品对社会福利至关重要，因此靠"任性"的市场提供这些商品不够安全。那么为什么公园和图书馆常常由市政府经营，而食品和医疗服务却常常靠市场提供？你能否对上述现象提出一种更好的解释？

5. 支持政府管控的人常常攻击"不受限制"或"不受约束"的竞争。竞争真的可能完全"不受限制"吗？一些记录显示，在19世纪的美国，政府并"不限制"经济体中的竞争，但当时的竞争仍然面临哪些重要的限制条件？

6. 反对政府管制的人常常表达对"自由"市场的支持。市场有可能是完全自由的吗？所谓"自由"是指不受哪些限制？假设法律禁止市场参与者在称重或进行其他度量时作假，市场是否因此变得不自由了？假设法律禁止市场参与者进行误导性的广告宣传，市场是否因此变得不自由了？假设法律禁止市场参与者在不经政府批准的情况下涨价，市场是否因此变得不自由了？你认为自由市场与不自由或受管制的市场之间的界限在哪？为什么你把界限划在这个地方？

7. 本章提醒我们不要把政府称作"它",因为我们可以把"它"当成工具随意操纵,以达成任何我们想要达成的目标。那么在上一句话中"我们"这个词是否同样具有误导性?"我们"要求政府做这个或做那个,但是"我们"究竟是谁?是社会上的所有人吗?是大多数人吗?是掌握了知识和信息并且关注公共利益的公民吗?是与我利益一致并且理解我的处境的人吗?有人说:"我们必须靠政府控制自私与贪婪对社会的影响。"他们这么说究竟想表达什么意思?在他们支持的社会运作模式下,谁应该控制谁?

8. 越来越多的美国人住在受严格管制的社区中,比如共管公寓、合作公寓甚至单户住宅。通常这类社区由民选的业主委员会治理。为了保持房产的价值,业主委员会制定并执行一定的管理规则。一些住在这类社区中的学生提出了如下的观点:因为业主委员会有权收税、提供服务并管理社区成员的行为,所以业主委员会相当于一种私人政府,应该受宪法中限制政府行为的法条管辖。

    (a) 业主委员会希望住户遵守某些行为规范,比如不要张贴告示,不要竖立卫星电视天线,不把皮卡停在街边,认真打理自家的草坪和花园。业主委员会如何诱使住户遵守这些规则,是靠强制还是靠说服?

    (b) 支持业主委员会的人认为,住户是自愿遵守委员会的规则,因为在购买房产时他们已经同意服从这些规则。你是否同意这种说法?如果业主委员会出台一项新的规定,但某位房主强烈反对新规定该怎么办?此时我们是否还可以说房主是在自愿遵守规定?

    (c) 一位反对业主委员会的人认为,住户并非自愿服从规定,由于这种共有产权的住房通常是市场上能找到的最便宜的住房,因此住户选择购买这种住房是因为他们没有什么其他的选择。这位批评者认为业主委员会属于私人政府,应该受宪法中限制政府行为的法律条款的管辖,他提出的论据之一是这类共有产权住房目前是美国增速最快的住房形式。你是否同意他的意见?

9. "强制"和"说服"都能诱使他人与自己合作,那么你是否认为其中一种方式从本质上优于另一种方式?

(a) 因被"说服"而与他人合作的人通常希望保持合作关系，因被"强制"而与他人合作的人通常希望摆脱合作关系。这说明以这两种方式促成合作的交易成本孰高孰低？

(b) 人们可以用强制手段阻碍他人自愿达成合作。在现实世界中有这种情况吗？为什么有人要通过强制手段阻止其他人自愿达成合作？

10. 亚当·斯密提出国家或共同体有义务"建设并维持某些公共事业及某些公共设施"。因为这类事业或设施虽然对整个社会极为有利，但"若由个人或少数人经营，那所得的利润就绝不能补偿所消耗的费用"，所以不能指望任何个人或少数人建设并维持这种事业或设施。(《国富论》，第五部分，第1章)

(a) 亚当·斯密描述的这种应该由政府提供的商品与课文中描述的存在搭便车问题的商品有何不同？

(b) 亚当·斯密认为以下四种公共事业或公共设施至少部分符合他提出的标准："维护国家安全""司法行政""交通运输保证贸易的顺畅"以及"国民教育"。亚当·斯密赋予政府的职责与今天人们普遍认为政府应担负的职责有何异同？亚当·斯密是否忽略了一些关键的政府职责？

11. 如果有人拒绝付钱购买救火服务，志愿救火队的成员是否应该拒绝扑灭他家的火灾？(假设火灾不威胁已经付钱的人的房屋。) 如果消防员帮不付钱的人灭火，会造成什么损失？

12. 搭便车现象总是一个负面的"问题"吗？在某些情况下，搭便车现象会不会阻止人们合谋占他人便宜？如果政府不动用强制权支持卡特尔组织，卡特尔组织通常就会瓦解，为什么会这样？

13. 如果认为自己超速不会被抓住，大部分司机都会在一定程度上超速。这是否说明，如果有机会投票，这些司机会投票提高道路限速？

14. 美国的某个大城市召开了关于提高高中教学质量的公共听证会，结果出席者寥寥。某报刊出社论哀叹这种现象。社论的第一句写道："明明有那么多人抱怨公共教育的质量，现在本市专门召开会议指导学校如何提高教育质量，结果出席会议的人却那么少，这实在令人惊讶。"抱怨高中教育质量的人很多，出席听证会的人却很少，这种现象真的令人惊讶吗？

(a) 抱怨的成本是什么？出席听证会的成本是什么？

(b) 假设一位公民关心高中教育问题并且花一整个晚上出席公共听证会，他的行为对城中某大型学区的教育政策产生实际影响的概率有多高？

(c) 抱怨和出席听证会的相对收益－成本比不一样，这似乎能够充分解释上述社论抨击的现象。但是还有一些"积极分子"愿意出席所有会议，即使是时间最不方便的会议他们也不会错过，我们如何解释这些"积极分子"的行为？除了对公共政策产生实际影响外，人们还能通过参与政治活动获得何种满足？

15. 郊区的一条街道上有 10 户人家，通常每家都有自己的电动除草机。为什么他们不共享一台除草机？请指出阻碍他们达成合作安排的主要交易成本有哪些。

16. 电视上播放艺人表演的娱乐节目，但是艺人很难只向愿意为该节目付钱的电视观众提供自己的表演。

(a) 但是艺人为电视观众提供服务仍然有钱可收，他们为什么能收到钱？请仔细思考人们如何解决广播电视领域中的搭便车问题。艺人把自己的服务卖给谁？观众为了看到娱乐节目必须完成哪些交易程序？在上述程序中的每一步中人们分别如何解决搭便车问题？

(b) 现在有些人不交卫星电视费，他们用自己的天线接收卫星信号，免费收看电视节目。收费电视公司为防止这种情况推出了扰频器和解码器，这种现象如何说明企业为了解决搭便车现象而承担了交易成本？

17. 为什么法庭要求被选为陪审员的公民不管愿不愿意出庭都必须出庭？如果法庭向愿意承担陪审义务的公民付钱，是不是只要提高金额就可以征到任意多的陪审员？许多人为了履行"陪审义务"不得不放弃各种价值很高的活动，也就是说目前的陪审制度成本很高，我们为什么不干脆出钱征集志愿陪审员，从而消除这种成本？如果改用完全自愿的陪审员征集系统，你认为陪审团的组成会受到何种影响？因为担任陪审员是每位公民的责任，所以强制公民履行陪审义务是合理的，你是否同意这种说法？如果你同意上述说法，我们为什么不对选举时不投票的公民罚款？难道投票不是每位公民的责任吗？我们为什么不更进一步：对不能通过严格的时事考试或不投票的公民罚款？这样我们就能强制公民了解时事，在充分知情的前提下理性投票。你觉得我们真的能达到上述目标吗？

18. 有人认为美国宪法**描述**了美国总统、国会议员和最高法院法官的**产权**。你是否同意这种说法？

    (a) 宪法禁止国会在总统任期内降低总统的工资，或者在联邦法官的任期内降低法官的工资。为什么要这样规定？

    (b) 假设总统就任四年后又连任四年（宪法规定总统最多只能连任一次），你认为他会在第一个任期里把国家治理得更好还是在第二个任期里把国家治理得更好？

    (c) 众议院的议员每两年改选一次，而最高法院法官的任命是终身制的。你认为谁的决策会更具政治家风范，是众议院的议员还是最高法院的法官？

    (d) 如果对所有国会议员实施任期限制，你觉得他们的决策会变得更具政治家风范吗？

19. 经济学家罗斯·罗伯茨（Russ Roberts）有一句名言："要是你买单的话我就点顶级沙朗牛排。"罗伯茨认为在国会开支问题上存在搭便车困境，他用一个日常生活中的例子清楚地解释了上述问题的本质。

    (a) 假设你独自吃午餐时通常不点甜点和饮料，因为午餐本身要 6 美元，如果点以上两样就得再多花 4 美元，你觉得甜点和饮料不值 4 美元。现在你在和三个朋友一起聚餐，你们约定四人均摊餐费。在第二种情形下，点甜点和饮料给你造成多高的额外开支？为什么在第二种情况下你可能会决定点甜点和饮料？

(b) 虽然你知道餐费由四人均摊，但你还是控制住自己的欲望没有点甜点和饮料，因为你不想占朋友的便宜。假设你和另外 99 个人聚餐并且约定均摊餐费，你还能控制住自己不点甜点和饮料吗？在后一种情况下你点甜点和饮料的额外经济成本是多高？

(c) 假设菜单上最贵的菜是牛排和龙虾，而且你非常喜欢吃这两道菜。那么与 100 人均分餐费的情况相比，你独自就餐时是不是相对不愿意点这两道菜？

(d) 有些地方项目的预期经济收益远远低于预期经济成本，但国会却常常为这种项目拨款。请用罗斯·罗伯茨提出的点菜的例子解释国会为什么这么做。

20. 我们怎么才能既保持民主政府的优势又减少因囚徒困境造成的问题？以下是一种激进的提议，请思考并讨论这个提议。

　　解雇所有国会人员。设立一院制[a]立法机构 (one-house legislature)。该立法机构共有 600 名议员，每人任期为 6 年，不得连任。每年选出 100 名新议员。年满 25 岁的公民只要工作经验达到 4 年或具有高中文凭就可自动获得选举资格。议员待遇优厚，且 6 年任期结束后可终身领取丰厚的退休金。政府靠抽签征召他们为国服务。

(a) 这个系统是民主系统吗？
(b) 哪些信息和激励机制会影响这一系统中的立法程序的结果？

---

[a] 一院制：指议会下只设一个院，而不像现在这样有众参两院。——译者注

第 12 章 收入分配

学习目标

- 解释对生产性服务的供给与需求如何决定收入分配。
- 分析人力资本在收入分配过程中扮演什么角色。
- 讨论产权在创造收入的过程中扮演什么角色。
- 研究竞争和工会限制如何影响工资和收入的决定过程。
- 分析并研究美国的收入不平等现象及其成因,以及收入再分配面临哪些困难。

你是否曾经思考过这样一个事实:我们都靠诱使他人给我们钱来获取收入。当然我们也会直接生产一些供自己使用的东西,甚至美国可能还存在少数从来不花钱的隐士。但是除了造假钞的人以外,所有人的收入都来自其他人。正如亚当·斯密在《国富论》中说的:"我们不是从肉贩、酿酒师和面包师的恩惠中得到自己所需的食物,而是从他们的自利打算中得到。我们唤起的是其利己心,而非利他心。不是我们所需,而是他们所要。"

我们说服他人雇用我们做工,买我们的东西,借钱给我们,或者说服他人接受"由于我们具有某些特点,所以他们理应给我们钱"。孩子问父母要钱,退休人员领取社会保障金,失业人员领取失业补助金,幸运儿中彩票都属于最后一种情况(还有许多其他例子)。我们也可以说:"我们靠向他人提供他们愿意付钱的东西获取收入。"简而言之,收入的分配是供给与需求的结果。

12.1 供给方和需求方

"收入分配是供给与需求的结果。"这难道不是一个很正统的结论吗？为什么我们要绕这么大一个圈子来论述这一点？这样做是为了说明收入并非被分配给人们——虽然本章的标题叫"收入分配"。在我们的社会里，并不存在一个收入分配者，没有人像邮差送信那样把收入分配给每个人。在社会中，许多不同的个人做出大量互相关联、互相影响的决策，收入是这些决策导致的后果。他们做决策时考虑的是决策带给他们自己的预期收益和预期成本。

> 人们在创造收入的过程中获取收入。

我们无法把收入分配过程与交换和生产过程分开来看。如果我们想把一个大小固定的蛋糕分给两个孩子，我们可以让一个孩子负责切蛋糕，另一个孩子挑选自己要哪块。但是在经济生活中却不能这么做，因为经济生活中并没有一块大小固定的蛋糕等着我们去切。人们在交换和生产的过程中不断制造经济这块蛋糕，切蛋糕的方式会影响制作蛋糕的方式。事实上，在政治经济学领域中，最重要的原则是：政策选择永远不可能只涉及分配，政策选择必然涉及游戏规则，而游戏规则会影响交换与生产的方式。在之前的章节中，我们一直在研究这种交换与生产的过程，适用于经济协作的法则同样也适用于收入分配问题。

当然，作为个体的我们并不能按照我们想要的方式自由获取收入。我们中极少有人可以自行决定：我负责打篮球给别人看，观众必须每年付给我50万美元。我们只能做出受限制的选择，但人们确实在做选择。收入并不是一种自然事实，它不像身高和（自然）发色，我们可以通过选择来改变自己的收入。从这个角度看，收入更类似于我们的住址。虽然极少有人能想住哪儿就住哪儿，但我们中的大多数人对自己的住址还是有相当大的选择权的。你可以住在艾奥瓦州，也可以住在加利福尼亚州；可以住在城市里，也可以住在郊区；可以住在公寓里，也可以住在独立别墅里。别人（比如你的亲戚、你的雇主、房地产开发商）的选择会与我们自己的选择相互作用，共同决定选择不同住处的相对成本和相对优势。人们的住处与收入一样是数以百万计的相互关联、相互影响的决策共同导致的后果。

我们需要提醒读者注意，上述决策可能是不公平的，也确实常常是不公平的。种族偏见限制人们对住处的选择，也限制人们获取金钱收入的方式。供应者和需求者有时会做出欺诈行径。糟糕的学校教育或恶劣的环境会伤害人，限制他们此后的人生选择。有时，决定成败的不是你做什么，而是你认识哪些人、有什么社会关系。因此，虽然我们说"收入分配是供给和需求的结果"，但这并不说明现有的收入模式公平合理、完美无缺。这只是看待和思考收入分配问题的一种方式。

经济学理论认为，收入分配是**生产性服务**的供给与需求的产物。所谓"**生产性**"服务就是"**被人们需求的**"服务。如果某项活动能让别人获得他们愿意付钱买的东西，这项活动就属于"生产性"活动。因此各种声名狼藉的人（读者大可列出自己的名单）也可以是生产性服务的供应者。"服务"一词并不意味着服务提供者必须付出努力。根据我们的定义，如果一个完全靠遗产生活的人愿意放弃对手头资源的部分控制权，他也在提供生产性服务。我们不打算表彰他的努力，因为他根本就没有付出任何努力。但是一个靠遗产分红生活的花花公子也通过自己的活动（他的活动就是"不动用本金"）对目前的经济生产做出了贡献。这位花花公子靠手中的资源定期获取收入，从经济分析的角度，我们不关心他的德行，只关心其他人对他手中的资源的需求。

人们对生产性服务有需求，但是如果一个人手中没有能供应这些服务的资源，上述需求就不能为他们制造收入。因此，不论是在个人与个人之间还是在家庭与家庭之间，收入的分配从本质上看取决于谁拥有生产性资源。有时人们用另一种方式表述上述意思："收入分配取决于事先的财富分配。"我们可以接受这种表述，前提是不能把"财富"定义得过于狭窄。麻烦的地方在于大部分针对个人财富的实证研究以及人们日常对"财富"一词的理解都仅把财富定义为现金、银行存款、股票、债券、房产之类的资产。但是，美国人的大部分年收入并非来自他们持有的上述形式的财富，而是来自另一种形式的财富——人力资本。

12.2 资本与人力资源

当经济学家使用"资本"一词时，他们通常是指"已经被生产出来的生产资料"或者"已经被生产出来、能用来进一步生产其他商品的商品"。机械是资本，厂房和商用建筑也是资本。但是人们通过教育、训练和经验积累的知识和技能使他们可以为其他人提供有价值的生产性服务，因此这些知识和技能也属于资本。只有把人力资本定义为财富的一部分，"收入分配取决于财富分配"的说法才能成立。

政府每年计算国民收入，从这些数据中我们可以看出企业的利润远远低于所有员工获得的薪酬总和。通常"员工总体薪酬"能达到股息加保留盈余（retained earnings）[a] 的 15 倍左右。但这并不意味着国民收入中的大部分流进了工厂工人和办公室文员的口袋。大部分国民收入来自各行各业的人提供的人类服务，这些人既包括医生、企业经理、运动员、演员、流行音乐明星，也包括教师、打字员和技术员。重点在于：人们普遍相信今日美国的收入不平等问题源自金钱财富的不平等分配，事实并非如此。今日美国的收入不平等问题主要是因为人们提供有价值的人类服务的能力具有很大的差异。由于美国人的大部分收入是靠以自己的人力资源提供服务赚得的，因此我们在定义财富时必须将人力资本计算在内。

> 美国人的大部分收入来自他们拥有的人力资本。

12.3 人力资本与投资

但是，把这类人力资源称作"资本"是否具有误导性？资本是指"生产出来的资源"。某些能力使一部分人能赚取不菲的收入，但这些能力在多大程度上是被"生产"出来的，而不是继承来的或者偶然获得的？我们似乎无法对上述问题做出安全、有用的总括性回答。因此，把"人力资本"叫作"人类能力"也许会更好一些。

但是从另一个角度看，把这些能力称为"人力资本"也有一个好处：这样就暗示这些能力是被生产出来的，因此可以提醒我们关注一个具有一定重要性的事实。当人们预期获取某项额外能力会给他们带来额外收入时，他们能够选择获取额外的能力，在现实世界中他们也确实会这样做。人们以各种各样的方式投资自己：接受学校教育，参加特殊职业培训，练习某些技能，或者通过其他方式增加自己能为他人提供的服务的价值。把这种投资自己的行为描

> 人们投资自己的个人技能，从而增加自己拥有的人力资本。

---

[a] 保留盈余：企业的利润一部分以股息等方式发放给股东，另一部分留在企业内部，用于扩大再生产等用途。后者就是"保留盈余"。文中说的"股息加保留盈余"等于企业的总利润。——译者注

述为"获取人力资本"是非常合理的。税务会计师给客户提供的服务具有价值，价值的高低虽与会计师获得技能的途径无关（他可以先天具有这些技能，也可以后天习得这些技能），却与他的技能水平有关，而人们通常可以通过努力提高自己的技能水平。税务会计师抱有这样的预期：如果提高报税技能，就能通过向他人售卖报税服务获得更高的收入，于是他虽然更喜欢打高尔夫球，却选择用那些时间来钻研冗繁的税务法庭判例。也许促使他努力学习的还有其他因素，比如职业自豪感和工匠精神，但获得更高收入的可能性始终向人们施加一种稳定、恒久的压力，促使人们掌握新的技能，从而为他人提供更有价值的服务。激励机制确实会改变人们的行为。

12.4 产权与收入

收入来自生产性资源，而生产性资源归许多不同的人所有。有时人们独自占有这类资源，有时人们通过合伙经营、成立公司、非正式契约等方式联合占有这类资源。人们获取生产性资源的方式多种多样，在大部分情况下我们不可能完全追溯其来源。生产性资源的形式也极为多样，想法、技能、六角车床和肥沃的土地都属于生产性资源。但读者不应该想当然地认为生产性资源的所有者就是那些拥有财产的法律所有权或者把地契放在保险箱里的人。产权取决于现行游戏规则，而不仅取决于物理事实。

假设你"拥有"你家的车道，却无法阻止人们把车停在街边堵住车道的出入口。在这种情况下，你既不能在车道上停车，也不能把车道租给别人获取收入，因此你事实上并不拥有这个停车位的产权，也就是说你事实上并不拥有这个停车位。也许我们只能说你拥有一块适合玩沙狐球或者跳房子的场地。

或者我们可以考虑这样一个例子：有一位妇女在外国接受了精细严格的医科训练，却因为只有国外的文凭而无法在本国取得行医执照。她拥有的人力资源价值有限，因为她只能向自己的家人和朋友提供医疗服务。

一位房东拥有一座公寓楼的产权，但这座公寓楼受房租管控条例管辖，所以房东能够收取的最高房租还不足以支付税金和房屋的维护开支。在这种情况下，房东事实上并不拥有这栋公寓楼。公寓能提供的服务完全被租户占有，因此租户才是这栋楼的实际所有人。我们可以用以下事实证明公寓楼的名义所有人并不拥有事实上的产权：不管房东开价多低，都没法卖掉这栋楼；他可能愿意直接放弃这栋楼，将其法律产权转让给税务机关。

联邦法律规定电波频段归公众所有，但是联邦通信委员会向电视台的所有者分配频道，并允许他们免费使用这些频道。由于电视台的所有者有权自行支配靠提供电视服务赚得的收入，因此他们才是电视频道的实际所有者。我们可以用以下事实证明上述说法：他们能以远高于设备重置成本的价格卖掉电视台及相关设备——前提是买方预期自己在购买电视台的同时也获得使用指定频道的权利。

市长并不拥有城里的任何设施，但她可以享受宽敞的办公室、一大群工作人员的服务、护送她乘坐加长轿车的摩托车队，而且不管她参加什么宴会几乎一定能坐在首席。在这种情况下，她的实际财富远远大于她在法律上占有的财富。但是市长不能出售这些产权，从这个角度看，她占有的财富具有局限性。但是，**任何产权都必然在这样或那样的方面具有局限性**。能否出售是产权的一个重要构件，但也只是一大把木棍中的一根。不能出售会限制产权，但不会完全抹杀产权。

> 产权就像一把木棍，其中可能会少掉几根。

12.5 实际权利、法律权利和道德权利

把权利划分为实际权利、法律权利和道德权利十分有用，因为这种划分能帮助我们确定我们讨论权利问题时谈的确实是同一个东西。人们的实际权利决定他们的预期，预期进一步决定他们的行为。如果市议会规定养狗人在公园里遛狗时必须给狗拴绳并且必须清理狗留下的粪便，那么市议会相当于赋予了全体市民放心大胆地光脚在公园里行走的**法律权利**。但是如果警察不能有效执行上述规定，许多养狗人直接无视这些规定，那么城市居民的实际权利就会与法律权利有所区别。最终决定市民进公园时穿不穿鞋的是他们认为自己拥有的实际权利。假设市民选择穿鞋进公园，但同时义愤填膺地坚持声称他们"有权"享受一个没有狗粪的公园，那么他们是在宣称自己的**道德权利**。所谓道德权利就是人们认为他们应该享有的权利。权利是一种社会事实，而非客观事实，因此权利取决于其他人是否接受相应的义务。去公园的人无法享受"放心大胆地赤脚漫游"这项实际权利，除非养狗人接受"看好狗"这项

> 权利：
> · 实际权利
> · 法律权利
> · 道德权利

义务（他们接受义务也许是为了避免受到法律惩罚，也许是为了照顾他人的感受）。在此之前，人们只能穿着鞋子进公园。

12.6 预期与投资

所有关于如何使用资源的决策最终都基于决策者的预期。个人和家庭先判断各种选择能给他们带来的预期收益的相对价值，然后决定把手头的收入用于消费还是投资。如果决定投资，他们又要在不同的投资机会中做选择，此时他们不仅考虑预期回报率，还考虑预期回报出现的概率高低。担心投资被强征或没收的人会选择强征或没收风险较低的投资，即使这些投资的回报率低于容易被强征或没收的项目。怀疑自己的政权岌岌可危的独裁者会把资产转进瑞士的银行账户。在国内被歧视的少数人群会投资珠宝或其他容易携带的财物。最容易携带的财富是人力资本，也许这可以解释为什么世界各地的少数族裔常常教育水平远超本地人。当然，即使人力资本也可能被强征或没收，有时政府禁止某些人从事某种职业，此举事实上剥夺了这些人通过学习训练获得的人力资本。

人们做投资决策时要考虑回报，这里的回报是未来的回报。只要认清这一点，便会认识到人们的时间偏好率也会影响他们的消费和投资决策。有些人会给未来的事件打很大的折扣，这种人属于"活在当下"型，与投资相比他们更偏爱消费，因此他们事实上选择未来接受较低的收入以换取现在的消费。另一种人给未来的事件打的折扣较小，他们更愿意放弃现在的消费以便未来获得更高的消费能力，这种人会在年轻时大量投资，以保证自己在中老年时有较高的预期收入。以上情况说明一个有趣的结论：人们会在一定程度上选择自己的终身收入曲线。

另一个有趣的结论是：有时我们无法仅根据两个人的当前收入判断谁的收入更高。一个前途大好、今年就要毕业的医学院学生可能年收入是一个很大的**负数**。另一位与他同龄的半熟练工人每年赚 20000 美元。学生真的比工人更穷吗？要谈谁的收入高，应该比较的是终身收入。医学院的学生选择学医时比较过不同职业的收入，当时他考虑的正是**终身**收入。当政策制定者评估某种收入分配是否公平、平等时，他也应该以终身收入为考量。当然，我们能

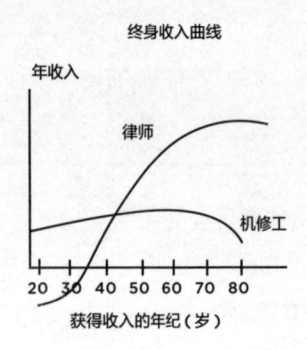

终身收入曲线
年收入
律师
机修工
20 30 40 50 60 70 80
获得收入的年纪（岁）

一眼看到当前收入对人的影响，却不那么容易看清终身收入对人的影响。也许正是因为这个原因，我们才总是同时犯两个错误：一是高估学生的贫困程度，二是高估已经工作了的人的财富水平。但这两个错误并不一定会互相抵消。如果公共政策制定者继续犯这两个错误，就会把财富从中老年人向年轻人转移。这样做会拉低预期回报率，降低人们青年时代的投资水平。

12.7 是人还是机器

人们普遍抱有一种信念（或者说恐惧）：机器会"消灭"人的工作机会，因为机器的生产效率比人高得多。这种信念似乎来自另一种奇怪的想法：人们认为对任何劳动服务的需求都完全没有价格弹性（即不管工资高低需求始终不变）。但是所谓"机器的生产效率比人高得多"到底是指什么？雇主根本不关心人或机器有什么物理能力或技术能力，他们只关心边际收益和边际成本之间的关系。因此只有当使用机器的边际收益与边际成本比高于使用人的边际收益与边际成本比，才能说机器的生产效率比人高，机器才会取代人。上述论断说明了一些问题，其中之一是：技术会以多快的速度、朝什么方向改变经济在很大程度上受工资率的影响。

在美国，自动电梯确实取代了电梯操作员，但这并不仅仅是因为技术的革新。为了研发出自动电梯，人们付出了时间、金钱和精力。接着，高楼的所有者决定安装自动电梯——这并不是因为自动电梯看起来崭新闪亮，而是因为他们对安装电梯的收益和成本进行了估计。在其他一些国家，因为电梯操作员的工资（机会成本）很低，所以时至今日靠人工操作的电梯仍然比自动电梯高效。

技术革新使人力资源离开一些岗位，但这些人力资源可以继续去另一些岗位上提供服务。因为有了自动电梯或称自助电梯，原本负责运送乘客上上下下的人现在可以去别的岗位上工作，可以用其他方式为商品和服务的总体产出做额外贡献。与此同时，条件变化导致的劳动力再分配确实会减少一部分人掌握的财富。因为对劳动力的需求上升，一些电梯操作员转行去做报酬更高的工作，这种变化拉高了所有电梯操作员的工资，这是人们研发自动电梯的原因之一。但是自动电梯进入市场以后，一些电梯操作员发现自己不但不能获益，反而受了害:他们失去了原来的工作,但并不能转行做更有吸引力的工作,只能接受比电梯操作员更差的工作。这些人的财富(至少暂时)减少了。他们不得不支付寻找新工作产生的成本,而且没人能保证新工作会比旧工作更理想。因此,人们抗拒技术变化、担心机器取代人是完全可以理解的。就连大学教授也对"播客""大规模网络课程"等新技术颇有微词。

12.8 对生产性服务的派生需求

人们常常认识不到生产性服务的需求曲线是向下倾斜的,另一原因在于上述需求的性质:这是一种派生需求。生产性服务能生产商品,先有对商品的需求,然后才衍生出对生产性服务的需求。当企业裁员或招聘新员工时,他们几乎从来不会说上述决策是工资变化导致的。他们总是说裁员或招聘新员工是因为消费者对他们生产的商品的需求变化了:"销售额的增长超过了我们的预期"或者"因为销售低迷,库存产品量已经达到我们不能接受的水平"。按照这种说法,似乎对木匠和汽车装配工的需求取决于住房市场和汽车市场的情况,而不取决于木匠和汽车装配工的工资水平。但事实上上述需求既取决于住房市场和汽车市场的情况,也取决于木匠和汽车装配工的工资水平。为了生产房屋和汽车,雇主必须向木匠和汽车装配工支付工资,因此他们的工资水平已经影响了房屋和汽车的价格以及生产这两种商品的方式。如果木匠的工资上涨,新房的价格也会上涨,于是新房的购买量下降,受雇的木匠数量减少。同时,修建房屋的方式也会变化:越来越多的房子以节省木匠劳动的方式建设,比如说直接安装由工厂装配好的橱柜就能省去许多精细的木工活。

以上讨论强调了需求是一种约束:掌握了生产性资源的人能够利用这些资源向他人提供服务,从而获取收入,但他们的收入受对这些服务的需求的限制。上述原则的推论同样需要得到强调:资源所有者能够获取的收入是由对这些资源产生的服务的需求*创造*的。酋长和油井的例子能生动地说明上述原则。假设一个国家的人均原油产量是 1000 桶,那么这个国家是富得流油还是穷得掉渣取决于对石油能提供的服务的需求。别忘了,当人类第一次发现这种浓稠易燃的碳氢化合物液体时,那玩意儿看起来既丑陋又没有任何用处。如果人们对石油没有需求,那么在 20 世纪 70 年代石油输出国组织(OPEC)

对世界事务的影响力恐怕还不及奥杜邦学会。在20世纪中，人类社会发展出了对石油提供的服务的高度需求，因此OPEC才成了一个家喻户晓的名字。

12.9 谁在与谁竞争

为了提高自己的收入，生产性资源的所有者会结成像OPEC这样的组织。他们说这类组织能帮助他们更高效地与购买他们服务的消费者竞争。我们可以说这种论调令人迷惑，也可以说这种论调根本是在恶意误导他人，这主要取决于我们如何看待说话人的动机。买家从来不与卖家竞争，这是一个简单、明显的事实。为了获取卖家提供的商品或服务，买家会与其他买家竞争。为了让买家买自己的商品或服务，卖家会与其他卖家竞争。这是我们在第5章中已经学过的内容。OPEC试图消除的竞争是石油出口国之间的竞争。到目前为止，OPEC成功地限制了各国的石油产量，如果不能压低产量，该组织就无法控制油价和石油出口国的收入。

不仅卖家想结成这种组织，有时买家也想做同样的事情。为了说清这一点，我们可以举一个之前提过的例子：职业运动队的老板达成协议，队与队之间不为获取运动员的服务而互相竞争。为了保证这项契约的有效性，他们必须把每一位运动员的服务排他性地分配给单个职业运动队。正是出于这个缘故，各种主要职业运动界的俱乐部所有者协会才发展出了"选秀"机制。当买家以这种方式团结起来时，卖家为了有效地与买家角力也可以成立类似的组织。但是在这种情况下，卖家结成组织的目的是"重启买家之间的竞争"或者"减少卖家之间的竞争"。说这种组织"帮助卖家更高效地与买家竞争"仍然是错误的。

> 买家更希望市场上有12个卖家相互竞争，而不是11个，因为买家并不需要和卖家竞争。

12.10 工会与竞争

管理工会组织和联合议价行为的基础联邦法律在前言部分就犯了一个错误，它宣称无组织的劳动者需要工会帮助他们与企业竞争。但事实是劳动者不会与企业竞争——劳动者仅与劳动者竞争，企业雇主仅与企业雇主竞争。上述两种竞争决定了市场上的工资率。

也许铁石心肠的雇主希望尽量压低劳动者的工资,但他们并不能随心所欲地压低工资。同样,如果其他劳动者也能向雇主提供类似服务并且要的报酬更低,劳动者也不可能强迫雇主支付他们认为自己"应得"的工资。劳动者与其他劳动者竞争,工会的目标之一是控制这种竞争。由此可知,工会通过限制非工会成员对工会成员的竞争来改善工会成员的处境。工会可以通过直接或非直接的方式达成上述目标。直接的方式如工会与雇主签订协议,要求雇主只能雇用工会成员,同时工会限制劳动者入会。非直接的方式如通过工会协议(为了达成这种协议,工会可能会以罢工或完全停止提供服务威胁雇主)提高工资,让那些工资水平更低时也愿意工作的人无法获得就业机会(就像最低工资会让一部分劳动者无法获得就业机会一样)。

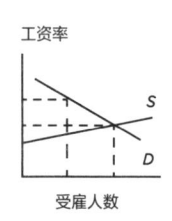

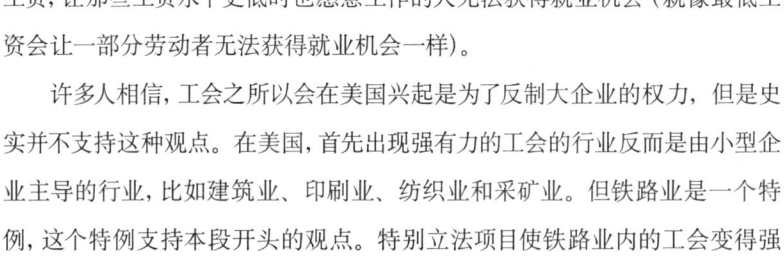

> 强行提高工资会减少就业机会的数量。

许多人相信,工会之所以会在美国兴起是为了反制大企业的权力,但是史实并不支持这种观点。在美国,首先出现强有力的工会的行业反而是由小型企业主导的行业,比如建筑业、印刷业、纺织业和采矿业。但铁路业是一个特例,这个特例支持本段开头的观点。特别立法项目使铁路业内的工会变得强大。今天,钢铁、汽车、电气设备行业中的工会仍在与大企业讨价还价,但这些工会并不是最早出现的工会,最早出现的工会是针对小型雇主的。

12.11 贫困与收入不平等问题

收入不能超过产出。在一个社会中,有人专门负责印发通货,只要他们愿意就可以让人们的金钱收入或名义收入以任意速度增长。可如果每个人的美元收入、欧元收入或日元收入都翻了一倍,每一美元、每一欧元或每一日元能买到的商品(比如食品、衣服、住房及其他实际商品)却只有过去的一半,谁也不能从收入增长中得到好处。要想提高社会成员的真实收入,首先必须提高实际商品的生产量。

但是,在不提高实际产出的前提下,我们仍有可能提高部分社会成员的收入——只要降低其他人的收入就可以了。我们这样做有时是为了减少不平等现象,有时是为了减少贫困现象。人们常常把这两个目标混为一谈,但它们其实是两个不同的目标。不管我们以何种方式定义贫困,在 20 世纪中,美国的贫困

> 减少贫困和减少不平等不是一回事。两者可能会同时发生,也可能不会同时发生。

人口比例都显著下降了,但不平等现象常常并未随之显著减少。

美国人口普查局采集了不少关于收入不平等现象的数据。总结这些数据的方式有许多种,最常见的方法之一是看家庭收入分布的五分位数(quintile)。表 12–1 列出了 2010 年以及之前的 5 个年份中美国家庭收入的分布情况:收入最低的 20% 家庭的总年收入、收入第二低的 20% 家庭的总年收入,以此类推,一直到收入最高的 20% 家庭的总年收入。如果社会收入完全平均分布,那么每 20% 的家庭都应该获得社会总收入的 20%。但表中列出的情况显然不是这样。表 12–1 还列出了收入最高的 5% 家庭的收入占社会总收入的百分比(2010 年,家庭收入大约超过 180000 美元就能排进前 5%,家庭收入大约超过 370000 美元就能排进前 1%。数据显示的实际收入划分线比许多人想象的低)。

表 12-1 美国家庭的金钱收入——每个五分位组中的家庭和收入最高的 5% 家庭的收入占社会总收入的百分比

	1960	1970	1980	1990	2000	2010
收入最低的 20% 家庭	4.8	5.4	5.3	4.6	4.3	3.8
收入第二低的 20% 家庭	12.2	12.2	11.6	10.8	9.8	9.5
收入第三低的 20% 家庭	17.8	17.6	17.6	16.6	15.5	15.4
收入第四低的 20% 家庭	24.0	23.8	24.4	23.8	22.8	23.5
收入最高的 20% 家庭	41.3	40.9	41.1	44.3	47.4	47.8
收入最高的 5% 家庭	15.9	15.6	14.6	17.4	20.8	20.0

来源:美国人口普查局公布的历史收入表格——家庭,表 F-2:www.census.gov/hhes/income/histinc/index.html。

上表中的数据有两个突出的特征。第一,在过去的半个世纪中,虽然推行了累进税制,并且向低收入家庭和低收入个人转移财富的政府福利项目也大幅扩张,但美国的家庭收入分布变化相当小。第二,自 1980 年以来,最富裕的阶层占有的收入越来越多,而最贫困的几个阶层占有的收入稳步下降。1960 年以后,收入分布显得比较稳定,但这种表面的稳定性在一定程度上是虚假的。首先,表中展示的是缴纳个人所得税之前的收入,收入中含"金钱转移支付"

但不含"实物转移支付"。也就是说，这里的收入包括各种以货币方式支付的福利，比如私人养老金、退伍军人福利、社会保障福利和"困难家庭临时救助计划"（以前叫"抚养未成年子女家庭援助计划"）发放的福利；但不包括各种实物转移的价值，比如医疗援助、住房补贴和食品券——这些实物转移虽不涉及金钱交换，但也是实际收入。上表中的数据没有根据家庭的规模进行调整。收入最高的20%家庭平均比收入最低的20%家庭约多30%的人口。[a]如果根据以上因素进行调整，低收入家庭占有的收入百分比会提高，而高收入家庭占有的收入百分比会降低。

但我们现在想要强调的问题是：在上表涵盖的时间段中，美国的贫困现象显著减少，而不平等现象仅小幅减少。表12–2列出了几个年份中家庭收入在**贫困线**以下的美国家庭的百分比。贫困线是指不同规模的家庭要过上体面生活所需的收入，政府将这个收入定义为购买充足食品所需收入的3倍。由于金钱的购买力不断变化，所以政府每年都会重新调整贫困线。1959年之前，美国人口普查局不公布这一数据。如果有更早的数据的话，我们会发现1959年以前贫困家庭比例的下降速度比表12–2中显示的更快。戈登·费希尔（Gordon Fisher）为美国卫生及公共服务部做过一项研究。据他估计，美国1948年的贫困率在33%左右。其他学者也试图估计过第二次世界大战前美国的贫困率，估计结果通常在60%到70%之间。[b]

贫困率的大幅下降得益于经济的增长。在20世纪上半叶中，美国经济总产出的年平均复合增长率是3%。在这个增长率下，国民总收入会在50年间增长超过3倍。（注意数据显示在2000年到2010年间美国的贫困率有所上升，这主要是因为2008年开始的所谓"大萧条"令经济增长速率大幅下降。）

如果贫困线固定不变（仅根据物价水平调整），那么即使收入不平等的情况毫无变化，贫困率也会大幅降低。但是把贫困线划定在固定不变的水平上合

---

[a] 另一个需要注意的问题是收入最高的20%家庭的工作周数是收入最低的20%家庭的4倍。——作者注

[b] 这些估计结果来自《20世纪美国的不平等与贫困记录》（*The Twentieth Century Record of Inequality and Poverty in the United States*），作者是罗伯特·D. 普拉尼克（Robert D. Plotnick）、尤金·斯莫伦斯基（Eugene Smolensky）、埃里克·伊文豪斯（Eirik Evenhouse）及西沃恩·莱利（Siobhan Reilly）（New York：Academic Press，1975）。他们的调研十分出色，我们在讨论中大量引用了他们的数据，但他们不需要为我们的讨论负责。——作者注

表 12-2　家庭收入低于贫困线的美国家庭百分比

年份	百分比
2010	11.8
2000	8.7
1990	10.7
1980	10.3
1970	10.1
1965	13.9
1960	18.1

来源：美国人口普查局公布的历史收入表格——家庭，表 13：www.census.gov/hhes/income/histinc/index.html.

理吗？在 20 世纪的头几十年中，世界上最富裕的国家中竟有超过一半人口生活在贫困线以下——这种说法似乎有些令人难以接受。许多调查反复说明大部分人认为贫困是一个相对的概念。当被问及"一个家庭需要多高的收入才能过上体面的生活？"时，大部分美国人给出的数字大约是他们居住的社区的中位数收入的一半左右。如果以此作为贫困的标准，那么要想大幅降低贫困率就必须减少收入不平等现象。

贫困是指收入低于某个绝对水平还是指收入显著低于平均水平？

12.12 为什么收入不平等问题在不断加剧

为什么自 1980 年以后（准确地说是自 1974 年以后）美国的不平等现象不断加剧？要想回答这个问题，我们首先必须明确一个前文已经提过的事实：在美国人的家庭收入中，至少有 80% 来自员工薪酬。因此，要想解释收入不平等问题的加剧，我们首先必须研究工资结构的变化以及导致工资结构变化的供需情况变化。

过去几十年间的趋势是人们的工资差异越来越大，这一趋势在 20 世纪的八九十年代进一步加速。从供给侧看，进入劳动力市场的大学毕业生人数的增速低于高中毕业生。如果其他因素不变，这种情况将拉大大学毕业生和高中毕业生的平均工资差距，从而加剧工资不平等程度。然而近几年进入劳动力市场的大学毕业生人数已经显著上升。从需求侧看，几种重要的变化同时发生。首先，服务业在经济体所占的比例不断上升，制造业的比例随之下降。因为制造业的工资分布通常比其他更平均，所以制造业的相对规模减小会加大工资不平等程度。其次，在经济体中高速增长的行业恰好是对员工教育水平要求较高的行业，从传统上来看，这些行业主要雇用大学毕业生。因此高技术、高学历劳动者与低技术、低学历劳动者之间的工资差距有所增大，这是完全可以预见到的结果。

> 不平等现象加剧的原因：
> · 大学毕业生人数和高中毕业生人数的变化
> · 制造业工作岗位和服务业工作岗位的变化

但以上这些因素还不是加剧收入不平等问题的全部原因。婚姻和家庭趋势的改变也是原因之一。与 10 年前相比，如今单亲家庭的比例更高了。单亲父亲和单亲母亲的收入通常低于父母同时工作赚取的收入，因此单亲家庭的收入自然低于双亲家庭。在家庭收入最低的五分位组中单亲家庭增多的趋势尤其明显。同时越来越多的双亲、双职工家庭升入了更高的收入分组。第二个原因是家庭中参与社会劳动的人数，这与第一个原因有一定的关联。在收入最高的五分位组中，每家参与社会劳动的家庭成员人数比收入最低的五分位组大约多 3 倍。这进一步拉大了统计数据显示的不平等程度。最后一个原因是美国吸纳的缺乏劳动技能、相对贫困的移民人数有所上升。这一变化会增加低收入家庭的数量，使低收入家庭占有的国民收入的百分比下降。

从表面上看情况就是如此。但我们必须再次强调，数据本身并不会说话。我们必须对数据进行必要的解读。人们讨论收入不平等问题时常常忽略一个问题：收入的流动性。表 12-1 描绘的是一种静态的情况：该表相当于在 1960 年到 2010 年之间给每一个十年照一张快照。没受过经济学训练的人很容易误以为这些年间每一个家庭或每一户人[a]始终被锁在同一个五分位组中。[b] 他们忽略了收入流动性这个动态的概念。实际的情况不是几张照片，而是一段视频：人们不断地在不同的收入五分位组之间流动。也许 2010 年时你还是个穷学生，或者你的家庭还是刚刚移民美国的家庭，但是随着时间的流逝，你会积累更多人力资本并发现自己的比较

> 是否出现了富人越来越富，穷人越来越穷的现象？
> · 家庭结构的变化
> · 移民模式的变化

---

a "家庭"是指住在同一屋檐下且具有血缘关系、婚姻关系或收养关系的人。"一户人"是指住在同一屋檐下的人，他们不一定具有血缘关系、婚姻关系或收养关系。下面一条作者注中提到的"家庭收入"和"单户收入"的区别也在于此。——译者注
b 我们在讨论中使用的是家庭收入的分布情况。美国人口普查局也统计单户收入的分布。单户收入与家庭收入的分布基本一致。——作者注

优势，通常这意味着你会移入更高的收入分组。而新一批高中毕业生或移民家庭会代替你填补低收入组中的空位。因此，有必要追踪家庭或住户如何在收入五分位组之间随时间流动。这种研究方法给我们提供了一些有趣的结果。

我们所说的结果如表 12-3 所示。该表对 2010 年美国所有住户的单户平均收入（平均数，而非中位数）做了分类，分类标准是"户员"的年龄。（人口普查局觉得"户主"这个词太令人尴尬，所以改用"户员"一词。"户员"指房屋所有者；如果房屋由多位成员共同所有，则把调查表上名字列在最前面的人定义为"户员"。）表 12-3 明确无误地说明：如果我们改看动态视频（比较"户员"在不同年龄段中的单户收入），静态照片显示的不平等现象就会消失相当一部分。

表 12-3　2010 年的家庭平均收入（按 2011 年的物价水平折算）

户员年龄	平均收入（单位：美元）
15～24 岁	41251
25～34 岁	64044
35～44 岁	86696
45～54 岁	95451
55～64 岁	94250
65 岁及以上	64857

来源：美国人口普查局公布的历史收入表格，表 F-11：www.census.gov/hhes/income/histinc/index.html。

而且，近年的数据说明，1999 年收入最低的五分位组中的家庭有 60% 在 2007 年时已经升入收入更高的分组。但值得注意的现象还不止这一点：有 30% 的家庭在 1999 年到 2007 年之间至少跳升了两个五分位组。大部分穷人变得更富了。但是收入的流动性表现为一种双向的流动性：1999 年在收入最高的五分位组中的家庭有近 40% 至少下降了一档。[a]

收入的流动性很重要。流动性表现为双向的流动性。

---

a　参见：罗伯特·卡罗尔《收入流动性和百万富翁的持续性（1997—2007 年）》，税务基金会特别报告第 180 号（2010）。[Robert Carroll, "Income Mobility and the Persistence of Millionaires, 1999-2007," Tax Foundation Special Report No. 180 (2010).]——作者注

"等一下，"教室后面的那位同学又发出了坚定的声音，"那么表 12-1 中的数据怎么解释？1960 年时，收入最低的 20% 家庭占有了国民收入的 4.8%，而到 2010 年时，这个比例已经下降到了 3.8%。这种比例的下降和你提出的'在过去 50 年间穷人变得更富了'的说法难道不矛盾吗？"

这是一个极好的问题。这个问题的答案也很清楚：不矛盾，因为在过去 50 年间，整个经济蛋糕（虽然这个比喻具有一定的误导性，我们还是选择用一下蛋糕的比喻）变大了。虽然低收入组分到的蛋糕的百分比降低了，但他们获得的蛋糕分量更大了。比如说，1960 年美国的 GDP（按 2005 年的物价水平折算）大约是 3 万亿美元，GDP 可以大致代表国民收入（我们会在下一章中讨论 GDP 的问题）。收入最低的五分位组获得了 4.8% 的国民收入，因此他们的收入大约是 1450 亿美元。2010 年美国的 GDP 大约是 13 万亿美元，收入最低的五分位组（此时这个群组中的家庭已经不是 1960 年的那一批了）获得了这个数字的 3.8%，因此他们的收入大约是 5000 亿美元。低收入家庭分到的蛋糕分量在过去 50 年间增长到了近 3.5 倍。让我们去掉蛋糕的比喻：自 20 世纪 60 年代以来，收入最低的五分位组中的人获得的实际收入大约增长到了 3.5 倍。穷人真的变富了，当然，富人也变得更富了。

"穷人的收入在总体国民收入中占多大百分比"和"穷人的绝对收入是多少"是两码事。

12.13 收入的再分配

尽管如此，收入不平等现象仍然存在。人们对这个问题感兴趣通常是因为他们相信"收入分布太不平均是件坏事"。我们需要再次提醒读者注意这与"**贫困**是件坏事"是两种相当不同的信念。一个收入分配十分平均的社会仍可能是贫困的社会，过去有许多国家的情况如此，如今仍有许多国家的情况如此。同样，一个收入分配极不平均的社会也可能鲜有贫困现象。为什么收入不平等（而不是贫困）是件坏事？多大程度的不平等是可以接受的？为什么金钱收入方面的不平等获得的关注远远多于其他方面的不平等？很少有人会停下来思考以上问题。

不管我们如何回答上述重要问题，在美国，旨在降低家庭之间或个人之间的收入不平等现象的福利项目必然会遇到一个本质性的障碍：事实上我们并不能对收入进行再分配，因为收入并不是由某个人或某个机构统一分配的。

无人有权分配社会产品。就算是政府，最多也只能修改游戏规则，然后希望规则变化能产生理想的结果。可是这些行为的结果从来不会完全符合行动者的本来意图，有些时候意图和结果甚至相去甚远。

减少收入不平等现象的最直接、最简单的方式似乎是对高收入人群征税，然后向低收入人群发放现金。可是在一个经济系统中，事情从来不会像乍看上去那样简单和直接。为了向高收入人群征税，政府必须改变对特定收入的征税规则。可是一旦政府这样做，人们不仅会多交税，还会试图调整自己的行为，以最小化新规则对自己的影响。有些人会选择合法避税，另一些人会选择非法逃税，但这两类人的调整行为都会导致一个共同的结果：让政策的实际结果偏离政府修改游戏规则时的意图。提高税负后，政府的实际收入增长会比他们期望取得的增长少，有时可能会少得多。

为了增加穷人的收入，政府必须出台新的游戏规则以控制哪些人有资格获得福利。但游戏规则的修改也会产生副作用，因为人们会根据新的标准调整自己的行为。和征税的例子一样，人们既可以通过合法手段调整自己的行为，也可以通过非法手段调整自己的行为。这两类行为结合起来会产生显著的影响，因为人们可以进行调整的方面非常之多。政府的本意是减少贫困现象，但是被界定为穷人的人反而有可能因此增多。

考虑一个有三个孩子的单亲家庭。这个例子虽属虚构，但不幸的是现实生活中完全可能真有这种家庭。假设这位单亲妈妈目前每月能收到 400 美元的现金补助和价值 100 美元的食物券，同时她和三个孩子还享受价值每月 50 美元的医疗补助。接着她找到了一份工作，雇主承诺每月付她 1000 美元薪水。她会接受这份工作并停止领取福利吗？如果接受工作，她能过得比过去更好吗？ 她领取的福利补助不用交税，但如果靠工作挣钱就要交个人所得税和社会保险。同时，开始上班还意味着她得把孩子送去托儿所，还要添置一些新衣物，上下班的交通费也是一笔额外的开支。更重要的是，如果上班就不能每月领取现金补助了，同时这家人也不再满足领取食物券和获得医疗补助的标准。如果把以上成本都考虑进来，这位单亲妈妈也许会发现她的工资面临 90% 甚至更高的边际税率。

你可以自己选几个合理的数字计算一番，看看结果如何。假设开始上班以后这位单亲妈妈要交的个人所得税、社会保险加上儿童日托费、交通费以及置办衣装的成本每月共计 350 美元。同时，她还会失去价值 550 美元的福利金。为了赚取 1000 美元，她每月得放弃 900 美元的进项。她面临的边际税率是 90%，也就是说福利以外的额外收入要交 90% 的税，这实在不怎么吸引人。在这种情况下，如果她决定拒绝这个工作机会，继续领取福利在家照顾孩子，没有人可以指责她懒惰或不负责任。

边际税率：额外收入中被税务机关收走的百分比。

拥有游艇的人显然属于富人，捡垃圾的人显然属于非常穷的人。但是如果我们要求所有拥有游艇的人每年交 20000 美金给一个拾荒者救助基金，然后规定每位拾荒者每年有权从这个基金领取 2000 美元，那么登记在册的游艇所有者数量就会减少，而号称自己是拾荒者的人会显著增多。用这样一个例子来总结我们面临的问题也许显得过于戏剧化，但它确实说清了问题的关键之处。在一个家庭中，慈爱的父母可以根据孩子的能力和需求向他们分派任务和收益，但在一个像美国这样的大国里政府不可能以这种方式对待公民。人们根据自己的利益和他们认为的游戏规则自行采取行动，社会中的任务和收益只能据此进行分配。政府可以通过改变游戏规则来改变收入分配，除此之外他们在收入再分配方面几乎不可能做得更多。可是靠改变游戏规则进行收入再分配的结果几乎一定会比政府预期的差一些。

12.14 改变规则和社会合作

有些读者认为，如果第一次改变游戏规则没有产生理想的效果，只要再次改变游戏规则就可以了——政府可以不断修改游戏规则，直到达成目标。但是进行这种微调需要知识，谁能掌握这些知识？就算有人能获得这些知识，在一个民主社会中，谁有权力执行新的游戏规则？最重要的是，高度专业化的经济系统依赖复杂的社会合作过程，如果社会的游戏规则不断改变，这种社会合作过程会受到怎样的冲击？

人们相信现有的产权制度会继续存在，相信游戏规则不会在游戏进行的过程中发生变化——人们之所以愿意投资、牺牲或以其他方式投身各种事业皆基于以上信念。如果社会的游戏规则包括"游戏规则可以随时改变"这一条，那么大部分社会合作的基础将不复存在。要想鼓励人们规划未来、考虑各种行为的长期后果，就必须有足够清楚和稳定的产权界定。另一条值得注意的规律是：如果游戏规则经常以人们无法预期的方式变化，人们就会停止参与常规游戏，而将注意力转向真正重要的游戏——制定游戏规则的游戏。

简要回顾

收入分配是生产性服务的供给与需求的产物。

"生产性资源"的生产过程是一种投资过程，或者说是创造资本的过程。人力资本是一种重要的资本形式。人力资本是指通过投资产生出来的、包含在人类身体里的生产能力。人力资本的生产是一个非常重要的问题，因为在美国，人们的大部分金钱收入是通过以自己的人力资源为他人提供服务获取的，即使是富人的收入也主要来自人力资本。

在一个社会中，投资的数量和性质取决于既有的、被人们接受的产权，因为当人们在各种可能的行为间做取舍时，对行为结果的预期取决于产权。

较低的时间偏好率鼓励人们多投资、少消费。如果投资的未来收益不确定性高，人们就会用较高的折现率折算未来的收入，投资的数额会因此减少。

对任何种类的生产性服务的需求都不是完全无弹性的。生产性服务价格低时需求量大，价格高时需求量低，因为生产性服务也有替代品。

对于生产性服务的潜在用户而言，达成目的有许多不同的途径，他们会比较各种途径的边际收益与边际成本比，从而决定自己对生产性服务的需求量。

对生产性服务的需求（以及生产性服务的价格）部分取决于对这种服务产出的商品的需求；但生产性服务的价格还会影响特定商品的生产成本、价格以及需求量；这又会反过来影响对生产性服务的需求。

生产性服务的供应者不会与购买生产性服务的消费者竞争。供应者与其他供应者竞争，消费者与其他消费者竞争。为了提高收入，供应者会试图减少竞争，因为买家必须支付的价格（即卖家能够获取的价格）取决于竞争对手能为买家提供哪些其他选择。

在20世纪的前75年中，由于经济的增长，美国的贫困人口比例大幅下降。但是在20世纪的后25年中美国的贫困率不再下降，甚至有所上升。在过去几十年中，美国的收入不平等现象持续加剧，虽然变化幅度不大。造成以上现象的主要原因有：第一，低学历、低技术劳动者的供给增幅加大，同时雇主对高技术、高学历劳动者的需求增幅加大；第二，在低收入人群中，单亲家庭的比例上升，而在高收入人群中双亲、双职工家庭的比例上升；第三，相对贫困且缺乏劳动技能的移民人数增加。

　　反映收入不平等程度的统计数据有时具有误导性，原因主要有以下两点。第一，这些数据使人误以为同一批家庭或住户始终被锁在同样的五分位组中。但关于收入流动性的数据显示情况并非如此，随着时间的流逝，人们会积累更多人力资本，从而从收入较低的五分位组升入收入较高的五分位组，同时今天在高收入分组中的人未来也可能滑入收入较低的分组。第二，从统计数据上看，收入不平等现象正在加剧，这会让人们误以为低收入人群获得的国民收入在变得越来越少。虽然低收入人群占有的国民收入"百分比"确实在下降，但是在过去的50年中，他们获得的国民收入的"分量"其实大幅上升了。

　　大规模的社会合作要求相对稳定的产权制度，因为社会合作的前提是人们能够预测当前决策的后果。

供讨论的问题

1. 加利福尼亚州的法律承认夫妻共同财产。该州曾有这样一个著名的案例：一名医生被前妻起诉，前妻要求获得他医学学位的一半价值，因为她在前夫攻读医学学位期间帮助过他。

    (a) 医生的律师坚决主张教育不属于财产因此不能被分享，因为在人们获取教育时教育本身并不具有任何价值。律师称：如果这位医生在取得医学学位时死亡，妻子就一分钱也得不到。你是否同意这种说法？

    (b) 假设一对夫妻共有一栋房屋，在他们离婚时房屋在火灾中烧毁。有时具有价值的物理财产会在事故中被毁坏或因其他方式受损害，人们通过哪些步骤避免这种风险？年轻的医生通常会通过什么手段保证即使自己不幸身亡家人仍能享受一大笔收入？

    (c) 在这个案子中，医生说："我认为她无权占有我的一半未来。"而他的前妻说："我在婚姻中对他进行了投资，我应该享有这份投资的回报。"这对夫妇结婚十年后分居。妻子是会计师，而丈夫在婚姻存续期间读完了医学院的课程并且完成了实习和住院医生培训。如果你是法官，你会怎么判这个案子?

(d) 一位前职业橄榄球球星辞掉了在"纽约喷气机队"(New York Jets)打球的工作。纽约州的一位最高法院法官判定此举浪费了婚姻财产,所以这位球星必须对前妻因此蒙受的收入损失进行补偿。这位球星本赛季打了六场比赛后辞去了工作,他说这是因为他想花更多时间陪伴未婚妻。假设他是根据医生的建议退赛,法官很可能不会判他浪费婚姻财产。但从判决结果看,法官似乎认为他选择退赛是一种不负责任的决策。一位家庭律师对法官的判决做了如下评论:"我还以为150年前林肯已经废除了奴隶制呢,看来我错了。"你对法官的判决怎么看?美国宪法的第13修正案禁止非自愿奴役,你认为允许前配偶占有一个人的部分人力资本是否违宪?

2. 美国的国家公园归谁所有?是政府,是人民,还是内政部分管公园服务的官员?有的地方会竖这样一块牌子:"美国政府财产:不得擅入。"这句话想表达什么意思?

3. 圣莫尼卡市的一位房东拥有一栋公寓楼,楼里有六间公寓。房东不愿意在房租管控条例下继续经营公寓楼,而决定把楼拆掉。然而市政府驳回了房东的拆楼申请,并声称市政府保存出租房源的利益优先于房东拆除自有房产的权利。加州最高法院支持圣莫尼卡市,允许市政府禁止房东拆楼。究竟谁是这栋公寓楼的所有人?请列出这个例子中的实际权利、法律权利和道德权利。

4. 联邦政府的"福利计划"(entitlement programs)是指"向依法享有资格的人提供福利的计划"。因为一个人是否享有资格是由现存法律决定的,所以"福利计划"的支出不受国会拨款流程控制。
   (a) 享受"应得权益计划"发放的福利的人是因为拥有某种产权才获得这笔收入的吗?
   (b) 在某些福利计划中,决定一个人是否有资格领取福利的标准不受领取人自己的选择影响:比如年龄符合某种标准的人可以领取福利,或者退伍老兵可以领取福利。另一些福利计划则采取不同的标准,领取人可以在一定程度上通过自己的选择使自己达到享受福利的标准。在第二类福利计划中,你认为需求法则会影响福利开支增加的速度吗?

5. 多年来,人们对教师服务的需求一路走高,但是近年来开始出现教师岗位严重短缺的现象。于是教师对成立工会表现出浓厚的兴趣。对教师群体来说,就业市场的形势对他们很不利,组建工会能给他们带来什么好处?谁可能从中受益?谁会蒙受损失?

6. 工会可以与雇主达成"闭门工会"(closed-shop)协议或"工会企业"(union-shop)协议。前者要求雇主只能雇用已经是工会成员的劳动者,后者允许雇主雇用任何劳动者,但劳动者被雇用后必须加入工会。你认为这两种协议对工资水平的影响有何区别?对就业人数的影响有何区别?对工会歧视少数族裔人群的现象的影响有何区别?为什么?

7. 在主流州立大学中,橄榄球教练的工资很高,人文学科教授的工资相对较低。这种相对工资水平的差异究竟反映了什么:是橄榄球运动和人文学科的相对价值吗?是成为教授和成为教练前必须接受的教育年限的差异吗?是教授和教练每周工作时间的差异吗?是教授工作和教练工作的难易程度或愉快程度的差异吗?为什么橄榄球教练的工资往往比教授高那么多?

8. 相对价格能在多大程度上反映相对价值?以下的题目能帮助你思考这个问题。假设美发师的平均工资是幼儿保育员的两倍。有人评论道:"社会付给美发师的工资是幼儿保育员的两倍,这说明我们的社会认为满足人们虚荣心的人的价值是教养我们的孩子的人的两倍。"图12-1中总结的情况说明上述评论是否成立? D_{hd} 是对美发师的需求, D_{ccw} 是对幼儿保育员的需求, S_{hd} 是美发师的供给, S_{ccw} 是合格幼儿保育员的供给。美发师的市场出清工资是20美元,幼儿保育员的市场出清工资是10美元。

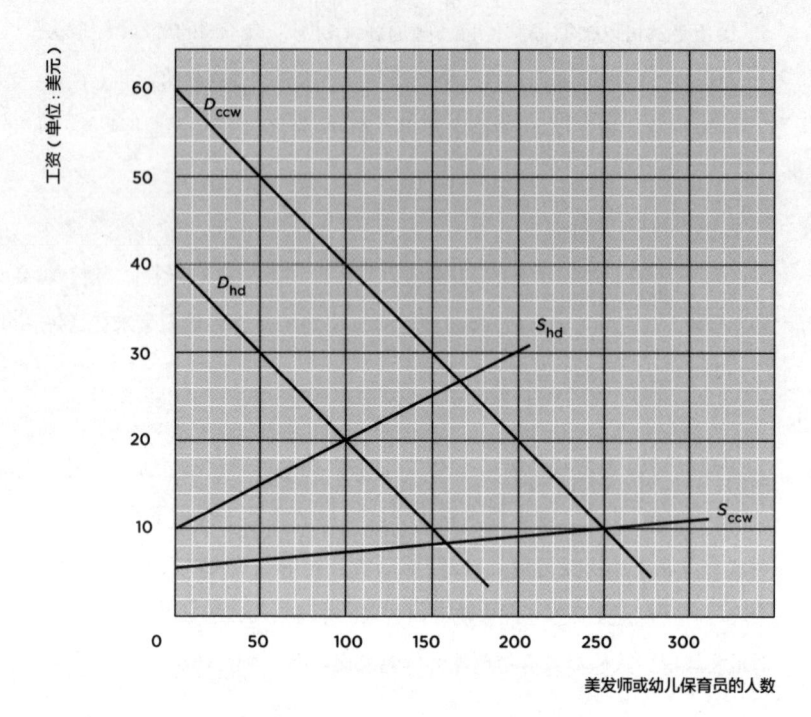

图 12-1

(a) "在这个社会中,美发师的价值是幼儿保育员的两倍"这句话究竟在何种意义下成立?

(b) 对幼儿保育员的需求似乎比对美发师的需求高得多,那么为什么美发师的工资会是幼儿保育员的两倍?

(c) "人们对美发和照顾儿童的相对价值有何看法?"供给曲线究竟能不能回答这个问题?如果社会对某种工作的评价提高了,那么具备资格且愿意从事该工作的劳动者的供给会受什么影响?这种工作的市场出清工资会因此受什么影响?

(d) 请用图中提供的信息论述以下观点:"事实上,社会赋予幼儿保育服务的金钱价值是美发服务的两倍以上。"

9. 有时雇主会与工会达成双重协议。在这种协议下,目前的雇员享受高工资标准,而未来的新雇员必须接受一个低得多的工资标准。

(a) 在刚刚达成协议时,以下四类人群分别从协议中取得什么收益:雇主、目前的雇员、工会领袖、新雇员。

(b) 随着时间的流逝，在以上四类人中，哪些人会对这种双重协议越来越不满意？

10. 在钢铁、汽车等行业中，工会的势力很强，因此这些行业的工资也较高。这些行业的高工资是否会拉高非工会化、低工资行业的整体工资水平？如果你认为答案是肯定的，那么工会化行业的高工资通过何种过程拉高非工会化行业的整体工资水平？假如在某些行业中，工会与雇主之间的协议规定雇主必须支付较高的工资，那么该行业中的工作岗位数目就会减少，因此而找不到工作的劳动者会去哪里寻找就业机会？

11. 我们在第6章中讨论过如果联邦政府规定最低工资水平会造成什么影响。请回忆一下当时的讨论。如果法定最低工资标准大幅提高，以下几类人会受到何种影响？

(a) 已加入工会的工人；

(b) 青少年；

(c) 低技术工人。

12. 20世纪80年代出现了一种"相对价值"论。这种观点认为应该先确定不同工种的价值，然后据此调整不同工种的相对工资水平。许多人支持这种论点是因为他们相信妇女在劳动力市场上受到了不公正的歧视。他们认为：社会上普遍存在一种偏见，认为某些工作（比如秘书和护士）属于"女人的工作"，偏见使这些工作的工资低于其"相对价值"。这里的相对价值是较传统上由男人从事的工作而言。

(a) 某种工作是否具有内在价值？通常一种工作的价值是在特定情况下对某些人的价值，你能否想出一个例子说明工作的价值可以不取决于特定情况、不针对某些人？

(b) 假设某个诊所目前有20位医生、1位护士和1位化验技术员。在这种情况下，新增1位护士或1位化验技术员的价值有没有可能高于新增一位医生的价值？

Chapter 12

(c) 影响决策的价值永远是边际价值。如果经济系只雇用1位秘书，那么秘书的价值会比雇用8位秘书时高，为什么？请描述一种情况，在这种情况下1位秘书对经济系的价值高于1位拥有博士学位的经济学家对经济系的价值。

(d) 在第8章中，我们曾提出过一条最大化原则：如果某项活动的边际收益大于边际成本，就应该增加这项活动；如果某项活动的边际收益小于边际成本，就应该减少这项活动。假设雇主遵从这条原则，那么他们愿意付给雇员的工资为什么等于雇员的边际价值？如果有人说"雇主付给雇员的工资低于雇员的边际价值"，那这种说法究竟意味着什么？

13. 高中历史老师和英文老师的工资是否应该与科学老师和数学老师的工资一样高？

(a) 假设某个学区规定教师工资只与工龄有关，而与他们教的学科无关，结果出现了历史老师和英文老师过剩而科学老师和数学老师短缺的情况。这种情况是否说明不同学科的老师工资水平不同才是合理的？

(b) 如果学区不愿意让科学老师和数学老师的工资高于历史老师和英文老师，那么可以如何解决前者短缺而后者过剩的问题？

(c) 为什么在许多学区中"不同学科老师工资一致"的政策会让历史老师和英文老师过剩而让科学老师和数学老师短缺？在需求侧，哪些因素造成了上述情况？在供给侧，哪些因素造成了上述情况？

14. 美国医学会称近年来家庭医生的平均收入有所下降，而专科医生的收入却在上升。收入增速最高的人群是外科手术医生，现在他们的平均收入已经达到了全科医生的两倍左右。

(a) 长期以来，保险公司对不同医疗服务的付费相差很大，这是造成医生收入差距的主要原因。美国内科医学协会称保险公司的付费标准不公平。你如何判断这种说法是否成立？假设一项服务是对病人进行成功的手术，另一项服务是对病人进行精确的诊断并开出有效的药方，我们如何才能公平地决定这两种服务的相对价值？

(b) 手术医生认为自己获得高收入是合理的，因为和全科医生相比，他们要在医学院里多读 4 年。为什么多受 4 年教育的人应该获得更高的收入？是因为多受教育会产生成本，还是因为多受教育能提高知识和技能水平？

15. 有时，家庭经济收入提高反而会让所有家庭成员落入家庭收入更低的分组，以下几个例子都属于这种情况。试解释为什么会出现这种情况。这是否说明家庭收入提高后每位家庭成员的生活水平下降了？在家庭收入数据的解读问题上，这几个例子提出了哪些重要的问题？

    (a) 一对老夫妇本来与已婚的儿子同住，后来他们的社会保障金增加了，于是他们有能力搬出去单独居住。

    (b) 有一对夫妇经常吵架却一直住在一起，唯一的原因是他们负担不起两套房子。后来他们都升职加薪了，于是他们如释重负地分居并且每人负责抚养一个孩子。

    (c) 一位骨科整形医生开始赚大钱了，于是她的丈夫辞职回家全职料理家务和照顾孩子。

16. 在计算领取福利的人的收入时，我们应该如何处理实物转移支付？

    (a) 如果一个家庭领取食品券、房屋补助并在学校享受免费午餐，我们是否应该把以上几项福利的金钱价值计入他们的家庭收入？

    (b) 如果把上述福利计入家庭收入，会不会夸大这个家庭的收入？（提示：你是愿意获得一购物车由别人挑选的商品，还是愿意获得与这些商品等值的现金？）

    (c) 对于许多美国的老年人来说，医疗福利显著提高了他们的生活水平。如果一位老人免费接受了价值 5000 美元的手术，我们是否应该认为他的收入提高了 5000 美元？

17. "所得税会降低人们赚取收入的动力"——这种观点常常被人们提起，又常常受到嘲笑和否认。

    (a) 本来你打暑期工不用交税，现在你的暑期工资有一半必须以税金形式交给政府,你是会增加暑期打工的小时数还是会减少暑期打工的小时数?你是否会在不提高金钱收入或不提高应纳税收入的前提下以其他方式提高自己的收入?

(b) 如果边际税率(额外应缴税款除以额外收入)是 50%,这会如何影响一位医生自己建房子或者雇用工程队建房子的相对成本?

第13章 衡量经济系统的总体表现

学习目标

- 引入国内生产总值的概念。国内生产总值是衡量经济体一段时间内的总产出的工具。
- 区分国内生产总值包含经济活动的哪些元素，不包含经济活动的哪些元素。
- 解释"国内生产总值"的计算方法，以及"国内生产总值"和"国民生产总值"的区别。
- 解释失业人口的定义和统计方法，区分失业人口和非劳动人口。
- 分析以上变量随时间总体波动的性质，讨论美国现代历史中这些总体波动。

在之前的章节中，我们一直用经济理论解释商业社会的运转方式，但我们甚少关注美国经济的总体表现。现在我们改变这种情况，开始讨论宏观经济分析。宏观经济分析主要关注经济体的整体表现，而不是研究某种市场或某个行业内的供需关系。这是晚间新闻中经常出现的内容。现在经济表现是"强"还是"弱"？经济是在增长还是在滑入萧条？未来我们将遭遇通货膨胀、通货紧缩还是相对稳定的物价？美国的失业率怎么样？美联储会提高利息还是会降低利息？联邦政府的预算情况如何？是基本平衡，还是出现盈余或者赤字？政府应该提高税收还是降低税收？这会对总体经济情况产生什么影响？现任政府在用什么手段提振经济？谁的经济计划更好，是民主党还是共和党？

以上问题都属于宏观经济问题。不管是报纸专栏作家、政客、别有用心的人、广播节目嘉宾还是坐在咖啡馆里高谈阔论的人似乎都在无休止地辩论这些问题。对这些问题，每个人似乎都有独到的意见。在本章和接下来的章节中，我们将用经济学的思维方式澄清这些关于整体经济的宏大问题。在各种衡量总体经济表现的指标中，本章重点讨论最常用、最宽泛的一种——国内生产总值。

13.1 国内生产总值

国内生产总值（GDP）是指在一定时间段内某国境内生产的所有最终商品和服务的市场价值总和。通常，经济分析师和政策制定者关心年度 GDP，但他们也会对季度 GDP 做出估计。度量 GDP 是为了在各时间段中估计国内当前的总生产流量及其创造的收入。有人说，度量 GDP 就像是在给经济体"把脉"一样。但这么比喻时必须非常小心，因为经济系统和心血管系统区别甚大。回忆一下，在第 5 章中我们曾经说过，市场既不是一个人，也不是一个地点或一件东西。市场是一种过程，在这个过程中人们出价并接受别人的报价，面临稀缺性和不确定性并试图在这种情况下解决问题、实现目标。一个现代化的经济系统极端复杂，人们每分钟做出数以百万计的决策。但即便如此，大部分经济学家仍然相信 GDP 的概念能在一定程度上告诉我们经济体的总体表现如何。（GDP 的局限性我们留到本章的延伸思考中再谈。）

> GDP 是当前生产的流量。

仔细看一看 GDP 的定义。GDP 用**市场价值**来衡量经济活动，但"市场价值"究竟是什么？市场上的商品和服务五花八门，比如我们如何度量一包方便面的价值、一加仑汽油的价值或者水管工提供的一小时修水管服务的市场价值？答案是我们看这些东西的市场价格。我们已经知道，价格是用一种通用的标准——货币单位来衡量的。价格向我们提供关于商品和服务的相对价值（稀缺程度）的信息。因此一包方便面的市场价值是 20 美分，一加仑汽油的市场价值是 4 美元，修水管服务的市场价值可能是每小时 80 美元。当然，这些商品和服务的市场价格会变化，它们的市场价值也会随之变化。

> 用市场价格来度量市场价值

> 关注最终商品（和服务）

GDP 关注的是**最终商品**，而不是中间商品。被终端用户（比如家庭、企业或者政府机构）购买的商品就是最终商品。终端用户购买商品不是为了转卖或进一步加工把该商品转化成其他可以出售的商品。和最终商品相对的概念是中间商品，买家购买中间商品是为了转卖或进一步加工。让我们考虑玉米的例子。玉米属于最终商品还是中间商品? 答案取决于具体情况。如果你从本地的食品店买了一根玉米,这根玉米属于最终商品,因为你买玉米是为了吃掉它。但是食品店主购买玉米是为了把它放在货架上卖给像你这样的消费者。(准确地说,店主买玉米是为了套利:他希望以低价买入玉米然后以高价卖出。) 在整个经济体中,玉米的交换有许多环节,在这个环节中,食品店主购买的玉米属于中间商品。凯洛格公司 (Kellogg) 会成吨地收购玉米 (可能还会用期货来对冲玉米价格波动带来的风险),这些玉米也属于中间商品,因为凯洛格公司打算把它们加工成麦片。凯洛格公司生产出来的麦片同样属于中间商品,因为接下来这些麦片会被卖给食品店主,而店主又希望把麦片转卖给其他人。只有当最终打算吃麦片的消费者买下麦片时,麦片才会变成最终商品。

许多同学会把"最终商品"中的"最终"理解为"加工完成"的意思。请不要犯这个错误。是的,凯洛格公司包装好麦片时,麦片已经是"加工完成"的商品。因此本地食品店主购入的是"加工完成"的商品。但是这些商品还不是**最终**商品,因为食品店主购买它们是为了转卖。

最后一个要点是:GDP 度量的是一年之内某个国家境内的经济表现。美国的 GDP 衡量美国国境线以内所有最终商品和服务的**市场价值总和**,不管拥有或生产这些商品的人持哪国国籍、是哪国公民。即使凯洛格公司被外国投资者收购,只要它的麦片生产厂仍设在密歇根州的巴特尔克里克,你买的凯洛格麦片就会继续为美国经济做贡献,这些麦片的价值就会继续被算进美国的 GDP 里。我们再看另一个例子。美国酿酒企业安海斯－布希公司 (Anheuser-Busch) 最近被外国公司英博 (InBev) 收购,现在该公司一边继续在美国境内生产啤酒,一边在中国生产啤酒。在美国境内生产的啤酒仍然计入美国的 GDP。但是如果一个美国公民受雇在该公司的中国分厂工作,那么他生产的产品不会直接计入美国的 GDP,而是会计入中国的 GDP。

13.2 GDP 还是 GNP

有些同学觉得奇怪,美国人生产的商品怎么能不为美国经济做贡献呢? 为了回答这个问题,我们需要对比国内生产总值 (GDP) 的概念和国民生产总值 (GNP) 的概念。GNP 是指一定时间段内某国所有永久公民生产的最终商品和服务的市场价值总和。美国的 GNP 衡量的是美国公民的总体经济表现，不管他们在哪里生产商品。当然，大部分美国公民都住在美国境内。但是也有许多美国公民在国境以外（甚至包括伊拉克）生产商品和服务。美国公民在安海斯－布希公司的中国分厂里生产出来的啤酒计入美国的 GNP。这些商品虽然是在中国境内生产的，但不计入中国的 GNP。

GNP 曾经是衡量国家宏观经济表现的最常用的指标。然而，1991 年以后，政策制定者和国民收入统计人员将注意力转向了 GDP（导致这种变化的原因实在太枯燥，连本书作者也觉得不值得讨论）。事实上，这两种指标之间的数量差别并不大。（美国的 GDP 和 GNP 相差不到 0.1%。）由于现在 GDP 已经成了衡量国民收入的标准会计指标，接下来我们只讨论 GDP 而不再讨论 GNP。

13.3 GDP 是国内经济创造的总收入

你可能已经注意到，我们强调了最终商品的"购买"。我们对比了你"购买"麦片的情况和食品店主"购买"麦片的情况。确实，我们可以把 GDP 看作所有用来购买最终商品和服务的支出的总美元价值，我们还可以用这个方法从理论上计算 GDP。按照这种算法，2011 年美国的 GDP 超过 15 万亿美元。这意味着在 2011 年中，家庭、企业和政府机构中的个人总共花费了超过 15 万亿美元购买最终商品和服务（这个数字还包括美国向外国出口的商品与美国从外国进口的商品的净价值差）。但是，请注意买方的所有购买行为同时也是卖方的销售行为。如果琼斯花 10 美元买一个苹果派，那么他就为所有参与苹果派生产环节的人创造了 10 美元的收入。2011 年，人们花 15 万亿美元购买最终商品和服务，这笔消费为在国内经济的各种环节上生产这些商品和服务的人创造了 15 万亿美元的收入。这些收入的具体形式包括工资、租金、利息和利润。

因此，我们也可以认为 GDP 衡量的是国内经济中创造的国家收入。用于购买最终商品的支出会以工资、租金、利息或利润的形式流回资源提供者的口袋（但是请不要忘了利润既可以是正的也可以是负的！）。回忆一下，我们曾在第 7 章中提到过一位比萨店老板——安·特普纳尔。去年，消费者总共在她店里消费 85000 美元，GDP 理论上就应该上升 85000 美元，因为这笔支出全部用于购买最终商品和服务。但是，这笔支出同时也是所有与比萨店相关的人员的收入。安用这笔钱来支付员工工资、购买食品原料以及支付贷款和利息。剩下的部分是比萨店的财会利润，也就是安自己获得的收入。在这个例子中，其他资源提供者一共获得 45000 美元收入，剩下的 40000 美元归安·特普纳尔所有。

如果能够正确地计算国家产出和国家收入，两者的数值一定相等，因为用于购买产出的每一美元都会成为某个人的收入。乍看之下，税金（比如购买商品时支付的消费税）似乎应该是一个特例，但事实上税收也是收入——政府的收入。政府也生产商品，它用税收收入购买生产过程中需要的资源。

13.4 GDP 衡量的不是经济体中的所有购买支出

"我不太明白，"此时教室前排有一个同学犹犹豫豫地提出了问题，"根据你上面讲的内容，GDP 衡量的似乎是经济体中的所有购买支出，而不仅仅是**最终**商品和服务的购买支出。毕竟，每个人的收入都是其他人付给他的，不是吗？那我们为什么不把经济体中的所有购买支出全加起来，不管购买的是最终商品还是中间商品？"

回答这个问题必须谨慎。GDP 衡量的是经济体中创造出来的所有**收入**，不是经济体中的所有支出。我们**不能**把用于购买中间商品的支出计入 GDP。为什么不能计入？各种生产和分销的中间环节确实会给商品增加价值，但购买**最终**商品和服务的支出已经包含了这部分价值。如果我们把所有支出都计入 GDP，就会产生重复计算的问题。

为了避免重复计算，计算 GDP 时不能把购买中间商品的支出包含在内。

我们可以用一个非常简单的例子说清这个问题。（假设以下所有活动都发生在今年。）伐木工砍倒一棵橡树，然后以 50 美元的价格把木材卖给锯木厂老板。这 50 美元是购买中间商品的支出，因为锯木厂老板会继续加工这根木材，将其制成橡木板。加工完成后，锯木厂老板以 75 美元的价格把橡木板卖给木匠。木匠购买橡木板是为了进一步加工成一个橡木书柜，因此这 75 美元也是购买中间商品的支出。木匠做好书柜，以 250 美元的价格卖给家具店。橡木书柜已经是加工完成的商品，但此时我们仍然应该将其看作中间商品，因为家具店老板购买这件商品是为了转售给其他人（他在参与套利活动——他希望能以低价买入再以高价卖出这件商品）。最终家具店老板以400美元的价格把这个书柜卖给了你。这400美元是用于购买**最终商品**的支出。让我们用表13-1总结上述一连串交易。

表 13-1

生产者	开始时的价值（单位：美元）	结束时的价值（单位：美元）	增加的价值（单位：美元）
伐木工	一棵橡树	50（砍倒橡树卖给锯木厂）	50
锯木厂老板	50（橡树的木材）	75（锯好的橡木板，卖给木匠）	25
木匠	75（橡木板）	250（制成的橡木书柜，卖给家具店）	175
家具店老板	250（橡木书柜）	400（把橡木书柜卖给你）	150
		总支出 = 775	总增加价值 = 400

伐木工、锯木厂老板、木匠和家具店老板的活动都是**中间商品**的产权交换活动。在他们之间的每次交易中，买方购买商品都是为了进一步加工或转售该商品。GDP等于用于购买**最终**商品和服务的支出的美元价值。这个例子解释了我们为什么要这样规定：用于购买最终商品和服务的支出是400美元——你购买新书架花的钱，因此这一连串交易总共使GDP增加400美元。假如我们像刚才那位同学提议的那样把这一连串交易中的所有支出都加起来，会怎么样？我们的得数会是775美元。但是，经济体中的人是否真的生产了市场价值775美元的商品和服务？不，并不是。他们的所有活动总共产生了一件商品：一个价值400美元的新橡木书柜。如果我们把所有支出都计入GDP，就会导致重复计算问题，使我们错误地高估经济体的实际表现。

13.5 GDP 是所有增加价值的总和

现在我们再看一看表13-1的最后一列，这一列的标签是"增加的价值"。

这一列中的数字代表生产者获得的净收入。比如说，我们来看锯木厂老板：一开始他手上有价值 50 美元的橡木木材，然后他把木材切成了一种其他人觉得更加有用的产品——橡木板，从而提高了木材的**市场价值**。接着锯木厂老板以 75 美元的价格把橡木板卖给木匠，在这个过程中他**增加了物理原料的价值**。同时，这 25 美元的增加价值也是锯木厂老板的净收入。接下来，木匠把橡木板变成了橡木书柜，他进一步增加了物理原料的价值。这一步增加的价值是 175 美元，这个数字同时也是木匠的净收入。注意家具店老板以 250 美元买入橡木书柜，然后以 400 美元卖出这个书柜。虽然他并没有生产新的物理商品，但他也增加了书柜的价值。他找到了愿意买书柜的消费者，还安排了送货（请回忆一下，我们在第 2 章中说过，信息是一种稀缺商品，交易成本通常是正数）。在这个简单的例子中，家具店老板的净收入等于这一步增加的价值，即 150 美元。

以上分析还有一个有趣的地方：如果我们把所有生产和交换环节中的生产者增加的价值（即所有生产者的净收入）加在一起，得数恰好是 400。这个数字正好等于你购买橡木书柜花的钱！你花 400 美元买下最终商品说明生产橡木书柜的一连串生产与交换活动结束了，在整个过程中所有参与者创造的增加价值一共是 400 美元。因此，事实上我们总共可以用三种不同的方式解读或从理论上计算 GDP：GDP 等于用于购买最终商品和服务的所有支出，或者等于整个经济体中创造的总收入，或者等于整个经济体中所有增加价值的总和。

GDP= 所有生产者增加的价值 = 所有生产者的收入 = 购买这一年生产出的最终商品的所有支出

13.6 增加价值是否总是正数

"稍等一下，"前排的那位同学又发话了，"我觉得我现在已经明白 GDP 代表的是总收入——工资、租金、利息以及利润。但是，在你的例子中，所有生产者都盈利了，没有人赔钱。每一步的增加价值都是正数。可在现实世界中，有时企业会亏损——也就是说不仅没赚钱，反而赔了钱。在关于利润与亏损的那一章中，你自己也曾经这样讲过，我记得你在本章中也提过这一点。那么度量 GDP 时我们如何处理亏损呢？"

这是一个很好的问题。事实上，在上一个例子中我们确实假设所有人都获得了正的财会利润。为了继续研究这个问题,让我们来看一看表 13-2。

表 13-2

生产者	开始时的价值（单位:美元）	结束时的价值（单位:美元）	增加的价值（单位:美元）
伐木工	一棵橡树	50（砍倒橡树卖给锯木厂）	50
锯木厂老板	50（橡树的木材）	75（锯好的橡木板,卖给木匠）	25
木匠	75（橡木板）	250（制成的橡木书柜,卖给家具店）	175
家具店老板	250（橡木书柜）	200（把橡木书柜卖给你）	-50

总增加价值 = 200

现在我们让家具店老板成为不确定性的牺牲品——他亏损了。他以 250 美元的价格买入书柜,当时他自然指望（像上一个例子中那样）以 400 美元的价格把它卖出去。但我们假设他的预估过于乐观,事实上消费者并不愿意花那么大的价钱购买书柜。因为书柜卖不出去,老板只好降价,先是降到 350 美元,然后又降到 300 美元、250 美元。还是没人愿意买。最后,家具店老板十分遗憾地把价格降到 200 美元,总算把书柜卖了出去。根据"支出法",我们知道在这个过程中 GDP 一共上升了 200 美元（即最终产品的市场价值）。现在我们再来看一看上表的最后一列——增加的价值。和从前一样,伐木工、锯木厂老板和木匠增加的价值都是正数（因此他们的净收入也是正数）。然而家具店的老板虽然花费了许多力气却亏损了 50 美元。他花 250 美元买入书柜,最终却只能以 200 美元的价格卖出。他增加的价值是负数——负 50 美元。但是,如果我们把最后一列中的所有数字加起来,得数是 200 美元,这个数字仍然正好等于最终商品的市场价值。

名义工资、租金和利息永远是正数,但是利润可以是正数也可以是负数（因为企业家面临不确定性）,因此我们仍然应该把最后一列中的所有数字加在一起。如果企业出现财会亏损,这一环节的增加价值就是负数,我们照样把这个负数和其他环节的增加价值加在一起。因此亏损也会被计入GDP，毕竟亏损也反映整体经济的表现。"只考虑财会利润和财会亏损吗？"前排的这位同学坚持不懈地继续发问，"那么经济利润和经济亏损怎么办？"这位同学可真把我们问住了！我们将在附录中解释这个问题。现在先让我们解决几个尚未解答的零散问题。

13.7 尚未解答的零散问题：未售出的商品和二手商品

请考虑以下问题：在计算GDP时，未售出的商品如何处理？比如我们可以考虑这样一个例子：假设伐木工、锯木厂老板、木匠和家具店老板的活动都发生在今年。家具店老板今年9月买入橡木书柜，但直到明年2月才卖出去。我们假设这个书柜卖了400美元（但是明年才收到钱）。（也就是回到表13-1中的情况。）此时应该如何计算这些活动的GDP？

根据"收入法"或"总增加价值法"，我们可以清楚地看出今年的GDP上升了250美元，即前三个阶段的增加价值的总和。毕竟，我们承认伐木工、锯木厂老板和木匠都对今年的总体经济表现做了贡献。家具店老板也为今年的经济表现做了贡献，因为他目前正把这个书柜放在店里销售，任何消费者都可以出钱买它。问题在于，家具店老板目前还没有赚到任何钱。我们不能因为书柜明年才卖出去就说明年的GDP上升了400美元，因为价值400美元的产出并不是明年2月生产出来的。与书柜相关的大部分生产活动都发生于今年。这种情况也许会让专门负责计算GDP的国家收入统计人员很头痛。为了简化计算，他们把家具店老板尚未售出的书柜算在"**毛商业存货投资**"（gross business inventory investment）中。毫无疑问，这个书柜确实是家具零售店的存货。家具店老板诚实地估计这件未售存货的市场价值是400美元，因此国家收入统计人员就认为家具店老板以400美元的市场价格"买下"了这个书柜。所以本国经济体今年已经生产出了这件估计价值为400美元的产品，只是该产品暂时未被终端消费者购买。从官方的统计数据看，今年的GDP会上升400美元。

如果明年2月家具店老板确实以400美元卖出书柜，那么国家收入统计人员不需要修正今年的GDP，因为他们当时对书柜的市场价值的估计完全正

存货投资

确。如果明年 2 月这个书柜只卖了 300 美元，国家收入统计人员就需要根据新数据修正今年的 GDP。他们对毛商业存货投资的估值本来是 400 美元，因此他们将这 400 美元计入今年的 GDP。结果明年他们发现书柜的真实市场价值只有 300 美元。今年的估值（家具店老板给出的估值）比真实价值高出 100 美元，因此从理论上来说明年取得新数据时应该把今年的 GDP 下调 100 美元。对于所有此类商品都应该做这种调整，比如福特公司今年生产但明年才售出的汽车，或者今年夏天收获但明年春天才售出的农产品。对尚未售出的商品，国家收入统计人员根据预估市场价值将其计入当年的 GDP，未来这些商品售出时再根据实际市场销售价格修正前一年的 GDP。（电视新闻里的播音员常常谈到修正后的去年 GDP 数字，现在你知道他们这么说的原因之一了。）

另外一个需要解决的问题是二手商品。假设镇上有家名为"宰死你"的汽车店。老板星期一以 500 美元的价格买入一辆 1995 年款的福特汽车，然后于这个星期的晚些时候以 1800 美元的价格卖给某位消费者。在这个过程中，除了往车上放一个"待售"的标牌以外，他根本什么也没做过。别忘了，GDP 度量的是当前的产出和收入。我们的经济体是否在今年产出了这辆价值 1800 美元的汽车？不是。这辆车是 1994 年生产的，1994 年的 GDP 已经正确地计算了它的价值。（汽车生产商总是把 n 年生产的汽车命名为 n+1 年款，这是他们的伟大市场营销策略之一。）但我们的经济体今年有没有产出新的东西？有的！二手汽车经销商提供了服务。服务永远是新鲜的、当前的。二手车车主想要卖车，一些消费者想要买车，汽车经销商的服务降低了双方的交易成本。这项服务的市场价值是多少？在这个例子中，答案是 1300 美元。汽车经销商花 500 美元买入二手车，然后以 1800 美元的价格卖出。作为以套利为目标的中间商，他提供的服务为这辆车增添了 1300 美元的价值。因此，今年的 GDP 的增值不是这辆二手车的市场价值，而是汽车经销商提供的服务的市场价值，即 1300 美元。

销售二手商品的人也是生产者！

13.8 总量波动

现在让我们把 GDP 的概念运用到实践中。历史上，各国的总产出（尤其是发达商业社会的总产出）随时间表现出可观的波动（因此总收入也随时间显著波动）。比如说，在1929年到1933年之间，美国的GDP（根据物价水平调整后）下降了30%。美国GDP的长期平均增速一直保持在3%左右，因此如果我们根据1929年的GDP数据预估1933年GDP的正常值，那么1933年的实际GDP比这个正常估计值低40%以上。如此巨大的波动就不仅仅是不方便的问题了。而且，在总体收入下降时，收入的下降并不会平均地分配到所有美国人头上。GDP下降意味着商品产量下降，意味着有些人会失业。在1929年到1933年之间，部分个人和家庭的收入降幅远不止30%。1929年，在美国劳动力中有3.2%的人被统计为失业人口，但是到了1933年，这个比例已经上升到了24.9%。1933年，每4个美国劳动者中大约就有1个人失业，就算是在有工作的人中也有很多人的工作时间远远低于他们希望达到的时间。

为了说明"整体产出和整体收入的波动很大"，我们特意选择了美国历史上最严重的经济危机。美国的GDP在1929年到1933年之间大幅下降，这导致了20世纪30年代的大萧条。大部分经济危机导致的GDP下降持续时间没有那么长，幅度也没有那么大。20世纪30年代以后，美国经历的幅度最大的GDP下滑发生于2007年。从2007年第四季度到2009年第二季度，实际GDP（根据价格水平调整后）总共下降了4.7%。大部分美国民众仍然能够比较轻松地生存下去，只是过得不怎么得意，他们的年收入通常下降4%到5%。但是由于收入下降并不是平均分摊到每个人头上，所以有些人的收入降幅远远超过总体国家收入的降幅。2007年至2009年的"大萧条"让美国的失业率大幅上升：2007年的失业率是4.7%，而到了2009年10月，失业率已经达到了10%。[a] 在公众看来，GDP下降的最大问题是失业率总是随之上升。在进一步推进讨论之前，先让我们简单说一下失业率的统计方式。

13.9 失业和未就业

目前，在美国居民中有一半人没有工作。这些人既不为别人工作赚取工资，也不在归他们自己所有的企业中工作。但是要说"美国人口中有50%的人处于

---

[a] 20世纪30年代大萧条后发生的第二严重的经济危机是1973年至1975年间的经济危机。在此期间GDP（根据价格水平调整后）总共下降了3.2%，失业率的高峰出现在1975年10月，为8.9%。——作者注

失业状态"就太荒唐了。在美国的人口中，大约有四分之一的人未满 16 岁，另有约八分之一的人超过 65 岁。此外，在 16 到 65 岁的人群中，有不少人每天忙得要命，只不过他们的工作不符合上述定义：这些人在家里养育孩子或者照顾家庭。"未就业"状态和令人多少有些担心的"失业"状态之间显然存在重要的区别。

几乎所有人都觉得存在一定数量的失业人口是完全合理的，没有人会为这种现象感到担忧。但是，多少人失业是合理的？多高的失业率是可以接受的？1944 年，官方统计数据显示 1.2% 的美国劳动力处于失业状态。当时有六分之一的劳动力在军队里服役，政府鼓励学生尽早离开学校走上工作岗位，鼓励退休人员再次就业，鼓励其他人每周工作 6 天或 7 天。那是一个劳动力不足的时代，任何经历过那个时代的人都不会相信在 1944 年的劳动人口中竟有 1.2% 的人找不到工作。

我们如何区分有问题的失业现象和不需要担心的失业现象？在某些圈子里，人们说如果失业率超过纯"摩擦性"失业率，我们就应该担忧。摩擦性失业率是指劳动力市场的正常周转[a]导致的暂时性失业率，因此我们完全没有理由为这部分失业现象担心。时至今日，那些圈子里的人还在用上述说法回避问题。如果我们有理由相信正常劳动力市场的周转率是一个可以确定的、不随时间变化的常数，那么也许以上做法能够令人满意。然而，事实恰恰相反，有很强的证据显示正常劳动力市场的周转率是一个变量，而不是一个常数。这个变量受一系列因素影响，而且近年来这些因素发生了显著的变化。

那么，我们究竟应该如何区分失业人口和未就业人口？在极端的例子中，这两类人很容易区分。有些人为了找到一份满意的工作几乎什么都愿意做，另一些人则恰恰相反，几乎没有任何条件能诱使他们接受一份工作。但你有没有注意到上一句话中有几个故意打马虎眼的字眼？有人会说他们"不顾一切"地想找一份工作，但即便这些人也会拒绝某些工作机会，因为他们希望找到更好的职位。另一些人说自己"绝对"不想工作，但即使这些人也不能保证自己会拒绝所有他们碰上的工作机会。有人说自己"找不到工作"，但实际是指他们找不到自己愿意干的工作；另一些人说自己不愿意工作，但实际是指凡是他们能

---

a 劳动力市场的正常周转是指劳动力市场上正常的工作变更。比如我跳槽去一家薪水更高的公司，从前一份工作离职后到后一份工作入职的这段时间我处于失业状态，但社会不需要为这种失业现象担忧，因为人们换工作是正常、健康甚至对经济体有利的现象。——译者注

找到的工作他们都不愿意干——有时局外人还真分不清这两类人。

13.10 就业人口、未就业人口与失业人口

然而我们确实得指望一帮局外人帮我们区分以上两种情况。他们是一些经过精心培训的美国政府雇员。美国的官方失业数据由劳工部下属机构劳工统计局(Bureau of Labor Statistics)发布。数据的来源是《当前人口调查》(Current Population Survey),这是一项由人口统计局代劳工统计局进行的住户样本调查。人口统计局随机挑选约6万户新住户作为代表总体人口的样本。被选中的住户每月受访一次,共受访4个月。(许多人认为失业数据是根据失业补偿金的申领情况推算出来的,事实并非如此。)

www.bls.gov

要想进入劳工统计局的样本,这个人首先必须属于"非收容人口"(noninstitutional population)。非收容人口是指年满16岁且未被任何机构(比如监狱和医院)收容的人。16岁以下的人一律不计算在内,不管此人工作多么勤奋或者多么迫切地想找一份工作,但65岁以上的人计算在内。非收容人口中的每个人必须归入以下三类之一:就业人口、失业人口或者非劳动人口(not in the labor force)。要判断哪些人属于就业人口并不困难,但失业人口(unemployed)和非劳动人口怎么区别呢[非劳动人口只是**未就业**的人口(not employed),而不算失业人口]?为区别这两类人,劳工统计局制定了一套精细的区分标准,因此他们能够相当准确地统计这两类人群的规模。数据的收集和度量并不算什么难题。难点在于区分这两类人群带来的重要后果,尤其是考虑到对一个具体的个人而言选择当非劳动人员还是当官方失业人员的成本大不一样,而且会随时间变化。

让我们更深入地研究一下劳工统计局制定的标准。在住户调查中,失业人口是指目前未被雇用,但要么在积极寻找工作,要么在等待入职或等待回到工作岗位的人。更准确地说,失业人口必须同时满足以下四个条件:第一,属于非收容人口;第二,在进行统计的那一周中没有工作;第三,在过去四周中曾为寻找工作做过具体的努力;第四,目前可以工作且愿意工作。(第三条标准要求失业人口必须正在积极寻找工作。但以下两类人虽不符合第三条标准也算失业人口:一是目前临时被解雇,但雇主表示会在6个月以内将其召回工作岗

失业率 = 失业人口 / 民用劳动人口 = 失业人口 / （就业人口 + 失业人口）

位的人；二是目前正在等待入职，并将在 30 天以内走上工作岗位的人。）官方失业率等于失业人口除以民用劳动人口[a]。劳工统计局每月都会公布这项数据，各大报纸、新闻和博客也会竞相转载。这种失业率叫作 U-3 失业率[b]。

上述细节读起来十分枯燥，但是我们必须搞清楚人们得做什么或不做什么才能满足劳工统计局制定的失业标准。失业人口之所以会成为失业人口是因为他们做出了相关的选择，要想理解失业现象的性质、成因或重要性，我们首先必须搞清失业会给失业人员带来哪些成本。

13.11 劳动力市场的决策

选择的概念很重要，因为经济理论试图将所有行为解释为选择的结果。当然，这里所说的选择是指在限制之下做出的选择。假如人们没有选择或面临的选择很少，经济理论就不能有效地解释人们的行为。我们假设失业是人们的选择导致的结果，但这并不是说失业人口面临很多好的选择，也不是说他们享受失业的状态。选择仅仅意味着在各种机会中挑选最优的那一个，挑选的依据是人们对相对成本和相对收益的预期。经济学的思维方式认为，社会现象（包括失业率）之所以变化是因为人们（包括雇主和雇员）对成本与收益的预期发生了变化。

劳工统计局的失业标准清楚地指出只有做出以下两项决策的人才能算失业人口：（1）决定积极寻找工作机会；（2）决定不接受目前任何雇主向他提供的任何工作机会。以上两个决策显然都是人们做出的选择。做第一个决策的人面临两种选择：要么成为失业人员，要么成为非劳动人员，他们选择了前者。做第二个决策的人也面临两种选择：要么成为就业人员，要么继续当失业人员，他们选择了后者。近年来，对于许多人来说，以上两组选择的预期收

---

a 之所以叫"民用"劳动人口是因为排除了在军队中服役的人。——译者注

b 劳工统计局会公布每季度和每月的失业人口数量和就业人口数量，这些数据已经做过"季节性调整"。也就是说劳工统计局已经修正过这些数据，以消除季节性因素带来的波动——比如学校 6 月份会放假，许多雇主 12 月份会雇用额外人员应对节日消费需求，主要节假日的影响，等等。纯粹的季节性浮动会掩盖或夸大失业率的真实走向，进行季节性调整就是为了帮助我们看清这种走向。如果读者希望全面了解美国估算失业数据时使用的整体统计方法，请访问 www.bls.gov。——作者注

益和成本发生了显著变化。因此，现在的失业率数字与 50 年前甚至 15 年前的失业率数字意义大不相同。

目前劳工统计局同时度量一系列失业率指标：从 U–1 到 U–6。其中 U–6 把劳动人口中的边缘人（希望从事全职工作但目前从事兼职工作的劳动者或失去求职意向的劳动者）也算作失业人口。由于计入了这些人，U–6 失业率自然比官方发布的 U–3 失业率高。比如说，在 2012 年年末，美国的 U–3 失业率是 7.8%，而 U–6 失业率达到了 14.4%。

其中"失去求职意向的劳动者"是一个值得进一步解释的概念。有些人对工作前景过于悲观，因此干脆停止寻找工作——退出劳动人口，这部分人就是"失去求职意向的劳动者"。劳工统计局曾经将这类人算作失业人口，但是现在这部分人既不算就业人口也不算失业人口。这类劳动者使 U–3 失业率的分子（失业人口）和分母（就业人口和失业人口的总和）同时下降，但前者下降幅度更大，故如果越来越多的劳动者放弃求职希望，退出劳动人口，失业率反而会因此下降。换句话说，当劳动力市场情况恶化，越来越多的劳动者失去求职意向，美国的官方失业率数据反而会下降，因为失业人口的定义规定"失去求职意向的劳动者"不算失业人口。

> 失去求职意向的劳动者增多反而可能降低官方失业率！

13.12 失业与经济危机

图 13–1 描绘了经济危机和失业率之间的关系。经济危机一旦发生，失业率很快就会大幅上升。当经济开始复苏时，失业率会下降，但下降的速度总是比上升的速度慢很多。1949 年的经济危机（图 13–1 中没有画出）结束后，美国经济强势复苏，其中朝鲜战争起了很大的推动作用。经济复苏令失业率从 1949 年的 5.9% 下降到 1953 年的 2.9%。1954 年再次发生经济危机，失业率重新上升到 5.5%。之后失业率缓慢下降，直到下一次经济危机来临。接下来的一次经济危机发生于 1957 年的最后一个季度，失业率快速飙升至 6.8%。之后失业率下降的时段很短，因为 1960 年至 1961 年期间再次发生经济危机，失业率随之再次上升。1961 年以后，美国经历了较长的经济增长期，失业率逐渐下降，1969 年时已经回落至 3.5%。此后，1970 年至 1971 年之间又发生经济危机，失业率重新上升至 5.9%。

1971年以后，经济再次复苏，但是美国的失业率再也没有下降到4.9%以下。1974年到1975年之间发生了一次严重的经济萧条，但之后的经济复苏期也没能把失业率降到5.8%以下。到了20世纪80年代中期，研究美国劳动力市

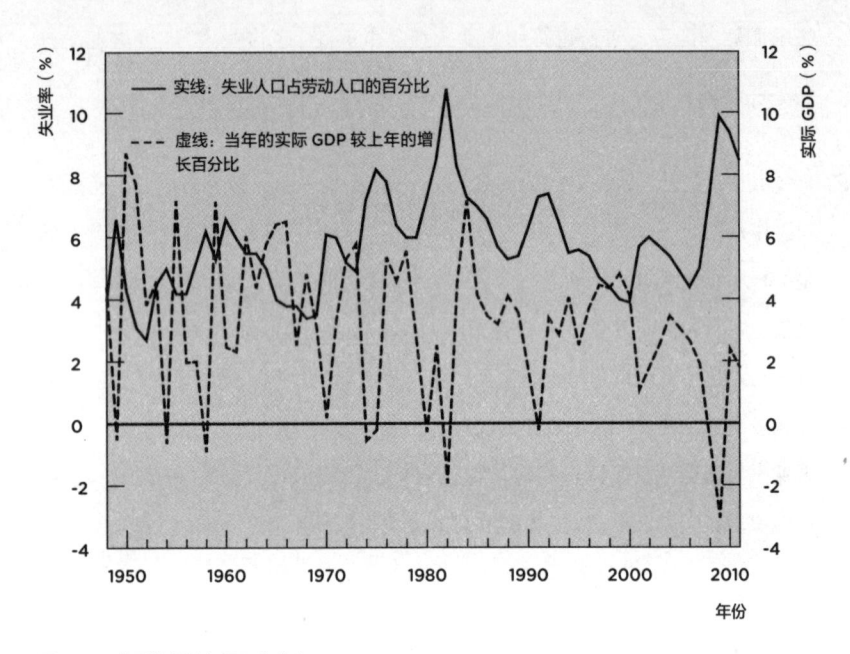

图13-1：美国的经济危机和失业率

场的人普遍认为美国的"自然"失业率在6%左右。自然失业率是指在不加速通货膨胀的前提下失业率可以达到的最低水平。有时，经济学家会更加模糊地将自然失业率描述为一种平衡状态下的失业率：比如政府不采取任何稳定经济冲击的措施时自然出现的失业率，或者反映人们的就业偏好（是否加入劳动人口，是接受当前的工作机会还是继续寻找其他工作机会）的失业率。1988年，美国的失业率下降到6%以下，之后继续下降，1989年3月已经降至5%。当时，许多经济专家预测通货膨胀率即将上升。

结果，在1989年到1991年之间美国的通货膨胀率确实上升了。但1991年以后的经济扩张期使失业率继续稳步下降，直到1998年4、5月份降至4.3%，而在此期间通货膨胀率并未再次上升。在1998年的下半年，经济预言家对通货膨胀的担忧可能还比不上对通货紧缩的担忧。1998年以后，美国的失业率

一直比较平稳，仅在 2001 年 6 月轻微上升至 4.5%。在这段低失业率的时期中，美国的通货膨胀率始终较低。然后，2007 年至 2009 年发生了严重的经济危机，失业率再次大幅上升。此次危机结束后失业率逐渐回归正常，但是下降速度似乎慢于以往的经济危机。有人说这次危机后的经济复苏期是"不增加工作机会的经济复苏"。导致这一现象的原因以及失业率持续走高的后果已经成为国内经济研究领域的重点问题。

13.13 通货膨胀

我们不能用未经调整的 GDP 衡量商品总产量，因为 GDP 是商品数量和商品价格的乘积。1970 年，美国的 GDP 首次超过 1 万亿美元，经济方面的畅销书纷纷庆祝美国进入了"万亿美元经济"时代。然而，仅仅 8 年以后，美国的 GDP 就超过了 2 万亿美元。又过了 3 年，美国的 GDP 突破了 3 万亿美元大关。然而 GDP 飞速增长并非因为经济高速增长，而是因为货币的价值大幅下降，在和平时期中，如此巨大的降幅还是头一次出现。经济分析局因此必须对 GDP 数据进行"平减"，以计算如果物价不变每年的 GDP 会是多少。经济分析局首先在最近几年中挑出一个年份作为参考年份，然后假设物价始终等于参考年份的物价，再依照这个标准计算每年总产出的价值。平减前的数字称为名义 GDP，平减后的数字称为实际 GDP。以固定不变的物价计算当年生产的所有最终商品的价值，就得到实际 GDP，具体来说这个固定不变的物价是指基准年的物价。在各种衡量商品生产速率的指标中，实际 GDP 是最全面的一种。

蛋糕变大了吗？还是蛋糕大小不变，只是价格变贵了？

在计算实际 GDP 的过程中产生了一个隐性衡量总体物价水平或平均物价水平变化的指标，称为 GDP 平减指数 (GDP deflator)。GDP 平减指数的计算公式很简单：就等于名义 GDP 除以实际 GDP，再乘以 100。在所有衡量金钱购买力的指标中，GDP 平减指数是最全面的一种，但并不是最好的一种。一般认为衡量金钱购买力的最佳指标是消费者价格指数 (Consumer Price Index)，这一指数衡量一个典型的城市消费者预算中的所有商品的金钱价格变化。劳工统计局每个月都对消费者价格进行调查，并在下个月末公布调查结果。和消费者价格指数相比，GDP 平减指数的计算难度高得多。我们只能看到每个季

(名义 GDP/实际 GDP)×100 = GDP 平减指数

度的 GDP 平减指数，而且相关部门要很久之后才公布这个指数。因此，虽然 GDP 平减指数更全面，但消费者价格指数更及时。消费者价格指数每个月都会出现在报纸的头版上，尤其是当公众担心出现通货膨胀时。

可是，公众为什么要担心通货膨胀？有些读者可能会说，这个问题太蠢了。通货膨胀难道不就是生活成本的提高吗？凡是会提高生活成本的因素人们显然有理由担心。但是通货膨胀并不是生活成本的提高，到目前为止我们非常小心地从未向读者暗示过这一点。基本上，**通货膨胀是金钱价值或金钱购买力的下降**。换个角度看，我们可以说通货膨胀是商品的货币价格的提高。如果你愿意，你甚至可以说通货膨胀是货币生活成本的上涨。但是这里的关键词是"货币"两个字。假设今年获得 1 美元的成本只有去年的一半，那么今年卖 2 美元一个的汉堡包并不比去年卖 1 美元一个的汉堡包贵。

> 通货膨胀不会提高生活成本。

如果通货膨胀并不会提高生活成本，那么人们为什么觉得通货膨胀是个问题？为什么人人都如此担心通货膨胀？**通货膨胀导致的问题几乎完全来自不确定性**。金钱价值的下降本身不会导致任何问题，但通货膨胀使人们难以预测金钱未来的价值，这才是问题的症结所在。**市场价格本应向人们提供信号，而通货膨胀扭曲了这种信号**。与难以预测的低速通货膨胀相比，稳健的、人人都能准确预测的高速通货膨胀产生的问题会少得多。

> 但通货膨胀会造成不确定性。

通货紧缩（deflation）是指金钱价值或金钱购买力的上升。和通货膨胀一样，通货紧缩也会给社会带来许多问题，因为通货紧缩也会给人们的规划和计算带来不确定性。还有一种现象被称为通货收缩（disinflation）：**通货膨胀率的降低**。美国在 1982 年和 1983 年就曾经历过这种现象。通货收缩也会导致社会问题，因为如果人们做长期规划时不能正确预测未来的通货收缩趋势，就会面临严重的麻烦。

13.14 1960 年以来的经济危机与通货膨胀

表 13-3 列出了 1970 年到 2011 年间美国每年的名义 GDP、GDP 平减指数、实际 GDP，以及后两项指标较上一年变化的百分比。然后我们将后两列中的百分比变化画在图 13-2 中，这样读者可以直观地看到总产出和价格的波动情况。

表 13-3　国内生产总值（单位：十亿美元）和价格水平，1970—2011 年（四舍五入时产生了一定误差，所以表中数字和精确计算结果有时有轻微出入）

年份	名义 GDP	GDP 平减指数	实际 GDP 较上一年变化的百分比
1970	1038	24.3	0.2%
1971	1127	25.5	3.4%
1972	1238	26.6	
1973	1382	28.1	5.8%
1974	1500	30.7	0.0%
1975	1638	33.6	
1976	1825	35.5	5.6%
1977	2030	37.8	4.6%
1978	2294	40.4	5.6%
1979	2562	43.8	3.1%
1980	2788	47.8	
1981	3127	52.2	2.5%
1982	3253	55.4	-1.9%
1983	3535	57.6	
1984	3931	59.8	7.2%
1985	4218	61.6	4.1%
1986	4460	62.9	3.5%
1987	4736	64.8	3.2%
1988	5100	67	
1989	5482	69.5	
1990	5801	72.2	
1991	5992	74.8	-0.2%
1992	6342	76.5	3.4%
1993	6667	78.2	2.9%
1994	7085	79.9	4.1%
1995	7415	81.5	2.5%
1996	7839	83.1	
1997	8332	84.6	4.5%
1998	8794	85.5	
1999	9354	86.8	
2000	9952	88.7	
2001	10286	90.7	
2002	10642	92.2	
2003	11142	94.1	2.5%
2004	11853	96.8	3.5%
2005	12623	100	
2006	13377	103.2	
2007	14039	106.2	1.9%
2008	14292	108.6	-0.3%
2009	13974	109.5	-3.1%
2010	14499	111	
2011	15076	113.4	

来源：经济分析局

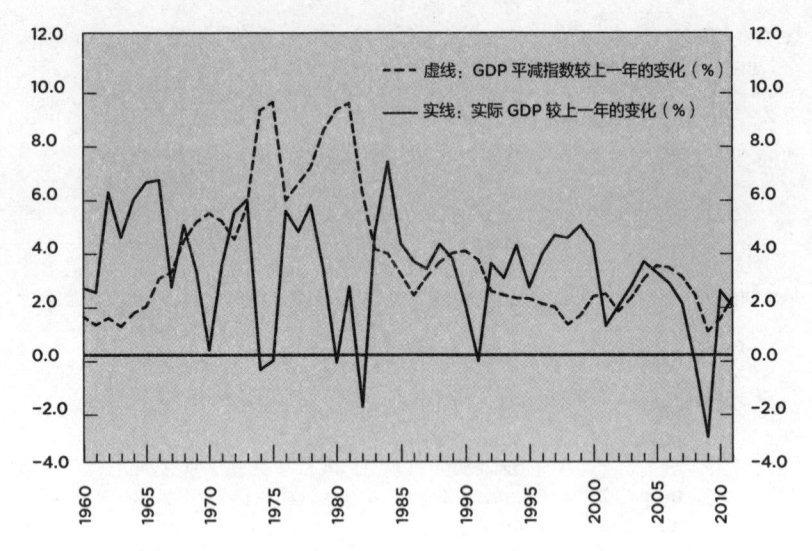

图 13-2：美国的实际国内生产总值和物价水平的波动

经济危机：
实际 GDP 的增长速度减缓或实际 GDP 降低。

从表 13-3 的第四列中可以比较清楚地看到美国的历次经济危机——在较长的时间段中，实际 GDP 的增速放缓或实际 GDP 下降。但是，判断某次经济下行是否属于经济危机的权力归一个私营研究机构——美国国家经济研究局（National Bureau of Economic Research）所有，而该机构并没有一套硬性标准来严格区分经济危机和严重程度稍低的其他经济下行，因此仅靠上表中的数据不能完全判断哪些年份出现了经济危机。美国国家经济研究局官方宣布 1970 年、1974 年至 1975 年、1980 年、1982 年和 1991 年发生了经济危机，因为实际 GDP 在这些年份中下降或几乎不增长。但美国国家经济研究局也认为 1970 年发生了经济危机，而 1991 年的那次经济危机始于 1990 年。在本书付印时，我们常常听到人们谈论"当前的经济危机"，但是按照美国国家经济研究局的官方说法，最近一次经济危机已于 2009 年结束。以上情况都可以在图 13-2 中更加直观地看到。

表 13-3 的最后一列显示，在 20 世纪 70 年代和 80 年代初，通货膨胀也变成了一个较为严重的问题。当读者观察图 13-2 中的曲线时，应该注意曲线下降不代表这些年份出现了通货紧缩现象。只有当 GDP 平减指数小于零的时候，才会出现实际通货紧缩（即物价水平的下降）。1981 年到 1986 年期间的下降曲线反映的是"通货收缩"现象，而不是"通货紧缩"现象。在 20 世纪

60年代中，年均通货膨胀率是2.5%。然而从1970年到1981年，年均通货膨胀率达到了7.5%。1974年和1975年的问题尤其严重。这两个年份中发生了严重的经济危机，失业率因此大幅上升，同时物价也以前所未有的速度飙升，在美国，除重大战争时段外从未出现过如此高的通货膨胀率。于是，在20世纪70年代中一个可怕的消息传了开去（电视和新闻媒体的宣传功不可没）：美国经济染上了一种前所未有的痼疾，就连经济学家也无法解释当前的现象——经济危机和通货膨胀同时出现。人们把这种现象称为"滞胀"：经济增长停滞，同时又出现通货膨胀。

滞胀：
经济危机和通货膨胀同时发生。

但这些谣言并不正确。此前美国也出现过经济危机和通货膨胀同时发生的现象，最近的例子发生于1958年和1960年——只是这两个年份的通货膨胀率没有1974年至1975年间那么高。而且，经济学家并非完全不能解释滞胀现象。不过经济学家确实曾用一套过度简化的理论来解释经济危机和通货膨胀的成因，20世纪70年代的滞胀现象证明这套理论存在问题。1974年至1975年间不但发生严重经济危机，而且物价的年增长率近10%，这种现象极为明确地说明经济危机和通货膨胀并不仅仅是两种"相反的现象"。

13.15 哪些因素导致了总体经济表现的波动

表13-3显示总体产出确实会发生剧烈波动，是什么因素导致了这种波动？在1978年的第二季度中实际GDP的年化增长率达到了9%，而在1980年的第二季度中实际GDP以9.5%的年化率下降，接着在1981年的第一季度中，实际GDP的年化增长率再次达到9%，为什么会出现这些现象？衡量总体物价水平的最全面的指标——GDP平减指数为什么自1970年以来每年都在上升？其上升速度为什么每年变化如此巨大？

以上问题的答案是：为什么不可以出现这些现象？变化和随机是社会的特点。战争的冲击、新的科技发现、革命和自然灾害都会影响产出和物价。产出和物价的波动不需要解释，如果它们稳定不变才需要解释。只要我们好好看看数据就会发现几乎所有我们说得上名字的商品的产量和价格都随时间不断波动。既然如此，我们凭什么认为总体产出和总体物价水平应该保持稳定？

上述答案有一定道理，但并不能完全令人满意。单一商品（比如农产品、汽车、个人电脑、电影票）的产量和价格大幅变化相对容易理解，但总体产出和总体货币价格大幅波动却不那么容易理解。虽然单一商品的需求和供给确实会因各种变化和随机因素而改变，但是根据"大数定律"，这些改变理应互相抵消。为什么大数定律没有让实际 GDP 的增长率和物价水平变得更加稳定？

部分原因在于经济系统会传播"病毒"。某一经济领域中出现正面或负面冲击后，冲击会传播到与之相关联的领域中。比如说，某月天气特别冷、雪特别多，结果这个月的汽车销量下降，汽车装配厂因此开始降低产量、解雇员工，接着专门生产钢板的钢铁厂接到的订货量变少了，为汽车装配厂的工人提供餐食的企业生意也变差了，最终钢铁厂、零售企业都开始裁员，这种涟漪效应还会进一步扩大。

较小的初始扰动可以通过经济系统传播，最终造成很大的总体效应。为了描述这种现象的机制，经济学家已经发明了一系列的模型和比喻。其中许多模型认为经济系统靠某种循环流动机制把微小事件放大为萧条－繁荣的经济周期现象，经济周期被视作靠市场协调的经济系统的特征至少已有 200 年的历史。由于每个人的支出都会成为其他人的收入，而人们的收入又反过来决定他们愿意花多少钱，因此一旦人们决定稍微多花或少花一点钱（起因也许只是公众对未来的信心稍微变化了那么一丁点儿）就会产生螺旋效应。

国家收入和国家产出的统计方式提醒我们注意：可用于购买新生产出来的商品的总收入永远等于购买这些商品的总支出。这是一条极为重要的真理——至少是一个很重要的出发点。许多人一直怀有一种奇怪的恐惧：他们担心总产出可能过快增长，而总需求的增速没法跟上，于是经济系统会因过度生产而崩溃。上面这条真理驳斥了这种看法。总收入的增长速度永远会和总产出的增长速度完全一致，因为收入和产出只不过是从不同角度观察同一现象的结果。这是一条颠扑不破的规律。但同时我们也承认总需求并不一定等于总产出。如果人们决定不把所有收入都用于消费会怎么样？要是人们决定把一部分收入储蓄起来，总需求不就低于总产出了吗？难道这种情况不会导致过度生产，最终令经济崩溃？

总收入一定等于总产出。

但总需求可以低于总产出。

以上问题的答案取决于人们究竟用储蓄起来的收入做什么。除了极少数的守财奴和其他怪人以外（因为数量太少，这些特例并不重要），人们总是把储蓄起来的收入用于投资。至少在20世纪30年代之前，绝大多数经济学家都同意这种观点。人们不会把储蓄起来的收入塞在床垫下面或者放在饼干罐子里，他们会把这些收入存入银行。如果不愿意购买资本商品，他们就用这些收入购置某种形式的金融资产（比如债券、股票、存款）。因此，这些人把自己的收入转交给了其他人，让后者用这些钱来购买资本商品。亚当·斯密非常简洁地说明了这个道理："通常每年储蓄的就是每年花费的，而且花费与储蓄几乎同时发生：只不过是由另一些人去花费。"

亚当·斯密认为，只要有"比较安全"的投资渠道，人们就一定会把储蓄用于投资。假如有人选择储蓄却不把所有储蓄用于投资，那此人一定是"彻底疯了"（"彻底疯了"是他的原话）。因此，他认为对过度生产或消费不足的担忧完全是杞人忧天。亚当·斯密及其19世纪中的大部分追随者认为，如果有人担心总需求不足，只能说明这个人根本没有理解经济系统的基本工作原理。他们认为过度生产根本不是一个问题；真正的挑战是提高产量，向人们供应更多生活的"必需品和便利品"；政府对经济系统的职责不是刺激需求而是保持适当的激励机制，达到后一个目标的主要方式是保证产权。只要政府做到这一点，提高生活水平的自然欲望就会促使人们生产、储蓄、投资，总产出就会不断上升。消费—需求侧不需要政府操心和干预。

然而，大萧条的来临彻底杀死了这种乐观的信念。对于许多政客和知识分子而言，20世纪30年代的经历证明总体需求有时显然"需要政府操心和干预"。新的经济理论应运而生，政府政策也开始关心总体需求的管理和培养。这些经济理论兴盛了很多年，直到20世纪70年代和80年代的情况暴露出它们也有一些更加严重的缺陷。通常，科学知识总是不断推进，对事物的理解总是不断加深，而经济学领域的情况却反常地违背了上述规律。和他们的前辈相比，今天的经济学家们对总体波动的产生原因和解决方法反而更加不确定了。

延伸思考：国家收入统计的局限性

GDP 试图衡量的是经济表现，仅此而已。

国家收入统计人员之所以要计算 GDP 是为了衡量宏观经济的总体表现。需要强调的是，GDP 并不是一个衡量"社会福利""国家福祉"或者"人们对生活的整体满意度"的指标。实际 GDP 的持续上升（即经济增长）并不一定意味着人们比从前更快乐、对自己的感觉比从前更好、认为自己的生活比从前更有意义或者在寻找上帝的路上更进了一步。同样，实际 GDP 下降也不一定意味着人们比过去更不快乐。GDP 仅仅是一个在一定程度上帮助我们衡量和理解**经济表现**的指标。而且 GDP 也不可能完美地衡量经济表现。经济学家明白，GDP 指标系统性地忽略了某些对经济表现有贡献的生产性活动。为了让读者对这个问题有一个大体了解，下面我们来讨论几种被忽略的活动。

GDP 忽略所有非市场性的生产活动。我们之前说过，GDP 以最终商品和服务的市场价格衡量经济表现。如果我们把国内经济体中所有**以货币形式付给资源所有者的收入**加总起来，就会得到该国的 GDP。当然，在一个现代商业社会中，许多活动确实是通过买卖产权完成的。但显然人们并没有把所有生产活动拿到市场上换取金钱，而即使不用来换钱的生产活动也对**财富的创造**做出了贡献。考虑以下两个例子。布朗一家花钱雇一位家政服务人员/保姆来料理家务和照顾孩子。他们每周付 300 美元换取家政服务人员/保姆的服务。街对面有一户姓琼斯的人家，琼斯太太是一位全职母亲，她负责料理家务和照顾孩子。琼斯太太对丈夫拿回家的工资也许有一定的支配权（也许没有），但她自己每天的劳动是没有货币**报酬**的。在这两户人家中，保姆和琼斯太太的劳动都属于稀缺商品。但是，只有布朗家雇保姆的活动会影响 GDP——他们使今年的 GDP 提高了 15600 美元（52 周乘以每周 300 美元）。而琼斯太太的劳动没有被计入 GDP。她提供的服务与布朗家的保姆一样，只是她的服务不是在市场设定下进行的。因此，统计 GDP 时琼斯太太对家庭（以及对整体经济）的贡献被忽略了。同样，如果一位机修工帮你更换了车上的启动器，GDP 会因此上升，上升幅度等于新启动器的价格（100 美元）加上机修工提供的服务的价格（他服务了半小时，价值 40 美元）。但是，假设你的男友出于对你的爱情买了一个新启动器并且亲自帮你装好，此时 GDP 的增幅仅等于新启动器的价格（100 美元）。你男友付出的劳动没有被计入 GDP，因为他以非市场化的形式提

付钱请咨询师提供建议会拉高 GDP，但是请朋友提供建议不会拉高 GDP。

Chapter 13

供服务。官方 GDP 数据通常会**低估**整体经济的实际表现, 因为经济体中所有非市场化的生产活动都被排除在外。

GDP 忽略非法 (黑市) 生产活动。 假设布朗家的保姆是非法劳工, 她在地下市场上提供家政服务。在这种情况下, 她的服务虽然是市场性的服务, 也收到了货币报酬, 却不会被计入 GDP。为什么 GDP 不统计非法生产活动? 其中一个原因很简单也很清楚: 哪个头脑正常的人会去**申报**自己非法取得的收入? 有多少毒贩会这样做? 皮条客和妓女中有多少人会申报收入? (在内华达州的某些地方, 卖淫属于合法活动, 那些地方的皮条客和妓女确实会申报收入, 他们的收入也会被计入 GDP; 但是在所有卖淫不合法的州里, 皮条客和妓女不会申报他们通过提供生产性服务获得的收入。) 一般来说, 统计 GDP 时会忽略所有非法生产活动, 但非法生产活动无疑也是国家整体经济表现的一部分。GDP 指标把经济体中的所有非法生产活动排除在外, 这是 GDP 数据通常会低估整体经济的实际表现的另一个原因。

统计 GDP 的法则: 忽略所有非法交易。

GDP 忽略经济增加价值。 下面我们举一个具体的例子, 这个例子会使 GDP **高估**实际经济表现。在本章中, 当我们讨论增加价值时始终严格地将其限制为财会增加价值。换句话说, 我们只研究**财会利润**, 不研究**经济利润**。但是, 读者还记得吗, 我们曾在第 7 章中大费周章地强调财会利润和经济利润之间的区别。现在, 本书作者仍然坚持认为这两个概念之间存在十分重要的区别。既然现在我们研究总体经济表现, 我们就更不希望忽略这种区别了。对企业家来说, 真正重要的是经济利润, 因为他们为企业提供了资源, 经济利润衡量了这些**资源的机会成本**。正因如此, 在经济学的思维方式中经济利润才会成为一个如此重要的概念。经济学家认为企业家对经济利润的追寻是驱动市场过程发生的动力。在整个经济系统中, 创新性的变化不断涌现, 对经济利润机会的追求能帮助我们理解这一现象。

一般来说, 经济利润小于财会利润, 但是, 在统计 GDP 时, 相关人员只用财会利润衡量经济表现。全美国有那么多企业家, GDP 统计人员不可能逐一算出他们面临的隐性成本或机会成本。不管是多么高明的统计人员和经济学家都不可能做到这一点。统计人员和经济学家靠企业汇报的官方财会利润统计经济表现, 就算这些财会利润事实上对应着经济亏损——不管这种统计方法是好是坏, 他们也只能这么办了。因此, 把经济体中的所有"利润"收入

GDP 统计人员无法衡量总体经济利润和经济亏损。

相加得到的国家收入并不准确,我们看待这些数据时应该多加小心。在计算 GDP 时,我们事实上假设企业家为企业提供的所有资源都是**免费商品**,因此 GDP 数据系统性地高估了国家的整体经济表现。

总量的危险:对方法的反思

清楚地衡量经济系统的总体表现是一项十分困难的任务。即使从最乐观的角度想,我们得到的结果也不可能是完美的。在很多情况下,我们得到的结果甚至没有太大意义。在本章的最后一个部分中,我们讨论一个更宽泛的问题:宏观经济分析强调统计总量,这会造成哪些问题?

首先让我们考虑一个与经济学完全无关的例子。假设气候学家想要衡量美国的总降雨量(让我们称之为"**总体降雨量**")。就算他们能精确地统计出这个数字(单位是英寸/年),"总体降雨量"究竟为我们提供了什么信息?假设气候学家向我们证明,今年的总降雨量比去年多3%。但各地的情况不同,有些地方需要更多雨水,有些地方需要更少雨水,我们能否从以上**总体数据**中看出特定地点的降雨量是否朝更理想的方向变化了?比如说,农民得决定是否显著调整自己的耕种计划,但是仅看**总体数据**本身很可能并不能指导他们的决策。农民不会太关心总体数据,他们更关心具体时间、具体地点的降雨量。艾奥瓦州中部的一位种玉米的农民只关注影响**他**的切身情况的信息。美国的总体降雨量难以为他提供有用的信息。那么总体降雨量是否能帮助农业部的那些好人呢?事实上也很难看出为什么总体数据会对他们有用。

好吧,就我们所知,极少有人会去关注美国的**总体**降雨量。但是许多人(包括经济学家和政策制定者)却会关注美国每个季度的 GDP。GDP 也是一个总量概念,它度量的是整个国内经济体的总产出(或总收入)。研究宏观经济理论的人面临各种诱惑,其中之一是在研究经济问题时主要关注(甚至仅仅关注)总体变量(比如 GDP、"物价水平"、失业率等)之间的关系。这种研究方法很成问题,因为它会让人误以为这些总体变量会由于某种原因互相作用、互相影响。希望提高经济表现的政策制定者甚至会因此觉得只要把**总体变量弄得漂亮些就行了**。但是,我们在本书的一开始就说过,经济体在**任何时刻、任何地点都是由个人构成的**。只有个人才能选择。只有个人才能行动和互动。个人试图通过市场过程协调彼此的计划。个人寻求并创造财富。个体决策者用他们手头的信息来协调每天的计划和项目，这些信息是具体的，而且常常是异质的。如果我们过度关注一簇簇**数据**（各种总体变量本身）之间的互动关系，就可能对这些重要的信息视而不见。

在20世纪50年代到70年代之间，绝大部分宏观经济学家都相信供需理论和个人决策的基本概念（我们可以把这两部分理论统称为"微观经济学"）具有本质上的局限性，仅靠这些概念无法完全解释总体经济现象。当时，宏观经济学研究把越来越多的注意力转向宏观分析，宏观经济学家认为个体决策仅对微观经济学有用，对宏观经济理论毫无用处，因此宏观研究没必要考虑个体决策。然而，从20世纪80年代开始，越来越多的宏观经济学家开始主张另一种观点：**总量分析**本身就是一种具有局限性的方法。为了改进宏观经济理论，他们开始寻找所谓"宏观经济学的微观基础"，开始重新重视一些微观概念的价值，比如供求分析、相对市场价格的形成过程、价格预期。到目前为止，这个方向的探索带来的结果有好有坏。时间将会告诉我们这个研究方向能否从根本上改变宏观经济学的思维方式。

如果只关注森林，就会对单棵树木视而不见。

简要回顾

衡量国家产出或国家收入的最常见的指标是国内生产总值（GDP）。GDP是指在一年内某国境内生产的所有最终商品和服务的市场价值总和。

我们一共可以用三种不同的方式计算GDP，如果统计过程正确，这三种方法应该得到同样的结果：(1) 家庭、企业和政府购买最终商品和服务的总支出，加上本国向外国出口的商品与本国从外国进口的商品的净价值差；(2) 所有为本年总产出贡献资源的人获取的总收入，收入形式包括工资、利息、租金和利润；(3) 在本年生产的最终商品的创造过程中所有生产者贡献的增加价值的总和。如果把未售出的商品算作存货增加，并把这个数值计入企业的总支出，那么家庭、企业、政府用于购买最终商品的总支出加上（净）出口额一定会正好等于本年内生产的所有商品的总价值。

读者可能会对未售出商品的处理有疑问。未售出商品也是本年产出的一部分，但是由于这部分商品尚未售出，它们似乎并没有给任何人带来收入。

在统计 GDP 时，统计人员假设生产这些商品的企业购买了这些商品。生产这些商品肯定会导致一些支出。虽然生产企业也许并不想自己购入商品，但不管他们愿不愿意，已经生产出来但暂时未售出的商品会被算作企业的存货。

经济体中的所有服务都是新鲜的、当前的。服务是经济体当前表现的一部分。因此，GDP 数字包含服务的市场价值，就算服务提供者（比如二手车经销商和古董经销商）仅仅通过低买高卖二手商品进行套利。

劳工统计局规定，任何年满 16 周岁的非收容人口如果满足以下标准就属于失业人口：目前未被雇用，且要么在积极寻找工作，要么在等待入职或等待回到工作岗位。（失业人口和目前正在就业的人口共同构成劳动人口。）我们最常看到的失业率数字是官方公布的 U–3 失业率。U–3 失业率等于失业人口除以劳动人口。

为了更清楚地了解劳动力市场的情况，劳工统计局还会收集更多与个人决策有关的数据。比如说，劳工统计局会估计处在劳动人口边缘、失去求职意向的劳动者数量。U–6 失业率是反映这部分人情况的统计数据之一。

放弃求职的劳动者越多，失业人口反而越少，因此，"失去求职意向的劳动者"增加反而会降低官方公布的 U–3 失业率。

通货膨胀是指金钱购买力的持续下降，也就是商品货币价格的上涨。我们不能说通货膨胀是"生活成本"的上涨，尤其是考虑到经济学中的机会成本概念，就更加不能这么说了。

通货紧缩是指金钱购买力的持续上升，也就是商品货币价格的下降。

通货收缩是指通货膨胀率的降低（或者说通货膨胀速度的放缓）。

以上三种现象（通货膨胀、通货紧缩和通货收缩）都会严重扭曲市场价格信号，给进行货币计算、预算和长期规划的人带来麻烦。

实际 GDP 以购买力恒定的货币价值衡量一国的总产出或总收入。名义 GDP（即当前货币价格下的 GDP）除以实际 GDP 等于 GDP 平减指数。GDP 平减指数衡量通货膨胀速率或金钱价值的变化速率。

经济增长是指实际 GDP 的持续上升。经济增长的反面是经济萧条。传统上，如果实际 GDP 连续两个季度下降，就判定发生经济萧条；但近年来这一标准发生了变化，经济增长速率放缓也成为判定经济萧条的标准。

在所有商业社会中，实际 GDP 的增速（即经济增长速度）都随时间波动。这种波动导致了繁荣与萧条交替出现的经济周期。目前，经济学家还不能很好地理解经济周期的成因和解决方法，至少目前的理解不足以让政府的政策制定者完全控制经济周期。

最后，我们指出 GDP 的统计方法（即"国家收入统计"）具有一系列的局限性，就像总量分析方法本身也具有局限性一样。GDP 系统性地忽视了许多能为国家总体经济表现做贡献的活动，包括：非市场性生产活动、非法和黑市生产活动以及对经济利润（而非财会利润）的追求。

供讨论的问题

1. 最终商品和中间商品有什么不同？"加工完成的"商品和最终商品有什么不同？

2. 考虑以下几种情况：
   (a) 一位美国公民受雇去伊拉克从事石油管道方面的工作。他的工作如何影响美国的 GDP？如何影响伊拉克的 GDP？
   (b) 一位法国教授今年受雇在美国的常青藤大学教法语。她的工作如何影响美国的 GDP？如何影响法国的 GDP？
   (c) "吸烟现象每年给美国人造成 300 亿美元的医疗成本。"这笔支出如何影响 GDP？

3. "一些批评家认为，以金钱收入衡量某国人民的财富或生活水平很不合理。事实上这样做远比他们想象的合理。不管哪些因素能提高你的生活水平，金钱一定能帮你更轻松地获得这些东西。也许金钱买不到快乐，但是金钱肯定比第二重要的东西好。"你是否同意以上说法？

4. 考虑以下这一连串的活动，为方便起见我们已经简化了其中的细节：一开始，农民有一些麦子，他以 20 美分的价格把麦子卖给磨坊主。磨坊主把麦子磨成面粉，然后以 50 美分的价格卖给面包师。面包师用这些面粉做了一条面包,然后以 2 美元的价格卖给食品店主。食品店主以 3.35 美元的价格把面包卖给消费者。在这个过程中,GDP 增加了多少?所有生产阶段的增加价值的总和是多少?

5. 假设有证据显示 GDP 上升伴随着焦虑、紧张和矛盾冲突的增多,那你是否认为我们应该从 GDP 数据中扣除这些心理成本,以得到 GDP 的真实价值?如果你同意这么做的话,应该如何做到?怎样计算焦虑情绪的金钱价值?

6. 有时效率降低反而会提升 GDP,你能否举一些这样的例子?有些产品能为 GDP 做贡献,但是这些产品的产量提高反而会降低社会福利,你能举出多少这样的商品?

7. 1991 年年末经济分析局决定采用和许多其他国家一致的标准,把衡量国家总体收入和产出的指标从 GNP 改为 GDP。从 GNP 中减去从世界上所有其他国家获取的收入,再加上付给世界上所有其他国家的收入,就得出 GDP。比如说,美国拥有某家英国企业的股票,并因此获得分红。虽然这是美国的收入,但不是在美国境内产生的,因此这部分收入不应该计入美国的 GDP。为了得到美国的 GDP,必须从美国的总体收入中减去这部分收入。当然,外国投资者也在美国投资,美国因此必须向他们支付收入,这部分收入不计入美国的 GNP,但是应该计入美国的 GDP,因为这笔收入代表在美国境内生产出来的产品。

　　在 1960 年到 1976 年之间,美国每年的 GNP 都大于 GDP。而在 1983 年到 1998 年之间,美国每年的 GDP 都大于 GNP。以上现象说明什么问题?我们是否应该为此感到担忧?

8. 废旧商品经销商是否在为 GDP 做贡献?高级古董经销商是否在为 GDP 做贡献?他们如何对 GDP 做贡献?为什么?

9. 假设 2013 年 12 月苹果公司生产了 10000 台电脑,每台的预估市场价值是

2000 美元。但在 2014 年春天之前,这批电脑一台也没有卖出去。

(a) 2013 年的 GDP 上升了多少?

(b) 2014 年的 GDP 上升了多少?

(c) 假设 2014 年年初苹果公司决定提高电脑的售价。在 2014 年中,这批电脑全部卖出,售价是每台 2100 美元。这会如何影响 2013 年的 GDP？

10. 本题是为了检验你是否理解了名义 GDP、实际 GDP 和 GDP 平减指数之间的关系。请将下表填写完整:

年份	名义 GDP	实际 GDP	GDP 平减指数
1	4.4 万亿	4 万亿	_____
2	5.6 万亿	_____	140
3	_____	4.4 万亿	160

11. 课文中说通货膨胀并不是生活成本的上升而只是金钱价值的下降。如果你怀疑这种说法的真实性,请考虑以下问题:在一个不使用金钱、完全依赖以物易物的社会中,通货膨胀如何发生?这个社会的通货膨胀将以何种形式发生?人们如何察觉通货膨胀现象?

12. 如果公众意见调查显示大部分美国人认为通货膨胀比失业更加威胁他们的生活,那么:

(a) 这是否说明在以下两种情况中大部分美国人更喜欢前者:第一种情况是在物价稳定的时段中失业;第二种情况是在物价上扬的时段中就业。

(b) 假设某公司的管理层允许员工在以下两个选项中投票选择一种:第一个选项是辞退 10% 的员工;第二个选项是不裁员但所有人减薪 5%。你认为投票结果会怎么样?员工如果提前知悉裁员名单会不会影响投票结果?

13. 有些人认为,公众过度储蓄导致了经济危机。如果人们决定增加储蓄,就相当于决定减少消费。这会导致某些商品卖不出去,不是吗?然后生产者就会降低产量、解雇员工,员工的收入因此下降。接着被解雇的人会进一步减少消费,从而启动一个恶性循环,不是吗?"大手大脚花钱的人促进经济繁荣,而喜欢储蓄的人导致经济危机",你如何评价这种说法?

14. 有些人不从事社会劳动,而选择在家里料理家务、照顾家庭,你是否认为应该把他们提供的服务计入 GDP?哪些理由支持将他们的服务计入 GDP?哪些理由支持我们继续不把他们的服务计入 GDP?你是否认为不把家务劳动计入 GDP 反映了一种性别歧视的态度,如果更多男性选择成为家庭主夫,你认为经济分析局会不会改变统计方法?假如你去一家烤肉餐馆吃饭,那么为你烤肉的厨师的服务肯定是 GDP 的一部分。如果丈夫在自家后院里烤肉,他的劳动性质其实和厨师完全一样,那么为什么经济分析局不把丈夫的劳动计入 GDP?

15. 许多家庭企业靠现金运作。为了逃税,他们会隐藏一部分收入。在报税的时候,这些企业不会把所有收入都汇报给税务局。如果这种做法很常见,GDP 数据(尤其是以收入法统计出来的 GDP)会受什么影响?

16. 现在加拿大已经将医用大麻的生产和使用合法化。合法使用大麻的活动会如何影响加拿大的 GDP?但非法使用大麻(非医疗用途)的活动也会继续存在,这些非法活动会如何影响加拿大的 GDP?

17. 请回忆一下第 2 章的例子:布朗用自己酿的黑啤酒交换琼斯酿的淡啤酒,两人的财富都提高了。通过分工和交换,两人享有的啤酒都更多了。
    (a) 你是否认为琼斯和布朗的上述活动属于"经济活动"?换句话说,他们俩的分工与交换活动是不是整体经济系统的一部分?
    (b) 统计 GDP 的目的是估计整体经济的真实表现,可是国家收入统计人员认为上述活动不应该计入 GDP。你是否同意统计人员的观点?
    (c) 如果你不同意,请回答以下问题:你认为应该如何把琼斯和布朗的上述活动计入 GDP？思考过这个问题以后，你对 (b) 小题的答案有没有变化？

18. 以下每个小题描述了一个虚构的个人，这个人应该算失业人员还是非劳动人员？

    (a) "我辞职了。如果找不到一份每周工作 10 小时就能赚 1000 美元的工作，我就不工作了。"

    (b) "上周我被解雇了。我本来有一份很好的工作，在一家加盟连锁企业当市场营销咨询顾问。我每周大约只要工作 10 小时就能赚 1000 美元。如果找不到那样的工作，我会一直找下去。"

    (c) "我辞职了，因为我不想再为一个以暴力和剥削为基础的系统服务。现在我想找一份不为军事工业复合体[a]服务的工程师工作。"

    (d) "他们解雇我的时候，我还以为找一份同样好的工作是很轻松的事情，但现在我已经不在乎了。只要工资能和我以前的工作一样高，什么工作我都愿意接受。"

    (e) "我已经 6 个月没有工作了，我现在非常绝望。不管是什么工作，只要合法而且能让我的家人吃上饭，我都愿意接受。但我有一个生病的妻子和 5 个幼小的孩子，所以每周工资低于 500 美元的工作我不能接受。"

    (f) "我手上有一打工作机会，如果我想入职，明天就可以从中随便挑一份入职。但是我不打算这么做。因为我还有资格再领 3 个月的失业补助金。我打算继续休息，直到不能再领失业补助金为止。哦，当然了，如果现在能找到一份特别好的工作，我还是会立刻接受的。"

    (g) "我手上有一打工作机会，如果我想入职，明天就可以从中随便挑一份入职。但是我不打算这么做。因为我还有资格再领 3 个月的失业补助金。我打算继续花时间认真找工作。我要利用这 3 个月的时间找到我能找到的最好的工作。"

---

[a] 军事工业复合体：指由国防承包商、军队以及美国政府组成的共生关系。——译者注

19. 苏联不存在失业现象，因为"失业"现象根本就与社会主义的理念相矛盾。这不仅仅是因为苏联和美国对失业的定义不同。在苏联，和劳动者人数相比，就业岗位实在太多，共产党的机关报——《真理报》因此呼吁政府立法规定劳动者没有适当理由不得辞职，还呼吁政府逮捕所有有能力工作却超过两周不参加工作的人。你觉得为什么美国的劳动者看起来总比就业岗位多，苏联却能长期让就业岗位数目超过劳动者数目？

20. 琼斯是一位工具和模具制造工，他每小时能赚 30 美元。他突然被解雇了。

    (a) 在接下来的两个星期中，他经常去职业介绍所、阅读招聘广告并且关注工具和模具制造工作方面的线索和信息，那么根据劳工统计局的失业人口标准，在这两个星期中琼斯算不算失业人员？

    (b) 两个星期以后，有位雇主向他提供了一份工作，工作内容是开卡车运面包，薪酬是每小时 9 美元。琼斯拒绝了这份工作。现在他还算失业人员吗？

    (c) 另一位雇主给他提供了一份工具和模具制造工作，但工作地点远在 125 英里以外的另一个城市。琼斯拒绝了这份工作，因为他的孩子正在上高中，他们不愿意转去别的学校。现在他还算失业人员吗？

    (d) 琼斯找了 3 个月还是没有找到工作，他因为太过失望而不继续找工作了。现在他还算失业人员吗？

21. 假设就业人口有 2000 万，失业人口有 500 万，失业率是多少？如果还有 300 万人不在民用劳动人口中，那么失业率的数字会变化吗？

22. 如果经济情况恶化，失去求职意向的劳动者增多，失业率反而可能因此下降。以下这个简单的例子能帮助你理解这一现象。假设失业人口 =4，就业人口 =4，那么民用劳动人口 =8。

    (a) 失业率是多少？

    (b) 现在假设有两个人失去求职意向，停止找工作。失业人口是多少？

    (c) 民用劳动人口是多少？

    (d) 新的失业率是多少？

23. 最近的一次经济萧条被称为"大衰退"。大衰退发生以前，美国政府规定一个人最多可以领取 26 周的失业补助金，而在大衰退期间政府将这个数字上调为 99 周。这一变化会如何影响失业者面临的激励机制？（只有"正在找工作"并且"不曾拒绝合适工作机会"的人才有资格领取失业补助金。）这一变化会如何影响美国经济的总体失业率？

第 14 章 货币

学习目标

- 描述货币如何出现，如何演化为银行票据。
- 解释现代经济体中的货币创造过程。
- 描述美联储如何管理商业银行系统。
- 解释美联储通过哪些工具影响经济体中的超额准备金数量。
- 介绍美联储能以货币平衡为政策目标使宏观经济波动最小化。

在这本书中，我们一再谈到货币。不管是在国内贸易还是在国际贸易中，货币都是贸易之轮的润滑油。因此我们现在极有必要单独用一章的篇幅来讨论货币。在第 5 章中，我们说过货币是交易的通用媒介，也是每笔交易的一个重要方面。本章重点研究货币本身。市场过程协调人们的活动，虽然我们已经强调了货币在促成这一机制的过程中发挥的重要作用，但货币不是从天而降、凭空产生的。那么货币系统究竟怎样产生？

14.1 货币的演化

在有据可查的人类历史上，人们一直希望从贸易中获得更多好处，也一直在寻找达成这一目标的途径。经验一次又一次地让人们发现，用漂亮稀少的金属做交换媒介是一种不错的方式。铜、青铜、银、金都具有一些共同的特点：经久耐用；既可以分割成小块也很容易熔化重组；供应有限；因美观耐用而具有其他方面的价值。但用这些金属做交易媒介有一个重大缺陷：在以货币支付时，对方很难判断金属的真实重量和成色。一些手握政治权力的人发现把贵金属铸成硬币有利可图，这便部分解决了以上问题。他们接受金属条，扣下一些作为自己的利润，将剩下的铸造成特定重量、特定成色的硬币。人们可以精确地知道硬币的价值，因此硬币在交易中比未经铸造的金属价值更高，所以顾客也愿意支付这笔费用（称为"铸币税"）。有时，发行硬币的权贵还将自己的头像印在硬币上，免费给自己打广告。有些人在将硬币转手前会从硬币边缘刮下一些金属，为了防止这种占便宜的行为，铸币者开始在硬币边缘轧棱（轧出凹凸的齿纹），这样可以防止硬币在流通过程中变小、贬值，提高硬币的接受度和价值。

商人和富人希望把手头的金条和银条存放在安全的地方。金匠有储存贵重物品的设施，因此许多金条和银条被寄存在金匠那里。接受寄存时金匠会出具收据，这可能是纸币的雏形。进行支付时，买方必须冒着风险、大费周章地把自己的金条从金匠的金库里搬出来交给卖家，然后卖家再次承担成本，把金条重新寄存到金匠那里。何必这么折腾呢？为什么买家不直接把金匠的收据交给卖家？

后来有了商业银行，银行开始接受硬币形式的存款。银行家很快就发现，所有存款人不会同时跑来要求赎回钱款，因此他们可以用部分存款放贷赚取利息。此外，也没必要把真金白银的硬币搬出来交给借款人，给他们收据就足够了，而且给收据可能还更方便。这就是大部分钞票（bank notes，又称银行票据）的来源。这种钞票是我们今天使用的纸币的老祖宗。钞票只是一张纸，银行承诺向持有这张纸的人支付一定数量的金属货币。为了防止他人仿冒，银行会把这张纸印得精美而华丽。

如果你看一下自己钱包里的纸币，就会发现它们都是银行票据，发行方是美国的12家联邦储备银行之一。20世纪90年代末美钞的印刷设计发生了变化，在那之前，总统肖像左侧有一个圆形的印章，印章上有发行钞票的银行的名称。大约150年前，美国（以及世界其他国家）的大部分纸币也是银行票据，今天的银行票据和那些银行票据的主要区别在于现在的钞票通常只能由政府管理的银行发行，并且发行方不承诺向票据持有人支付任何实物。

从硬币……

到钞票（银行票据）

14.2 法定货币（Fiat Money）的故事

Fiat 是一个拉丁语词语，意为"让其是"或"让其成为"。如今，颇有一些人抱怨国家政府把所有钱都变成了法定货币。这些人说，我们手中的纸币并不是真正的钱，政府只不过发行了一堆纸，然后强行宣布这些纸就是钱。早先私人银行发行的票据不仅是法定货币，因为那些票据是金银的收据；银行以金银"支撑"票据，因此票据才具有价值。反对派认为发行法定货币是对政府权威的滥用，政府靠这种骗局致富，靠印刷纸币来支付各种铺张的开支，全然不顾他们印刷的纸币越多，公民手中的纸币就越不值钱。

以上说法虽有一定道理，却忽略了一个关于金钱的基本事实。仅仅宣布某种东西是钱并不能把它变成钱。谁也没有这种点石成金的能力，就算强有力的政府也没有。某种东西之所以能变成货币，是因为人们确实接受和使用它作为交易媒介。在美国，联邦储备券（federal reserve notes）[a] 能成为货币不是因为美国政府宣布它是货币，而是因为当买方或借款人用美钞购买商品或偿还债务时，卖方和债主愿意接受这种支付形式。世界各地的政府都已经发现，如果他们印刷发行的纸币太多，本国公民就会不愿意接受这种纸币，于是在该国境内其他东西（通常是美元）会成为更受人们青睐的交换媒介。

> 金钱的关键特征是人们接受它作为交换媒介。

14.3 今日货币的性质

我们说了这么多都是为了引出一个千真万确且极为重要的论断：今天我们使用的交易媒介几乎都是受信任的机构发行的欠条。今天，在美国境内，我们使用哪些交易媒介？大部分人一提到钱就会立即想到那些绿色的纸张（称为"联邦储备券"）和颜色、大小各异的硬币。经济学家将纸币和硬币统称为通货（currency），通货是货币供给（money supply）的一个部分。在通货中，联邦储备券占绝大部分。联邦储备券事实上是联邦储备银行的欠条——用会计术语来说是它的"债务"。联邦储备银行刚刚成立时，人们之所以愿意接受它发行

---

[a] 即美钞。——译者注

的票据,是因为该行承诺只要票据持有人提出要求,它随时愿意以"合法货币"赎回票据。后来,联邦储备券上不再印有这种承诺,但是几乎没有人注意或关心这个变化,因为那时联邦储备券本身已经是"合法货币"了。

有没有什么东西可以替代现金?别忘了我们在第3章中曾经坚持强调所有东西都有替代品,现金也不例外。事实上,(美国)使用最广的交换媒介并不是现金,而是**支票存款**(checkable deposit):**存放在金融机构中、可以通过签支票的方式转给他人的存款**。在支票存款中,最常见的类型是存放在商业银行或"全服务银行"(full-service bank)[a] 的普通支票账户中的钱。因为储户可以随时要求赎回这类存款,所以银行工作人员称其为"活期存款"(demand deposit)。活期存款也属于欠条或者说债务,储户把钱存在哪家银行,这笔钱就是哪家银行的债务。你的支票账户里有多少钱,你的银行就欠你多少钱。在美国,企业和家庭主要通过签支票付款。储户签发一张支票时相当于通知银行,现在这笔钱不再是你欠我的款项,而变成了你欠另一个人(支票的支付对象)的款项。

> 我们使用的交换媒介:钞票(即现金)加上支票存款。

支票存款就是钱,它符合钱的所有定义。学生常常难以理解这一点,因为他们自己总是用通货进行交易:他们一收到支票就兑现;也就是说把支票换成通货,然后再用通货买东西。但是学生的消费习惯并不具有典型性,企业、政府机构和家庭交易时往往不用现金支付。以美元价值计量,绝大部分交换都以支票存款作为交易媒介。买方会通知银行,让银行把自己的一部分存款的产权转给卖方——换句话说,买方签发了一张给卖方的支票。卖方收到支票后通常不会兑现,而是将其存入银行,也就是要求自己的银行接收支票规定的产权转移事项。

在这个过程中,没有任何通货发生转手。卖方的银行(支票存入行)在账簿上记上一笔,买方的银行(支票签发行)也记上一笔,这两笔记录金额一样,但方向相反。

美国的交易媒介几乎完全由联邦储备券和支票存款构成。两者的共同特征是从本质上看它们都是受信任的机构的债务。为什么这一点很重要?因为从这一点中我们可以初步看出要控制社会上流通的货币数量是相当困难的。只

---

a 全服务银行:指提供存款、贷款、投资、保险等多种金融服务的银行。——译者注

要一个机构能够说服人们持有并流通他们发行的债务，这家机构就可以增加社会上流动的交易媒介数量。只要能做到这一点，一个机构就具有创造货币的能力，不管它是私营机构还是公立机构。

14.4 究竟有多少钱在市面上流通

狭义的货币供给叫作 M1。美联储把所有在市面上流通的通货、活期存款、其他支票存款和旅行支票加在一起，就得到 M1。表 14-1 能让读者大致了解美国 M1 的规模及其在不同年份间的变化。经济体中的货币数量在今天和明天之间可以也确实会发生显著的波动，因此在汇报货币数量时，通常取一段时间内的平均值。表 14-1 中的数字是每年 12 月份的日平均值，单位为十亿美元。表中的最后一列是货币总量较上一年上升或下降的百分比。

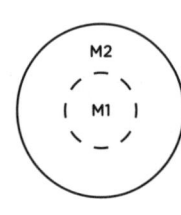

既然狭义货币供给的官方名称是 M1，有些读者可能已经猜到除了 M1 还有定义更广泛的货币供给指标，也许这个指标叫作 M2。确实有这么一种指标。M2 等于 M1 加上数额小于 10 万美元的非支票存款（储蓄账户中的存款）和零售货币市场共同基金的份额（这类基金接受低于 5 万美元的初始投资）。计算 M2 是为了衡量公众手中容易转化成交易媒介（比如只要打个电话给银行就能变现）的资产的美元价值。

M2 和 M1 的规模不同是因为公众愿意以某些形式持有货币和与货币类似的资产。假设你从自己的支票账户中取出 500 美元，存入储蓄账户，那么 M1 就下降了 500 美元。但是 M2 并没有上升，因为 M2 中已经包括所有 M1——不管这 500 美元是放在支票账户中还是储蓄账户中，它都已经算在 M2 里了。因此，银行向客户发放贷款会提高 M1。公众持有资产时对活期存款和储蓄存款的偏好决定了 M2 和 M1 的不同增长速度。

14.5 信用和信心

如果在某个社会中银行放贷行为不受法律监管，那么银行几乎可以创造、发行任意数量的货币，唯一的限制条件是它必须保持信用。银行可以通过发行债务来发行货币，但前提条件是公众必须对这些债务有信心。所谓"信心"

表14-1　M1各年12月的日平均值

年份	M1 （单位：十亿美元）	较上一年变化的百分比
1975	306.6	6.8
1976	330.7	7.9
1977	357.7	8.2
1978	384.2	7.4
1979	404.3	5.2
1980	436.7	8.0
1981	473.9	8.5
1982	520.6	9.9
1983	555.9	6.8
1984	619.9	11.5
1985	735.2	18.6
1986	750.6	2.1
1987	784.6	4.5
1988	794.9	1.3
1989	828.9	4.3
1990	897.5	8.3
1991	1028.4	14.6
1992	1131.8	10.1
1993	1149.4	1.6
1994	1126.8	-2.0
1995	1070.8	-5.0
1996	1071.6	0.1
1997	1092.1	1.9
1998	1126.3	3.1
1999	1088.6	-3.3
2000	1183.7	8.7
2001	1220.2	3.1
2002	1303.5	6.8
2003	1388.0	6.5
2004	1383.8	-0.3
2005	1381.0	-0.2
2006	1371.1	-0.7
2007	1602.1	16.8
2008	1692.5	5.6
2009	1851.6	9.4
2010	2152.8	16.3
2011	2384.8	10.8

来源：美国联邦储备委员会，www.federalreserve.gov.

是指公众相信当债权人要求银行偿还债务时，银行愿意且有能力偿债。在某家银行里有支票账户的人一旦怀疑自己要求取款时银行可能无力偿债，就会决定立刻要求银行偿债。（记住你放在银行里的存款是银行对你的债务，也就是银行欠你的钱。）这些储户会立刻冲去银行要求取出存款。那么银行此时以什么形式的资产偿债？以储户仍然信任的其他机构（比如联邦储备银行）发行的债务。假设你支票账户的余额是 237.28 美元，你对银行失去了信心，那么你会取出存款，把它换成联邦储备券加上 1 个 25 美分硬币和 3 个 1 美分硬币。

你的取款行为不会改变市面上流通的货币总量，因为银行系统中的纸币和硬币不算在货币供给中。你注销支票账户，全国的活期存款因此下降 237.28 美元，但同时在市面上流通的通货增加 237.28 美元。但假设该银行的大部分甚至全部储户都和你一样怀疑银行在储户提出要求时不愿意或无力偿还债务，并且采取了和你一样的行动，银行金库里的通货就会不够用。此时银行只能联系该区域的联邦储备银行，请后者提供更多货币。从本质上看，联邦储备银行向你的银行放款与你的银行向你放款差不多：你的银行在联邦储备银行有一定数量的存款，当它提出要求，联邦储备银行就减少这笔存款的金额，并把相应的钱款以联邦储备券的形式交给你的银行。接下来有两种可能。第一种可能是你的银行在联邦储备银行的存款数额足够大，因此它可以拿到很多联邦储备券，足以满足所有起疑心的储户的取款要求——事实证明你们的疑心没有道理，银行资金充足、信誉良好，对该银行的"挤兑"到此为止。第二种可能是你的银行把存在联邦储备银行的所有联邦储备券都提出来了，但还是不能满足所有储户的取款要求——事实证明你们的疑心很有道理，银行资金不足、无力偿债，因此不得不破产。

因此，即使不受法律监管的银行也不能无限制地发行货币。银行面临的限制是它必须让储户相信当储户提出要求时银行愿意且有能力把欠储户的债务转化成其他形式的、更受公众信任的货币（具体来说就是联邦储备券）。在其他条件不变的前提下，一家银行发行的货币越多，对储户的偿债能力就越低。这条规律背后的原因非常简单。银行在创造货币的过程中也会给自己创造更多债务，除非储户花掉这些货币而且收钱的人把这些货币存进其他银行——你在商店里买电脑时就是这样。但是，这种情况并不会对银行更加有利，因为你应该记得联邦储备银行会"清算"你签的支票，也就是把钱从你的

如果人们对某种货币失去信心，他们就不再接受这种货币。

银行账户中取走，放到电脑商店在另一家银行开的账户里去。这个过程使你的银行放在联邦储备银行里的准备金减少，所以该行可以用来满足储户提款需求的货币也减少了。因此，虽然银行希望创造更多货币用于放贷赚取利息，但是他们不能无限制地发行货币，渴望利润和维持储户信心这两个因素必须保持平衡。

14.6 受管制的银行：法定准备金要求

以上我们讨论的是如果银行系统完全不受管制，哪些因素会限制银行创造货币的能力。讨论这个问题是为了澄清银行系统的关键性质。但是，事实上如今世界上的所有银行系统都是受管制的。在美国，最基础的银行管制条件（这一条件从本质上限制了银行创造货币的能力）是**法定准备金要求**。银行的存款债务不得超过准备金的一定倍数。

对银行的准备金要求以百分比表示，这个百分比叫作**存款准备金率**。存款准备金率是银行业的一条重要游戏规则。在银行的所有存款中，这个比例的钱款必须以现金形式存在金库中，或者以准备金形式存在区域联邦储备银行里。比如，如果存款准备金率是 25%，银行共有 1 亿美元支票存款，那么银行就必须将其中的 2500 万美元以现金形式放在金库里。剩下的 7500 万美元是该行的**超额准备金**，该行可以用这笔钱投资赚取利润（最典型的投资形式是发放贷款）。不要忘记，商业银行的经营目的是赚取利润。他们希望以较低的利息借钱（比如你把钱存在储蓄账户里，银行付给你的利息就比较低），然后用这笔钱放贷赚取较高的利息（比如房贷和汽车贷款）。这两个利率的差值代表银行的潜在利润，当然，首先必须扣除经营银行产生的各种其他支出。

存款准备金率：在银行的所有存款中，这个比例的钱款必须以现金形式存在金库中，或者以准备金形式存在区域联邦储备银行里。

为了获得利润，银行用手中的超额准备金投资。

我们可以从另一个角度考虑这个问题。你把 1000 美元存在支票账户中，但是这 1000 美元并不都在银行里！确实，你拥有一个账户，账面余额是 1000 美元，但是事实上银行只把你存款的一部分留在手上，而剩下的钱（也就是超额准备金）被银行拿去追求各种获利机会了。在银行的金库里，你名下的现金不到 1000 美元。有些人可能会对这个事实感到惊奇，可要是把所有存款都放在金库里，银行用什么资金去发放贷款呢？商业银行要发放贷款就必须动用手中的超额准备金。

支票存款	存款准备金率
0— 1240万美元	0%
1240万美元— 7950万美元	3%
7950万美元以上	10%
储蓄存款	存款准备金率
任意数额	0%

那么，在美国，商业银行面临的存款准备金率究竟是多少？你能不能猜一猜？是90%吗？还是50%？或者更低，比如25%，甚至15%？不管你信不信，美国的平均存款准备金率通常不到10%。不同存款类型［称为"等级"（tranches）］面临的准备金率通常各不相同。目前，在商业银行持有的所有支票存款中，头1240万美元的存款准备金率是0，1240万美元至7950万美元段面临的存款准备金率是3%，7950万美元以上段面临的存款准备金率是10%。这种规定已经实施了一些年头。目前，商业银行的储蓄存款面临的存款准备金率也是0。

把现金放在金库里（通常）赚不到任何回报，因此法定准备金要求相当于向银行征税。

综合考虑所有存款等级，目前美国的平均存款准备金率在7%到8%。也就是说，如果一家典型的商业银行手中有1亿美元存款，那么它得将其中800万美元放在金库里，美联储允许它把剩下的9200万美元拿去进行（合理的）盈利活动。通常放在金库里的美元不会给银行带来任何利息。因此，从银行老板的角度看，法定准备金要求相当于一种税收。如果对各种等级的存款提高准备金率，银行手中的超额准备金就会减少，这会降低银行的放贷能力、提高银行的经营成本，最终降低银行的潜在利润率。为防读者误解，我们必须告诉读者一个重要的事实：从2008年10月开始，美联储开始向银行的准备金支付利息。随着这项改革的发生，银行不再将准备金看作一项税收，而是将其看成一种特殊的资产。因为准备金获得的利息较低，银行相当于在美联储那里开了一个回报率不高的储蓄账户。对于银行来说，发行新贷款的吸引力下降了，这是政策变化带来的结果之一。

14.7 存款扩张与货币创造

银行可以创造货币——这句话不是什么比喻，就是字面上的意思。但是银行创造货币的方式不是印刷更多绿色的钞票，而是把手中的超额准备金拿出来放贷。让我们通过一个具体的例子来看银行究竟如何创造货币。这个例子里的数字比较小，故事的开头也比较简单（虽然有点脱离实际）。假设你有1000美元的资产，比如说政府债券。你直接将这些资产卖给美联储（这部分脱离实际——一般来说美联储不会从个体公民，比如你手中直接购买债券）。你在艾克米银行开了一个支票账户，美联储把购买债券的钱存进这个账户。于是，艾克米银行的总现金存款增加了1000美元。这一系列行动事实上使货币供给上升了1000美元。为什么？因为M1不仅包括所有在市面上流通的物理通货，还包括整个银行系统中的所有支票账户里的存款（当然M2也包含这些元素）。

到目前为止没什么问题。假设存款准备金率是10%，那么在这1000美元中，银行必须把100美元放在金库里。剩下的900美元是超额准备金，银行可以把这笔钱借给任何人。正是这一步使得货币供给的增加值超过一开始美联储注入的1000美元：因为艾克米银行将900美元借给其他客户，借款人最后会把这900美元存入另一个银行，比如"纾困银行"。为了搞清这个过程究竟产生什么效果，让我们看一看表14–2中的一系列交易：

表14-2

存入	总存款 （单位：美元）	法律要求的准备金 （单位：美元）	超额准备金 （单位：美元）	新贷款 （单位：美元）
艾克米银行	+1000	+100	+900	900
纾困银行	+900	+90	+810	810
凯撒银行	+810	+81	+729	729
……				
ZZZ银行	+1	+0.01	+0.99	0.99

纾困银行收到了900美元的新现金存款。现在你在艾克米银行有1000美元的存款，另一个人（让我们叫他琼斯先生）的账户里也多了900美元存款。至此总支票存款（这是M1货币供给的一部分）已经增加了1900美元。虽然美联储并没有印刷更多绿色的钞票，但是银行系统中的货币总量却增加了！

银行系统里的钱还可以变得更多。收到900美元现金存款以后，纾困银行的经理必须把其中的90美元放在金库里，同时他手中又多了810美元超额准备金，这部分钱可以用来放贷。假设他把这810美元借给另一位客户，此人最终把这笔钱存进了第三家银行——凯撒银行。现在，总共有三个人的账户里

钱不是从树上长出来的，是通过存款扩张过程产生的。

的钱变多了：你（1000 美元）、琼斯先生（900 美元）和安·特普纳尔（810 美元）。到目前为止，货币供给已经增加了 2710 美元。

现在凯撒银行手上的超额准备金又多了 729 美元。如果该行没有办法把这笔钱借出去，那么货币扩张的过程到此为止。通过存款扩张过程，美联储一开始注入的 1000 美元最终令整个系统中的货币供给上升了 2710 美元。但如果凯撒银行能把 729 美元的超额准备金借出去，如果这笔贷款又被存入了另一家银行，如果那家银行又将新增的所有超额准备金借了出去，以此类推，那么最后存款扩张的过程会收敛——货币供给的增加量不能再超过这个最终数字了。

这个最终数字是 1 万美元。如果我们不停地扩充表 14-2，一直到 ZZZ 银行，然后把"总存款"列的所有新贷款加起来，一直加到最后 1 美元、最后 1 美分，得到的总数会是 1 万美元。也就是说，一开始向银行系统中注入的 1000 美元，最终至多能使货币供给增加 1 万美元。这 1 万美元是货币供给增加量的上限。

但是表 14-2 只举了几个例子，我们怎么知道这些数字加起来等于 1 万美元？很幸运，我们有一个简单的计算公式，这个公式用到了**存款扩张乘数**。存款扩张乘数就是存款准备金率的倒数。在我们的这个例子中，存款准备金率是 10%，或者 0.1。0.1 的倒数是 10。

若想计算货币供给增加量的上限，只要用初始注入量（1000 美元）乘以存款扩张乘数（10）——看啊！我们算出了正确的得数：1 万美元。（如果存款准备金率不是 10% 而是 5%，那么存款扩张乘数就是 1/0.05=20。此时如果美联储一开始向银行系统注入 1000 美元，那么货币供给增加量的上限就是 1000 美元的 20 倍，也就是 2 万美元。这个数字很合理，因为存款准备金率越低，银行手中的超额准备金就**越多**，可用于放贷的钱也越多。）

注意存款扩张乘数告诉我们的是货币供给增加量的上限，也就是理论上货币供给的最大增长潜力。但是，就算银行手中有超额准备金，他们也不是每次都能找到放贷对象。就算超额准备金全借出去了，借款人也不是每次都会把借到的钱存进另一家银行。因此，实际的存款扩张过程造成的货币供给增加量可以远远小于、通常也确实远远小于用存款扩张乘数算出来的结果。

存款扩张乘数
=1/存款准备金率

14.8 美联储的角色是监督者和规则执行者

在之前几页中，我们一直在谈联邦储备银行，却一直没有将其正式介绍给读者。现在让我们修正这个错误。美联储是美国的中央银行，1913年奉国会法案成立。美联储的成员是一些商业银行。虽然从技术上看美联储归这些商业银行所有，但美联储事实上是一家政府机构。其联邦储备委员会设在华盛顿特区，由美国总统任命，总统任命时必须听取参议院的建议并征得其同意。美联储的储备银行系统由12家银行构成，联邦储备委员会实质上控制该系统的所有政策。从表面上来看，我们似乎有12家央行，但这基本只是一种表面功夫。当年美国的政治风气更偏向民粹主义，人们对东海岸人、华尔街人士以及穿条纹裤和燕尾服的人心存怀疑，因此他们让分布在全国各地的12家银行共同组成央行，这种历史遗留设置保存至今。但事实上美联储是一家银行（各地设有分行），至少在20世纪30年代国会修改立法内容以后是这样。12家区域银行可以通过行政官员和研究人员对美联储的政策制定施加一定影响，但它们的权力也就仅限于此了。

美联储有权制定对银行的法定准备金要求（存款准备金率必须在国会规定的范围内，但是这个范围很宽），也有权增加或减少准备金的美元数额。通过行使这两项权力，美联储能限制商业银行系统的借贷行为，从而控制货币创造过程。哪些资产可以算作法定准备金也由美联储说了算。自20世纪60年代以来，准备金可以以两种形式存在：一种是商业银行金库里的现金，另一种是商业银行存在该区域的联邦储备银行里的存款。

总之，大家之前的猜测没有错，私有银行确实不可能无限制地创造货币。首先，商业银行必须找到合适的放贷对象，这些人不仅得愿意按照商业银行提出的条件借款，还必须证明自己有还款的意愿和能力。第二，每家银行都必须满足准备金要求，政府通过这些限制来控制银行的借贷行为，从而控制整个货币创造过程。法律规定所有银行都必须持有一定的准备金，准备金的形式也由法律规定。就像我们在前文中讨论过的那样，只有那些满足准备金要求后手上还有超额准备金（扣除法定最低准备金后剩下的存款）的银行才可以发放新的贷款。美联储有权增加或减少银行系统的准备金，或者提高或降低准备金率（准备金占总存款债务的百分比）。对银行的准备金要求可以限制市面上流通的货币数量的增长速度。准备金的这一功能乍看上去并不符合人们的常识——大家通常仅将准备金理解为一笔用来应急的资金。如今的法定准备金其实并没有很强的应急功能。法定准备金要求主要是为了限制商业银行系统扩大货币供给的能力。

但读者可能会问这样一个问题：难道银行没有必要准备一笔资金应对可能出现的"挤兑"情况吗？毕竟，如果你在银行里有 1000 美元存款，银行并不会把这 1000 美元全部以你的名义放在金库里。这笔钱中的大部分都被银行拿去放贷了。如果由于某种原因许多储户突然不再信任银行并同时要求把存款换成现金提出来，银行就没有办法满足所有人的提款要求。假设太多储户突然要求提款且银行未预见到这种情况，那么银行手头的现金肯定会不够。到时候银行只能关门，储户的存款会因此变得一文不值。一旦一家银行倒闭，公众的不信任情绪还会蔓延到其他银行，最终银行系统中会有相当一部分机构关门大吉。

事实上，美国从 20 世纪 30 年代以后就没有发生过这种挤兑现象。从前，只要出现金融危机的谣言，储户就会一齐涌向银行要求提款，但现在他们不会这样做了，因为他们的存款现在受美国联邦存款保险公司（Federal Deposit Insurance Corporation）保障。不管银行因什么原因倒闭，联邦政府保险系统将在几天之内把储户的存款悉数赔偿给他们。联邦存款保险公司成立于 1933 年，一些批评家认为当时该公司向银行收取的保费太低，如果银行真的倒闭，联邦存款保险公司也会因为无力赔偿所有存款而破产。但是，联邦存款保险公司的成立本身成功地终结了挤兑现象，因为储户不再挤兑，银行倒闭的概率不像过去那么高了。因为这种变化，事实证明联邦存款保险公司对银行收取的保费水平不是太低了，而是太高了。[a] 在 20 世纪 30 年代中，维稳效果最好的货币改革措施恐怕就要数联邦存款保险公司的成立了。

20 世纪 30 年代以来，美联储还修改了工作程序，金融系统的稳定也必须

---

a 既然政府给商业银行的存款投保效果很好，那么对储蓄贷款机构的存款投保效果肯定也会很好，不是吗？但是这类保险有一个问题：有了保险以后，储户便不再有动力去监督存款机构的行为。因为储户不愿意监控存款机构，政府管理部门又疏于监管（这是由于某些国会成员想借此回报慷慨支持他们的选民和机构），20 世纪 90 年代中储蓄贷款机构发生了大量亏损，最后美国的纳税人不得不为此买单。由于当初"我们"同意一旦储蓄贷款机构无力偿还储户的存款，"联邦储蓄贷款保险公司"就得负责全额赔付存款，因此"我们"只好承担买单的义务。——作者注

归功于这些新程序。现在，美联储已经清楚地认识到不管银行的存款准备金够不够，它都有责任向银行系统提供货币。因此，如今不管银行需要多少货币，都可以从美联储处取得。就算银行已耗尽所有准备金，还是可以继续向美联储借，美联储会把银行资产组合中的部分资产扣为抵押。只要银行因合理原因需要额外准备金，就可以向美联储借钱，这种设置提高了整个银行和货币系统应对变化的弹性，使之能更好地抵御危机和暂时性的混乱。

14.9 美联储使用的工具

现在我们已经知道，美联储设定并执行法定准备金要求，但美联储究竟如何扩大或收缩货币供给？ 美联储有权规定法定准备金要求，这是美联储手上最有力的工具，也是所有其他工具发挥作用的前提。

但美联储官员通常并不希望直接调整存款准备金率，他们认为这是一种相当笨拙的调控手段，而且可能会损害银行系统。毕竟，银行业人员必须努力满足准备金要求，如果美联储改变存款准备金率，银行业的生意就更难做了。因此，美联储更愿意让准备金要求保持不变，让银行业人士将其视作一种既定的游戏规则，然后通过其他方式调整银行系统中的总体准备金规模。具体来说，美联储通过调整贴现率或者通过公开市场操作完成上述目标。美联储以这两种方式创造或消除准备金的原理与商业银行创造或消除货币的原理完全一样：两者均通过扩大和收缩贷款规模达到目的。2008年以后，只要银行把准备金放在美联储那里，美联储就要付利息，所以美联储只要调整这个利率就能控制市面上流通的贷款数量。因此美联储手中又多了一种调控工具。只要美联储的储蓄账户的利息比银行放贷的利润还高，即使银行手中有许多超额准备金，这些钱也不会以贷款形式流入经济体。

> 美联储把法定准备金率当作银行业的既定游戏规则。

14.10 贴现率

美联储可以直接借钱给商业银行。毕竟，美联储是"银行家的银行"，也是"所有选择穷尽后的最后一位债主"。银行可能无力满足准备金要求，如果情况更糟，甚至还可能遇上挤兑，此时美联储愿意为银行提供流动性，帮助银行贴现率：美联储为银行提供短期贷款时收取的利率。

满足储户的要求。银行向美联储借钱要付利息，这个利率叫作"**贴现率**"。这是美联储向银行发放短期贷款时收取的利率。美联储直接增加银行准备金账户的余额，同时收走银行的债权或者银行资产组合中其他机构的债权（比如政府债券）作为抵押。这个过程的原理和商业银行向客户放贷的原理一样：商业银行收走客户的某种债权作为抵押，然后增加客户的存款余额。

贴现率下降（上升），全国的货币供给就会上升（下降）。

美联储可以通过调整贴现率增加或减少银行系统中的准备金总量，从而改变经济体中的总货币供给。具体来说，如果美联储降低贴现率，就会鼓励银行向美联储借贷，商业市场上的信贷规模因此扩大。相反，如果美联储提高贴现率，就会提高银行直接向美联储借贷的成本，商业银行因此变得更加不愿意向美联储借贷。提高贴现率会降低商业银行发放贷款的意愿，从而减少总货币供给。

但美联储的贴现率与其说是一种真实的调控工具，不如说是一种象征性的工具，因为并不是每家银行都能从美联储借钱。美联储的官方政策规定，向银行放贷是为了应对**特殊情况**，因此并不是每家愿意以贴现率借钱的银行都能获得美联储的贷款。美联储的角色更像是严厉的家长，而不是追求利润的放贷人。向美联储借钱并不是每家商业银行享有的权利，只有美联储批准时商业银行才能获得这项特权。因此，如果商业银行需要短期贷款，它们通常不会向美联储借而是向其他商业银行借，这种贷款市场叫作**联邦资金市场**。

如果银行需要短期贷款，他们一般在联邦资金市场上向其他银行借。

14.11 公开市场操作

美联储极少改变法定存款准备金率，也不会频繁地调整贴现率。美联储调控国内货币供给的最常用手段是通过所谓"公开市场操作"买入或卖出美国政府债券。目前，美联储手上的资产组合中有价值近3万亿美元的已发行政府债券。美联储通过券商买入政府债券时会签发支票付款，这样做一方面创造了新的债务，一方面增加了资产组合中债券的价值，债务增量与资产增量相等。收到支票的银行会将支票存入该区域的美联邦储备银行，于是银行在美联邦储备银行的准备金账户的余额提高。

接着新闻播音员就会宣布："美联储今天降息了。"在2000年到2003年之间，我们常常听到这样的新闻。但是，上述说法具有一定的误导性。美联储只能直接设定一种利率,即贴现率。但是美联储可以通过公开市场操作启动一种过程,该过程会降低经济体中的各种利率:比如银行间的借贷利率(联邦基金利率)、车贷利率、房贷利率、商业贷款利率等等。假设美联储内部的工作人员决定降低经济体中的总体利率,他们可以通过大量买入债券间接达成这个目标。比如说,美联储可以从主流券商(包括大型商业银行)处购入价值1000亿美元的美国政府债券,美联储与这些券商早已建立了良好的关系。美联储想买入债券,但它如何确保这40余家券商愿意卖债券?答案是美联储会逐一联系券商,询问他们愿意以多高的价格出售债券。接着美联储会响应这些报价(当然是从最低价开始),不断购入美国政府债券,直到买满1000亿美元。

> 美联储希望靠大量买入和卖出美国政府债券间接影响其他利率(尤其是联邦基金利率)。

这个过程的逻辑非常简单。美联储获得了债券,券商一共获得了1000亿美元。券商将这笔钱存入商业银行系统。因此,一开始,银行系统中的总存款上升了1000亿美元,这就新创造了数百亿美元的超额准备金。银行会用这笔超额准备金干什么?当然是放贷:向家庭、企业和其他客户放贷。但是银行如何鼓励人们向它借这笔钱?答案是通过**降低贷款利率**。(所有的需求曲线都是向下倾斜的,包括对信贷的需求曲线!)于是利率降低,信贷数量增加,总货币供给随之增加。简而言之,美联储购入多少债券,商业银行的存款总量就上升多少。存款总量上升后商业银行会降低贷款利率、发放更多贷款。这一系列过程的总体结果是增加 M1 货币供给。

> 美联储买入债券,银行获得美元,因此 M1 增加,利率下降。

以上整个过程都可以反过来。事实上,美联储从 2004 年夏季开始"上调利率",具体做法是美联储把资产组合中的部分政府债券卖给报价最高的券商,从而减少银行的总存款量。比如说,美联储出售 10 亿美元的政府债券,最终买主获得债券同时向券商签发一张支票。接着券商也向美联储签发一张支票,银行准备金账户的余额因此下降相应的数额。美联储卖出的债券流向经济体中的许多个人和组织,10 亿美元流向美联储,**这些美元于是离开经济体,不再流通**。最终的结果是 M1 货币供给减少,因为银行系统中的总存款少了一大笔,商业银行为了降低债务会限制放贷,于是整个经济体中的利率都会提高。

> 美联储卖出债券,银行获得债券,美联储获得美元,因此 M1 减少,利率上升。

到了 2007 年夏天,美联储为扩大货币供给、拉升总体消费,再次将政策方向改为"降低利率"。如果再回去看一看表 14-1,我们就会发现之后几年美国的 M1 显著扩大,这是因为美联储不仅买入债券,还购入了价值数万亿美元的住房按揭支持证券(mortgage-backed securities)。

Chapter 14

14.12 货币平衡

美联储是美国货币系统的官方管理者。在理想情形下,美联储的工作目标是让货币供应量等于货币需求量。[a] 从第 1 章起我们便一直强调"协作"是经济系统的核心。虽然教科书一般将经济问题分为宏观和微观两类,但在这本书中我们尽量强调两类问题的共同基础:经济活动的协作。简而言之,经济学的思维方式要求我们认识到:虽然世界上确实存在宏观经济问题,但是归根到底这些问题只能在微观层面上被解答。

重要的是个人面对的**激励机制和信息**。这两样东西引导人们在市场上与他人合作,合作可能成功也可能失败。在任何一个发达经济体中,货币系统都处于核心地位,在整个经济体中连接交换关系的纽带是货币单位。因为货币是连接经济体中所有交换关系的纽带,所以从本质上来看货币不可能是"中立"的。如果货币系统失衡,就一定会对经济体中的交换和生产情况产生影响[b]。从"货币平衡"的角度看,货币政策的目标(由美联储制定)应该是让货币供应量等于货币需求量,从而让货币尽量保持中立。如果能做到这一点,通货膨胀率和通货紧缩率就会是零(或者相当接近于零),也就是人们常说的"**物价稳定**"。换句话说,如果做到这一点就能让货币的购买力稳定不变。同样重要

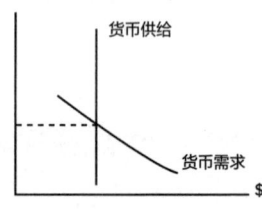

货币平衡:货币供应量等于货币需求量,因此货币的价值稳定不变。

---

[a] 关于货币均衡理论请参看史蒂夫·霍维茨(Steve Horwitz)所著的《微观基础和宏观经济学》(*Microfoundations and Macroeconomics*, New York:Routledge,2000)第 65 ~ 103 页。霍维茨系统性地追溯了货币均衡理论的基本观点:从瑞典经济学家克努特·维克塞尔(Knut Wicksell)和纲纳·缪达尔(Gunnar Myrdal)、奥地利经济学家米塞斯(Mises)和哈耶克(Hayek),到更现代经济学家如利兰·耶格尔(Leland Yeager)和乔治·塞尔金(George Selgin)。虽然宏观经济协作问题的成因有很多,但从这个角度看最重要的成因是货币供给与需求的不平衡。货币供给过剩会导致一系列与通货膨胀有关的协作问题,而货币需求过剩会导致一系列与通货紧缩有关的协作问题。因此理想的货币政策应该最小化通货膨胀和通货紧缩带来的成本。塞尔金用强有力的证据证明通货紧缩在经济繁荣时期(生产率提高期)不会导致太大损失,但在经济萧条期破坏性很大。他建议货币管理机构制定货币政策时不应以稳定物价水平为目标,而应采用"生产率标准"。请参看塞尔金的著作《低于零:经济增长期的物价降低》(*Less Than Zero: The Case for a Falling Price Level in a Growing Economy*),伦敦:IEA,1997。——作者注

[b] 读者一定要注意,货币单位和货币系统不是同一个概念。货币不可能是中立的,所以如果货币系统失衡,就会对经济造成严重损害。因此,货币政策的目标是尽量保持货币的中立性,从而最小化货币供应过量或货币需求过量造成的潜在危害。货币单位和货币系统之间的区别类似于法律和法律系统之间的区别。任何一部法律都不可能是中立的,因为法律判决必然照顾某一群体、牺牲另一群体的利益,但是法律系统的目标应该是尽量保持中立。从人治到法治的转变对经济系统的发展至关重要,原因之一正在于此。——作者注

的是，在这种情况下相对价格不会出现扭曲。价格扭曲会导致系统性的货币计算错误，还会带来无法持续的经济繁荣期和不可避免的经济萧条期。

14.13 究竟谁说了算

不管美联储是否以货币平衡为目标（在大部分情况下他们并没有采用这个目标），公开市场操作都是美联储进行货币管理的主要工具，这一点在前文中我们已经说过了。美联储设有一个特别委员会——联邦公开市场委员会（Federal Open Market Committee）。该委员会共有 12 名成员，其中 7 名是联邦储备委员会成员，另外 5 名从 12 家联邦储备银行的行长中选出。这个委员会负责随时掌握货币管理的方向。至于该委员会对货币供应的管理是否有效，这一直是个有争议的问题，美联储的支持者和反对者、经济学家和政客都对这个问题争论不休。

待回答的问题主要有两个。一是政策制定问题：美联储是否设定了合理的工作目标？是否尽力做了它该做的事情？二是政策执行问题：美联储是否有效地实现了自己制定的工作目标？这两个问题当然是互相关联的，因为若不能切实评估政策的可操作性，就不可能制定出明智的政策。假设橄榄球比赛到了最后一节球队还落后对手 12 分，教练可能会要求球员采用长传策略。但是如果教练明知本队四分卫是"橡胶臂"，接球手又个个都是"黄油手"，那么长传就是一种很差的策略选择。在黑板上演练橄榄球策略时，教练常常忽略执行策略时的可操作性，也常常忘记对手也有他们的计划。在教科书上讨论经济问题时也应该警惕这种错误。

激励机制和知识问题

你开车的时候想加速就踩油门，想减速就踩刹车。假设你觉得美联储调整货币供给也像开车那么轻松，你就把问题想得太简单了。要知道美联储脚下并没有货币刹车和货币油门，他们并不能轻松对货币供给做出快速、准确的调整。货币管理工作更像是驾驶倔驴拉的车，有时候就算你严令驴子立刻停下，车还是会继续往前跑。更糟糕的是，这辆驴车的后座上还坐着几个吵闹不休的乘客，他们不仅丝毫不讲风度地对车夫指手画脚，有时还想从车夫手里抢过缰绳。在下一章中我们将会看到，货币系统的管理有时是一项艰巨而精细的工作，并且可能产生严重的意外之果。但同时我们也将看到，这项工作对经济系统的总体表现至关重要。

延伸思考：那黄金呢？

我们在正文部分已经讨论了货币的性质以及美联储调整全国货币供给的能力。但我们是否还漏掉了一些重要的东西？货币由什么东西支撑？货币一定要由某种资产支撑吗？在这个问题上，黄金扮演什么角色？

如果货币由黄金支撑，那么黄金由什么支撑？

有些人相信，货币要具有价值，就必须受某种资产支撑。但是这种想法提出了一个有趣的问题：既然货币必须受另一种资产支撑才有价值，那么靠什么东西支撑"另一种资产"使之具有价值？假设"另一种资产"又受第三种资产支撑，那么第三种资产又受什么支撑？然而这一系列问题根本就问错了方向。在经济学中，价值来自稀缺性。而一件商品之所以稀缺一是因为人们对它有需求，二是因为可供人们取用的数量有限。人们何时会对一种特定的货币产生需求？为什么会产生这种需求？这两个问题的答案非常清楚。只要人们可以用某种货币换取他们想要的其他东西，人们就会对这种货币有需求。换句话说，只要其他人接受这种货币作为交换媒介，对这种货币的需求就产生了。另一个条件是"可供人们取用的数量有限"，这一点美联储的货币管理者已经差不多帮我们搞定了。只要这两个条件成立，货币就不需要受其他资产"支撑"。假如这种说法让你感到紧张，或者使你怀疑自己手中的货币和支票账户里的存款的价值，那你只要做一件很简单的事情就能重拾信心：你可以把手里的货币"卖"给其他人。你会发现其他人都愿意买你的货币，即愿意用其他有价值的资产交换这些货币。

任何货币要保有价值必须满足两个关键条件：一是这种货币的供应量必须有限，二是人们必须相信未来的供应量会继续保持有限。自然规律保证了黄金的相对稀少性。美联储有能力保证联邦储备券和支票存款的相对稀少性。但是许多人觉得自然规律比央行和政府可靠得多。因此一些人希望回归纯粹的金本位制度：货币可以按固定比率兑换黄金。他们这么想并不是因为他们坚信货币必须由某种资产支撑，而是因为他们不相信政府的货币管理机构。如果政府承诺支票存款可以兑换联邦储备券，联邦储备券又可以按事先确定的比率兑换黄金，那么黄金的自然稀缺性就能严格限制政府，使之不能随意增加市面上流通的货币数量。

事实上，对于政府来说，增发货币确实是一个很诱人的选择，在战争期间尤其如此，因为如果能靠增发货币来支付开支，就可以避免痛苦的公开征税过程。政府并不总能抵挡住这种诱惑。但增发货币的后果通常是通货膨胀，靠这种方式支付政府开支虽然比征税更隐蔽，但并不比征税更公平。然而呼吁回归金本位制似乎只是一种绝望之下的无奈之举。如果一个政府已经不负责任到了人民想用金本位制度来约束它的程度，那么这个政府几乎不可能真的采用金本位制度，更加不可能回应这种约束带来的压力。不负责任的政府确实是个严重的问题，但我们很难相信回归金本位能解决这个问题。不管怎么说，既然美国在可见的将来不像是要回归金本位的样子，我们恐怕只能尽量保证现行系统运行良好并接受其结果了。

简要回顾

货币是一种社会制度。这种社会制度能降低交易成本，使人们根据自己的比较优势更全面地进行分工，从而提高全社会的财富。只要人们都接受某种物品作为交换媒介，这种物品就能在社会中发挥货币的作用。而人们接受某种物品作为交换媒介可以仅仅因为其他人接受这种物品作为交换媒介。

在今天的美国，狭义的货币供给（M1）包括银行系统以外流通的所有货币，加上金融机构中的支票存款。在 M1 的基础上加上储蓄账户中的存款和其他资产就得到更广义的货币供给 M2。

根据美联储规定的存款准备金率，银行仅把客户存款的一部分留作准备金；剩下的部分称作超额准备金，银行通常用这笔钱放贷以获取利润。

存款扩张可以创造货币。银行把超额准备金借给客户，客户把借来的钱存进其他银行，于是银行系统中的总存款量增加，货币供给也因此扩大。向银行系统中注入一定量的现金后，存款扩张的过程会一环扣一环地发生，货币供给因此不断提高，但总增加量有一个上限，存款扩张乘数（即存款准备金率的倒数）告诉我们这个上限是多少。

如果银行不能满足准备金要求，可以向美联储借钱。美联储对这种短期贷款收取的利率叫作贴现率。（银行也可以在联邦资金市场上向其他银行借钱，此时它们支付的利率是联邦基金利率。)

美联储系统的管理者负责管理全国的货币供应量。为了调控货币供应,美联储进行公开市场操作——大量买入或卖出债券。如果美联储买入债券,银行的存款就会增加,货币供给因此增加;如果美联储卖出债券,银行的超额准备金就会减少,货币供给因此减少。在以上两种情况中美联储都通过这些步骤来调整利率。美联储对银行的准备金支付利息,因此它也可以通过调整这个利率控制银行用超额准备金放贷的意愿。

货币平衡可能是一个理想的政策目标,但是因为存在知识和激励机制的问题,目前采用这种政策目标的国家并不多。

有些人认为货币一定要受实物(比如黄金)"支撑"才有价值,这种想法是错误的。只要人们接受货币作为交换媒介,货币就有价值。一种有效交换媒介要想继续被人们接受必须符合两个条件:一是供应量有限,二是人们相信未来的供应量仍会有限。

供讨论的问题

1. 人们十分关注金钱,但是金钱的名声往往很糟糕。以下这些话都在谈论金钱,那么说话的人对金钱的定义与我们在课文中给出的定义是否一致?他们是不是在以"金钱"代指其他东西,或者把金钱当作其他东西的符号?如果你觉得某小题中的"钱"并不是课文里定义的"钱",请指出在这句话中"钱"指代的"其他东西"究竟是什么。
    (a) "对金钱的热爱是万恶之源。" (人们常常把这句话错误地引用为"金钱是万恶之源"。)
    (b) "健康是一种金钱买不到的福气。"
    (c) "如果这不是爱,就一定是疯狂,因此是可以原谅的。不,有件事可以更明确地证明这一切:我愿意把我的钱给你。"
    (d) "美酒能带来欢愉,但是钱能解决所有问题。"
    (e) "语言是表达意思的通用符号,就像金钱是表达价值的通用符号一样。"
    (f) "金钱是所有国家的通用语言。"
    (g) "美国人对钱太感兴趣了。"

(h)"保护我们的自然环境比赚钱更重要。"

2. 密克罗尼西亚的雅浦岛上的居民把圆形的石头当作货币有近两千年的历史。但现在这种圆形石头已经不再是他们的交易媒介,而只是一种符号。各色人等都拥有一定数量的圆形石头。

(a) 这些石头很重,而且一旦破损就没有任何价值了,因此人们把较大的石头留在原处,仅仅把所有权变更的事实记录下来。这种做法和我们用支票付钱的方法有何相似之处?

(b) 村里有一家"银行",部分石头被一排一排地摆在银行里。假设村民委托住在"银行"隔壁的某个人记录哪些人拥有哪部分石头,那么这个人可以如何利用自己的职位来发放贷款从而增加雅浦岛上的货币数量?

3. 1945年,经济学家R.A.雷德福德(R. A. Radford)发表了一篇题为《一个战俘营中的经济组织》(*The Economic Organization of a P.O.W Camp*)的论文。文中描述了一个二战战俘营中的经济行为。战俘营里的人用香烟交换红十字会的援助品以及各种配给品。

(a) 在雷德福德的战俘营里,为什么就连不吸烟的人也很快接受了香烟这种交换媒介?假设战俘营里没有香烟,你觉得哪些其他东西有可能变成那里的通货?

(b) 假设一位战俘手头没有香烟了,但他想从另一位战俘那里买一罐果酱。卖果酱的人说,只要买家给他一张欠条说明暂时欠他八根香烟,他就愿意把果酱给买家。这张欠条会如何成为战俘营中的通货?

4. 人们有时用"法定货币"一词指代不由黄金或任何其他实物支撑的纸币。因此,人们似乎认为法定货币之所以具有价值仅仅是因为某个权威机构宣布:"让这些纸成为钱吧。"

(a) 和金币相比,法定货币是否更不配被称为货币?什么样的"权威机构"才能把"一张毫无价值的纸"变成钱?

(b) 在加拿大,美元算不算钱?在美国,加元算不算钱?为什么世界许多国家的零售商都很愿意接受顾客支付的美元？有时，有些国家的人甚至不愿意接受本国货币，却愿意接受美元，你能想到在什么情况下会发生这种事情吗？这些情况说明政府需要具有何种"权威"才能发行法定货币？

5. 亚当·斯密在《国富论》中说许多人把金钱和财富混为一谈。金钱和财富真的不是同一种东西吗？
   (a) 任何人只要获得更多金钱，财富就会增加，难道不是这样吗？
   (b) 如果任何人只要获得更多金钱就能提高自己的财富，难道我们不能从逻辑上推导出以下结论：每个人都更有钱了就意味着每个人的财富都增加了？
   (c) 假设为解决贫困问题印度政府决定加印许多印度卢比，然后慷慨地把这些钱分给全国最穷的家庭，这样做会导致什么后果？

6. 商业银行或其他储蓄贷款机构都可以为储户提供储蓄账户。一般来说，人们不能直接花储蓄账户里的资金，要想花这些钱先得把钱提出来，即把储蓄账户里的钱变成货币或者支票存款。但是从储蓄账户中提款几乎没有任何成本，因此储蓄账户中的存款被视为与货币非常接近的资产。
   (a) 你觉得美国在一段时间内的总消费支出是与 M1 关系更紧密还是与 M2 关系更紧密？
   (b) 假设储蓄贷款机构允许储户直接通过电话转账形式用储蓄账户里的钱支付消费开支，那么你对 (a) 小题的答案会不会改变？

7. 在任何一个时刻，已经印好的联邦储备券会出现在以下几个地点：(a) 公众的钱包里；(b) 商业银行的金库和抽屉里；(c) 联邦储备银行的金库里。放在这三个地方的联邦储备券属于货币供给的哪个部分或者如何影响货币供给？

8. 从支票账户里提款对货币供给的影响：提款行为如何影响银行的准备金？如何影响银行的放贷能力？进而如何影响货币供给？

9. 商业银行通过放贷创造货币。银行业人士并不把放贷看作货币创造活动，但他们的放贷行为实际上产生了创造货币的效果。作为经济系的学生，你一定要搞清楚为什么银行可以创造货币，以及为什么其他机构的放贷行为不能创造货币。

(a) 商业银行有什么优势使他们可以在放贷时创造货币？因为不具有上述优势，信用合作社和消费信贷公司向客户放贷时并不能创造货币，到底哪种能力是这两种机构不具备而商业银行具备的？

(b) 你想不想直接创造货币，然后把你创造出来的货币借给朋友？要是能学到创造货币的秘诀，你不仅可以帮助朋友，还能提高自己的人气，甚至还可以从中赚到一些利息。创造货币的秘诀究竟是什么？

(c) 假设镇上的每个人都认识你，知道你的签名长什么样，而且完全信任你。有一位朋友向你借 10 美元。你直接写了一张字条签上名交给朋友，字条上说"谁拿这张字条来找我，我就付他 10 美元"。你觉得这位朋友能不能把你的字条当钱用？假设这位朋友用字条买了东西，那么收到字条的商人能不能继续把这张字条当钱用：比如别人给他一张 20 美元的钞票，他要找别人 10 美元，他可不可以直接把你的字条找给对方？你能不能通过写这张字条成功地创造货币？你可以签一张支票，在收款人一栏写上"现金"，收到这张支票的人不用把支票存进银行就能直接当钱用。那么你写字条的情况和你签这种支票的情况有什么不同？

(d) 狭义的货币供给（即 M1）包括联邦储备券、支票存款和旅行支票。这几种资产都是受信任的金融机构发行的债务。那么要想创造货币，一个人或一家机构必须做到什么？

(e) 20 世纪 80 年代发生过这样一件事：由于加州州长和立法者无法就州预算达成一致，因此加州政府计划用欠条来付账。那么州政府的欠条能不能发挥货币的功能？假设你是向加州政府供货的供应商，或者加州政府欠你一笔退税款，结果加州政府寄给你的不是支票而是一张欠条，你可以把这张欠条当钱花吗？假设你现在就得支付房租或者购买食品，没有办法等到州长和立法者解决预算争端以后再付钱，那你可以怎么做？

10. 美联储有能力改变一个国家的 M1 货币供给。要理解美联储的这一功能，我们可以思考一下整体银行系统中的超额准备金增加会产生什么效应。简而言之，任何增加超额准备金的行为都会增加货币供给；任何减少超额准备金的行为都会减少货币供给。记住这一点以后请回答：如果美联储采取以下行动，整个银行系统中的超额准备金量会如何变化？

    (a) 降低存款准备金率；

    (b) 提高存款准备金率；

    (c) 大量购买美国政府债券；

    (d) 大量抛售美国政府债券。

11. 为什么美联储在经济繁荣期扩大货币供给比较容易，在经济萧条期扩大货币供给比较困难？如果美联储希望增加公众手头的货币量，它可以怎么做？

12. 如果持有纸币的人可以要求将纸币换成其他资产，我们就说纸币被其他资产"支撑"。课文中说，在一个社会里流通的纸币要具有价值并发挥交换媒介的功能不一定要受其他资产"支撑"，只要人们接受其作为交换媒介就行了。

    (a) 在美联储刚开始发行联邦储备券的时候，如果它不允许持币人把联邦储备券兑换成金银，你觉得人们会接受联邦储备券作为交换媒介吗？

    (b) 发行纸币时，政府除了承诺随时将纸币兑换成人们认为有价值的其他资产以外，还能以什么其他方式使公众接受纸币作为交换媒介？

    (c) 假设目前社会上的所有人都接受政府发行的纸币为交换媒介，那么哪些因素会令公众不再接受这种纸币，从而导致纸币不能继续发挥货币功能？

13. 如果货币不一定要被某种其他资产"支撑"，那为什么许多人不相信这一点？受砖块"支撑"的货币会比不受任何东西"支撑"的货币更受欢迎吗？

14. 这一题和上一题有联系。罗恩·保罗（Ron Paul）是国会议员及 2012 年的美国总统候选人。他坚持说"黄金就是货币"。这种说法对吗？

第15章 经济表现和现实世界中的政治

学习目标

- 解释不可持续的经济繁荣和衰退现象，以及这种现象与企业家的错误决策之间的关系。
- 货币政策的变化会导致企业家决策的变化，分析两者之间的关系。
- 讨论在何种情况下旨在稳定经济的货币政策和财政政策能够发挥预期效果。
- 在现实世界中，政府政策有时无法发挥稳定经济的作用，分析此情况的成因。
- 讨论经济周期的理论基础与近期美国实际经济情况之间的关系。

公众手中的货币数量增长快慢究竟有何影响？经济周期的根源是不受管制的自由市场吗？或者，是否货币管理方面的失误造成了不可持续的经济增长与退行性的经济崩溃？政府预算方面的政策如何影响经济——财政赤字能减小宏观波动的幅度吗？是否因此财政赤字才如此常见？我们提出了许多有关宏观经济表现和稳定性的宏大问题，这些正是晚间新闻和政治辩论中常常出现的议题。

15.1 大萧条

20世纪30年代的大萧条使经济学家不得不开始关注这些问题。从1929年开始，美国的实际产出和实际收入连续4年下降，且下降幅度极大：1930年下降了9%，1931年下降了8%，1932年下降了14%，1933年又下降了2%。我们可以把这段时间的经济表现与第二次世界大战后的经济表现进行比较。第二次世界大战后美国总产出连续两年下降的情况只有一次——发生于1974年和1975年，但在这两年中产出的年降幅均小于1%，如果和大萧条比较，这种降幅几乎可以忽略不计。

此外，20世纪30年代的经济危机从未完全复原。在1974年至1975年后的3年中，产出每年大约上涨5%，因此这次萧条造成的损失很快就完全补回来了。但是30年代的情况却完全不同：1939年的总产出和总收入仅比1929年高1.5%，此时距1933年总产出触底已有6年之久。由于1939年的美国人口总数大于1929年，30年代的这点少得可怜的经济增长远远不足以把人们的生活水平恢复到大萧条前的水准。在1929年到1939年之间，美国的税后人均收入下降了7%。（在1929年到1933年之间这个指标下降了近30%。）在大萧条中甚至还发生了一次小萧条：1938年的实际产出和实际收入较1937年下降了4%。

对于经历过20世纪30年代的人们来说，最生动的记忆是大规模的顽固失业现象。如果剔除1930年的数据（当时失业率还在继续增长），30年代的平均失业率超过19%。也就是说，在劳动力大军中，每五个人中就有一个处于失业状态。在经济最糟糕的1933年，劳动力大军中有25%的人口属于官方失业人口。

为什么会这样？究竟发生了什么？到了30年代末，许多政治立场各异的人经过深思熟虑得出了相同的结论：资本主义崩溃的时刻终于来临了。有人为此失望懊恼，有人对此欢欣鼓舞。资本主义可以创造生产的奇迹，这一点就连马克思和恩格斯也不否认，但是马克思和恩格斯同时断言资本主义制度无法解决自身的"内在矛盾"。他们说，资本主义就像传说中的巫师学徒，虽有法力召唤来自地狱的力量，却无力控制这种力量。他们在《共产党宣言》中写道：

> 只要指出在周期性的重复中越来越危及整个资产阶级社会生存的商业危机就够了。在商业危机期间，总是不仅有很大一部分制成的产品被毁灭掉，而且有很大一部分已经造成的生产力被毁灭掉。在危机期间，发生一种在过去一切时代看来都好像是荒唐现象的社会瘟疫，即生产过剩的瘟疫。

换句话说，资本主义系统之所以会崩溃，是因为这个系统生产得太多。一个经济系统竟会因为生产过剩而崩溃，即使在今天看来这也是一种很荒谬的想法。

15.2 经济衰退期间究竟发生了什么

"衰退"（recession）的动词是 recede，意思是"撤回"或"后退"。经济衰退是指总产出的增长率比从前"后退"了——如果发生严重经济衰退，实际 GDP 甚至可能下降。但是，是否只要经济增长显著放缓就一定构成经济衰退呢？难道只有经济永远不停地增长才是唯一的正常情况？

有些人支持经济零增长，有些人认为我们不应继续过分强调市场化商品的生产。如果经济衰退仅仅是经济增长率的放缓，那么以上两派人一定会非常欢迎这种现象。但事实上他们并不欢迎经济衰退，世界上没有任何人喜欢经济衰退，因为经济衰退意味着经济增长率出乎意料地下降，故这是一种破坏性的放缓。总产出的统计数据本身无法展示实际情况是否与人们的预期不符。也许我们可以从这些数据中推测出情况与许多人的预期不一致，但若想用整体数据真实衡量经济衰退情况，就必须计算因为事实与生产者的预期不符而少生产了多少产品。之所以会出现经济衰退，是因为人们的预期没有实现。

当然，每天都会有一些生产者的预期落空。但同时也会有生产者发现实际情况比自己预想的还要好。有时，由于某些原因，失望的人数增加了，获得惊喜的人却没有相应增加，或者失望者的失望程度加深了，而惊喜的程度却没有相应放大。此时经济衰退现象就发生了。

商业社会中的不确定性

在商业社会中，生产者生产商品通常不是因为接到了具体的订单，而是因为预见到消费者对商品有需求。就算是消费者订购的商品，生产者几乎也总会在订单确定之前就开始生产。而且订单很少是完全确定的，订货方总是可以取消订单。私人裁缝先要收到具体顾客的订单，并且收取定金以防顾客反悔，然后才会开始购买布料、裁剪衣服。但是大部分制衣厂并不是这样做生意的。在英格兰，人们有时仍把私人裁缝的那种经营方式称为"定制"；如果所有生产都是定制的，那么经济衰退发生的频率和幅度一定会比现在低得多。但同时我们也一定会比现在穷得多，因为市场化的生产尽管不确定性更高、更常出错，却会大幅提高产出水平。

15.3 一堆错误的聚集

因此，经济衰退是错误积累的结果：**经济体中的许多参与者都犯了错误，这些错误聚集在一起，就导致了经济衰退**。投资者投资，生产者生产商品，但这些行为的成本太高，后续的需求无法提供足够的补偿。成千上万的企业家错误地解读了**市场过程发出的价格信号**。价格信号本应为人们提供信息，让人们更好地协调不同时间段的生产计划和消费计划，实际上却导致了**资源的错误分配和协调的失败**。人们误以为某些投资机会有利可图，结果却面临亏损。

发现这些错误以后企业家会改变计划。他们降低产量，解雇员工，有时还不得不亏本清算资本（包括生产设备和存货）（清算是指卖掉资本，将其转化为现金）。从这个角度看，**经济衰退是一种修正过程**，修正的是前一段时间积累的错误。但是错误为什么会在经济体中积累？虽然有过度乐观的决策存在，过度悲观的决策为什么不能抵消它们？为什么有些时候降低产量、解雇员工和清算资本会成为经济体中普遍的、广泛的现象？换句话说，为什么会有这么多人（不仅包括企业家，还包括指望继续享受工资收入的劳动者）同时犯傻？

> 为什么会有那么多人同时犯错误？

让我们再看一下大萧条的情况。虽然 20 世纪 30 年代的大萧条是世界范围的现象，但是美国的经济衰退情况不论深度还是时间长度都超过大部分其他国家。大萧条期间，经济活动长期、大幅衰退，在这个过程中银行与货币系统究竟发生了哪些变化？在这个周期中，经济活动的高峰出现于 1929 年 8 月，低谷出现于 1933 年 3 月，在此期间市面上流通的货币数量下降了超过三分之一。因无法履行金融义务，全国有超过 20% 的商业银行歇业，经济衰退开始时，这批银行的存款几乎占全国存款总量的 10%。为挽救银行系统、防止储户的存款全部打水漂，许多州立法推行"银行假日"：政府要求所有银行暂时停业，这样恐慌的储户就不能通过提款强迫银行破产。1933 年 3 月初，联邦政府宣布了长达一周的银行假日，不仅是所有商业银行，就连联邦储备银行也关门了。

关于 20 世纪 30 年代的大萧条，至少有两个问题需要解释：（1）为什么会有那么多错误同时发生？（2）为什么这次经济萧条的时间长度和严重程度如此突出？对这两个问题，经济学家至今仍在激烈争论。本书的作者认为，是 20 世纪 20 年代的扩张性货币政策导致了错误的群聚性发生，进而导致了 1929 年的股灾。那段时期的货币政策通过信贷扩张带来了一段时间的经济繁荣（"咆哮的 20 年代"），但也导致了 1929 年的"崩盘"。[a] 在 21 世纪的第一个十年中，美国出现了房地产泡沫现象，随之而来的是所谓的经济"大衰退"。这次经济危机虽与 20 世纪 30 年代的那次有一些区别，但基本诱因是一样的。我们将在本章稍后的篇幅中讨论最近的这次经济危机。

15.4 信贷与协作：自由市场上的储蓄与投资

不管是在"大萧条"中还是在"大衰退"中都出现了计划落空的问题。要想讨论计划为什么会落空，我们首先必须理解计划为什么会成功。为了搞清这个问题，我们需要重新讨论在第 5 章结尾处谈过的问题。

第 5 章引入了信贷的供给与需求概念。回忆一下，人们把钱储蓄起来意味着他们（在边际层面上）降低当前的消费，以换取未来的更大消费机会。今天存钱也许能让我们未来有更多的钱可以花。如果人们的时间偏好率为正数，那么在其他条件不变的前提下，利率越高，人们的储蓄意愿也越高。因此，我们才会在图 5–2 中看到一条向上倾斜的信贷供给曲线。家庭的存款进入银行系统，成为可用于商业投资的信贷——也就是可以用来放贷的资金。（和所有需求曲线一样，对信贷的需求曲线也是向下倾斜的。在其他条件不变的前提下，利率越低投资数量越大。）

家庭的储蓄决策和企业的投资决策共同决定市场出清利率。这个利率不仅协调信贷市场，还协调消费者和生产者在不同时间段中的计划。这里要插入一个与以上讨论有关的要点：如果人们的时间偏好率下降，在任意给定利率下他们的储蓄意愿都上升，那么信贷市场上的信贷供给也会上升（供给曲线向右移动）。这会拉低市场出清利率，为想扩大投资的企业亮起绿灯。以上是自由

---

a　参考默里·N. 罗斯巴德 1963 年出版的著作《美国经济大萧条》(*Americas' Great Depression*)。该书讨论了 20 世纪 20 年代的货币政策如何扰乱生产、如何导致美国经济从繁荣走向萧条。关于 20 世纪 30 年代的货币紧缩，参考米尔顿·弗里德曼（Milton Friedman）和安娜·施瓦茨（Anna Schwartz）1963 年出版的著作《美国货币史》(*A Monetary History of the US*)。前一本书从奥地利经济学派的视角和米塞斯-哈耶克理论的角度解释大萧条，后一本书是货币主义学派的奠基之作。一种流行的理论认为，大萧条的成因是市场系统自我管理功能的崩溃，我们之所以提这两本书，是因为我们不同意这个论断。这两本书认为政府政策导致了大萧条，其长度和严重程度也是政府政策决定的，书中提出了相关论断和一些证据。——作者注

市场利率的信号功能。这种信号通知生产者：为了获得未来的消费机会，人们愿意放弃一些目前的消费机会。交通灯通知某些交通参与者向特定方向移动，利率信号也有这种功能。看到绿灯亮起以后，生产者的反应是投资更多资本商品、扩大生产规模、提高存货，简而言之，生产者认识到家庭消费者未来会有更多消费计划，为了满足这种需求，他们改变自己的生产计划。如果生产者能够正确地解读利率信号，他们就能赚到钱，赚到的利润证明他们的决策是正确的。

> 由自由市场决定的利率能以一种可持续的、对生产有利的方式将储蓄和投资联系起来……

15.5 信贷与协作失败：不可持续的经济繁荣

但是，在第 14 章中我们已经学过，美联储可以操纵全国的货币供给，事实上它也确实常常这样做。此外，我们在第 14 章中还说过，货币政策的理想目标是保持货币平衡。因此，读者应该问自己这样一个问题：如果美联储决定通过扩大货币供给来提高信贷供给会导致什么后果，尤其是如果供给水平超过了保持货币平衡应有的水平会导致什么后果？注意：家庭的储蓄和消费计划基于他们的时间偏好，这些计划并没有改变，改变的是**美联储**的计划。

> 而人为强行降低利率却会产生相反的结果。

美联储执行廉价信贷政策，市场出清利率因此下降。如果利率因为人们的时间偏好率下降而下降，一些经济学家就会说这种利率是"自然"利率。但现在的情况是利率并非因人们的偏好改变而下降，实际储蓄并没有上升。尽管如此，信贷的需求（曲线）仍然上升了。在企业看来，这种情况与家庭储蓄确实提高的情况没有区别，企业做出的反应也会完全一样。

企业看到了什么？看到了新的机会。低利率鼓励企业家们大啖廉价信贷——也许他们塞进嘴里的分量已经超过了他们的咀嚼能力。我们用一幅简单的图描绘这种情况，见图 15–1。

企业认为增产某些商品能够更好地服务于未来的消费者，因此便提高这些商品的产量。资本商品产量会增加，尤其是投入与消费者商品相去甚远的商品和时效性特别高的项目。资源会流向率先享用廉价信贷的生产者。原材料、耐用品以及某些类型的劳动力原本用于一些有利可图的项目，现在这些东西则会流向一些看起来利润更高的项目。随着需求的提高，物价和工资水平也发生了一定程度的上涨，但是这些变化都被视作具有经济效益的合理变化。

信贷市场

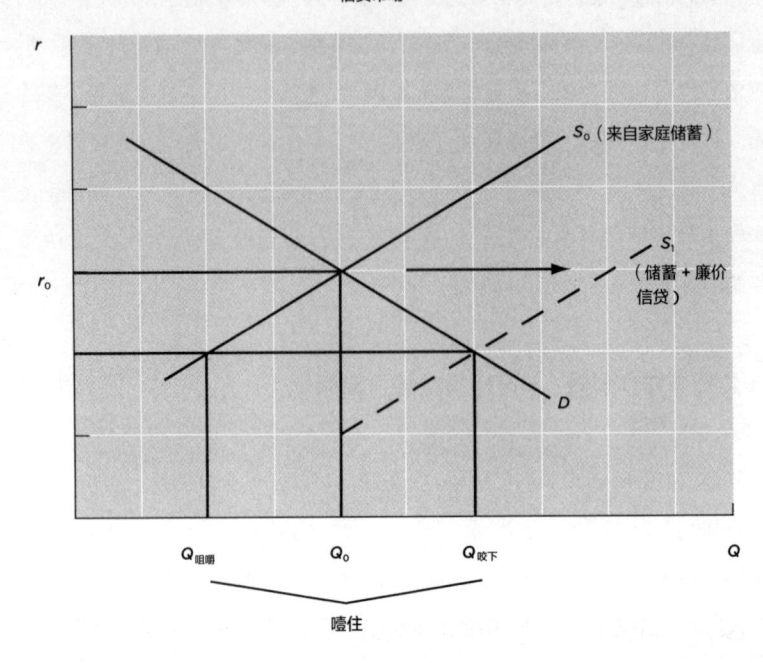

图15-1：咬下、咀嚼、噎住

央行扩大信贷，信贷供给因此从 S_0 提高到 S_1，市场利率下降并低于初始利率，这导致投资者去投资一些此前无利可图的项目。但是，这种"经济繁荣"是不可持续的，因为实际储蓄并没有增加。投资咬下的分量太多，超过了经济的咀嚼能力，因此整个系统便噎住了。

信贷扩张程度越大，宏观经济越"繁荣"，一些产业会比其他产业更为兴旺。同样地，信贷扩张的时间越长，经济繁荣期也越长。如果美联储长时间执行廉价信贷政策，就很容易在经济参与者中创造一种普遍的"乐观"氛围——当然，在这种时期执政的政府一般也非常乐意将经济繁荣的功劳归于自己。

一切都与信号有关。在这种特定的情形下，企业误以为利率降低是人们的时间偏好改变的结果。然而这些一路亮起的绿灯是虚假的信号，是美联储人为操纵的结果，它们诱使企业家参与一些他们在高利率环境中根本不会参与的投资。

由于信贷扩张的动力不是储蓄增加，而是货币创造，因此这种繁荣是不可持续的。资本商品的稀缺程度以及消费者对当前消费和储蓄之间的取舍偏好都不支持这些投资项目。在繁荣的行业中，企业家发现劳动力和资本商品的价格上涨超过预期，因此生产成本也超过预期。他们预想会获利，结果却面临亏损。接着，家庭消费者会再次表达他们对当前消费商品的偏好，利率会回升至"自然"水平（如果美联储不继续人为压低利率的话）。此时企业家认识到自己误读了市场的信号。他们对价格动向和预期利润机会的计算有误。发现错误以后，他们改变行动方向：缩减甚至完全取消之前的投资计划。原本为繁荣行业提供劳动力的人被解雇，失业率提高。这是一个惨痛的教训：人们咬下的分量太大，超过了自己的咀嚼能力，整个系统因此被噎住了。

这样我们就解释了之前提出的问题：错误为什么会群聚性地出现？在一个时间段内，数百万人误读市场信号，做出错误的预期，从而导致不可持续的经济繁荣。这么多人究竟是被什么误导了？是被美联储人为压低的利率误导了。[a]

货币信号的扭曲会导致系统性的货币计算错误……

15.6 经济衰退是一种修正过程

在扩张性的经济"繁荣"期，企业家参与各种投资项目，但事后证明参与这些项目属于决策失误，此时便会发生衰退性的经济"萧条"。不论时期好坏，都有个别的企业在倒闭。但是，在经济萧条期间，许多企业会扎堆倒闭。因为美联储人为操纵货币和信贷系统，这些企业才犯下大错。简而言之，经济繁荣期就是许多企业扎堆犯错的时期。而在经济萧条中，修正的过程逐渐展开，企业家重新计算预期，并根据计算结果修改自己的计划。

接下来这种错误会在经济衰退中被修改、重估和订正。

美联储的行为和扩张性货币政策也许不能完全解释企业为什么会扎堆犯错，但肯定是导致群聚性错误的主要原因之一。任何市场都离不开货币。对于预期利润与亏损的经济计算依赖于商品和服务的相对货币价格。如果经济计算出现系统性错误——也就是说误差非常大，以至于在整个经济系统中不断积累和聚集，那么原因很可能是整体货币供给本身发生了人们无法预见的变化。

从逻辑上看，经济衰退期的修正过程不一定会持续很长时间，也不一定会很严重。企业破产，劳动者被解雇，这个调整过程虽然痛苦，却可能相对迅速地完成。

---

[a] 米塞斯和哈耶克用货币理论解释经济周期。但是如罗杰·加里森（Roger Garrison）强调的，这套理论本身不是关于经济萧条的理论，而是关于不可持续的经济繁荣的理论。参见罗杰·加里森《时间和货币：资本结构宏观经济学》（*Time and Money: The Macroeconomics of Capital Structure*）（New York: Routledge, 2001），第120页。——作者注

然而，大萧条期间的政府政策反而创造了新的干扰，拖慢了修正过程。1930年年初，美国经济本来已开始复苏。但政府在1930年6月通过了《斯姆特－霍利关税法》(Smoot-Hawley tariff)，结果是国际贸易量锐减，农业受到负面影响，农村地区的银行也跟着遭殃。1932年政府又将所得税翻倍，此举扭曲了消费和投资决策。20世纪30年代中叶，政府还推行了大幅收缩货币供给的政策。这几项错误政策加上其他原因令美国经济在萧条中徘徊了整整10年——在情况最糟的时刻，失业率高达25%。大萧条并不是市场经济的死刑判决书，相反我们应该将其视作美国历史上的一次重要教训。这个教训告诉我们：政府的货币政策可能干扰经济生活中的协调过程，不管是货币供给的扩张（20世纪20年代）还是收缩（20世纪30年代），都可能产生这种效果。

15.7 货币政策在什么情况下有效

大萧条结束后，在很长一段时间内经济学界的主流观点似乎是这样的：虽然合理的货币政策也许能够有效地预防通货膨胀，但是在对付经济衰退方面这种政策几乎没什么用。当时流行一个关于气球的比喻：如果不想让气球飞得太高，拉住气球的绳子就行了；但是如果想让气球飞起来，推绳子是不管用的。

货币管理机构可以增加银行系统中的超额准备金，但是他们没有办法强迫商业银行通过放贷将这些准备金变成货币。此外，增加货币供给并不一定能拉升消费，如果央行放水以后公众的反应是把多出的钱存在银行里，消费就不会提高。在经济衰退时，大部分人会变得更悲观、更谨慎。银行放贷前会更严格地审核借款人的资质，还会拒绝为某些到期贷款办理延期。借款人的借款意愿也下降了，因为短期利润前景不怎么诱人。出于谨慎考虑，人们纷纷寻找提高自己的流动性的途径。对于物价下跌的预期也使人们更愿意持有货币而非其他资产，因为其他资产相对于货币的价值很可能会下降。简而言之，经济衰退会导致信心危机，信心的丧失又会让经济衰退变得更加严重，因为人们提高现金持有量的意愿突然急剧上升。货币管理机构希望满足人们的上述欲望或者希望诱导人们把手上的现金拿出来消费，但他们可能会发现这两个任务都很难完成。在这种情况下，央行为停止经济危机或为刺激经济复苏而做的努力就像是推气球上的绳子——从长期来看,这么做没有效果;从短期来看,还可能造成通货膨胀。

15.8 为财政政策辩护

那么,央行或者其他政府机构究竟有没有办法说服人们借贷和消费呢?办法之一是提高家庭和企业决策者的信心。正是因为这个缘故,政府官员总是对未来的经济前景大吹特吹。他们常常预测目前的经济繁荣会无限持续,只有在谈及过去的时候他们才舍得用"衰退"一词。虽然谁也不知道政府究竟能用什么政策让经济重新繁荣起来,但是只要人们相信政府会大力提振经济,公众的信心就可能恢复。而只要政府以任何形式威胁未来会提高税收,公众的信心就一定会受到打击。在20世纪30年代,富兰克林·罗斯福多次向公众承诺:只要经济情况好转,他就会立刻提高税率,以实现联邦预算的平衡。此举的初衷也许是为了让企业界相信他始终持有稳健保守的治国理念。然而,人们并没有把他的话当作一种承诺,反而将其视作一种威胁。保持预算平衡是一种美德,可低税负也是一种美德,在后者面前,前者无疑显得非常苍白无力。

在恐惧和谨慎当道之时,要想提高公众的借贷与消费意愿,还有一种直接得多的方式:政府可以率先借贷和消费。央行通过货币政策创造更多超额准备金,如果政府把这些钱借走并且花在有价值的项目上,财政政策就能帮货币政策的忙(货币政策本身可能没什么效果)。所谓"财政政策"就是与政府预算有关的政策。在这个语境下,该词的意思是利用政府预算把总消费量提高到政府认为的理想水平。

财政政策试图影响宏观经济的表现。

20世纪最有影响力的财政预算干预倡导者是英国经济学家约翰·梅纳德·凯恩斯(John Maynard Keynes),他的姓氏"凯恩斯"恰好与"收获"(gains)一词押韵。凯恩斯生于1883年,卒于1946年,他的职业生涯丰富多彩,不仅当过投资者、编辑、教师、公务员,还是重建国际金融系统的设计师。但他之所以直到今天仍享有盛名,主要是因为在大萧条时期(1936年年初)出版了一本名为《就业、利息和货币通论》(*The General Theory of Employment, Interest and Money*)的著作。人们一致认为,这本通常被简称为《通论》的著作写得晦涩混乱。该书出版以后，人们用数不清的论文和座谈会来讨论"通论究竟说了些什么"。可见人们认为该书传达的信息很重要，但没人清楚其核心信息究竟是什么。很快，人们认定凯恩斯政策是指用财政政策修正经济衰退的做法，凯恩斯本人将其称为"借贷支出"——政府举债并把借来的钱花出去。至于这种解读有多符合凯恩斯的原意则不得而知——至今人们仍在争论凯恩斯的原意究竟是什么。

> 凯恩斯是这种政策的忠实拥护者。

虽然凯恩斯并不十分强调改变税率，但改变税率也属于财政政策。既然总消费取决于家庭和企业要向政府交多少税或者他们预期未来要交多少税，那么政府也许能够通过提高或降低税率来改变总体消费水平。这种方式不如"借贷支出"直接，其对总支出产生的净影响也相对较难预测。

在许多人看来，1940 年到 1944 年的"财政实验"展示了财政政策的威力。由于家庭和企业的消费水平持续低迷，政府又未采取强有力的措施，此前经济萧条已经持续了整整 10 年。第二次世界大战的爆发迫使政府不得不创造巨大的财政赤字。政府支出的增长速度远远高于税收的增长速度，美国经济发生了令人瞩目的强势复苏。政府注入巨额支出以后，经济重归繁荣，虽然战后政府支出急剧下跌，但私营板块的支出立刻跟上。至少在凯恩斯主义者的叙事中，事情就是这样的 [a]。

---

[a]   阿巴·勒那（Abba Lerner）在《控制经济学》(*The Economics of Control*，New York: Macmillan, 1946）一书的第 302 至 322 页中提出了"功能融资"理论。他认为联邦政府可以是一种把经济周期变得更平滑的公共政策工具。这套理论的基本观点是：政府应该用预算来平衡经济，而不应该过度关注预算本身是否平衡。在经济萧条时，政府可以产生赤字，而在经济繁荣时，政府自然会产生盈余，只要保持完全就业就能保持产出水平。自亚当·斯密以来，人们一向认为政府的财政政策必须保持预算平衡，但是凯恩斯和勒那的理论反对这种信念。詹姆斯·布坎南在《公共债务的公共原则》(*Public Principles of Public Debt*，Homewood, IL: Irwin, 1958）一书中激烈反对这种"新"的凯恩斯主义公共财政理论，他认为亚当·斯密的"旧"观点才是正确的。布坎南对凯恩斯主义的批评主要有两个重点：一是政客有创造财政赤字的动机；二是"功能融资"理论的可行性不高。有什么动力能促使经济繁荣期的政客积累财政盈余呢？这样做对选举又没有什么好处。政客也像普通人一样面临激励机制，一旦取消对连续财政赤字的限制，他们便会积累越来越多的公共债务。政客下台以后，这些债务会成为下一代人的负担。凯恩斯革命以后，政府确实试图以财政政策平滑经济周期，但这导致了 20 世纪 70 年代的经济波动。这种现象证明布坎南的批评是有道理的。布坎南和理查德·瓦格纳（Richard Wagner）的著作《赤字中的民主：凯恩斯爵士的政治遗产》(*Democracy in Deficit: The Political Legacy of Lord Keynes*，New York: Academic Press, 1977）记述了凯恩斯主义教条导致的政治失灵现象。在这本书中布坎南和瓦格纳讨论的主要是凯恩斯模型的政治学问题，对经济学问题涉及较少。该书论证了凯恩斯模型倡导的政治过程忽视了公共选择理论（本书第 11 章中强调的公共决策制定理论）的基本元素，因此导致了严重的后果。——作者注

15.9 掌握时机的必要性

只要财政政策和货币政策能正确地组合在一起,就可以改变总体消费水平——这一点没有人怀疑。但是这样做能否减小整体波动? 能否防止经济衰退或降低其严重程度? 能否阻止货币购买力变化或缩小其变化幅度? 这些问题是许多疑虑的出发点。

总体需求管理能否有效地稳定经济,时机是一个至关重要的因素。但事实证明在以财政政策或货币政策干预经济时,掌握好时机是一个极难达成的目标,原因有以下几点。首先,在变化发生的当下,我们无法知道总体需求究竟是在上升还是在下降,这一点要到很久以后才能看清。经济体并不是一辆车,没有一个速度计告诉我们它目前跑得有多快。只有在一个季度结束时,我们才知道本季度的 GDP 表现如何。就算到了季度末,经济分析局提供的数字也只是一个很初步的估计,再过一个月或更长时间以后才会有更精确的数据,到时经济分析局会对 GDP 数字做大幅修改。

更糟糕的是,就算我们精确知道自己目前的位置,这一信息也远远不够。货币政策和财政政策的制定者还必须知道"**我们将会去哪里**",因为今天采取行动是为了提高或降低未来的总体需求。经济稳定政策必然基于对未来的预期,但是短期经济预期不仅谈不上是一种精确的科学,甚至算不上是一门像样的技艺。

尤其麻烦的是,我们无法预测实施某项货币或财政政策以后究竟要过多久才能看到效果。[a] 学者试图估计这个时间差的长度,但研究结果从几个月到几年不等;接着他们又勤奋研究,试图找出不同时间差的分布情况,结果也无法达成可行的共识。这个时间差的变化方式甚至是我们无法预测的,也就是说经济学家在试图衡量一种没有标准长度的东西。有人认为从货币和财政政策实施到产生效果的时长并不是一个常数,我们也不可能衡量这个时间差并以其为决策基础。毕竟,这个时间差取决于家庭和个人对自己不确定的未来有何

我们现在在哪里?

我们将会去哪里?

在行动和效果之间有多大的时间差?

---

a 以下几件事情之间的时间差很长而且变化不定:(a)认识到经济问题的存在;(b)设计合理的政策来解决这些问题;(c)实施政策;(d)政策产生理想的效果。因此会产生很多问题。在强调这些问题的学者中,最著名的可能要数米尔顿·弗里德曼。他的工作说明政府用积极政策措施应对经济波动可能不仅没有帮助,反而会让经济变得更不稳定。——作者注

看法。政府行为虽然能在一些方面减少不确定性，却又在另一些方面增加了不确定性；政府行为显然不能让人们立刻开始充满信心地规划未来。任何政府政策对总支出在不同时间点上的影响都是一个分布，这个分布受以下所有因素影响：商业银行的操作程序，企业的支付行为，家庭和企业认为持有这种财产好还是持有那种财产好，国际货币交易，甚至人们为预测政府行为的效应而做出的努力。这些因素都会不断变化。如果我们预测这些变化的能力提高了，这些因素就更会发生改变！为进行预测，我们必须假设自己掌握了一些信息，但是预测本身便会改变我们掌握的信息，因此预测行为本身就会使预测结果变得不准确。我们可以用一个简单的例子来说明这种情况：如果我们确定地知道股票市场未来一年中的价格变化情况，那么实际价格变化就会与我们"确切知道"的情况不同。关于人类行为的科学必须面对这样的悖论。对未来的预测会改变未来，因为人们的行动创造未来，而人们在采取行动前首先会读取其他人对未来的预测。

15.10 联邦预算是一种政策工具

对财政政策而言还存在一重额外的困难。一方面，几乎所有人都同意国会已经无法有效控制联邦预算了；另一方面，人们却又相信联邦政府可以把预算当作一种稳定经济的政策工具。这两者之间的矛盾实在带有一丝喜剧色彩。联邦政府的支出项目数目巨大、异常复杂，没有任何一个人能够全面地评估这些项目以决定年度拨款方式。因此，每年制定预算时政府都直接拿出前一年的预算，修修补补制成一份新的预算。任何支出项目一旦存在就几乎不可能被取消，因为项目受益人会组织一个知识渊博、极有决心的游说团队，誓要让这个支出项目存续下去。而国会山上的任何人都没有足够的时间、精力和兴趣去积累足够的证据，说明确有必要取消这个项目。

经济顾问委员会并没有控制财政政策的能力。要想改变政府支出或联邦税收，首先必须让众议院行动起来，然后需要通过参议院的批准，批准前后都要召开各种委员会会议，最终还得拿到总统的签名。这一整套过程一时半会儿根本完成不了，而我们此前已经说过，在总体需求管理领域中掌握好时机是至关重要的因素。就算国会立刻同意改变政府支出和联邦税收，并且快速议定了改变的具体数额，他们仍需决定究竟改变对哪些人的税收或改变哪些支出项目，讨论这些问题的过程必然是复杂冗长的。这个过程中一定会出现利益冲突，对于具体政策究竟会导致扩张性的效应还是收缩性的效应，也必然会出现各种不同的理论。是给低收入人群减税好，还是对投资项目给予税收优惠好？哪种政策更能拉动就业？我们讨论的是长期效应还是短期效应？而且，一定会有一些国会议员认为如此重要的税收法案或支出法案是一个很好的机会，他们可以利用这个机会取消资本增值税、改革福利系统、缩减联邦医疗保险开支、取消农业补贴，或者达成其他支持他们的选民关心的目标。

国会和总统越是着急，就越可能采取不那么合理的财政政策行为：在有能力、公正的旁观者看来，根本找不到足够的证据来支持这些政策。如果一方急于通过法案，另一方手中的权力就变大了：后者可以威胁前者，如果前者不满足他们的诉求，他们就阻挠法案的通过。但是通过一项政策前应该充分商议、细致地评估各种选择、权衡政策可能带来的短期和长期后果。等到这些事情做完，采取行动的最佳时机也许已经错过了。

15.11 任期和政治

财政政策和货币政策的变化会影响经济活动，如果我们仔细研究这些影响，就会认识到政府究竟选择何种经济政策在很大程度上取决于负责制定和实施这些公共政策的人考虑的时间范围是什么。

假设政府支出增加，为了融资，政府决定向商业银行借钱，货币供给因此扩大。此举会拉高对新生产出来的商品的总体需求，GDP会因此上升。但GDP上升可以通过两个途径实现：一是总产出上升，二是物价上升。我们无法预测这两个途径分别会占多大比重。但是我们有充分的理由相信：在物价发生变化之前，总产出和就业会先发生变化。当商品的销量上升，卖家认为这说明他们对销售的货物的相对需求上升了，因此他们会试图扩大生产。这些活动最终会令对各种资源的需求普遍上升，从而拉高生产成本和物价，但是这种情况要过一段时间才会出现。人们先看到"好现象"——实际GDP上升，失业率下降；后看到"坏现象"——通货膨胀率提高。如果下一次选举近在眼前——在美国，众议院议员面临的下一次选举平均在一年之后，政客便面临很大的诱惑，他们希望追求短期的"好现象"，至于"坏现象"就留给其他人以后再去担忧吧。

收缩性的经济政策也会先影响总产出和就业水平，然后才改变物价水平。但此时是"坏现象"先出现，"好现象"后出现。如果政府试图通过减少政府赤字或降低货币供给增长率来降低通货膨胀率，那么卖家会发现销量不如预期、存货增加，总产出因此降低，失业率因此上升。因为对资源的需求降低，最终生产成本和物价会面临下行压力，但是这种降低通货膨胀的效应要过一段时间才能显现出来。简而言之，如果政府希望靠收缩性的财政政策和货币政策降低通货膨胀，那么此举很可能会先造成经济衰退，然后才达到降低通货膨胀的目标。

上述分析说明，民选官员倾向于快速批准扩张性的财政政策和货币政策，只要有疑问，选择扩张总不会错。就算扩张性政策根本不能拉动总体需求，选民通常仍会欢迎这种政策。目前在任的官员若想竞选连任，那么降低税收或者代表利益集团增加支出都是很好的竞选材料。放松银根通常能拉低利率，至少可以暂时拉低利率，而选民几乎总是欢迎低利率。

相反，收缩性的政策只会带来痛苦。提高税收和降低支出会激怒选民，收紧信贷供应导致的利率提高也一样。选民会因此不断抱怨，而面临下一次选举的政客自然会认真听取选民的意见。收缩性的政策良药苦口，扩张性的政策却能让病人舒服快乐，对于负责制定政府政策的人来说，用后者替代前者自然是一种极大的诱惑。

某些公共政策短期内会给一小部分组织程度很高的利益集团带来利益，但长期看来却会给组织程度低、信息不充分的大部分选民带来很大的隐性成本。然而上述讨论显示，在民主政治过程中这类政策很占优势。宏观经济政策是公共政策中的一个领域，在这个领域中，利益集中和短视偏见往往导致偏向财政扩张和货币扩张的"抽风"式总体需求政策。[a] 扩张性的经济政策最终

政治上的激励机制和经济上的不确定性

---

[a] 在极端情况下，民主政府有这样一种倾向：如果不对政府的财政与货币政策进行约束，政府就会产生财政赤字，积累公共债务，然后将债务货币化（通过发行货币来还债），最终导致通货膨胀。因此，在财政和货币政策领域中如何"捆住政府的手"是公共政策经济学的一个主要方面。公共政策经济学由1976年诺贝尔奖得主米尔顿·弗里德曼和1986年诺贝尔奖得主詹姆斯·布坎南共同创立。弗里德曼主张设立货币规则，布坎南主张用宪法规则强制政府保持预算平衡。他们都认为，要想产生好的经济政策，与其让政府自由裁量，不如靠规则强行约束政府。——作者注

会导致人们无法容忍的高通货膨胀率,那时政府便不得不踩下刹车——执行收缩性的经济政策。然而,如果通货收缩现象不能很快发生,收缩性政策导致的经济衰退和失业率提高会给政府带来压力,迫使其不得不再次松开刹车、踩下油门。这种"走-停-走"式政策会给未来带来更多不确定性并导致更多错误。在一个由民主政府管理的社会中,更频繁、更严重的经济衰退和不断上升的通货膨胀率很容易成为常态。

15.12 无限制的赤字

对于必须关注公众意见的政府来说,让政府支出大于税收收入长期以来一直是一种不小的诱惑。对于立法者来说,支持减税法案比支持增税法案容易,支持扩大支出的法案比支持减少支出的法案容易。就算你没学过经济学,这一点也很容易理解。因此,就算立法机构的所有成员都想让政府保持财政盈余,大家也未必真能看到财政盈余。对每一位选民来说,财政预算中总有一小块是与自己利益相关的。也许大部分选民都希望减少政府的总财政支出,但他们同时又希望与自己有关的这一小块支出不被削减,最好还能增加。不管是哪一块预算被削减,相关利益集团都会让立法者知道,这会给他的竞选资金和选票带来不利影响。然而,如果预算中的每个项目都在增加,总体预算就绝不可能减少。因此,就算每一位立法者都发自内心地想降低政府预算,政府支出常常仍会继续上升。

支出和税收的政治

在 1970 年到 1997 年之间,不管是共和党成员还是民主党成员都在不停地大声抱怨预算赤字的危险性,但美国政府每年都产生预算赤字。在近 30 年的岁月中,政府不屈不挠地不断制造财政赤字,直到 1998 年美国才终于迎来了一次财政盈余,然而这并不是因为国会山和白宫转变了施政方向,而是因为持续经济增长为政府带来了更高的税收收入。表 15-1 展示了 1940 年到 2012 年间美国每年的联邦预算盈余或赤字。1992 年和 1993 年,预算赤字超过了 2500 亿美元,之后这个数字稳步下降,联邦政府终于在 1998 年扭亏为盈,这主要得益于政府收入的良性增长。但是政府收入的增长并不是税率提高造成的。因为联邦政府的收入严重依赖个人和企业缴纳的所得税,所以政府收入在经济增长期会自动上涨,而在经济衰退期则会自动下降。"反经济周期"的财政政策（试图缩小繁荣与萧条的幅度的财政政策）会在GDP下降时产生赤字，在GDP上升时产生盈余。1998年时，20世纪90年代的长期经济扩张已经持续了整整7年，并且当时已有许多分析师预测下一次经济衰退马上就要发生。因此我们很难把1998年的小额财政盈余归功于克林顿政府的深思熟虑和负责任的决策。

9·11事件发生以来以及在被视作保守派的小布什政府当政期间，美国再次变本加厉地回归赤字财政政策。2005年的预算赤字超过了3000亿美元。

表15-1 财政收入、支出及盈余或赤字（负数为赤字）总结表，1940—2018（以现值美元计，定值标准为2005财年的美元价值）

		以现值美元计	
财政年	收入 （单位：十亿美元）	支出 （单位：十亿美元）	盈余或赤字（−） （单位：十亿美元）
1940	6.5	9.5	−2.9
1941	8.7	13.7	−4.9
1942	14.6	35.1	−20.5
1943	24.0	78.6	−54.6
1944	43.7	91.3	−47.6
1945	45.2	92.7	−47.6
1946	39.3	55.2	−15.9
1947	38.5	34.5	4.0
1948	41.6	29.8	11.8
1949	39.4	38.8	0.6
1950	39.4	42.6	−3.1
1951	51.6	45.5	6.1
1952	66.2	67.7	−1.5
1953	69.6	76.1	−6.5
1954	69.7	70.9	−1.2
1955	65.5	68.4	−3.0
1956	74.6	70.6	3.9
1957	80.0	76.6	3.4
1958	79.6	82.4	−2.8
1959	79.2	92.1	−12.8
1960	92.5	92.2	0.3
1961	94.4	97.7	−3.3
1962	99.7	106.8	−7.1
1963	106.6	111.3	−4.8
1964	112.6	118.5	−5.9

续表

	以现值美元计		
财政年	收入 （单位：十亿美元）	支出 （单位：十亿美元）	盈余或赤字（-） （单位：十亿美元）
1965	116.8	118.2	-1.4
1966	130.8	134.5	-3.7
1967	148.8	157.5	-8.6
1968	153.0	178.1	-25.2
1969	186.9	183.6	3.2
1970	192.8	195.6	-2.8
1971	187.1	210.2	-23.0
1972	207.3	230.7	-23.4
1973	230.8	245.7	-14.9
1974	263.2	269.4	-6.1
1975	279.1	332.3	-53.2
1976	298.1	371.8	-73.7
1977	355.6	409.2	-53.7
1978	399.6	458.7	-59.2
1979	463.3	504.0	-40.7
1980	517.1	590.9	-73.8
1981	599.3	678.2	-79.0
1982	617.8	745.7	-128.0
1983	600.6	808.4	-207.8
1984	666.4	851.8	-185.4
1985	734.0	946.3	-212.3
1986	769.2	990.4	-221.2
1987	854.3	1004.0	-149.7
1988	909.2	1064.4	-155.2
1989	991.1	1143.7	-152.6
1990	1032.0	1253.0	-221.0
1991	1055.0	1324.2	-269.2
1992	1091.2	1381.5	-290.3
1993	1154.3	1409.4	-255.1
1994	1258.6	1461.8	-203.2
1995	1351.8	1515.7	-164.0
1996	1453.1	1560.5	-107.4
1997	1579.2	1601.1	-21.9
1998	1721.7	1652.5	69.3
1999	1827.5	1701.8	125.6
2000	2025.2	1789.0	236.2
2001	1991.1	1862.8	128.2

| | | | 以现值美元计 |
财政年	收入 (单位：十亿美元)	支出 (单位：十亿美元)	盈余或赤字（-） (单位：十亿美元)
2002	1853.1	2010.9	-157.8
2003	1782.3	2159.9	-377.6
2004	1880.1	2292.8	-412.7
2005	2153.6	2472.0	-318.3
2006	2406.9	2655.0	-248.2
2007	2568.0	2728.7	-160.7
2008	2524.0	2982.5	-458.6
2009	2105.0	3517.7	-1412.7
2010	2162.7	3456.2	-1293.5
2011	2303.5	3603.1	-1299.6
2012	2450.2	3537.1	-1087.0
2013（估计值）	2712.0	3684.9	-972.9
2014（估计值）	3033.6	3777.8	-744.2
2015（估计值）	3331.7	3908.2	-576.5
2016（估计值）	3561.5	4089.8	-528.4
2017（估计值）	3760.5	4247.4	-486.9
2018（估计值）	3974.0	4449.2	-475.3

来源：http://www.whitehouse.gov/omb/budget/Historicals.

如果说奥巴马总统对美国的赤字有什么贡献的话，那就是把它变得更巨大了。在作者修订本章的时候，据估计美国 2012 年的财政赤字将超过 1.3 万亿美元。

在过去 10 年中，世界上的其他工业化民主国家的表现也没有比美国好到哪里去。从 1991 年到 1997 年，以下国家每年都产生财政赤字：加拿大、澳大利亚、英国、法国、德国、意大利、瑞典和瑞士。若想把这份名单再拉长一些，我们还可以再列出许多国家。如今，民主社会的政治压力似乎把财政赤字变成了国家政府的生存之道，仅有极少数时段会出现例外（比如 1998 年的美国，当时经济增长让政府收入快速提高，立法机构还没来得及就如何花这笔钱以及为什么可以这么花达成共识）。值得强调的是，如果我们把社会保障系统排除在外，那么美国 1998 年的预算盈余也会变成赤字：之所以能够得到财政盈余是因为我们把未来要用于支付社会保障福利的钱算作当前的政府收入。

15.13 为什么赤字没有成为各级政府的普遍现象

假如上述分析能够解释政府为何会出现慢性预算赤字，那么我们还必须解释另外两个问题：为什么州政府和地方政府没有出现这类赤字？为什么在 1970 年之前，在和平时段中全国政府也没有出现长期赤字？

首先，州政府和地方政府与国家政府之间有一个非常重要的区别：只有国家政府能控制交换媒介，而交换媒介是偿还债务的终极工具。州政府和本地政府就像你一样：他们可以向债主借钱，但要想保持财政赤字就必须说服潜在的债主相信，今天的赤字只是暂时的资金短缺，未来的财政盈余会把这个窟窿补上。如果债主不相信政府能全额、按时还债，他们就不会再借钱给政府，因此对于州政府和地方政府来说，长期的、持续性的财政赤字是不可行的。但是美国的联邦政府却不受这种限制，因为债主知道如果联邦政府需要还债，总是可以随时**创造**更多货币。虽然这种创造货币的方式意味着债主收到的美元没有借出去的美元价值高，但并不是只有联邦政府的债主面临这个问题，所有持以美元计价的欠条的个人和机构都面临这个问题。因此，（至少在把美元当作正常交换媒介的人群中）没有人担心美国联邦政府的偿债能力，大家都愿意借钱给它。

如果一个机构有能力控制偿债工具，那么债主就会放心大胆地借钱给它。

可为何在 1970 年之前，美国联邦政府在和平时期从未产生过长期财政赤字？其他工业化民主国家也开始把财政赤字视作常态而非特例，为什么这种现象直到最近一些年才出现？这也许是因为人们曾经对政府赤字抱有一种强烈的偏见，而这种偏见近年来消失了。人们曾经认为，财政赤字是不道德的，因为出现赤字说明政府未能负责任地量入为出。这种看法曾是一种普遍的、强烈的道德信念，因此确实对立法者构成事实上的约束，尤其是当时大部立法者自身也相信这条道德准则。1932 年 7 月，当时还是州长的富兰克林·罗斯福在竞选总统时用一句话总结了古典经济学家的这种老式"财政信仰"："一个家庭每年花费的钱可以比他们这一年挣到的钱稍多一点。政府也是一样。但是你和我都知道，如果一直保持这种习惯，这家人就得进济贫院了。"

如果赤字是一种政策工具，那么我们还能说赤字"不道德"吗？

但是在罗斯福做上述发言以后，社会发生了显著的变化。美国和其他民主国家的意见领袖曾经深信政府赤字是不道德的，可如今他们已经不再坚持这种观点。今天的大众"模糊"地知道政府可以用财政赤字来促进经济繁荣。

20 世纪 30 年代的大萧条以后，凯恩斯主义的经济分析似乎向大众传递了这样一个信息：政府预算没有必要每年都保持平衡，只要在一个经济周期内保持平衡就可以了，经济衰退期的赤字可以靠经济繁荣期的预算盈余补足。在 20 世纪 60 年代和 70 年代，许多经济学家都用这种分析来论证预算赤字对国家经济有利，如果有人坚持要求政府保持预算平衡，那他就根本不理解"现代经济学"。对于大部分人来说，如果他们希望一件事情是真的，他们就会很愿意被这件事情说服。

可是新信条带来了一个麻烦：这种信念允许长期赤字的存在。我们无法把某段财政时期清楚地定义为"一个经济周期"。因此，虽然今天的赤字应该由以后的盈余补足，但是没法规定以后的盈余究竟何时应该出现在预算上；政府永远可以承诺明年或后年再产生盈余。迫使政府保持预算平衡的最后一重有效压力也被解除了，因此民主政治过程的偏误占了上风，赤字成为常态

表 15-2 每年年末的联邦债务，1940—2014

年份	债务（占 GDP 的百分比）
1940	52.4
1945	117.5
1950	94.1
1955	69.3
1960	56.0
1965	46.9
1970	37.6
1975	34.7
1980	33.4
1985	43.8
1990	55.9
1995	67.0
2000	57.3
2005	63.6
2010	94.2
2011	98.7
2012	104.8
2013（估计值）	107.4
2014（估计值）	107.8

来源：http://www.whitehouse.gov/omb/budget/Historicals.

而非例外。赤字一年接一年地出现，国家债务不断增长，但是天并没有塌下来，"政府必须平衡预算"的信条注定会失势。亚当·斯密和他的好友大卫·休谟（David Hume）研究过 18 世纪的政府债务，并预测此种债务必然会导致灾难。但当时的政府债务一般因战争产生，以现代标准看规模一点也不大。今天的公共债务水平比亚当·斯密和大卫·休谟看到的高得多，但几乎无人觉得这是一个大问题。从表 15–2 中可以看出，第二次世界大战后美国国家债务占 GDP 的百分比曾逐年下降。1980 年以后，美国联邦政府出现大额财政赤字，公共债务水平因此开始快速上升。但我们必须指出，这一切恰恰发生在保守派总统罗纳德·里根的任上。指明这一点是为了强调"好的经济学"与"好的政治学"之间的冲突，是为了说明即使是最想执行负责任的财政政策的人也可能因政治原因而无法执行这类政策。美国的债务水平在里根总统任上快速攀升，当时就有一些悲观的预测，认为此种趋势必将导致彻底的灾难。但是如今 25 年过去了，事实相当明确地证明大额赤字和巨额国家债务并不一定会让天塌下来，至少不会立刻塌下来，只要其他因素（比如经济增长）能拉低增加公共债务水平的短期成本就行。[a]

15.14 自由裁量与规则

相当数量的证据显示，让政府自由裁量、靠财政政策和货币政策试图稳定经济事实上反而增加了 20 世纪 70 年代的经济不稳定性。有些人希望相信我们已经掌握了必要的知识和技能，能够通过总体需求管理缩小经济衰退的

---

[a] 但是公共债务堆积之后常常会出现一段时间的恶性通货膨胀。政府通过三个途径获取财政收入以供开支：第一是税收；第二是借贷；第三是通货膨胀。前文已经论述过：民主选举的官员非常不愿意靠增加税收或减少开支来保持收支平衡。他们自然偏向于先借贷然后制造通货膨胀，这样就能用"更便宜"的美元偿还债务。米尔顿·弗里德曼认为，通货膨胀无处不在，且一直是一个货币现象。他的这个著名观点是正确的，但我们可以（冒着夸大事实的风险）对弗里德曼的话稍做修改：恶性通货膨胀无处不在，且一直是财政不平衡的结果。财政自律的缺乏最终可能导致整个货币系统的崩溃，最近的例子发生于 2001 年的阿根廷。当时，阿根廷的货币委员会把政府继续执行负责任的财政政策的成本变得很高，因此财政部长多明戈·卡瓦罗（Domingo Cavallo）严重背离了货币委员会，最终导致阿根廷比索崩溃，阿根廷人民的生活水平大幅下降。简而言之，这次货币危机并不是因为货币委员会的政策失败了，而是因为该委员会无力控制政府的财政行为。如果想了解阿根廷货币危机的细节，请参阅库尔特·舒勒（Kurt Schuler）的《阿根廷的经济危机：成因和解决方法》["Argentina's Economic Crisis: Causes and Cures," Joint Economic Committee（June 2003）]，(www.house.gov/jec/imf/06-13-03long.pdf)。——作者注

规模并提高物价的稳定性。这些人一定会对上述观点提出强烈反对，因为并没有决定性的证据支持上述观点。20 世纪 70 年代的经济稳定政策显然失败了，但是这一事实并不会损害总体需求管理的支持者的信心，他们认为政策失败仅仅是因为我们没有让合适的人去制定和执行相关政策。但是，在评估某种制度时，我们不应假设制度执行者都是天使。[a] 政府政策由天使执掌的可能性很低，而被政客控制的可能性要高得多。进口关税政策、抗洪项目、高速公路建设和军事基地选址等决策都受政治环境影响，货币和财政政策（尤其是财政政策）也是由同一套政治环境塑造出来的。

如果我们不让政府靠自由裁量决定财政和货币政策，另一种选择并不是不制定政策，而是要求政府严格根据公开规则制定政策。有时我们将后一种做法称为"自动"的或"非自由裁量"的财政和货币政策。然而事实上，遵守清晰阐释的公开规则绝对不是一种"自动"发生的行为，政府非常希望挣脱这些规则，面对强大的诱惑却选择继续遵守规则显然是政府自由裁量后的决策。这里的关键问题并不是自由裁量是否优于不自由裁量，而是事实上是否真有人能通过以下两种手段提高经济的整体稳定性：一是精心调节银行准备金或准备金要求；二是细致地规划政府预算，使其在盈余和赤字之间摇摆。反对总体需求管理的人认为，靠总体需求管理稳定经济事实上只会把经济搞得更不稳定，因为没有任何人具备足够的知识以及技术上和政治上的其他能力，总体需求管理永远不可能达到必要的操作精度。也许一头足够聪明的大象确实可以利用自己的体重稳住一艘风浪中的帆船，但它必须以完美的时机和精度移动自己的重心才能做到这一点。但是，假如大象没有那么高超的技术，船上的人

---

[a] 1974 年的诺贝尔奖得主 F.A. 哈耶克在 20 世纪 40 年代一篇论文中提出了这样的观点：古典经济学家在公共政策上极其偏爱规则而反对自由裁量，这种思想的根源可以追溯到亚当·斯密以及一种愿望——在糟糕的领导人掌权后限制其可能造成的危害的愿望。（F. A. Hayek, *Individualism: True and False*）该文后收编在以下书籍中重印：《个人主义与经济秩序》（*Individualism and Economic Order*, Chicago: University of Chicago Press, 1948）。美国的建国之父们也有与亚当·斯密类似的担忧，比如詹姆斯·麦迪逊（James Madison）在《联邦党人文集》（*Federalist Papers*）第 51 篇中坚决地指出：我们设立的政府机构必须认识到其管理对象并非天使，管理者本人也不是天使，因此我们必须建立一种以野心限制野心的政府制度。麦迪逊的悖论是：我们首先得赋予政府权力，这样它才能有效地进行管理；然后我们又得立刻限制政府，以防其滥用权力。当代政治科学家巴里·温加斯特（Barry Weingast）在一系列研究中尝试解决麦迪逊悖论及其与经济政策的关系。比如说读者可以参阅巴里·温加斯特发表在《法律、经济和组织周刊》（*Journal of Law, Economics and Organization*）（1995 年 4 月第 11 期第 1—31 页）上的文章《政治制度的经济功能》（*The Economic Role of Political Institutions*）。——作者注

恐怕还是更希望它安静地坐在船中央别动。

一些经济学家相信，在过去几十年中，政府的财政和货币政策不仅让经济衰退变得更严重了，还拉高了通货膨胀率。这些经济学家提出了两项建议。在财政政策方面，他们认为政府的支出水平不应与任何经济稳定目标挂钩，在正常时段中税率应使政府预算保持平衡。在经济衰退期间，税收收入下降，因此政府预算会自动出现赤字。在经济繁荣或复苏时，税收收入上升，因此政府预算会自动出现盈余。这种赤字－盈余－赤字的周期会不断循环，发挥自动管理功能，缩小经济波动幅度，因为当净私人收入和支出异常增高时，政府会令其降低，而当这两项指标异常降低时，政府会令其升高。支持自动政策的经济学家认为，除以上政策以外，其他任何由政府自由裁量的政策行为都更可能加大（而不是减小）经济的不稳定性，原因有以下两点：第一，政府很难在正确的时机执行自由裁量政策；第二，私人决策者会试图预测政府政策，这些预测将在经济体中制造更多不确定性。

在货币政策方面，自由裁量需求管理的反对者也认为政府应该公布并遵守一套清晰的规则。他们认为，美联储应该让货币供给保持稳定——要么使其恒定不变，要么允许其按照一个确定、公开、不变、适中的速度增长（也许这个增长率应该等于实际产出的长期平均增长率）。在经济系统中，不仅存在自动财政稳定政策，也存在自动货币稳定政策。在经济扩张期，如果货币管理者不向银行系统注入更多准备金，最终利率必然上升，信贷分配标准必然变得更加严格，这些变化都会抑制经济的进一步扩张。而在经济衰退时，因为对信贷的需求下降，借贷条件会变得更宽松，这会激励一些潜在投资者进行投资。除此之外，政府不应进行额外的货币管理，因为与财政政策领域中的情况一样，其他管理更可能加大（而不是减小）经济的不稳定性——至少自由裁量需求管理的反对者持这种观点。

15.15 究竟由谁说了算

有人主张以宪法修正案强制要求联邦政府保持预算平衡，主要出发点是他们相信政治对经济的控制本身就应该受到限制。这确实是一个重要的考虑。然而，即使这项宪法修正案真能出台并获得批准，保持预算平衡仍会是一项非常困难的工作。读者应该注意，政府预算是一种预测，而不是一项命令。国会起草预算时预计政府未来将获得一定数目的收入，同时批准未来的一些具体项目。但是，没有人能完全准确地预测未来，有时实际结果甚至与预期相去甚远。因此，如果法律要求联邦政府必须每年都保持收支平衡，政府有时便不得不突然对税率和支出进行大幅调整，此种行为很可能会**加剧经济的不稳定性**。

而且，就算有了必须保持预算平衡的法律限制，国会和总统仍然可以操纵转移支付、政府采购和税法变化的时机与分配方式。他们会选择有利于自己连任的政策，即使这些政策会加大全国经济的不稳定性。

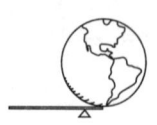

我们不应该指望凡人像天使一样无私，但我们同样不应该指望某个包治百病的药方为我们创造奇迹。据说，古希腊物理学家阿基米德曾说过这样一句话：给我一个稳定的支点，我就可以撬起地球。对于那些操心经济问题的人来说，这种阿基米德式的古典观念很有吸引力。"所有问题都**必须**有一个解决方案。如果经济不能正常运行，我们就得强迫政府把它修好。如果政府不能正常运行，我们就得修订宪法。如果不能修订宪法，我们就必须启动一项宏大的教育运动。如果教育也不管用，我们就得让政府把整个学校系统彻底改革一番。"如果能找到一个稳定的支点，阿基米德就能撬起整个社会，将其移动到合适的位置上，然而这样的支点是不存在的。

经济的运转、政府的运转以及其他所有社会制度的运转最终都取决于我们是否有能力达成协作。早在第 1 章的第 1 页上，我们就已经指出，大部分人甚至无法认识到我们在日常生活中以多少伟大的方式成功协作。社会就像汽车引擎一样，只有在坏了的时候才会引起人们的注意。当汽车引擎运转良好时，我们根本不会去关注它，我们会把注意力都放在窗外的风景和前面的道路上。同样的原因，在社会运行良好时，我们也不会去关注社会协作达成的机制，因此我们常常认识不到社会协作究竟如何达成，也没发现我们有多么依赖平稳、持续的社会协作过程。正因如此，我们才常常得出一个错误的结论：通过某种简单的修补就能让社会运行得更好。

生产和就业都会发生周期性的波动，自从富裕的工业化经济系统诞生以来，这种现象就一直存在。在自由商业系统中，决策是去中心化的，没有人能够准确地知道其他人在做什么或将要做什么，大部分交易是通过金钱这种媒介完成的。一定程度的不稳定似乎是这种系统的内在属性。一些人支持马克思的观点，认为这种属性证明"自由商业系统"（他们通常将其称为"资本主义系统"）必须被废除。另一些人支持凯恩斯的观点，认为适当的政府干预措施可以降低自由商业系统的内在不稳定性从而保住资本主义制度，因为资本主义制度与任何其他制度相比都具有可观的优越性，是一种值得保护的制度。还有一些人认为，只要政府建立一套合理的规则系统来控制政府和银行系统的行为，经济系统的不稳定性就会比过去大大降低，不管从政治角度看还是从社会角度看，改进后的不稳定程度都是可以接受的。

对这些问题的争论由来已久。当供求关系变化时，物价能够多快、多平稳地调整？当物价变化释放出新的信息时，资源能够多快、多平稳地流动？实证和理论研究也许能帮助我们更好地理解这些问题，但就算抱着这样的希望，我们也必须承认：为此类宏大问题找到人人满意的答案几乎是不可能的。在探求这些答案的过程中，事实和想象混在一起，逻辑和愿望搅作一团。哪些东西是理想的？哪些东西是可能的？我们对第一个问题的看法微妙地影响着我们对第二个问题的判断。如果能就"我们希望经济如何运转"达成共识，也许在"经济究竟如何运转"的问题上达成共识就会变得容易一些。然而我们没有办法就前一个问题达成共识，因此我们永远无法确定自己是否已经找到最佳解答，我们只能继续讨论下去。

15.16 理解近期的经济情况

在本章开头，我们讨论了群聚性错误在经济波动周期中扮演怎样的角色，并从这个角度分析了大萧条。那么，20 世纪 30 年代之后最严重的经济下行——近年的"大衰退"又该怎么解释？在 2008 年的第三季度和第四季度中，实际 GDP 分别大约下降了 5% 和 9%。接着在 2009 年的前两个季度中，经济继续收缩，第一季度和第二季度实际 GDP 大约分别下降 8% 和 5%。此后经济虽然开始复苏，但恢复得相当缓慢。和大萧条时的情况一样，造成以上情况的根本原因是利率操控和廉价信贷。但是，为什么此次经济繁荣和后续的萧条主要发生在房地产及相关产业中呢？

扩张性的货币政策会对经济体的各部分产生不均衡的影响。有些行业率先获得廉价信贷，利率变化后有些行业的反应比其他行业更大，有的行业得到的好处比其他行业更多。请读者不要忘记我们在之前的章节中提过这样一个主题：游戏规则非常重要。20世纪90年代中期，游戏规则发生了一定的改变，目的在于将廉价信贷导入民用房地产业。此次危机的根源（至少部分）在于这轮规则改变。这轮规则改变包括但不限于：1995年政府对《社区再投资法案》(Community Reinvestment Act) 进行了重要的修订。《社区再投资法案》希望帮助低收入人群、少数族裔和住在贫困社区里的善良百姓圆买房梦，还要求银行向面临危机的小企业提供更多信贷。这些出发点都是很好、很真诚的。但是肯定其出发点以后，我们再来看其达成目的的具体手段。该法案并不是通过自愿说服的方式完成以上目标，因为政府官员并不能建议银行实施新的举措。《社区再投资法案》动用了政府的力量，强迫私营商业银行从超额准备金中拿出相当一部分用于帮助面临危机的人群。然而该法案规定的一系列规则、管制和流程都比较模糊，不管是银行管理人员还是政府机构本身都无法清晰地解读、遵守和监控这些规则。

银行业中本来存在一些经过时间检验的操作程序，其中最重要的是对借款人的收入和净资产进行严格确认和细致分析。然而，信贷审批人员突然面临一种奇怪的激励机制——他们可以忽略上述程序以满足《社区再投资法案》的要求。可他们为什么突然放弃了有用的传统程序？是什么因素促使这种现象出现？答案是：一来银行家们发现，这样做可以帮他们避免违反《社区再投资法案》导致的罚款、罚金和处罚；更重要的是，他们发现只要快速搞定这类针对低收入人群的"次级"贷款，商业银行就可以把剩余的可贷资金（大部分超额准备金）借给他们的主要客户——这部分业务利润更丰厚，其市场也具有相当高的竞争性。

这里再次出现了既可悲又讽刺的情况：人们的行为产生了意外之果。弱势人群能借到零首付的房贷——在银行业较稳健的过去，这简直是不可想象的。此前，银行业的经验法则是中等收入的借款者应支付20%的首付，如今这些人要交的首付远远低于这个比例，他们自然很愉快地接受了这种优惠。金融机构提供可调利率抵押贷款（adjustable rate mortgages）和其他延后支付大额尾款的贷款，中低收入人群因此可以买得起他们从前根本负担不起的高价房。当时的美联储主席艾伦·格林斯潘（Alan Greenspan）和联邦公开市场委员会的成员扩大了全国的货币供给，且毫不避讳地表示此举是为了拉高美国的

GDP 并进一步促进房地产市场的繁荣。达成上述目标的具体做法是购入巨额债券（以影响联邦基金利率）。2001 年的联邦基金利率是 6%，由于上述公开市场操作，仅仅两年之后，2003 年的联邦资金利率已经下降到了 1%。当然，所有信贷种类的银行贷款利率也跟着下降，各行各业都掀起了如野火般扩散的借贷热潮。

《旧屋翻新》（*Flip This House*）和其他类似的所谓"真人秀"节目及资讯型广告鼓励人们（借低首付甚至零首付的按揭贷款）购买状况不佳的低价房屋，然后在几个月内卖出（即所谓的"翻新"），在市场上大赚一笔。每一集的主角都是快乐又成功的普通人，人人都能在电视机上看到他们的故事。此时，不可持续的房地产繁荣已经把美国经济推入了"咬下、咀嚼"期，下一步的"噎住"期已经不可避免。

美联储的官员认识到，扩张性的货币政策已经造成了房地产泡沫。于是他们突然转变政策方向，在公开市场上大量抛售债券，此举减少了货币供应，将联邦基金利率从 2003 年的 1% 拉高至 2006 年的 5.25%。本·伯南克取代格林斯潘成为新一任的美联储主席。各种利率全面上浮。

美联储和美国政府采用了新的游戏规则，这就像是在一条路上同时亮起太多绿灯。一方面，政府如此激烈地操纵利率从而间接影响房地产价格；另一方面，银行业的借贷审批标准松懈到令人难以置信的程度。在这两个因素的共同作用下，房地产市场和金融市场上怎么可能发生可持续的计划协作呢？美联储操纵利率和价格信号，政府抱着良好的愿望操纵银行系统的激励机制，剩下的部分则由投资机构、一揽子房屋抵押贷款做市商、律师和投资银行家共同完成。在若干年间，此举鼓励数百万人带着价值数万亿美元的可贷资金欢天喜地地投身这场游戏。

许多人认为此次经济繁荣是去管制政策和自由市场的结果，但另一些人（比如本书的作者）并不同意这种观点。当然，这个问题的细节十分复杂，但我们倾向于认为，原因主要在于政府官员的干预。十分遗憾的是，这种干预让私营板块的各色人等（不管是贪婪之徒还是谨慎之人）干出了一些极端愚蠢的事情。很清楚的是，美国经济被噎住了——泡沫破裂，房地产价格跳水。到 2008 年时，家庭消费者无力偿还的贷款总额已经接近甚至超过 5000 亿美元，住房抵押贷款证券的经纪人、按揭担保人和金融保险公司手中因此有了一大

政府在所有的路口都亮起了绿灯！

堆失去流动性、无法转卖的资产。

当然,之所以会发生2008年的金融灾难,是因为所有参与者的决策共同导致了意外之果。这些人包括:追逐美国梦的善良家庭,为他们加油助威的商业分析师,电视节目制作人,想追求利润、规避风险的商业放款人和商业担保人,为套利而发行住房抵押贷款证券和衍生产品的券商,经济学家,官员,甚至政府最高层的当权者。我们不能说我们的每一个选择都是此次危机的根源或成因,但它们确实都与这场危机脱不了干系。

近年来,为了缓解金融危机带来的问题,美联储试图再次扩大货币供给从而降低利率,如今这种做法被称为"量化宽松"。(当然,在前一章中我们已经说过,为避免扩大货币供给造成通货膨胀并再次导致泡沫,美联储开始对银行准备金支付利息,也就是说美联储正在同时进行两种结果相反的操作。)另有一些政策制定者希望用纳税人的钱为银行家、券商、证券经纪人和其他市值数十亿美元的企业提供企业福利援助。长期看来,这种做法难道不会导致"道德风险"吗?自由市场本应对企业实施极为严苛的预算限制,然而如今企业高管却从政府那里舒服地领取价值数千亿美元的援助资金,这显然"软化"或"松动"了企业面临的限制。这种情况难道不会鼓励企业高管(或者下一代的高管)采取更为愚蠢的冒险行为吗?毕竟,即使他们冒险失败,美联储和财政部的官员以及其他政府机构也有可能再次介入,承担企业的损失。

面对本次危机,政府根据凯恩斯主义的建议进行了干预,对财政政策进行了过度积极的调整。2009年,美国出台了《美国复苏与再投资法案》(*American Recovery and Reinvestment Act*),人们通常称之为《刺激法案》。该法案批准了7870亿美元的新政府开支,目的是修正经济收缩现象。支持者称,这是唯一的出路,否则就会有更多坏事发生(尤其是失业率会大幅升高)。然而,在《刺激法案》出台后的几年中,美国的失业率不仅提高了,而且比政府预测的不做刺激干预情况下的失业率还要高!如何花这笔钱?把这笔钱花在哪里?2009年1月,总统和国会就以上问题进行了辩论。我们不仅不知道自己现在在哪里,甚至更加不清楚我们即将去哪里或者应该去哪里。人们发现,几乎任何能花钱的项目都可以从这笔巨大的政府支出中申请资金,因此政府内部和外部的许多组织都看准了这个机会,试图从中分一杯羹。当然,每一位参议员和代表都面临这样的激励机制:既然要向外发钱,就一定得保证钱能发到对自己有利的人手中。因此，如果我们研究一下这笔刺激资金的实际去向，就会发现这笔巨款流向了各种各样的地方，包括低收入人群的住房资助项目，然而这类项目恰恰是此次危机的成因。

简而言之，政府行为破坏了修正过程，这一方面是为了减小不可避免的经济衰退带来的负面影响，另一方面是为了向组织程度很高的利益集团输送利益。美联储进行了一轮又一轮的"量化宽松"，财政赤字飞涨，国家债务也跟着增长。本次危机持续了很长时间，复苏过程也十分缓慢。如果政府不进行错误的干预，这些不幸的现象本来是可以避免的。

简要回顾

经济崩溃或称经济衰退说明人们的预期没有实现。不管经济状况好不好，都会有许多企业面临亏损，但是经济衰退说明大量企业同时产生了事先没有预料到的、系统性的亏损，亏损现象是广泛的、普遍的。市场参与者错误解读了价格信号传递的信息。企业进行货币计算，展望未来的利润和损失，选择他们认为最有利可图的经营活动。然而，一段时间以后，情况与预期不符，企业面临亏损，他们会因此改变投资和雇用劳动力的计划——掉转方向减产和裁员。

如果企业在计算预期利润和预期亏损时普遍出现误判，经济体中就会出现群聚性的错误。罪魁祸首很可能是美联储的政策：扩大货币供给，人为压低利率。廉价信贷能带来暂时的经济繁荣，但从长期看这种繁荣是不可持续的。当企业面临事先没有预料到的经济损失，它们必然会根据实际情况调整计划，此时经济会不可避免地出现衰退。从这个角度看，经济衰退是一种修正过程，修正的是此前的错误和资源的不合理分配。

如果美联储能采用货币平衡政策（使经济体中的货币供给等于货币需求），这种广泛误判和群聚性错误就能被最大限度地减少。当公众对货币的需求变化时，如果能相应调整货币供应量，货币政策就能起到稳定经济的效果。

要想让任何稳定经济的政策真正发挥效果，掌握时机都是至关重要的。总体需求管理涉及以下几个事件：问题出现、认识到问题的存在、决定以某种行动应对问题、采取行动、行动真正起效。这几个事件之间不可避免地存在时间差。因此总体需求管理虽然从理论上看可能发挥稳定经济的作用，但在实际中其稳定效果总是比理论效果差很多。

政府的经济稳定政策是由相应的政治过程控制的，而不是由一群不偏不倚的专家掌握的（既然连不偏不倚都做不到，就更不要指望他们全知全能了）。政策制定者在制定政策时考虑的是他们自己的利益以及他们面临的激励机制。

在民主社会中，政府官员的任期相对较短，这会严重影响经济稳定政策。因为任期有限，政府官员面临压力，他们会因此忽略项目的长期成本，仅着眼于项目的短期收益。

如果总体需求的增长速率发生偏离预期的变化，那么产出和就业会先受影响，成本和物价则后受影响。因此，当政府采取扩张性政策时，收益先于成本；而采取收缩性政策时则是成本先于收益。因此，选举在即、希望连任的政府官员发现扩张性的政策符合他们的利益，收缩性的政策则与他们的利益相悖。这种激励机制会导致偏向通货膨胀的"走－停－走"式政策。

民主政治过程往往还会让国家政府产生长期的预算赤字，因为国家政府通常控制支付方式，在国内从来不愁借不到钱。如果不靠法律强迫政府保持长期预算平衡，民主政治过程就可能无休止地创造财政赤字。财政赤字会反过来对货币管理机构施加压力，迫使他们扩大货币供给。

少干预也许是政府为经济稳定做贡献的最佳方式。更稳定、更容易预测的政府政策可以向经济体中少注入一些不确定性。

近年来，我们经历了所谓的经济"大衰退"。这种现象再次证明廉价信贷（政府制定新的游戏规则，使廉价信贷流入房地产业）会催生泡沫，最终使经济崩溃。为应对经济衰退，政府在调整货币和财政政策时引入了更多的不确定性，拖慢了经济复苏的脚步。

供讨论的问题

1. 卡尔·马克思认为繁荣－衰退的经济周期是资本主义市场经济的一种内在的、固有的属性。虽然美国大部分马克思主义者已经不再坚守，但是今天约翰·梅纳德·凯恩斯的一些较为激进的信徒（他们管自己叫后凯恩斯主义者）认为企业家承担风险的意愿上升会不可避免地造成经济繁荣及后续的经济崩溃。事实上，他们声称大萧条证明了他们的观点。但是以下事实确实成立：每个国家都有某种央行机构负责操纵货币供给，央行常常因政治压力而希望创造廉价信贷，本书作者认为这种情况会导致不可持续的经济繁荣。你是否认为这个事实支持"繁荣－衰退的经济周期是资本主义的固有属性"这一观点？

2. 是否所有经济衰退都是过度宽松的货币政策导致的？假设一个国家遭遇了战争，不也会让该国的实际 GDP 在短期内和长期内下降吗？

3. 有这么一个老笑话："教授，请问经济衰退和经济萧条之间的区别是什么？"教授回答："如果你失业了，就是经济衰退；如果连我也失业了，就是经济萧条。"笑话归笑话，经济衰退和经济萧条之间的区别究竟是什么？

4. 作者用一些比喻来描述经济周期，其中之一是"咬下、咀嚼、噎住"的比喻（见图 15-1）。另一个关于政府干预的比喻是如果绿灯太多，交通就会出问题，这与第 1 章开头关于交通、信号灯和交通规则的讨论有关。[绿灯的比喻首见于史蒂夫·霍维茨（Steven Horwitz）和彼得·勃特克（Peter Boettke）所著的《山姆叔叔建造的房屋》（*The House that Uncle Sam Built*, Foundation for Economic Education，2009）——读者在网上搜一下就能找到。] 还有另外一个比喻我们也很喜欢（这个比喻可是我们原创的）：美联储就像派对的主人，他悄悄地在装潘趣酒的碗里多加了一些酒精，这便带来了一个经济繁荣期。夜越来越深，客人们玩得很开心，浑然不知自己已经喝醉了。但是，到了某一个时候（对应于经济危机发生的时刻），客人们会不可避免地被宿醉困扰，因为身体必然会对酒精做出反应，也会自动修正酒精促成的繁荣。那么怎么解决宿醉带来的痛苦呢？（提示：有人解决宿醉的办法是第二天再喝些酒。）

5. 长期究竟是多长？凯恩斯认为在他之前的学者都忽视了经济衰退的问题，因为那些学者假设"长期看来"经济会自动修正。在写《通论》之前的一些年，凯恩斯还写过另一本书，他在其中尖刻地说："长期看来"我们已经死光了。

(a) 假设你相信政府试图修正经济衰退时有 25% 的概率会把经济搞得更糟，但是"长期看来"经济会自动修正，那么你要等多久才愿意接受政府政策把经济搞得更差的风险？

(b) 经济衰退要持续多长时间（或者说经济复苏要迟到多长时间），我们才应该假设这次经济衰退不仅仅是"暂时性的扰动"？

6. 货币政策和财政政策在多大程度上互相独立？

(a) 在何情况下联邦政府可既产生很大预算赤字，又不提高货币供给？

(b) 假设联邦政府决定收紧货币政策，不允许商业银行的准备金增加，同时联邦政府又希望通过借钱来为庞大的预算赤字融资。那么此时会发生什么？

(c) 假设利率是由可贷资金的供给与需求共同决定的，那么在什么情况下联邦政府大幅提高借贷数额不会拉高利率？

(d) 假设政府对可贷资金的需求上升，为了防止这种情况拉高利率，美联储通过扩大商业银行的贷款数额来拉高可贷资金的供给。美联储的上述政策能否成功阻止利率上升？美联储的扩张性货币政策执行到什么程度就会拉高通货膨胀率？人们对未来通货膨胀率的预期提高，这种心态如何拉高利率？

(e) 假设许多生产性资源处于闲置状态——在大部分行业中，工厂的产量都远远低于产能上限；经济体中几乎所有领域都存在劳动力过剩情况。再假设此时联邦政府开始产生大额财政赤字。由于存在这些闲置的生产资源，就算政府借贷急剧上升，可能也不会拉高利率，为什么？

7. 假设国会想靠财政政策（减税）对抗经济衰退，那么应该在何时减税：怀疑经济衰退即将到来时？大众普遍相信经济衰退已经发生时？还是政府正式宣布经济衰退发生时？

8. 经济学家还有这么一个关于他们自己的笑话：如果世界上的所有经济学家头脚相连地叠在一起，那么其高度足以到达——到达不了任何结论。哈里·S.杜鲁门（Harry S. Truman）总统曾说他十分想要一个独臂经济学家，因为所有向他提建议的经济学家都喜欢说："从左手看来……但是从右手看来……"也许经济学家的以上两个特点是互相关联的。

(a) 所有目前尚未实施但你希望能实施的经济政策都有可能（甚至极有可能）导致你不希望看到的后果。你能举出哪怕一个反例吗？

(b) "虽然这项政策可能不会成功，但是我们还是必须试一试，因为我们总得做些什么吧。"说这句话的人可能强烈相信这种政策会成功，而反对这项政策的人可能强烈相信它不会成功——但是你觉得这种可能性有多大？

(c) 评估各项备选政策的标准方式是逐一预测和评估每项政策可能产生的后果。可是一项社会政策究竟会产生多少种后果？后果的数量有确定的上限吗？

(d) 有人说："这个问题会自行解决的，不需要政府进行干涉。"可是就算问题真的会自行解决，究竟要多久才会解决？这个时间长短重不重要？即使某项政策的支持方和反对方都同意问题最终会"自行解决"，你认为他们对上述时间长短的看法会一样吗？

9. 假设所有国会成员都发自内心地认为政府支出数额太大，必须至少砍掉10%。为什么这种情况仍不能保证政府预算被砍掉10%？

10. 一项法案打算从纳税人缴纳的税金中拨出1亿美元修建一条灌溉用的运河，这条运河只能为几百个牧场主提供约1千万美元的收益。假设某位国会议员给这项法案投了反对票，为什么此举既不利于他给自己拉选票，也不利于他筹集竞选资金？

11. 为什么许多国会议员认为联邦政府应该对地方项目（比如改善大城市中的公共汽车或地铁系统的条件）提供补助？

(a) 如果在某个大城市中修建地铁系统，谁能从中获益？

(b) 有人认为，让全国的纳税人一起为某地的地铁项目买单符合"公众利益"。你能否想到一条支持这一论点的论据？

(c) 为了给某个遥远的城市修建地铁系统，你需缴纳的税金每年会上涨 10 美元。知道上述情况以后你会给代表你的议员写信抗议吗？

(d) 假设联邦政府正在考虑给你所在的城市发一大笔拨款，用于改善本地的公交系统，你是否认为本地的政府官员应该去华盛顿特区积极游说争取这笔拨款？你是否认为你的国会代表应该支持拨款提议？如果你所在的城市成功申请到了这笔拨款，你对本地官员和国会代表的好感度是否会提高？

12. 假设你支持削减政府开支，那是否也支持政府减少对大学生的经济补助？

13. 任何民主政府增加税赋的能力显然都受到限制，其中一个明显的限制是所有选民都不想多交税，但是除此之外还有其他限制。

(a) 一个人如何才能合法地不向州政府缴纳所得税或消费税？

(b) 选民似乎并不特别反对政府提高企业税，那么州政府和地方政府为什么不干脆靠提高企业税获取所有税收收入？

(c) 上述限制条件能够较好地限制州政府和地方政府，却不能很好地限制联邦政府，为什么？

14. 如果一个人花的钱比挣的钱多，你是否认为他有性格上的缺陷？那么如果一个政府无法保证支出低于税收收入，你对这个政府有什么看法？

15. 今年是总统大选年。假设财政部 9 月份借了 200 亿美元，以便在 10 月 1 日提高社会保障金、福利金和失业补助的数额。财政部这么做对货币供给有什么影响？对 10 月份的消费者支出有什么影响？对失业率有什么影响？对物价水平有什么影响？对总统大选的结果有什么影响？你认为以上这些效应何时会显现出来？

16. 民选官员面临直接的政治压力。由政府任命、可以被民选官员降职或解职的官员也面临直接的政治压力。创立美联储的初衷是让它成为一个独立于联邦政府的机构——也就是说美联储不应面临上述直接政治压力。

(a) 美联储权力这么大，却不用对选民负责，允许这样一个机构存在是否违反民主原则？

(b) 假设美联储官员必须对民选官员负责，那么美联储官员是否实质上也就必须对选民负责？

(c) 下面有三种系统，你觉得哪种系统下的货币政策最可能符合公众利益？哪种系统下的货币政策最可能不符合公众利益？第一种是我们当前的系统；在第二种系统下总统有权解职美联储官员，就像他现在有权解职内阁成员一样；第三种是公投系统：选民定期投票，美联储的政策必须获多数票批准。

17. 理论上独立于联邦政府的美联储究竟有多独立？为了支付当前的财政赤字和巨额国家债务，联邦政府大举借债。为了使这种融资和再融资行为更顺利地进行，美联储官员和财政部官员长期进行合作。

(a) 如果人们经常合作，那么他们看问题的角度就会变得相容甚至相似，难道不是这样吗？假设某种货币政策恰好可以缓解财政部的融资问题，美联储就更容易认为这种货币政策是当前最佳的货币政策，难道不是这样吗？

(b) 财政部希望降低政府的借贷成本和偿债成本。美联储如何帮助财政部实现这个值得称赞的目标？

(c) 如果财政部在某一时段中大举借贷，美联储可能希望在这一时段中为银行系统提供充足的准备金，以保证借贷成本不上升。此时美联储必须怎么做？如果美联储和财政部成功地以上述方式合作，为什么这种做法最终反而可能让利率和财政部的借贷成本大幅上升？

18. 2013 年，美国政府的政策制定者试探性地提出了这么一种想法：铸造价值 1 万亿美元的铂金硬币，然后让美联储购入这批硬币。这种做法基本上相当于让美联储增印价值 1 万亿美元的钞票，然后把这些钞票交给财政部（或者通过电子转账形式给财政部）。这种做法能帮助美国政府，使其借债数额不至于触及债务上限。为什么美联储不提议铸造一种印着米老鼠头像的硬币？或者干脆铸造塑料硬币，官方宣布其价值为 1 万亿美元？不管官方用什么材料铸造这种硬币，铸币会导致通货膨胀吗？

19. 罗斯·罗伯茨（Russ Roberts）和约翰·帕伯拉（John Papola）在 YouTube 网站上共同出品了一段名为《涨落可惧》（*Fear the Boom and Bust*）的说唱视频，点击量超过 400 万。这段视频轻松诙谐却贴合当前形势，解释了约翰·梅纳德·凯恩斯和 F.A. 哈耶克对经济周期的看法。（本章对经济周期的分析很大程度上受哈耶克及其导师路德维西·冯·米塞斯的影响。）请读者观看这段视频及其续集《世纪之战：凯恩斯和哈耶克的第二轮战斗》（*Fight of the Century：Keynes vs. Hayek Round Two*）。你对这两段视频有什么看法？你觉得是凯恩斯赢了还是哈耶克赢了？视频是否深入浅出地把复杂的经济学问题解释清楚了？

第 16 章　国家的财富：全球化与经济增长

学习目标

- 描述全球经济增长的历史。
- 解释导致经济增长的因素。
- 介绍经济自由指数。
- 探索对各国 GDP 进行比较时面临哪些困难。
- 分析经济学家和其他人提出的关于全球化的论点和证据。

今天，世界上仍有许多人生活在贫困之中，他们面临的贫困比所谓"发达"国家居民在经济最低谷时面临的贫困还要严重得多。事实上，关于今日的全球经济系统，最令人震惊的事实是一些经济系统的表现竟比其他经济系统好很多。加拿大的经济表现是否优于美国？挪威的经济表现是否优于瑞典？瑞士的经济表现是否优于以上所有国家？我们不能清晰地、确定无疑地比较这些经济系统的表现，因为缺乏一种被普遍接受的衡量标准。然而，我们根本不需要什么复杂的衡量标准就可以判断以上国家的经济系统表现都远远优于埃塞俄比亚、阿尔巴尼亚、孟加拉国，以及世界上的其他几十个贫困国家。

经济系统是一种社会系统，在这种系统中，人们在资源的创造和使用方面进行协作，以满足彼此的需求。为什么某些经济系统的表现比其他经济系统好那么多？这就是本章要讨论的问题。当然，某些国家的自然资源比其他国家更丰富。但是自然资源方面的区别根本无法解释穷国与富国之间的财富差异和福利差异，例如：为什么新加坡如此富有，而海地却如此贫穷？为什么瑞士如此富有，而肯尼亚却如此贫穷？人口与土地面积的比例也无法完全解释国与国之间的全部（甚至大部分）贫富差距。荷兰的国土面积只有34000平方公里，人口是1600万；而乍得的国土面积是125万平方公里，人口只有1100万。荷兰的人口密度远远大于乍得，更不要提荷兰的国土还有相当一部分是荷兰人填海造出来的。

16.1 哪些国家富裕，哪些国家贫穷

国际复兴开发银行（我们更常听到这个机构的简称——"世界银行"）定期发布一份世界发展报告。该报告试图总结各国经济系统的表现。世界上的国家被分为三类——高收入经济体、中等收入经济体和低收入经济体。

高收入经济体包括：美国和加拿大；西欧各国；以色列、日本、韩国、澳大利亚、新西兰、新加坡；经济最为发达的原苏联国家，比如波兰和爱沙尼亚；若干靠卖石油富裕起来的国家，比如文莱、科威特、卡塔尔和阿拉伯联合酋长国；以及曾经是或仍然是富裕大国附属地的若干区域，比如法属圭亚那、荷属安的列斯、关岛等。

世界银行把人均年收入低于1025美元（现值）的国家定义为低收入国家。低收入国家的名单比高收入国家长得多。这份名单上有阿富汗、孟加拉国、缅甸、柬埔寨、较贫困的原苏联国家，以及几乎所有中非国家。

中等收入国家包括：从墨西哥到南美洲最南端的拉丁美洲诸国（除了海地，该国是低收入国家）；南非；北非诸国；从希腊、土耳其到伊朗的大部分中东国家；1989年苏联在中东欧的部分卫星盟国以及大部分苏联的加盟共和国；以及泰国、马来西亚、印度尼西亚和菲律宾。

世界银行对各国进行上述分类的标准是人均国民生产总值，也就是GNP除以人口数。由于度量世界各国的总收入和总产值的机构通常强调国内生产总值，且在大部分情况下国内生产总值和国民生产总值实际上几乎一样，所以接下来我们主要讨论国内生产总值。我们将解释用国内生产总值衡量贫富的重要意义和局限。

16.2 历史数据

2011年，美国的人均GDP为48442美元；而印度的人均GDP是1489美元，还不到美国的3.1%。美国2011年的GDP是1820年的777倍；而印度2006年的GDP还不到1820年的10倍。[a] 事实上，1820年印度的GDP位居世界第二，仅次于中国，几乎比当时美国的GDP高出10倍。而如今美国的GDP几乎比印度高10倍！是经济增长造成了这种区别。在这185年间，美国的经济增长速率平均每年超过3%，而印度的经济却几乎没有增长。为什么两国的情况如此不同？

在某些圈子里，人们会斩钉截铁地回答：原因在于**剥削**。要想发生经济增长，一个国家首先要有一定的盈余，然后还要用这个盈余来投资生产性资本。有些人认为，今日的富裕国家利用军事霸权征服了实力较弱的亚非拉美国家，然后夺走那些国家的盈余，用于启动本国的经济发展，而被征服国的人民则因此陷于贫困。确实，当欧洲国家与世界其他国家发生接触时，"力量的绝对优势恰好在欧洲人这一边，使他们能为所欲为而不受惩罚，在辽远地方做出各种不合正义的事体"。这句话可不是卡尔·马克思说的，而是亚当·斯密说的。但亚当·斯密同时也指出，这些不合正义的事体与大量的"愚行"混合在一起。他个人的意见是：最具野心的殖民力量——大不列颠为了维持殖民帝国而花费的资源，比其可能从殖民行为中收获的资源还要多。这种观点也许是正确的。第二次世界大战以后，欧洲殖民帝国迅速崩溃，主要原因在于殖民地并没有为宗主国带去大量显著的经济收益。

穷国和富国之间存在巨大的财富差异，然而把"剥削"作为这种现象的一般解释面临一种本质性的反驳：在世界上最贫穷的国家中，有些国家（比如埃塞俄比亚）从未被他国征服或殖民；而在世界上最富裕的国家中，也有些国家（比如瑞士）从未征服或殖民过其他国家。军事力量看起来更像是经济增长的

---

a 本章的论述主要以安格斯·麦迪逊（Angus Maddison）收集的大量数据及分析为基础。这些数据和分析发表于世界经济与合作组织发展中心1995年出版的《监测世界经济（1820—1922年）》(*Monitoring the World Economy, 1820–1922*)。在情况允许时，我们尽量对1995年后的数据进行更新。但是，在这里我们希望再次强调使用总量数据时必须格外谨慎小心（这个要点首次出现于第13章的延伸思考部分）。经济增长与发展的根源在于政治与经济系统的结构组成，总量数据最多只能对其进行不准确的估计，因此使用总量数据时必须抱谨慎与怀疑的态度。——作者注

结果，而不是其成因。但是，毫无疑问，西欧确实是第一个发现或发明经济增长的地区。1848 年，马克思和恩格斯称"资本主义社会"在过去的 100 年中取得了巨大的生产性成就，他们谈论的现象几乎只发生于欧洲及欧洲的延伸区域：美国、加拿大和澳大利亚。在这些国家以外，人均 GDP 的增长很不明显。

1848 年以后，世界上的其他地区也出现了经济增长现象。在第二次世界大战结束后的四分之一个世纪中，所有大洲都出现了引人注目的经济增长，至少在一段时间中如此。在 1950 年到 1973 年之间，全世界的平均 GDP 年增长率是 4.9%。如果我们考虑这段时间的人口增长，那么全世界的人均 GDP 年增长率也达到了 2.9%。这个速率相当惊人，如果经济能以这个速率增长，那么世界人口的平均实际收入只要 25 年就可以几乎翻一倍。但是 1950 年到 1973 年是一段例外的经济高速增长期。1973 年以后，拉丁美洲的经济增长速度显著放缓，苏维埃帝国和非洲地区的经济增长率还赶不上人口的增长率，也就是说这些国家的人均收入实际上在下降。欧洲及其延伸区域的经济继续增长，增长速率大约能让人均收入每半个世纪翻一倍。而在亚洲，各国的平均经济增长率很高，实际人均收入不用 25 年就能翻一倍——这种现象一直持续到 20 世纪 90 年代的危机来临前。

16.3 经济增长的来源

在人类历史上，首次出现了前所未见的持续经济增长现象，这是因为世界上的某些国家成功创造了一系列的条件，使社会上的大部分人可以分工生产并进行交换。不管是当时还是现在，经济增长的重要前提条件都是稳定的社会秩序。在稳定的社会秩序下建立了法治，因此人们启动项目时有足够的信心，知道自己未来可以享受努力带来的成果。

我们可以用这样一种方式考虑这个问题：**经济发展事实上受三样东西影响，即人、资源和制度**。其中"人"的因素只能被当作一个给定的因素。也许我们希望人可以变得更友好、更善良，但是我们没法控制这个因素。我们也没有办法直接控制自然资源：也许我们希望天气更好、土地更肥沃，但我们的选择无法直接影响天气和土地。但是我们对制度具有一定程度的控制力，制度决定我们如何与其他人互动以及如何使用资源。因此，对经济发展起决定作

经济增长：实际 GDP 的长期增长

用的是一个国家的基础制度（比如法治），而不是自然资源的供给或人力资本的投资。制度规定游戏规则，我们按照这些游戏规则互动并收获交易带来的利润。

经济增长的另一个重要前提是人们必须能以低成本交换商品和想法。如果人与人之间不能进行交易，分工就不可能实现。而如果转移货物的成本比交易能提供的潜在利润更高，人们就不会进行交易。想法的交换也非常重要，也许亚当·斯密和其他早期经济学家大大低估了其重要性。因此，欧洲的地理环境是促成经济增长的重要因素。欧洲拥有许多高质量的海港、长长的海岸线，以及数不清的宽阔河流。因为来自山上的雪水，这些流过平原的河流终年都可以行船，所以欧洲人能以较低的成本在广阔的区域中交换商品和想法。

如果不能积累额外的资本，专业分工就无法扩展、加深。从开始生产产品到收到销售产品的收入之间有一个时间差，专业分工程度越高，这个时间差就越大。专为他人生产商品的人通常与客户相距甚远、素不相识，在收到销售收入之前，他们必须有能力生存下去。因此，经济增长的另一个前提条件是：生产者必须能积累一定数量的消费者商品，其数量足以帮助他们熬过商品的生产期。从功能上看，这类商品属于资本，因为它们是制成品且能提高未来的生产速率。

资本积累能成倍提高人的劳动效率，这是资本积累为经济增长做贡献的另一个途径。这种贡献很显然，也很重要。不用说大家也明白，推土机运土的效率远远超过人用铁锹运土的效率。

但另一个事实也许不那么明显：资本的积累既是一个定量的过程，也是一个定性的过程。专业分工最重要的后果之一是技术创新。技术创新意味着一个国家在积累资本商品时不仅获得**更多**生产资料，而且获得**更有效率**的生产资料。随着时间的流逝，一个国家拥有了更多的运土设备，一般来说这些运土设备的效率也比过去高。

在各种推动经济增长的力量中，技术革新也许是最有力的一种。比如我们已经说过，交通系统的改进是推进经济增长的主要因素之一。在 19 世纪的美国，人们以什么速度将商品、想法以及他们自己移动到别的地方？以今天的标准看，这个速度慢极了。长途运输几乎只能靠水路，修建公路的成本很高。运送人和货物都得翻山越河，还得指望这些地方的交通不因雪和泥浆而中断。

经济增长的前提条件：
· 法治
· 低成本的运输和 通信系统

· 资本存量

· 技术进步

Chapter 16

运送人和货物的工具主要是马匹，因此即使能克服重重阻碍完成运输，速度也极为缓慢。在1800年到1870年之间，美国积累了大量交通运输资本，然而资本积累的主要形式并不是更多的船只和运河，而是铁轨、火车头和车厢。有了这些东西，单位资本运送货物的速度大大提高。因此，在人们获取的额外资本中包含着技术革新的因素。到了1940年，内燃机的问世再次令每一单位新交通资本的运货效率大大提高。今天，运送人和想法的资本设备是飞机和因特网，我们对这两样东西都很熟悉。和1800年（甚至1940年）的资本设备相比，飞机和因特网在所有方面都具有巨大的优势。

·追赶其他国家

因为技术进步在推动经济增长的过程中扮演极为重要的角色，所以经济相对落后的国家拥有一重极为重要的优势。技术革新不是从天上掉下来的，而是由人创造出来的；为了推进自己感兴趣的项目，人们在活动的过程中创造了技术革新。技术最领先的国家只能自行寻找更好的生产方式，这个寻找、发现的过程必然产生成本，包括试错成本。而技术相对落后的国家（尤其是与先进国家差距较大的国家）则可以避免这些成本。20世纪末，如果一个资本很少的贫困国家希望通过提高产出来提高收入，那么该国并不需要经历历史上的技术发展阶段，它可以直接从牛车和土路升级到柴油卡车和混凝土高速公路。这就是落后的巨大优势。贫穷国家的经济增长速度可以大大超过富裕国家从前的经济增长速度。技术领先的国家付出了高昂的代价才学到了许多经验，而贫穷的国家可以直接照搬这些经验。

16.4 外国投资

然而，贫穷国家是否真能通过上述途径追赶富裕国家取决于一系列因素。要想提高生产效率，就得拥有复杂的资本商品。但贫穷国家一开始技术十分落后，没有能力自行生产这类资本商品，因此必须依赖进口。但它们是否有能力进口本国需要的资本商品？它们用什么交换这些商品？要想进口别国的商品，就得出口本国的盈余商品，但根据贫穷的定义，我们知道这些国家手头的盈余非常有限。就算它们能够产生一些盈余，能向它们出口资本商品的国家对这些盈余商品有需求吗？就算有需求，这种需求够不够高？是否足以创造有利的交易条件？有什么东西是贫困国家能够生产，富裕国家又恰好想要的？许多人想到的第一个答案恐怕是"原材料"。然而,贫困国家必须拥有充分数量的矿产或其他原材料,这些原材料还必须在国外有充分的需求,才能为贫困国家带来足够的进口收入用于购买外国的新资本商品。事实上满足上述条件的贫困国家很少。即便拥有自然资源,许多贫困国家也因缺乏知识和设备而无法以较低的成本开采这些资源;因为开采成本过高,这些国家无法将原材料销往国外获利。

外国投资因此有了用武之地。富裕国家的投资者可以借钱给贫困国家,贫困国家用这笔资金购买它们想要的资本设备。这件事情办得成吗?如果这种投资项目的预期回报率(根据风险调整后)超过其他投资项目的预期回报率,这事就办得成。试图追赶富裕国家的贫困国家有可能以极高的速度发展经济,因此这些贫困国家的投资项目可以有很高的回报率。不幸的是,在许多情况下,这些项目的风险也很高。投资经济欠发达地区本来就伴随很高的常规风险。能否找到其他配套资源又是一重额外的不确定性。在许多情况下,我们还得考虑政治不稳定带来的风险。

·外国投资

许多人自发地对外国投资者(尤其是对贫困国家进行投资的外国投资者)抱有敌意,这是上述政治风险的来源之一。人们常常认为,投资者之所以能获得回报是因为他们"抽干"了贫困国家的资源,若是投资者来自富裕国家,这种敌意会更加强烈。此种民意很容易让政府改变游戏规则,靠政策没收外国投资者的部分甚至全部投资。因为知晓这种政治风险的存在,个人和企业投资者更加不愿意将资本投入贫困国家,除非他们可以与当地政府达成一些降低风险的额外协议!独裁政府或寡头政府常常愿意帮助外国投资者打压民众的不满,甚至愿意向外国投资者提供特权,前提是外国投资者得把投资回报拿出来与合适的政府官员分享。有时贫困国家确实能够创造经济增长,但经济增长带来的好处往往流入少数特权阶级的口袋,而不能给大部分民众带来显著的实惠,主要原因之一就是上面说到的这条。

贫穷国家没有能力从内部产生经济发展所需的资本;如果没有很高的预期回报,外国投资者也不愿意提供这种资本;外国投资者和贫穷国家的政府之间有时还会形成腐败关系。这三重理由促使许多人呼吁富裕国家的**政府**(而不是私人和私营企业)对贫穷国家进行投资。但是,这样做同样会产生问题。像美国这样的富裕国家的政府有什么理由对贫困国家进行投资?政府以慈善

·外国援助

Chapter 16

冲动为理由出台政策合理吗？政府是否真的有慈善冲动？如果政府声称自己的所作所为是出于慈善目的，这种说法背后的实质动机究竟是什么？贫穷国家实际上要付出的交换条件是什么？一个国家提供援助，另一个国家接受援助，前者的政府官员想从后者的政府官员那里获得什么东西？如果提供援助以后隐性或显性的交换条件未被满足，提供援助的富裕国家（通常也是较强大的国家）会怎么做？如果一国政府对另一国政府提供援助，援助国最终难道不会干涉被援助国的内政吗？

有些人认为，上述问题都可以解决：解决方案是让国际代理机构负责对贫困国家发放外国援助。持这种观点的人有必要认真检视一下这类国际代理机构（比如世界银行）过去的表现记录。这些记录显示，国际代理机构并不能完全绕过政府对政府提供援助时面临的困难和困境。除了以上问题外，还存在另一个问题：政府是控制投资去向的最佳机构吗？收到外国援助的资源或借到外国提供的低息贷款以后，贫困国家的政府如何分配这些资源或资金？受援助国的政府能把资本分配给资本利用效率最高的机构吗？政府如何知道哪些机构能最高效地利用资本？如何保证这个分配过程中不出现腐败现象？此类项目常常有浪费和腐败现象，这让富裕国家的公民对外国援助项目十分戒备。而在民主国家中，民众的疑虑本身就足以令此类项目缩水了。

·全球化

国际贸易和国际投资对世界经济的增长做出了巨大的贡献。今天，有些人坚持国际化只会让富裕国家变得更富裕，贫困国家变得更贫困。但他们必须解释一个问题：过去（甚至不久前的过去）的情况明明不是这样，为什么他们认为未来的情况会是这样？不管是主动选择隔离还是被动接受隔离，与世界经济系统隔离的国家并未出现显著的经济增长。另一方面，如果还有人不相信国际分工能为参与世界经济的国家或地区创造财富，那么新加坡和中国的香港地区的例子应该足以打消这方面的疑虑。两地面积都极小，周围环境也不友好，而且几乎完全没有人们通常称为自然资源的东西；然而两地都取得了惊人的经济增长，这正是因为它们全身心地投入了国际贸易与投资的洪流。

此前我们提出过这样一种担忧：如果一国政府对另一国政府提供援助，那么前者可能会干涉后者的内政。其实我们应该把这种担忧与另一种担忧放在一起权衡：援助国会不会完全不干预被援助国的事务？事实上，许多被援助国并不能利用外国援助实现促进经济增长的目标。有时外国援助甚至可能降低被援助国的经济增长速度。外国资本援助怎么会**降低**被援助国的经济增长速度呢？你可能会想：最多也就是钱打了水漂，什么效果都没有吧。但是来自外国的资本援助几乎一定会和国内的资源混在一起使用，这些资源包括土地、劳动力和国内的资本；如果没有外国援助，这些资源本来可能会被用在其他地方。因此，如果把来自外国的援助资金用在无用的项目上，援助反而会对该国的经济增长有负面影响。这里所说的"无用的项目"是指不能为经济增长做贡献的项目，比如：修建一条通往统治者的乡村别墅的四车道高速公路；修建一个全国性的机场，主要用途是运送政客和官员去阿尔卑斯山度假；或者修建一个看起来很雄伟，却既不能发电也不能提供灌溉用水的水坝。利用外国援助资金的机会成本并不是零。

外国援助有时会支持坏的政府，这类政府的施政目标是令一小群特权阶级致富或保住统治阶级的权力，这种政策可能反而会拖累全国的经济增长。只要仔细想想这个问题，你就会意识到事实上政府对政府的援助就是援助国在干涉被援助国的内政。假如你还想不清楚我们为什么这么说，不妨问自己这样一个问题：想推翻独裁政府的人会如何看待外国对独裁统治者的援助？想通这一点以后，问题就不再是"提供援助的外国政府和国际组织**是否**应该干涉贫穷国家的内政"，而是"提供援助的外国政府和国际组织**应该如何**干涉贫穷国家的内政"。如果援助的目标是帮助被援助国的民众脱贫，那么国际援助应该流向贫困人口多、经济政策良好的国家[a]。在特定的情况下，怎样的经济政策才是最优的经济政策？对于这个问题肯定还存在争论的空间，但对哪些做法有效、哪些做法无效我们已经有了相当程度的了解。最本质的问题并不是无知，而是在掌权者明确知道应该怎么做时如何以合适的政治激励机制鼓励他们做正确的事。

与来自外国政府或国际组织官员的援助相比，私营投资往往能更好地促进贫困国家的经济增长，原因有如下几点。首先，私营投资往往与知道如何使用这些资金的人同时进入贫困国家。更重要的是，私营投资者迫切希望促成贫困国家的经济增长，因为只有这样他们的投资才能产生利润（至少在私营投资

外国援助如何损害贫穷国家？

· 私人投资

---

a 1998 年世界银行发布的案例显示用这种方式发放援助效果很好。见大卫·多拉尔（David Dollar）及兰特·普里切特（Lant Pritchett）合著的《评估援助：哪些做法有效，哪些做法无效，以及为什么》(*Assessing Aid: What Works, What Doesn't, and Why*)。——作者注

者不与当地官员结成腐败关系的时候是这样的）。有些项目看上去很厉害，但实际创造的价值还不如其消耗的资源多。私营投资者不会对这类项目感兴趣。他们会努力监督，确保借出去的资本能被高效利用。

16.5 人力资本

·教育和人力资本

提高基础教育（尤其是对女性的基础教育）是一项明智的政策。许多贫困国家都应该在这方面更加努力。要达成高速经济增长还必须满足一个重要的前提条件：该国得有能识字的人口。许多贫困国家忽视女童教育，这样做等于主动放弃宝贵的资源。毕竟，只有掌握了有利于生产的知识和技能，个人才能富裕起来。在国家财富的创造过程中，人力资本究竟做出了多大的贡献？

要给这个问题找到一个量化的答案即使不是不可能的，也是相当困难的，这主要是因为向公民提供更好的学校教育本来就是富裕国家使用收入的方式之一。学校教育既是一种资本商品，也是一种消费商品。国家财富的增加既提高学校教育的数量，也增加通过其他途径获取的知识的数量，因此我们无法准确地估计人力资本在促进经济增长的过程中究竟做出了多大的贡献。但是，我们可以肯定人力资本对经济增长十分重要。如果民众不能普遍接受教育，技术进步还能为经济增长做出如此巨大的贡献吗？似乎不太可能。为微软公司研发新产品的人必须掌握知识和技能，但是使用这些新产品的消费者同样得相应提高自己的知识和技能，否则微软的新产品就只能是派不上用场的玩具。有了复杂的设备，我们做许多事情都会比过去容易很多，但是必须有人来设计、生产和修理这些设备。

16.6 石油来自我们的头脑

·知识的重要性

在分析经济增长问题时，许多人考虑的是先天存在的要素和地球赋予各国的自然资源。但是，如果我们能够越过常规假设、跳出框框以外思考，就会发现在经济增长过程中，知识才是关键的因素。贫困国家缺少的不是具体的"东西"，而是"想法"。石油一直存在，但在人类历史上的大部分时间中，它没有任何实用价值。最终是人类的智慧帮我们找到了让石油为人类服务的途径。

当然，自然资源存在于我们周围的客观世界中，但是我们必须依靠人类的头脑来发现和利用它们。因此，经济学家朱利安·西蒙（Julian Simon）说"最终极的资源"是人类的头脑。今天，我们认为以某些方式利用自然资源（比如用硅制造计算机芯片）是理所当然的事情，但是这些方式实际上是人类知识和智慧积累的结果，我们不过有幸从前人那里继承了这种结果。

在合理的激励机制之下，受过教育的人可以利用世界上已有的知识把他们手头拥有的东西转化为他们想要的东西。如何设计合理的激励机制？这本身也是一个与知识有关的问题。如何更清晰地分配产权从而提高各种组织运行的效率、减少囚徒困境导致协作失败的概率？我们通过学习不断加深对这个问题的认识。确实，本书作者是以传播知识为生的人，以上说法符合我们的利益，但并不能因此否认这些说法确实有道理。

16.7 经济自由指数

从20世纪80年代开始，一群经济学家试图通过传统的实证研究方法将上述观点具体化。与米尔顿·弗里德曼和其他支持市场导向的经济学家商讨后，沃尔特·布洛克（Walter Block）、詹姆斯·格沃特尼（James Gwartney）和罗伯特·劳森（Robert Lawson）发明了一种"经济自由指数"，并对这个指数和衡量经济增长的指标做了统计回归研究。1996年，他们首次发表了这项研究的结果，当时用的数据是1975年到1995年间的世界经济发展数据。之后，格沃特尼和劳森每年都更新这项研究的数据，其他组织也加入他们的队伍，研究各种政策对经济增长速度的影响。[a] 经济自由指数试图从以下五个维度评估一个国家的经济政策：管制、定价措施、货币政策、财政政策和国际贸易。管制程度低、定价自由度高、货币政策稳定、低税负、开放国际贸易的国家在经济自由方面得分较高；相反，管制程度高、定价自由度低、货币政策偏向通

---

[a] 见格沃特尼、劳森及布洛克的《世界经济自由（1975—1995年）》(*Economic Freedom of the World, 1975–1995*, Washington, DC: The Cato Institute, 1996)。更新数据见以下网址：www.freetheworld.com。除了他们公布的经济自由指数以外，美国传统基金会也与《华尔街日报》合作发布年度经济自由指数，透明国际则发布衡量各国腐败程度的数据。投资者判断在世界不同地区投资的风险因素时常常参考后一项指数。经济学家在研究中也使用这些指数，以更好地理解制度对经济增长的影响（尤其是私有产权、合同自由及法治等制度的重要性）。——作者注

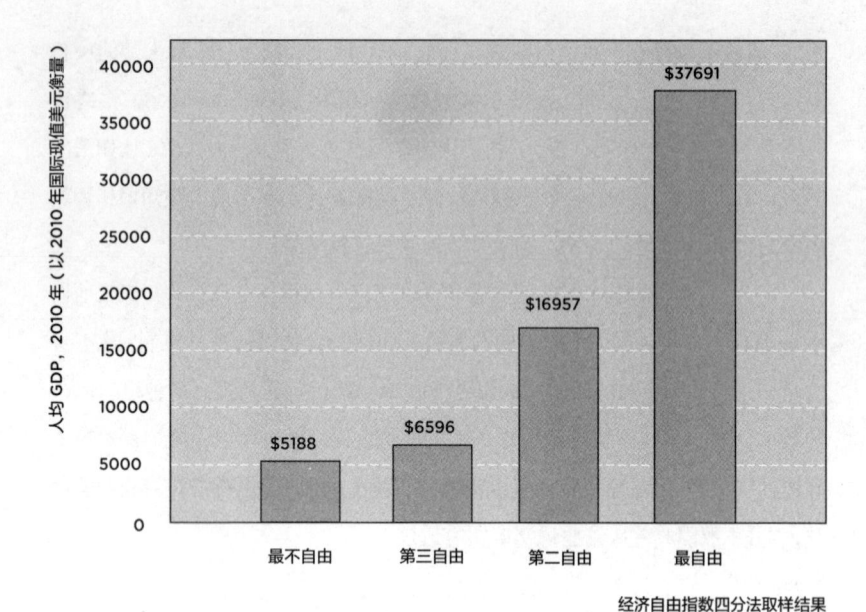

图 16-1：经济自由与收入

货膨胀、高税负、封闭国际贸易的国家在经济自由方面得分较低。图 16-1 展示了他们 2012 年更新的研究结果。

从上图可以看出，经济自由指数最高的国家（A 类国家）人均 GDP 也最高。当我们讨论为什么某些国家富裕而某些国家贫穷时，这种总体相关性是值得我们考虑的。但如果我们能够审视各国的历史记录，就能挖掘出更多数字背后的东西，找到关于经济发展的前提与成因的更多细节。

16.8 私有产权在经济发展方面的力量

用一段话概括《国富论》的内容。

经济自由程度与经济发展速度之间的正相关关系显然不只是一种统计上的关系。早在 1776 年，亚当·斯密就在《国富论》中指出两者之间具有系统性的因果关系。如果人们能够自由参与市场过程，他们手中的财富就会增长。从第 2 章开始，本书一直在试图解释导致经济增长的原因。经济上的自由使人们能够通过自愿交换私有产权实现互相协作，具体表现为在法律允许的范围内以各自认为最优的方式买入、卖出和交易。这种经济自由对个人财富和国家财富的增长都有贡献。这是一种自由启动交易的过程，而这个过程允许人们追求自己的比较优势，寻找以更低成本创造稀缺商品和稀缺服务的方式，释放推动市场过程的创业热情。

16.9 亚洲纪录

一些国家因气候条件和地理条件而面临诸多困难，这类困难很难靠人力改变。但是可以靠人力改变的因素也很多，比如法治、政府官员的能力水平和诚信程度、人民的受教育程度、对国际贸易投资的开放程度——政府在很大程度上可以控制这些因素。那么各国政府的表现究竟如何？让我们看看韩国的情况。从1960年到2011年，韩国的GDP（以2000年的美元价值衡量）增长超过28倍，年平均增长率超过7.3%。以2000年的美元价值衡量，韩国的人均GDP从1960年的1154美元上升到了2011年的16684美元，年平均增长率接近5.4%。韩国究竟如何在这段时间中从贫困国家发展为富裕国家？

亚洲经济增长的成因

韩国政府和韩国民众显然充分重视教育，包括对女性的教育。目前，女性劳动者占韩国劳动力的三分之一以上。韩国对世界经济开放，并且高效地利用了外国投资者注入的资金。韩国充分利用了这段时间中的国际贸易繁荣期，重点生产出口商品，并以此购买经济发展所需的其他商品。在1960年时，谁能想到20年后韩国生产的汽车竟能与西欧和北美生产的汽车争夺销售份额？

有些国家的政府较少干预经济，把分配资源的任务交给市场去完成，但韩国显然不是这样一个国家。韩国的政府官员与工业领袖联合，在关键时间点对资源的投入和特定产业的发展进行干预。但是，政府仍然允许供需关系产生相对价格信号，即使是政府官员也定期关注这种信号，以保证经济发展总体服从比较优势的指导。政府支出被控制在合理的范围内，因此韩国经济没有受到物价快速上涨导致的不确定性的影响。韩国人民保持了相对较高的储蓄率，提高了可用于国内投资的资源供给。

韩国人普遍尊重法治，但对法治没有宗教式的狂热。腐败问题是存在的。不仅是低级的政府官员，就连级别最高的政府官员也有因受贿和照顾特殊经济利益集团而被定罪的。由于政治联盟的存在，政府出台过对某些地区给予特殊照顾的武断政策。但是这种滥用权力的现象受到了批评，位高权重的公职人员因此被起诉和定罪，这体现了韩国的法治。在大部分情况下，游戏规则充分公开，执行状况良好，因此人们做经济决策时有充分的理由相信自己既要承担错误决策的成本，也会收获正确决策的收益。

在这段时间中，不管从经济增长速度看还是从总体经济政策看，日本和中国台湾的情况都与韩国相似。民众受教育程度高，愿意勤劳工作和储蓄，社会在稳定的游戏规则的框架内运作，人们根据价格系统的信号做决策，地区经济对世界经济开放，经济不受过量政府支出或高通货膨胀的危害——满足这些条件的国家可以利用发达国家已有的技术成果快速发展经济，大大缩小与世界上最富裕的国家间的差距。事实上，日本不仅缩小了这个差距，而且成了世界上最富裕的国家之一。1960 年，日本的人均 GDP 只有美国的 35%，而 2011 年日本的人均 GDP 已经达到了美国的 95%。

其他一些亚洲国家和地区的表现远远比不上韩国、日本和中国台湾。1960 年，印度的人均 GDP[以 2000 年的美元价值衡量，经购买力平价（PPP）调整后]是 606 美元。2006 年，印度的人均 GDP 只是增长到了 2122 美元，大约是 46 年前韩国人均 GDP 的 1.56 倍。1960 年时，印度的人均 GDP 是韩国的 64%，而到了 2006 年，印度的人均 GDP 不到韩国的 11%。造成这一现象的原因之一是人口增长：在 1960 年到 2006 年之间，印度人口增长超过了 155%，而韩国人口仅增长了 94%。但是，印度人均收入增长缓慢的主要原因是该国的经济增长速度较慢。近年来，印度经历了几个经济快速增长的时期（它的邻国——超级人口大国中国也一样）。从 2007 年到 2011 年，印度的人均 GDP 增长超过 30%。为什么此前印度的经济增长速度远远比不上韩国、日本和中国台湾？战争和战争准备都会极大拖累经济增长的速度，在那个时期中，印度不仅面临国内冲突，还与邻国（巴基斯坦和中国）有冲突。但是，在同一时段中，韩国和中国台湾在军事准备方面花掉的钱也不是小数目。因此，我们也许应该从印度政府的政策中寻找问题的答案。

经济无法增长。

在经济增长缓慢的几十年中，印度政府极不愿意把分配资源的任务交给市场价格，却特别喜欢把权力交到政府官员手中。在这个时段中，价格被政府严重扭曲。政府以保护穷人为名压低某些商品的价格，但这样做并不总能达到政府希望达到的效果。也许你还记得我们在之前的章节中说过，政府可以压低商品的价格，却不能借此降低商品的稀缺程度。限价更可能打击生产者的生产意愿，使商品变得更加稀缺。此外，虽然政府号称限价是为了保护穷人的利益，但是价格压下去以后，穷人也未必能够获得这些商品。既然政府不允许买方在价格方面展开竞争，买方就会转去其他方面展开竞争。在价格方面没有竞争力的穷人通常在其他方面也不具备竞争力。

除此之外，印度政府还忽视市场价格发出的信号，从而导致价格扭曲。在20世纪60年代中，苏联的中央调控模式美名在外（但后来的情况显示，这不过是一种虚名）。在这种诱惑下，印度的政府领袖也采用了苏联模式，结果导致了大量的浪费（表现为本来可以实现却未能实现的经济增长），因为投资流向了错误的项目，事后证明这些项目产生的收入还不够收回成本。虽然印度经济中也有一些板块因不受政府重视而没有受到中央调控的影响，但是在印度做任何事情都需要得到政府官员的批准，过度管制系统性地打击了企业家的创业意愿。大部分经济决策都得拿到政府的许可证才能实施，而颁发和撤回许可证的流程都十分随意，主要看相关政府官员愿不愿意。在这样一个经济系统中，法治根本不存在。政府的随意裁量是法治的对立面，对企业经营活动伤害极大。

16.10 亚洲以外

第二次世界大战以后，拉丁美洲国家的经济发展表现参差不齐。表16–1展示了1960年到2011年间七个拉丁美洲国家人均GDP的变化百分比。安格斯·麦迪逊在《监测世界经济》(*Monitoring the World Economy*) 一书中选取这七个国家作为拉丁美洲国家的代表。和之前的数据一样，表中的GDP是经购买力平价调整后的实际GDP。

参差不齐的记录

我们应该以特别谨慎的态度解读表中的数据。拉丁美洲国家的经济增长表现参差不齐，这不仅体现在时间上，也体现在空间上。1929年，阿根廷的人均GDP是美国的63%，并且当时的阿根廷是世界上的富裕国家之一。可到了2011年，阿根廷的人均GDP只有美国的30.7%。委内瑞拉的人均GDP在1960年到2011年之间几乎没有增长。巴西的人均GDP在20世纪70年代中快速增长，但在20世纪80年代中出现下滑；1990年的人均GDP比1980年还低8%；2011年的人均GDP比1990年高43%。智利在这段时间中经历了两次经济革命，两次革命都对该经济造成重大影响。近年来，智利的经济增长

表 16-1　人均 GDP 的变化，1960—2011

国家	人均 GDP 变化百分比
阿根廷	120.9
巴西	231.6
智利	266.8
哥伦比亚	184.4
墨西哥	155.2
秘鲁	104.3
委内瑞拉	4.3

来源：World Bank, World Development Indicators；www.worldbank.org.

速度似乎趋于稳定，1990 年到 2011 年间的平均经济增长速度为 4%。秘鲁的经济政策在这段时间中变化很大，有时称得上合理稳健，有时却只能用荒谬来形容。

在拉丁美洲，经济政策的剧烈变化不是例外，而是常态。因此，我们很难总结哪些因素促进了经济增长，哪些因素令经济无法增长。若想对拉丁美洲的经验进行归纳，也许最稳妥的结论就是"不稳定的政府无法建立法治"，而拉美国家的政府素以稳定性差而著名。

除了博茨瓦纳和南非，撒哈拉以南非洲地区的其他国家的经济表现只能用"悲惨"两字来形容。表 16-2 列出了七个非洲国家 2011 年的 GDP 数字。虽然埃塞俄比亚不属于撒哈拉以南非洲，但我们也列在表中。这些国家的经济表现不良并不是因为它们没有努力发展经济。相反，第二次世界大战后，多年来坦桑尼亚一直是经济发展专家看好的热点国家，该国收到的技术援助和经济援助也不少。然而所有这些努力似乎只取得了极小的成果，自 20 世纪 70 年代中期以来，坦桑尼亚的人均 GDP 在大部分时段中不仅不增长，反而在下降。

撒哈拉以南非洲地区的气候和地理条件都不利于经济发展。这块大陆上的许多地方没有肥沃的土壤，或者降雨不足。湿热的气候叫人不愿动弹，一些只在热带流行的疾病（比如由采采蝇传播的昏睡症[a]）不仅让人身体虚弱，还导

---

a　昏睡症：学名为"非洲人类锥虫病"，一种寄生虫病。——译者注

表 16-2 2011年的人均GDP（以2000年的美元价值衡量）

国家	人均GDP（单位：美元）
刚果民主共和国（扎伊尔）	110
埃塞俄比亚	232
加纳	402
坦桑尼亚	473
肯尼亚	477
科特迪瓦	549
尼日利亚	562

来源：World Bank, World Development Indicators; www.worldbank.org.

致牲畜死亡。雨季和旱季的河水流量相差极大，因为这些地方的河水主要来自雨水而不是山上融化的积雪，所以这些河流不能像欧洲的河流那样成为运送货物和人的渠道。非洲各国的国界在很大程度上是19世纪时由欧洲列强人为划分的，因此各国境内的人口组成多样，容易出现不团结现象甚至爆发内战。虽然非洲有时也会出现经济增长较快的时段，但此时人口通常也发生爆炸性增长，因此人们的平均生活水平并不能得到有效的提高。整体看来，目前这个区域内的人均收入低于四分之一个世纪前的水平。20世纪初，撒哈拉以南非洲地区（南非除外）的人民生活在贫困之中；到了20世纪末，这种情况仍然没有改善。

> 如果任何环节可能出错，那么它就一定会出错。

究竟怎样做才能让非洲国家走上经济发展的道路？即使是乐观主义者（只要他还有一丝现实主义精神）也必须承认，目前没有人知道这个问题的答案。最令人悲观的是非洲的政治情况，在这里，诚实、稳定、有能力的政府不是常态，而是例外。就算外界能为这些国家的政府提供良好的政策建议，它们也无法执行这些建议，因为它们要么忙于维护手中的权力，要么忙于镇压国内的叛乱，要么忙于抵抗邻国军事力量的入侵。

在过去的几十年中，亚洲的经验使我们相信，政府政策对促进经济增长确实有效。日本、韩国、新加坡以及中国的台湾和香港表现突出。其他亚洲国家或地区的表现虽没有那么抢眼，但泰国、马来西亚和中国内地也实现了令人敬佩的高速经济增长。中国内地的表现尤其优异，在2007年到2011年之间，从其公布的数据看，其经济增长速度每年都超过 9%。这样的现象使我们有理由相信，今日世界上的任何一个国家都有脱离贫困的希望。然而，一个国家的经济政策是由该国政府制定的，我们不能指望各国政府制定政策时总以促进经济增长为首要目标，而不受阻碍经济增长的狭隘个人目标影响。

16.11 对不同国家的 GDP 进行比较时面临的困难

请读者回忆一下，我们曾在第 13 章中指出总量经济指标的局限性。GDP 的概念基于许多惯例，许多活动被计入（或不被计入）GDP 实质上是基于完全武断的标准。因此，在用 GDP 比较不同国家的生活水平时，我们应该持非常谨慎的态度。当然，事实上我们仍然一直在轻率地比较各国的 GDP。GDP 指标主要衡量通过市场完成的经济活动。因此，美国商务部经济分析局的统计人员计算 GDP 时不会计入在家做家务的主妇或主夫付出的劳动。这类劳动虽然十分重要却很难度量，因此统计人员在计算 GDP 时干脆将其完全排除在外。但是受雇做家务的保姆的劳动价值可以通过雇主付给他们的报酬算出来，所以他们的劳动会被算在 GDP 中。因此，结婚会直接**降低** GDP，而离婚率上升则会直接拉升 GDP。显然，实际社会福利的变化方向恰恰相反。如果更多妇女加入劳动力大军，GDP 就会增长，增长量等于这些女性为社会总产出做出的贡献（也就是她们的收入）。但这些妇女上班以后完成的家务劳动减少了，GDP 的增长量却不扣除这部分劳动的价值，因此 GDP 的增量夸大了社会总产出价值的增量（除非我们认为家务劳动毫无价值，而这样想实在没什么道理）。

同样的道理也适用于低收入国家。在低收入国家中，通过市场完成的生产性劳动的比例低得多。因此，GDP 指标会低估这些国家的产出。世界发展指标公布各国的人均 GDP 数字，如果我们看一眼最贫困国家的数字，就会发现它们的产出被严重低估。据世界发展指标估计，2011 年莫桑比克的人均 GDP 是 402 美元，埃塞俄比亚的人均 GDP 是 232 美元，坦桑尼亚的人均 GDP 是 473 美元。没有人可以靠这么少的收入生存下去——而且因为这些数字是平均数，我们可以推断有些人的收入甚至比这些数字更低——因此我们知道未经调整的 GDP 数据严重夸大了贫困国家民众的贫困程度。

每年 120 美元等于每月 10 美元。有人能靠每月 10 美元的生活费生存下去吗？

同时，GDP 数据还会夸大富裕国家的财富水平，因为一些收入是为了抵消另一些收入而产生，但前者也被计入 GDP 中。比如，火力发电厂烧煤发电，其产出是 GDP 的一部分。然后，又得雇人来清洁电厂产生的煤灰并粉刷受污染的地方，这又创造了一部分 GDP。类似地，如果我们既想在人口稠密的地区驾驶那么多车辆又不想被尾气熏死，就得给汽车安装尾气催化转化器。但是把生产安装尾气催化转化器的成本计入总产出并不那么合理，因为这不是一种新的"商品"，而是为了做其他事而不得不承受的成本。如果我们关心的是社会的真实福利，那么清洁煤灰、重新粉刷建筑的劳动价值和生产安装尾气催化转化器的价值都应该被排除在 GDP 之外。问题在于，一旦我们走上这条路，就几乎永远望不到头。按照同样的逻辑，许多其他活动也不应该被计入 GDP，比如，医疗服务中的相当一部分、上班造成的交通成本，以及各种因工作相关活动而生产和消费的商品。

在计算各国的人均 GDP 时，必须用到一个通用的分母，这个分母也会严重扭曲人均 GDP 的跨国比较。世界发展指标报告将世界各国按贫富程度排列起来，排序标准是以美元价值衡量的人均 GDP。但是，除了美国，其他国家统计本国 GDP 时都不会以美元为货币单位。因此，世界发展指标报告计算人均 GDP 时首先要拿到以各国本国货币衡量的 GDP 数字，然后用这个数字除以该国人口，再根据当前汇率换算为美元价值。

两种货币之间的汇率是指用 1 单位 A 货币可以购入多少个单位的 B 货币。比如，美元–匈牙利福林的汇率可以记为 220 匈牙利福林兑 1 美元，或者记为 0.004545 美元兑 1 匈牙利福林。这个汇率似乎说明，如果一个美国人去匈牙利旅游，那么他预期在美国花 1 美元能买到的东西在匈牙利大约要付 220 福林才能买到。如果情况确实如此（在布达佩斯价值 220 福林的商品在纽约的价值是 1 美元），美元–匈牙利福林汇率就符合"购买力平价"（Purchasing power parity）。然而，在 20 世纪 90 年代中，身处布达佩斯的美国人惊喜地发现，把手中的美元换成福林以后，同一笔钱在匈牙利的购买力比在美国高得多。布达佩斯的餐馆菜价和酒店房价都远远低于美国。在 20 世纪 90 年代的任何一个时刻，美元–匈牙利福林汇率都不符合"购买力平价"。偏离购买力平价的汇率会对 GDP 的跨国比较造成巨大影响。

比如，世界发展指标报告显示，2011 年匈牙利的人均 GDP 是 14044 美元

在布达佩斯花 220 匈牙利福林买的午餐比在纽约花 1 美元买的午餐丰盛得多。

（同年美国的人均 GDP 是 48442 美元），但经购买力平价（估计值）调整后，这个数字上升为 17295 美元。事实上，这个上调幅度可不小——比调整前的数字几乎高了 23%。[a] 要想对各国的 GDP 数据进行有意义的比较，这样的调整必不可少。以购买力平价调整后，贫穷国家的人均 GDP 大幅上升。表 16-3 展示了 2011 年 10 个低收入国家的人均 GDP，第一列数字是以购买力平价调整前的原始数据，第二列数字是以购买力平价（估计值）调整后的数据。该表支持我们此前的结论：没有人可以靠一年 100 美元的生活费生存，事实上也没有哪个国家的人均收入低到那个程度。

表 16-3 最贫穷的国家的年收入（2011 年的数据，以 2005 年的美元价值衡量）

国家	人均 GDP	经购买力平价调整后
刚果民主共和国（扎伊尔）	231	329
布隆迪	271	533
马拉维	371	805
尼日尔	374	642
塞拉利昂	374	769
埃塞俄比亚	374	979
厄立特里亚	482	516
中非共和国	483	716
几内亚比绍	629	1097

来源：World Bank, World Development Indicators, 2011.

16.12 全球化及人们对全球化的不满

跨国比较面临的困难我们就谈这么多。现在回到更加宏大的问题上来。在过去的几十年中，我们在西雅图、布拉格、热那亚和华盛顿特区的街头见证过各种各样的示威活动。人们举起标语，戴上防毒面具，制造各种暴力活动，这一切都是为了反对所谓新自由主义的"华盛顿共识"。在后冷战时代中，"全

---

[a] 近年来，美国和匈牙利之间的购买力差距已经显著缩小。如果你对 2006 年的情况做完全相同的计算，就会发现以购买力平价调整后，匈牙利的人均 GDP 从 6111 美元上升到了 15709 美元，上升幅度高达 157%！——作者注

球化"问题成了各种冲突的"引雷针"。

反对阵营认为,"华盛顿共识"意在对欠发达国家"施加"一系列财政政策责任和贸易自由条件,交换条件是为那些国家提供来自国际组织的贷款和外国援助。示威者的主要批评对象是世界银行、国际货币基金组织和世界贸易组织。他们认为,对欠发达国家提供"有条件"援助是国际货币基金组织犯下的最为恶劣的罪行之一。有条件的援助意味着如果受援助国不能满足某些事先商定的政策目标,国际货币基金组织就会停止提供贷款。这些政治目标涉及预算赤字、通货膨胀率和其他宏观经济指标。但正如巴格瓦蒂(Bhagwati)指出的那样,只要研究过贫困国家为什么会贫困并搞清楚与之相关的基本事实,就会发现那些国家的政治当局推行不负责任的公共经济政策甚至以令人发指的方式侵害人权。[a]

你会借钱给赌博成瘾的人吗?

下面我们来讨论若干具体争议点。批评全球化的阵营认为,"华盛顿共识"导致了以下几种结果:

(a) 令富裕国家和贫穷国家之间的差距拉大,从而加剧了世界范围内的收入不平等程度。

(b) 环境政策方面的"竞相趋劣":为了招商引资,欠发达国家互相竞争,努力让本国管理环境对企业更"友好"。于是大型资本主义企业将生产设施迁移至环境治理成本最低的区域,使欠发达国家的环境受损。

(c) 劳工政策方面的"竞相趋劣":大型资本主义企业将生产设施迁移至工资最低、工作场所管理成本最低的区域。

(d) "麦当劳效应":"统一尺寸"的企业文化取代了各地原有的风俗和思想。

然而,证据显示在以上四个方面,全球化导致的结果恰恰相反。通过对全球市场进行整合,全球化使世界人口脱离了悲惨的贫困状态。全球化增加贫困

---

[a] 政治自由与经济自由之间的依存关系不是本书的议题,但以下两本经典著作深入探讨了这个问题且作者都是经济学家,感兴趣的读者可以自行查阅:一本是哈耶克的《通往奴役之路》(*The Road to Serfdom*, Chicago: University of Chicago Press, 1944),另一本是米尔顿·弗里德曼的《资本主义与自由》(*Capitalism and Freedom*, Chicago: University of Chicago Press, 1962)。此外还有两个涉及这个问题的实证追踪来源,分别是:菲沙研究所(Fraser Institute)发布的经济自由指数(the Economic Freedom Index)和《华尔街日报》及美国传统基金会(Heritage Foundation)发布的经济自由度指数(the Index of Economic Freedom)。——作者注

国家的财富,为这些国家提供更多技术,因此,随着时间的推移,欠发达国家的环境质量事实上有所提高。和从前相比,欠发达国家的劳动者的收入水平和劳动环境都有所改善。生活水平的提高不一定会弱化本土的身份认同。麦当劳因标准化政策饱受诟病,但是从表 16-4 中可以看出,就连麦当劳也会根据本地饮食习惯调整商品设计,并在这方面做出了相当大的努力。

表 16-4 一些国家的麦当劳菜单

国家	产品
摩洛哥	阿拉伯麦香鸡汉堡包
印度	麦香土豆汉堡包
日本	月见汉堡包
马来西亚	麦香鸡肉粥
新西兰	奇异果汉堡包
塞浦路斯	希腊汉堡包
意大利	意大利汉堡包
智利	帕尔塔汉堡包

16.13 民意的力量

但是,如果事实真的如此,为什么"全球化损害穷人利益"的说法始终如此流行、传播如此广泛?

当然,每个人都有权提出自己的意见,而在全球化方面,似乎每个人都有很强的意见(不管是支持的意见还是反对的意见)。但人们得以分析来支持自己的意见,我们质疑的是这些分析的有效性。许多人对经济议题有很强的意见,但他们并未受过任何经济学方面的训练。获取任何稀缺商品都得付出相应的成本,学习经济学也有成本。从许多人的行为来看,他们似乎认为学习经济学带来的收益不足以补偿其成本。不要忘记,经济学的思维方式是一条很长的逻辑链中的一个部分,许多人还没有沿着这条逻辑链走到产生结论的地方,就已经因疲惫而放弃了。想想吧,为了做好讨论全球化问题的准备,你必须首先阅读并试图理解多少个章节的课文!想象一下,假如本书一开始就直接讨论本章的热点议题会怎么样?那样做根本行不通。我们必须首先

意见强烈并不等于论据有效。

从杰克和吉姆交换篮球和棒球手套谈起，然后逐渐谈到比较优势、供给和需求、竞争、货币和银行业等。因此，在这本书中，我们首先介绍基础知识和概念，然后又花费若干星期、通过许多章节进一步发展和应用这些知识。在准备充分以后（我们希望是这样！），我们才开始讨论晚间新闻中常见的复杂国际议题。

公众政策会产生一些显而易见的后果，民意通常只关注这类后果。但好的经济学分析不只关注公共政策直接的、显然的后果，还试图澄清这些政策的长期结果——这类后果往往是不容易发现的意外之果。因此，我们的研究对象是人的选择和选择导致的意外之果。我们强调隐藏的、未被人们看见的、意料之外的结果。许多议题虽然日常，却相当复杂，用经济学的思维方式分析这些问题能够让我们得到"条条框框以外"的结论，这正是因为这种思维方式强调意外之果。要掌握这种思维方法就得花时间练习。习得这项技能确实会产生成本。同时，与那些不懂经济学、认为经济学"仅仅是一种理论"的人辩论还需要大量的耐心和同理心。

当一个好的经济学家必须付出的代价。

回到我们手头的议题。所有人（包括经济学家）都承认，全球化是一种改造性的力量，因此当世界向着全球整合的方向前进时，某些特定的传统生活方式确实会被摧毁。但是，这种改造是"创造性的毁灭"，与全球化之前的情况相比，全球化催生的交易和生产模式往往会带来显著的改善。要想提高实际收入只有一个办法，就是提高实际生产效率。而实际生产效率的提高有以下三个来源：一是劳动者技能的提高，二是技术知识的增加，三是经济事务组织方面的改进。全球化同时将以上三方面的改进从发达国家带到欠发达国家，因此这种改造性的力量能让数百万人脱离贫困并放弃导致贫困的生活方式。

16.14 特殊利益集团的力量

然而，要让公众理解由经济学思维方式推出的这条基本信息却面临很大的困难，这一是因为亚当·斯密以后的经济学家缺乏沟通的技巧，二是因为特殊利益集团的诡辩。在第11章中我们曾经解释过，因为特殊利益集团的力量，好的经济政策未必是好的政治决策。当时，我们论证了以下结论：在决策制定方面，政治因素很容易导致短视偏差和利益集中偏差，对政权未必能长久的非民主政府来说，这两种偏差尤为严重。[a] 如果执政者的地位相对稳固（比如发生军事政变的概率较低），他便会强烈偏向"包容性利益"——也就是说他采取的经济政策旨在创造长期经济增长，而不是仅仅追求他自身的"狭隘利益"（即采取仅增加执政者自身财富和权力的短期政策）。

16.15 外包的争议：口号与分析

有一派意见认为，人与人之间自愿交易机会的增加导致了贫穷国家与富裕国家之间的财富差距。然而，只要懂一点基本的经济学推理，就会对所有此类解释产生怀疑。自愿交易是互惠互利的。哈里和山姆在小区里交换棒球卡片，琼斯和史密斯先生在食品店里交换钱物，弗吉尼亚州的史密斯太太从北卡罗来纳州的琼斯先生那里购买家具，琼斯先生又从意大利的服装生产商那里订购高级西装、从法国酒商那里购买葡萄酒——不管什么形式的自愿交易都是互惠互利的。适用于棒球卡片、家具、西装和葡萄酒的规律同样也适用于劳动服务的买卖——不管提供劳动服务的是拉丁美洲的工厂工人还是印度的放射科医生。

我们应该对政客夸大其词的说辞保持警惕。与美国的整体经济规模相比，因外包而消失的国内工作岗位数量极少。虽然一些工作岗位确实流向了海外（包括金融服务和信息技术领域的一些白领工作岗位），但这种现象意味着稀缺资源流向了生产效率更高的地方。不管我们通过陆路、海路、空路还是因特网来进行跨国商品和服务交易，比较优势法则始终成立。美国为海外创造工作岗位，那些工作岗位会反过来在美国国内创造一批收入更高的其他工作岗位。简而言之，国际贸易是一种正和博弈。我们可以选择开放的贸易政策，从而实现国际贸易的潜在收益；也可以选择保护主义政策，从而放弃那些收益。这两者之间的取舍取决于政治领袖采取何种公共政策。

在政治过程中，经济学家的责任是按照自己的理解尽可能地陈述真相。

---

a 曼瑟尔·奥尔森（Mancur Olson, 1932—1998）研究了"执政时间长短对政客经济政策决策的影响（包括民主社会中的情况和非民主社会中的情况）"以及上述效应如何影响经济发展政策。在所有当代经济学家和政治学家中，他在该领域中的研究最为深入。参见他的著作《权力与繁荣》（*Power and Prosperity*, New York: Basic Books, 2000）。——作者注

至于在特定民意环境中这些真相是否具有政治可行性或者是否符合公众的口味则不是经济学家应该操心的问题。从亚当·斯密到格里高利·曼昆（Gregory Mankiw），许多经济学家确实是这么做的，然而政客们却说他们的见解在政治上不切实际或不合时宜，因此拒绝采纳他们的建议。尽管如此，从物物交换到钱物交易，人类对交换的偏好始终极为强烈。因此虽然贸易保护主义在民主世界中相当盛行，全球经济机会的力量仍然屹立不倒。于是，纵观经济史，那些贸易政策相对自由的国家（及其国民）在财富增长方面的优势仍然十分明显。当然，并非所有人都同意上述结论。大部分人并不关心经济学研究的结果。而且，数据本身确实也不能说话。要想解释数据之间的因果关系，就必须用到经济学的思维方式。

不受欢迎：当一个好的经济学家必须付出的另一代价。

简要回顾

经济增长是指实际GDP的长期增长，通常以人均GDP衡量。几个世纪前，随着劳动分工（即"专业化"）的迅速扩大，世界上首次出现了经济增长现象。经济增长现象首先出现于欧洲及其延伸区域。

分工促成经济增长。提高分工程度的一个重要的前提条件是以低成本运输人、商品和想法。

在一个社会内部促成经济增长的另一个关键条件是法治，即建立清晰的、被普遍接受的、执行状况良好的游戏规则。

经济增长依赖于资本的积累。这一是因为资本可以提高人的生产效率，二是因为资本促成技术进步，而技术进步为经济增长做出了巨大的贡献。

对外开放促进经济增长。对外开放不仅使人们能够更深入地挖掘比较优势，还使落后国家得以享受发达国家的技术成果。如果发展中国家能建立合适的条件，外国投资就能对该国的初始资本积累做很大的贡献。

如果某国民众愿意把收入的很大一部分积累起来，就能为该国的资本积累和经济发展做出显著贡献。

人力资本是社会资本存量的重要组成部分。人民受教育程度高的社会经济发展更迅速。越来越多的证据显示，在促进经济发展的因素中，知识是最重要的因素。

Chapter 16

知识对推动经济发展至关重要，这里所说的知识包括关于如何有效组织政治生活的知识。一个国家的经济发展速度可能很高，也可能连人口增长速度都赶不上，这在很大程度上取决于该国是否发展出了合理的政治制度。

GDP 总体分析的可靠性有限。若想对使用不同货币的国家的人均 GDP 进行比较，其可靠性还会进一步下降。

供讨论的问题

1. 经济增长有多重要？从长期来看，经济增长是否真的会让人们生活得更好？有时，人们还会以另一种方式问这个问题：'金钱能买到幸福吗？'但后一种问法具有误导性。

   (a) 为什么后一种问法具有误导性？

   (b) 几乎所有人的行为都说明一个规律：人们相信，如果能够提高收入，他们就会生活得更好，因为收入提高意味着他们有能力取得更多他们想要的东西。（我们几乎可以说"不管他们想要的东西是什么"，但这句话也不完全正确。）但是人们"想要更多"的欲望与其他人拥有哪些东西有多大联系？假设在一个社会中，我获得了更多，同时所有其他人也获得了更多，那么"获得更多"能给我带来多大的满足？"获得更多"的边际收益会超过边际成本吗？

   (c) 在许多情况下，我们的欲望和满足感不仅与其他人拥有什么有关，还与我们自己习惯拥有什么有关。对一个非常饥饿的人来说，一点点没味道的食物就可能给他带去极大的满足感。从鳕鱼升级到大虾或者从加工奶酪升级到布里奶酪带来的边际满足感与从每天吃一碗饭升级到每天吃两碗饭带来的边际满足感一样高吗？显然，后一种升级的边际成本要低得多。

   (d) 就算我们对不同国家的人均 GDP 做国际调整，使之互相可比，人均 GDP 是否能够合理衡量生活幸福程度？提高 GDP 会产生相应的社会成本和心理成本，在计算 GDP 时我们是否充分地考虑了这些成本？

   (e) 提高人均 GDP 有两种办法：一是提高 GDP，二是减少人口。如果人均 GDP 的提高意味着社会成员的生活变得更好了，那么每多生一个孩子就会让社会的平均幸福程度降低一点。可孩子的父母通常会这样想问题吗？毕竟，多生一个孩子其实并不怎么影响其他人，只有父母的人均收入显著下降了。

(f) 有些人支持零经济增长，他们主要担忧经济增长会给环境带来负面的影响。经济增长一定会降低环境质量吗？

(g) GDP 的提高使许多从前不可能的事情变得可能了。但是，究竟哪些事情变得可能在很大程度上取决于此前的 GDP 处于什么水平。在埃塞俄比亚和孟加拉国，GDP 的提高使数百万人能够获得充分的营养，还使数百万人能够接受牙科治疗，帮他们避免严重的疼痛或者让他们直到老年还能保有牙齿。如果在未来 35 年中美国的人均 GDP 能以每年 2% 的速度增长，那么 35 年后美国的 GDP 就能翻一倍，这会让美国人享受到哪些从前不可能的东西？[在今天的世界上，经济增长仍有很高的价值。如果某些读者强烈怀疑经济增长的价值，我们强烈推荐他们阅读彼得·伯格 (Peter Berger) 的《资本主义革命：关于繁荣、平等和自由的 50 个命题》(*The Capitalist Revolution: Fifty Propositions about Prosperity, Equality, and Liberty*, NY: Basic Books, 1986)。彼得·伯格是一位社会学家，对经济学和文化有广泛研究。这本书会加深对经济增长价值的某些怀疑，但是因阅读本书而克服的怀疑可能会比因此增加的怀疑更多。]

2. 欧洲及欧洲的延伸区域取得的经济增长是否以亚非拉美的贫穷国家的利益为代价？支持这种观点的人通常会指出以下事实：过去，欧洲国家曾用军事力量征服国力较弱的国家，有时甚至强行与这些国家建立不平等的贸易关系。而反对者指出：目前世界上最贫穷的国家中有许多国家直到最近才与外部世界建立联系；有时西方国家还给贫困国家带去了资源，帮助后者启动了经济增长。哪些证据可以帮助我们解决这个有争议的问题？

3. 在 19 世纪和 20 世纪中，美国和加拿大的经济增长速度远远高于拉丁美洲国家，你如何解释这种现象？

4. 课文数次强调了法治的重要性。法治的对立面是人治，或者根据统治者的意愿进行统治。

   (a) 民主制度是否促进法治？

   (b) 在 1950 年到 1990 年之间，韩国、新加坡以及中国的台湾和香港的经济增长速度极高。但是在这段时间中，这四个国家或地区的政府民主程度并不特别高。法治更容易在哪种社会中实现：是高度民主的社会，还是具有一定威权特性的政府的社会？

5. 有些人呼吁世界上的富裕国家向贫困国家提供经济援助，你是否赞同这种做法？

   (a) 你能提出哪些赞同这种做法的论据？

   (b) 你能提出哪些反对这种做法的论据？

6. 当富裕国家和国际组织向贫困国家提供经济援助时，这种援助应该是无条件的吗？或者援助方应该在一定程度上控制援助资金的使用吗？

7. 课文认为与外国政府或国际组织提供的援助相比，私营投资对贫困国家更加有利，并给出了两条原因。第一条原因是：向贫困国家注入私营投资时通常也同时提供技术援助。第二条原因是：私营投资者更重视他们投入的资金能否产生利润，因此较少会去补贴那些不能促进经济增长的项目。但另一种观点认为，对于贫穷国家而言，由外国政府和国际组织提供的援助比私营投资更有利。你能否想出一些支持这种观点的论据？

8. 有些贫穷国家的文化反对妇女进入劳动力大军，有时甚至仅允许妇女接受极为有限的教育。

   (a) 可能向这些国家提供援助的组织是否应该要求受援助国改变上述政策，并将其定为提供援助的条件？

   (b) 有人认为援助方提出这种条件属于无理干涉别国的内政和文化（甚至宗教）。你怎么看这种观点？

后记：经济学家知道什么

经济学家试图通过一些概念从我们日常面对的周遭世界中找出规律，从而理解这个世界。这些概念包括需求、机会成本、边际效益、比较优势以及企业经营活动的利润与亏损。企业主管、工匠、工程师、出版商、官员、律师以及其他实际操作者了解现实世界中的各种细节，经济学家则对这些细节知之甚少。尽管如此，我们经济学家确实知道一些事情。

经济学家明白事物如何组合在一起发挥功能，因此我们也明白事物如何因组合失灵而分崩离析。经济学中的概念帮助我们更好地从我们观察到的现象中提取规律，帮助我们更一致、更连贯地思考和分析各类复杂的社会互动：从日常的高速公路交通问题，到突如其来的金融危机。

实践证明，经济学知识在很大程度上是一种"负面的"知识，且主要适用于非个人化的交易。在家庭内部和某些其他小团体内部，人们足够互相了解，因此能够以个人关系为基础展开合作，也许你已经发现，经济学的思维方式对更好地理解这类合作关系贡献相对较小。互不相识的人也能相互合作，且能以非凡的效率一起工作，经济学主要解释这类合作如何发生。在阅读本书的过程中，你可能还发现本书更加强调"我们不应该做什么"，而不是"我们应该做什么"，但这些负面的结论十分重要。经济学说的这一性质十分负面，但经济学家弗兰克·奈特曾用这样一句话为此辩护："导致大部分损失的不是无知，而是对错误的事情深信不疑。"

太多人认为自己"知道"如何解决各种紧迫的社会问题。他们把经济领域看得很简单。他们认为：所有意图都能被轻松实现，所以我们未能建立一个更好的社会仅仅是因为缺乏良好的意图。因此，这些人常常看不上经济学家。他们说经济学家"仅仅是一帮理论家"，说经济学家不仅毫无必要地将事情复杂化，还常常质疑他人的良好意图。事实上，约翰·斯图亚特·密尔曾在1831年撰文反击这种外行的指控，这篇文章不仅为经济学辩护，还为所有社会科学辩护。在这篇名为《时代精神》（*The Spirit of the Age*）的文章中，密尔写道：

> 每一位业余人士都以为自己的意见和其他人的意见一样好。比如说，有的人从来没有系统性地学过政治学或政治经济学，却抱着最可鄙的无知和愚蠢，认为自己有权以无边无际的自信发表最粗陋的意见，有权非难那些刻苦钻研这些学问的专业人士。他们还认为自己不能传播这些意见是受了苛待。任何一个有眼睛、有耳朵的人都应该能够判断事实是否真的如此。系统研究过那些领域的人反倒成了没资格发言的人——"他是个理论家。""理论家"一词本应用于表彰人类智慧的最高追求，结果居然成了一个用来嘲讽别人的词。

社会行为的后果远远超过人们可以轻易预测或预见的范围。毫无疑问，经济学的思维方法只是一套理论，但是这套理论赋予我们"洞察力"，帮助我们预见和解释社会行为的意外之果。比如说，如果美国限制纺织品进口，那么至少在短期内国内纺织工人的就业机会和收入确实会因此受到保护，利益会集中流向目标群体。以上事实都很清楚。但是，如果缺乏经济学的训练，就无法看到限制进口的另一重后果：这么做会提高纺织品的价格，减少美国的出口机会，从总体上妨碍人们通过追求比较优势获利。因此，其他美国人损失的收入比纺织工人获得的收入更多，限制进口的成本被分摊给了无数纺织业以外的人。另一个例子是，我们很容易看出房租管控能降低租客必须付给房东的租金。但是，禁止以货币价格区分房客以后，新的区分标准就会取而代之，租客必须付出其他形式的成本，此外房租管控还会对出租房的供给产生短期和长期的影响。在支持房租管控的人中，有多少人能意识到以上问题？政府的救助措施能帮助一些人，却会给其他人带去成本——我们中的大部分人已经理解这个道理。但是许多人完全没有认识到，如果政府帮企业承担损失，企业管理者未来就可能搞出更大的损失，要求更高额的救助。面对这些问题以及其他社会问题，许多好心的普通人因缺乏必要的概念工具而无法跳出框框以外思考。

后记

经济学以外

经济学家试图研究现实，但他们使用的概念工具有时会扭曲现实。在大部分情况下，经济学家愿意承认这一点，也愿意让自己的分析和结论接受理性批评的检验。但是，不管研究什么问题，一定程度的主观观点都是不可避免的，在自然科学领域中如此，在社会科学领域中同样如此。如果经济学的思维方式有时会扭曲现实、错置重点，甚至得出完全错误的结论，那么对其进行合理的修正属于理性批评的范畴。过去，这类修正常常改变经济学领域中的结论。未来这种情况很可能会继续发生。

让我们再谈最后一个要点。要想成为一名优秀的经济学家，仅仅掌握经济学的思维方式是不够的。数学知识和统计学知识当然必不可少，因为任何合格的经济学家至少得熟练使用这一行业的术语。但是，**更加优秀**的经济学家还应该认识到：如果能与其他学科的专家进行**交易**，就能从中**获利**。即使你是经济学思维方式的专家，与在其他领域中研究人类状况的专家交流思想仍能丰富你的见识，这些人包括哲学家、政治理论家、社会学家、文学家、艺术史学家以及文化人类学家。如果你立志继续学习经济学，切不可忽视甚至彻底否认其他人文学科，这种倾向值得提防。若你决定选择经济学以外的其他学科，我们也希望你不要忘记从本书中学到的一些道理。不管选择哪条路，最终的决定权始终在你手中。

核心词汇

B

比较优势 /Comparative Advantage：与其他潜在生产者相比，如果某生产者能以更低的机会成本生产某商品，我们就说他在该商品的生产方面具有比较优势。（参见"比较优势法则"）

比较优势法则 /Law of Comparative Advantage：如果一个人生产某种商品的效率高于其他人，他就在这种商品的生产方面具有比较优势。比较优势法则的内容是：如果社会上的个人都专业生产自身有比较优势的商品，然后用自己生产的商品和服务交换他人具有比较优势的商品和服务，那么所有社会成员的财富会因此增加。

边际 /Margin：在经济学中，"边际"是"边缘"的意思。站在"边际"上的时刻就是人们采取某项行动的时刻，我们也可以把这个时刻想象成人们"站在分岔路口"，要在几个方向之间做出抉择的时刻。

边际成本 /Marginal Cost：采取某项行动预期导致的额外成本。与之相对的概念是"沉没成本"。

边际的 /Marginal：意思是"额外的"。

边际收入 /Marginal Revenue：提高产品销量后预期可获得的额外收入。

边际收益 / Benefit：采取某项行动预期导致的额外收益。

C

财富 /Wealth：从最广义的角度看，任何人们认为有价值的东西都是"财富"。

财会利润 /Accounting Profit：总收入减去总（显性）成本。财会利润不考虑逐利者使用的资源的机会成本。与之相对的概念是"经济利润"。

财政政策 /Fiscal Policy：通过操纵联邦政府预算令总体经济中的总支出达到目标水平。

产权 /Property Rights：规定"谁拥有什么"以及"人们可以如何使用自己的财物"的法律规则。（参见"私有产权"和"社会产权"）

沉没成本 /Sunk Cost：发生于过去的、无法收回的成本。沉没成本不影响现时选择的机会成本。与之相对的概念是"边际成本"。

D

搭便车者 /Free Rider：消费某种商品、享受其收益却不分摊生产这种商品的成本的人。

低档商品 /Inferior Good：这个概念与对商品的需求如何随收入变化而变化有关。如果收入降低（提高）令消费者对某种商品的需求提高（降低），这种商品就是低档商品。与之相对的概念是"正常商品"。

短缺 /Shortage：一种计划协调失败的情况，商品的需求量超过供应量。与之相对的概念是"过剩"。

对冲 /Hedge：试图降低风险或不确定性的行为。

F

法定货币 /Fiat Money：由法律规定的官方货币。但有时某些国家的法定货币事实上并不发挥货币功能！

法定准备金率 /Required Reserve Ratio：银行必须将存款的一部分以现金形式放在金库中或者以现金形式存在联邦储备银行，这部分存款占总存款的比例称为法定准备金率。

非营利（机构）/Not-for-Profit：无权获取利润余值的企业。这类企业可以产生财会利润（总收入大于总成本），但这些利润的所有权不属于任何特定的个人。

分工 /Division of Labor："专业化"的另一种说法，即追求自身的比较优势。

负商品 /Bad：任何越少越好的东西都是负商品。与之相对的概念是"正商品"。

负外部效应 /Negative Externality：某项交易给未直接参与交易的第三方带去的成本。又称"外溢成本"。与之相对的概念是"正外部效应"。

G

工资 /Wage：通过向他人贩卖劳力而获取的收入。

公开市场操作 /Open Market Operations：美联储买卖美国政府债券，试图以此操纵整体货币供给。如果美联储买入债券，通常货币供给会因此增加，而利率会因此下降；如果美联储卖出债券，通常货币供给会因此减少，而利率会因此上升。如今我们通常把公开市场操作称为"量化宽松"。

供给法则 /Law of Supply：如果其他影响供给的变量（如生产要素的价格和商品的预期售价）不变，那么商品的相对价格下降，供给量就下降；商品的相对价格上升，供给量就上升。

供给价格弹性 /Price Elasticity of Supply：供应量变化的百分比除以价格变化的百分比。这个概念衡量的是卖家对价格变化的敏感度。

购买力平价 /Purchasing Power Parity：假设一单位 A 国货币换成 B 国货币后在 B 国能买到的商品与在 A 国一样多，我们就说这两国的货币符合购买力平价。

国家债务 /National Debt：联邦政府所欠的本金加利息的美元价值总和。

国民生产总值 /Gross National Product (GNP)：一定时间段内某国所有公民生产的最终商品和服务的市场价值总和。

国内生产总值 /Gross Domestic Product (GDP)：一定时间段内某国境内生产的所有最终商品和服务的市场价值总和。（参见"名义 GDP"和"实际 GDP"）

过剩 /Surplus：一种计划协调失败的情况，商品的供应量超过需求量。与之相对的概念是"短缺"。

H

货币 /Money：任何可用作交易的通用媒介或一般媒介的东西都是货币。（参见"法定货币"）

货币供给 /Money Supply：经济体中的货币总量。M1 包括所有在市面上流通的通货、支票账户中的存款和已发行的旅行支票。M2 包括所有 M1 加上储蓄账户中的存款和货币市场账户中的存款。

货币计算 /Monetary Calculation：用货币和以市场为基础的价格计算项目的预期（及实际）成本和收益。商业会计显然属于货币计算行为。

货币政策 /Monetary Policy：国家央行试图操纵总体货币供给的行为。货币政策的目标通常是影响经济体中的总支出。

J

机会成本 /Opportunity Cost：人们做出某种选择或采取某种行动时被牺牲的次佳选择的价值。

价格管制 /Price Control：设置价格上限或价格下限。

价格接受者 /Price Taker：在整体市场上占有的份额极小，因此既没有能力提价也没有动机降价的生产者。这类生产者会直接"接受"市场上的现行价格。

价格上限 /Price Ceiling：法律规定的某种商品或服务的最高价格。

价格下限 /Price Floor：法律规定的某种商品或服务的最低价格。

交易成本 /Transaction Cost：安排买卖双方达成一致、发生交易的成本。

经济 /Economy：由规则、惯例、习俗构成的一套制度，人们通过这套制度协调彼此的生产计划和消费计划。

经济利润 /Economic Profit：总收入减去总（显性和隐性）成本。经济利润考虑的成本包括逐利者使用的资源的机会成本。与之相对的概念是"财会利润"。

经济衰退 /Recession：传统上，经济衰退指实际 GDP 连续下降两个季度（六个月）。近年来，经济增长率的放缓也被称为经济衰退。（参见"经济萧条"）

经济萧条 /Depression：持续时间较长的严重经济衰退。（参见"经济衰退"）

经济学 /Economics：研究人们的选择及其结果的学科。不懂经济学的人往往忽视人类选择导致的意外之果，因此经济学家为强调意外之果的重要性常常将经济学定义为"研究人们的选择及其意外之果的学科"。

经济增长 /Economic Growth：实际 GDP 随时间持续上涨。

竞争 /Competition：为获取稀缺商品和服务，消费者会努力满足一定的标准（比如价格、社会地位或者花时间排长队的意愿），试图满足这些标准的过程就是竞争。试图与消费者合作的生产者之间也会产生互动，这种互动是生产者之间的竞争。

就业率 /Employment Rate：就业人口除以非收容人口总数。

K

卡特尔 /Cartel：由一群卖家构成的组织，目的在于控制价格、控制产出或同时控制价格和产出。

L

劳动人口 /Labor Force：年满 16 岁、处于就业或失业状态的非收容人口。

理论 /Theory：一种研究周遭世界中的因果关系的系统性的思维方式。

利润 /Profit：总收入减总成本。又称"余值"或"净利润"。在非营利机构中称为"利益"（inurement）。（参见"财会利润"和"经济利润"）

利息 /Interest：人们为提前获得资源而支付的价格。为了立刻获得资源的控制和使用权，人们愿意支付溢价，这种溢价就是利息。（参见"时间偏好""名义利率""实际利率"）

联邦基金利率 /Federal Funds Rate：商业银行互相发放短期贷款时收取的利率。

联邦基金市场 /Federal Funds Market：商业银行互相发放短期贷款的市场过程。

垄断 /Monopoly：字面意思是"只有一个卖家"。

掠食性定价 /Predatory Pricing：通过降价试图挤垮竞争对手，以期日后提高售价的策略。

M

美联储 /Federal Reserve：美国的中央银行，1913 年奉国会法案成立。

免费商品 /Free Good：不用牺牲其他有价值的东西就能获得的商品。与之相对的概念是"稀缺商品"。

名义 GDP/Nominal GDP：以现值美元来衡量的 GDP 数值，不考虑通胀和通缩因素。与之相对的概念是"实际 GDP"。

名义利率 /Nominal Interest Rate：借贷合同上写明的利率。与之相对的概念是"实际利率"。

Q

期货合同 /Futures Contracts：约定在未来某特定时间点，以合同规定的价格买卖一定数量的大宗商品的合同。

期货市场 /Futures Market：协商签订及结算期货合同的市场过程。与之相对的概念是"现货市场"。

企业家（企业经营者）/Entrepreneur：试图获取经济利润，但也可能承担经济亏损的人。企业家通常被称为"余值获取者"，因为支付完所有约定款项以后的余值（利润或亏损）归他们所有。

企业经营活动 /Entrepreneurship：为谋求经济利益而参与的套利和创新活动。

强制 /Coercion：通过威胁减少他人的选择数目强迫他人就范。与之相对的概念是"说服"。

R

人力资本 /Human Capital：人通过教育、培训和经验积累的知识和技能，这些知识和技能使人能向他人提供有价值的生产性服务。

S

商品 /Good（正）：任何越多越好的东西都是正商品。（参见"最终商品""免费商品""低档商品""中间商品""正常商品""稀缺商品"）

商业社会 /Commercial Society：以下面几个特点

为基础的社会：第一，先进的市场经济体系；第二，高度专业化的分工；第三，对利润和亏损的货币计算；第四，私有产权的交换。

社会产权 /Social Property Rights：法律规定财物的所有权属于整个社会，而不属于特定的个人。

社会主义 /Socialism：一种经济系统，其特点是全面经济计划以及全社会共同拥有生产资料。

生产 /Production：从最广义的角度看，所有创造价值、创造财富的行为都是生产。

生产可能性曲线 /Production Possibilities Frontier：该曲线描述以给定资源最多可以生产的两种商品的组合。

市场 /Market：一种过程，在这种过程中人们通过交换私有产权来协调消费计划和生产计划。

市场出清 /Market Clearing：需求量（消费者的消费计划）与供应量（生产者的生产计划）完全协调的状况。与之相对的概念是"短缺"和"过剩"。

实际 GDP/Real GDP：以基准年物价水平衡量的GDP。实际 GDP 试图对名义 GDP 进行修正：消除任何通货膨胀和通货紧缩效应，以更清楚地反映经济体的实际表现。与之相对的概念是"名义 GDP"。

实际利率 /Real Interest Rate：名义利率（借贷合同上注明的利率）减去通货膨胀率。

时间偏好 /Time Preference：人们认为越早获得某种商品和服务，其价值越高。这种偏好称为"时间偏好"。

失去求职意向的劳动者 /Discouraged Worker：因就业前景太差而停止寻找工作、退出劳动人口的人。失去求职意向的劳动者不属于失业人口。（参见"失业人口"）

失业率 /Unemployment Rate：失业人口除以民用劳动人口。更准确地说，以上计算得到的是官方U3 失业率。更广义的失业率指标，比如 U6 失业率，试图把失去求职意向的劳动者和劳动人口中的其他边缘人也计入失业人口。

失业人口 /Unemployed：非收容人口中年满 16 岁、目前未就业，但正在寻找工作或等待入职或等待重返工作岗位的人。

私有产权 /Private Property Rights：法律规定财物的所有权属于特定的个人，此人有权使用、折旧或与他人交换这些财物。与之相对的概念是"社会产权"。

T ─────────────

弹性 /Elasticity：决策者对价格变化的敏感程度。（参见"需求价格弹性"和"供给价格弹性"）

套利 /Arbitrage：通过低价买入商品、高价卖出商品获取经济利润的行为。

贴现率 /Discount Rate：美联储向商业银行发放贷款时收取的利率。美联储可以以贴现率为工具，操纵经济体中的总体货币供给：如果美联储降低贴现率，总体货币供给量通常上升；如果美联储提高贴现率，总体货币供给量通常下降。

通货紧缩 /Deflation：货币购买力持续上升的现象，通常表现为商品和服务的平均货币价值的下降。

通货膨胀 /Inflation：货币购买力下降的现象，通常表现为商品和服务的平均货币价值的上涨。

通货收缩 /Disinflation：通货膨胀率放缓（下降）的现象。

投机者 /Speculator：广义的投机者指任何面对不确定未来的人。根据这一定义，每个人都是投机者。而专业投机者是指专门通过期货市场交易获利的人。

W ─────────────

外部效应 /Externality：市场交易发生后，未直接参与交易的第三方因该交易意外获得的收益或成本。（参见"正外部效应"和"负外部效应"）

外汇汇率 /Foreign-Exchange Rate：以一国货币表达另一国货币的价格。

完全竞争 /Perfect Competition：一种假想的状态，该状态满足以下五个条件：（1）买家和卖家的数量都很大；（2）完全信息；（3）同质（完全一样）的产品；（4）零交易成本；（5）参与经济活动的人都是价格接受者。(参见"竞争")

无谓损失 /Deadweight Cost：如果消费者为获取某种商品付出了成本，但这种成本没有变成卖家的收益，那么这种成本就是无谓损失。

X

稀缺商品 /Scarce Good：只有牺牲其他有价值的东西才能获得的商品。与之相对的概念是"免费商品"。

稀缺性 /Scarcity：如果某人为获得某种他认为有价值的商品必须产生成本、做出取舍或者牺牲其他有价值的东西，我们就称这种商品具有稀缺性。

稀少性 /Rarity：衡量某种物品的存在数量多少的概念。可与"稀缺性"的概念对照研究。

现货市场 /Spot Market：买方支付后能立刻获得商品或服务的市场。与之相对的概念是"期货市场"。

现值 /Present Value：把未来的收入流折算为当下的价值。

效率 /Efficiency：对经济学家而言，"效率"一词比较的是预期额外收益和预期额外成本的关系。如果决策人认为某项决策的额外收益超过额外成本，那么对他而言此项行动或项目就是有效率的。

需求 /Demand：这个概念将"人们计划获取的商品数量"与"为获得这些商品必须做出的牺牲"联系起来。(参见"需求法则")

需求法则 /Law of Demand：如果其他影响需求的变量(如消费者的品味偏好、收入、预期、替代品和互补品的价格)不变，那么商品的相对价格下降，需求量就上升，商品的相对价格上升，需求量就下降。

需求价格弹性 /Price Elasticity of Demand：需求量变化的百分比除以价格变化的百分比。这个概念衡量的是消费者对价格变化的敏感度。

需求曲线 /Demand Curve：这条曲线描述的是在其他变量不变的前提下商品价格与需求量之间的负相关关系。对于一条给定的需求曲线而言，商品 X 的价格变化仅导致商品 X 的需求量的变化。(参见"需求法则")

寻价者 /Price Searcher：拥有一定市场权力、可以提高或降低售价的生产者。这类生产者在出售商品和服务时会"寻找"最佳定价。与之相对的概念是"价格接受者"。

Y

以物易物 /Barter：直接交换两种商品，在交易过程中不使用货币。

优化行为 /Economizing Behavior：个体面临稀缺性时的决策方式。优化的具体方式是：选择预期额外收益超过预期额外成本的行为。事实上"优化行为"就是"有效率的行为"。(参见"效率")

预算赤字 /Budget Deficit：当政府的总支出超过总税收收入，就出现预算赤字。总支出和总税收收入之间的差值必须靠国家债务补足。

预算盈余 /Budget Surplus：当政府的总税收收入超过总支出，就出现预算盈余。

余值获取者 /Residual Claimant：对企业利润拥有所有权的人。(参见"企业家")

Z

正常商品 /Normal Good：这个概念与对商品的需求如何随收入变化而变化有关。如果收入提高(降低)令消费者对某种商品的需求提高(降低)，这种商品就是正常商品。与之相对的概念是"低档商品"。

正外部效应 /Positive Externality：某项交易无意中给未直接参与交易的第三方带去的收益。与之相对的概念是"负外部效应"。

政府 /Government：受特定地理区域内的一群人承认而得以垄断强制权的一种组织。

支票存款 /Checkable Deposits：存在金融机构中、可以通过签支票的方式转给他人的存款。即支票账户中的存款。

中间人 /Middleman：以降低供应者和需求者的交易成本为业的人。

中间商品 /Intermediate Good：在国家收入统计领域中，如果买方购买某种商品是为了进一步加工或转卖，这种商品就是中间商品。与之相对的概念是"最终商品"。

铸币税 /Seignorage：靠铸造硬币获得的净收入，即货币面值减去铸造硬币所用的金属的价值。

专业化 /Specialization：指追求自身的比较优势。又称"分工"。

资本 /Capital：可用于生产其他商品和服务的商品。（参见"人力资本"）

租金 /Rent：通过把资产租给他人获取的收入。

最低工资 /Minimum Wage：法律规定的低技术劳动力市场上的价格下限。

最终商品 /Final Good：在国家收入统计领域中，由终端消费者购买的商品称为最终商品。换言之，如果买方买入商品不是为了转卖，这种商品就是最终商品。与之相对的概念是"中间商品"。

[全书完]

经济学的思维方式

作者 _ [美] 保罗·海恩　彼得·勃特克　大卫·普雷契特科　译者 _ 鲁冬旭

产品经理 _ 李静　王奇奇　　封面设计 _ 董歆昱　　版式设计 _ 付禹霖　　内文排版 _ 山葵栗
技术编辑 _ 陈皮　　执行印制 _ 梁拥军　　产品策划 _ 李晴　　出品人 _ 于桐

营销团队 _ 杨喆　　物料设计 _ 山葵栗

果麦
www.guomai.cn

以 微 小 的 力 量 推 动 文 明

图书在版编目（CIP）数据

经济学的思维方式：第 13 版 /（美）保罗·海恩，
（美）彼得·勃特克，（美）大卫·普雷契特科科著；鲁冬
旭译 . -- 杭州：浙江文艺出版社，2023.5（2024.10 重印）

书名原文：The Economic Way of Thinking

ISBN 978-7-5339-7056-7

Ⅰ. ①经… Ⅱ. ①保… ②彼… ③大… ④鲁… Ⅲ.
①经济学－方法论－研究 Ⅳ. ①F011

中国版本图书馆 CIP 数据核字（2022）第 226374 号

书名原文：The economic way of thinking — Thirteenth edition.

Authorized translation from the English language edition, entitled ECONOMIC WAY OF THINKING, THE, 13th Edition by HEYNE, PAUL L.; BOETTKE, PETER J.; PRYCHITKO, DAVID L., published by Pearson Education, Inc, Copyright © 2014, 2010, 2006 by Pearson Education, Inc., 221 River Street, Hoboken, NJ 07030.
All rights reserved. No part of this book may be reproduced or transmitted in any form or by any means, electronic or mechanical, including photocopying, recording or by any information storage retrieval system, without permission from Pearson Education, Inc.
CHINESE SIMPLIFIED language edition published by GUOMAI CULTURE & MEDIA CO., LTD., Copyright © 2022.

本书封底贴有 Pearson Education（培生教育出版集团）激光防伪标签，无标签者不得销售。

本书版权登记号：图字：11—2022—168

经济学的思维方式（第 13 版）

［美］保罗·海恩 ［美］彼得·勃特克 ［美］大卫·普雷契特科 著 鲁冬旭 译

责任编辑 罗 艺 陈 园

出版发行	浙江文艺出版社
地　　址	杭州市环城北路 177 号　邮编 310003
经　　销	浙江省新华书店集团有限公司
	果麦文化传媒股份有限公司
印　　刷	河北鹏润印刷有限公司
开　　本	710 毫米 ×1000 毫米　1/16
字　　数	625 千字
印　　张	32
印　　数	81,001—86,000
版　　次	2023 年 5 月第 1 版
印　　次	2024 年 10 月第 9 次印刷
书　　号	ISBN 978-7-5339-7056-7
定　　价	98.00 元

版权所有 侵权必究

如发现印装质量问题，影响阅读，请联系 021-64386496 调换。